此。另一方面我们又必须看到，由于回避原子主义政治文化的本体论痼疾，"政治的而非形而上学的"自由主义不但无力解决自由多元社会的自我赓续问题，而且由于政治哲学目标的自动降格，更极大地遮蔽了一种扩展的反思平衡和视界融合在全球普遍交往时代的必要性和可欲性。在这个意义上，这种自由主义不但是不现实的，而且是种族中心的。正如消极自由并不是从天而降的、可坐而享之的或形而上学上清白的，而是长期政治斗争的结果，并且从一开始就与近代机械论的形而上学自然观联系在一起；积极自由也并不总是灾难性地与唯理主义的一元论形而上学难分难解，而是可以通过创造性的转换，以回应价值和文化多元时代的挑战。

置身于当代的语境，这个读本系列将不但重视政治哲学的"政治"方面，而且重视政治哲学的"哲学"方面。它的主旨则是围绕当代西方政治哲学重要和核心的观念、问题、流派乃至于人物，请相关方面的研究人员自行编选专题文集。这样做一方面发挥了编选者的能动作用，体现了某种独特的认知效能，有益于提升翻译工作的品位；另一方面加大了单本书的信息量，也为相关领域的从业和爱好者提供了入门津梁，可以作为各专题研讨的基本读物，相信学术界和读书界都会欢迎这样的形式。我们期望并且相信，经过中文政治哲学同仁们卓有成效的努力，当代西方主流政治哲学的面貌必定能够以这种既不失客观公正，又富于个性特色的方式展现在参与塑造汉语学术自主形态的人们面前，并成为这一同样"未完成的谋划"的内在、重要和有机的组成部分。

应奇　刘训练

2011 年春

目 录

后果主义与个人完整性问题

后果主义、正义与权利

CONTENTS

Consequentialism and Deontology: Some Basic Ideas

Consequences Evaluated and Formulations of Consequentialism

Rule-Consequentialism

Consequentialism, Justice and Rights

编 者 导 言

　　如何行动和生活是伦理学所要关心的核心问题。规范伦理学试图对这个问题提出一个系统的回答。然而，由于不同的理论家（甚至不同的人们）对道德的本质、来源及其在人类生活中的地位具有不同的理解，因此也就产生了不同的规范伦理学理论。一般来说，功利主义者和后果主义者认为，"是道德的"（being moral）就是要从一个严格不偏不倚的观点来促进整个世界中的善，通过我们的努力把这个世界变成一个更加美好的世界；义务论者认识到我们在人类生活中逐渐具有的各种道德义务，强调说"是道德的"就是要严格遵守和履行我们所具有的这些义务；而在所谓的"美德伦理学"（virtue ethics）那里，道德生活或伦理生活就在于按照美德来行动和生活，在这里，一个美德被理解为某种稳定的品格特点或行为倾向，而按照美德来行动被认为有助于促进某个目的，或者把某个目的体现出来。尽管我们对这三种主要的规范伦理理论提出了这样一个简要的描述，但值得指出的是，它们之间既有一些重要的差别，也有一些错综复杂的联系。比如说，一个后果主义（consequentialism）或者义务论（deontology）的理论实际上也可以采纳或利用某个美德的概念，另一方面，即使美德伦理学很少强调道德义务（moral obligations）的思想，但后果主义的理论可以合理地强调这个思想。因此，这三种理论之间的根本差别并非体现在它们所使用的概念上，而是体现在它们对有关概念的理解、它们对道德的本质和目的的设想上。

　　在当代规范伦理学领域中，后果主义的道德理论（以及它的早期形式——功利主义）是激发了最强烈的批评和回应的一种伦理理论，与义务论和美德伦理学构成了三足鼎立的局面。后果主义的道德理论在西方伦理思想史上一直很有影响，而且，在以某种形式的义务论为基础的政治哲学中，这种理论也引起了大量的批评和回应。尤其是，在最近几十年来，后果主义与义务论的争论占据了一个令人瞩目的地位。这个争论之所以重要，不仅因为它涉及规范伦理学中几乎所有的核心问题，例如价值的本质和起源，道德正确性的标准，道德行为的动机，道德推理的本质，道德理论的结构，乃至道德本身的本质，而且也因为对这个争论的恰当处理要求我们思考一系列相关的元伦理学问题。因此，对这个争论的本质的了解不仅有助于深化我们对规范伦理学的理解，也有助于我们深入认识规范伦理学与元伦理学的关系。此外，这个争论也影响我们对很多重要的应用伦理学问题的分析和判断。

古典功利主义与价值论

当代后果主义的道德理论主要是从对古典功利主义的批评和回应中发展出来的。因此，为了恰当地理解后果主义，我们就需要对古典功利主义有一个基本认识。功利主义实际上是一种具有悠久传统的道德理论，比如说，我们至少可以从伊壁鸠鲁或墨子那里发现功利主义的某些基本思想；在近代，功利主义在边沁、密尔和西季威克那里得到了系统的发展，并由此成为一个很有影响的道德理论。古典功利主义包含了一个行为后果主义的要素，认为只有当一个行为能够最大化善（the good）时，它才是道德上正确的。不过，由于它对价值论的特殊承诺，它不同于一般而论的后果主义。具体地说，功利主义承诺了一种快乐主义（hedonism）的价值观，认为一个行为的后果的价值仅仅取决于它所影响到的人们的快乐和痛苦，与其他的善无关。换句话说，功利主义把具有感受能力的存在者的快乐和痛苦看做是最高的善，认为所有其他价值都要屈从于这个最高价值，因此就否认了存在着不可通约的价值的可能性。除了具有这两个基本特征外，古典功利主义也包含了其他一些基本承诺，比如以下几个承诺。第一，功利主义采取了一种集聚（aggregative）的形式，即认为哪些后果是最好的取决于它们的组成要素的价值。第二，在按照后果来评价一个行为的道德正确性时，古典功利主义所考虑的是这个行为本身所产生的直接后果，它并不考虑行动者的动机的后果，也不考虑遵循（或者不遵循）有关的规则的后果，它也不考虑行动者所预料到的或者期望得到的后果。第三，从评价后果的观点来说，古典功利主义采取了一个普遍的和平等的观点，认为在决定一个行为的道德正确性时，**所有**受到影响的、具有感受性的存在者（因此不仅仅局限于人类存在者）都要被予以平等的考虑，一个存在者所得到的好处或承受的伤害与任何其他存在者所得到的好处或承受的伤害被认为具有同样的分量或地位。在这个意义上，古典功利主义采取了一种全局性的不偏不倚（impartial）的观点。第四，古典功利主义也采取了一种中立于行动者的（agent-neutral）的视野来评价后果：一些后果是否好于其他后果并不取决于这些后果是否是从行动者自己的观点来评价的。在后面我们会逐渐看到这些思想的具体含义。

功利主义的道德理论从诞生之日起就受到了严厉的批评和攻击。对功利主义的早期批评主要集中于它对快乐主义价值论的承诺。古典功利主义者认为所有快乐都是有价值的，所有痛苦都是无价值的，因此实际上把快乐（或者快乐减去痛苦）看做是唯一具有内在价值的东西。为了实施功利主义的演算，以便判断一个行动从功利主义的观点来看是否是正确的，边沁对快乐和痛苦采取了一种定量的理解。这种观点引起了一个批评：如果快乐是唯一具有内在价值的东西，如果快乐可以按照数量来衡量，那么甚至一头猪的生活要比一个哲学家的生活更有价值。为了回避这个批评，密尔提议对快乐采取一种定性的理解，即认为快乐在其内在性质上确实具有本质的差别，因此（比如说）从事哲学研究的快乐要好于吸毒的快乐。一旦密尔提出了这个主张，那就意味着他似乎承认各种具体的价值是先于一般而论的快乐而存在的；这样，如果他的功利主义确实包含了对快乐主义的承诺，那么他的理论似乎就是不一致或者不连贯的。即使定性的快乐主义实际上是连贯的，因此是一种形式的快乐主义，但它作为一种价值论似乎是不合理的，因为我们似乎不能认为所有快乐从日常的观点来看都是有价值的。例如，我们似乎不能合理地认为，通过用残忍的手段来折磨其他人或者折磨动物而得到的快乐是有价值的。此外，即便快乐本身是内在地有价值的，但我们显然也认识到某些其他东西也是内在地有价值的，即使它们（或者对它们的享有）并不必然带来快乐。比如说，甚至当从事哲学研究经常带来痛苦的体验时，哲学家们依然认为这种活动是内在地有价值的。因此，价值或者有价值的东西似乎并不必然与快乐的体验（或者痛苦的体验）相联系。通过使用所谓的"经验机器"的思想实验，罗伯特·诺齐克试图表明，如果快乐和痛苦的体验就是唯有重要的东西，那么一个人就宁愿成为一个"缸中之脑"（brain in a vat），因为通过某种电刺激，一台超级计算机实际上可以让这个缸中之脑具有它想要具有的无论什么经验。然而，大概没有任何理性的个体想要成为一个缸中之脑，这表明具有快乐的（或者痛苦的）体验与享有真正有价值的东西并不是一回事。[1]诺齐克想要传达的正面思想是：我们每个人实际上都想要成为自己的生活的作者，能够在世界上产生真实的影响，与其他人维护有意义的关系，而不仅仅是具有好像我们正在从事这些活动的经验。

诺齐克的思想实验取决于一些有待于进一步阐明的问题，例如，在他所设想的情形

---

[1]　参见 Robert Nozick，*Anarchy*，*State and Utopia*（New York：Basic Books，1974），pp. 42 – 45.

中，一个人是否能够认识到自己是一个"缸中之脑"。即使他的思想实验是成功的，快乐主义的捍卫者可以回答，我们无需把快乐和痛苦仅仅设想为一种感觉。比如说，一个哲学家可以说，他对他的论文在《哲学杂志》上发表感到快乐。在这种情形中，他的快乐不是一种感觉。但是，要是他被连接到诺齐克所设想的那种经验机器上，他对此感到快乐的那个事态实际上就不会存在。因此，如果快乐不是仅仅局限于感性快乐，快乐主义的捍卫者就仍然可以把快乐视为价值论的一个基本起点，并由此来捍卫古典功利主义。[2]另一些哲学家则指出，即使诺齐克的思想实验对极端的主观主义提出了问题，但它并不对温和的主观主义构成一个直接的威胁。经验机器或许可以让某个人具有他实际上并不具有的经验，但它不可能满足一个人要成为某某人或者要从事某些活动的欲望。于是他们就更一般地把好的东西鉴定为欲望或者偏好的满足，把糟糕的东西鉴定为欲望或者偏好的受挫。[3]欲望或者偏好某个东西是要处于一种状态，把欲望或偏好的对象看做一个人想要去追求的目标。例如，欲望或者偏好成为普林斯顿大学哲学系的研究生是要进入该校哲学系攻读研究生作为一个人想要去追求的目标。因此，欲望或者偏好某个东西的状态并不必然与某种感觉性质相联系。这样，如果我们把这种价值论与功利主义结合起来，我们就得到了所谓的"欲望（或者偏好）满足的功利主义"，其核心要点是：道德上正确的行动就是最大化欲望满足或偏好满足的行动。

然而，这种形式的功利主义面临一个重要批评。[4]就像人们的品味、雄心和抱负因为灌输、操纵和社会控制之类的过程而变得具有可塑性一样，人们的欲望或偏好也会因为社会习俗、社会环境以及有关的自我评价而变得具有可塑性。例如，一个无家可归的乞丐很可能会把讨得残羹剩汁看做极大的欲望满足，一个伊斯兰妇女可能会因为传统的压力而放弃自己想要上大学的欲望。除了错误的价值观念会歪曲人们的欲望或偏好外，人们也会因为认知上的错误而持有不恰当的欲望或偏好。例如，一个人会因为错误地相信他面前的液体是一杯啤酒而想把它喝下去，即使那实际上是一杯对他身体有害的毒酒。古典功利主义者通常是福利主义者（welfarists），把生活得好看做是唯一具有内在价值的东

---

〔2〕 对快乐主义的一个捍卫，参见 Fred Feldman, *Utilitarianism*, *Hedonism and Desert*（Cambridge：Cambridge University Press, 1997），Part II.

〔3〕 当然，这两种观点之间并非毫无联系。快乐的东西在某种意义上是值得欲求的（desirable），而当一个人的欲望得到满足时，他可能（尽管并不一定）会处于一种感觉到好（feeling good）的状态。

〔4〕 关于这个批评，参见 Amartya Sen, *On Ethics and Economics*（Oxford：Blackwell, 1987），pp. 45 – 46.

西。这样，即使他们放弃了他们原来对福利的理解（用一种快乐主义的观点来理解福利），转而采纳欲望满足或偏好满足的观点，但后面这种观点也不能恰当地把握人们的福利状况。除了上面提到的受到操纵的欲望或者错误的欲望的例子外，一个人也可以持有某种比较古怪的欲望。比如说，一个人或许欲望宇宙中的恒星数目是偶数，但我们不是特别清楚这个欲望的满足如何有助于促进他的福利。实际上，这个欲望也许在他的有生之年得不到满足。为了处理这样的批评，欲望或者偏好满足的功利主义者可以回答说，与人们的福利相关的欲望或偏好是他们在理想化的情况下所具有的欲望或偏好，而不是一般而论的欲望或偏好。在这里，理想化的状况通常被理解为一个人在充分知情和充分合理的条件下所处的状况。于是，按照这种观点，只有在理想化的状况下所具有的欲望或偏好的满足对于一个人来说才是好的。[5]按照彼特·莱尔顿的说法，对一个人来说是好的东西就是他的充分理性和充分知情的自我想要为他的实际自我所取得的东西。[6]

然而，理想化的欲望满足理论也面临一个两难困境。如果理想化的过程完全是一种形式过程，或者是一种在内容上保持中立的过程，那么一个理想化的个体是否会在乎被认为是有价值的东西就变成一个不可阐明的、偶然的心理事实。但事实表明或许不是这样。比如说，我们倾向于认为，思想上和情感上丰富的生活对我们来说是好的，思想上和情感上贫乏的生活对我们来说是糟糕的。如果一个人具有正常的思想、情感和身体能力，那么去过一个简单的、贫乏的生活，没有机会在这些能力上得到发展或接受挑战对他来说就是一件很糟糕的事情。如果在经过充分知情的慎思后，他发现这种生活就是他想要去过的那种生活，那么他的生活就变得更加糟糕。另一方面，如果我们认为认同了这样一种生活的人实际上不是一个理想的评价者，那么我们就必须认为有一些客观的评价标准决定了一个人究竟是不是一个理想的评价者。例如，如果一个人经过内容上中立的理性慎思仍然认同上述生活，那么我们就不能认为他是一个理想的评价者。换句话说，除了满足某些形式上的合理性要求外，一个理想的评价者也必须具有某些实质性的价值承诺。然而，如果欲望满足理论的倡导者必须接受这个观点，他们也必须承认善或价值是独立于一个

〔5〕 关于这种观点，参见 Richard Brandt, *A Theory of the Good and the Right* (Oxford: Clarendon Press, 1979), Chapter 6; James Griffin, *Well-Being: Its Meaning, Measurement, and Moral Importance* (Oxford: Clarendon Press, 1986), Chapters 1–2.

〔6〕 参见 Peter Railton, "Facts and Values", reprinted in Railton, *Facts, Values and Norms* (Cambridge: Cambridge University Press, 2003), pp. 43–68, especially p. 53.

人的主观状态而存在的。换句话说，为了采纳这一观点，这些理论家就得承认，存在着某些本身就是好的或者有价值的东西，即使一个人可以按照自己的兴趣来选择性地实现这些东西。[7]

我们可以把这种观点称为"客观的价值理论"。这种理论有两个主要变种，两者都认为存在着客观上有价值的东西，例如知识、美、成就、某些类型的个人关系（比如说情爱、友谊和亲情）、平等、真理，等等，但在对待这些价值的关系上它们持有不同的观点。一种理论认为，这些价值是不同的价值，在某些特殊的情形中是不可通约或者不可比较的。我们可以把这一观点称为"多元论的价值论"。另一种观点试图按照人性来理解或说明这些价值，认为人的本质就在于促进或完善这些价值。不过，由于对人性的理解不同，这些理论家会对人的完善**根本上**在于什么提出不同的说明，并按照这样一个说明把不同的价值整合为一个有机整体。例如，按照一种亚里士多德式的观点，一个人的善就在于行使他的实践慎思能力，以及把这种能力表示出来的那些活动。我们可以把这一观点称为"完善论的价值理论"。柏拉图、亚里士多德、阿奎那、密尔、黑格尔、尼采以及 T. H. 格林等人被认为是这种理论的典型代表。[8]

以上我们简要地概述了从对古典功利主义的价值论的批评中引发出来的几个关于价值的观点。这个概述是重要的，因为功利主义以及一般而论的后果主义是一种目的论的道德理论，这种理论把善或价值作为一个道德理论的基本出发点，并在这个基础上试图用某种方式来说明道德正确性，因此不同于我们下面要讨论的义务论的道德理论。此外，对不同价值的承诺也可以产生不同的功利主义或后果主义的道德理论。比如说，如果一个理论认为我们所认识到的一切价值都关系到个人的福利，那么这种价值论就可以被称为"福利主义"的价值论；而一旦我们把这样一个价值论与古典功利主义的其他要素结合起来，我们就可以得到一种福利主义的后果主义。完善论的价值论是一种非福利主义的价值论，因为它声称某些状态使得一个人的生活成为一个好的生活，但并不一定提高他的福利。[9]如果我们把一个完善论的价值论与古典功利主义的其他要素结合起来，我们就可以得到一种完善论的后果主义。类似地，如果一个后果主义者认识到价值的多样

---

[7] 关于后面这一点，参见 Connie Rosati (1993)，"Persons, Perspectives, and Fully Informed Accounts of the Good"，*Ethics* 105：296 – 235.

[8] 对格林的完善论理论以及相关论题的一个批判性讨论，见 David Brink, *Perfectionism and the Common Good: Themes in the Philosophy of T. H. Green* (Oxford: Clarendon Press, 2003).

[9] 参见 Thomas Hurka, *Perfectionism* (New York: Oxford University Press, 1993)，pp. 16 – 17.

性，并认为并非所有的价值在所有情形中都是可通约的，那么他就可以认为，在可以比较和权衡有关价值的情况下，我们应该尽可能促进某个指定的价值，例如权利或者平等，但在不能对有关价值进行比较和权衡的情况下，我们就不能最大化某个指定的价值。因此，一旦一个后果主义者认识到价值的多元性，他就可以承认不可解决的道德困境的可能性。[10]

后果主义与后果评价

一般来说，如果一个道德理论认为，一个行为是否是道德上正确的仅仅取决于其后果（或者与该行为相关的某种东西，例如行为背后的动机或者要求那种行为的一般规则），而不是取决于该行为的内在本质或者在它发生之前的任何事情，那么这个理论就是一个后果主义的道德理论。功利主义包含了一个后果主义的要素，它主要是因为它所特有的价值承诺而不同于**一般而论**的后果主义。[11]在这个意义上，我们也可以把古典功利主义称为"快乐主义的后果主义"。

一旦一个后果主义的道德理论已经把某个价值（或者某些价值）指定为道德行动所要促进的目标，它就可以提出一套关于道德正确性的原则或标准。在后果主义的道德理论这里，一般来说，道德正确性是按照行动与所要促进的价值的关系来定义的。[12]我们大致可以把行动对指定价值的影响或冲击称为它们的后果。因此，为了确定行动的道德正确性，后果主义者就需要首先阐明它们所产生的后果。古典功利主义者按照行动对所涉及的人的快乐或痛苦的实际影响来计算行动的后果，要求行动者计算他所能得到的每个行为对行为可能影响到的所有人的后果。对于古典功利主义者来说，正确的行为是这样一个行

〔10〕 参见 Peter Railton，"Pluralism，Dilemma and Moral Conflict"，in Railton，*Facts*，*Values and Norms*，pp. 249 – 291.

〔11〕 当然，这不是说功利主义与一般而论的后果主义在其他方面没有差别。但具有什么差别取决于我们是谈论哪种形式的后果主义，因为后果主义能够采取很多不同的形式。因此，在这里我假设功利主义只是在价值论方面不同于一般而论的后果主义。

〔12〕 功利主义或者后果主义的观点也可以应用于社会制度或者某种形式的集体行动者。这些东西对指定价值的影响也产生了后果评价的问题。在这里，所谓"行动"，我指的不仅是个别行动者的行动，也包含与一个制度的采纳或落实相关的行动和集体行动者的行动。此外，对规则的服从与否也会产生后果评价的问题。但我们对评价行动的后果所说的一切也大致适用于对规则的服从与否所产生的后果问题，因为是否服从一个规则也可以被理解为一种行为。

为：在行动者所能得到的行动方案中，这个行为产生了最大的快乐（或者快乐减去痛苦后所得到的最大快乐）。古典功利主义者对道德正确性的理解确实能够引导人们的行为，但也招致这一批评：要求行动者计算他所能得到的每个行为对每个人（至少他的行为能够影响到的每一个人）所产生的实际后果不仅是不切实际的，而且也是自我挫败的。这个批评涉及很多方面，比如说，由于我们并不具有或者不可能具有充分的信息，或者由于我们在计算上的错误，我们不可能正确地计算出所有相关的后果；一个行动是在世界上具有因果效应的东西，因此能够产生一系列遥远的后果，而这些后果是我们无法预料到的或者无法认识到的；在某些紧迫的情形中，例如在是否要救一个人的生命的情形中，后果的计算反而会延误我们恰当地采取一个行动的时机；在某些特殊的人际关系中，例如在友谊或爱情中，按照对后果的计算来决定采取什么行动可能会把行动者从这种关系中异化出来，等等。

这一批评被认为来自于如下事实：古典功利主义者也把道德正确性标准当作一个决策程序（decision procedure），即引导人们如何行动的一种方法。功利主义者可以对这个批评提出两个可能的回答。首先，他们可以论证说效用原则无需被用作一个决策程序。古典功利主义者边沁、密尔和西季威克都强调这一点，认为总体效用（overall utility）的思想只是被用来判定行为的道德正确性标准。这样，总体效用就可以确定哪些决定是道德上正确的，即使行动者在进行决策的时候无需计算有关行为的效用。此外，他们也强调说，在某些情形中，如果在采取行动之前计算效用实际上无助于最大化福利，那么把效用原则当作一个决策程序来使用就是道德上不正确的。比如说，人们可能在计算效用的时候出错，他们由此而采取的行动可能反而会降低效用。在日常的情形中，我们应该按照日常的道德规则来行动，或者甚至按照我们的道德直观来行动，因为这样来行动从长远的观点来看实际上有助于最大化效用。密尔和当代的功利主义者理查德·黑尔都强调说，效用原则表达了一种高层次或者反思性的哲学思维——只有当日常的道德规则或者我们的道德直观发生冲突时，我们才使用效用原则来确定如何进行选择或者如何作出决定。[13]一些批评者认为，一旦功利主义者采取了这种举动，他们就使得功利主义成为一种自我挫败的道德理论，因为这意味着功利主义者并不推荐按照功利主义的道德正确性标准来行动。但这个批评可能并不恰当，因为其他一些规范领域也经常把正确性标准和决策程序区分开来。此外，什么

---

〔13〕 参见 John S. Mill, *Utilitarianism* (Oxford：Oxford University Press)，Chapter 4；R. M. Hare, *Moral Thinking：Its Levels，Method and Point* (Oxford：Clarendon Press，1981)，especially pp. 25 – 43.

样的行为能够最大化效用是一个经验问题，人们可以根据在历史上积累下来的经验来决定如何行动。比如说，在正常的情形中，人们可以按照日常的道德规则来行动，因为从长期的观点来看这样做有助于促进效用。退一步说，即使在某些情形中一个人很难判断一个行为是否会最大化效用，但这或许只是表明我们在有关方面缺乏充分的知识，正如我们对物理世界的知识同样是有限的。因此，正确性标准与决策程序的分离并不一定意味着功利主义是自我挫败的。

其次，后果主义无需采取一种直接的形式，即直接按照行动的后果的价值来评价它们，而是可以采取一种间接的形式，即按照行动是否符合某些规则、动机或倾向来评价它们，于是就产生了规则后果主义、动机后果主义以及品格后果主义。规则的后果主义采纳了如下观点：一个行动是道德上正确的，当且仅当：第一，它符合一套规则（或者其中的某个规则）；第二，与服从其他规则相比，对这套规则的充分服从能够最大限度地促进某个指定的价值。我们可以对动机后果主义或品格后果主义提出类似的定义。在这里，值得注意的是，规则后果主义强调对规则的充分服从，即每一个行动者都服从这套指定的规则，因为在相当数量的行动者并不服从这套规则的情况下，对规则的服从就不可能产生最好的结果。比如说，如果大多数人都不服从"不要无故杀人"这一规则，那么当一个人服从这个规则时，他可能就会被其他人杀死，从而产生了最糟糕的结果。规则后果主义也能够有效地避免对行为后果主义的某些批评，例如这样一个批评：杀死一个到医院来看医生的无辜者以便对他进行器官移植，利用他的器官来挽救五个人的生命，这种做法从行为功利主义或者行为后果主义的观点来看似乎是可允许的，甚至是值得向往的，但从日常道德或者义务论的道德理论的观点来看显然是错的。现在，假设人们普遍地接受这样一个规则，这个规则允许一位医生在相信器官移植将最大化效用的时候，不经一个健康人的同意就把他杀死，对他进行器官移植。明显的是，对这个规则的广泛接受会导致很多不会最大化效用的器官移植，因为医生就像大多数人一样在预测后果和计算效用上很容易犯错误。此外，如果这个规则被公开，那么病人就会害怕他们会成为器官移植的来源，因此在生病的时候就不太可能会去医院看医生。这样，医疗行业就会遭到破坏，人们在患病时也就得不到有效救治。因此，从规则功利主义或者规则后果主义的观点来看，对这个规则的一般接受（或者普遍服从）就不会最大化效用，或者反过来说，接受或服从这样一个规则是道德上错的。通过采纳规则后果主义，我们就可以维护一个日常的道德直观。当然，对规则后果主义的采纳也产生了这一问题：既然规则后果主义仍然把促进某个价值（或者最大化某个指定的效用）作为衡量一个行为的道德正确性的标准，它是否在根本上会退化为行为

后果主义？在这里我们将不讨论这一问题。〔14〕

如前所述，对功利主义或后果主义的一个批评是：按照实际后果来评价行为是不切实际的，因为不仅人们不能精确地估计和计算一个行为的后果（人们收集信息和处理信息的能力都是有限的），而且，在一个行动所能产生的后果中，至少有一些后果不是行动者自己所能控制的。设想约翰出于好心给了一个乞丐一笔钱，但后者却利用这笔钱去购买一支手枪抢劫银行，结果就把一些银行职员杀死了。按照日常的观点，约翰实际上做了一件好事，在道德上值得赞扬；但是，如果我们要把约翰的慈善行为所产生的一切结果都包含在内，以此来评价他的行为，那么他似乎就做了一件道德上错误的事情。行为功利主义或后果主义似乎得出了一个不符合日常的道德直观的结论。然而，功利主义者或后果主义者不是没有办法容纳这个道德直观。最常见的做法立足于这一观察：那个乞丐所采取的行为及其所导致的后果并不是约翰能够事先预料到的，也不是他采取他的慈善行为的目的或意图。因此，在评价一个行动的后果的价值时，应该考虑的是行动者能够理性地预料到的后果，或者在因果关系上与一个行动相切近（proximate）的后果。这两个思想都是为了保证行动者能够在某种意义上和某种程度上控制他的行动。前一个思想导致了预期后果的后果主义，后一个思想导致了切近后果的后果主义。切近后果是一个行动实际上产生的后果，不过，由于这种后果与行动者作为原因而有意引发的行动具有很接近的关系，行动者也比较容易按照这种后果对其行为作出道德判断。预期后果的概念比较复杂，包括被预料到（foreseen）的后果、可预料到的（foreseeable）的后果以及行动者想要通过一个行动来取得的后果（intended consequences）这三种类型的后果。针对不同类型的后果对一个行动的道德评价可能是不同的。例如，假设汤姆实际上没有预料到一个糟糕的后果，而要是他已经预料到了这个后果，他的行动就会因此而变成道德上错的。比如说，汤姆事实上没有注意到他给我喝的那杯牛奶实际上已经过期了，尽管只要他留心一下，他就很容易认识到这一点。如果我们按照被预料到的后果来评价他的行为，那么他的行为就不是道德上错的；另一方面，如果我们按照可预料到的后果来评价他的行为，那么他的行为就是道德上错的，因为（比如说）他已经买了那瓶牛奶很久了，即使在他给我喝牛奶的时候他可能忽视了这一点。如果我们按照实际的或者客观上可能发生的后果来评价行动，我们就得到了所

〔14〕　这个问题最早由 J. J. C. Smart 提出，见 J. J. C. Smart（1956），"Extreme and Restricted Utilitarianism"，*Philosophical Quarterly* 6：344 - 354. 对这个问题的一个详细讨论，参见 David Lyons，*Forms and Limits of Utilitarianism*（Oxford：Clarendon Press，1965）. 对规则后果主义的一个一般论述，参见 Brad Hooker，*Idea Code，Real World：A Rule-Consequentialist Theory of Morality*（New York：Oxford University Press，2001）.

谓的"客观的后果主义";如果我们按照行动者想要通过一个行动来取得的后果或者被预料到的后果来评价行动,我们就得到了"主观的后果主义"。[15]不过,需要指出的是,如果一个后果主义的道德理论把焦点放在合理地可预测的后果上,那么这样一个理论在如下意义上既是客观的又是主观的:它是客观的,因为这种后果并不取决于在行动者的实际心灵之中的任何东西;它是主观的,因为这种后果确实取决于行动者在更加理性或者更加知情的情况下就会预料到的后果。很容易看出,这种形式的后果主义能够避免其他形式的后果主义受到的某些批评,例如实际行为的后果主义所面临的批评。

后果主义的道德理论把价值看做是根本的。一旦一个后果主义理论已经把某个价值设定为所要促进的目标,它也可以采取一种跨世界评价的方式,比如说,按照所有可能世界(包括实际世界)促进或者实现这个价值的程度来排列它们,或者把一个行动所导致的整个后果的集合(这可以被理解为一个世界)与不履行这个行动而产生的整个后果的集合进行比较——如果前者相对于这个指定的价值来说好于后者,那么这个行动就是道德上正确的行动。比如说,即使对罪犯的惩罚会引起痛苦,但一个后果主义者可以认为,一个不仅有犯罪而且也有惩罚的世界比一个只有犯罪但却没有惩罚的世界要好,因为前一个世界在某种意义上把正义和应得体现出来。因此,如果一个后果主义者把正义和应得视为应该得到促进的重要价值,他就可以采取这种观点,否认道德正确性仅仅取决于行为所产生的特殊效应的价值(例如对人们的快乐或痛苦的影响)。这种形式的后果主义有时候被称为"整体论的后果主义"或者"世界功利主义"[16],它完全放弃了古典功利主义所采纳的那种集聚(aggregation),也就是说,通过考虑一个行动对每个个体的效用,再把这些效用在总体上加在一起,但可能并不考虑总体效用的再分配问题。因此,这种形式的后果主义也避免了古典功利主义所面临的一些批评。

最大化、不偏不倚与道德的要求

以上我们阐述了后果主义所面临的一些批评以及后果主义者对批评所提出的回答。然

---

[15] 莱尔顿提出了这样一个区分。参见 Peter Railton, "Alienation, Consequentialism and the Demands of Morality", reprinted in Railton, *Facts*, *Values and Norms*, pp. 151 – 186, especially pp. 156 – 160.

[16] 参见 Fred Feldman, "World Utilitarianism", in Feldman, *Utilitarianism*, *Hedonism and Desert*, pp. 17 – 35.

而，对后果主义的道德理论所提出的最尖锐的批评来自这种道德理论的其他承诺，尤其是它对最大化要求和一个不偏不倚的观点的承诺。

在后果主义对道德正确性的说明中，它采纳了一个最大化的合理性的概念，认为在一个行动者所能得到的行动方案中，正确的行动是与任何其他行动相比都能取得总体上更好的后果的那个行动。这个合理性概念是直观上有吸引力的，因为我们通常认为，如果两个行动方案都是行动者能够采纳和实施的，与另一个方案相比，其中一个方案能够更有效地实现他想要取得的目的，或者能够产生在某种意义上更好的结果，那么，在所有其他条件都同等的情况下，采纳另外那个方案就是实践上不合理的。实际上，按照西季威克的说法，功利主义仅仅是把深谋远虑的合理性（prudential rationality）的概念从个人之内（intrapersonal）的情形扩展到人际（interpersonal）的情形。"深谋远虑的合理性"大体上指的是这样一个思想：在理性地追求自己的自我利益时，一个人应该是时间上中立的——一个利益或伤害的时间位置对他来说应该没有理性的重要性，他应该考虑的是对他的长远利益或者他最看重的某个目标的最佳实现。按照这个观点，比如说，一个人不应该因为当下的某个欲望最强烈就去满足这个欲望，如果这个欲望的满足会挫败他的长远利益或者他最看重的那个目标的话。如果一个人承诺了这个合理性概念，并认为自己的利益是最重要的，那么他就成为一个理性的利己主义者。当然，在把这个合理性概念从个人之内的情形扩展到人际的情形时，功利主义者强调说我们应该从一个严格不偏不倚的观点来看待所有人（至少在合理的估计下我们的行动所能影响到的每一个人）的福利。古典功利主义在其诞生之际之所以是一个革命性的理论，就是因为它承诺了一个不偏不倚的观点，认为每一个人都具有同等的重要性，因此在效用的计算中应被平等地加以看待。自古典功利主义以来，要求行动者超越自己的私人关怀和个人忠诚就成为现代道德观念的一个本质要素，对一个不偏不倚的观点的承诺已经成为推动道德进步的一个主要动力。

然而，在古典功利主义者对不偏不倚的理解中，他们并不认为一个好处或者负担落到谁的头上这一问题具有道德重要性；功利主义对集聚的强调自然地产生了这一观念：道德上重要的是好处或伤害的数量。古典功利主义者对不偏不倚的理解支持一个最大化的道德标准：在决定要如何行动的时候，一个功利主义的行动者要通过集聚每一个人的利益来考虑每一个人的利益，相对于一个行动对其他人的伤害来平衡它对某个人的好处，在必要时产生最好的总体结果。这种做法已经让古典功利主义碰到了一个最严重的批评：功利主义严重地忽视了一个道德上重要的事实——不同的人类个体是分离的存在，因此，与一个人在其自身的生活中按照深谋远虑的合理性来平衡好处和伤害不同，为了最大化聚集效用而要求一个人牺牲他的某些利益（或者甚至牺牲他自己的生命）是道德上错的，因为这种牺牲被认为不可能得到合理的补偿，而一个人为了自己的长远利益所作出的某些牺牲据说在他的生活历程中可以"自动地得到补偿"。[17]于是，功利主义集聚最大化效用的策略被认为违背了功利主义者自己对平等的承诺，或者至少表明他们对平等的理解是有问题的。伯纳德·威廉斯提出了一个类似的批评：如果功利主义要求一个人为了最大化福利而放弃对他来说具有根本重要性的生活计划，那么功利主义就破坏了人的个人完整性（personal integrity），把一个人从他的某些根本承诺中"异化出来"。比如说，功利主义要求一个人为了资助受到洪涝灾害的人们而把他准备用来与他的妻子去度假的一笔钱捐赠出去。进一步，在著名的拖车难题中，如果功利主义要求我为了挽救在一个轨道上的五个人的生命而改变拖车方向，让它滑向另一个轨道并压死一个人，那么功利主义就是在要求我要对实际上不是由我引起的事情承担道德责任。[18]批评者由此断言功利主义对人们提出了过分严厉的道德要求。

在规范伦理学最近几十年的发展中，后果主义（或者功利主义）与其批评者之间关于道德要求（因此道德的本质）的争论一直是一个核心问题，在某种意义上也是把后果主义（或者功利主义）的道德理论与义务论的道德理论区分开来的一个关键，正如我们在下一节即将看到的。后果主义的理论要求我们最大限度地促进某个指定的价值，这个要求被认为不仅严重地干涉了人们的个人的生活计划和个人决定，而且也使得所谓的"超出义务"（supererogatory）行为在逻辑上变得不可能。按照某种日常的观点，我们在心理上不愿意（或者甚至抵制）作出重大牺牲，例如为了挽救公共财产而牺牲自己的生命。即使一些行动者确实采取了这样的行为，因此在某种意义上成为道德英雄或道德圣徒，但要求所有人都采取这种行为显然是不现实的，而且也可能是不恰当的。在道德上应当做的事情应该是我们在正常的能力范围内能够做的事情。日常道德认识到了这样一个心理约束，因此就不要求我们为了行善而作出重大牺牲。但在后果主义的道德框架中，道德上正确的行动是这样的行动：与行动者可能得到的其他行动方案相比，它能够最大化效用，或者最大

〔17〕 关于这个批评，参见 John Rawls, *A Theory of Justice* (Cambridge, MA: Harvard University Press, 1971), pp. 22 – 27; Thomas Nagel, *The Possibility of Altruism* (Princeton: Princeton University Press, pp. 138 – 139.

〔18〕 参见 Bernard Williams, "A Critique of Utilitarianism", in Bernard Williams and J. J. C. Smart, *Utilitarianism: For and Against* (Cambridge: Cambridge University Press, 1973), especially pp. 93 – 99, 108 – 117; Bernard Williams, "Persons, Characters and Morality", in Williams, *Moral Luck* (Cambridge: Cambridge University Press, 1981), pp. 1 – 19.

限度地促进某个指定价值。这个主张似乎意味着：如果行动者不能满足这一要求，他就做了道德上错的事情。然而，按照日常的观点，只要一个人行了善，不管他给出多少，他的行为都是道德上正确的，而且是值得赞赏的。批评者认为，后果主义似乎无法容纳这个道德直观，因此是一种有缺陷的理论。当然，后果主义者不是不能回答这个挑战。例如，密尔认为我们应该把"道德上错"的概念与"值得责备"（或者"值得赞扬"）的概念区分开来。如果因为人们没能最大化效用而惩罚他们或者责备他们实际上不可能产生最大的效用，那么我们就不应该这样做。因此，按照密尔的观点，没有去做一个人在道德上应当做的事情并不总是道德上错的。如果密尔的观点是正确的，那就意味着：我们总是应该尽我们自己的能力去行善，但不能满足最大化效用的要求也不是道德上错的；当然，如果一个人确实满足了这一要求，他就格外值得赞扬。密尔的观点似乎能够容纳我们日常对"超出义务"的行为所持有的直观，但也产生了这一问题：采纳这一观点的功利主义是否仍然是一致的？

对后果主义的一个重要批评认为这种理论对日常的道德行动者提出了过分严厉的道德要求。后果主义者已经提出很多策略来回答这一批评。其中一个策略是放弃最大化要求，认为一个行动者只要做得足够好就行了。例如，假设为了帮助贫困山区的人民修复被洪水摧毁的学校，按照所需的经费预算以及按照平等分配的原则，最有效的方式是每个人都捐赠 1 000 块钱。即使你没有满足这个要求，但如果你实际上捐赠了 700 块钱，你已经做得足够好了。按照这种观点，我们在道德上应当把足够的效用产生出来（或者把某个指定价值促进到某个足够的程度）的事情。采取这种观点的后果主义有时候被称为"足够好的后果主义"（satisficing consequentialism）。[19]然而，一些后果主义者理论家指出，这种观点实际上不能被恰当地称为一种后果主义。足够好的后果主义允许人们把一些时间、精力和金钱投入到自己的个人生活计划上，因此就好像缓解了最大化的后果主义对人们所提出的严厉要求。然而，后果主义也承诺了一个不偏不倚的观点，要求人们在进行道德决策时从这个观点来看问题。这或许意味着：在决定要如何行动时，一个后果主义的行动者也需要考虑他即将采取的行动对自己的影响。比如说，如果一个行动者把自己的所有财物都用于公共慈善事业，把自己的全部时间和精力投入这一事业，那么，只要他仍然认为他有自己的个人生活计划（例如有自己的家庭和事业），他的个人生活状况就会变得很糟糕，因

---

〔19〕 对这种后果主义的进一步的论述，参见 Michael Slote（1984），"Satisficing Consequentialism"，*Proceedings of the Aristotelian Society* 58：139－163.

此他所采取的行动实际上无助于最大化从一个全局的、不偏不倚的观点来看的总体效用。如果行动者也需要考虑他即将采取的决策和行动要求他付出的个人代价，那么足够好的后果主义很有可能仍然是一种伪装的最大化的后果主义，或者更恰当地说，是一种优化的后果主义。[20]另一些后果主义者则认为，我们可以从一种规则后果主义的观点来缓解直接的行为后果主义所带来的"过分严厉的道德要求"的问题。[21]这种观点的基本思想是：只有在对规则的充分服从的情况下服从一套规则才有可能产生最大效用，因此，如果并非每个行动者都自觉地服从指定的规则，那么，只要一个行动者做他在理想的状况（即充分服从规则的状况）下所要求的行为，他就算满足了后果主义的道德要求。例如，假设一只船在寒冷的深夜发生了沉船事故，500个人掉到大海中，一支10个人组成的队伍被要求赶赴事故地点，每个人把50个救生衣抛给遇难者。然而，一些队员并没有严格地遵循这一要求，比如说，他们每个人只抛入20个救生衣。在这种情况下，其他队员若要完成指定的任务，就需要做额外的工作，于是就加重了他们的负担。上述观点所说的是，在这种情况下，只要你把自己的任务完成，你就算满足了后果主义的道德要求。当然，这个观点是否恰当也引起了诸多争议。[22]一些理论家进一步指出，我们之所以觉得后果主义的道德要求过于严厉，是因为我们本来就生活在一个并非理想的世界中，例如大多数富人并不行善或者给得很少的世界中。按照这种观点，如果社会和政治制度已经被合理地安排，有道德良知的行动者就不会承受那么严厉的道德要求。因此，缓解后果主义的道德要求的一种方式就是通过改革或重建社会和政治制度，以便每个人的基本需求在合理的范围内都能有效地得到满足。[23]不过，也有一些后果主义理论家根本就不接受这种批评——在他们看来，很多人实际上都没有满足后果主义的道德要求，这就使得一部分严格遵守这一要求的行动者背负了更加沉重的负担；因此，为了在提高总体效用上做得更多，我们就必须在道德上改变我们自己的生活或生活方式。[24]

---

〔20〕 当然，这个思路产生了另外一个问题：如何合理地确定一个人所要付出的个人代价？尤其是，这种后果主义会不会退变为一种形式的利己主义。在下面讨论约束和选择的时候我们会继续处理这个问题。

〔21〕 关于这种尝试，参见 Liam Murphy, *Moral Demands in a Non-Ideal Theory*（New York：Oxford University Press，2000）。

〔22〕 对如何合理地理解后果主义的道德要求的一个系统论述，参见 T. Mulgan, *The Demands of Consequentialism*（Oxford：Clarendon Press，2001）。

〔23〕 参见 Samuel Scheffler, *Human Morality*（New York：Oxford University Press，1994），especially chapter 8.

〔24〕 关于这种强硬的观点，参见 Shelly Kagan, *The Limits of Morality*（Oxford：Clarendon Press，1989）；Peter Unger, *Living High and Letting Die*（New York：Oxford University Press，1996）。

　　对后果主义的另一个重要批评涉及这种理论对一个不偏不倚的观点的承诺。尽管后果主义不是承诺一个不偏不倚的观点的唯一的道德理论（例如，康德伦理学也承诺这样一个观点），但一旦它把这个承诺与最大化要求结合起来，它就更容易遭受批评。如何理解"不偏不倚"这个概念实际上是一个有争议的问题。在日常意义上，作出一个不偏不倚的决定就是要摆脱我们对这一决定所涉及的人们的偏见，在某个方面平等地看待他们。比如说，假设我是一个招聘委员会的主席，有两个候选者，其中一个是男性、另一个是女性；如果我不因他们的性别都允许他们进入应聘名单中，那么就性别而论我是不偏不倚的；但是，招聘一个学术岗位所要考虑的因素主要是学术水平和教学能力，因此，如果我因其中一个候选者是一个朋友推荐的就决定录用他，那么在招聘这件事情上我就不是在采取一种不偏不倚的态度。人们都普遍同意道德与不偏不倚具有密切联系，但就这种联系的本质而论，哲学家们也有不同看法。例如，亚当·斯密试图用一个"理想的旁观者"的思想来把握不偏不倚的概念，但如何理解这个思想也引起了诸多讨论；[25]另外一些哲学家则认为，当我们特别把道德与不偏不倚联系起来时，不偏不倚指的是每一个人在道德上相关的方面都应该被处理为平等的，没有任何人比任何其他人具有更多的内在重要性。后果主义对一个不偏不倚的观点的承诺主要体现在两个假定上：第一，后果主义理论所要促进的价值通常被认为是中立于行动者的（agent-neutral）价值；第二，后果的总体价值是能够独立于任何特定行动者的具体身份（identity）而被决定和排列的。在这里，说某个东西具有中立于行动者的价值，大概就是说它并不依赖于任何行动者的特定兴趣、态度或偏好而具有价值。[26]因此，任何具有客观价值的东西也具有中立于行动者的价值，例如友谊、爱情、自由、平等，或者甚至某种意义上的个人福利。一个人固然可以认为这些东西对他来说也是有价值的，也就是说，他可以因为认识到这些东西的价值而承诺要追求或实现这些价值，但后果主义者强调说，在进行一个后果主义的慎思时，一个行动者要把他自己的兴趣或利益看得与任何其他人的兴趣或利益一样重要，绝不允许他因为自己的个人偏好而格外看重自己的兴趣或利益，对其他人的兴趣或利益打折扣。换句话说，按照后果主义的观点，在思考如何行动的时候，一个行动者不应该特别偏爱自己或者偏爱那些与他特殊关系的人，因此他就必须把与此相关的考虑从他的实践慎思中排除出去，在他的行动可能会影

---

　　〔25〕　例如，参见 Roderick Firth（1952），"Ethical Absolutism and the Ideal Observer"，*Philosophy and Phenomenological Research* 12：317 - 345；Richard Brandt（1954），"The Definition of an 'Ideal Observer' in Ethics"，*Philosophy and Phenomenological Research* 15；407 - 413.

　　〔26〕　当然，这仅仅是一个粗略的说法。在下面讨论义务论时，我会详细讨论这个概念。

响到的所有人之间实现一种严格的不偏不倚。正是这个思想让后果主义遭受了上面提到的那个指责：后果主义的道德要求过分严厉，因此这种理论应该被拒斥，因为它不符合人们日常的道德心理——从日常的观点来看，行动者对自己具有某种偏爱，认为自己的生活计划和关注具有某种特殊的重要性，这总是可允许的，而且应该在道德上得到认可。此外，对某些特殊的人（例如一个人自己的家庭成员、朋友或者同胞）持有某种特殊的偏爱似乎也是可允许的。但后果主义者所承诺的那种不偏不倚似乎禁止这样的偏爱出现在后果主义的慎思中。[27]

后果主义者有很多方式回应这个批评。后果主义者可以回答说，任何一个真正不偏不倚的道德理论都对人们提出了严厉的要求，因为对一个不偏不倚的观点的承诺本身就意味着行动者不能偏爱自己的个人利益（包括他视为他的自我的某些利益，例如对亲朋好友的特殊关顾）。比如说，对于一个利己主义者来说，甚至日常的义务论道德也对他提出了过分严厉的要求。道德要求一个人牺牲自己的某些利益是一件理所当然的事情。后果主义者可以从一个关于行动的理由和动机的外在主义观点回答说，如果我们认为道德要求只是构成了实践推理的一部分，道德考虑并不在实践推理中占据支配地位，那么后果主义的极端的道德要求就不会对我们造成威胁，因为在某些特殊的情形中，我们可以认为其他方面的考虑具有某种优先性或重要性。[28]最有趣的回答是从密尔和另一位古典功利主义理论家威廉·葛德文的思想中发展出来的一种回答。[29]古典功利主义已经把幸福设想为唯一具有内在价值的东西，认为道德生活的目的就是要促进整个人类幸福。在密尔看来，为了促进这个目标，我们并不需要以完全牺牲我们的个人幸福（其中的一个构成要素就是我们与我们的亲朋好友的关系）为代价。实际上，正是因为我们最了解我们身边的人，因此给予他们和他们的生活计划以某种特殊的关注实际上是与促进整个人类幸福相一致的。密尔进

---

[27] 对这个批评的一些详细论述，参见 Lawrence Blum, *Friendship, Altruism and Morality* (London: Routledge, 1980); John Cottingham (1986), "Partiality, Favoritism, and Morality", *Philosophical Quarterly* 36: 357 – 373; John Kekes (1981), "Morality and Impartiality", *American Philosophical Quarterly* 18: 295 – 303; Samuel Scheffler, *The Rejection of Consequentialism* (New York: Oxford University Press, 1982); Michael Slote, *Common Sense Morality and Consequentialism* (London: Routledge, 1985); Bernard Williams, *Moral Luck*; Susan Wolf (1992), "Morality and Partiality", *Philosophical Perspectives* 6: 243 – 295.

[28] 关于这两种回应，参见 David Brink, *Moral Realism and the Foundations of Ethics* (Cambridge: Cambridge University Press, 1989), especially chapters 3 and 10; Elizabeth Ashford (2000), "Utilitarianism, Integrity and Partiality", *Journal of Philosophy* XCVII (8): 421 – 439.

[29] William Godwin, *Enquiry Concerning Political Justice and Its Influence on General Virtues and Happiness* (London, 1793).

一步指出，我们不应该把促进人类社会的一般利益与促进我们自己的利益绝对地分离开来，大多数好的行动不仅对于整个世界来说是好的，而且对于我们自己来说也是好的。这种可能性就在于人们迟早必须具有的一个认识——某种合理地组织的社会生活对于每一个人过上一个好的生活是绝对必要的，正如密尔自己所说：

> 只有在所有人的利益都必须得到相互商榷和相互协调的基础上，在人与人之间形成的社会才变得可能。只有按照所有人的利益都要得到平等照顾这个认识，在平等的人类个体之间形成的社会才能得以存在。既然在所有文明社会中，人与人之间是平等的，那么每个人都有义务按照相互合作的条款来生活，（这样）当人逐渐成长起来的时候，他们就没有办法设想一个完全无视他人利益的状态。他们必须设想他们自己至少要抑制无礼地伤害他人，抑制生活在一个不断相互对立的状态中。他们也熟悉与他人合作这个事实，把集体的利益而不是个人利益看做自己行动的目的。只要他们在进行合作，他们就可以把自己的目的鉴定为他人的目的；因此，他们至少就会有这样一种临时感觉：其他人的利益也是他们自己的利益。社会联系的强化，社会的健康成长，不仅使每一个人对实际上考虑他人的福利产生了更强的个人兴趣，而且也导致了他把自己的感情逐渐鉴定为其他人的利益，或者至少在很大程度上去考虑他人的利益。这样，就好像一个人已经通过本能逐渐意识到他自己就是一个应该理所当然地照顾他人的人。其他人的利益对他来说就自然而然地成为他需要加以关照的东西，就像我们存在的任何自然条件一样。[30]

一些当代哲学家类似地论证说，精致的后果主义者将会发展出某些决策模式，除了在某些罕见的场合外，这些决策模式并没有明确地提到后果主义的目的和目标，可以把关注的焦点放在某些特定的人群那里，而不是试图促进整个人类的福利。[31]这种观点是我们前面提到的间接的后果主义的一种形式。然而，这种观点是否能够有效地缓解上述批评仍

---

〔30〕 J. S. Mill, Utilitarianism, *On Liberty and Essays on Bentham* (New York: A Meridian Book, 1962), pp. 284 –285.

〔31〕 参见 Frank Jackson, "Decision-Theoretic Consequentialism and the Nearest and Dearest Objection", *Ethics* 101: 461 –482; Peter Railton, "Alienation, Consequentialism and the Demands of Morality", reprinted in Railton, *Facts*, *Values and Norms*, pp. 151 – 186; Pettit, Philip and Geoffrey Brennan (1986), "Restrictive Consequentialism", *Australasian Journal of Philosophy* 64: 438 –455.

然是一个问题，不仅因为这些决策模式是否能够促进整个人类福利是一个经验问题，而且因为（这一点更加重要）在个人观点和后果主义所要求的那种严格不偏不倚的观点之间确实存在着难以调解的张力。实际上，尽管西季威克在《伦理学方法》中试图为功利主义提出一种系统的理论辩护，但他最终也认识到功利主义无法避免他所说的"实践理性的二元论"，即对自我利益的理性发展和从一个不偏不倚的观点来最大化普遍福利之间的张力。他对功利主义的最终判断构成了后来的争论的一个理论起点，迫使后来的哲学家去探究一系列与道德的本质有关的问题，其中就包括"道德的观点是否必须是一种严格不偏不倚的观点"这一问题。不管后果主义是否确实对人们提出了过分严厉的道德要求，正如彼特·莱尔顿深刻地指出的："一个可得到的、共同分享的意义（meanings）系统好像就是在我们所熟悉的各种社会安排中来维护每个人的生活的意义的一个先决条件。而且，在这样的社会安排中，一个人的同一性及其自我的重要性好像部分地依赖于其他人对于这个自我的重要性。"〔32〕如果每个人都具有这一认识，按照这个认识来重新设想或理解自我，那么我们所面对的道德要求或许就不像我们在现实世界中在按照后果主义的要求来行动时那么严厉。

选择权和约束

正如我们已经看到的，后果主义者回答批评的一种方式是论证说，我们应该学会逐渐改变我们的生活方式、重新设想我们的自我的观念或者甚至重新塑造我们的自我。然而，很多批评者认为这种做法是不切实际的，相反，一个合理地可接受的道德理论应该承认日常的道德心理对我们的道德动机所施加的约束。塞缪尔·谢夫勒对后果主义的批评就是以这个主张为出发点，论证说个人观点（the personal point of view）具有一种自然的独立性，因此并不严格受制于后果主义的实践慎思的要求。〔33〕伯纳德·威廉斯格外关注不偏不倚的道德观念与个人观点之间的冲突，并对这种冲突深为忧虑。谢夫勒的理论主要是为了回应这个忧虑而提出来的。在谢夫勒看来，为了缓和功利主义或后果主义的道德要求，我们就必须引入这一思想：在要把多少时间、精力和资源投入到自己的生活计划这件事情上，

---

〔32〕 Peter Railton, *Facts, Values and Norms*, p. 178.
〔33〕 Samuel Scheffler, *The Rejection of Consequentialism*.

行动者有一种道德上的选择权（options）或特权（prerogatives），而且，他对自己的生活计划的投入无需与他对非个人性的价值的促进成正比。承认个人的选择权也就意味着承认道德能够要求我们作出的牺牲是有限度的。早在谢夫勒用这种方式来处理上述冲突之前，就有一些批评者论证说，后果主义的道德理论所面临的一个问题就是它不能容纳非个人性的约束（impersonal constraints），这种约束是这样产生的：人因为具有某种尊严或者某种神圣不可侵犯的资格，因此有权要求某种对待（例如，不被残暴地对待，或者不被仅仅当作手段来使用），而不管一个人与其他人处于什么样的关系，他所具有的这种权利就在其他人那里产生了相应的责任。约束的概念被认为是要把这种权利和责任以及它们之间的关联表达出来。按照某些理论家的说法，权利的概念构成了一种边际约束（side constraints），保护一个人的某些利益在某个指定的范围内不受侵犯，即使在某个特定的情形中侵犯一个人的权利能够让好几个人的同样权利得到维护。比如说，按照这种观点，我们不能（不应该）为了挽救五个人的生命而牺牲一个无辜者的生命（回想一下前面提到的器官移植的情形，或者拖车的情形）。换句话说，把权利处理为边际约束就是要承认那些应该被尊重而不是被促进的价值。[34]

然而，非个人性约束的思想面临两个主要问题。第一个问题涉及所谓的"义务论约束的悖论"。假设只有通过对某个人造成伤害，你才能避免对另外五个人各自受到类似的伤害。后果主义似乎意味着你应该采取行动来避免那五个人受到伤害，即使这样做意味着你不得不伤害前面那个人。但约束的思想禁止你采取这样的行动。假设我们把这里所说的伤害理解为死亡，那么反对这个思想的理论家就可以说，既然每个人的生命都是有价值的，每个人都有同样的生存的权利，那么在这种特殊的情形中，为什么不可以通过违背一个人的权利而减少这种权利受到违背的总体数目？如果我们可以这样做，那就表明义务论的约束是不合理的。诺齐克把康德的"不能仅仅把人当作手段来使用"的思想设想为边际约束的理论根据，但我们需要指出的是，康德的这一思想或许并不要求边际约束。在上述例子中，如果只有通过对一个人造成某种伤害你才能避免其他五个人受到类似的伤害，那么，当你采取相应的行动时，你无需是在把前一个人仅仅处理为手段：要是你不用对这个人造成伤害就能避免其他五个人受到类似的伤害，你更愿意采取这样的做法。因此，如果你不被允许采取行动来减少伤害，那不是因为：当你不得不采取这样的行动时，你必定是

---

[34] 参见 Robert Nozick, *Anarchy, State, and Utopia* (New York: Basic Books, 1974), pp. 28 – 33.

在把你所伤害的人仅仅处理为手段。[35]非个人性约束的思想所碰到的第二个问题是：它似乎排除了"超义务"的可能性；如果这种约束适用于所有人，那么它也适用于行动者自己；因此，一个行动者似乎不能（比如说）通过牺牲自己的生命来挽救其他五个人的生命。

谢夫勒认为，他的"没有约束的选择权"的思想的一个优点就在于它能够解决这个问题。在他看来，选择权的一个根据就是：选择权允许行动者把道德整合到他的合理的生活计划中。为了把道德要求整合到这样一个生活计划中，道德要求就必须是行动者在动机上可以合理地接受的要求。人们在动机结构和个性上是有差异的，因此他们可以对道德要求有不同的承诺，甚至同一个道德要求在动机上对他们的影响也可以是不同的。可以设想的是，大多数都会认为自己的个人生活计划具有独特的重要性，但也有一些人会接受更高的道德要求，例如后果主义的道德要求。当他们采取满足这种要求的行动时，他们就超越了日常的道德义务的基本底线，作出了特别令人赞赏的行为。谢夫勒认为，人们不应该被禁止采取这样的行为：只要一个人能够把后果主义的道德要求整合到他的合理的、令人满意的生活计划中，他就可以按照这种道德要求来行动。这就是所谓的"没有约束的选择权"的含义。

但问题是：真的可以存在着没有约束的选择权吗？正如我们已经看到的，谢夫勒之所以提出这个思想，一方面是要把选择权设想为免受后果主义的道德要求蚕食的盾牌，另一方面也允许行动者按照不偏不倚的道德要求来行动。然而，如果选择权是要充当这样一种盾牌，一个人的选择就必须与一种责任相联系，即其他人尊重他的非优化的个人选择的责任。然而，如果其他人有责任尊重他所作出的这种选择，那么这种责任的概念本身就已经暗示了一种约束——其他人约束自己不要去干涉或者妨碍他所作出的个人选择。[36]当然，在某个指定的权限内，一个人确实可以自由地作出自己的个人选择并按照这种选择去行动，但"权限"这个说法也暗含着某种约束的存在。此外，甚至从日常道德的观点来看，我们也很难理解这样的说法：一个人总是可以从自己的个人观点出发来作出无论什么样的个人选择，因为在没有任何道德约束的情况下，一个人的个人选择就有可能对其他人造成严重伤害。因此，如果没有某种道德约束的存在，谢夫勒的观点就有可能衰变为一种利己主义的观点。合理的道德要求当然必须尊重人们的一般的道德心理，但道德本身已经是一个内在于人类生活的事实，也是任何合理的人类社会的一个必然的构成要素。这意味着道

---

〔35〕 当然，义务论者能够对这个批评提出一个回答，在下一节中我将考察他们的观点。

〔36〕 参见 Larry Alexander（1987），"Scheffler on the Independence of Agent-Centered Restrictions"，*Journal of Philosophy* 84：277–283.

德相对于任何特定个体的行动和选择来说已经构成了一种约束；我们所要探究的真正问题是：什么样的道德要求是已经具有基本的道德意识的个体（对道德在人类生活中的重要性已经具有初步认识的人们）所能合理地接受的？就此而论，后果主义是否对人们施加了过分严厉的道德要求也许不是一个能够被先验地解决的问题，而是一个要根据具体的情境在经验上来加以裁决的问题。比如说，在大多数人因饥饿而面临死亡的时候，重新分配少数富人的财产或许说不上是对他们提出了过分严厉的道德要求——可以设想的是，如果大多数人都因此而死去，少数富人已经集聚的财富并不能保证他们能够继续过上一个长治久安、舒适享乐的生活。[37]如果道德已经是任何得体的人类生活的一个根本的构成要素，那么我们就不能把我们对道德要求的理解与人类生活的其他方面分离开来。在我看来，后果主义的道德理论正确地把握了这一基本事实，正如我们可以在密尔等人的思想中看到的。

义务论、相对于行动者的理由与约束

在当代的规范伦理学领域中，义务论的道德理论在某种意义上已经被理解为后果主义的道德理论的对立面。"义务论"这个术语在词源上来自古希腊的两个词语"*deon*"和"*logos*"，字面含义是关于责任的学说。但说义务论的道德理论仅仅是对道德责任的系统研究并不足以把这种理论与其他类型的道德理论区分开来，因为后果主义的理论也关系到对责任的研究。一个更准确的说法是：义务论的道德理论旨在引导和评价我们对我们应当如何行动的**选择**，试图详细说明哪些选择是道德上所要求的、所禁止的或者所允许的。在这里我们特别强调义务论关系到对如何行动的选择，是因为义务论者特别关心我们是**如何**行使我们的能动性的，因此在这个方面被认为不同于后果主义的理论。后果主义当然也关系到选择问题，但一般认为选择仅仅是要按照它们所导致的事态的价值来加以评价。任何后果主义的道德理论都必须首先预设一个价值论，也就是说，在评价选择或行动的道德正确性之前必须首先说明哪些事态是内在地有价值的。在这个意义上，后果主义认为善（the good）优先于正当（the right）：在行动者所能得到的选择或行动中，能够最大限度地促进

---

〔37〕 与此相关的一个论述，参见 Peter Singer, *The Life You Can Save：Acting Now to End World Poverty* (New York：Random House, 2009).

某个指定价值的选择或行动就是道德上正确的。相比较，义务论者认为，某些选择或行动无论如何都不能通过它们所产生的效果来辩护，换句话说，不管它们所产生的后果在道德上是多么好（从后果主义的观点来看），它们有可能是道德上所禁止的（从义务论的观点来看）。对于义务论者来说，一个选择或行动是否正确取决于它是否符合某个指定的规范。每个道德行动者都要严格地遵守这样的规范，最大化这样的遵守不是他们要做的事情。〔38〕在这个意义上，义务论者认为正当优先于善。

任何道德理论都对允许我们做的事情施加了某些限制，日常道德、义务论和后果主义都分享了这个特点。然而，义务论的一个独特之处是它认为某些约束对后果主义的最大化要求施加了限制。例如，按照义务论的观点，我们绝不应该为了拯救五个人的生命而把一个无辜者杀死，或者为了让一个恐怖主义者把恐怖主义袭击的时间和地点说出来而折磨他。这些禁令不仅对我们可以做的事情施加了约束，甚至也对我们为了追求好的目的而采取的行为施加了约束。义务论者也认识到从特殊的关系中产生出来的责任，并赋予这些责任以某种特殊的重要性。就像约束一样，特殊责任也削减了我们行动的自由，但与一般而论的约束不同的是，特殊责任仅仅是针对那些与我们具有某种特殊关系的人们，这种关系要么是"自然的"，例如由血缘关系派生出来的，要么是由某种明确的约定产生出来的，例如通过许诺或者契约产生出来。义务论者认为，由特殊的关系产生出来的特殊义务不仅对我们的行为施加了约束，而且在分量上要超过我们可能具有的其他义务。比如说，假设你已经对你的朋友约翰许诺下午两点要去机场为他送行。在快到机场的一条小路上，你发现一个小孩掉入旁边湖泊中，眼看就要被淹死了，而周围又没有其他人。因此，如果你不立即采取行动去救他，他就会被淹死；另一方面，如果你决定这样做，你就耽误了为约翰送行的时间；此时你的手机恰好没电了，无法把你碰到的情况告诉约翰。按照义务论的观点，即使救这个小孩能够产生更好的结果，你可以不这样做（实际上，一些义务论者或许强调说，你应该立即赶赴机场，完全无视这个小孩的处境）。与此相关（正如前面在讨论谢夫勒的观点时指出的），义务论者强调说我们要帮助其他人的责任是有限的，尤其是，我们有一个选择权拒绝满足后果主义的最大化要求，不管这样做是否涉及牺牲我们自己的利益。为了理解义务论者提出的这些主张，我们必须进一步考察两个相关的核心问题：第一个问题涉及义务论者对道德理由的理解，第二个问题关系到他们对能动性的理解。

刚才我们是按照善与正当的优先关系来区分后果主义和义务论，但在最近的讨论中，

〔38〕 这个主张是前面所说的"义务论约束的悖论"的一个思想渊源。

理论家们通常是按照"中立于行动者的理由"和"相对于行动者的理由"这两个概念来区分这两种道德理论。[39] 如何理解或阐明这两个概念实际上是一个有争议的问题，内格尔自己对这个区分提出了这样的说法："如果一个理由能够被给出一个一般的形式，其中并不包括对具有这个理由的那个人的本质指称，那么它就是一个中立于行动者的理由。……另一方面，如果一个理由的一般形式确实包含了对具有这个理由的那个人的本质指称，那么它就是一个相对于行动者的理由。"[40] 在这里，"本质指称"（essential reference）这个说法想要表明的是，在对一个行动理由的表述中必须提到行动者自己。我们可以用一个例子来说明这个思想。利己主义者认为每个人都有理由仅仅促进自己的福利，而功利主义者则相信每个人都有理由促进一般的福利。这两种理由都适用于所有人，但中立于行动者的理由另外把一个普遍性的要素整合到对一个理由的表述中：说"我们每个人都有理由促进一般的福利"就是说"我们每个人都有理由追求促进一般的福利这个**共同的**目的"。但对利己主义者来说，即使每个人都有理由追求自己的福利，这样一个目的是分离的而不是共同的：你有理由追求**你自己**的福利，我有理由追求**我自己**的福利，但你没有理由促进我对我的福利的追求，正如我没有理由促进你对你的福利的追求。因此，说"一个理由是行动者相对的"并不是说这样一个理由对其他人并不适用，仅仅是说与这样一个理由相关的行动所要促进的目的不是其他人所要分享的目的。特殊责任的例子被认为很好地说明了这一点。从这种责任中产生出来的理由被认为是典型的相对于行动者的理由。如果一个人与我们成为朋友，那么，每一个人都有理由帮助他自己的朋友，但是，当我有理由帮助我自己的朋友时，我或许没有理由帮助你的朋友。类似地，如果两个孩子掉入长江中，其中一个孩子是我自己的孩子，那么，我有理由救助我自己的孩子，但或许没有理由救助你的孩子。"相对于行动者"和"中立于行动者"这两个概念也可以被应用于道德理论。如果一个道德理论规定了共同的目的，认为每个道德行动者都有理由促进它所指定的目的，那么它就是一个中立于行动者的理论；另一方面，如果它所规定的目的是分离的，而且只承认相对于行动者的道德理由，那么它就是一个相对于行动者的理论。后果主义的理论被认为是中立于行动者的理论，因为它认为每个人都有理由促进某个共同的目的。相比较，义务

---

〔39〕 托马斯·内格尔最先在《利他主义的可能性》中引入了一个类似的区分，把所谓的"主观的理由"和"客观的理由"区分开来，后来德雷克·帕菲特正式引入了"中立于行动者"和"相对于行动者"这两个概念，内格尔在他后来的一部著作中采纳了帕菲特的术语。参见 Derek Parfit, *Reasons and Persons* (Oxford: Clarendon Press, 1984).

〔40〕 Thomas Nagle, *The View from Nowhere* (New York: Oxford University Press, 1986), pp. 152–153.

论的理论是典型的相对于行动者的理论，因为这种理论认为不仅确实存在着相对于行动者的道德理由，而且，当这种理由与中立于行动者的道德理由发生冲突时，它们不能被后者所推翻。

刚才我们已经看到从特殊责任中产生出来的理由在什么意义上是相对于行动者的。义务论的约束被认为也是相对于行动者的。假设只有通过自己动手把一个无辜者杀死，我才能阻止你杀死五个人。[41] 按照某种义务论的观点（所谓的"绝对主义观点"），我们无论如何都不应该杀死无辜者，因此我有一个压倒一切的道德理由不要自己动手杀死任何人（正如你自己也不应该杀死任何人）。这样，即使在你把五个人杀死时你做了一件道德上错的事情，我也不应该为了避免更多的人被杀死而自己动手杀死一个人。相比较，按照简单的后果主义观点，我应该动手杀死一个人——把一个无辜者杀死固然是一件很糟糕的事情，但五个无辜者的死亡是更糟糕的事情，因此，我有一个中立于行动者的道德理由为减少无辜者的死亡这个共同目的作出贡献。此外，值得注意的是，谢夫勒所说的选择权允许一个人不要最大化善，因此在其表述上似乎不是相对于行动者的，但其理论根据仍然是相对于行动者的：每个人在道德上被允许给予他自己的利益以特殊的分量。义务论的道德理论以对特殊责任、约束和选择权的承诺为其特征，因此被认为是相对于行动者的道德理论的典型代表。

对于后果主义者来说，中立于行动者的理由显然是客观的，与这种理由相联系的价值也是客观的。很容易看出，在与相对于行动者的理由相对应的价值中，至少一些价值是客观的。比如说，我们似乎无法否认每个父母对其孩子的爱有一个客观的价值，尤其是，如果我认为我对自己的孩子的爱是有价值的，如果我是理性的，那么我也不能否认任何人对自己的孩子的爱是有价值的。这就产生了一个问题：这种价值如何产生了相对于行动者的理由？或者说，由此产生的理由在什么意义上是相对于行动者的？如果任何人对自己的孩子的爱都是有价值的，因此这种爱可以被理解为一个客观的价值，那么，当我有理由促进我自己的孩子的福利时，为什么我没有同样（或者同样分量）的理由促进你的孩子的福利呢？义务论者对这些问题的回答是这样的。在他们看来，从人们彼此负有的某些社会关系中产生出来的那种联系不仅是相对于行动者的，而且也是非派生性的（underivative），并且在道德上具有某种重要性。说这种关系是相对于行动者的当然是在说，"**我处于这样**

---

〔41〕 在这方面的一个生动例子是威廉斯的吉姆和印第安人的例子。参见 J. J. C. Smart and Bernard Williams, *Utilitarianism：For and Against*, pp. 98 – 100.

一种关系中"这个事实是我为什么为对方做某件事情的理由的一个不可排除的部分。比如说，即使每个人都有可能用某种方式（例如通过血缘关系，或者通过许诺或契约）与另一个人进入某种关系中，但一旦我与某个人进入了这样一种关系，通过这种关系产生出来的责任是我对他所负有的责任——我对任何其他人没有这样的责任（除非我与他们也进入这样的关系中），他们也没有权利要求我承担这样一个责任，或者以某种特定的方式针对他们行动。但这个事实本身并未说明，比如说，为什么我没有理由促进别人的孩子的福利，例如，在我的孩子和别人家的孩子掉入长江中时，在救助他们这件事情上一视同仁。为了阐明这一点，义务论者必须强调说由特殊关系产生出来的道德理由在如下意义上是非派生性的：这样一个理由并不取决于对处于这种关系中的人们的一般价值的考虑。换句话说，在义务论者看来，相对于行动者的理由不能被归结为后果主义的促进共同的善的理由。然而，后果主义者仍然可以对这个回答持有一种怀疑的态度。无需否认，当我与某个人成为朋友时，我们之间的那种忠诚对于友谊来说是本质的。对于义务论者来说，这种忠诚涉及我对我的朋友有一个非派生性的行动者相对的义务。比如说，我不能为了促进人们的一般福利而牺牲或放弃这种忠诚。然而，我们显然不能合理地认为这种忠诚在任何情况下都具有绝对的地位，它所产生的理由不能被任何中立于行动者的理由所推翻。假设我的朋友是一个恐怖主义组织的成员，我知道这个组织将在明天某个时刻在某个地方发起一场恐怖主义袭击，警方通过某种渠道了解到我的朋友是这场袭击的参与者，因此向我询问有关问题。在这种情形中，我们似乎不能合理地认为，为了忠诚我的朋友，我不应该把我所知道的有关情况告诉警方。我相信大多数人会认为我应该把有关情况告诉警方。如果义务论者接受这个观点，他们就必须承认相对于行动者的理由并非在任何情况下都不能被其他道德理由所推翻。因此他们也必须把一个后果主义的要素引入到他们的理论中，因为他们毕竟承认了按照道德理由的相对分量来思考应该如何行动的可能性。当然，如果他们不接受这个观点，他们或许认为这种情形涉及一种道德上的两难困境，或者一种人类悲剧。但更加合理的观点是：个人关系以及由此产生的特殊义务应该受制于某些中立于行动者的道德约束。[42]如果我与某些人的特殊关系是道德上重要的，那么任何一个人与某些人的特殊关系也是道德上重要的，并且具有同等的重要性。义务论者当然可以认为，我不能为了维护我自己所具有的某种特殊关系而危害其他人类似地具有的特殊关系。但正如我们接下来就

---

〔42〕 对这个思想的进一步论证，参见 Peter Railton，"Alienation，Consequentialism and the Demands of Morality"．

会看到的，把这样一个约束完全理解为一个相对于行动者的约束可能也是成问题的。

实际上，后果主义者无需否认特殊关系以及由此产生的义务确实具有某种道德重要性。在功利主义的理论框架中，它们是人们的福利的一个重要的构成要素，因此不仅应该在每个人类个体那里得到维护，也应该从一个不偏不倚的观点得到促进。因此，密尔、葛德文和西季威克等古典功利主义思想家都一致认为，在思考如何促进人们的普遍福利时，这种关系应该被予以一种特殊分量。如果特殊关系在每个人那里都能得到尊重，那么我们的世界无疑就处于一种理想的状态。但我们实际上并不生活在这样一个理想世界中：总是有人（或者某些集体行动者）在不断地侵犯和危害其他人的人身安全、他们的合法利益、他们的特殊关系等。在这种情况下，我们就不清楚义务论者所设想的那种约束在什么意义上应该是相对于行动者的，也就是说，一个行动者不应该为了减少某种约束受到违背的数量而自己违背这样一个约束。考虑反对有意杀害无辜者这样一个约束。很多义务论者相信这个约束是绝对的，即在任何情况下都不应该被违背。现在，让我们对威廉斯的经典例子作出如下修改：设想在要被处决的那些印第安人当中，有一个站出来对吉姆说："我请求你杀死我吧，这样我就可以让我的 19 个兄弟幸免于难。"按照义务论者的观点，甚至在这种情况下，上述约束仍然禁止你杀死这个自愿牺牲自己的印第安人。我们很难理解在这种情况下为什么减少同一种约束受到违背的数量是道德上不允许的。义务论者或许回答说，杀死无辜者是不允许的，即使这样做是为了避免更多的无辜者被杀害，因为具有这种约束的世界要好于没有这种约束的世界。[43]但这个回答可能是不充分的：如果每个人都遵守"禁止滥杀无辜"这个约束，那么具有这个约束的世界肯定要好于没有这样一个约束的世界；然而，在我们所生活的世界中这样一个约束并没有被普遍遵守，因此，在上述例子中，如果吉姆不把那个自愿牺牲自己的印第安人杀死，就会有一个更加糟糕的事态发生。这样，从一个不偏不倚的或者客观的观点来看，我们所生活的世界可能就会变得越来越糟糕。反过来说，如果我们由此而认识到尊重约束的重要性，那么我们是通过一个后果主义的观点而具有这个认识的。

当然，义务论者相信他们确实有概念资源辩护这种相对于行动者的约束。这种辩护取决于他们对道德能动性所提出的一种特殊理解。大体上说，义务论者认为我们只对我们通

---

[43] 关于这样一种回答，参见 Francis Kamm（1989），"Harming Some to Save Others"，*Philosophical Studies* 57：227 – 260；Francis Kamm（1992），"Non-Consequentialism, the Person as an End-in-Itself, and the Significance of Status"，*Philosophy and Public Affairs* 21：381 – 389；Thomas Nagel（1995），"Personal Rights and Public Space"，*Philosophy and Public Affairs* 24：83 – 107.

过行使自己的能动性而导致的行为或事态负责，我们不对通过其他行动者的能动性而产生的行为或事态负责。如果我杀死了一个无辜者（即使这样做是为了避免更多的无辜者不被杀死），我会认为**是我自己**通过行使我的能动性而违背了他所具有的那种神圣不可侵犯的地位。[44] 威廉斯类似地声称，功利主义（或者行为后果主义）之所以对我们提出了过分严厉、在某种意义上不合理的道德要求，就是因为它要求我们接受所谓的"负面责任"（negative responsibility）学说，即不仅要求我们要对我们通过行使自己的能动性所导致的行为或事态负责，也要求我们要对**不是**由我们自己的能动性所引起的行为或事态负责。即使义务论者为了容纳某些道德直观（例如，在拖车的案例中，改变拖车运行的方向是可允许的，但用一个胖子来堵住拖车是不允许的）而在这个思想框架中引入一些进一步的区分，例如做伤害和允许伤害之间的区分、有意采取一个行为来达到某个结果和仅仅预测到某个结果会发生之间的区分、行动和疏漏之间的区分，等等，[45] 但义务论者始终很难回答如下根本问题：为什么每个人的能动性对他自己来说竟然如此关键，以至于他甚至可以为了维护自己的能动性（或者它的某个方面）而无视其他人的能动性（或者某个类似的方面）？当然，无需否认每个人在根本上首先要对自己的能动性及其行使负责，但这并不意味着我们对其他人的能动性的形成和行使没有责任，因为我们毕竟是生活在一个并非理想的社会中，我们的自我也不是用一种完全自足的方式形成的。伊丽莎白·安斯康姆论证说，对于一个真正的道德行动者来说，通过违背某个义务论的约束来产生一个更好的结果（从后果主义的观点来看）这样的思想绝不可能出现在他的意识中，因为他会意识到这样做本身就是不道德的。[46] 我们或许从小被教会要严格地遵守某些道德规范，把违背这种规范的行为看做是不道德的。但这个事实本身并没有说明为什么为了促进某个后果主义的价值而违背某个义务论约束就是道德上错的——当然，除了在义务论者所规定的"道德上错"的意义上，但义务论者显然不能先验地排除一种后果主义的道德正确性概念。

---

〔44〕 这是弗朗西斯·卡姆在试图说明和辩护约束的时候所采纳的一个基本思想。参见 Francis Kamm, *Mortality*, *Morality*：*Vol. II*：*Rights*, *Duties and Status*（New York：Oxford University Press, 1996）；and Francis Kamm, *Intricate Ethics*：*Rights*, *Responsibilities and Permissible Harms*（Oxford：Oxford University Press, 2007）.

〔45〕 对这些区分及其应用的详细讨论，除了参考上面提到的卡姆的著作外，也可参见 W. Quinn, *Morality and Action*（Cambridge：Cambridge University Press, 1993）；P. A. Woodward（ed.）, *The Doctrine of Double Effect*（Notre Dame：University of Notre Dame, 2001）.

〔46〕 *Elizabeth Anscombe*（1958）, "Modern Moral Philosophy", *Philosophy* 33：1 – 19, especially p. 10. 类似的主张，见 Peter Geach, *God and the Soul*（New York：Shocken Books, 1969）, p. 24；Thomas Nagel, "War and Massacre", in Nagel, *Mortal Questions*（Cambridge：Cambridge University Press, 1979）.

我们或许认为我们对道德正确性的理解本身就是多元的，义务论的理论只是表达了其中的一种理解，尽管是一种很重要的理解，因为遵守基本的义务论约束确实是人类生活的一个重要方面。如果我们接受了这种观点，我们也必须承认不可解决的道德冲突的可能性。当人类生活把我们推入这样的困境时，我们也就陷入了威廉斯所说的"道德恐怖的状况"。[47] 按照威廉斯的说法，这种情形是"超越于道德的"（beyond morality），因为我们无法按照我们所持有的任何一种道德理论，或者我们采取的任何一个道德观点，来得出一个公认的道德判断。不过，我们也由此可以进一步反思公认的道德理由（或道德价值）与其他理由（或其他人类价值）的关系，在这个基础上重新寻求我们对道德生活的理解。就此而论，我们或许只能在人类的实际生活中来逐渐缓解义务论和后果主义之间的紧张关系，通过道德反思和实践智慧来解决我们所面临的道德困境。

以上我们只是简要地概述后果主义和义务论的道德理论的基本思想以及在它们之间出现的一些主要争论。收集在本文集中的文章也不可能展示这个领域的全貌，只能选择了一些最重要的论题，以便读者能够初步认识到规范伦理学中的核心问题的重要性以及人类道德生活本身的复杂性。本文集中的文章由陈江进和解本远翻译，我也对解本远原来的译文做了某些必要的修改。

徐向东

北京大学哲学系暨外国哲学研究所

---

〔47〕 参见 Bernard Williams，"A Critique of Utilitarianism"．

后果主义与义务论：一些基本思想

为义务论辩护*

戴维·迈克诺顿，皮尔斯·罗林 著 解本远 译

本文由三个部分组成。首先，我们提供了一个对义务论的传统辩护，例如按照罗斯（1965）的方式来提出的辩护。这一辩护最主要的观点是：正当独立于善。其次，我们按照行动者相对（agent-relative）和中立于行动者（agent-neutral）之间的划分，修正了目的对义务论和后果主义的区分的标准解释。（如果间接后果主义被认为是后果主义的一种形式，那么这一修正就是必要的）最后，我们对由奎因（1993）、卡姆（1989，1992）、内格尔（1995）提出的以价值为基础的义务论辩护进行了质疑。

每次行动，我们都使世界变得不同于它在其他情况下的样子。原则上说，我们可以按照我们的不同的可选择行为所导致的不同结果的价值对它们的价值进行排列。根据直接的行为后果主义，我们作为道德行动者的任务就是要促进价值，而且我们能做的好事越多越好。因此正当的行为就是最好的，最好的行为要比其他任何行为产生更多的善和更少的伤害[1]——与正当行为唯一相关的是我们可以选择的行为的价值。我们根据后果的价值来判断一个行为，在一个十分宽泛的意义上使用"后果"这一术语，包括行为自身的完成和从行为中产生的结果。后果主义本质上并不是一个完全的道德理论——也就是说，一个告诉我们什么行为事实上是正当的、为什么是正当的理论。我们需要在这一理论上促进一个关于什么东西有价值和什么东西是错误的说明。后果主义自身提供了一个形式上的结构，在这个结构中，可以找到一类实质性的道德理论。

义务理论缺乏这一结构。在基本的水平上我们断言，与后果主义相反，义务论所承认的道德理由并不是建立在对价值的考虑之上。然而一个引起广泛注意的论证试图通过论证

＊ 我们极大地得益于乔纳森·丹西和布拉德·胡克的评论以及同约翰·斯考罗布斯克的通信。皮尔斯·罗林想要对来自 NEH 和密苏里大学研究委员会的财政支持表示感谢。

〔1〕 如我们在下面讨论的，这并非对所有形式的后果主义都是真的。

"有义务论理由的社会比没有这种理由的社会要好"来为义务论辩护〔参见奎因（1993）、卡姆（1989，1992）、内格尔（1995）〕。我们跟随内格尔（1986）、帕菲特（1984）和谢弗勒（1982）这样的作者，从被通常接受的（直接行为）后果主义和义务论的对比开始。然后我们概述一下我们所熟悉的对义务论的辩护，并主张必须对区分义务论和后果主义的标准方式进行修正，以便将间接后果主义容纳在后果主义之内。最后，我们研究并拒绝了对义务论的那种以价值为基础、看似有吸引力的辩护。

I

后果主义的核心是：价值是被非个人地（impersonally）决定的。[2]任何事态的价值都不依赖行动者的观点。特定的行动者的特征可以是在道德上相关的，但是仅仅是针对如下问题而言：这些特征与哪个事态在客观上具有最好的关联，或者与行动者可以选择的哪些行为有关？直接行为后果主义为正当提供了一个中立于行动者（agent-neutral）的解释：正当的行为就是最大限度地促进非个人善的行为。这样，根据这一解释，所有的行动者都共享一个共同目标：社会应当尽可能前进。从理由的角度来说清楚行动者中立（agent neutrality）的概念稍微有些困难；但是，大致说来，一个中立于行动者的理由就是在根本上没有提到行动者的考虑的那些理由，而对于行动者来说，这就是一个理由（例如，在我们发表于1991年的那篇文章中，我们讨论了把中立于行动者的理由和行动者相对的理由区分开来的困难；在规则方面提供了一个关于行动者相对/中立于行动者的准确区分——为了表达简明扼要，在这里我们省略了这一解释）。

与此相比，如果在对一个理由的最终陈述中，不可排除地涉及行动者，这个理由就是行动者相对的理由。举一个简单例子，如果李为赫特福德大街73号投保仅仅因为那是她的房子，并且她想保护自己的财产，她投保的理由就是行动者相对的理由。另一方面，如果她投保的理由是中立于行动者的，这一理由就必须最终依赖于这样的想法：每个人都应当为自己的房子投保〔因此，在她不给自己的房子投保就能促进给自己房子投保的人的数量这一不太可能的情况下，她在其他条件相同的情况下（ceteris paribus）不应该为自己的

---

〔2〕 有些作者（例如德利尔，1993）在一种更为宽泛的意义上使用"后果主义"这一术语，将不属于后果主义的理论也包括在后果主义中。我们在这里将避免这样的用法。

房子投保]。

出自自我利益考虑的理由看来是行动者相对的。[3]粗略地说，如果一个行动者履行某个行为 A，因为（至少部分地）对行为 A 的履行符合她的自我利益，那么这一不可排除地涉及她的因素，在她履行行为 A 的理由的最后陈述中就会被提到。当被追问为何要为自己的房子投保，李可能会说："因为这样做符合我的长期的自我利益"。

但是，似乎仍然存在着一些道德理由，它们在形式上是行动者相对的。很明显（参见第Ⅱ节）像后果主义这样一个中立于行动者的理论不能容纳这些理由。至少存在三个方面的道德考虑，行动者相对的理由在其中显得重要。

首先，存在着源自特殊关系的义务：我因为与某些特定的个人具有某种关系而对他们应尽的义务。这些关系的例子包括：父母对孩子、配偶对配偶、朋友对朋友的关系，还包括单纯的契约关系，例如立约人与受约人、债务人与借贷人之间的关系。为什么这些关系产生了行动者相对的理由？因为在每一种情况下，行动者行动的理由、行动的义务都来自这样一个事实：她和另一个人处在这样一个特定的关系中。亚历克斯是李的孩子这一事实使得李有理由照顾亚历克斯，这一理由并不为那些不是亚历克斯的父母的人所分享。这并不是说我们无论如何都没有义务关心其他人的孩子的福利，而只是表明我们每个人都有一个明显而特殊的理由关心我们自己的孩子。

其次，存在着约束（constraints），这些约束禁止某些类型的行为，即使履行这些行为在特定情形中会使社会在某种程度上"更好"。于是人们一般的认为，杀死无辜者、折磨人、撒谎或欺骗都是错误的，即使这些行为是为了追求其他的好目标而采纳的。坚持这样的观点就是要拒绝直接行为后果主义。我们不必走得太远，宣称不论在多么紧急的情况我们都绝不会做这些事情；也不必认为下面的想法就已经拒绝了直接行为后果主义：我们不应该仅仅为了使社会稍微变好就去做这些事情。约束是怎样产生了行动者相对的理由？例如，坚持杀害无辜者是错误的就是要承诺这一观点：即使我自己杀害一个无辜者，可能因此在总量上减少类似的杀害行为，但我也不应该做（或者被允许做）这样的行为。这一思想被奉为共同的道德直觉：人们不应该为了追求根除恐怖主义或者犯罪而使自己堕落为恐怖分子或者罪犯。

最后，行动者相对性在其中占有一席之地的道德考虑的第三个方面就在于选择权的可得到性（availability）。直接行为后果主义是一个要求过高的理论。它告诉我们说，我们总

---

〔3〕 并不是所有人都同意这一点——例如乔纳森·丹西（在通信中）就表示反对。

是应该采取最大化善的行为。如果社会就是像目前这样组织起来的，那么这一理论就要求我们作出巨大的、持续的牺牲。如果放弃重要的个人目标是最大限度地促进善的唯一方式，那么我们可能就不得不这样做。很明显，我的计划、我的家庭生活等等对我而不是对别人意义重大——这一重要性与它们的中立于行动者的价值不成比例。我们一般不会认为，道德需要直接行为后果主义所要求的那种持续牺牲。即使一个人给予她自己的计划的分量比后果主义严格要求的分量要多，她也可以做正确的事情。

如果一个令人满意的道德理论必须在结构上是后果主义的，那么我们就不得不放弃这一想法：非派生的（参见第 II 部分）行动者相对的理由在道德中占有一席之地。当然可能有一些好的后果主义理由来回答为什么我们每个人都应当照顾自己的孩子，或者为什么我们应当接受约束的支配。但是那些后果主义的理由最后在形式上都将是中立于行动者的。例如，李应当照顾她自己的孩子，只是因为：社会因为存在这些关系就是一个更好的社会。如果同类照顾的总量将因此而得到促进，李可能必须遗弃自己的孩子。

义务论接受了某些或者全部行动者相对的理由。因此义务论的观点不符合后果主义的结构模板。（义务论明确包括了人们因为处于特殊的关系而彼此负有的约束和义务；但是并不是所有的义务论者都接受选择——一些人认为我们有义务最大限度地促进善，我们这样做无论何时都不会违反我们所负有的其他义务中的某个义务）

只要我们坚持认为，正当的行为是由我们的行为将要产生的中立于行动者的价值的数量来决定的，那么后果主义就将是唯一符合这一观点的描述。许多哲学家没有看到这一观点的力量。他们认为义务论可以通过指出后果主义所忽视的某个价值，在基本的后果主义体系内得到辩护。谢弗勒（1982，ch.4）是一个显著的例外：他明确指出一个以义务论者自诩的人所提出的任何价值都可以被后果主义所容纳。谢弗勒表明，本质上说，只要我们按照后果主义者的规则行事，后果主义者就会获胜。任何价值都可以被吸入我们在别处所说的"后果主义的真空吸尘器"里面［或者简称为 CVC——参见迈克诺顿和罗林（1991）］。举一个例子：有人可能会认为，后果主义因为拒绝了约束，比如说，承认我们可能有理由对无辜者作出非常卑鄙的事情，因此没有给予人真正的尊重。后果主义者可以通过赞同不尊重人具有巨大的负价值来回答这种批评。因此，我们必须在所有其他情况相同的情况下，最大限度地实现对人的尊重。但是现在后果主义者问，在什么场合我可以通过自己无礼地对待其中一个人，从而阻止两个人受到无礼的对待呢？我当然应该优先选择那个较不糟糕的事态，只让一个人受到无礼的对待。这样后果主义者就会成功地断言，不管尊重的价值有多大，对尊重自身的违反不存在约束。

只有当道德理论存在着另外一个可辩护的结构时，义务论才可能得到辩护。我们认为，对这一辩护的最佳考察是在战前的英国直觉主义者那里——尤其是在 W. D. 罗斯（例如，1965）那里——被典型地发现的。罗斯在批评摩尔的理想功利主义（本质上是一种多元主义的功利主义）时，在后果主义和直觉主义之间识别出一种结构上的差异，这一差异使得直觉主义能够容纳行动者相对的理由。尽管后果主义者认为正当是被善所决定的，但直觉主义者认为正当至少部分地独立于善。哪一个行为是正当的，并不只是取决于与事态有关的价值。其他考虑也发挥着作用。

其他的考虑是什么？我们将依次考察特殊关系的义务，并考察约束。罗斯认为存在着一个最大限度地促进善的［初步（prima facie）］义务，因此并不赞成选择权（虽然他确实主张人们有自我发展的初步义务）；我们将其放在一边。

我们从特殊关系的义务开始。在一个生动的段落里，罗斯将他的观点与后果主义进行了这样的对比：

> （后果主义）说，事实上，我和邻居在道德上唯一重要的关系就是他是我行为的可能受益人。他们确实和我具有这种关系，这种关系在道德上是重要的。但是他们和我也具有受约人和立约人、债权人和债务人、妻子和丈夫、孩子和父母、同乡和同乡的关系，等等。这些关系中的每一种都是初步义务的基础。（1965，p.19）

我们同其他人的不同关系产生了许多行动者相对的理由：比方说，一个人可能必须遵守诺言，即使通过不守诺言他就可以促进总体上的守诺。另一方面，根据直接行为后果主义的观点，如果诺言应该被遵守，那仅仅是因为守诺是有价值的，因此在其他条件相同的情况下，诺言应该被最大限度地实现。接受罗斯的特殊关系义务的观点就意味着：何谓正当并不仅仅是由对行动者中立的价值的考虑来决定的。

在这一点上，后果主义者可以正确地宣称，义务论者并没有给出理由来说明：为什么某些关系在某种方式上是道德上根本的，无论何时当破坏这些关系会促进价值时，这一方式都被不允许破坏这些关系。但是很难理解这如何是一个抱怨，除非它也是这样一个抱怨，即：后果主义者还没有说明为什么道德唯一关心的就是促进价值——根据后果主义的观点，所有得到的理由最后都依赖于中立于行动者价值的考虑，这一点是不证自明的。辩护必须在某处停住，但不清楚的是：直觉主义者的止步点比后果主义的止步点较少可辩护。其他人对我们有直接的道德理由，这些理由无法用中立于行动者的价值来说明，这种想法在日常的道德思考中很常见。直觉主义完全接受了这一想法，因此拒绝了后果主义观点。

当然，除了通过特殊关系的义务而产生的行动者相对的理由外，罗斯还将通过约束而产生的行动者相对的理由当作根本的理由。但是对待前者的方式是否可以适应后者，罗斯没有表态。然而，在约束和特殊关系的义务之间存在着明显的不相似：约束并不依赖于我们所拥有的关系的特殊性质。我不应该用约束所禁止的方式来对待任何人，无论我是否与这个人具有某种关系。后果主义者会问道"我们怎么能够不最大限度地促进善呢"，并用这个问题来反对义务论者对约束的辩护。但值得注意的是，这种反对意见已经被消解了，因为罗斯对特殊关系的义务提出的说明已经表明：一旦我们摆脱了后果主义者对决定正当行为的价值所提出的描述，我们就可以明白这一点。履行从特殊关系中产生出来的义务要求我们不最大限度地促进善。其他人可以对我们有直接的道德要求，这些要求并非出自最大限度地促进善的考虑。这样我们对如下考虑就有了一个形式上的理解：其他的行动者有权要求我们不以某些方式对待他们。我们通常将这一要求表述为：他们有权不被伤害、折磨和杀害。

通过把正当与善相分离，特殊关系的义务为约束创造了思想空间。但是这还不足以表明存在着约束，或者约束采取什么样的形式。既然在本文中我们所关心的是道德理论在形式上的结构，我们将只指出对约束的一个常见说明，这个说明建立在对人际关系的考虑的基础上。我们可以在可能的或实际的关系中寻找对约束的说明。在可能的关系方面，我们可以声称在两种关系之间存在着道德上重要的区分。一种关系是：在我与他们的关系中，我允许某些人受到折磨；另一种关系是：在我与他们的关系中，我自己折磨他们。后一种关系是无论如何也要避免的。因此，约束禁止一种如果我以某种方式行动就会存在的关系。有人更愿意按照实际的道德关系而不是实际的社会关系来表明这一点。在一个共同的道德传统中，我们所有人已经按照我们共同的人性建立了联系，或者作为目的王国的共同立法者，或者作为上帝的子民。这样，就会有某些类型的行为用一种令人无法接受的方式来破坏这种关系。（我们怀疑这两种求助于关系的方式仅仅是同一主题的不同形式）

当然这些考察并不构成对义务论的论证。人们只是假定，禁止以某些方式对待别人是基本的要求。这是其他行动者的存在对我们的要求。尽管义务论的直觉主义可以得到详细的说明和例证，但在我们看来，它不可能在如下意义上得到辩护：它是从某些更基本的直觉中被推导出来的，或者得到了那些直觉的支持。正如密尔所说，每一个道德理论都有自己的基本原则。义务论比后果主义有更多的基本原则。这可能是它受到抱怨的一个原因，但是根本不会影响义务论的声誉。

罗斯的主要论点非常简单，他主张义务不能也不必通过诉诸更基本的道德考虑而得到辩护。尤其是，他坚持认为，义务性的东西在很大程度上独立于可评价的东西：关于需要什么、禁止什么或者允许什么的考虑并不等同于关于产生最大善的东西是什么的考虑，也不能被还原到那些考虑，或者可以从那些考虑中被推导出来。

II

到目前为止，我们已经按照某些种类的行动者相对的理由（从特殊关系中产生出来的义务，约束，可能还有选择权）来描述义务论。这一描述有助于将义务论和直接后果主义进行对比。然而，当谈到义务论和后果主义的其他形式之间的对比时，事情就没有那么简单了。我们最好借助于可评价的可能世界概念来给出这一对比。

所有后果主义者都求助于价值：他们选择出一组中立于行动者的价值，按照这些价值来排列一系列可能世界。直接行为后果主义者最幼稚的标记可以被认为是：他们提倡，我们应当把可评价地最好的可能世界当作目标（这个世界至少是可以通过我们的行动而得到实现的）。但是这一观点面临着一个困难，里根（1980，pp. 264 – 265，n. 1）等人使这一困难处于显著位置。你在行为 f 和行为 g 之间面临选择，行为 f 有 50/50 的机会（这可能是由于认识上的障碍，但可能是纯粹是一个物理问题——想一下量子效应）产生 0 或 10 个（客观的）效用值，g 则肯定能产生 9 个效用值。最好的世界是：你在这个世界中做 f 并且得到的结果是 10 个效用值；但是无疑你应该做 g。

明智的直接行为后果主义者认为正当的事情就是最大限度地实现预期的客观效用（客观效用等同于客观价值——不要与贝叶斯主义的主观效用相混淆）。因此她主张行为 g 是正确的行为，即使行为 g 没有机会实现 10 个效用值这样的最佳结果。最大限度地促进效用的直接行为后果主义者因此就放弃了我们应当总是向最好的东西努力的观点，但并没有放弃如下观点：正当是由中立于行动者的价值来决定的。

甚至后面这种直接的行为后果主义也仍然面临困难：我们不能知道哪一个行为将会最大限度地实现预期的客观效用——实际的行动者不但会犯错误，还会花费太多时间来计算可预期的效用。为了回应这些困难，追求满意的后果主义者要求行动者只要达到一定限量的善就可以了（这样，正当再次与最好相分离，但没有与价值相分离）。有各种各样的间接的行为后果主义可以选择，出于表达简洁的考虑，我们只考虑两种理论。

我们称一个可能世界为"受规则约束"的，如果在这个世界上某个道德规则集合被普遍地接受。假设 R 是这样一个道德规则的集合，在最好的受规则约束的世界里（为了表达简明，我们假设只有一个这样的世界），R 得到普遍接受。根据规则后果主义，我们有义务（禁止例外情况）遵守 R——即使这样做我们可能没有机会实现（绝对的）最好的世界，正当与（绝对的）最好相分离，但没有与价值相分离。

另一方面，间接的行为后果主义与朴素的直接行为后果主义对正确的行为通常持有同样的标准——正确的行为旨在实现最好的结果。但是间接的行为后果主义否认有美德的行动者在决定应当如何行动时需要直接由正当的观念来引导。行动者通常不应当考虑哪一个行为是正确的。相反，他应当经常按照已经养成的倾向行事——倾向的养成部分地以达到长远的最好结果为目的（例如参见莱尔顿，1984）。由于并不以直接达到最好的结果为目标，间接的行为后果主义者宣称他们不仅避免了里根的担忧，也避免了对繁重的计算和容易犯错误的顾虑。

为了完成我们的简略描述，我们需要把内在善和工具善区分开来。内在善"因其自身"而是善；工具善则因为它引起（或趋向于）内在善而是善。下列三个论点与后果主义是一致的。首先，在一个世界中内在善本质上是善的，无论它在这个世界的哪个地方出现。其次，某物是否是内在善，这在我们的影响之外——内在善的名单是确定不变的，我们只能影响世界上内在善的数量。最后，我们居住在哪一个可评价的世界，这在我们的影响之内。（这并不是说我们可以决定在哪个可评价的世界上居住，只是说我们有某些影响；但是影响的存在有可能足以确保可评价世界的集合是逻辑上的可能世界集合中的一个真子集）由此可以认为，内在善的名单在可评价世界中是确定不变的（否则我们就可以影响这一名单了）。比方说，如果快乐是一项内在善，这一事实就在我们的影响之外。我们所能影响的是世界上快乐的数量。[4]

工具善仅仅是在它们引起内在善的意义上被追求。例如，考虑一下义务论和规则后果主义的对比。后者同前者一样显然结合了约束（规则后果主义者坚持认为一个人通常不应当违反道德规则集合 R 中的任何规则）。然而集合 R 中的元素只是我们称为"假约束"（ersatz constraint）的东西：对它们的接受（和服从）只是一种工具善，并且是在某些世界

---

〔4〕 我们并不主张所有的作者都同意对内在善的这一解释。例如有人可能主张，内在善并不是必然地、本质上是善的〔参见丹西（1993，pp. 22－26）对内在地和本质地具有动机作用的状态（motivating state）之间的分离〕。但是我们并未发现任何后果主义者采取这一态度。

中的工具善。规则后果主义者可能会承认在可评价的最好的世界中，人们并不认为集合 R 有普遍约束力而接受它。但是实现最好世界的机会非常小，每一个行动者自己都应当接受集合 R，并鼓励其他人也这样做，因为这样就可以最大限度地实现可预期的客观效用。我们可以为了实现可评价的目标而制定规则；这些规则并不必然在可评价的最好世界中占据统治地位。相反，义务论者，在他接受了"可评价世界"这个概念的意义上，看到了每一个约束都恰好成为每一个可评价世界的组成部分。正如内在善的名单不会从一个世界到另一个世界发生变动，约束的名单也不会发生变化，因为某个东西是否是一项约束完全在我们的影响之外（值得注意的是，后果主义者不能抱怨义务论者，认为后者由于约束的这一特性而承诺了某种令人不快的"道德必然性"——在提到内在善的名单时，义务论者拥有同样的理由抱怨后果主义者）。

而且，假设约束的名单与集合 R 相符合，那么规则后果主义者和义务论者都会赞同我们不应当致力于实现这样一个世界，在这个世界中，集合 R 得到了最大限度的接受；更确切地说，我们都应当接受集合 R，将其作为我们的向导。但是我们主张，与后果主义者不同，义务论者不能对此给出一个以价值为基础的论证。规则后果主义对 CVC（后果主义的真空吸尘器）的回应是，声称要拒绝集合 R 的那些人，在试图最大限度地促进内在善的时候，实际上都是在采取一种次最佳（sub-optimal）的策略，而从长远看这一策略不会最大限度地实现可预期的客观效用（也就是可预期的内在善的数量）。间接的行为后果主义者和规则后果主义者共享了一个以价值为基础的主张，反对直接以最好的东西为目标——把最好的东西作为目标是一个最大限度地实现可预期的客观效用的次最佳策略。另一方面，义务论者并不求助于对效用的考虑来为约束辩护：她只是不接受这一观点：最大限度地实现可预期的客观效用是正确行为的唯一决定因素。

我们的说明只是限于大概，远远谈不上完全。但是，在说明后果主义者如何求助于可评价世界的排序、并认为正当在某种意义上取决于善这一点上，我们的说明已经达到了目的。

在讨论行动者相对性时出现了如下情况。我们知道，因为 CVC，行动者相对的理由不能直接依赖于对中立于行动者的价值的考虑——遵循或者接受行动者相对的理由并不必然使善得到最大限度的实现。罗斯不为此所动：为什么我们应该将促进善作为唯一的义务呢？还有其他的道德理由——特别是其他根本的行动者相对的道德理由，这些道德理由影响着所有的可评价世界，并且不依赖于对价值的考虑。然而间接的（行为或者规则）后果主义者也可以接受行动者相对的理由。但是间接的后果主义者认为这种理由依赖于对价值的考虑，虽然这一依赖是间接的——在最大限度地实现可预期的客观效用的最佳策略中，行动者相对的道德理由占有重要地位。与其他许多作者（包括我们在内）的论证相比，行动者相对性本身没有将义务论与后果主义区分开来；在最一般的层面上，我们认为义务论和后果主义的区分依赖于双方是否求助中立于行动者的价值来为道德体系辩护。[5]

III

正如存在着不同的后果主义观点一样，义务论的观点也各不相同。例如罗斯主张某些行动者相对的理由是最基本的，其他的义务论者则要为这些理由再寻找基础。例如，康德式的和契约论的义务论者被认为试图通过诉诸对理性的更基本的考虑来辩护行动者相对的道德理由。如果在所有可评价世界中存在着更为根本的考虑，那么行动者相对的道德理由也存在于所有可评价世界中，并且我们有了一个完全义务论观点；如果不存在这样的考虑，那么这可能是一个假的义务论观点。我们在这里的主要关注点是道德理由和行动者中立的价值之间的关系，因此，我们既不应该讨论康德主义，也不应该讨论契约论。确切地说，我们接下来将主要考察一个按照价值来辩护义务论的策略，这种辩护由奎因（1993）、卡姆（1989，1992）、内格尔（1995）等人所倡导。如果这种辩护是成功的，它就会否决如下主张：对道德体系的那种以价值为基础的辩护最终会把后果主义与义务论区分开来。

我们将集中关注内格尔对这种辩护的说明（他吸取了奎因和卡姆的观点）。内格尔讨论了约束的例子，但是关于选择和出自特殊关系的义务的例子可以提出同样的思想观点。内格尔实际上接受了后果主义的观点：只有当一个道德规则体系表明接受它能够带来某种善，否则就不能实现这种善时，这个道德规则体系才能得到辩护。然后他试图表明义务论就是这样一个体系。当然这一主张并不是认为，行动者相对的理由以一种明显易受 CVC 影响的方式直接依赖于对价值的考虑；更确切地说，这一基础是间接的——这一观点认为，具有行动者相对的理由的世界要好于没有这种理由的世界。内格尔认为，行动者相对的道德作为道德体系具有内在的价值。这样权利（约束的反面）就具有价值并因此成为道德理论的基本结构的一部分。

---

〔5〕 我们同意胡克（1994）的观点，规则后果主义并不是"橡皮鸭"（rubber duck），请霍华德－施耐德（1993）原谅。

内格尔认为"权利是行动者相对的而非中立于行动者的价值"（1995，p. 88）。他采取这一观点，是因为他想要抵制CVC（人们被禁止违反一项权利，即使这样做是为了把这种违反的总数量减少到最低限度）。这样内格尔就面临着谢弗勒的问题："为了防止对其他人造成更大的伤害而伤害一个人怎么可能是错误的呢？如何理解权利把'不可侵犯'这一价值分配给某些人，并使得这一后果在道德上易于理解？"（p. 89）内格尔认为，答案就在于"通过把一个包含了行动者相对的约束的道德规范的思想而赋予所有人"（p. 89），人们就具有一种不可侵犯的地位。（当然这并不是说一个人不会受到侵犯，而是他不可以被侵犯，即使对他采取一个侵犯行为可以把这种侵犯的总量降到最低限度）将不可侵犯性包含在内的道德体系具有其对手所没有的优点，因为不仅一个人以某种方式受到伤害是一个恶，而且许可用同样的方式伤害这个人是另一个独立的恶。所以我们有理由认为，如果存在权利［它们是"一种被普遍传播的内在善"（p. 93）］，我们会更加幸福。因此，存在着权利。简言之，我们是不可侵犯的，因为不可侵犯性是内在地有价值的。

对约束的这一所谓的辩护有效吗？我们注意到至少有三个途径来解释这一建议。在先的两个解释已经被内格尔拒绝了。根据这两个解释，不可侵犯性可以从其他事物中产生出来，所以它不是一项真正的权利。第三个解释正确地声称我们不可能引起不可侵犯性——某物是否是一项约束完全在我们的影响力之外。然而根据第三个解释，这个所谓的辩护不能表明我们是不可侵犯的。

第一个解释对约束提供了一种工具性的辩护：禁止你为了防止其他人受到侵犯而侵犯某个人。根据这一解释，在一个社会中对权利的接受将会促使人们感受到他们自己的价值，这一价值是内在地有价值的。对"人们拥有权利"这一命题的普遍接受可以是我们的一个目标，我们可以通过像联合国这样的机构努力使这一接受变得更加广泛。但是这样做的最终目标是要促进人们的自我价值感。这一解释存在多方面的问题。首先，我们需要一个独立的论证来避开CVC。如果重要的是人们通过接受不可侵犯性所具有的那种一般的自我价值感，那么为什么不使对不可侵犯性的接受尽可能广泛地散布，即使这样做意味着一个并没有亲自接受他的自我价值感？其次，正如内格尔正确指出的那样，这一解释并没有产生如下结论：不可侵犯性本身是内在地有价值的，其价值并不是来自于对自我价值的接受使得自我价值感得到促进这一事实。

根据第二个解释，不可侵犯性是内在地有价值的。后果主义由于不承认不可侵犯性，就漏掉了一个极其重要的内在价值。义务论包含了这个内在价值，因而更为优越。这就是接受义务论并将其作为我们的道德体系的一个理由。

然而，说不可侵犯性是内在地有价值的并不意味着我们是不可侵犯的［比较如下两个说法：没有苦难在所有的世界里存在是一件好事，但在所有世界里（任何世界?）都不缺少苦难］。而且，根据在先的两种解释，我们只能选择采纳义务论。然而，并非如此，因为在"义务论或后果主义是否真的如此"这个问题上，我们根本就没有影响。比如说，如果义务论是假的（人性是可侵犯的），那么我们也不可能把它变成真的（即使得人性变得神圣不可侵犯）。人的不可侵犯性并不依赖于一个社会所接受的道德体系是什么样的：我们的选择不能产生不可侵犯性，它们只能反映不可侵犯性。正如我们不能通过选择不尊重约束而使我们免于约束，也不能通过选择接受一项约束来制定这一约束。

我们不能根据在先的两个解释中的任何一个解释认为，不可侵犯性是每一个可评价世界的特征（尽管根据第二个解释，不可侵犯性在每个世界中都是一种内在的善）。人们在一些可评价世界中是不可侵犯的，在另一些可评价世界中则不是这样。前一些世界要高于可评价的标准，因此我们通过自己的行为要实现的正是这样的世界。但是这一描述是不一致的：如果我们有权不受到侵犯，那么我们在所有的可评价世界中都有这一权利；我们对于有什么样的权利不可能产生影响。或者这样表述可能更好：如果成为不可侵犯的就是要拥有权利，那么成为不可侵犯的就是要在每一个可评价世界中都成为不可侵犯的。

这两种解释都面临进一步的困难。正如内格尔所承认的（例如，p. 90），在一个人们是不可侵犯的道德体系中，更多的人可能受到侵犯，这要多于在一个人们不承认这一身份的道德体系中受到侵犯的人们。因为在一个坚持不可侵犯性的体系中，有美德的行动者在他们可以阻止违背者的行为上是有限制的。但是为了表明义务论的优越性，仅仅表明义务论包含了后果主义所没有的价值是不够的。我们还必须表明这样做不必付出过于巨大的代价。这一论证假设了一个权衡：我们权衡拥有一个珍视不可侵犯性的道德体系的价值和更多的人可能受到侵犯而产生的负价值。不过，应当促进前者的价值还是应当减少后者的负价值这一点不明显；不仅如此，甚至这一判断是如何作出的也是不明显的。约束的价值应当在一个它可能被失掉的权衡中被考虑，这一做法似乎完全违背了这一论证应当辩护的义务论的精神。

在被拒在先的两个解释时，内格尔很明确地说道："（立足于价值对权利的辩护）不应该仅仅被当作一个通过法律或者习俗来创造或者建立权利的论证。在某种意义上，这一论证应该是要表明，包括权利在内的道德规范已经是真的——我们应该独立于法律来遵守道德规范，应该使法律符合道德规范。"（1995，p. 92）根据这第三种解释，义务论是正确的，不依赖于人的行为。权利是每一个可评价世界的特征。但是不清楚这一论证的意义有多大。

内格尔试图阐释以价值为基础的对义务论的辩护，正如他意识到的，这一尝试面临严重反驳。他认为："如果不存在权利，我们的境况都将更差——即使我们忍受侵犯，这些侵犯在那种情况下不会被看做是对我们的权利的侵犯——所以，存在着权利。"正如内格尔所说，这是"一种古怪的论证：p 是正确的，因为如果 p 是正确的，p 将会更好（通常这不是一个令人信服的论证）"。然而，内格尔建议说："它将在伦理理论中占有一席之地，在那里，这一论证的结论不是事实上的，而是道德上的。"（p. 92）我们对此提出异议：最好不要用缺乏力量的论证来堆积伦理理论，特别是如果在表明这些论证确实非常有力的尝试中还包括"存在着权利"这样一个道德上的而非事实上的评论。

总结一下：即使不可侵犯性是有价值的，这并不意味着我们是不可侵犯的——一种状态是有价值的，并不蕴含这一状态的实现（例如，就直接的行为后果主义者而言，一个行为最大限度地促进了价值并不意味着对这一行为的履行）。根据某些（后果主义的）观点，我们有理由实现某个状态，这确实是根据这一状态的价值得出的结论（对直接的行为后果主义者来说，一个行为最大限度地促进价值确实意味着应该完成这一行为）。然而，这对论证没有任何帮助。通过这一途径所建立起来的一切最多不过是：我们有理由使义务论成为事实。这不但不是公开的结论，也是无用的：义务论并非是通过某种人力的力量就能使其变得正确的东西——义务论正确与否在我们的影响之外。

而且，正如内格尔所指出的，这一论证"似乎有循环论证的危险。缺少权利的道德未能承认和实现的价值是什么呢？似乎正好是权利的存在，'不可侵犯性'不过是权利的另外一个名称"（p. 92）。内格尔的辩护是："使得一个基本的道德观念更易理解的任何尝试都在于以一种不同的方式来看待同样的事物。"（p. 92）罗斯的义务论辩护强调了这一点。然而以价值为基础的说明没有达到解释的目的。

假设不可侵犯性是一种善，并且是一种已经实现了的善（我们事实上是不可侵犯的）。那么，"不可侵犯性是一种善"这一事实是如何说明它处于已经得到实现的状态呢？这一说明不能诉诸追求善的人性所表现出来的倾向，因为正如我们已经指出的，如果义务论是错误的，人们再多的努力也不能使其成为正确的。而且，这样一个说明将不得不面临如下反驳。我们被要求考虑一个可能世界 w，在这个世界中我们没有权利，并将这个世界同我们在其中有权利的世界进行比较（这一主张认为我们在后者中境况会更好一些）。首先，在什么意义上 w 是可能的？对义务论者而言，没有权利的存在者完全没有人性（或者甚至没有知觉）。类比一下：考虑一个认为快乐是内在善的后果主义者——她能够理解快乐不是内在善的可能性吗？其次，即使世界 w 在某种意义上是可能的，我们怎么能将其和我们有权利的世界进行比较呢？在世界 w 中我们没有权利，因此我们的权利不可能受到侵犯。在一个我们的权利没有受到侵犯的世界中，我们的境况为什么会变得糟糕呢？可以论证的是，如果我们的境况变得更好，那么如下前提就绝不会是正确的：在一个缺乏权利的世界中我们的境况将会恶化。按照内格尔的解释，我们是不可侵犯的，因为不可侵犯性是内在地有价值——只有当不可侵犯性不是内在地有价值的时，权利才会不存在。但是接下来的问题是：如果不可侵犯性不是内在地有价值，我们的境况怎么会因为缺少了不可侵犯性而变得更加糟糕呢？（比较：如果快乐不是内在善，我们的境况怎么会因为缺少快乐而变得更加糟糕呢？）我们可以（正如内格尔可能建议的那样）尝试按照世界 w 中的行为来看问题，如果我们有权利，那么这些行为就是对权利的侵犯。但是这会在两点上让人失望。如果我们没有权利，那么这一行为的性质就会变得本质上不同。而且，正如已经指出的，在世界 w 中存在的此类行为可能实际上要少于在我们有权利的世界中的此类行为。

另外，或许可以尝试一个解释性说明，根据这一说明，不可侵犯性是一个可以促进某些内在善的工具善：如果尊重我们的不可侵犯性最终促进了内在的善，那么我们的不可侵犯性就得到了说明。根据这一说明，或许我们可以将我们有权利的世界和我们并不依据内在善的数量的世界进行比较。但是同样的问题又重新出现了。第一，义务论者不能理解我们没有权利的可能性。第二，是什么东西保证不可侵犯性可以促进世界上的内在善呢？第三，即使不可侵犯性促进了世界上的内在善，这又如何说明我们的不可侵犯性呢？

通过诉诸价值因素来论证或者说明权利的存在的尝试都是失败的。罗斯关于约束的说明在各个方面都是首选。

参考文献

Dancy, J. (1993), *Moral Reasons* (Oxford: Blackwell).

Dreier, J. (1993), "Structures of Normative Theories", *The Monist* 76 (1): 22–40.

Hooker, B. (1994), "Is Rule Consequentialism a Rubber Duck", *Analysis* 54 (2): 92–97.

Howard-Snyder F. (1993), "Rule Consequentialism is a Rubber Duck", *America Philosophy Quarterly* 30 (3): 271–278.

Kamm, F. M. (1989), "Harming Some to Save Others", *Philosophical Studies* 57: 227–260.

Kamm, F. M. (1992), "Non-consequentialism, the Person as an End-in-Itself, and the Significance of Status", *Philosophy and Public Affairs* 21: 381 – 389.

McNaughton, D., and Rawling, P. (1991), "Agent-Relativity and the Doing-Happening Distinction", *Philosophical Studies* 63: 167 – 185.

Nagel, T. (1986), *The View From Nowhere* (Oxford University Press).

Nagel, T. (1985), "Personal Rights and Public Space", *Philosophy and Public Affairs* 24 (2): 83 – 107.

Parfit, D. (1984) *Reasons and Persons* (Oxford: Clarendon Press).

Quinn, W. (1993), *Morality and Action* (Cambridge University Press).

Railton, P. (1984), "Alienation, Consequentialism, and the Demands of Morality", *Philosophy and Public Affairs* 13 (2): 134 – 171.

Regan, D. (1980), *Utilitarianism and Co-operation* (Oxford: Clarendon Press).

Ross, W. D. (1965), *The Right and The Good* (Oxford: Clarendon Press).

Scheffler, S. (1982), *The Rejection of Consequentialism* (Oxford: Clarendon Press).

后果主义的后果

戴维·索萨 著 解本远 译

我所辩护的后果主义为如下原则所界定：

> （C）S 做 A 是正确的（S 应当做 A 或者 S 应该做 A），当且仅当 S 做任何其他替
> 代 A 的事情所产生的后果的总事态都不会比 S 做 A 所产生的后果的总事态
> 更好。

我们所要考虑的这一观点并不新鲜。例如摩尔（1903，1912，1922）就对理解这一理
论作出了重要贡献。[1]本文的目的是要对这个观点提出一个准确的描述，并为其免除一
些所谓的困难。

I

后果主义的基本观点是：一个行为的伦理地位取决于其后果的价值。行为的后果这一
概念是这一理论最重要的部分。本文将证明：对后果或结果这一概念的最佳理解导致一种
理论，使得后果主义可以抗拒通常加于其上的各种反例和困难。

例如，因果后果（causal consequence）的概念在实现这些目的上，至少按照对后果概
念的最一般的理解，被证明是太受限制（在这里我们无法重新考虑这个概念）。如果斯利
姆通过离开房间使得塔布斯成为那个房间中最瘦的人，那么根据多数观点，那并不是斯利

---

〔1〕 也参见 Feldman（1986），Scheffler（1982）和 Sen（1988）。

姆让塔布斯独自留在房间的因果后果。但它是斯利姆的行为的后果。它可能与斯利姆离开房间这一行为的伦理地位有关。"结果"（outcome）这个词可能有一个更为清楚的含义〔但是"结果主义"（outcomism）这个说法并不吸引人〕。

我们熟悉后果或者结果的更为宽泛的概念。"Y 被 X 击中"是"X 击中 Y"的结果。"她写了 cat"是"她先写 c，接着写 a，接着写 t"的结果。"我是双鱼座"是"我生于 3 月 8 号"的结果。我用钥匙开门是因为我转动了钥匙。通过生育，他的姐姐使得他成为舅舅。〔2〕我可以在理解原则（C）时使用后果这一概念。

需要注意，这种后果主义的第一个特征是它允许把范围极广的事态视为后果。实际上，可以被适当地称为一个行为的结果的任何事态都是它的一个后果。一个行为的结果就是由这个行为所引起的事态。例如，如果一个行为履行了一个诺言，那么诺言得到履行这一事态就是这个行为的结果。原则（C）要求你如此行动以便使后果的价值在这一宽泛的意义上得到最大限度的实现。〔3〕一旦我们采取了这样一种宽泛的后果观点，我们立即就可以对假定的事例提出一系列可能不同的回应。

本文所要辩护的后果主义的第二个重要特征是：它承认一系列广泛的内在价值有助于提高事态的总体地位。例如忠诚可以具有自己独立的价值。忠诚的行为引起了一些事态，在这些事态中一个忠诚的行为已经得到履行。那些事态包含着某些正面的价值。我相信对后果主义的诸多攻击实际上表达了这样一个要求：为了评价事态，后果主义应当认可诸如忠诚这样的概念。记住，后果主义和功利主义是同类，后者要求只将幸福作为一个基本价值。我在这里并不完全承诺那些概念与事态的评价有关，但后果主义的传统概念可能已经过于具有排他性和限制性。

根据迄今所说，后果主义能够处理某些一般的反对观点。自从密尔的功利主义以来，人们已经主张在某些情形下，最好做那些产生较少善的总结果的事情。虽然这可能在表面上不太一致（在我看来是这样），一个经典的例子可能会使其变得似乎有理。一连串的谋杀使一座城市陷入恐惧和混乱中。民众要求正义。城市的官员知道，如果他们在广场上绞死一个被怀疑参与了谋杀行为的无辜者，那么和平又将恢复。真正的凶手将尽快就擒，并被谨慎地处死。然而如果不立刻举行一个惩罚仪式，市民将会参加暴乱、抢劫，数百人将会死掉，结果将会是灾难性的。后果主义似乎会批准绞死无辜者。但是常识发现这是错

---

〔2〕 这些例子受到了金（1973）的相似例子（为了不同目的而设想出来）的影响。

〔3〕 使用"最大限度的"，我意指"没有比这更好的"，见 Nozick（1980，p. 319）。他也将"最大限度"设置为"比所有其他事物都好"。

误的。

以权利为基础的伦理理论经常用这样的例子来反对后果主义者。绞死无辜者是错误的，因为它侵犯了无辜者的权利，再多的好的结果也不能超过这一权利。正如人们有时候所说，权利胜过效用。本文所要辩护的那种后果主义可以部分地接纳这一直觉。在评价无辜者被绞死而产生的事态时，对无辜者权利的侵犯必须同其他因素一起进行权衡。如果官员绞死他，他们就是侵犯了他的"除非有罪否则就不应被惩罚"的权利。对这一权利的侵犯是非常严重的伤害，甚至可能要比不属于惩罚无辜者的许多死亡还要严重。[4]当然我们不必是绝对论者（在安斯康姆的意义上，1958，pp. 9－19）。我们可以一致地相信，甚至那个重要的伤害也能够在重要性方面被超过（虽然我并不认为，作为后果主义者，我们必须那样做）。如果在上述例子中惩罚无辜者是错误的，那么后果主义就能对为什么那是错误的提出一个一致的说明。

如果我们确实采取了非绝对主义的路线，认为侵犯无辜者的负面价值（disvalue）可以在重要性方面被超过，那么我们就不同意那些"视权利为王牌"的人的观点，他们认为权利胜过效用。他们甚至同我们部分调和的后果主义也不一致。对他们来说，表明对权利的侵犯在对事态的评价中起着负面作用是不够的。但是后果主义可能更加具有调和性。它可以允许某些坏的后果获胜。与在这里要发展的那种后果主义相一致，我们可以认为，如果一个行为的一个后果是一项权利受到了侵犯，那么对其他类型的积极价值的任何说明都不可能使得这一行为变得正确。这听起来像是非后果主义，但可以被后果主义所同化。按照后果主义的解释，侵犯权利的负面价值是如此大，其他种类的后果都不能与之竞争。可以说，权利胜过（其他的）效用，只是因为对权利的侵犯产生了巨大的负面价值。

这一认可权利胜过效用的方式令大多数视权利为王牌的人感到完全满意。但是在我看来这好像不太合理。这一态度已经超出了纯粹的理论；它提出了关于特定价值的具体主张（例如，侵犯某一项权利更加恶劣，非其他任何伤害所能比）。这些主张在我看来是可疑的。尽管如此，了解一个后果主义者怎么能够一致地相信权利胜过（其他的）效用还是很有用的。如果一些后果主义者接受了"权利是王牌"这一观点，他们就不可能相信权利胜过所有效用。甚至对某些视权利为王牌的后果主义者来说，虽然可能不是对视权利为王牌的义务论者来说，一个涉及侵犯权利的行为有时应当是正确的行为。不管侵犯一项权利的负面价值有多大，但正是因为侵犯权利的行为具有极大的负面价值，在某些情况下，一个

---

〔4〕 我对这一据称的反例的回应在某些方面类似于费尔德曼（1986，pp. 50－52）的回应。

涉及侵犯权利的行为可能是最好的。假设你仅有的选择是侵犯一个人的权利或者侵犯两个人的权利，情况会是怎样呢？在我看来，在其他所有条件相同的情况下，实施那个只会侵犯一个人权利的行为是正确的。

这里的要点是：侵犯权利的负面价值与其他伤害的负面价值相比具有不同的量级。我们可以用如下方式来模拟这一情形：对权利的侵犯具有数不尽的负面价值。如果一个行为涉及侵犯权利，它就得到了一个数不尽的"负点"。这一行为的所有其他价值（即使全部加起来）只能使它得到数得尽的"正点"。这一主张颇具戏剧性。不仅"一个行为是否包含对权利的侵犯"是涉及这一行为的伦理地位的唯一最重要的依据，而且由它所产生的"负点"是无穷的。更为糟糕的是，我们不能计算对权利的侵犯所产生的"负点"。不管如何根据其他的评价维度来评价这个行为，它也只能得到一个可数的（即使是无穷的）正（或负）点。因为这个原因，权利胜过其他效用。

通过图像表达，对权利的侵犯使得一个行为得到一个"片断"（segment）。一个单一的数不可能代表由一个行为产生的总体价值。没有负数可以大到足以代表侵犯权利的负面价值。同样，没有任何数字大到足以代表一条线段所包含的点的"数"。不过，任何两条线段确定的第三条，比原来的两条更长；任何两个侵犯权利的"片断"确定的第三个片断，比原来的两个更糟糕。每一项对权利的侵犯都通过自己的片断使得一个后果集合变坏，包含两项对权利的侵犯的任何后果集合在其他条件相同的情况下将不如任何一个只包含一项对权利的侵犯的后果集合好。并且任何两条线段都包含相同的不可数无穷"数"的点。你可以设想从一条线段上"除去"任何数量的点，而这一线段并没有因此而包含比原来较少的点。不过，两条线段可以根据例如长度这样重要的量纲进行比较，并且可以变化。由一个行为所引起的总价值可以表示为一个类似于复数的东西。一个行为的得分可以采取"Ax + B"的形式，A 是系数，代表得到的片断数量（即侵犯权利的行为的数量），B 代表这一行为根据其他的评价维度得到的可数的得分数。视权利为王牌的后果主义者可以用这样一个模型来比较涉及侵犯一项权利的行为和涉及侵犯两项权利的行为。

我再次强调我并不赞同这一观点。我概述这一观点只是为了表明后果主义能够一致地赞同"权利胜过效用"这一口号的程度。此外，如我在上文所指出的，我所概述的这一观点对特定的价值作出了具体说明。我希望给出更为理论化的主张。对权利的侵犯自身可能是一个重要的负面价值。至于对权利的侵犯的负面价值是否能够胜过其他价值，我保持沉默。

一个更加热情的视权利为王牌的人不会对这里提出的任何尝试性的尝试感到满意。这个视权利为王牌的人是坚定的反后果主义者。对她而言，权利胜过效用，但不是因为由于侵犯权利而引起的实际的或必然的坏后果。她不需要说侵犯权利的后果是否会被某些其他后果所超过。也即是说，她可以一致地坚持侵犯权利的后果可以被超过；只是后果主义的这一权衡与伦理学无关。对于这样的视权利为王牌的人来说，侵犯权利自动地使侵犯权利的行为成为不道德的。这些视权利为王牌的人是绝对主义者，在他们看来，有些事情不管结果如何，做这些事情都是不正确的。[5]根据这一理论，似乎存在着一些情形（诸如在侵犯一项权利和侵犯两项权利之间的选择），在这些情形中不可能有正确的行为。这一观点应当指出那些不能被重新设想为行为后果主义的伦理理论的可能性，它们坚决反对这里所辩护的观点。

"电车"难题和有关的例子[6]可以用来支持这一反对后果主义的理论。我认为争论的问题是关于作为结果的总事态的评价问题。我仅将简单地讨论这一问题。

直截了当地陈述一下我将要讨论的假设：可选择行为的总价值是可个体化的和充分可通约的，以便承认这一伦理理论所必需的评价。如果可选择行为的总价值不是这样，后果主义自身就不会陷入麻烦；合理的、比较的伦理判断的这一可能性就需要重新考虑。我们的伦理体系的结构也就不可能是"加和性的"（additive）（卡根，1988），每一伦理特性在每一可能情形中都规定了相同的正面和负面的价值。

实际上，在我看来与后果主义有传统联系的一种观点可能被完全误导了。后果主义可以不必假定一种价值函数，这一价值函数将作为结果的总事态的个体特征作为输入，为总事态产生一个总价值并将其作为输出。至少根据由原则（C）来界定的最低限度的后果主义，在每一具体情形中，后果主义的价值函数只需要排列行动者可选择行为的总价值。该函数可能仅会产生一个排序。因此就没有进一步的事实来回答如下问题（或者类似的问题）：一个行为比另外一个行为有多好？与原则（C）有关的（总事态的）可通约程度是最小的，即使它比某些人愿意接受的要多。我在这里想到的模型是莫氏硬度分级标准，它按照硬度对矿物进行排列。硬度范围被划分为十个等级，但并没有假定钻石（标准 10）比蓝宝石（标准 9）坚硬的程度同石英（标准 7）比长石（标准 6）坚硬的程度是相同的。

[5] 安斯康姆（1958，p.10）描述了这一希伯来—基督教的道德体系，说"那种伦理学的特点就是宣扬无论产生什么后果，某些事情都是被禁止的"。事实上，她相信后果主义最重要之处就是排除了这一道德体系。

[6] 例如，参见 Thomson（1986）。在这里我将不直接讨论这些问题，只是评论与对这些问题解决相关的假设。

或者考虑一下平衡配重分级标准。通过一系列详尽的成对比较，任意数目的东西都可以通过具有平衡标准的砝码而被排成一个线形序列。但是除非这一分级标准有一个仪表，否则就不应当假设关于物体重量（或者进一步说，关于物体组成部分的重量）的进一步事实。

即使我假设这样一个函数，根据在其后果的总事态中所得到的具体数值，这个函数确实为每一个选项产生一个数值，但它也可能非常复杂和高度分级（可能像是一个计算机程序），在其节点中可以描述非加和性关系（这些关系可能类似于乘法，或者类似于取一个根或对数）。在一个特定的评价中，某些因素，例如忠诚，可能只有在存在某些其他特性时才变得重要。如果生命面临危险，像不守承诺这样的负面价值可能就完全不重要了。

举一个例子可能会使这一点更清楚。不管什么函数决定一场网球比赛的胜者，得分率无疑是一个相关的因素。但是，假设博格在一盘比赛中以六比四击败了康纳斯，康纳斯在他所获胜的每一局中都打到了平分后才获胜，而康纳斯则在其获胜局中不失一分。博格在这盘比赛中得到了 30 分（丢了 34 分），而康纳斯得到 34 分（丢了 30 分）。如果你失掉了一局，那么在决定一盘比赛的获胜者方面，你在失掉这一局中的得分并不重要。因此决定网球比赛获胜者的函数就不是得分率的简易（或加和）函数。

我已经假定总事态在最低限度上是可通约的。我并没有假定总事态总是以这样的方式可通约，因为所有的后果主义都主张，可能在某些情形中，在诸选项中不能建立一定的排序。根据原则（C），在这些情形中，要么完全不存在是否有正确的行为这一事实，要么任何行为和其他行为都一样正确。如果原则（C）的双条件中的一方是不确定的，另一方也同样是不确定的。或者，如果缺少排序使得对任何行为 A 而言，S 因做行为 A 而产生的总事态，要好于 S 因做任何替代行为 A 的行为而产生的总事态，那么在那些情形中，任何行为都是正确的。

我所说的"内在价值"不应该被假定为把非工具性的正面的伦理价值给予把这些价值产生或者例示出来的每一个行为。更确切地说，在决定总事态的总体伦理地位的过程中，内在价值是起着基本的非工具作用的候选特性。在这一决定中，哪些内在价值起作用——如何起作用——是随着产生总事态的特定行为的不同而变化的。

我相信，把在这里所辩护的那种后果主义与一种决定一个复杂事态的总价值的精致观点（这种观点对加和谬误提出了恰当的判断）结合起来，我们就可以消解由电车难题所引起的所谓张力。这并不是说，从那些例子中得到支持的那个理论因此就可以被还原为后果主义：对后果主义来说，能够容纳那些被用来反对后果主义、支持另一种观点的例子是一回事，而能够容纳另一种观点则是另外一回事。我在上文已经力图表明后果主义可以容纳某些以权利为基础的伦理理论。但是，其他某些观点不可能被同化为后果主义的观点。安斯康姆（1958）的绝对主义就是一个例子。尽管如此，后果主义能够解释某些可能被认为用来支持反后果主义立场的例子。

II

把各种形式的后果主义区分开来的一个重要考虑是：它们在什么程度上可以被称作"主观的"或"客观的"？准确地说出何种特性规定了各种形式的后果主义之间的差异不是一件容易的事情。彼特·莱尔顿在下文提出了一种观点：

> 我们现在区分两种后果主义。主观的后果主义认为，无论何时当一个人要在众多行为中作出选择时，他应当尝试决定哪一个可实行的行为将最大限度地促进善，然后应当据此努力去做；客观的后果主义认为，一个行为或行为的原因是否正确，取决于它事实上是否会最大限度地促进行动者可实行的那些行为的善。（1988，p. 113）

但我认为这些术语并没有最大限度地抓住这一区分。让我们更近一步来看看他的区分。莱尔顿所说的"主观的后果主义"规定了"行动中的慎思的一种特殊模式"（1988，p. 113）。但是慎思本身就是行为。因此主观的后果主义要比莱尔顿所说的"客观后果主义"更加明确。莱尔顿的区分区别了不同类型的观点。主观的后果主义对正确的行为提出了更加明确的主张：完全正确的行为包括后果主义的慎思这一成分。这一主张很笼统，或许是经验主义的，但毫无疑问是虚假的。

莱尔顿注意到这些观点的独立性，似乎倾向于拒绝主观后果主义而接受客观后果主义。我们在这里要辩护的那种后果主义是一种形式的客观后果主义。我认为莱尔顿所说的"主观后果主义"根本就不是任何后果主义。它是一种我们可以称之为"慎思论"（deliberationism）的东西，不妨称它为"后果主义的慎思论"。如果我好像过分强调这两种观点的绝对区分，那是因为后果主义有时被承诺为后一种观点。事实并非如此。

我对后果采取一种宽泛的理解。我认可一系列广泛的内在价值的载体。现在我极力主张一种关于行为的宽泛观点，以便我们也可以把慎思视为一种行为，并因此服从后果主义的评价。慎思并不是这样一种有特权的行为：通过完全履行这种行为，我们就可以把正确性赋予它的后果。"慎思是有特权的行为"这样一种观点是反后果主义的。它使得一个行为的正确性独立于其后果的价值，而是依赖于它的原因或者它的某个内在特征（也就是说，它是否把后果主义的慎思作为一个部分包含在内）。因此我把在此处要发展的那种后果主义等同于莱尔顿所谓的"客观的后果主义"。原则（C）主张正确的行为就是这样一个行为：在行动者可实施的行为中，其后果是最有价值的。考虑下面反对意见：

> 在处理后果主义这样一种关于行为和做什么的理论时，我们正在处理一种伦理理论。因此我们必须认为后果主义把行为的规定作为基本部分包含在内。现在，一个行为事实上具有最好的结果，这一事实对行动者来说可能是一个很模糊的问题。（杰克逊，1991，p. 466）

被这一反对意见所打动，弗兰克·杰克逊转而赞成一种观点，认为行动者的信念部分地决定了行为的正确性。这样一种观点是所谓的"主观的后果主义"的一个例子。根据杰克逊的观点，正确的行为就是具有最高的预期伦理效用的行为。

正如杰克逊（1991，pp. 471–472）所正确指出的，这一分歧可能主要是口头上的。"正确"和"错误"可能是不确定的。我们可能别无选择，只能认可"应当"的全部范围。例如，道德可能就是一套把它自己的"应当"表达出来的习俗或惯例。但杰克逊可能认为，"应当"作为一个伦理理论要传达的首要职责是一个主观的"应当"。对他来说，一个明确的观察结果是：当我们行动时，我们必须使用当时可用的东西。

客观的立场对我来说更吸引人，我将在下面讨论如下问题：原则（C）是否以及在什么程度上确实并且应该为杰克逊所说的"行为之路"提供理由（1991，p. 467）？我还将讨论原则（C）如何回应杰克逊为了反对客观的后果主义而提出的例子。同时，我可以接受如下说法：在做你相信是正确的事情时，你（至少）很少做坏事，比如说，通过确认你的努力为随后的结果带来了巨大的正面价值，我们可以认为你已经"尽到了自己最大的努力"。不管行动者做什么，她将至少引起一个事态，在这一事态中她努力做正确的事情。有可能的是，在一些情况下，即使是重要价值也会被别的价值在重要性上所超过，而且，在这些情况下，尽管行动者作出了努力，但他还是做错了。但我怀疑（这可能是一个经验问题）这样的情形将是没有规律的。

人的易错性有着广泛的影响。在很多领域，我们强烈地意识到我们的缺点。我只是认为在涉及正确地行动时，我们并不能做到万无一失。我们总是在尝试过了后才会失败，我所说的是，有时候，在做我们应当做的事情时，我们只是在尝试过了后才会失败。如果我们不做我们应该做的，如果我们不按照我们应当做的去做，那么我们就是在错误地行动。不按照一个人应该做的去做事是不正确的。

想一下高更。高更可能（虽然在历史上可能并非如此）真诚地相信地点的变化会激发艺术的巨大进步，因而产生可实行的行为的最大价值，于是就抛弃他的家人去了塔希提岛。或许他最大限度地实现了可预期的道德效用。但是一般的观点认为他做了错误的事情。虽然他当时只能利用那些可实行的行为，这等于为他去塔希提岛提供了好的理由，但是我们很多人都认为他做错了。基于伦理的观点，他本应该忠于家人而不是让他们忍饥挨饿。

最后，我认为很重要的一点，原谅的功能：我们认为，当你努力去做好事时，即使你没有做到，你的努力会为你的错误行为辩解。但是注意这一观点的结构。原谅在正确行为的情境中是不适用的。只有错误的行为才容许有原谅。如果正确行动的企图能够为你在伦理上作出辩解，那么尽管你的企图是好的，你仍然可能错误地行动。

基于这些理由，我赞成后果主义的最客观的形式。但我并不拒绝其他的解释。存在着明显的修正，可以使我们的原则（C）成为主观的，并产生主观的伦理正确性的概念。我并没有否定这些概念，否认它们有时候会被使用（虽然我们可以独立地怀疑它们的合理性）。我的这个主张代表了最客观的后果主义，它部分是描述性的，部分是规约性的。

在哲学的许多领域，缺乏充分的元哲学会阻碍哲学的发展。类似地，我相信主观主义者和客观主义者的部分分歧是术语学意义上的。每一方都有自己的一套独立概念（应当、正确和错误、伦理），都必须承认另一方的那一套概念。对于任何给定的例子，主观主义者和客观主义者可以在哪些特性得到例示上达成一致：在高更的例子中，他们可能赞同他的行为比如说是"主观的正确"和"客观的错误"。还剩下什么争论吗？这是一个困难的元哲学问题，我不能在这里作出充分的回应。我将继续进行下去，就好像仍然存在着一个实质性争论。杰克逊用"应当"这一"伦理理论要完成的首要任务"（1991，p. 472）来表述这一问题。假定存在着这样一个显著的"应当"，我们对"应当"的分析就会持有不同的看法。

杰克逊认为客观主义者的方法对这个所谓的决定问题提出了错误的答案。为了证明他的主张，他设想了一位必须开药的医生的例子。她可以开名称为 X 的药，这种药"有 90% 的几率治愈病人，但同时有 10% 的几率杀死病人；名称为 Y 的药有 50% 的几率治愈病人，但没有坏的副作用"（1991，p. 467）。我们可以推断说，药 Y 即使不能治愈病人，也不会对他有什么伤害。很明显医生应当给病人开药 Y。但是这一行为最有可能是客观上正确的吗？它只有 50% 的几率是客观上正确的，然而开药 X 则有 90% 的几率是客观上正确的。

开药 X 是有风险的。冒着有危险的风险并不是一件值得做得好事情。通过开药 X，这位医生将会引起一个事态，在这一事态中她冒着有危险的风险。这一坏的结果必须与她开药 X 或药 Y 所可能引起的其他结果一同进行考虑。我们对这个例子的反应是：我们相信不值得采取这一冒险。也就是说，我们在直观上认为开药 Y 更合适，虽然这一做法似乎在某种意义上更少一些客观的正确性；然而，根据原则（C），假设把冒险包括在内，开药 Y 总的说来在后果上更好，并且在事实上是正确的。将冒险视为一种危害，客观的后果主义可以给杰克逊的决策问题提出一个正确的回答。

但是这个例子可以变得更加棘手。假设情况稍微有些不同：如果医生开药 X，那么治愈病人的客观几率是 99%，但是她认为病人存在着 1% 的死亡几率。不幸的是，她认为，作为唯一可用的其他药品，药 Y 有 99% 的几率杀死病人，只有 1% 的几率治愈病人。如果不开药，病人当然会死去。我们可以假定这些信念都可以得到辩护。这些是所有最佳测试所表明的可能性，这位医生没有理由想别的办法。但是想像一下，在这一事例中，实际的情形是：如果她开了药 X，病人就会死去，如果她开了药 Y，病人就会痊愈。同样，如果没有开任何药，病人将会死去。

现在对开了药 X 的医生该有什么样的评价呢？所有最佳证据都指向这一处方。她的主观概率压倒性地赞同开药 X。她必须开某种药并且认为药 Y 将会杀死病人。似乎很难说这位医生做错了事。

我相信这只是一个"尽自己的全力"（参见费尔德曼，1986，pp. 45 - 48）却做错了事的特殊疑难案例。当然在某种意义上这位医生的行为是正确的。甚至在那些我们已经考虑过的要求更高的主观的后果主义那里，她的行为也是正确的。要求一种后果主义在任何情况下都是我们用来进行伦理评价的最恰当的形式，这可能是一个过分的要求。但是，如果一个单独的概念可以统一伦理学理论，那么我仍然认为这个概念非客观的"应当"莫属。

这位医生的错误应该得到完全的原谅。在客观事实和她所能得到的证据之间的裂缝实在是太大了，以至于她不知道如何去做。但是我认为这表明她没有做对，而不是断定她因此做对了。如果开药 X 是正确的事情，那么她原本可以知道该做什么。也就是说，她有正当的理由相信的事情就是要做的正确事情。这个例子的重点是要创造一种情形，在这一情形中应当做的正确事情和医生有理由相信是正确的事情是不同的。幸运的是，这类情形并不常见。有时候其他的努力并不是那么糟糕，以至于一个人按照自己的正确性信念去行动而导致的善也不能超过它们的重要性。而且，在很多情形中，个人的正确性信念本身也是正确的。

而且，客观的后果主义不必坚持认为，这位医生应该为自己错误的行为而受到挑剔或指责。一个人是否应当采取什么态度是由原则（C）来决定的。她的行为的错误性仅仅是促成这一决定的一个因素。有关的因素还包括：她的正确行动的信念是否合理，我们对她的态度是否能够产生某些细微的后果。事实上，行动者是否因为某个行为而受到责备，在很大程度上可能与主观的错误在外延上是相重叠的。行动者是否应该受到惩罚仍然是另外一个问题，虽然这一问题也是由原则（C）来决定的。

此外，我并不怀疑这些术语。"伦理"和"非伦理"的适用性是否实际上受某些种类的主观后果主义所支配，这主要是一个词典编纂问题。但是，如果伦理学真的受到某些种类的主观后果主义的支配，那么伦理学就会变得无足轻重。有可能的是，只有因为意志软弱而引起的行为才是错误的；我们都将接近于伦理上永远正确的人。无论如何，我们仍然需要一种关于什么是"正确的"、"最好的"或者"最有价值"的理论。

为了简要地扭转局面，想像一个人在交叉路口。在比喻的意义上，客观后果主义告诉你正确的道路是通往天堂之路，另一条路则通向地狱。但是你不可能看到它们通向何方，你不知道哪一条是通向天堂或地狱。虽然客观的后果主义告诉你选择通往天堂的那条路，但在另一种意义上并没有告诉你做什么。相比而言，主观的后果主义认为在你接近这个交叉路口之前，两条路当中没有一条是正确的。很难把这一理论当作你寻找正确道路的指导，因为这表明你的选择的正确性独立于你所作出的选择。相反（将意志软弱排除在外），主观的后果主义让你（根据某些教规）挑选一条路，这条路就成为正确的路，即使它通向地狱。

记住上文在后果主义的慎思论和后果主义之间作出的区分。后果主义是行为的指导，因为它告诉你哪一种行为是正确的。[7]你应该如何决定做什么呢？我拒绝对这一问题的一个预设。可能你根本就不应该决定做什么。可能决定会有坏的后果。[8]用这样一种没有包含慎思甚至偶然想法在内的方式来解释决策，问题就变成：在可供选择的办法中，一

---

〔7〕 按照贝勒斯的恰当术语，我认为后果主义是对行为正确特性的一个说明，而不是首先是一个决策程序。然而后果主义确实提出了一种决策程序。参见 Bales（1971，p. 261）；可以与 Langenfus（1990）进行对比。

〔8〕 这一点经常被提及。参见 Jackson（1991，p. 469；另外的引用参见 p. 469，n. 16）。

个人应当使用什么方法来选择行为。但是对这个问题的回答很简单：无论在可供选择的方法中选择哪一种方法，使用将会导致最佳的总事态的那个方法。特定的方法可能将随着人和时间的不同而变化。重要的是，在紧密的私人关系中，决定一个人行为的方法可能应该是类似的品格这样的东西；行为应该发自内心。

德里克·帕菲特的恰当术语"间接的自我挫败"（1984，ch. 1）有时被用来批评这里所提到的后果主义。尤其是，去尝试能够导致最好后果的行为必然会带来失败，这被认为是一个经验事实问题。因此，后果主义处境尴尬，不得不推荐它自己在某种意义上所不赞成的行为。它可能会推荐不去做最好的事情。（让我们假定你将会努力从事它所推荐的行为）但这种不便是暂时的；这里的冲突是常见的。

惯用右手的高尔夫球手一记有力的右曲球，有时候会瞄准远离旗帜左侧的地方。如果他们自己设置在一种意义上击中旗帜的目标，他们当然不会击中。因此他们自己把在那个意义上击中远离左侧的某个点设置为目标。但是击中这个点就是他们的目标，这一意义在一种重要的方式上依赖于他们在另一种意义上具有的击中旗帜的目标。我们都习惯于我们可能称为"虚拟"（或者"间接"）目标或目的的那种目标或目的的存在。

不同的行为或多或少都在我们的控制之中。努力击中旗帜马上就比击中旗帜更加在我的控制之下，虽然两者都是我的潜在行为。如果我们要对一个指导行为的理论提出一个要求，那么这个要求就可以被解释为：这个理论应该让行动者对其行为有相对直接的控制。后果主义者可以满足这个要求。如果进一步要求这一推荐要与基本目标具有某种简单的、直接的关系，那么这个要求就是没有根据的。例如，在一个指导行为的范例性的命令中，我们并不要求这样一种关系。

一个行为具有最好的结果，这一事实实际上就是一个行为指导，只不过不是我们总是能够使用的指导。这一事实能够而且经常在适当的意义上呈现在行动者的头脑里。但是我们是不完善的。可能总是会存在何为正确这一问题；但是为什么我们应该总是知道什么是正确的？如果行动者相信行为是正确的，这是正确行为的基本部分，那么无知就不可能成为没有正确地行动的原因。在我们的理论中，我们必须为因为不负罪责的无知而非故意作恶所造成的悲剧留下余地。（《俄狄浦斯王》，奥赛罗）

III

人们应该总是引起最好的那个后果集合，有时这一观点被认为隐藏着某种不一致。在一类情形中，行动者似乎不应该带来最好的后果集合（送礼物和守诺是通常的例子）。这类情形有一个典型的结构。通常它包括两个行动者。行动者 1 希望行动者 2 履行某一行为，但是，对于行动者 2 的行为对行动者 1 的价值来说，必要的是：行动者 2 履行这一行为，这件事情并不是由行动者 1 引起而履行的。我们假设对 P 来说，送给 Q 礼物是一个有价值的事态。或许 Q 能够引起这样一个有价值的事态。实际上，这可能是 Q 所能引起的最有价值的事态。但是批评者声称，那并不意味着 Q 应该引起这一事态。

伯纳德·威廉斯采纳了这一反后果主义的立场：

> （一个）非后果主义者可以既坚持认为更多的人守诺是一个更好的事态，同时也坚持认为对 X 来说正确的事情就是使得更少的承诺得到遵守的事情。而且，很明显的是，对事物采取什么观点也就伴随着要坚持这一观点。在非后果主义看来，即使从某种抽象的观点出发，一个事态比另一个事态好，但那并不表明一个特定的行动者应该把引起前一个事态作为自己的职责。（1973，p. 89）

在这里我们必须注意一个重要事实：并不存在这样的事态和行动者，并非行动者想要使某一事态在事实上发生他就能够使那个事态发生。由此可知，行动者可以选择的每一后果集合包括他所引起的那一后果集合的事态。因此，在比较行动者可得到的各后果集合的总价值时，我们必须减去那些因为行动者所引起的后果的负面价值而应当被减去的价值。在某个事态 T 中可能存在着巨大的价值。现在用"T +"表示一个复合事态，这一事态包括所有的 T，也包括某个行动者使得 T 发生这一事态。T 非常有价值并不意味着 T + 是有价值的。

阐明一下：我们已经假设对 P 来说，给 Q 礼物是一个有价值的事态。但是如果是 Q 使得 P 给他礼物，Q 就引起了一个事态，在这个事态中，Q 使得 P 给他礼物。虽然 P 给 Q 礼物是有价值的，但 Q 使得 P 给他礼物（不是由 P 自己引起）这一事态却可能价值不大。

这里只存在矛盾的表象。这一表象来自我们在想像假设的情形方面的困难。我们被要求想像一个例子，在这个例子中，Q 能引起的最好的事态是 P 给他礼物的那个事态。但是我们可能没有明确正在讨论的全部事态（可能是为了使被要求的想像更为简单）。更为明确的是，全部事态必然包括 Q 使得 P 给他礼物这一事态。我们可能很难把这个事态看做一个有价值的事态，看做 Q 所能引起的最好后果。我们必须仔细体会我们被要求想像的到底是什么。

如果 Q 所能引起的最好的后果集合是 P 给他礼物的那个后果集合，那么 Q 所能引起的最好的后果集合就是 Q 使得 P 给他礼物。这是从前面已经谈到的基本事实中得出的。一个更好的事态就是在这个事态中，P 送了礼物，而这一行为不是由 Q 引起的，这一事实与决定 Q 应该做什么没有直接关系。使得如下事态发生完全不是 Q 的选择之一：在 Q 没有使得 P 给 Q 礼物这一行为发生的情况下，P 送给 Q 礼物。

IV

后果主义因为在决定一个行为的伦理地位时对行动者强调不够而受到批评。通过把行为的后果确立为决定其伦理地位的因素，后果主义似乎将行动者排除在伦理画面之外。在后果主义的经典概念中，正确或错误是被不偏不倚地决定的，与行动者没有关系。塞缪尔·谢弗勒相信后果主义的"最纯粹和最简单的形式就是这样一种道德学说，它认为在任何特定情形下，正确的行为就是将会产生最好的总结果的行为，这一学说从一种非个人的立场出发作判断，这一立场给予**每个人的利益以相同的分量**"（1988，p. 1；强调是我加的）。我在这里要发展的那种后果主义将表达这一信念：一个行为的正确性可以随着涉及行为履行的行动者而变化。

后果主义似乎把一种可能令常识反感的非个人性（impersonality）加到了伦理判断上面。托马斯·内格尔、威廉斯和谢弗勒等人已经将注意力集中到这些直观的后果主义所产生的潜在问题。其要点是，在对一个行为进行伦理评价时，后果主义没有为行动者的自主性（autonomy）留下充分余地，并且不够认真地采取了某些（基于一种后果主义的义务论的）约束，我们通常将这些约束用在对行为的许可上。[9]

> 即使非后果主义者相信按照从最好到最坏来排列总结果是有意义的，但他们通常既相信行动者相对的约束（或者义务论的约束，就像它们通常被称呼的那样），这些约束有时候禁止行动者履行那些会产生最佳结果的行为，又相信行动者相对的许可，这些许可有时使得那些产生最佳结果的行为成为可选择的。（谢弗勒，1988，pp. 4–5）

---

[9] 这是传统辩证法的观点。森表明义务论不必被视为以约束为依据（1988，pp. 206–223）。

后果主义的批评者认为，后果主义不尊重行动者相对的价值，因此就变得过分苛刻，不允许以自主性为基础的原谅；另一方面，它又过分宽容，不施加以义务论为基础的约束。在这一节我将考察行动者相对性与后果主义的关系。

源自行动者相对性的对后果主义的反对意见包括一个来自品格或者完整性（integrity）的反对意见，威廉斯对这一反对意见的主张非常著名，虽然迈克尔·斯多克也详细地讨论过。他们的观点实质上是论证原则（C）过分苛刻。这一反对观点宽泛而又复杂。在考察来自品格的反对之前（在第Ⅴ节），我们将首先考虑原则（C）过分宽容这一反对意见。

行动者相对性的准确含义是什么？行动者相对的伦理理论不同于后果主义的传统概念，其特点是在决定由特定行动者所实施的任何行为的价值时，强调行动者的身份。如果这一强调后面的直觉能够被容纳在后果主义框架内，那么行动者相对的伦理理论并不必然与后果主义不相一致。我们的表述并不求助于行动者相对性是否必然与后果主义不相一致这一问题。[10]

考虑一个例子，这个例子将会帮助我们更好地理解行动者相对性的基本思想。设想一位父亲在码头上，突然发现两个小孩溺水；更糟糕的是其中一个是他自己的儿子。他很快意识到自己没有时间把两个孩子都救出来。假设两个小孩在许多重要方面都彼此相像：他们的年龄和健康状况相同；他们与各自家庭和朋友的关系同样密切等等。这位父亲知道这一切（这位父亲相信，通过救活那个不是自己儿子的小孩，他并不能带来任何附加的、从非个人的角度来设想的价值）。与从非个人角度来设想的价值相关的是，救活任何一个小孩与救活另外一个小孩的后果都是完全一样的。然而常识却发现，如果父亲救了另外的小孩，这在伦理上有悖常情。在情况相同的前提下，他应该救自己的儿子。

这似乎给后果主义提出了一个问题。如果你的行为的适当性仅仅依赖于其后果的价值，那么救哪一个小孩都是同样可接受的。然而，行动者相对的伦理理论承认父亲对自己的儿子有一项特殊义务。他应该救自己的儿子（而不是另外一个小孩），只因为那个小孩是他的儿子（而另一个小孩不是）。在对后果主义所提出的诸多问题中，这个问题是我们

---

〔10〕对比一下谢弗勒的消极描述："这些约束和许可的行动者相对性存在于这一事实中：这些约束和许可在个体行动者身上的应用并不是基于任何对从非个人的观点来看是最好的东西的诉诸，或者受到这一诉诸的支持。"（1988，p. 4）这一描述在与行动者相关的道德规范和后果主义之间仅规定了一种冲突。顺便提一下，这一描述同时又过于宽容，因为它可以被视为一个与行动者相关的约束或许可，这一约束和许可立足于从非个人的观点来看是最坏的东西。一个从客观地分配邪恶的后果主义恶魔可能被认为拥有一套与行动者相关的道德体系。

首先要考虑的一个问题（尽管在这里我不能进行充分讨论）。不过，关于后果的宽泛观点立刻就可以提出一个回应：小孩被自己的父亲救活这一后果不同于他被陌生人救活这一后果。在码头上，父亲可以救助两个小孩中的任何一个，但却只有一个儿子可以得救。尽管我们赞扬那些包括冒着生命危险救助陌生人在内的英雄主义行为，但如果对这一行为的履行优先于包括救助自己儿子在内的其他相同行为，我们会较少地赞扬这一行为。

下面两对行为中哪一对行为内在地更为相似：（1）我救我的儿子，你救我的儿子；（2）我救我的儿子，你救你的儿子？我们很难认为（或者不可能完全认为）（1）中的两个行为都是对我的儿子的救助，其区别在于在救助者身份的不同。（2）中的两个行为都是父亲对自己儿子的救助。被救的人发生了变化；但是在（2）中的两个行为里，救助儿子这一重要的性质是真实的。这一性质并不为（1）中的两个行为所共同分有。这与上面讨论的后果主义有什么关系呢？一个行为的后果依赖于谁实施了这一行为。例如，一个行为是否具有儿子被自己的父亲救助这一后果将依赖于谁实施了这一行为。而且，这就是我们所关心的后果。

就我们认为父亲应该救助自己的儿子而言，我们对这位父亲可得到的后果集合（包括救助自己孩子）给予优先考虑。虽然这些结果彼此非常相似，但并不都是同样的对儿子的救助。作为行为结果的总事态及其价值取决于是谁实施了这个行为。这种后果主义可以成为一个行动者相对的伦理理论。[11]

V

如果不考虑后果主义对一个更为重要的问题的态度，那么对后果主义的考察就是不完备的。这个问题非常深奥，包括了品格和完整性的问题在内。威廉斯和斯多克讨论了这一问题。后果主义是否意味着我们所有人都总是不能正确地行动？原则（C）是否要求过高？这一反对意见表明，根据原则（C），我们始终都是在错误地行动，因为我们几乎总是有其他选择，这些选择总的说来将会比我们实施的行为带来更好的后果。一个通常的例子是消灭饥荒的努力。我可以做一些事情，这些事情将会挽救那些很快就要死去的儿童。

---

〔11〕　我对行动者相关性和后果主义之间关系的处理方式在某些方面和森相似（1988，pp. 204 - 223）。然而我在上文的简短讨论并没有讨论我们之间的重要差异，特别是涉及（i）旁观者相关性与后果主义的兼容性和（ii）"评估者相关性"的可接受性。

每天我都要吃午饭。我可能为这顿午餐支付五美元，这足够用来支付世界上其他地方某些小村庄所有人的午餐。我可以中午不吃饭一直坚持到晚饭，把省下的钱用来赈灾。这样做我就可能救人一命。我知道这一切。但我还是选择吃午饭。批评者就会说：根据后果主义，我们都是道德上的恶人；但我们不是，因此后果主义一定错了。

对这一反对意见的充分回应提出了相关的问题。对这些问题的讨论将会为处理反对意见提供理论上的方法。后果主义的一个承诺是（当在可选择行为中存在着明确的伦理比较关系时）：在行动者可供选择的行为的总后果集合的总价值之间是可以进行比较的，或者至少在概念上进行比较是可能的。（在实际进行这些比较时，我们可能仅在一定程度上是充分的，但是实在论的后果主义者相信事态具有总价值，这些总价值在前面讨论的最低限度上是可通约的）实际上，后果主义者相信事态的价值有一个排序。

相信存在着正确行为的后果主义者必定主张该排序不可能以一条线为模型。他必定坚持排序就像一条射线或者甚至一条线段（如果他相信总是存在着行动者可能实施的最坏行为）。如果由行动者可选择的行为所引起的事态的价值排序是一条线，那么就不存在正确行为。对于任何行为，都会存在另外一个更好的后果。没有任何行为会有最好的或并列最好的后果集合。因此这一排序必定是有界的。射线的原点或者线段的一个端点将表示行动者应该带来的价值。如果行动者想要正确地行动，这个价值就向他指出了他应该履行的行为的集合。

实际上，后果主义不是一个错误的理论，它就要求这么多。但它不再要求多一点东西。我不打算为语言实践立法。我用"错误"（wrong）表示"不正确"（not right），因此，对我来说，与这一序列的另外一个端点相联系的行为就是所有的错误行为。这些行为可能或多或少是错误的。它们的错误性（wrongness）将取决于它们和那个与正确行为相联系的端点的距离。然而，接下来的讨论可以包括其他人对"错误"的用法。

常识可能认为，一个后果集合的总价值总的来说是好的或者坏的，或者可能是完全中立的。这种评价一个后果集合的总价值的方式或标准可能在价值的连续统上规定了一种零点。可能存在着其价值总的来说是正面的后果集合，也存在着其总价值是负面的后果集合。零点就是中立的价值。对有些人来说，只有当一个行为的后果的价值是负面的时，它才有可能是错误的。有些人很难认为一个最终结果会给世界带来善的行为是错误的。同样，任何与正面价值相联系的行为都可能是正确的。我们将这种观点称为**选项（1）**。

我们也可以提出其他更为严格的标准，把它们与上述标准结合起来。例如，我们可以把得到许可的行动界定为错误行动的否定，在这里错误行动被界定为在总体上带来负面后果的行为。然后我们就可以将"正确地行动"留给履行最大限度的行为，根据原则（C）的界定，所谓一个"最大限度的行为"，就是指没有任何行为比它更好。这一立场要求在价值的连续统上有一个上限。我们将这种观点称为**选项（2）**。

另外，我们可以将"可接受地行动"界定为上面所说的得到许可地行动。我们可以把"正确地行动"留给如此行动以便引起至少有如此多的善的后果。在这里，善的程度是按照从零点的距离（在正方向上）来界定的。根据这一观点，价值连续统在两端都不需要界限。我们称这种观点为**选项（3）**。

这样，在哪些行为可以被认为是正确的这一问题上，人们就会发生冲突。毕竟，即使一个行为的后果非常好，那并不意味着不存在可以带来更好后果的其他选择。被选项（1）、（2）、（3）所界定的正确行动的概念在某种意义上更是许可性的概念。它们将行为界定为不必同原则（C）所界定的行为一样好。记住，原则（C）只有在行为与最好的（在没有更好这一意义上）可能后果集合相联系时才承认行为是正确的。例如，选项（1）只要求后果的价值在总体上是正面的。我们面前的这个问题涉及伦理学的要求。不尽一个人所能去做是不道德的或者甚至是错误的吗？

就像涉及主观性和客观性的论题，在这个问题上我们没有别的选择，只能承认我们的理论术语有不止一种含义。我们必须承认一个"正确"和"错误"的范围。每一种理解都持有不同的但并不必然冲突的概念。原则（C）和选项（1）、（2）和（3）在根本上可能不是哲学上的敌手；它们的不同主要是术语学上的。我们可以将我们的后果主义延伸到反思性常识的观点：有些事情是错误的，但是其他的事情是非常错误的。拿走小孩的糖果是不正确的，但使人残废和严刑拷打则是极其可恶的。原则（C）分析了正确行为的概念。但是，错误的行为，作为正确行为的否定，可以界定一个连续统。如果存在着可选择的行为，这一行为比行为 A 有着更好的后果，那可能是因为 A 不够好，或者可能因为 A 非常糟糕。如果承认正确性的程度是不能令人接受的，我们不必承认它，虽然我们能够这样做［参见选项（3）］。这一争论主要是措辞上的：根据一种术语学立法，如果一个行为不是最大限度的，那么它就是错误的。根据另一本可能无法在哲学上与前者竞争的词典，如果一个行为在总体上具有好的后果，那么它就是正确的。这样一种观点对所谓的"令人满意"的伦理理论（参见斯洛特，1985）可能更为充分，在这里我将不讨论这些理论。

随着这一观点成为选项（1）、（2）和（3）的根据，我们可以既有正确性的程度，也有错误性的程度。但这一观点与原则（C）的区别不是实质性的。两种观点都假设没有任何其他行为比它们所倡导的行为更好，都对这些行为的价值提出了一个排序。两种观点都同意一个总的后果集合的总体价值的排序，并断言这一排序界定了那些能产生总的后果集合的行为的伦理地位。

这一理论上的澄清使得后果主义能够回应一个麻烦的反对意见。后果主义可以要求我们为了效用的最大化而使我们丧失品格吗？我们应该总是努力结束世界饥荒吗？我捍卫的后果主义不愿意躲避这一原则：我们必须尽我们所能去做。如果我们本可以做得更好，那么，即使总体上我们做得好，但在某种重要的意义上我们仍然没有达到目标。如果我们把大部分钱用来赈灾而不是像我们所做的那样把它们花掉，我们就会带来一个更好的总的后果集合，那么在一种重要的意义上，我们经常是在错误地行动。尽管如此，还可能（至少）存在另一种重要的意义，与我捍卫的后果主义在根本不相冲突，在这一重要意义上，在大部分时间里我们都是在正确地行动。

注意这个麻烦的反对意见的结构：

（T1）后果主义意味着在大部分时间里我们都是在错误地行动；

（T2）并非在大部分时间里我们都是在错误地行动；

（T3）因此，后果主义是错误的。

我的回答是：根据对有关概念的一致理解，（T1）和（T2）并不都是真的。使得（T1）为真的"错误"的含义使得（T2）为假，反之亦然。后果主义可以允许不止一种意义上的"正确"和"错误"。在一种意义上，后果主义说，不尽我们所能去行动是错误的。但是在此意义上，我们确实大部分时间里都是在错误地行动。在大部分时间里，我们并不是尽我们所能行动。

尽管如此，后果主义与如下观点是一致的：一个行为（在某种意义上）是正确的，只要它离端点（最大限度的行为的价值）足够近；或者，只要它在正方向上离中点（道德上中立的行为的价值）足够远；或者只要它在总的后果集合的价值连续统上［参见选项（1）、（2）和（3）］。根据这一概念，我们在大部分时间里并没有错误地行动，而后果主义也并不意味着我们在错误地行动。这一观点的支持者很难作出如下承诺：存在着某种非循环方式，我们可以用这种方式来个体化连续统上的某个点，而一旦超过这一点，行为就具有在总体上是善的后果。此外，他似乎必须假定（但不能产生）一个价值函数，这个价值函数对任何选项都能产生可以计量的（并且是可升级的）价值。因为这个原因，我并不接受这一类型的观点，只是指出它的关系。

另外，我们必须坚持先前作出的那个区分：在主观的后果主义和客观的后果主义之间的区分。按照这一区分，那个麻烦的反对意见可能就不是非常有说服力。原则（C）并不必然意味着我们的行动在大部分时间里都是"主观上错误的"（杰克逊，1991）。它可以一致地既坚持我们的行为在大部分时间里都是"客观上错误的"，又坚持在大部分时间里我们不应该因为这样的不正当行为而受到责备或惩罚。

在对所有后果进行总评价时，如果我们小心翼翼而又彻底地把所有我们认为有价值的东西包括在内，那么我们就很难构造出一个符合这一要求的例子。我们可能不太情愿赞同（T1），我并不是断言不能构造例子来给予（T1）某些合理性。但是当这些例子变得更极端［使（T1）变得合理］时，（T2）就变得较为不合理了。如果你停止思考这些问题，你可能开始为你的许多或者大部分行为的伦理价值担忧了（人类——儿童——正死于可怕的饥荒！）我们真的确信我们不是在错误地行动？当世界处于饥荒时，我们最好不要无所事事。

VI

本文打算研究一种伦理理论，使其清晰明确并免除一些所谓的困难。这一理论非常抽象。实际上，把它称为一个理论框架、一个理论外壳或者一种理论原型可能更加合适。我认为，某个行动者的某个行为之所以是正确的，大体上说，是因为它所产生的后果至少要与行动者可采取的任何其他行为所产生的后果一样好。但我并不给出一个如何比较所有后果集合的总价值的说明。我认为，一个行为是正确的，那么它必定产生最大的价值。我没有说所有的价值是什么，只是提及了少数。

这些忽略并不是无心的疏忽。在任何研究中可能都有一定程度的抽象。哲学能够对阐明理论问题有帮助。但是等级较低的理论要求经验研究这样的东西。例如，哲学家考虑简单性是否是科学理论的一个优点。但这不是要对科学理论可能具有的更为细致的内容施加限制。我们可以给出一个关于科学理论的理论，但那不是给出了一个科学理论。我在这里并没有对价值给出说明。相反我在对评价进行说明时已经使用了价值这一概念。列举价值也许是不可能的。

关于正确行为的概念的辩证情形是复杂的。先是不同的观点被提出并得到辩护，接着反对的观点又出现了。本文辩护的关于后果概念的观点可能会有这样的结果：传统上被认为是同后果主义竞争的观点结果却成为后果主义的例证。我将其视为一个优点。

我认为，在我们的传统中成长起来的实际反对观点有可能给人留下极为深刻的印象。休谟就是其中一个例子：他把与必然性原则形成对比的自由原则归入必然性原则，用这种方式来阐释必然性原则，但在这样做时，他并没有被打动。他的理论是一个描述的形而上的研究。但是如果将其表述为仅仅作出结论说"我们既不受自然法则的因果决定论约束，又受其支配"，这是不公正的。休谟的观点表达清晰，见识敏锐。我所辩护的这一理论可能同样如此，至少我希望是这样。

本文所提出的伦理理论是有争议的。我认为伊丽莎白·安斯康姆（或许还有威廉斯）等人可能很不愿意接受这一理论。这一类哲学家相信行为的正确性就大概如我称为"内在特性"的那些东西。记住，根据这些内在特性，有一些种类的行为永远都不会是正确的，不论其后果如何。通过把这类行为的履行所产生的后果包括在内，我的观点与安斯康姆的观点可以有外延上的重叠，尽管根据假设的例子，可能并不是完全重叠的；但是双方在哲学上的立场仍然是对立的。对她而言，这样一个行为的错误性在于它属于那个类。对我所辩护的理论来说，这样一个行为的错误性至多受到了它所属于的那个类的限定；它的错误性在于它违反了原则（C）。

从本文的观点来看，杰克逊也会很明显地拒绝我所辩护的那种理论。他的批评涉及如下问题：原则（C）在什么程度上规定了行为的正确性？令人惊讶的是，杰克逊认为，他用来反对客观后果主义的例子也适用于我对后果概念的理解。

任何支持后果主义与非个人性的传统联系的后果主义者也会拒绝本文所赞同的那种后果主义。我对后果的理解是一种很自由开放的理解，这个理解会对上面那个很罕见的辩论产生影响，这说起来也有点令人奇怪；但是，对后果的一种比较宽泛的理解允许后果主义承认行动者相对性。

最后，不管我如何解释"后果的相关性"这个概念，那些倡导"差不多就行了"的人（例如斯洛特）也不会接受原则（C）。对他们而言，问题在于极大性（maximality）要求，本文对这一争论进行了定位，并指出这一争论在什么意义上主要是一个术语上的争论（虽然可能还有剩余的哲学问题）。

后果主义很容易被误解为一个为困难和反例所包围的理论。有一种可能的理论非常麻烦；但是它使用了一个不适宜的后果概念，试图利用那个可疑的概念来挽救义务论和后果主义之间不愉快的对立状态。后果主义不必使用这样一个受限制的概念。不管怎样我们都很熟悉对后果或结果的那种宽泛理解，这一点是没有争议的。我们可以把这种理解建立在一个简单的伦理理论上面，这一简单的伦理理论在假设的例子中作出裁定。如果有人想限制自己的用法，以便不在我所主张的意义上来使用"后果"，那么他就必须辩护这样一个限制，辩护自己在这个限制内提出的理论。

休谟说："哲学的争论既然常在进行中，并且没有得到解决，我们单由这一情形就可以断定，这些表达中存在着含糊不清之处，而且争论各方将不同的意义加到了争论中所使用的概念上。"（《道德原理研究》§VIII）对正确行为的性质的长期争论表明，争论各方将不同的意义加到了争论中所使用的概念上。本文的目的是要表明后果的概念在一种意义上产生了一种形式的后果主义，这种形式的后果主义作为理论伦理学的一个选择，值得认真考虑。这一理论表达相当清晰，从本文已经完成的如下任务中可以看到这一点：第一，我已经表明这一理论能够容纳"权利胜过效用"这一标语；第二，我把这一理论定位在主观主义和客观主义之间的争论上，通过反对主观的后果主义提出的问题来辩护这一理论，并表明这一理论可以成为行为的指导；第三，我处理了许多具体的"反例"；第四，我表明这一理论与行动者相对性是一致的；最后，我仔细考虑了这一理论对那个我认为是一个麻烦的反对意见的态度：原则（C）要求过高吗？

如果这一理论是成功的，后果主义和义务论将不会是不相容的，这当然不应该被认为是这一理论的一个缺点（它只是相容论的一个缺点，没有考虑决定论者和自由意志的辩护者的争论）。本文所辩护的那种后果主义并不是和每一个合理的伦理理论都相容。当然，如果它能做到这一点我也不介意。例如，如果义务论者可以既接受这一观点，又坚持义务论，这当然更好。否则我认为他们应该放弃义务论。我只是辩护我认为在伦理学上是真理的观点。根据我所辩护的这一观点，关于正确行为的概念的合理争论应当定位并维持在一个较低的理论层次上——关于应该将什么明确当作价值，应该给哪些价值以多大的重要性，如何完成对这一观点所要求的价值的复杂计算，等等——这就是这一争论的关键。[12]

参考文献

Anscombe, G. E. M. 1958: "Modern Moral Philosophy", *Philosophy*, 33, 124, pp. 1 – 19.

[12] 衷心感谢萨拉·斯特劳德所做的大量评论以及多年的哲学交谈。还要感谢匿名评阅人以及杂志编辑，他们慷慨地给予本文以有价值的批评性关注。

Bales, R. E. 1971: "Act-Utilitarianism: account of right-making characteristics or decision – making procedure?", *America Philosophical Quarterly*, 8, 3, pp. 257 – 265.

Bodanszky, E. and Conee, E. 1981: "Isolating Intrinsic Value", *Analysis*, 41, 1, pp 51 – 53.

Chisholm, R. M. 1981: "Defining Intrinsic Value", *Analysis*, 41, 2, pp. 51 – 53.

Feldman, Fred. 1986: *Doing the Best We Can.* Dordrecht Holland: D. Reidel Publishing Company.

Jackson, Frank. 1991: "Decision-Theoretic Consequentialism and the Nearest and Dearest Objection", *Ethics*, 101, 3, pp. 461 – 482.

Kagan, Shelly. 1988: "Addictive Fallacy", *Ethics*, 99, 1, pp. 5 – 31.

Kim, Jaegwon. 1973: "Causes and Counterfactuals", *Journal of Philosophy*, 70, 17, pp. 570 – 572.

Langenfus, Williams L. 1990: "Consequentialism in Search of a Conscience", *America Philosophical Quarterly*, 27, 2, pp. 131 – 141.

Moore, G. E. 1903: *Principia Ethics.* Cambridge, England: Cambridge University Press.

——1912: *Ethics.* London: Oxford University Press.

——1922: *Philosophical Studies.* London: Routledge & Kegan Paul.

Nagel, Thomas. 1980: *The Limits of Objectivity.* In *The Tanner Lectures on Human Values*, I, S. Mcmurrin, ed. , University of Utah Press and Cambridge University Press.

Robert, Nozick. 1981: *Philosophical Explanations.* Cambridge, Mass. : Harvard University Press

Parfit, Derek. 1984: *Reason and Persons.* Oxford: Clarendon Press.

Railton, Peter. 1984: "Alienation, Consequentialism, and the Demands of Morality", in Scheffler, ed. 1988, pp. 93 – 133. Originally published in 1984 in *Philosophy and Public Affairs*, 13, 2.

Scheffler, Samuel. 1982: *The Rejection of Consequentialism.* Oxford: Clarendon Press.

——1988: "Introduction". In Scheffler, ed. 1988, pp. 1 – 13.

——ed. 1988: *Consequentialism and its Critic.* Oxford: Oxford University Press.

Sen, Amartya. 1988: "Rights and Agency", in Scheffler, ed. 1988, pp. 187 – 223. Originally published in 1984 in *Philosophy and Public Affairs*, 11, 1.

Slote, Michael. 1985: *Commonsense Morality and Consequentialism.* London: Routledge & Kegan Paul.

Stocker, Michael. 1976: "The Schizophrenia of Modern Ethical Theories", *Journal of Philosophy*, 73, 14, pp. 453 – 466.

Thomson, J. J. 1986: "Killing, Letting Die and the Trolley Problem" and "The Trolley Problem", in *Rights Restitution and Risk*, W. Parent ed. , Cambridge, Mass. : Harvard University Press, pp. 78 – 116.

Williams, Bernard. 1973: "A Critique of Utilitarianism", in *Utilitarianism: For and Against*, Smart and Williams, Cambridge, England: Cambridge University Press, pp. 75 – 150.

对后果主义的一个论证

沃尔特·席纳-阿姆斯特朗　著　解本远　译

在道德理论之间进行选择的最一般的方法，就是检验一下这些理论多么符合我们在某些方面的直觉或者慎思的判断，这些方面包括道德上的正确与错误、人的本性或理想以及道德的目的等。[1]另一种直觉经常被人忽视。我们还具有关于实践推理和道德推理的原则的直觉，例如那些存在于义务论逻辑中的直觉。为了成为推理的原则而不是实质内容，这些原则必须与所有实质性的道德理论相一致。但是这种一致性仍然是不够的。我们想要一种更深入、只能伴随着说明而产生的一致性。如果一种道德理论只是陈述一般道德推理背后的原则，但却不能说明为什么这些原则如此普遍或合理，那么它在说明原则这个方面就不如另外一种道德理论，后者不仅包含了这些原则，而且还说明了它们为什么是真的。为什么这种说明理论更好？因为我们需要一种道德理论帮助我们理解道德推理，而只有当我们的原则得到说明时，我们才能获得这种理解。没有这种理解，我们的直觉似乎就得不到辩护，我们也不可能知道是否或怎样将我们的原则扩展到新的直觉上面。这就是为什么我们偏爱这样一种道德理论：这种理论说明了我们的道德推理原则。

对说明的偏爱提供了一种在相互竞争的道德理论中进行选择的新方法。我将在这篇文章中说明并应用这一方法。首先，我将论证某个原则一般适用于行动理由，特别地适用于道德理由。其次，我将论证道德推理的这一原则不可能经由义务论的道德理论或者传统的后果主义而得到说明。最后，我将略述一种新的后果主义，它将为道德推理的这一原则提供一种自然的说明。它的说明力量是我们偏爱这种新的后果主义的一个原因。

---

[1]　参见 Norman Daniels, "Wide Reflective Equilibrium and Theory Acceptance in Ethics", *Journal of Philosophy*, 1979, pp. 256 - 282. 我的方法是一种包括了道德推理原则在内，甚至更为宽泛的反思平衡。所有这些"直觉"都不要求特殊的天赋或被认为一贯正确。

一般的可替代性

我的原则可以通过一个来自日常生活的非道德的例子提出来。我的牙齿有蛀洞，如果不填满这些蛀洞，我就会很痛苦。因此我有理由填充我的牙齿蛀洞。但如果我不去看牙医，牙齿蛀洞就不可能得到填充，因此我有理由去看牙医。这种形式的证明非常普遍。[2]

这些证明还是不完整的。假设没有预约，牙医就不会填充我的牙齿蛀洞，而我并没有预约。这样我就没有理由去看牙医。为什么？去看牙医将会是浪费时间，因为这并不会使我的牙齿蛀洞得到填充。当然，看牙医自身并不足以使我的牙齿蛀洞得到填充，因为我还必须在那里等候足够长的时间，承诺付款等等。然而去看牙医通常能够使我的牙齿蛀洞得到填充，也就是说，如果我去看牙医，还能够做其他事情，这些事情合起来将会足以使我的牙齿蛀洞得到填充。通常，我将认为，做 Y 使得行动者能够做 X，当且仅当 Y 是一个更大的行动过程的一部分而这个行动过程对于行动者做 X 而言是充分的。现在，如果去看牙医这件事既能够使我的牙齿蛀洞得到填充，对于填充我的牙齿蛀洞又是必要的，那么填充我的牙齿蛀洞的理由就产生了一个去看牙医的理由。

非常重要的是不要过高评价这一断言。虽然我有某个理由去看牙医，这个理由仍然有可能被别的理由所超过。我可能有一个最重要的理由去澳大利亚。而且，我去看牙医的理由和填充我的牙齿蛀洞的理由不必在任何使得我将会增加这两个理由的说服力的方式上不相同。即使这些理由是相同的，我仍然有一个理由去看牙医。这就是前述的全部论证所主张的。

同样重要的是，这一论证不需要逻辑上的不可能性。对我来说，不去看医生而使我的牙齿蛀洞得到填充在逻辑上是可能的。我的妻子可能知道如何填充我的牙齿蛀洞并愿意为我这样做，但事实上她不知道也不愿意这样做。由于我的这种特别情形，除非我去看牙医，否则在因果关系上我就不可能使我的牙齿蛀洞得到填充。这种因果不可能性对于前述

---

〔2〕 使用"应当"来论证可能会更为一般：我应当填充我的牙齿蛀洞，除非我去看牙医，否则就不能填充我的牙齿蛀洞，因此我应当去看牙医。虽然这一论证同样是有效的，并且有必要对其进行解释，但是并不清楚当存在一个压倒一切的理由不去做某件事情时，我是否应当去做这件事情。这就是为什么我谈到那些明显地可能会被超过的理由。

论证的有效性而言是足够的。

保证这种形式的论证有效的最一般原则是：

> （GS）如果 A 有一个理由做 X，A 不做 Y 就不能做 X，做 Y 使得 A 能够做 X，那
> 么 A 就有一个理由做 Y。

我把这个原则称为"一般的可替代性原则"（或者"一般的可替代性"），因为在"存在着一个理由"这个算子的范围内，当"Y"可以用来替换"X"时，它指定了条件。我还会把"Y"称为"X"的"必要使能者"（necessary enabler）。可能还需要一些另外的条件，〔3〕但是沿着这一思路的某个原则必须被接受，以便说明为什么前述论证是有效的。

也许一个更强的原则是真的。假设我有另外一个牙齿蛀洞，有两位牙医具有同样精湛的技术，并且都可以为我提供服务。去看第一位牙医可以使我的牙齿蛀洞得到填充，但却并不是必要的，因为另一位牙医也可以为我提供服务。我有一个去看第一位牙医的理由吗？这个问题很难回答，因为去看牙医的理由与一系列选择方案有关。如果问题是我是否有理由去看第一位牙医而非根本不去看牙医，答案就是我确实有这样的理由。然而，如果问题是我是否有理由去看第一位牙医而非其他牙医，我就没有任何这样的理由了（因为所有的牙医是同样的）。正是后一种较强的理由被极其准确地称为去看第一位牙医的理由，我将讨论这种类型的理由。通常，只有当存在着一个理由去做 X 而不是所有与 X 有关的替代行为时，我才认为存在一个去做 X 的理由。当我们考虑这类理由时，（GS）是最强的合理性原则。〔4〕

有几点论证可以支持（GS）。首先，当我们能够将其再应用到同样的例子上时，（GS）是有效的。如果我有一个去看牙医的理由，不乘坐我的汽车我就不能去牙医那里，而乘坐我的汽车使我能够去看牙医，那么我就有理由乘坐我的汽车。也许这样说更自然，"你应当乘坐你的汽车"或者只是说"上车，我们必须出发"。但是能够证明这些说法正当的是

---

〔3〕 参见我的 *Moral Dilemmas*，Oxford，Basil Blackwell，1988，pp. 152 – 154. 既然（GS）指"做"X和 Y，这一原则就被限定在行为方面。我有理由做的行为通常不是一个具体行为，而是某个有关类别的行为。参见 Donald Davidson，*Essays on Action and Events*，New York：Oxford University Press，1980，esp. essay 6. 这一复杂情况并不影响我的论证，因此有时我将用"X"和"Y"来指行为。

〔4〕 即使某个更强的原则是可辩护的，（GS）将仍然是正确的，并且有必要对其正确性进行解释，因此我的主要论证将不会受到影响。

我有乘车的理由。

更多的确认来自于来源不同的理由。我有审美上的理由在一个确定的时间弹奏一个确定的音符，如果我不弹奏那个音符，我正在演奏的一段音乐就会很难听。我不如此移动我的手指就不能弹奏合适的音符。如此移动我的手指将使我能够弹奏合适的音符，因为我手中恰好有合适的乐器。因此我有理由如此移动我的手指。同样地，如果我有一个宗教上的理由去教堂，离开我的椅子是必要的，并且使我能够去教堂，那么我就有理由离开我的椅子。对我来说，坐在椅子上不一定是鲁莽的、难看的或者不道德的，但是对宗教的忠诚或信仰就可以给我一个离开椅子的理由。

一般的可替代性同样因为负面的理由而有效。例如，我有理由一整天不工作，因为我今天有一个理由填充我的牙齿蛀洞。如果我整天工作就不能填充蛀洞，整天不工作将使我能够填充牙齿蛀洞。这一论证是有效的，因此，如果我们将"Y"替换为"～Y"，前述原则仍然是真的。

当我们把"X"替换为"～X"时，这一原则依然有效。如果我有理由不激怒我的老板，不早退是必要的，并且将使我能够避免激怒我的老板，那么我就有理由不早退（即使这一理由可以被其他理由所超过）。同样，如果我有理由不激怒我的老板，参加老板的聚会是必要的，并且使我能够避免激怒她，那么我就有理由参加她的聚会。在理由的来源和结构的整个变动过程中，这些论证都保持有效，这就证实了一般的可替代性原则。

另外的辩护来自一个行动理由理论。在我看来，一个行动的理由就是关于那个行动的事实。其他人否认当不知道相关事实时，仍然存在着一个理由。但是，假设低路和高路都通向我的住宅。在低路上有一座桥坏掉了，但我不知道。我可能没有任何理由不走低路，但对我来说事实上仍然存在着一个理由不走低路。这就是为什么知道这座桥的人可以告诉我应该走高路。这表明：如果存在着关于某个行动的正确事实，就存在着行动的理由。

但是正确的事实是什么呢？是什么使得某些事实成为理由？很难说任何事实都是增长见识的，但是一个准则确实为我们的直觉提供了某些指导。一个事实是一个理由，如果它在如下意义上具有合理的力量：它能够对何为合理或不合理具有影响。有些事实是人们去做某些事情的理由，否则人们就没有理由去做这些事情。这些事实使得合理地中立的行为成为合理地必需的行为。我将通过另一种意义来界定理由：如果一个事实能够使得一个行动是合理的，否则这一行动就将是不合理的，那么这个事实就是这一行动的理由。[5]例

---

〔5〕 参见 Bernard Gert, *Morality*, New York：Oxford University Press, 1988, p. 34.

如，给牙医酬劳让他在你的牙齿上钻孔将是不合理的，如果你没有理由这样做，但是如果你的这一行为是必要的，使你能够避免将来更大的痛苦，那么你的这一行为就不是不合理的。使行为变得合理、否则就是不合理的这种能力使得这个事实成为填充你的牙齿蛀洞的理由。

一个行为的理由并不总是使得这个行为合理，因为这个理由有时会被别的理由所超过。不过，即使一个理由在一个特定的情形中被超过，如果它有足够的力量使得在相反理由较弱的其他某个情形中不合理的行为变成合理的，它就仍然是一个理由。即使这类事实在其他情形中具有这种力量，但它还需要同其他理由一同考虑，以便决定目前的行为是否是合理的。通过把理由界定为在某些情形中能够对合理性产生影响的事实，我们就可以实现这个目的。

使用"能够"一词似乎使得每一个事实都成为一个理由。如果墙壁是蓝色的这一事实能够使得重新油漆这一墙壁成为合理的，那么这就是油漆墙壁的理由，即使我喜欢这种蓝色。然而，这个例子所表明的是：不是墙壁的颜色使得重新油漆墙壁成为合理的。墙壁的颜色不可能成为重新油漆墙壁的真正理由，因为如果我并没有不喜欢墙壁的颜色，或者没有因墙壁的颜色或其他状况而遭受伤害，重新油漆墙壁仍然是不合理的。因此，根据这一理论，有许多实事不会被看做理由。

关于行动理由的这一有偏倚的理论支持了一般的可替代性原则。如果我有理由填充我的牙齿蛀洞，那么去看牙医就是必要的，使我能够填充牙齿蛀洞这一事实使我去牙医的行为成为合理的，即使这一行为将会因为其他的原因而不合理，因此这一事实就是我去看牙医的理由。这样，正如一般的可替代性所宣称的那样，使得不合理的行为成为合理的这一能力就从行为转移到行为的必要使能者上面。

道德的可替代性

既然一般的可替代性适用于其他种类的行动理由，我们就需要一个有力的论证来否定它同样适用于道德理由。如果道德理由遵循不同的原则，那么我们就很难理解为什么道德理由同样被称作"理由"，而当道德理由与其他理由一起被应用到同一行动时，道德理由如何与其他理由相互作用。但是这一扩展已经被否定，因此我们必须仔细考虑道德理由。

今晚我有一个道德上的理由给我的孩子喂饭，既因为我向我的妻子承诺要这样做，又因为我与孩子的特殊关系，加上这一事实：如果我不给她喂饭，她就会挨饿。今晚我不马上回家就不能给孩子喂饭，马上回家将使我能够给她喂饭。因此，我有道德上的理由马上回家。对我来说，不给孩子喂饭不一定就是鲁莽的、坏的、冒渎的或违法的，但是道德上的要求就可以给我一个给她喂饭的理由。这一论证采用了不可替代性的一个特殊情形：

> (MS) 如果 A 有一个道德理由做 X，A 不做 Y 就不能做 X，做 Y 使得 A 能够做 X，
> 那么 A 就有一个道德理由做 Y。

我把这一原则称为"道德的可替代性原则"，或者简单地，"道德的可替代性"。这一原则适用于具有否定结构的道德理由。今天下午我有一个道德理由帮助一个朋友。如果我今天下午打高尔夫就不能帮助朋友。今天下午不打高尔夫将使我能够帮助朋友。因此今天下午我有一个道德理由不打高尔夫。同样，我有一个道德理由不去伤害其他驾车者（超出可接受的限度）。在我以不伤害其他驾车者的方式开车之前，我不能喝太多酒。不喝太多酒将使我能够避免伤害其他的驾车者。因此，我有一个道德理由在开车之前不喝太多酒。这些不同论证的有效性证明了道德的可替代性。

我们还可以扩展上述关于理由的理论。既然一个行动理由就是一个能够影响行为合理性的事实，一个道德理由，通过使得在其他方面在道德上是中立的行为成为道德上好的行为，或者通过使得在其他方面是不道德的行为成为合乎道德的行为，就是一个能够影响行为的道德属性的事实。同前面的论述一样，一个道德理由不必强到足以使它在每一情形中都使得它所支持的行为合乎道德，只要它在某些情形中有这一能力就可以了。例如，如果我承诺在今天傍晚与一个贫困学生见面，对我来说，如果没有道德上相关的理由，我现在回家就是不道德的。但是如果我现在回家是必要的，并且使我能够给孩子喂饭（如果我有道德上的理由给她喂饭），那么我现在回家就不是不道德的。这样，现在回家这一事实就能使得一个在其他方面不道德的行为成为一个合乎道德的行为，因此这一事实就是一个道德理由。这支持了道德的可替代性。如果我有一个道德理由给我的孩子喂饭，并且现在回家是必要的，使我能够给孩子喂饭，那么这一事实就使得现在回家对我来说是合乎道德的，即使某一情形中这样做在其他方面是不道德的。因此这一事实是我现在回家的道德理由。这样，正如道德的可替代性所断言的，使不道德的行为合乎道德的这种能力就从行为转移到它们的使能者上面。

尽管有这些对道德的可替代性的论证，批评者们仍会提出几点反对理由。我将只考虑

三种反对理由，但它们为其他大多数反对理由设置了基本模式。

第一种反对理由认为，某些我有一个道德理由去做的事情的必要使能者似乎是道德上中立的。例如，我承诺要做晚饭，因此就有一个道德理由做晚饭。如果我不移动某些空气分子就不能做晚饭，而移动空气分子确实使我能够做晚饭，那么道德的可替代性就保证了这一结论：我有一个道德理由移动某些空气分子。这看上去至少有些奇怪。

我的回答是：这一结论仍然是真的。它的奇怪可以通过实用的原则得到说明。[6]我移动某些空气分子的道德理由非常软弱和一般，因为我可以用许多不同的方式来移动空气分子，但只有其中一些被认为是做晚饭。这样，如果有人能够作出更强更特殊的判断，认为我有一个道德理由做晚饭，那么只说存在一个道德理由来移动某些空气分子就很容易引起误解。这一较弱的判断暗示这就是我要去做的道德理由，因为如果我有一个道德理由做更多，那么为什么不那样说呢？而且，如果这一说法的目的是要指引我的行动，那么说我有一个道德理由移动某些空气分子就是离题之谈，因为这一判断没有告诉我如何移动它们。这一判断也不能帮助其他人断定我是否已经做了我有一个道德理由去做的一切，或者我是否该受责备。没有达到这样的目的说明了为什么说我有一个道德理由移动某些空气分子是奇怪的。但这一说明完全是实用的，因此我有一个道德理由移动某些空气分子仍然可能是真的。它是真的，因为如果我要做有道德理由去做的行为，我的行为将会移动某些空气分子。这一后果的真实性是捍卫道德可替代性所需要的。

第二个反对理由是，我有道德理由去做的事情的某些必要使能者在道德上是错误的。菲利帕·福特举了一个例子：

> 例如，假设某人有义务赡养一位需要抚养的亲人，可能是年迈的双亲。这样他应该找一份工作来赚钱——但是，如果赚钱的唯一方式是杀害某个人呢？——事实上，作为儿子或女儿不应该为赚钱而杀害别人。[7]

如果我们将"义务"和"应该"换成"道德理由"，福特似乎断言这位子女没有任何道德理由去杀害别人，即使他有一个道德理由去赚钱，不杀害别人就不能赚到钱，而杀害

---

[6] 我的解释利用了保罗·格赖斯的数量和相关性的规则，参见 Paul Grice，"Logic and Conversation"，in *Studies in the Way of Words*，Cambridge：Harvard University Press，1989，pp. 26 – 27. 其他人可能会回应，移动空气分子不是一个行为，但是我不想依据这一断言。

[7] Philippa Foot，"Moral Realism and Moral Dilemmas"，*Journal of Philosophy*，1983，p. 34.

别人将会使他能够赚到钱。这将会反驳道德的可替代性。

然而，这位子女确实有某个道德理由去杀害别人。这个道德理由被不杀害别人的道德理由极大地超过，但是，如果他杀害别人，那并不是因为根本没有理由或者因为一个自私的理由。而且，一个行为是必要的，并使这位子女能够赡养双亲，这一事实使得在其他方面不道德的行为变得合乎道德，即使这一事实没有强到足以在这一例子中消除不道德性。只说这位子女有一个道德理由杀害别人仍然很奇怪，但是这一说法之所以奇怪，是因为它遗漏了某个非常重要的信息：这个杀害别人的理由被极大地超过。不然，这位子女有某个道德理由杀害别人仍然是真的，因此道德的可替代性仍然成立。

福特确实提出了另一个值得回应的建议。为了取代道德的可替代性，她认为，事实上存在着一个道德理由去做某件事情，这一事情是做存在道德理由去做的事情的必要手段。这一较弱的原则被用来说明与上述证明相似的某些证明的有效性。福特还认为，在她的例子中，这一原则不屈从于任何杀害行为的道德理由，因为一个手段必须是可能的，而这里杀害行为不是一个"道德的可能性"，因为它是错误的。然而我不相信，按照这一方式在道德上不可能的行为就不可能是一个手段。更为重要的是，福特的原则太弱，以至于不能说明许多普通论证的有效性。坐上我的汽车似乎并不是填充我的牙齿蛀洞的手段，因为我并不是通过坐上我的汽车来填充我的牙齿蛀洞。其他的例子更明显。假设我有一个回家的道德理由，但是如果不叫醒睡在我办公室外面的狗，我就不能回家。在我所说的意义上，也就是说，如果叫醒狗是一个更大的行为过程（这个过程对我回家来说是充分的）的一部分，那么叫醒狗确实使得我能够回家，在家中我可以做某些其他的事情，它们构成了一个更大的行为过程的一步部分。因此，我有一个叫醒狗的道德理由（即使这样来表述这一理由很奇怪）。然而，叫醒狗并不是一个回家的手段。因此，福特的原则不能说明为什么这个论证有效。我们需要一个与道德的可替代性一样强的理由，以便说明所有这些有效论证的有效性。

最后一个反对理由询问哪些理由是合乎道德的。即使我有一个给孩子喂饭的道德理由，即使这给了我一个回家的道德理由，批评者可能仍然会否认我回家的理由实质上是一个道德理由。然而，我回家的理由看上去是道德的，既因为它的来源是一个道德理由，又因为它的职责是影响何谓道德，何谓不道德。而且，如果它不是一个道德理由，那它是什么样的理由呢？通过可替代性，我回家的理由来源于一个道德理由（给我的孩子喂饭的理由）。这一连串理由不需要道德之外的任何来源。如果是这样，那我回家的理由就不是审美的、宗教的、审慎的或者合法的。反对者可能回应说我回家的理由是"实践的"或者"工具性的"理由。然而，这只是以另外一种方式来表示我回家的理由是通过可替代性而得到的，而这并不表明这一理由不是一个道德理由。工具性的道德理由仍然必须被认为是道德理由，因为否则我们就不能说明它们是如何区别于工具性的宗教理由，工具性的审美理由，等等。我回家的理由如果是来自给我的孩子喂饭这样的道德理由，它就在其特性上强于一个来自午睡的审慎理由，并且与之相区别。如果没有认识到我回家的理由在第一种情形中是道德的，而在第二种情形中则是审慎的，并将这两种情形中的理由都完全描述为"工具性的"，那么这两种情形中的理由之间的区别就将被隐藏起来。这就是为什么我们需要把通过不可替代性从道德理由中得到的理由自身就看做道德理由。最后，我们还可以更为肯定地赞同我回家的理由的道德本性。这一理由符合每一个合理的道德定义中的每一个必要条件。道德通常可以通过它的形式、内容和力量来进行界定。就形式而言，我回家的理由是可普遍适用的，因为任何人在相同的情形中都会有一个回家的理由。我回家的理由也具有对道德来说是基本的内容，因为它涉及与其他人的社会关系和伤害。即使道德必须是最有力量的（我怀疑这一点），我回家的理由完全可能像给我的孩子喂饭的理由一样是最为重要的，因为我回家的理由在这一情形下是不可超过的，除非我给孩子喂饭的理由也是可以超过的。这样，就没有任何理由可以否认我回家的理由实质上是合乎道德的。

当然，还有很多其他反对道德的可替代性的理由，我不能在此一一进行回答。[8] 不过我们已经对道德的可替代性进行了不同论证。众多不同的例子也证实了这一点。它也很符合行为理由的一般理论。主要的反对理由已经得到处理。因此我断定道德可替代性原则是正确的。

为什么和如何说明可替代性

如果道德的可替代性是如此明显，为什么还需要对它进行说明呢？答案就在于它的不寻常的特征。道德的可替代性使道德算子（moral operator）（"存在一个道德理由"）和非道德算子（"能够"）联系起来。而且，非道德算子（"能够"）代表了可能的事实而不只是必然的联系，例如逻辑的不可能性或行为的同一性。这样，道德的可替代性把我们从关于一个行为的道德判断带到关于与这一行为有偶然联系的另一不同行为的道德判断上面。

类似的推理在许多其他特性上是不允许的。例如，即使我不从抽屉里拿出刀来就不能

---

[8] 我在 *Moral Dilemmas*（sec. 5.2）中对另外一些反对理由进行了回应。

切菜，即使从抽屉里拿出刀来确实使我能够切菜，我拿刀的动作仍然可能很迅速而我切菜的动作却很慢。这样，迅速以及行为的其他许多特性并没有转移到那些行为的必要使能者上面。这就使得这一点变得很奇怪：行为的道德理由和其他理由确实转移到那些行为的必要使能者上面。这种奇怪使得我们需要说明道德的可替代性。

一个道德理论如何可能说明道德的可替代性？最直接的方式是从道德理论的实质性原则得出道德的可替代性。道德理论提出了基本的道德原则，这些原则关系到道德上应该做或不应该做的事情，或者关系到道德上正确的东西或错误的东西，等等。如果不考虑术语学，这些实质性原则告诉我们实际上存在什么样的道德理由。例如，如果"信守你的承诺"这一规则或者"你应当信守承诺"这一原则对一个道德理论来说是基本的，那么根据这一理论，一个行为是守诺的行为这一事实就是去实施那个行为的道德理由。在这样的规则或原则之下，每一个道德理论都详细说明了行为的哪些特性构成了去做或者不做具有那些特性的行为的道德理由。

这样一来，道德理由就可以通过挑选正确种类的性质作为道德理由来说明道德的可替代性。假设一个道德理论表明行动者有一个道德理由去做行为 R，因为行为 R 具有性质 P。现在假设行为 N 是行为 R 的必要使能者。道德的可替代性表明同样存在一个道德理由去做行为 N，但问题是：为什么？如果行为 N 同样具有性质 P，这就使得为什么也存在一个做行为 N 的理由这一点变得很清楚。然而，如果行为 N 没有性质 P，这一道德理论就没有说明为什么行动者有理由去做行为 N。如下图所示：

P?   P
| |
N ← R

这样，一个道德理论就可以说明为什么道德的可替代性有效，如果它的基本的实质性原则表明所有的道德理由是或不是归因于这样的性质：如果一个行为具有某一性质，那么任何是这一行为的必要使能者的行为同样具有这一性质。于是根据这一道德理论的实质性原则就可以得出道德上的可替代性。

表面上看，这一说明可能并非必需，因为另一说明可以轻易获得。[9]道德的可替代

---

[9] 另外一种解释道德可替换性的方式是表明道德可替换性是分析的。然而我并未看到可以从道德理由推出这一原则的任何方式。

性可以由一般的可替代性派生出来。这难道没有说明道德的可替代性吗？事实上没有。一般的和道德的可替代性将抽象的限制加到理由和道德理由上面。我们仍然需要知道这些限制是否以及为什么满足由每一个道德理论所挑选出来的道德理由？假设一个实质性的道德理论表明存在着道德理由只去做 A、B、C、D 类型的行为。然而道德的可替代性表明同样存在着道德理由去做 E、F、G、H 类型的行为，因为这些行为是 A 到 D 类型行为的使能者。这一实质性的道德理论本身不能说明为什么存在着另外的道德理由去做 E 到 H 类型的行为。一般的可替代性仍然包含了道德的可替代性，但是这两个原则与这一实质性的道德理论都不具有任何说明关系。我们只能将道德的可替代性原则加到最初的理论上面，这一新的、扩展的理论将包含去做 E 到 H 类型行为的道德理由。然而，最初的实质性原则仍然不能使我们理解为什么需要这一扩展。可替代性原则只是以一种特别的方式被添加最初的理论上面，因此它们仍然没有在任何重要的方式上与这一理论的实质性部分发生联系。这种一致性和说明价值的缺乏使得扩展的理论不如另外一种道德理论，后者的实质性道德原则包含并因此说明了道德的可替代性。

相同的负担也出现在道德之外。一般的可替代性原则适用于审慎的理由、审美的理由等，因此一个诸如审慎的、审美的实质性理论同样需要以这样一种方式详细说明这一理论的内容，即我们能够理解为什么那些理由遵循一般的可替代性限制。虽然这一说明负担很普遍，但这丝毫没有使其变得更容易承担。每一领域中的每一理论，除非其特殊的实质性原则与相关的可替代性原则具有某种说明关系，否则都将缺乏一致性。这种一般的要求在所有这些领域中都具有重要的意义，但是我将只集中关注道德理由。

道德理由的种类

为了确定哪些道德理论可以说明道德的可替代性，我们需要区分两类道德理由和理论：后果主义的和义务论的。这两个术语可以在许多意义上使用，但是一个特别的区分将适合我的目的。

实施某个行为的道德理由是后果主义的，当且仅当这一理由只取决于实施或不实施这一行为的后果。例如，不袭击某人的道德理由是：这样做会伤害到他。将你的车朝左拐的道德理由可能是：如果你不这样做，你将会碾过并杀死某人。给一个挨饿的小孩喂饭的道德理由是：如果你不给他喂饭，这个小孩将会失去重要的精神或身体上的能力。所有这些理由都是后果主义的理由。

其他所有的道德理由是非后果主义的。因此，做某个行为的道德理由是非后果主义的，当且仅当这一理由至少部分地取决于这一行为所具有的某个独立于行为后果的性质。例如，一个行为可以是谎言，不管作为谎言的结果是什么（因为某些谎言没人相信）。某些道德理论断言，一个行为是谎言这一性质提供了一个不说谎的道德理由，不管说谎的后果是什么。同样，一个行为信守了诺言，这一事实通常被视为实施这个行为的道德理由，即使这个行为具有信守承诺这一独立于行为后果的性质。所有这样的道德理由都是非后果主义的。为了避免太多的否定，我也把它们称为"义务论的"。

如果我们不限定后果的概念，后果主义和义务论的区分就没有意义。如果我承诺修剪草坪，我修剪草坪的一个后果可能就是我的诺言得到了履行。避免这一问题的一个办法是指明行为的后果必须与行为自身相区别，因为它们是由相同的身体运动完成的。[10]这样，我履行诺言就不是我修剪草坪的后果。一个行为的后果不必在时间上晚于这一行为，因为原因可以是同时发生的，但是后果必须至少与行为不同。即使有了这一澄清，仍然很难将某些道德理由归类为后果主义的或义务论的，[11]但是我将坚持那些清楚的例子。

依照各种道德理由之间的这一区分，现在我可以区分不同种类的道德理论了。我将认为一个道德理论是后果主义的，当且仅当它意味着所有基本的道德理由都与后果有关。如果一个理论所包含的道德理由与后果无关，它就是非后果主义的或者义务论的。

反对义务论

按照这一定义，义务论的道德理论在种类上数量众多而且各不相同。在一般意义上对其作出评判会很困难。但是我将论证说，没有任何义务论的道德理论能够说明为什么道德

---

〔10〕 在这里我假定，如果行为是由同样的身体运动构成或者完成，那么它们就是相同的。参见 Donald Davidson, *Essays on Action and Events*, New York：Oxford University Press, 1980, esp. essay 3. 这一断言是有争议的，但是那些拒绝这一论断的人可以通过只认为一个行为及其后果不可能由相同的身体运动构成来完全避免同一性，还存在着定义后果的其他方式，以便履行诺言本身不是履行诺言这一行为的后果。

〔11〕 按照这一解释，因为某一行为本身就是内在的好的，从而做这一行为的道德理由是义务论的，因此某些种类的完善论或者幸福论是义务论的。这可能不是通常的用法，但却是我想要的，因为既然做某个内在的好的行为的理由不同于做这一行为的必要使能者的理由，我反对义务论理论的论证将适用于这些类别的完善论。

的可替代性是有效的。我的论证适用于所有义务论的理论，因为这一论证将只依赖于这些理论所共有的东西，即只依赖于这一断言：一些基本的道德理由不是后果主义的。某些义务论理论承认许多重要的后果主义的道德理由，这些理论也许能够说明为什么道德的可替代性会因为它们的某些道德理由（即后果主义的理由）而有效。但是，即使这些理论也不能说明为什么道德的可替代性会因为所有的道德理由而有效，包括使得这些理论成为义务论的非后果主义理论。义务论的道德理论在使其成为义务论的所有情形中都不能说明道德的可替代性，这就是拒斥所有义务论的道德理论的一个理由。

我不能讨论每一个义务论的道德理论，因此我将只讨论少数范例，表明它们为什么不能说明道德的可替代性。之后，我将论证所有其他义务论的理论本质上都必定会出现同样的问题。

最简单的义务论的理论是普里查德和罗斯的多元论直觉主义。罗斯写道，当一个人承诺做某件事情时，"我们认为这一行为在其本性上就是必须的，只因为它是对一个诺言的履行，而不是因为它的后果"[12]。这样的义务论者实际上主张，如果我承诺修剪草坪，我就有一个修剪草坪的道德理由，这一道德理由是通过如下事实建立起来的：修剪草坪这一行为履行了我的诺言。这个理由不因修剪草坪的后果而存在，即使它有可能被某些坏的后果所超过。然而，如果这就是为什么我有一个修剪草坪的道德理由，那么，即使我没有发动我的剪草机就不能修剪草坪，而发动剪草机将使我能够修剪草坪，这仍然不能得出结论说我有发动剪草机的任何理由，因为我并没有承诺发动剪草机，发动剪草机并没有履行我修剪草坪的承诺。这样，如果一个道德理论宣称诸如此类的性质就提供了道德理由，那么它就不能说明道德的可替代性。

当然，这一论证过于简单，因此不能仅靠自身就得出最后结论，因为义务论者们会有许多回应。问题在于是否有任何回应是充分的。我将论证没有任何回应能够应付这一根本的质疑。

义务论者可能会回应道，他的道德理论不仅包含了一个原则，存在着信守承诺的道德理由，还包含另外一个原则：人们有道德理由去做使得人们有理由去做某事的任何必要的

---

[12] W. D. Ross, *The Right and the Good*, Indianapolis, Hackett, 1988, p. 44. See Also p. 17, and H. A. Prichard, *Moral Obligation*, New York: Oxford University Press, 1968, pp. 6 – 7. 罗斯和普里查德之所以不能解释道德的可替代性，大概是因为他们把正确性和错误性视为非自然的特性，这些特性不需要通过自然的因果联系进行转换。然而即使义务论者是自然主义者，我的论证也将适用于他们，某些非自然主义的后果主义者也可以说明道德的可替代性。因此，自然主义的问题超越了如何说明道德可替代性的问题。

使能者。这另外一个原则就是道德的可替代性原则，所以，我当然认为这是正确的。但是，问题在于为什么它是正确的。这一新的原则非常不同于一个义务论理论中的实质性原则，因此它迫切需要一个说明。如果义务论者只是将这一新原则添加到其理论中的实质性原则上面，他根本没有说明为什么这一新原则是正确的。只是为了得到诸如发动剪草机的道德理由之类的道德理由而做这样的添加会显得过于随意。为了说明或者辩护道德的可替代性，义务论者需要表明，这一原则如何以一种更深层的方式与其理论的实质性原则相一致。这正是义务论者不可能做到的。

第二种回应认为我错误地描述了提供道德理由的特性。义务论者可能会承认修剪草坪的理由并不是修剪草坪履行了承诺，但是他们转而会主张修剪草坪的道德理由是：修剪草坪是信守承诺的必要使能者。然后他们就可以主张存在一个道德理由去发动剪草机，因为发动剪草机也是信守我的承诺的一个必要使能者。我再次赞成存在这些理由。但问题是为什么。这样的义务论者需要说明为什么道德理由必须是"发动剪草机这一行为是信守承诺的一个必要使能者"，而不仅仅是"这一行为确实信守了承诺"。如果没有道德理由信守承诺，那么很难理解为什么会存在道德理由去做那些是信守承诺的必要使能者的事情。而且，义务论者断言决定性的事实不是关于后果的，而是直接关于诺言的。我的道德理由应该来自我行动之前所说的，而不是来自我行动之后的后果。然而，我所说的是"我承诺修剪草坪"。我并没有说"我承诺做作为修剪草坪的必要使能者的事情"。我所承诺的只是信守承诺。因为这一点，直接以诺言作为道德理由的基础的义务者不能说明为什么不仅存在着一个做我所承诺的事情（修剪草坪）的道德理由，还存在着一个做我没有承诺的事情（发动剪草机）的道德理由。

义务论者可能会竭力辩护"道德理由基于诺言"这一主张，他们通过如下主张达到辩护目的：信守承诺是内在的善，并且存在着道德理由去做作为内在的善的必要使能者的事情。然而这一回应遇到了两个问题。首先，根据这一理论，信守承诺的理由就是去做本身是内在善的事情，但是发动剪草机的理由并不是做内在善的事情的理由。既然这些理由是如此不同，它们就是通过不同的方式而得出来的。这就产生了其他理论可以避免的不连贯或分歧。其次，这一回应与义务论理论的一个基本论点相冲突。如果我信守承诺是内在的善，你信守承诺同样是内在的善。不过，如果我有信守承诺的道理理由是因为我有做任何内在善的事情的道德理由，我恰好有同样的道德理由去做作为你信守承诺的必要使能者的事情。如果我不守承诺是其他两个人信守承诺的必要使能者，那么我不守承诺的道德理由就比我信守承诺的道德理由要强（在其他条件相同的情况下）。这削弱了基本的义务论主张：我的理由以一种特殊的方式来自我的诺言。[13]因此这一回应以放弃义务论为代价说明了道德的可替代性。

第四个可能的回应是：任何修剪草坪的理由同样是发动我的剪草机的理由，因为发动我的剪草机是修剪草坪的一部分。然而，发动剪草机并不是修剪草坪的一部分，因为我可以不修剪任何草坪而发动我的剪草机。我可以提前数小时发动剪草机而不去用它去修剪任何草坪。假设我发动了剪草机然后到家里去看电视。我的妻子进来问："你开始剪草了吗？"我这样回答："是的，我已经完成了一部分，稍后就将完成全部工作。"这样的回答不仅令人误解，而且也是错误的。此外，修剪草坪还需要其他的必要条件，例如买一台剪草机或者离开我的椅子，它们无论如何也不是修剪草坪的一部分。

最后，义务论者可能会指责我的论证是乞求论题的。如果这一原则与义务论理论相冲突，那么采用道德的可替代性就是乞求论题了。然而，我的观点并不是：道德的可替代性与义务论相冲突。它们并不冲突。义务论者可以一贯地将道德的可替代性添加到自己的理论中。我的观点只是：义务论不能说明为什么道德的可替代性是有效的。如果不经论证就断言道德的可替代性，这仍是在乞求论题。可是，我确实为道德的可替代性进行了辩护，而且我的论证独立于道德的可替代性对义务论的影响。我甚至使用了义务论理论所特有的道德理由的例子。义务论者仍然可能抱怨如此多的理论不能说明道德的可替代性，这使人对这个原则产生了新的怀疑。然而，通常我们不应该仅仅因为我们的理论不能说明一个科学的观察，就拒绝这一观察。同样，通常我们不应该拒绝一个在其他方面是合理的道德判断，仅仅因为我们熟悉的理论不能说明为什么它是正确的。否则，最佳说明的任何推论都不可能有效。我的论证只是将这个一般的说明负担扩展到道德理由的原则上，并表明义务论不能承受这一负担。

即使这一简单的义务论不能说明道德的可替代性，其他复杂的义务论似乎可以做得更好。一个候选者是康德，他接受了类似于可替代性的东西，康德写道："无论谁意愿目的，只要理性对他的行动具有决定性影响，他同样意愿实现目的的不可缺少的必要的手段，这手段包含在他的能力之中。"[14]尽管有这一断言，康德没有说明道德的可替代性。康德实

〔13〕 参见 Samuel Scheffler, *The Rejection of Consequentialism*, New York：Oxford University Press, 1982, pp. 87 - 90.

〔14〕 *Foundation of the Metaphysics of Morals*, trans. L. W. Beck, p. 417, of the Akademie edition. 康德的原则同道德可替代性并不一样，因为他的原则是关于自愿的，并且他仅将其原则应用到在道德之外的能力的命令上。康德认为他的原则是分析的，但是他对其原则分析性的论证很难令人信服。

际上认为，如果不实施某个行为的准则不可能作为一个没有矛盾的普遍法则而被意愿，那么就存在着一个实施这个行为的道德理由。于是我承诺修剪草坪的道德理由就应该是：不守承诺就不能被毫无矛盾地、普遍地意愿。然而，不发动我的剪草机可以被毫无矛盾地、普遍地意愿。我甚至可以一贯地、普遍地意愿不发动我的机器，如果这是我信守承诺的一个必要使能者。根本的问题在于康德再三声明他的理论纯粹是先验的，但是道德的可替代性使得道德理由需要依赖于什么是经验上可能的。康德主义者可能试图通过按照不太纯粹的可能性和"矛盾"来说明可普遍化，从而避免这一问题。根据其中一个说明，康德认为，意愿普遍的不守承诺是矛盾的，因为要是每个人都总是不信守承诺，就没有任何诺言将是可信的，因此人们也就不会作出或者不守承诺。这里有几个问题，但最相关的问题是：即使在发动剪草机是信守承诺的使能者时，没有人发动他的剪草机，人们仍然可以相信彼此的诺言，包括修剪草坪的诺言。例如，如果让剪草机长时间运转是一个习惯作法，那些接受别人承诺的人就会认为，为了修剪草坪，不需要发动剪草机。这表明：在一个不发动我的剪草机的普遍意愿中，当不发动剪草机是信守承诺的一个必要使能者时，并不存在这类矛盾。这样，康德的观点同样没有说明为什么存在着一个发动剪草机的道德理由。康德的某些辩护者可能坚持认为这两种说明都没有认识到，对康德来说，理性要求确定的目的，因此有理性的人不能普遍地意愿任何与这些目的相矛盾的事物。这里的一个问题是需要详细说明哪些特定目的有这样特殊的地位，为什么有这种地位。同样不清楚的是，这些合理的目的将会如何与普遍地不发动剪草机相冲突。因此，在说明为什么存在一个发动我的剪草机的道德理由，或者道德的可替代性为什么有效的时候，康德不可能比其他的义务论者做得更好。

当然，还有很多其他版本的义务论。我不能讨论所有的义务论。不过，这些例子表明，义务论理由的这一特性使得义务论不能说明道德的可替代性。如果我们从另一方面开始，询问哪些性质经由道德的可替代性产生了道德理由，这一点就会很清楚。发动剪草机的后果给了我发动剪草机的道德理由。具体地说，它具有我能够修剪草坪这一后果。这一理由与我修剪草坪的道德理由不可能来自相同的性质，除非使我有道德理由去修剪草坪的是修剪草坪的结果。这样，任何非后果主义的道德理论将必须设定两种不同的道德理由：一个是发动剪草机的道德理由，另外一个是修剪草坪的道德理由。一旦这两个理由是分离的，我们就需要知道它们之间的联系。但是这种联系不能通过这一非后果主义理论的实质性原则得到说明。这就是为什么所有的义务论都必定缺乏说明的一致性，而这种一致性是对所有理论的适当性的一个检验。

我断定没有任何一种义务论能够充分说明道德的可替代性，我还没有证明这一点，但是我强烈要求义务论者给出一个关于道德的可替代性的合理说明。义务论者非常有创造力，但是我怀疑他们能够应付这一质疑。

反对充分的后果主义

义务论不能说明道德的可替代性，这一点好像支持了另一种理论：后果主义。但是这并非当然的结果，除非后果主义者自己可以说明道德的可替代性。许多传统的后果主义者和义务论者一样不能说明道德的可替代性。

许多后果主义者主张存在着去做足以导致善或者最大限度地增加善的事情的道德理由。斯马特将行为功利主义简洁地表达为这一主张："实施行为 A 而不是另一可选择的行为 B 的唯一原因是做行为 A 将会比作行为 B 使人类（或者可能所有有意识的存在者）更幸福。"[15]我们通常说，如果某个行为足以实现某个结果，它就会产生那个结果，即使这个行为对于那个结果不是必要的。这使得人们很自然会将斯马特的原则解读为以充分条件为基础来归因道德理由。他的理论就是一种"充分后果主义"的形式，充分后果主义的一般主张是：存在着道德上的理由去做那些引起或最大限度地实现幸福或任何其他善的事情。

如果把充分的后果主义应用到例子上，它就失败了。假设我可以为苏珊举行一个令人惊喜的聚会，这将会令她感到快乐。通知客人举行聚会是必要的，并且使我能够举行这一聚会。道德的可替代性必然意味着：如果存在着一个举行聚会的道德理由，也必须存在着一个通知客人举行聚会的道德理由。然而，通知客人的行为并不足以使苏珊快乐，因为她甚至连我正在通知客人这件事都不知道。一般而言，即使一个行为足以实现某个善，这一行为的必要使能者也不足以实现这个善。如果它们不足以实现这个善，如果道德理由取决于足以实现这个善的事情，那么将不存在任何道德理由去做那些作为必要使能者的事情。这就是为什么充分的后果主义不能说明道德的可替代性的原因。

---

[15] J. J. C. Smart, *An Outline of a System of Utilitarian Ethics* in *Utilitarianism: for and against*, by J. J. C. Smart and Bernard Williams, Cambridge: Cambridge University Press, 1973, p. 30. 边沁在提到行为是否"增加或减少"和"促进或反对"幸福时也暗示了充分条件。我并不否认这些按照"必要使能者"的概念来进行的解读，但是最自然的解读与充分条件相关。不管怎样，我对充分后果主义的合理性的关注胜于我对"谁持有这种观点"这个问题的关注。

充分后果主义的捍卫者可能会作出回应，认为这一论证依赖一个关于"何为充分"的过于狭窄的观点。在这些情况下将这一聚会通知客人确实是充分的，因为这些情况包含了这些事实：客人们将会来参加聚会，我将会说服苏珊参加聚会并且会做举行宴会所必需的任何其他事情。充分后果主义的捍卫者甚至会补充说，如果我知道我可能不会说服苏珊参加聚会，那么我就没有任何理由通知客人。但这是不正确的。我确实有一个通知客人的道德理由，即使我可能不会说服苏珊参加聚会。使其变得不同的仅仅是：如果作为贵宾的苏珊没有出现，这个聚会将会是一场灾难或者至少是浪费。这给了我一个更强的理由不通知客人。但是我仍然有某个道德理由通知客人，因为通知他们是使得苏珊快乐的必要使能者，并且这一事实可以使一个不道德的行为成为道德的。如果我们想像一种情形，这一点将变得很清楚。在这种情形中，不费任何努力就可以同时客人，即使苏珊没有出现。有可能的是，即使苏珊没有出现，客人们也不会介意到我的住宅参加惊喜聚会。那么我有就有通知客人的道德理由，因为这使我有机会使苏珊快乐，如果事实表明她能够来参加聚会。这使我不费力就可以使我的选择保持开放。这样只要通知客人是使苏珊快乐的必要使能者，我就有一个理由通知客人，即使这样做不足以使苏珊快乐。充分的后果主义不能充分说明这一理由。

充分后果主义的另外一个问题是这一理论意味着：行动者有一个道德理由去做任何是她有道德理由去行动的充分条件的事情，因为一个行为的充分条件对于任何足以实现这一行为的事情也是充分的。然而，一个单独的行为可能有许多充分条件，行动者可能被允许在其中进行选择。结果这个行动者没有理由实现某个特定的充分条件，即使他有理由进行这一析取。例如，假设在我的家中举行惊喜聚会将会使苏珊快乐，但是在迈克家中举行惊喜聚会同样会使她感到快乐。那么我就没有理由在我家中而不是在迈克家中举行惊喜聚会。我甚至没有理由在我家中举行这一聚会，因为如我所说过的，我关心实施一个行为的理由，而不关心行为的所有其他选择，而在迈克家中举行这一聚会就是一个相对于在我家举行这一聚会的其他选择。

充分后果主义的捍卫者可能会这样回应：如果我在我家中举行这一聚会，我就不会毫无理由地行动。但是这一切都表明我有一个道德理由在我家中举行这一聚会而不是根本不举行任何聚会。我也可能会有一个析取的道德理由或者在我家中或者在迈克家中举行聚会。但是这两个理由都不是在我家中举行聚会的理由，即使在那个特殊的场所举行聚会足以使苏珊快乐。因此，这个善的充分条件并不总是产生道德理由。所以充分后果主义失败了。[16]

---

[16]　即使我的论证没有反驳充分后果主义，这并不影响我反驳义务论道德理论的论证。

赞同必要使能者的后果主义

所有这些将我们引向必要使能者的后果主义或者 NEC。NEC 主张行为的所有道德理由都被如下事实所规定：行为是阻止伤害或者促进善的必要使能者。根据这一理论，所有的道德理由都是后果主义的理由，只不过分为两类。一些道德理由是预防理由，因为它们是如下事实：行为是防止伤害或损失的必要使能者。例如，如果给艾丽丝喂饭是必要的，使我能够防止她挨饿，那么这一事实就是给她喂饭的道德理由。在这一情形中，即使我让她挨饿，也不会导致她死亡，但是其他的道德预防理由是避免引起伤害的理由。例如，如果将我的车左拐是必要的，使我能够避免杀死博比，这就是我将车左拐的道德理由。另一类道德理由是促进理由。当我做某事是必要的，使我能够促进（或最大限度的实现）某种善的时候，这一类道德理由就会存在。例如，如果我为苏珊举行惊喜聚会是必要的，使我能够使她快乐，那么我就有一个这样做的道德理由。因为可替代性的缘故，这些支持某些行为的道德理由也产生了反对相反行为的道德理由。同样也存在着道德理由不去做那些将会导致伤害或者不能保证阻止伤害或促进善的事情。

这些事实成为道德理由，是因为它们可以使得在其他方面不道德的行为成为合乎道德的。如果我有一个给我的孩子喂饭的道德理由，那么将我唯一的食物送给艾丽丝这样一个陌生人可能就是不道德的。但是如果把食物给艾丽丝是必要的，使我能够防止她挨饿，而且我的孩子也将不会挨饿，那么把食物给艾丽丝将不会是不道德的。同样，对苏珊撒谎通常是不道德的，但是如果对苏珊撒谎是必要的，使我能够举行聚会给苏珊一个惊喜，如果这样做同样是必要的，使我能够使她快乐，那么这一谎言就是合乎道德的。这样 NEC 就非常适合上述关于道德理由的理论。

NEC 可以为两类道德理由都提供一个道德可替代性的自然的说明。如果我给某个人食物是必要的，使我能够防止这个人挨饿，那么我就有一个这样做的道德预防理由。假设购买食物是给这个人食物的必要使能者，上我的车是购买食物的必要使能者。道德的可替代性保证了这一结论：我有一个上我的车的道德理由。上我的车这一行为确实具有成为防止挨饿的必要使能者的特性。这样，必要使能者具有相同的特性：为首先给这个人食物提供道德理由。这说明了为什么可替代性对于预防理由是有效的。另外一类道德理由包括了促进善的必要使能者。在我上面的例子中，如果一个惊喜聚会是使得苏珊快乐的必要使能者，让人们知道这个聚会是举行这个聚会的必要使能者，那么让人们知道这个聚会就是使得苏珊快乐的必要使能者。为举行聚会提供道德理由的事实也为让人们知道这一聚会提供了道德理由。这样，NEC 能够说明为什么道德的可替代性对每一类道德理由都有效。同样的说明对不做某些行为的道德理由也是有效的，这一说明的力量是支持 NEC 的一个理由。[17]

当然，不应该对上述论证感到奇怪。NEC 被有意地构造，以便它能够说明道德的可替代性。但是这并没有减损它的说明力量。问题在于，除非我们将我们的实质性理论限制在根据其本性遵循道德可替代性的道德理由上面，否则道德的可替代性就仍然是一个谜。

NEC 的重要优势在于它的一致性。其他的理论则提出这一主张：我之所以做我所承诺事情，在道德上说，只是因为这样做履行了我的承诺，或者信守承诺是内在地好的。然而，我没有承诺发动剪草机，发动剪草机并不是内在地好的。这样，我发动剪草机的理由来自于一个与我信守承诺的理由本质上不同的理由。相反，NEC 使我信守承诺的理由、修剪草坪的理由和发动剪草机的理由都来自于同一性质：作为防止伤害或者促进善的必要使能者。这使得 NEC 的说明更为一致，比其他理论更好。

有批评者可能会抱怨 NEC 只是延缓了问题，因为 NEC 最后需要说明为什么一定的事物是好的或坏的，某些事物作为手段是好的或坏的，而其他一些则不是。然而，如果内在地好或者坏的东西是指状态（例如快乐和自由或者痛苦和死亡）而不是行为，那么它们就不是一种可以去完成的东西，因此也就谈不上有一个去完成他们的理由了。这就使得所有行为的理由有可能具有同样的本性或者来自同样的特性。NEC 仍然必须说明为什么一些状态是好的或坏的，但是任何其他的道德理论也仍然需要做到这一点。区别在于其他理论还必须说明为什么会有两类行动的理由，这两类理由是如何联系的。这是其他理论所不能说明的。NEC 中诸多道德理由的一致性避免了这一额外的说明裂隙。[18]

---

〔17〕 NEC 是行为后果主义的一种形式。规则后果主义似乎更难解释道德可替代性，因为道德可替代性从特定情形下的事实中产生理由，而这些理由可能不被遵循相同的一般规则的其他行为所分有。对每个人而言，不信守承诺可能很糟糕，但是不发动他们的剪草机却并不糟糕。某些规则后果主义者有诸多回应，但是规则后果主义的形式太多，以至于我不能在这里讨论可能的回应。

〔18〕 这同样适用于完善论者和幸福论者，他们主张一定类型的行为是内在的善，这给了我们理由去实施这些行为。

解决两个难题

NEC 的另外一个优势是它可以解决两个难题。第一个例子由帕菲特所修正，[19]涉及我们如何权衡道德理由。假设我可以或者给安喂饭，或者给贝丝喂饭，但不能同时给两人喂饭。如果我给贝丝喂饭，这将足以防止她死去。如果我给安喂饭，这将足以防止饥饿的痛苦，但不能防止她死去，因为安并非饿得要死。这使得我给贝丝喂饭的理由更强，因为死亡比饥饿的痛苦更糟糕。然而，设想我知道如果我不给贝丝喂饭，其他人一定会给她喂饭。但是如果我不给安喂饭，没有人会给她喂饭。现在我给安喂饭的理由就更强。为什么？因为给贝丝喂饭并不是防止任何伤害的必要理由，但是给安喂饭则是一个防止伤害的必要使能者。这表明某一行为的道德理由的强度取决于这一行为是其必要使能者的事物，而不是取决于这一行为使其充分条件的事物。这正是 NEC 所要预示的。

NEC 还解决了另外一个困扰费尔德曼的难题。[20]费尔德曼不得不决定是在他的花园干活还是去垃圾场。在他的花园里干活足以得到 12 个单位的效用，而去垃圾场则仅仅足以得到 8 个单位的效用。这两个选择都有一定前提。如果费尔德曼不搜集他的园艺工具就不能在花园中干活，那么搜集工具就足以得到 −1 个单位的效用。如果他不装满卡车就不能去垃圾场，那么装满卡车足以得到 +1 个单位的效用。（不清楚为什么费尔德曼喜欢装满他的卡车！）现在，充分的后果主义既意味着他有一个理由在花园里干活（因为这样做足以得到比其他选择更多的效用），也意味着他有理由搜集园艺工具这一点是不正确的（因为这一行为有一个替代行为，替代行为足以得到更多的效用）。这与可替代性相冲突。如果我们求助于 NEC，我们就很容易避免这一结果。与装满并发动卡车相比，搜集园艺工具是更多效用的必要使能者，因为搜集园艺工具是在花园干活的必要使能者（我们假设其他条件相同）。这就是为什么他更有理由搜集园艺工具，即使这一行为足以实现比它的替代行为更少的效用。这样，NEC 再次与我们的直觉相符合，使我们免于充分后果主义的谬论。

---

〔19〕 Derek Parfit, *Reasons and Persons*, New York：Oxford University Press, 1984, pp. 69 – 70.

〔20〕 Fred Feldman, *Doing the Best We Can*, D. Reidel, 1986, pp. 5 – 7, see also pp. 8 – 11. 我已经稍微简化了费尔德曼的例子。他的例子中的理由并非明确的是道德理由，但是这并不影响我的论证。

结论

让我们回顾一下已经讨论的部分。我首先论证了一般意义上的可替代性和特殊意义上的道德的可替代性。接着我论证了义务论的道德理论和充分后果主义的道德理论都不能说明为什么道德的可替代性是有效的。我的肯定的结论是：必要使能者的后果主义可以轻易说明为什么道德的可替代性对 NEC 的所有道德理由都有效，因为（正如我已经论证的）一个道德理论不仅应当描述道德推理的原则，还应当说明这些原则。我的结论让我有理由偏爱某种必要使能者的后果主义。这一理由就是：它为一个显而易见的原则提供了一个简单的说明，而相反的理论却不能说明这一原则。

虽然我将精力集中在道德理由上面，但我的结论可以扩展到行为的非道德理由上面。关于审慎的理论、关于审美的理论等也都遵循一般的可替代性。我的论证表明，这一点不可能通过这些理论而得到说明，除非这些理论将审慎的理由、审美的理由等非道德理由等同于必要使能者。不同种类的行为理由之间的区别仍然可以通过行为是其必要使能者的各种善或伤害之间的区别而得到说明。审慎的理由只涉及与行动者自身有关的善或者伤害，审美的理由涉及特定的审美的善，例如美或者审美愉悦。尽管有这些区别，所有行为理由共享了关于必要使能者的一个含义，因为它们都遵循一般的可替代性。这样我们就可以扩展必要使能者的后果主义，从中产生出一个一般意义上的关于行为理由的理论，这一更为广阔的一致性可以为必要使能者的后果主义提供甚至更多的支持。[21]

这并没有证明必要使能者的后果主义是正确的，甚至没有证明它比其竞争对手更为可取。其他理论在其他方面仍然可能是可取的，所以我们需要考虑反对后果主义的诸多理由，以便决定必要使能者这一观念是否能够有助于我们避免这些反对理由。我们还需要详细说明一个价值理论，还需要详细回答如下问题：关于善和伤害的区分如何影响道德理由

---

〔21〕 这种扩展甚至可以变得更长，如果我们将其扩展到信念的理由上。一个信念的理由可以被视为关于这一信念的一个事实：这一信念能够使得在其他方面不合理的信念变得合理。信念的理由有两种：关于信念内容的真实性的理由和形成并保持信念状态的理由。可替换性似乎在两种情形中都有效。首先，如果存在着一个关于信念内容的真实性的理由，那么同样存在着一个关于信念内容的理由，这一信念内容的真实性是在前的信念内容的真实性的必要使能者。其次，如果存在着一个形成并保持一个信念状态的理由，也同样存在着其存在是在前的信念状态的必要使能者的任何信念状态。所有这些为 NEC 增加了更多支持。

及其分量？[22]所有这些细节需要在全面评价必要使能者的后果主义之前得到解决。但是，我确实希望已经表明为什么这种理论满足了一个一般的充分性检验，为什么其他理论需要表明它们如何能够满足这一检验。

---

〔22〕 价值理论中的某种帮助可能来自于另外一种可替换性。如果好的事物的必要使能者也是好的（在某种程度上），那么立足于欲望的价值理论可能就很难说明这一点。我可以欲求打高尔夫而并不欲求为此付钱。发展这个另外的论证超出了本文的范围。

后果评价与对后果主义的表述

行为功利主义：

是对行为正当性特征的解释还是决策程序？

犹金·贝尔斯　著　陈江进　译

在本文中，我将强调明确区分（a）决策程序与（b）正当行为何以成为正当的解释之重要性。我特别想指出，由于人们在头脑中并没有对两者作出明确区分，所以使得反对行为功利主义成为一种时髦的现象，实际上这是不恰当的。

争论中的问题可以被认为是：我们把什么看做伦理理论的目的，或者，我们期望伦理理论是什么？

为了使我的意图更清楚，我乐意一开始就强调以下几点：

第一，我并没有伪称自己处于立法者的位置，对人们应当把什么看做是伦理理论的目的或者应当对伦理理论做何期望作出规定。更确切地说，我没有伪称自己处于立法者的位置，对人们应当把什么看做是行为功利主义的目的、或者应当对行为功利主义做何期望作出规定。

第二，对于我将要挑战的那种论证所强调的那些困难，我不想低估。我只想表明，这些困难对于行为功利主义来说并不是灾难性的，尽管一些批评者是这么看的。

第三，在本文中，我关心的并不是要为行为功利主义辩护，而反对所有其他理论。我也不是要表明行为功利主义是正确的，或者比其他任何伦理理论要更正确些，或者甚至比其他形式的功利主义更正确些。我只是想表明，反对行为功利主义的一种论证——这种论证在今天变得很流行——并不是一种好的论证。

第四，我将把行为功利主义看成是一种规范性的理论，它认为，一种特殊的行为（与一种类型的行为或一系列的行为相对）是正当的，当且仅当它产生的功利——也就是说，它对内在善的事态（intrinsically good states of affairs）的贡献——绝不亚于其他行为所产生的功利。这充其量只是粗略地表达了行为功利主义的一种形式。然而，我想要挑战的那种论证被认为适用于行为功利主义的许多形式。行为功利主义是一种客观正当性的理论，也就是说，它认为正当行为是指其实际后果（与预期后果相对）对内在善的事态有最大贡献的行为，这些论证无论何时用来反对这种理论，我的批评都是适用的。

我在本文中将要挑战的那种类型的论证有如下特征，即它们都强调把行为功利主义运用到具体的道德情境时包含的实际困难或出现的矛盾。这些论证具有不同的形式。由于决定在特定的时间我们所面对的各种行为当中哪一种行为最有助于内在善的事态包含了许多困难，所以"弱"形式的论证都是要说明像行为功利主义者那样行动是不实际的或自我挫败的。"强"形式的论证则重在说明，如果像人们按照行为功利主义的路子思考问题，最终将会陷入一种恶性的无穷后退。在其他形式中还使用了一种一般化测试（generalization test），即"如果每个人都像行为功利主义者那样思考，结果会怎样？"，我的观点是，所有这些论证中都存在一种系统性的混乱，至少它们所强调的一些问题是虚假的。我相信，只有我们在脑海里对决策程序与正当行为何以成为正当的解释之间作出明确区分，我们就会明白这两种类型的论证都不是好论证，以及它们为什么不是好论证。

我所思考的"弱"形式的论证可以按如下方式进行。即使是对不重要的行为的结果进行计算也是一件极为复杂的任务。对这种不同的行为的后果进行计算与比较很明显组成了这种复杂性。通常我们所具有的信息非常有限，或者许多私人性的偏见也卷入其中，所以即使我们尽最大的努力也很难在计算时保证可靠性。而且，对各种行为的相关的功利进行计算与比较也是一件耗时的事情。确实，在一些情境中，如果我们努力对各种行为的功利进行计算与比较，然后我们实际上也会选择其中一种行为：有关落水之人的相似情境与承诺去做近在眼前之事的情境就是两个例子。因为如果我们花时间力图计算与比较帮助落水之人与不帮助落水之人所产生的相关的功利，我们实际上会选择不帮助他。如果我们花时间力图计算与比较恪守承诺与违背承诺所产生的相关的功利，我们实际上会选择违背承诺。因此，如果出现一些情境，在其中根据行为功利主义的标准被认为是正当的行为，如果它完全可以得到执行的话，就应当很快执行——这些情境一定会出现——但在通常情况下，将行为功利主义的理论应用于这些情况就等于选择去执行一个根据行为功利主义的标准是错误的行为。

然而，其他条件不是这样的。在某些情况下，条件的本质中总有一些东西使我们的思考或多或少带有一些不确定性。但是，除非能给出某种行为功利主义的辩护中止这种思考，否则论证会如此进行，即每一种可能的行为，"……无论是多么微不足道，都可能成为、或者根据某些观点也应当成为功利计算的对象：不仅是那些我通常思考过的行为，也包括那些如果我决定让自己去做就会进行审慎思考的行为"[1]。然而，对那些微不足道的行为进行思考肯定是荒唐的，包括那些"如果我决定让自己去做"我就应当去执行的行为。我应当向左走一步呢？还是走两步？抑或向右走一步，向后退一步？按逆时针的方向摆弄我的手指？在任何一定的时间里，我们都面对着许多微不足道的行为。难道它们都应当成为行为功利主义计算的对象吗？如果是这样，那么似乎任何想把行为功利主义理论应用到实践中去的意图实际上都会导致行为功利主义理论不能应用到实践中去：如果我们无所事事地空想那些行为并力图对它们的后果进行计算与比较，那么想做那些对内在善的事态最有所助益的行为似乎是不可能的。

这种论证的"强"形式有时是以如下方式得到发展的。我们思考一下上面所提及的第二种情况，也就是，在此情形中决定将被搁置。为了简单起见，我一开始只假定行动者面对着两个行为：A 和 B。他应当做哪一个行为呢？如果行动者是一个内在一致的行为功利主义者，论证将如下，他就必须评估并比较两种行为有可能产生的结果，然后去做那个能产生更好的可能后果的行为。简单地讲，他要计算。但是计算行为本身也是行动者可以选择也可以不选择去做的行为。因此，这种情境中又增加了一种行为，即计算的行为 C。那么，行动者应当简单地去做 A，或者 B，抑或是 C？如果行动者是一个内在一致的行为功利主义者，这些行为之间又要进行计算比较，这样又要引入一个新的行为 D，它对行为 A、B 和 C 可能产生的后果进行计算。当然 D 也是一个本身就需要计算的行为，这样行动者就陷入了一种恶性的无穷后退。

无穷后退也能以一种稍微不同的方式产生：因为在任何特定的时间里，我们会面对数不清的行为，无论是微不足道的还是重要的，我们对应当去做哪一种行为的思考都或多或少有一定的不确定性。我们同意，不确定的思考是荒唐的，但是如果行为功利主义者必须思考是否要中止这种思考——如果他要在行为功利主义的基础上为中止这种思考进行辩护，很明显他应当必须做这样的思考——他就又一次陷入了恶性的无穷后退。

通常我考虑的这些论证的形式总是用来强调对道德的决定来说规则是不可或缺的。弱形式强调规则的实践上的不可或缺性，强形式强调规则的理论上的不可或缺性，这也是"弱"形式与"强"形式之间的差别。

面对这些论证，行为功利主义者通常会引入"简单的经验规则"（rules-of-thumb），这

---

[1]　A. Duncan-Jones, "Utilitarianism and Rules", *The Philosophical Quarterly*, vol. 8（1957）, p. 366.

些规则是行为的实践上不可或缺的指导，是我们习惯上或多或少都会去遵守的，但是对于决定行为的正当与错误来说并没有理论上的重要性。行为功利主义者能（和会）论证说，根据经验，我们就能发现恪守承诺、说实话或帮助他人于危难之际等行为相比只要方便就不去做这些行为通常总是更有助于产生好的事态。为了使决定与行为更为便利，我们会提出简单的经验规则，如"不可撒谎"，"不可违诺"，"帮助他人"等，我们遵守这些规则通常在行为功利主义的基础上都是可以得到辩护的。我们遵守这些行为而得到辩护的理由也是上面论证中的批评所强调的理由。当然，行为功利主义不会认为行为的正当与错误是由简单的经验规则所产生的，或者简单的经验规则界定或确定了人们的责任。从最根本的意义上讲，只有某一特殊行为相比其他行为是否更有利于内在善的事态才与它的正当与错误是紧密相关的。尽管行为功利主义者也会同意他的批评者的看法，即规则也是实践上不可或缺的。

确实我们应当让自己习惯于按照一定的规则行为，例如守诺，因为我们相信按照这些规则行为通常是结果最大化的，而且我们也知道通常没有足够的时间对行为的利与弊进行计算。当我们以那种习惯性的方式行为时，当然没有进行思考或进行选择。然而，行为功利主义者会把这些规则仅仅看成是简单的经验规则，仅仅把它们作为粗略的指导。当他没有时间考虑可能的后果，或者考虑后果所得的好处可能会小于浪费时间所带来的坏处时，他通常会按照这些规则采取行动。[2]

然而，批评者可能会作出回应说，行为功利主义者引入简单的经验规则仅仅只是转换了问题。行为功利主义者只是说**一般**（in general）会运用简单的经验规则。但是在具体的情况下，他依然会思考是否应当遵守某种规则或进行计算。如果他在具体情况下不进行思考，就很难明白他是如何为在那种情况下遵守规则进行辩护的。但是，如果他进行思考，恶性无穷后退的问题又会重新出现。[3]

我所考虑的论证的第三种形式采用了一种一般性测试，即"如果每个人都按照行为功利主义的思路来思考，结果会怎样呢"。在《伦理学理论》这本书中，布兰特（R. B. Brandt）做了一些发展，我把它们看做是对这种形式的一个论证；当然，他所发展的这一系列论证是对这种形式的论证中最棒的。

---

〔2〕 J. J. C. Smart, *Outline of a System of Utilitarian Ethics* (New York, 1962), p. 30.

〔3〕 在俄亥俄州立大学的加纳（R. T. Garner）和罗森（Bernard Rosen）最近出版的教科书《道德哲学》中依照这些思路发展了一种精致的论证。邓肯－琼斯在前面所引的著作中也顺便提及了这种无穷后退的可能性。

布兰特首先让我们思考如下情况，假如在战时的英国，住着一个法国人，他是一位行为功利主义者，他要决定是否要服从政府关于节约煤气与电保证最高温度只有 50°F 的命令，还是在自己的屋子里用多一点煤气与电保证温度高达 70°F。我们假定，他做如下推理："绝大多数英国人都会遵守政府的命令。如果只有少数人（包括我自己）用更多的煤气与电以保证自己的屋子暖和，让自己更为舒适些，战争的结果并不会受到影响。因此，如果我用多一点煤气与电让我房子更暖和些的话，普遍善就会有所增加；有一部分人感到更为暖和的事态肯定比没有人感到暖和的事态要更好。因此，我应当使用煤气与电。"布兰特说，根据行为功利主义理论，这是一个绝对有效的论证，并认为它揭露了行为功利主义的一个严重缺陷，也就是行为功利主义不能解释我们有义务为了普遍善的产生而在合作的时候应当作出一定的牺牲、承担一定的负担。为了引用的方便，我把这个论证称为"布兰特的来自善最大化的论证"（Brandt's argument from the maximization of good）。

布兰特还接着指出，这个例子还揭露了另一个更深层的困境。让我们假定，那个法国人接着做如下推理："如果有很多其他人决定使用煤气与电，最后导致了战争的失败，那我的坚持对于战争的结果来说并没有什么影响，但是它会对我的舒适产生一定的影响。因此，如果我使用足够多的煤气与电保证我的房子暖和，那么普遍的伤害变会减少。所以，我应当使用煤气与电。"布兰特似乎相信这一论证也是有效的，同时也揭露了行为功利主义理论的一个严重缺陷，也就是行为功利主义会为自我沉溺的行为进行辩护，只要这种行为的结果对行动者的个人利益有所增加。我把这一论证称为"布兰特的来自伤害最小化的论证"（Brandt's argument from the minimization of harm）。

到目前为止，布兰特所要表达的意思似乎是，在有些情境中，为了达到所欲望的目标，人们需要普遍地彼此协作，但行为功利主义却提出为自我沉溺的行为辩护，无论它的结果如何。在有关法国人的这个例子中，如果战争胜利了，他通过增加自己的福利同时也把普遍善最大化了，如果战争失败了，他会将普遍伤害最小化。因此，不管是哪一种结果——失败或胜利——他都应当使用煤气与电。

这些论证本身是非常有趣的，但是它们是否就是我所要挑战的那种类型的论证目前还不清楚。然而，它们为我所认为的论证类型的第三种形式做好了准备。

布兰特现在告诉我们，假定每一个英国人也像那个法国人一样推理。那么每个人都会为自我沉溺的行为进行辩护，最后战争必败无疑。布兰特得出结论："如果每个人都按照行为功利主义的方式进行推理，战争就要失败，这对每个人来说都是灾难性的后果。因此，普遍遵守行为功利主义的命令去追求公共善最后导致的是巨大的公共伤害。"〔4〕布兰特在这里所想表达的似乎是，因为每个人按照行为功利主义的方式进行推理，最后导致的是伤害与不正义，所以应当反对行为功利主义理论。我称这一论证为"布兰特的来自普遍行为功利主义推理的论证"（Brandt's argument from universal act – utilitarian reasoning）。

当斯马特在为行为功利主义辩护时，讨论了布兰特的来自普遍行为功利主义推理的论证，他对此表示反对，他认为布兰特"……没有认识到那位法国人在计算时应当把以下命题作为一个经验前提，即实际上几乎没有什么人会像他那样进行推理。他们可能是传统的、非功利主义道德的拥护者"〔5〕。然而，斯马特也同意在一个完全由行为功利主义者组成的社会里，这位法国人一定会陷入困境。因为他不能依赖于其他的行为功利主义而盲目地遵守政府的命令，同时也因为他为了计算他面对的每一种行为的可能后果，他必须知道其他人会如何行为并以之作为前提，所以他不知道应当如何去行为。而且，其他的行为功利主义者也会碰到同样的问题：为了作出计算，每个人都必须以知道其他人（包括那位法国人）会如何做作为前提。"在这种情境中存在着一种循环，"斯马特写道，"它迫切需要博弈论的技术。"〔6〕

在接下来的段落里，斯马特为所有人都是行为功利主义者的社会中针对法国人的问题提供了一个博弈论的解决方法。他承认"……这并没有什么实践上的重要性"，但他认为"……这对伦理学的理论理解来说是非常有趣的"。〔7〕

我坦承，我认为在这里对斯马特如何精巧而又有趣地诉诸博弈论进行概括是没有什么意义的，因为就对我们当前讨论的影响来说，我认为诉诸博弈论与诉诸简单的经验规则，这两者之间没有什么区别。两者都是要克服如下的批评意见，即"行为功利主义的推理"或"行为功利主义的思考"是自我挫败的，我相信，一个聪明的批评者，如果他一心想要这么做的话，他定能设计一个论证以表明行为功利主义者力图运用博弈论与运用简单的经验规则一样是不切实际的、自我挫败的或者矛盾的。

我的观点是，所有这些出于"行为功利主义的推理"或"行为功利主义的思考"的论证都被误解了，当然这只是在概念上，而不是细节上。也就是说，我相信它们有一个共同的混淆，这种混淆是需要澄清的，我建议通过提出一个简单而又直接的问题以快刀斩乱

---

〔4〕 Brandt, *Ethical Theory*（Englewood Cliff. , 1959）, p. 390.

〔5〕 Ibid. , pp. 42 – 43.

〔6〕 Ibid. , p. 43.

〔7〕 Ibid.

麻的方式来解决问题：我们认为一般的伦理理论与特殊的行为功利主义的目的是什么？我们对伦理理论有何期望？我们认为伦理理论应该做什么？

对我的问题有一个长期以来为人们所接受的答案，即人们认为伦理理论应该为行为正当性的特征、行为好的特征或者类似的东西提供一种解释。也就是说，伦理理论应该对那种特征或者可能是更为复杂的一系列特征提供解释，正是因为存在这些特征，正当的行为才成为正当的，好的东西或事态才成为好的，等等。那些对伦理理论有此期望的哲学家们可能倾向于把行为功利主义看成对行为正当性特征的解释。

然而，还有一些哲学家很明显对伦理理论的期望是不同的，甚至期望更多。例如，当斯马特求助于博弈论，他似乎是在寻求一种程序，如果这种程序得到遵守，它就会在实践中为我们处理如下问题（或者类似的问题）提供正确的、有用的解答，即"在这种特殊情况下我是否应当使用足够的煤气与电来保持我房子暖和"，这里的关键词是"有用的"，因为如果行为功利主义为行为正当性的特征提供了一种正确的解释，它也就为同类的问题提供了正确的解答。对上面问题的回答可能是，"当且仅当这样做能将功利最大化"。但不幸的是，这种解答似乎很明显是没有用的，人们可能会回应说："是的，但是那不是我想知道的。我想知道的是要去做**哪一种**行为，但你还没有告诉我。"当然，行为功利者已经告诉我们了。只是他还没有告诉我们，事实上在这种情况下使用煤气与电所产生的功利是否小于不使用煤气与电所产生的功利，但是在一种描述下，他会告诉我们应去做哪一种行为：那种能产生最大功利的行为。当然，他说的是否正确是另外一个问题。但是即使如此，我们也乐于有一种程序，在特殊的情境中以及**在一种立即有用的描述下**，它能够帮助我们决定哪一种行为事实上会将功利最大化。那么，这是我们期望伦理理论去执行的另外一个任务：提供一种决策程序。

我们面对的也不唯独只有这两种选择。我们可以期望伦理理论为那些知识渊博的、成熟的人在不含私人偏见的、反思的时刻所拥有的慎思的道德判断提供解释：在《一种规则功利主义的一些优点》〔8〕一文中，布兰特似乎期望他的"理想的道德规则"理论能提供这种解释。其他哲学家似乎期望伦理理论能为普通人所采用的道德推理模式提供解释，或者反思普通人的道德观点，或者为术语的意义提供分析，这些术语是我们道德争论的语言中的核心部分。

我承认，没有先验的理由可以解释为什么单一的伦理理论不能满足所有这些期望，就

---

〔8〕 In *University of Colorado Studies*, Series in Philosophy, vol. 3 (1967), pp. 39 – 65.

我所知，事实上还没有哪种理论做到了这一点。我相信，有很好理由相信没有伦理理论能够同时满足所有这些期望，但可以说，由一系列的结合体所组成的理论可能可以做到这一点——一种结合体是对行为正当性特征的解释，另一种结合体是对行为好的特征的解释，另一种结合体是对决策程序的解释，等等。而且，我也乐于承认，给定某些特定的合理假设，可以说，我们就能够从为那些知识渊博的、成熟的人在不含私人偏见的、反思的时刻所拥有的慎思的道德判断的解释中推导出对行为正当性特征的解释。但是为行为正当性特征提供解释与为那些知识渊博的、成熟的人在不含私人偏见的、反思的时刻所拥有的慎思的道德判断提供解释还不是**一回事**，与提供一种决策程序也不是一回事。

我想强调的要点是——这个要点构成了我论证的主心骨——一种理论（像行为功利主义）能够满足上面我们所描述的其中一种期望，并且做得很好，但不能同时满足其他的期望。我所考虑的一个突出的例子就是如下的分析命题：所有正当的行为都是具有正当性特征的行为。这一命题说明了一种特征，所有的行为依据它才成为正当的。但对于那位法国人决定是否应当使用煤气与电以保证自己的房子暖和，它几乎不能提供有用的指导；就此而言，它也不是对行为正当性特征的一个非常有意思的解释。

我集中关注的是两种伦理理论之间的区分，一种理论主要是对行为正当性特征、行为好的特征等的解释，一种理论被看做是决策程序，因为我所挑战的论证从对挑拨两种伦理理论相互对抗中获得了自身的合理性。我的观点是，一种被推荐的伦理理论——我考虑的是行为功利主义——**能够**为行为正当性的特征提供一种解释，而无须清楚地说明一种程序，这种程序如果得到遵守，在实践中就能为像下面这样的问题提出正确而又马上有用的答案，即"我在这种情境中应当使用足够的煤气与电以保证我的房子暖和吗"。

在这一点上，恰当的问题是："行为功利主义者自身对他们的伦理理论有什么样的期望？他们期望它提供行为正当性的解释，还是决策程序，还是两者都有，抑或其他的东西？"不幸的是，这个问题的正确答案是什么并不清楚。我所见到的行为功利主义的第一种表达都认为，当且仅当一个行为对内在善的事态的贡献不亚于其他行为时，或与此类似的东西，它才是正当的。这对我来说确实看起来像是对行为正当性特征的解释。我没有看到一种观点，哪怕是假装能告诉我们如何在实践中确定哪些行为是事实上能够产生功利最大化的行为。然而，行为功利主义者不断地提出一种特殊的决策程序，这种程序可以评估与比较所有特殊行为所产生的可能后果，这种决策程序在行为功利主义者或类似的批评者那里肯定是不断地与行为功利主义联系在一起的。确实，斯马特认为，至少在一定程度上，行为功利主义被认为是一种决策程序。他写道："那么，当一个人面对许多的事情要他进行选择时，功利主义的标准被**设计**出来是为了帮助他决定应当做哪一件事。"〔9〕在另一段中，他又写道："……在那些我们确实要决定做什么的情境中，行为功利主义**意味着能提供一种决定的方法**。"〔10〕

我在前面说过，我没有伪称自己处于立法者的位置，对人们应当把什么看做是行为功利主义的目的，或者应当对行为功利主义做何期望作出规定。然而，很明显，那些提倡我正在挑战的那种类型的论证的哲学家，以及那些力图反对它的哲学家，他们或者确实认为行为功利主义不仅能提供行为正当性的解释，而且也是一种决策程序，或者相信它能够提供这两者。

这种论证的弱形式被用来表明那种评估与比较各种行为的可能后果的决策程序是一种不实际的或自我挫败的程序，在特定时间里我们所面对的各种行为之中，这种程序用来决定哪一种或哪一些行为——基于马上有用的描述——根据行为功利主义的行为正当性的解释可以称为是正当的。这种论证的强形式被有来表明任何运用这种程序的努力最后都会陷入一种恶性的无穷后退。

来自布兰特的三个论证很难评价。可以说，布兰特把自己的论证置于法国人之口，所以我们是把它们解释成对行为正当性特征的行为功利主义解释的批评，还是把它们解释成对评论和比较各种行为的可能后果的程序的批评，还是同时对两者的批评，并不是很清楚。这种区分对我们评价布兰特来自善的最大化与伤害的最小化的论证并不重要，但是对我们评价他来自普遍的"行为功利主义推理"的论证是很关键的。一种解释要求对这一论证有一种对待方式，另一种解释又要求一种不同的对待方式。

假如我们按如下方式解释来自于善的最大化的论证。我们把如下命题当成前提，即实际上大多数英国人都将遵守政府的命令，而且如果只有少数人使用煤气和电保持房子暖和，战争的后果实际上不会受到影响，而且有少数人住在暖和的房子里的事态相比没有人感受到暖和要好。这些命题与正当性特征的行为功利主义的解释结合在一起，对我来说这似乎就暗含了少数人使用煤气与电是正当的；那位法国人正是这少数人中的一员。如果对行为正当性特征的行为功利主义的解释确实具有这种含义，我就会和布兰特一样认为这揭露了一种严重的缺陷。但是对于寄生行为是道德上正当的这种观念肯定是我所不能接受的。对布兰特来自伤害的最小化的论证的一种类似的解释似乎向我揭露了在对行为正当性

---

〔9〕 Ibid., p. 33. 强调是我加的。

〔10〕 Ibid., p. 31. 强调是我加的。

的行为功利主义解释中存在的相同的严重缺陷。但是在这种解释下，布兰特来自普遍的
"行为功利主义推理"的论证并不起作用，因为压根就不可能——**逻辑上**不可能——出现
如下情况：如果每个英国人使用足够的煤气和电来保持房子暖和，战争的结果实际上不会
受影响；其实，如果每个英国人实际上使用足够的煤气和电让自己的房子保持暖和，最终
就会导致战争的失败。

但是现在假定我们以一种不同的方式对论证进行解释。我们由布兰特来自善的最大化
的论证开始。我们假定那个法国人要决定是否使用煤气与电。他力图运用评估与比较他所
面对的各种行为的可能后果的程序作为决策程序，他做了如下的推理："似乎可以合理地
假定英国人的品格一如既往，大多数英国人会遵守政府的命令。似乎可以合理地假定如果
只有包括我自己在内的少数人使用足够的煤气与电保持房子暖和，战争的结果不会受到影
响。也似乎可以合理地假定如果我使用煤气与电，普遍善将会得到增加。在这些合理的假
定与对行为正当性的特征的行为功利主义解释的基础上，我可以得出结论说，我使用煤气
与电是正当的。"如果对论证的这种解释正是布兰特所想的，那么我同意，那位法国人运
用对各种行为的可能后果的评估与比较的程序最终会使得他看不到在合作的状态下应当承
担一定的负担与作出一定的牺牲。根据类似的解释，我也同意布兰特来自伤害最小化的论
证表明那位法国人对决策程序的运用使他可以公开地为自我沉溺的行为进行辩护。而且我
也同意，非常有可能的是，如果每个英国人都像那位法国人一样进行推理，就会带来布兰
特所指出的灾难性的结果。但是根据这种解释，布兰特来自普遍"行为功利主义推理"的
论证只是我所批评的弱形式的论证的一种一般化的版本。[11]

对于与行为功利主义紧密相连的决策程序，**作为支持**行为功利主义的一种决策程序，
我所挑战的这种论证的三种形式可能是对它的有力批评，但是我没有看到它们与下面这个
问题是相关的，即人们通常所表达的行为功利主义是否正确。事情肯定是这样的，**不仅是**
所有正当的行为对内在善的事态的贡献不亚于其他任何行为，**而且**评估与比较各种行为的
可能后果的程序基于马上有用的描述能挑选出如此刻画的正当行为是不实际的、自我挫
败的。

我所思考的这些论证背后似乎有这样一种假设，这种假设很明显是行为功利主义者与

---

[11] 有人可能会反驳说，我歪曲了布兰特的意图。毕竟他在《伦理理论》中对行为功利主义的表达
根据的是"净期望功利的最大化"，他还明确地说，相比根据"净现实功利的最大化"所做的表达，他更
倾向于这种表达。我的回应是，布兰特也明确地说过，他所举出的论证"无论我们对理论做何解释，它们
在对理论的批评上都是非常有效的"（p. 381，n. 2）。

类似的批评者们都持有的，它认为接受行为正当性特征的行为功利主义的解释也就以某种方式**先天地**让自己接受了一种特殊的决策程序：评估与比较各种行为的可能后果的程序。这个假设是错误的。行为正当性特征的行为功利主义解释所要说明是这种特征，也可能是一系列复杂的特征，根据它才使得正当的行为成为正当的。从我们在具体的情境中所面对的各种行为中，基于马上有用的描述，我们想孤立具有这种特征或一系列特征的某种行为（或多种行为）——当然，除非我们相信行为功利主义的解释是正确的且我们想做道德上正当的行为——但是对于无论是哪一种我们用来孤立那一行为的程序，这种解释都没有先天的限制。

有人可能会反对说："但是，在每一种情境下，行为功利主义者如果他不评估与比较他所面对的那些行为的可能后果，他如何知道哪一个行为能够将功利最大化呢？"确实，他如何能知道呢！正如斯马特所建议的，他可能掷骰子。[12]也可能如摩尔所建议的，他总是遵守规则。[13]或者如高希尔（David Gauthier）所建议的，在一幅纸牌中随机抽牌。[14]他也可能会求助于占星术或吉卜赛算命者。我承认我不知道他在每一种情境中是如何确定他所面对的行为哪一个实际上能将功利最大化。然而，我要对他提出忠告：在特定的情境中看看哪一种程序最有可能起作用。如果他没有一个极其简单的程序来确定在每一种情境中他所面对的行为中哪一个能将功利最大化，至少他可以依靠那些过去比较可靠的程序，将这些可靠的程序作为策略应用于未来。我认为斯马特求助于博弈论并不断地求助于简单的经验规则正是这种转向。但是它们转向的是决策程序。就此而言，它们成败与否完全不能表明行为正当性特征的行为功利主义的正确与否。确实，对行为功利主义来说，成功或不成功的决策程序的观念都预设了正当性特征的行为功利主义解释。基于马上有用的描述，如果没有什么东西能使我们成功地指出在具体的情境中根据行为正当性特征的行为功利主义解释我们所面对的行为中哪一个是正当的，那么什么才是有关行为功利主义的成功的决策程序呢？

尽管行为功利主义者对正当性特征的解释并没有为他所采纳的决策程序设置先天的限制，但在某种程度上讲他的这种解释规定了程序。他的解释规定了程序只是在以下情况下讲的，即基于马上有用的描述，这些程序是指出在特定时间里他所面对的行为中哪一种最

〔12〕 Ibid. , p. 43.

〔13〕 G. E. Moore, *Principia Ethica* (Cambridge, 1962), p. 164.

〔14〕 David Gauthier, "Rule-Utilitarianism and Randomization", *Analysis*, vol. 25 (1964 - 1965), pp. 68 - 69.

能将功利最大化的可靠或不可靠的方法。这里我对行为功利主义不断指出的论点是赞同的，也就是运用简单的经验规则、博弈论或与之类似的东西都能在功利主义的基础上得到辩护。但是由于行为功利主义者不能指出，接受行为正当性的行为功利主义解释先天地更多与评估与比较各种行为的可能后果的程序有关，而非任何决策程序，所以他会遭到我在本文所批评的那些人的进一步烦扰。

总而言之，我很想指出两种可能的反对意见，并对之作出回应。首先，有人可能会反对说，我在行为正当性的行为功利主义解释与评估与比较各种行为的可能后果的决策程序所做的区分在历史根据上是不合理的。毕竟，行为功利主义者通常都认为行为功利主义为我们提供了一种合理的方法来决定在特殊的情境中我们应当如何做，他们总是敦促我们注意特殊情境中的客观事实而不是要"崇拜"规则。我的回应是，如果行为功利主义者混合了逻辑上彼此独立的程序，一种是提供行为正当性特征的解释，一种是提供决策程序，他们确实混合了两者，人们就应当指出来。我不明白为什么行为功利主义要为过去的混淆所累。

另一种反对意见可能是，我甚至没能提到我们对一种伦理理论的最大期望是：帮助我们作出道德决定。鉴于此，我们会期望行为正当性特征的解释**成为**一种决策程序。我所做的区分是虚假的，所以是不合理的。我在根本没有区别的地方作出了区分。

我对这一反对的第一部分的回应是，我同意我们期望伦理理论能在作出道德决定时提供帮助，但是我没有理由相信我们从这种伦理理论中所能合理期望的帮助会像反对者们所认为的那样快速与直接。我们期望科学理论能帮助我们与身边的世界和睦相处，但是据我所知，人们都会同意，当我们想知道我们从着火大楼的二楼窗户往下跳是否会掉下来时，如果我们站在那里计算身体的体积，我们可能会被烧死，因此，牛顿的定律在我们处理身边的世界时完全没有作用。我不是想说科学理论与伦理理论之间没有区别。我只是想说，反对意见认为伦理理论能够提供马上就能起作用的帮助，但实际上，由于任何理论都太一般化了，根本做不到这一点。但无论如何，对行为正当性特征有一种正确的解释多少还是有一些实际帮助的，即使这种解释是一般化的。尽管它可能不能告诉我们在特定的时间里、在我们所面对的各种行为中如何指出实际上具有道德相关性特征的行为，但它至少可以给我们指出努力的方向。它也能为衡量简单的经验规则与道德规则的成功或失败提供标准：根据行为正当性特征的解释，如果去做某些行为能带来最大化的效果，这些行为就是正当的，采纳简单的经验规则或道德规则之所以成功也正在于它们能带来效果的最大化。

我对这一反对的第二部分的回应是，对我来说非常清楚的是，行为之所以正当在于它们能将功利最大化这种观点不等同于下面一种观点，即在特定的时间里我们所面对的各种行为中选择正当行为的方法就是评估与比较行为的可能后果。如果我是正确的，也就是说这两种观点不等同，那么这种区分就既不是虚假的也不是不合理的。正如我所相信的，如果来自"行为功利主义推理"或"行为功利主义思考"的论证通过挑拨使其他理论发生对抗来获得自身的合理性，那么这种区分在我看来应是值得铭记于心的。

后果主义、可选择的行为与现实论

爱里克·卡尔森 著 陈江进 译

对于功利主义，或者更一般意义上的后果主义，目前有大量的研究文献，它们主要关注的是这种理论的规范合理性（normative plausibility）问题。似乎在很长一段时间里，人们都认为后果主义的内部结构相对来说是没有问题的。然而，在近二三十年来，这种结构问题得到更多的关注。后果主义的经典表达受到了批评，人们不断地提出新的表达形式。还有一些核心概念备受争论，如"可选择的行为"（alternative）、"结果"（outcome），对它们的解释还远没有达成一致同意。本文力图对这一讨论贡献绵薄之力。特别是，我将考虑一种有关其他行为的观念，并提出有关必须性（obligatoriness）、正当与错误的形式标准。而且，我将处理"现实论"（actualism）与"可能论"（possibilism）的问题，例如，人们是否应当根据他自己将来的行为或当下同时发生的其他行为而改变自己的行为。

可选择的行为与后果主义的原则

至少从摩尔发表《伦理学》以来[1]，就已经有了一些关于后果主义的标准形式：

CO：当且仅当做某种行为所产生的结果比作其他可选择的行为所产生的结果要更好时，这种行为才是应当去做的。

CR：当且仅当某种行为的结果与其他可选择的行为的结果至少一样好时，这种行为才是正当的。

---

[1] 摩尔（1912），第1章。

CW：当且仅当某种行为是不正当的时候，它才是错误的。

约30年前，伯格斯特龙（Lars Bergström）与卡斯特纳达（Hector-Neri Castañeda）发现CO-CW（注：包括了CO，CR和CW）都存在着问题。假定在情境S中，某人P可以做行为 a 和 a&b，但 P 所能做得最好行为只有 a&b。[2] 通过图1可以对这种情况做如下描述，粗线表示，如果P做a的话，那么他事实上只能做 ~b，括号中的数字表示的是各种结果的价值。[3]

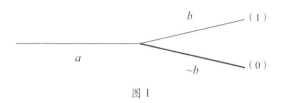

图 1

如果我们假定 a 与 a&b 是两种都可以去做的行为的，那么CO-CW就暗含了 a&b 是应当做的，而不是应当去做 a。事实上，根据CW，a 是错误的。这种结果与人们通常所认为的"应当"分布于连接词之上的观点相冲突。

DC：如果 a&b 是应当做的，那么 a 也是应当做的。

为了避免这种不一致性，我们必须或者放弃CO-CW，或者拒斥DC，或者否认只有 a 与 a&b 是两种可以选择的行为。

伯格斯特龙尝试了所提及的最后一种走出困境的方法，也就是限制"可选择的行为"这一概念。为了挽救DC，他要求彼此均可选择的行为是两两不相容的。因此，a 与 a&b 就不是都可以选择的。[4] 这种要求所导致的结果就是，对于特定情境中的特定行动者来说，通常存在着许多不同的集合，在这些集合中可选择者都是联合完备（jointly exhaustive）的。那么我们所面临的问题就是，决定这些可选择的集合（alternative-sets）中哪一

---

〔2〕　行为 a&b 是"联合的"或"复合的"行为，有两部分行为"a"和"b"。

〔3〕　费尔德曼（Fred Feldman, 1986）认为是卡斯特纳达发现了这个问题，但是实际上这个问题早在两年前就为伯格斯特龙发现了，参见他1966年的著作，p. 34.

〔4〕　伯格斯特龙，1966, p. 29.

种是相关的集合，或者换句话说，哪一种集合是 CO-CW 都可以应用的。对相同情境中的相同行动者来说，将 CO-CW 运用于不同的集合可能会产生彼此不相容的规定。下面这一复杂的图 2 就表达了这种情况：

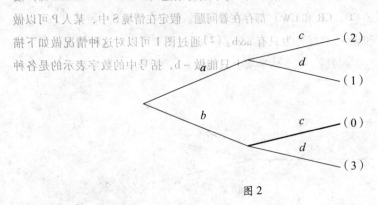

图 2

将 CO-CW 运用到可选择的集合 {a，b}，那么它们都包含了应当做 a，而 b 是错误的。（因为 b 可能会为 c 所伴随，而这相比 a 为 c 所伴随来说，结果更糟）另一方面，将 CO-CW 运用到集合 {a&c，a&d，b&c，b&d}，它们产生的结果是，应当做 b&d，而 a&c 和 a&d 都是错误的。很明显，这些规定不能同时都遵守，因为 a 和 b&d 是不相容的。

伯格斯特龙想努力找到对可选择的集合来说一种合理的相关性标准，但他最后不得不承认自己没有完全解决这一问题。[5]我相信，其他哲学家只要与伯格斯特龙的方法是一样，他们也不可能取得成功。[6]由于这些问题，我将依然坚持这种简单的、具有直观吸引力的有关"可选择的行为"的概念：

  ALT：在情境 S 中，对行动者 P 来说，可选择的行为是指 P 在 S 中都可执行的那些行为。

如果我们希望坚持关于可选择行为的这一简单概念，我们就必须或者拒斥 CO-CW，或者拒斥 DC。

事实上，我没有发现 DC 是一种有说服力的原则。合理的反例大量存在。这里就有一

〔5〕 伯格斯特龙，1966，第 2 章。同时参见他的 1976 年和 1977 年的两篇论文。
〔6〕 参见我 1995 年的著作，第 6 章，我讨论了伯格斯特龙及其他一些作者的建议。

个。杰克因囊中羞涩向朋友希尔借钱。如果希尔不借，这会让杰克陷入困境而且非常失望，因为杰克曾经帮助过希尔许多次。尽管希尔有许多钱，但她是个吝啬鬼，她对借钱给别人并不是很热心。如果她答应借钱，但她迟迟不兑现。甚至拖得很晚。那么相比她当场拒绝来说，这种情况对杰克可能更糟糕，因为毕竟当场被拒绝后，杰克还可以找别人借。在这些情况下，推理自然如下。很明显，希尔应当答应借钱，并很快就借给杰克。但是如果她虽答应借钱，但事实上没有兑现，那么她应当答应借钱就不是真实的。答应相比不答应来说会产生更糟糕的结果，因此就不能有什么事是希尔应当做的。因此，DC 就不成立。[7]

即使我们准备拒斥 DC，当 a 是错误的时候，应当做 a&b 这一结论似乎也是不合理的。可以肯定的是，我们在不做任何错误之事的情况下，我们应当执行自己的道德责任。下面的规范性和谐（Normative Harmony）原则似乎是有说服力的：

NH：如果在 S 中，P 做他应当做的，那么 P 在 S 中就不会做错误的事。

然而，相信 NH 在例 1 中不成立是一个错误。a 为什么是错误的，其原因在于它并不为 b 所伴随。如果 P 做 a&b，那么根据 CR，a 与 a&b 会产生相同的结果，因此是正当的。[8]

不幸的是，同时接受 CO-CW 与 ALT，这与另一个原则是不相容的，而这个原则对我们来说与 NH 具有同样的说服力。根据 CO，如果没有做行为 a&b，它就仅仅只是必须做的（obligatory）。如果做了，相比其他可选择的行为，它也并没有获得一种更佳的结果。行为 a、b 和 a&b 可能具有相同的结果。因此，根据 CR，它们都是正当的，但是根据 CO，它们都不是必须做的。这种结果违犯了规范不变性（Normative Invariance）原则：

NI：行为的道德地位不依赖于它是否得以执行。[9]

---

〔7〕 还有一个相似的反对 DC 的反例，参见杰克逊（Jackson）与帕吉特（Pargetter, 1986），p. 247.

〔8〕 为了得出如下结论，即如果做了 a&b，那么 a 和 a&b 会具有相同的结果，我假定了，一个行为道德上相关的结果就是，如果做了这个行为的话，可能的世界或可能的未来都可能会成为现实。这在后果主义者那里似乎是一个非常普通的观点。我在 1995 年的著作第 4 章中讲座了各种不同的结果概念。

〔9〕 据我所知，拉比诺维茨（Wlodek Rabinowicz）最先表达了这一原则。

违犯 NI 的理论不能作为"行为的指导"。即使我们基本上把道德理论看成是对正当性特征的解释，而不是决策程序，不过我还是相信，一种合理的理论应当能够对行动者的行为有一定的指导作用，而且这个行动者对其所处情境的所有的道德上相关的事实有彻底的了解。也就是说，如果 T 是一种道德理论，在 S 中，P 应当能够运用 T 作为一种决策程序，假如根据 T，她对自己在 S 中应当做的行为的所有相关信息都知道。违犯 NI 的理论不能满足这一标准，因为它们在道德上相关的事实当中包括了 P 在 S 中将会做什么的事实。因此，对相关事实具有完全的知识也就预设了 P 在 S 中实际上会如何做的知识。然而，P 具有那种知识似乎与她作出决定或思考在 S 中做什么是不相容的。我相信，如果你已经知道你事实上将会做什么，那么在某种情境中思考做什么就是不可能的。

人们也可能会反驳说，在这一方面并不是所有违犯 NI 的情况都是同样糟糕的。在例1中，a&b 如果没有执行，那么它是必须做的，但如果执行了，那么它"仅仅"是正当的。在不知道某人是否事实上将会做某种行为的情况下，想知道这种行为是必须做的还仅仅只是正当的，可能并不是特别重要。人们可能认为，情况可能会更糟糕，因为如果去做某种行为，它就是错误的，如果不去做，它就是正当的，或者相反。可能 CO-CW 都不具有这样的含义。然而，CO-CW 有时也会使行为的正当或错误依赖于行动者在相同情境中所做的其他行为。让我们假定例2是一种"共时性的"（synchronic）情境，使其中所包含的行为在同一情况下都是可以执行的。在例2，如果做 c，那么 b 就是错误的，但是如果做 d，那么 b 就是正当的。因此，P 不知道对他来说做什么才是道德上可允许的，除非他知道他将会做 c 还是 d。考虑到 b、c 和 d 是情境等同的（situation-identical），因此 CO-CW 就违犯了强规范不变性（Strong Normative Invariance）原则：

> SNI：如果在 S 中，P 可以做 a，那么 a 的道德地位就并不依赖 P 在 S 中所做的行为。[10]

应当承认，SNI 比 NI 更具争议性。然而，在我看来，如果我所粗略指出的那些原因能表明 NI 是正确的，那么对 SNI 来说也是如此。在某种情境中，认为道德理论的作用是为行为提供指导，这也就预设了，在根本不需要知道在这种情境中你事实上会如何做的前提

---

[10] 事实上，即使我们假定这是一个"历时性的"例子，c 和 d 要比 a 和 b 晚发生，CO-CW 也违犯了例2 中的 SNI。例如，P 为了知道 b 是错误的，他必须知道他不能做 b&d。

下，你也可以知道你所做选择的道德地位。

为了满足 NI 和 SNI，我们不能让关于 P 在 S 中做什么的事实影响到 S 中他的行为的道德地位。大致地讲，我的解决方法就是，只赋予如下行为以必须性（obligatoriness）与正当性（rightness），即无论 P 在 S 中做什么，这种行为都足以是最优的。为了以一种更明确的方式来陈述我的看法，尚需要一些基础性的定义：

(1) 当且仅当对某种情境中的某个行动者来说，行为 a 是最优的（如最好之一），而且无论在这种情境中这个行动者做什么，它都是最优的，那么行为 a 就总是最优的。[11]

(2) 当且仅当对某种情境中的某个行动者来说，行为 a 是次优的（如不是最好之一），而且无论在这种情境中这个行动者做什么，它都是次优的，那么行为 a 就总是次优的。

(3) 当且仅当对同一情境中的同一行动者来说，行为 a 和 b 都是他可以去做的不同行为，而且如果做了 b，做 a 也就是逻辑上必然的，那么行为 a 就是行为 b 的一个变种。[12]

(4) 当且仅当某种行为总是最优的，而且并不是另一个总是最优的行为的变种，那么这个行为才是不具备什么特殊性的最优行为。

(5) 当且仅当对某种情境中的某个行动者来说，只有某种行为是唯一不具备什么特殊性的最优行为，那么这种行为就是唯一不具备什么特殊性的最优行为。

有了这些定义，我们就可以提出如下原则：

KO：当且仅当某个行为是唯一不具备什么特殊性的最优行为，它才是人们应当去做的。

KR：当且仅当某个行为总是最优的，它才是正当的。

KW：当且仅当某个行为总是次优的，它才是错误的。

---

[11] 在例 1 中，a&b 总是最优的，但是 a 并不是，因为如果 P 做 a& ~ b，它就不是最优的。

[12] 伯格斯特龙，1977，p. 90.

根据 KO-KW（注：包括 KO、KR 和 KW），某个行为只有当它能保护最优结果的时候，它才是应当去做的或正当的。也就是说，一个行为要是必须做的或正当的，那么它所产生的结果必须是最优的，不管在相同情境中行动者做了什么其他行为。另一方面，某个行为只有当它只会产生次优的结果时，它才是错误的。[13]

KO-KW 中有一个特征似乎是有问题的，也就是它们会使得有些行为缺乏道德地位。根据 KO-KW，同时具有最优与次优变种的行为既不是必须做的，也不是正当的，也不是错误的。然而，我发现这一结论是非常合理的。请看哥德曼（Holly S. Goldman）所描述的这个例子：

琼斯开车经过隧道的时候，前面是一辆缓慢行使的大卡车。在隧道里改变车道是不合法的，如果琼斯这么做就会扰乱交通。不过，她将会改变车道——可能是她没有认识到这是非法的，也可能仅仅是她很着急。如果她改变了车道而又没有加速，相比加速来说，扰乱交通的情况就会更严重。如果她加速而又没有改变车道，她的车就会与卡车尾部相撞。[14]

对琼斯来说，她最好是既不改变车道也不加速（~c& ~a）。第二好的做法是改变车道且加速（c&a），接下来就是改变车道但不加速（c& ~a）。最坏的可能性是加速但不改变车道（~c&a）。那么这个例子也可以做如图 3 表达：

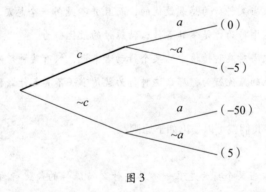

图 3

在这里，KO-KW 都认为必须做 ~c& ~a，其他三种组合形式都是错误的。但是那么那些简单的行为会是怎样呢？如改变车道（c）、不改变车道（~c）、加速（a）、不加速

---

[13] 我（1995，p. 105）提出了一种非常特殊的例子，在其中 KO-KW 事实上可能违犯了 NI。然而，我论证了，在这种例子中，NI 更缺乏说服力。

[14] 哥德曼，1978，p. 186.

（～a）。根据 KO-KW，c 和 a 是错误的，因为无论琼斯如何做，它们都是次优的。另一方面，～c 和～a 没有道德地位，因为如果琼斯做～c&～a，它们就是最优的，如果琼斯做～c&a 或 c&～a，它们就是次优的。

我发现这些结论是非常合理的。c 和 a 在一起可以保证一种次优的结果。这也就为它们是错误的这一结论提供了支持。另一方面，～c 和～a 都不可能是错误的，因为它们是最优行为的组成部分。不过，我认为，如果将这些行为分开来看，而认为它们是应当做的或者甚至是正当的，那么这就有一定的误导性。原因在于，它们也是次优行为的组成部分。琼斯既不是通过做～c 也不是通过做～a 来满足她在例 3 中的道德责任的。两种行为都可能具有一种次优的，甚至是很糟糕的结果。这些考虑对以下结论提出了反对，即～c 和～a 都是必须做的或正当的。

在杰克与希尔的例子中，KO-KW 都意味着希尔应当答应借钱，并切实地提供帮助，而不借钱是错误的。另一方面，仅仅答应借钱又缺乏确定的道德地位，因为这一行为既可以是最优的，也可以是次优的。我也认为这些结果是合理的。

KO-KW 的原则与 CO-CW 的标准的后果主义原则在许多方面是不同的。根据前一种原则，唯一最优并不是必须性的必要条件，最优也不是正当性的充分条件，次优也不是错误的充分条件。然而正如我们所见，无论如何我们很难赞同 CO-CW，特别是当应用它们的方式存在问题而又没有作出相应限制时。

现实论与可能论 [15]

在最近关于后果主义结构的讨论中，有关"现实论"与"可能论"的问题占据了显著地位。粗略地讲，这个问题就是，在特定情境中，是否允许行动者同时作出的其他行为或将来的行为来决定他当下应当做什么。假如 P 在 S 中要做 a，同时 P 在 S 或后来的情境中也要做 b。根据极端的现实论，如果做了 a，那么是否还应当做 b 的问题，通常与确定 a 的规范地位是紧密相关的。另一方面，根据极端的可能论，这一问题根本就是不相关的。极端可能论只考虑，对行动者来说哪些后来的行为或同时出现的行为是可能的。现实论与可能论只是程度的问题，因为人们可能会认为并不是所有的这些问题都是相关的，只是其

---

〔15〕 "现实论"与"可能论"这两个术语来源于杰克逊与帕吉特（1986，p. 233）。

中有一些是相关的。[16]

（极端）现实论所存在的一个问题在于，它与 SNI 相抵触。根据现实论，当且仅当希尔既没有答应借钱也没有切实提供帮助时，才应当拒绝。因此，她在这种情境中应当做什么依赖于她实际上将要做什么。

然而，反对现实论的最通常的论证是，这种观点太过包容，以致能包容所有的道德不完善性。根据现实论，当杰克向希尔请求帮助的时候，希尔应当拒绝。[17]（希尔拒绝借钱相比她答应借钱来说，所发生的结果要更好）这是非常反直觉的。如果希尔本来就欠杰克一些人情，人们一定会认为，她的小气与自私并不能使她摆脱困境。由于希尔的吝啬或自私，即使她承诺要借钱的，但她实际上并没有借钱给杰克这一事实与她应当做什么这一问题是不相关的。我怀疑基本上所有的人都会这样认为。

现在，现实论者对这一批评有一种回应。他可以同意，就像大多数人所相信的一样，希尔应当答应借钱并切实地提供帮助。但是她应当拒绝借钱也是正确的，因为她如果答应借钱，但实际上又抽不出时间来帮助杰克。然而，通过作出这种回应，现实主义者说，实际上希尔有两种互相不一致的责任，即拒绝借钱与答应借钱及切实提供帮助。换言之，现实主义者放弃了情境等同责任的相容性（Compatibility of Situation-Identical Obligations）：

> CSIO：如果两种行为是彼此不相容的，那么它们对 S 中的 P 来说就不可能同时都是必须做的。

我相信，一种道德理论应当满足 CSIO，大致根据相似的原因，它也应当满足 NI 和 SNI。在某种关键的意义上，我们可以说，如果一种理论在相同的情境中产生了两种不相容的规定，那么它就不能为人们的行为提供指导。[18]当某人在同一情境中，既被告知去做 a，又被告知去做 ~a，这对他决定应当如何做实际上很难提供帮助。

极端可能论也不是非常合理。假如 a 包含在 P 在 S 情境中所面对的最好生活中。然

---

〔16〕 以下这些人都提供现实论，哥德曼（1976）、索伯（1976，1982）、杰克逊和帕吉特（1986）。哥德曼到了 1978 年改变了立场，转而支持可能论。还有其他一些人则赞同可能论，他们包括：格林斯潘（Patricia Greenspan, 1978）、托马森（Richmond Thomason, 1981）、汉伯斯通（Lloyd Humberstone, 1983）、费尔德曼（1986）、齐默曼（Michael J. Zimmerman, 1996）。

〔17〕 至少，根据杰克逊和帕吉特（1986）和索伯（1976，1982）所提倡的较为极端的现实论形式，情况确实如此。

〔18〕 根据我脑中所想的"情境"概念，两个行动者等同的行为大致也是情境等同的，如果它们在同一时间开始的话。因此，希尔拒绝借钱与答应借钱并切实采取行动是情境等同的。

而，在 S 中做 a 又会产生灾难性的后果，除非 P 在 50 年后做某种行为 b。实际上，P 不会做 b。而且，他在将来是否会做 b 在 S 中是他完全无力控制的。我们可以假定，他甚至不知道 50 年后他是否还有机会做 b。那么如果认为他在 S 中应当做 a，似乎就有些不合理。这一行为会产生很坏的结果。而且，P 在 S 中对这一事实也无能为力。

在有关现实论和可能论的争论中，KO-KW 的原则暗含了一种中间立场。如果 P 在 S 中可以做 a，如果确实做了 a（b 是与 a 同时发生的行为，或为 P 后来所做的行为），那么是否应当做 b 的问题与以下问题是相关的，即只有当 P 在 S 中不能做 a&b 时 a 所具有的规范地位。（如果 a&b 是可以做的，那么 a 是否会为 b 所伴随的问题对 a 是否总是最优或次优的问题根本就不会有任何影响）这种结果看起来似乎是非常合理的，因为在 S 中不能做 a&b 这一事实意味着在 S 中 b 完全超出了 P 的控制范围。[19]

然而，有人可能会说我过于草率地就把极端可能论打发掉了。其实有许多具有合理性的论证支持这一学说。有一种论证可以称为最优生活论证（optimal life argument）。与现实论的原则和 KO-KW 不一样，极端可能主义满足以下原则：

> OL：如果在时刻 t，P 所面对的道德上最好的生活是 L，T 是正确的道德理论，那么 P 如果从 t 开始就一直遵守 T 的话就会过上 L。

我们可以认为，在行为总是正当的意义上，做一个道德完善的人与一个人过道德上可能是最好的生活是完全相同的。但是这种看法非常具有争议性。根据某个原则满足了 OL 就认为可以为其提供论证，这也就意味着依赖于某种类型的"一般论证"，而这种论证却是行为后果主义者通常所反对的。指出内在一致地遵守一种有可能的理论以确保最优生活，其实就是运用了如下形式的论证："如果你总是遵守那个规则，结果会怎样？"这个问题与如下问题是相似的："如果每个人都遵守那个规则，结果会怎样？"行为后果主义者都倾向于认为这个问题是道德上不相关的。[20]

可能主义者可能会运用的另一种论证是互惠论证（reciprocity argument）。假如 P 在 S 中可以做 a，在后来的情境 S'中他可以做 b。有些理论认为行动者"将来的错误"与他应当做的事是相关的，根据这些理论，a 的道德地位依赖于是否做 b，或者相反。例 2 就

---

〔19〕 我相信，对于可执行性（performability）的合理分析意味着，尽管 a&b 在 S 中是不能执行的，但在 S 中 a 是可执行的，在以后的情境中 b 也是可执行的。例如，做 b 可能预设了拥有某种 P 在 S 中尚不拥有的概念。

〔20〕 参见索伯，1976，p. 201.

表达了这种情况，如果我们假定，相比 a 和 b 来说，行为 c 和 d 在晚些时候才开始做。那么当且仅当 P 后来做了 c，那么 a 才是正当的，而当且仅当 P 已经做了 a 时，到了做 c 的时间时 c 才是正当的。

这种情况看起来似乎非常特殊。但是这种互惠也只是可能的理论，处于为不同的行动者所执行的行为之间。根据可能主义的原则，情况可能是，当且仅当另一位行动者 Q 做了另一种行为 b 时，P 才应当做 a，或者相反。因此，可能主义者必须解释当两种行为属于同一行动者时为什么互惠是不可接受的。有一种合理的论证，我们上面已经接触到了，可以称之为道德借口论证（moral excuse argument），它认为这些例子给人们以一种道德上次优的方式采取行动提供了无保证的借口。让我们依然保持例 2 的基本结构，但假定对行动者来说，a&c 比 b&d 要好得多。再假定在 a 和 b 的时间间隔一开始四种组合行为都是不可做的。（它们可能太长或太复杂）而且，假如 P 做了 b，他将会做 c。现在，假定 P 做 a。许多人都倾向于认为这种行为是错误的，因为这使得 P 不可能去做他所面对的最佳行为，即 b&d。然而，根据那些并不是极端的可能论，在这些假定下 P 可以通过后来做 c "使 a 成为正当的"。考虑到他已经做了 a，c 也就是正当的。

人们也可能认为，这表明即使较为温和的现实论也只施加了非常松散的道德标准。请考虑下面这个例子。琼是一位医生，她有一位患者叫吉姆，他每年都要求琼为他做一次常规的健康检查。有一年，琼在他体内发现了情况 X，如果不进行处理的话，它会不断地引起吉姆头痛，而且频率越来越快。幸运的是，X 通过处置方法 Y 就能很容易消除掉。但是琼本性是邪恶的，她甚至非常喜欢吉姆不断地承受这种不是特别严重的痛苦。因此，她并没有为他做处置 Y。一年后，吉姆回来后不断地抱怨他的头痛，而且越来越频繁。琼现在满足了她那恶意的欲望，所以最后为吉姆做了 Y。只有当体内有 X 时，这种处理才是有益的，否则肯定是有害的。如果在前一年琼克服了她那邪恶的欲望的话，那么这种欲望现在只会是更加强烈。因此，如果她在前一年为吉姆做了 Y，那么今年她就会骗吉姆说还需要重新做一次相同的处理。对吉姆来说，这种处理所引起的痛苦比他现在所承受的头痛还要更痛苦些。

假设，在相关的意义上，在这一整年的时间最好是什么都不要做，因为 KO-KW 和 CO-CW 都会得出这样的结果，即琼的正确做法是在第一年里不给吉姆进行处理。因为如果她对他进行了处理，那么她会在下一年恶意地为吉姆再做一次处理，对吉姆来说这种情况更糟糕。但这一结论似乎是不合理的。可以肯定的是，人们可能会说，如果琼在第一年没有对吉姆做处理，那么，即使她在第二年依然会按照自己的邪恶欲望来行为，但这一事实并不能证明她给吉姆带来绵绵不断的痛苦就是正当的。合理的论断可能是，如果琼两种场合下都做了处理 Y，那么只有第二次的行为才是错误的。因此她不应当给吉姆带来不必要的痛苦，她应当在第一种场合就给吉姆以处理。人们有可能会说，这一点不能因为她将来会做什么这一事实而得以改变。

那么，人们可以认为这种例子表明：行动者将来的行为——它们不是当下应执行的某个行为的一部分[21]——与他在特定条件下应当做什么是没有关联的，这就是托玛森（Richmond Thomason）的立场，他提出了一种道德借口论证。他认为："一位进行慎思的行动者肯定不承认这种假设，即他应当遵守某种行为将会受到他选择不遵守这一行为的可能性的影响。"[22]

托玛森讨论了一个例子，有一个人，他被一家杂志社邀请来做一篇文章的审稿人。这个人知道他有时对审稿不是很内行，他想尽量将这件事拖到很晚。我们有了这样一些背景之后，我们就知道，这个人当机立断地拒绝这一请求似乎是正当的。但是根据托玛森，这种推理是"不合理的"，"做这样推理的人应受谴责"，因为：

> 我的慎思决定了我的行为，我现在所做的慎思会影响到我将会做什么。我所能做的……就是进行审稿并努力渡过难关。如果我发现有一种显见的理由相信我应当接受这项工作并渡过难关，我虽然对自己是否能顺利渡过难关会有所怀疑，但这不能阻止我做出以下判断，即我应当接受这项工作。[23]

托玛森还说，让对自己未来行为的怀疑影响自己的慎思，其实类似于把自己看成是另一个人。[24]

我相信这个论证还是有一定力量的。有人认为，将来的行为也是在慎思的时候（当下）可以执行的行为之一部分，但我们认为，在人们慎思的时候确实应当反对将它们纳入考虑范围。这意味着提前预设了慎思的对象是什么。因此，极端现实论不仅作为正当性标准是不合理的，而且作为慎思的方法也是不合理的。如果将来的行为并不是当下可以执行的行为之一部分，情况就不一样。这些行为在我们慎思时是我们无法控制的，它们不可能成为慎思的对象。因此，托玛森的论证并不能给予极端的可能主义原则以特别多的支持，

---

[21] 当且仅当某个行为从 t 时刻开始，且为 P 在 t 时刻所做时，我称这个行为是 P 在 t 时刻"当下可以执行的"。

[22] 托马森，1981，p. 185.

[23] Ibid. , p. 184.

[24] Ibid. , p. 186.

尤其是不能给那些被认为是正当性标准的原则以更多的支持。道德借口论证至多只是表明了，更为现实主义的原则通常并不能接受为慎思的方法。琼有很好的理由认为，如果她这次拒绝的话，她就会像往常一样，在下一年依然会屈服于这种很坏的欲望。我可以肯定，如果琼决定不在今年对吉姆进行治疗的话，我们大多数人都会认为琼在道德问题上的慎思方式是有问题的。相反她应当承诺要控制住自己的邪恶欲望，无论是今年还是明年。这是因为，她应当努力克服这种坏的品格，通过自己的坚强意志与之作斗争，而不是要确定这种坏的欲望在将来的什么时候会显现出来。（如果她确实知道，自己今年抵制了这种欲望，到下一年自己一定会屈服，那么情况可能会有所不同。力图改变人们的品格似乎是没有意义的，特别是如果人们相信这种做法难获成功的话）

因此，我们必须承认，琼作为一位道德行动者，如果她决定不给吉姆以治疗，同时又认为不给予治疗事实上是正当的，那么她就可能有问题。（我依然假定下一年的决定并非琼当下所能控制的）总是拒绝一个人的邪恶冲动可能是人们应当遵守的一种好规则，即使它有时会导致错误的行为。

总而言之，道德借口论证并不能对 KO-KW 所表达的、介于极端现实论与极端可能论之间的中间立场形成威胁。（我提议，这些原则基本上可以分别作为必须性、正当与错误的标准，则不能作为慎思的方法）在我看来，只要道德借口论证是为互惠论证提供支持的唯一合理的方法，那么互惠论证似乎也就没有那么强。

还有一种形而上学的考虑也可以为我的中间立场提供某些支持。帕菲特（Derek Parfit）等人已经论证说，对于人格同一性来说，心理的关联是非常重要的，人格同一性问题并非"或者全有或者全无"的问题，它可以具有不同的程度。[25]如果这是正确的，那么我们就有很好的理由，对我们自己更遥远的将来的行为与更近的将来的行为作出不同的对待。假如我们与更遥远的将来之我的关系与我们同他人的关系是非常相似的，那么我们对待自己在更遥远的将来的行为和对待他人的行为态度上应当是一样的，这似乎也是合理的。[26],[27]

---

〔25〕 参见 Parfit，1984，第3部分。

〔26〕 拉比诺维茨曾经指出，如果有关人格同一性的这种（重要的）观点能准确地反映在我们对自己未来行为的态度中，我们就能获得这些态度的总体谱系。我们在遥远未来的行为可能应当与其他人的行为做类似地对待，而我们在不远的将来的行为与当前的行为也要做类似地对待，等等。但是如果有关态度的这种谱系反映在我们的规范原则中，我相信，这些原则将会变得极为复杂。

〔27〕 我非常感谢拉比诺维茨与一位不知名的审阅人，他们对本文早期的草稿所做的评论对我非常有帮助。

参考文献

Bergström, L. （1966）: *The Alternatives and Consequences of Actions*, Stockholm: Almqvist & Wiksell.

Bergstr? m, L. （1976）: "On the Formulation and Application of Utilitarianism", *Noûs* 10: 121 – 144.

Bergström, L. （1977）: "Utilitarianism and Future Mistakes", *Theoria* 43: 84 – 102.

Carlson, E. （1995）: *Consequentialism Reconsidered*, Dordrecht: Kluwer Academic Publishers.

Castañeda, H-N. （1968）: "A Problem for Utilitarianism", *Analysis* 28: 141 – 142.

Feldman, F. （1986）: *Doing the Best We Can*, Dordrecht: D. Reidel Publishing Company.

Goldman, H. S. （1976）: "Dated Rightness and Moral Imperfection", *The Philosophical Review* 85: 449 – 487.

Goldman, H. S. （1978）: "Doing the Best One Can", in A. I. Goldman and J.

Kim （eds.）, *Values and Morals*, Dordrecht: D. Reidel Publishing Company, pp. 185 – 214.

Greenspan, P. S. （1978）: "Oughts and Determinism: A Response to Goldman", *The Philosophical Review* 87: 77 – 83.

Humberstone, I. L. （1983）: "The Background of Circumstances", *Pacific Philosophical Quarterly* 64: 19 – 34.

Jackson, F. and Pargetter, R. （1986）: "Oughts, Options, and Actualism", *The Philosophical Review* 95: 233 – 255.

Moore, G. E. （1912）: *Ethics*, Cambridge: Cambridge University Press.

Parfit, D. （1984）: *Reasons and Persons*, Oxford: Oxford University Press.

Sobel, J. H. （1976）: "Utilitarianism and Past and Future Mistakes", *Noûs* 10: 195 – 219.

Sobel, J. H. （1982）: "Utilitarian Principles for Imperfect Agents", *Theoria* 48: 113 – 126.

Thomason, R. H. （1981）: "Deontic Logic and the Role of Freedom in Moral Deliberation", in R. Hilpinen （ed.）, *New Studies in Deontic Logic*, Dordrecht: D. Reidel Publishing Company, pp. 177 – 186.

Zimmerman, M. J. （1996）: *The Concept of Moral Obligation*, Cambridge: Cambridge University Press.

决策论的后果主义与有关亲友的反对意见

弗朗克·杰克逊 著 陈江进 译

我们的亲人、我们对其负有特殊责任的人及生活目标都会对我们的生活施加影响、意义与价值。这意味着，当我们行为的时候，我们必须给这些人（通常是我们的家人与朋友）或目标以特定的地位。但是，人们通常却认为，后果主义判断行为正当与错误的标准在于无偏倚考虑的行为后果，而根本不涉及行为所影响到的行动者。重要的是任何特殊的后果，而不是为后果负责的行动者。那么，后果主义似乎就会与对生活来说具有价值的那些东西发生冲突。我将这一点看成是威廉斯（Bernard Williams）对后果主义所做的著名反驳的一部分。[1]

对这种观点的一个回应就在于打破道德地行为与过一种值得过的生活之间的内在关联。做道德上正当的事或道德上要求的是一回事，而做使生活值得过的事又是另一回事。因此，所做的回应就是，虽然做某种道德理论所命令的事会剥夺生活的影响与意义，但这并不就否定了这种道德理论。

这是一种冷冰冰的答复，我不想多言。我的回应是，如果对后果主义做恰当的理解，它就会与人们在许多情境中所理解的正当行为是完全符合，这些正当行为可以为行动者认为是亲近之人的计划直接带来好的后果。我将论证，后果主义可以合理地认为，行动者在行为中可以给家庭、朋友、同事、所选择的计划等以特定的地位。

根据我的看法，我首先要解释应当如何理解后果主义。这种解释将有助于我们澄清一些潜在混淆，同时也可以为我们回应有关亲戚朋友的反对意见提供一个起点。

---

[1] 如见 Bernard Williams, "A Critique of Utilitarianism", in J. J. C. Smart and Bernard Wiliams (eds.), *Utilitarianism*: *For and Against* (Cambridge: Cambridge University Press, 1973).

我必须强调，我对后果主义的解释并没有多大的原创性。我认为，我只是将斯马特（J. J. C. Smart）一直所想的那种定义（去掉了对后果作功利主义解释的承诺）很自然地做了一些扩展，尽管我的表述方式与他很不一样。[2]我希望我所做的表达能使问题变得更加清晰一些。

理解后果主义

后果主义判断一个行为正当还是错误，其根据就在于对这一行为可能产生的结果与其他可选择的行为所产生的结果进行比较。行为的可能结果的概念可以解释成包含了行为本身，不同结果之间的比较是根据后果主义的价值函数（value function）进行的。有一个有意思的问题，即到底是什么恰好使得一种价值函数能保证被描述成后果主义，对于这个问题我们暂时搁置一边。价值函数的具体细节我们也不需要特别介怀，只要知道对通常是行动者中立的结果做任何合理的排列对我们接下来的目的是有帮助的就够了。同样，对于其他可选择的行为到底如何进行界定，我们也不需要搞得特别清楚。然而，我们所要关注的是，价值是如何分配到能决定什么行为应当做的结果之上的。我们将预设，问题是以最大化的方式来进行的——古典后果主义是我们的主题，而不是那些令人满意的其他种类[3]——但是单单这一点将会使得一个主要的问题难以得出结论，这个问题最后被证明对本文的论证又是至关重要的。这个主要的问题通过一个简单的例子就能最易得到探讨。

药物例子 1

希尔是一名医生，她决定为她的患者约翰做正确的治疗，因为他得了一种不是很

---

[2] J. J. C. Smart, "An Outline of a System of Utilitarian Ethics", in *Utilitarianism: For and Against*. 与此相似的解释是否也可以在某些经典的表达中找到，这是可以争论的，如 Jeremy Bentham, *An Introduction to the Principles of Morals and Legislation* (London: Athlone, 1970); Henry Sidgwick, *The Methods of Ethics*, 7th ed. (Chicago: University of Chicago Press, 1907)，不过其他的解释也是非常有可能的，正如我们将看到的，从西季威克那里所摘起一大段引文所指向的是一种完全不同的方向。

[3] 有一种令人满意的变种在斯洛特那里得到了表达，Michael Slote, *Commonsense Morality and Consequentialism* (London: Routledge & Kegan Paul, 1985)，值得认真对待。这种讨论是在对令人满意的决策论方法进行一般辩护的背景中进行的，这种方法与最优化或最大化的方法是相反的。

严重但也有些麻烦的皮肤病。她可以选择三种药物：药物 A、药物 B 与药物 C。通过对医书的仔细思考与研究，她得出了三种意见。药物 A 能够缓解病况，但是不能完全治愈。药物 B 和药物 C 中，有一种能够完全治愈皮肤病，而另一个会杀死患者，但她又没有办法来分清哪一种是可以完全治愈的，哪一种会杀死患者的。那么希尔将如何办呢？

我们必须考虑的可能结果是：完全治愈、部分治愈与死亡。对于它们如何进行排列是非常清楚的：完全治愈是最好的，其次是部分治愈，最糟糕的是约翰会死掉。这正是希尔要这么排列，也是应当这么排列的。但是我们如何从这种排列而达到关于希尔应当如何做的解决方法呢？最明显的答案就是仿效决策论，将希尔主观上有可能会选择的行为乘以这种行为有可能会产生的结果的价值，然后将这些结果相加，最后所得出的结果最大的行为就是应当做的行为。在我们的例子中，有三种结果是我们所要考虑的，即：

(1) Pr（部分治愈/用药物 A）× V（部分治愈）+ Pr（无效果/用药物 A）× V（无效果）

(2) Pr（完全治愈/用药物 B）× V（完全治愈）+ Pr（死亡/用药物 B）× V（死亡）

(3) Pr（完全治愈/用药物 C）× V（完全治愈）+ Pr（死亡/用药物 C）× V（死亡）

很明显，在如上所描述的情境中，第一种方案的价值最高，所以我们的答案是希尔应当开药物 A 给约翰。同样很明显的是，在我们所描述的有关皮肤病的例子中，完全治愈与部分治愈之间的差别并不能为死亡这种高风险带来补偿。

总之，这个建议就是为了要确定在特定时刻按照后果主义行动者应当采取何种行动，其根据就在于后果主义的价值函数——价值的分配依照所产生的幸福总量，或者依照所产生的偏好满足的平均值，或者依照任何一种特定形式的后果主义——以及与在决策论中以类似方式存在的行动者的主观可能性函数，这里的差别只是决策论中行动者偏好函数被后果主义的价值函数所代替。这也就是说，行为的规则就是将 $\sum_i Pr(Oi/Aj) \times V(Oi)$ 最大化，这里的 Pr 就是行动者的概率函数（probability function），V 是后果主义的价值函数，Oi 是可能的结果，Aj 是可能选择的行为。这个观念我们用英语来表达，也就是说决策论要求将期望的功利最大化，而后果主义要求将期望的道德效用（expected moral utility）最大化。[4]

根据后果主义，人们还能有什么其他方式可以从后果主义的价值函数确定人们应当做什么呢？除了决策论的方法，这里还有两种可选择的方案值得讨论。

根据后果主义，我们可以认为后果主义的价值函数是在告诉我们应当欲望什么。因为一个人的欲望可以——当然在一定程度上是理想化的——表达为一种偏好函数，这种偏好函数根据一个人喜爱他所获得的事态的程度来对事态进行排列，我们可以认为，后果主义把一个人应当拥有的欲望看成可以表达为偏好函数，这种偏好函数与后果主义的价值函数是一致的。在对后果主义认为一个应当如何做以及行动者的主观概率函数所做的决策论式的解释中，还有一个成分就是对行动者信念的理想化。因此，决策论的解释所根据的就是行动者应当欲望什么以及事实上相信什么。但是除了将一个人事实上欲望什么与他或她应当欲望什么区别开来以外，我们也要区分一个人事实上相信什么与他或她应当相信什么。"应当"在一定程度上具有一种道德维度——例如，如果对应当做的事情愚昧无知，那就是要受责备。因此，我们最好是认为，我们应当从价值函数中来确定对一个人应当做什么的后果主义式的回答，所根据的也只是一个人应当相信什么，而不是他或她事实上相信什么。[5]

然而，有一些情境很明显涉及不可饶恕的无知，但它们可以通过一个人事实上相信什么而得到处理。有关医生是否开列某种药物的决策问题并不是简单地在开与不开之间作出选择——尽管为了避免复杂性，我们通常会简单地做这种假定——更准确地说，可以描述为在以下情况之间进行选择：现在决定开某种药物、现在决定反对开那种药物、推迟作出具本决定，直到获得了足够充分的信息，然而在有所知的情况下，决定开还是不开那种药物。现在，开药物与不开药物都以同样的方式具有期望的道德效用，所以获得更多的信息后再开始行动就能得到期望的道德效用的最大化，我们可以考察获得更多信息的条件，然后按可获得期望的道德效用最大化的方式来行为，这种做法相比单纯的开药还是不开药所

---

〔4〕 决策论有许多种类。例如，在有一些中，Pr（Oi/Aj）为 Pr（Aj→Oi）所替代。我在这里所提出的这些要点与特定的种类都是不相关的。（尽管我事实上更赞同后者，因为实际上如果"→"得到恰当 d 解读，它就是抓住后果主义方式的最明显的方式）最近关于各种不同的种类的讨论，请参见 Ellery Eells, *Rational Decisions and Causality*（Cambridge：Cambridge University Press, 1982）. 顺便说一下，在决策论中偏好函数通常都被指称为一种价值函数，但是我在很大程度上将保留后者来代替行动者应当偏好的。

〔5〕 斯马特似乎更倾向于这种提议。出请参见 Philip Pettit and Geoffrey Brennan, "Restrictive Consequentialism", *Australasian Journal of Philosophy* 64（1986）：438–455.

获得的期望的道德效用要大得多。下面的看法是很容易得到证明的。如果获得新信息的概率非常大足以补偿为得到新信息所付出的代价，即使与新信息所伴随的功利可能会发生变化，但是获得新信息，然后去做能产生最大的期望的道德效用的事情，本身就具有最大的道德效用。[6]因此，只要将一个人的主观概率函数与他或她事实上所相信的相互作用，我们就能在下列两种情境之间合理地作出区分：一个是应当从哪里获得更多的信息，另一个是到哪里我们才会合理地对我们所拥有的东西感到满意。因此，在我看来以下的看法似乎至少是有争议的，即按照后果主义，根据一个人应当欲望的和事实上所相信的来确定他或她应当做什么，而不需要参照什么是应当相信的。[7]然而，我所要谈的针对后果主义有关亲友的反对意见与这个问题是无关的。

如何从后果主义的价值函数中确定一个人应当做什么，还有一种解释我们需要加以考察，它认为，一个人的信念，无论合理与否，都不应当囊括进来。关键就只在于哪一种行为**事实上**会带来或应当带来最好的后果。[8]许多后果主义者从他们的著作来看似乎都是这种观点。西季威克在一个很著名的段落里写道："普遍幸福是最终**标准**，但这并不意味着只有普遍仁爱才是唯一正当的……行为**动机**……能作为正当性标准的目的并不必然就是我们应当有意识地指向的目的。"[9]在这里似乎很明显，他假定了使行为成为正当的东西——正如他所说的，正当性标准——是事实上获得某种目的的限度。[10]同样，莱尔顿（Peter Railton）区分了**主观后果主义**与**客观后果主义**，前者认为"一个人无论何时面对一种行为选择，他都必须努力去确定哪一种行为能最大限度地产生善，然后采取相应的行动"；后者认为"行为或行为过程的正当性标准在于它是否事实上能最大限度地产生善"，

---

[6] 作为这一证明的清楚表达，请参见 Paul Horwich, *Probability and Evidence* (Cambridge: Cambridge University Press, 1982), pp. 125 – 126.

[7] 这种论证有一种更加详细的发展，参见 Frank Jackson, "A Probabilistic Approach to Moral Responsibility", in R. Barcan Marcus (eds.), *Proceedings of the International Congress of Logic, Methodology, and Philosophy of Science* (Amsterdam: Elsevier, 1986), pp. 351 – 366.

[8] 另一种方法不包括行动者的信念，在这种方法中，起关键作用的各种不同的可能后果的客观的、一元的机会，而不是从认识论上所解释的可能性，但是我将接下来的批评性讨论的本质平等地运用，以反对这种方法。

[9] Sidgwick, p. 413.

[10] 确实这一段通常也是这么解读的，如参见 David O. Brink, *Moral Realism and the Foundations of Ethics* (Cambridge: Cambridge University Press, 1989), p. 257. 布林克很明显采纳了这种观念，即根据后果主义，什么东西能够成为正当的应当由事实上做了什么或应当做什么来确定。同时参见 Fred Feldman, *Doing the Best We Can* (Dordrecht: Reidel, 1986).

而且莱尔顿为了支持客观后果主义继续做了论证。[11]

这种提议存在着两个问题。第一，从直观上讲，它只会为我们上面所讲的有关药物的例子给出错误的答案。在药物例子中，或者开药物 B 或者开药物 C，这两种行为事实上都有可能产生最好后果——希尔深知这一点，尽管她不知道两个中间到底是哪一种——但是对希尔来说，既不开药物 B 也不开药物 C 才是正当的行为。正如我们前面所考察的，对希尔来说，开药物 A 可能是直觉上正确的行为过程，尽管她事实上知道这将不是最好的后果。相反，如果她开了药物 B 或者 C，我们就会觉得相当恐怖。

第二个问题产生于如下事实，即当我们处理后果主义的时候，我们正在处理的是一种**伦理**理论，一种有关**行动**、有关**做什么**的理论。结果我们必须把后果主义看成是对行为所做规定的一个组成部分。现在，一个行为事实上会产生最好后果这一事实可能对行动者来说是非常不清楚的。（同样，对行动者来说，客观的机会是什么也可能是不清楚的）在药物例子中，希尔对于何种行为将会产生最好的后果，虽然有所意识，但又没有根本的把握。在其他一些例子中，有时行动者对何种行为会产生最好的后果，心中根本就没有底。这种情况清楚地表现在最近对艾滋病的治疗中。因此，一种行为过程将会产生最好的结果这一事实就其本身来说并不是行为的向导，因为作为行为的向导在某种意义上应当是能够呈现在行动者的心中的。我们所需要的是将行动者的内在因素作为任何理论的一部分，这样才可能是伦理学中一种合适的理论，而产生好的后果却完全是外在性的。物理学中的某种理论完全可以告诉我们一些核心概念，但同时对于如何从这些概念转换到行动可以是不清楚的，因为这有关行动的问题并不属于物理学，不过它却是伦理学的关键。

莱尔顿很好地意识到有必要对行动的问题给出解释，因为他提到："（对客观后果主义）的一个更为深入的反驳在于，由于客观后果主义与某种作出决定的特定模式之间缺乏

〔11〕 Peter Railton, "Alienation, Consequentialism, and the Demands of Morality", *Philosophy and Public Affairs*, Vol. 13 (1984), rep. S. Scheffler (ed.), *Consequentialism and Its Critics* (Oxford: Oxford University Press, 1988), pp. 93－133, esp. 强调标记是我加的。所有有关莱尔顿的引文都在谢弗勒所编的书中。莱尔顿 (p. 113, n. 24) 顺便提到了决策论方法，但是从所印文字中很难看出我们在以下问题上根本上到底有多少根本性的分歧，即根据后果主义一个人应当做什么的问题。然而，后来我又与莱尔顿（1990 年 2 月）做了有益的讨论，我终于明白我们之间存在着根本性的分歧。无论如何，仅从所印文字上我们可以看出，我们在关于如何回应来自亲友的反对意见的问题上存在着根本性的分歧，因为他在脚注中提到，无论是否采纳决策论的方法，他的论证都能通过，然而，马上就很清楚的是，我们对来自亲友的反对意见的处理都非常关键地取决于采纳决策论的方法。见 Bart Gruzalski, "The Defeat of Utillitarian Genaralization", *Ethics* 93 (1982): 22－38. 在评价行为与规则或一般化的功利主义的相对价值时，决策论的方法通常都被给予了关键性的作用。

直接的关联，将会使得观点非常模糊从而在实践中难以为行为提供充分的**指导**。"他的回应是："相反，客观后果主义设定了一个确定的、独特的正当行为的标准，什么样的作出决定的模式会被采用以及什么时候被采用……就变成了一个经验性的问题。"[12]简言之，我认为莱尔顿的提议是，通常把某人的目标设定为去做客观正当的事就能处理道德决定的问题——这种行为事实上会产生最好的后果——然后去做经验证据表明最有可能具有这种属性的行为。[13]然而，这种处理方法对决策问题给出的是错误的答案。我将把药物例子做些修正，来表明这一点。

药物例子 2

和前面一样，希尔是一名医生，患者约翰有皮肤病。但是这一次希尔只有两种药物 X 和 Y，在做治疗的时候它们都有一定的作用。药物 X 有 90% 的几率能治愈病情，而有 10% 的可能性将约翰杀死；药物 Y 只有 50% 的几率能治愈病情，同时还没有任何副作用。希尔要在到底开哪一种药之间作出选择。很明显，她应当开 Y，但是这种行为并不是最有可能产生最佳后果的，因此也不是最有可能是客观正当的行为。它只有 50% 的几率会是客观正当的，则如果开 X 的话，将会有 90% 的几率是客观正当的。

这种例子比比皆是。例如，请考虑在跑马比赛中是否下赌注的问题。很明显，通常来讲，所要做的正当的事情就是不要下赌注。可能没有哪一匹马赌徒们会给出非常高的赔率。然而你拒绝下赌注，是因为你知道你正在追求的可能是肯定不会产生最好结果的行为。当然，你的问题在于，尽管你知道有一种行为肯定会有更好的后果，但你不知道到底是哪一个。

一般来说，认为后果主义给道德行动者设定的目标就是去做能产生最大后果的事，在我看来这极有可能是一种误解。如果它意味着行动者应当去做拥有最高期望值或道德效用的事，则价值又是由后果来决定的，那么当然这没有问题。但是人们很容易不知不觉地会认为，后果主义讲的是，在力图选择具有最大后果的行为的意义上，它就是指人们所想达到的目标就是最好的后果，然而，实际上在大多数时间里我们所选择的行为却往往是我们肯定知道不会带来最大后果的行为。就像在赛马中一样，我们在大多数时间里是选择不

---

〔12〕 两段话都来自于莱尔顿（p. 117），强调标记是我加的。

〔13〕 也请参见他关于客观后果主义的早期评论，"不要模糊了一种伦理理论的事实条件与它的接受条件之间的区别"（ibid., p. 116）。弗尔德曼明确地将这种方法用于道德决策问题。

去下注。正确的选择就是"谨慎行事"，即使我们知道这样做不会产生最好的后果，更不用说我们对哪一种选择会产生最好后果完全无知了。

我论证了，正如我所提出的，后果主义必须着重内在的角度，即从后果主义的价值函数来确定行动者应当做什么，也就是根据行动者在行动时的心理状态。因此，我同意内格尔的观点："道德不仅要求我们具有一定的行为形式，而且还要求产生这种行为的动机。"[14]我受决策论启发所作出的提议满足了这一约束条件，因为它所根据的就是行动者的概率函数，即根据行动者在行为时的信念状态。实际上，我从决策论所引出的这一提议可以看成是对行动者应当做什么的一种解释，由它从而产生了对行动者的动机应当是什么样子的、随着行为动机的发展行动者的心理状态应当是什么样子这些问题的解释。因为，正如我们在前面所评论的，我们可以把后果主义的价值函数看成是对行动者的偏好函数及行动者的欲望应当是什么样子的解释——偏好函数应当赋予不同的事态以同样的价值，就像价值函数所做的那样。因此，当这个提议从行动者的概率函数与后果主义的价值函数的结合体来确定行动者应当做什么，这也可以描述为，从行动者相信什么与行动者应当欲望什么的结合体来确定行动者应当做什么，因此，也可以描述为产生了一种有关正当机动的理论。

尽管我们这里所描述的决策论的后果主义（后面简称为后果主义）建构了自己对正当行为的解释及有关正当动机的学说，但它对行动者决定要做什么时所经历的心理**过程**并没有提出什么看法，实际上，这与后果主义是相容的，即至少有些时候行动者完全不需要经过人们通常所描述的那种思想**过程**。例如，它在这一点上与后果主义是相容的，行动者在行为之前应当经历一种特殊的义务论式的思想模式。例如，行动者对与后果相似的东西进行计算后结论不尽理想，但他发现根据一点点经验就能知道他最好是按照那些简单的规则采取行动，或者他可能知道，这个世界处于一个精灵的控制之下，人们只要按照康德式的风格进行思考，精灵就会给予奖赏。[15]但是，那么行动者的概率函数将会使得行为具有好的后果具有一定的概率，根据就在于按照规则所作出的行为（或根据它是康德式的行为）将会有很高的价值，同时将这一点置入期望价值的方程（expected value equation）将会给予满足规则的行为（或康德式的行为）以最高的期望的道德效用。

同样，我们能够认识到人们经常得出的一种看法，即后果主义的考虑有时候并不支持

---

〔14〕 Thomas Nagel, *The View from Nowhere*（Oxford：Oxford University Press，1986），p. 191. 同时参见 Bernard Williams, *A Critique of Utilitarianism*，p. 128. 尽管那里的重点是关于功利主义的，而不是一般的伦理学。

〔15〕 Peter Railton, "Alienation, Consequentialism, and the Demands of Morality", p. 116.

做后果主义式的**慎思**。[16]对于我们日常所处的那些情境，我们的自发行为通常被认为会带来最好的后果——弯腰、转身、微笑、打网球的时候吊球等，人们通常在做它们的时候是非常直接的，似乎有一种力量在推动，而不需要过多地费心。但是在这些情境中，考虑到人们在行为时无须过多费心，出现好结果的条件概率会非常高，或者无论如何要比一个人在慎思之后再去行为的而产生好结果的概率要高一些，所以，在这些情境中人们只要自发的行为，后果主义就会产生正当的结果。在这些情境中，后果主义者会认为尽管人们不应当有意识地做后果主义式的推理，但是他从内在动机上讲还是后果主义的。

有人可能会反对说，根据我们对后果主义的解释，后果主义根本就不会采纳这种立场。概率函数何以能够给予取决于自发行为的好后果以很高的价值呢？因为，这里的概率指的是行动者主观概率函数，也就是行动者对量的外观的信念，有关自发行为的例子的所有要点就是行动者在行为时未经思考。相应的，这可能就表明了他或她将不具有任何必要的信念。例如，行动者将不会相信突然弯腰会产生好的结果。根本就没有时间来思想，只能刺激反应式地弯下腰。然而，请考虑感觉论哲学中的一个例子，当你驱车经过一个广告牌时，你并没有有意识地去记下上面写的是什么。但后来有人问你上面写的是什么，使你倍感奇怪的时，你竟然能回答出来。这表明，你已经看到了那个牌子和上面所写的内容，尽管你没有意识到这一事实。同样，突然弯腰的人相信如果没弯腰就会带来令人不快的结果，尽管会产生令人不快结果的这一事实他并没有有意识地予以关注。自发的行为并不是没有信念的行为，而是对信念并没有进行有意识地反思的行为。

这里的关键是行为当下的推动力与导致获得这些推动力的过程之间的区分。否则，后果主义似乎就会面临一种两难困境。假如后果主义对行动者的心理完全没有任何言说。而只是讲正当的行为就是具有属性 φ 的行为，因为后果主义对 φ 的处理只与事实上将会产生什么相关，与行动者想的是什么完全没有关系。在那种情境中，正如威廉斯所指的，后果主义"根本就不会在这个世界里造就任何独特的特征"，据此，我认为，他所做的论断也是我们先前就提出来的，即后果主义对正当的决定应当有所言说。[17]另一方面，假如后果主义表达成有关如何着手道德上正当的行为的学说，或者是莱尔顿意义上的主观后果

---

〔16〕 参见许多例子中的三个：莱尔顿、斯马特（p.43），对佩蒂特与布伦南那里许多不同例子的有益的详细解释。

〔17〕 Williams, *A Critique of Utilitarianism*, p.135. 同时他（pp. 134 - 135）对功利主义所做的更为阴暗的评论不见了，或者至少只是"从超验论的角度做总体评价"，他通过这种方式可能表达了这种观念，即后果主义可能在某种层次上是决策论的一种。这里我要感谢与斯坎伦于 1989 年所做的一次讨论。

主义的一个变种，特别是假如它所说的就是按照 φ 来行为。那么如果按照 φ 来行为最后发现在特定情境中只会产生坏的结果，那么又该如何办呢？[18]我们对后果主义作决策论的解释消除了第二种困难，因为在那些情境中，行动者不应当按照 φ 来思考，因为那么行动者会相信在那些情境中按照 φ 来思考只会产生非常低的期望的道德效用。

根据我们的解释，后果主义并没有承诺以下观点，即将期望的道德效用最大化是行为的正当动机，指出这一点是非常重要的。许多作者都已经指出，因为你认为自己应当去做某个行为，所以你才做它，而不是说，你之所以做它，是因为你想得到的并不是令你感到舒适的亲友们的特征。对某人好仅仅是因为对他好是你的义务，这种好是我们每个人都可以做到的。[19]斯托克（Michael Stocker）把这一点看成是他所讲的"标准观点"所存在的一个问题。正如他所指出的："标准观点认为，道德上善的意图是道德上善的行为的一个重要的组成部分。这似乎是非常正确的。而且，根据那种观点，一种道德上善的意图也就是仅仅只为了行为的善或正当而去做它的意图。"[20]可能这对许多被称为是"标准"的伦理观点都是正确的，但对于我们这里所描述的后果主义并不是正确的。根据后果主义的观点，行为的正当动机是行动者的信念加上与后果主义的价值函数相符合的欲望，后果主义的价值函数**并没有赋予最大化的预期功利以任何价值**。以有关药物的第一个例子来说，开药物 A 是正当的事情，因为当 Aj 是指开药物 A 时，$\sum_i \Pr(Oi/Aj) \times V(Oi)$ 将会带来最大化的价值。但是它具有最大价值这一事实并不能赋予开药物 A 以**额外的**价值。那将是双重计算。根据后果主义，正是某种欲望应当促使某人采取行动，这种欲望可以表达为以后果主义的方式将事态进行排序，但是在这种排序中将期望功利最大化并不是一个因素。

在我们转向我们对后果主义的解释何以能够对有关亲友的反对意见有所助益之前，我必须指出一个令人苦恼的含义。我一直在为对后果主义的一种解释进行论证，它认为行动

---

[18] 对于义务论来说也会出现相似的问题。"恪守承诺"本身并不是一种决策规则，尽管"恪守你认为是承诺的东西"是。但是如果你知道自己根本就不记得你所承诺的去做的到底是什么，又该怎么办呢？

[19] 有一些更有说服力的详细的例子表明了这一点，参见 Michael Stocker，"The Schizophrenia of Modern Ethical Theories"，*Journal of Philosophy* 73（1976）：455 - 466；以及莱尔顿。

[20] Stocker, p. 462. 顺便说一下，根据我的观点，后果主义并不意味着一种道德上好的意图本质上就是一个道德上好的行为，至少如果这里所说的"道德上好的行为"意思是行动者希望是好的行为。有可能出于错误的理由去做正当的事情。因为一种能将期望有道德功利最大化的行为可能同时期望很高的非道德功利最大化，这有可能推动行动者采取行动。**在我们所坚持的是伦理学的核心这一意义**上讲，出于正当的原因去做某种行为才是正当的这一点只是应当去做什么行为的充分条件，而不是必要条件。

者应当会产生最大的期望的道德效用的行为，所以它是行为的时候有关后果主义价值函数与行动者的概率函数的一个函数。但是在行为的时候，行动者的概率函数与他在其他时候的函数的是不一样的，也与在相同或不同时刻另一个其他行动者的概率函数是不一样。如果我们在行为的时候，以这些函数中的某一个来代替行动者的概率函数，将会出现什么样的情况呢？人们似乎会很自然地回答说，"根据我现在所知道的，我应当开药物B，但是在此时这么做有可能是非常错误的"。但是如果在此时将会是错误的行为，又如何成为她应当去做的事情呢？

我认为，我们没有其他的选择，而只能是去认识应当（oughts）的全部领域——她可以根据行为时的信念来决定应当如何做、根据她后来所确立的信念来决定应当如何做（一种反思性的应当，正如有时所指的）、根据另外的旁观者他们在这一问题上所具有的不同信息来决定应当如何做，甚至她还可以根据上帝即那种对每种行为将会产生什么结果都了然于胸的人来决定应当如何做。[21]这最后一种是客观正当性的一种特例，这种客观正当性是莱尔顿（与布林克）所讲的客观后果主义的特征。据此我将规定后面当我们谈"应当"的时候，它是什么意思，在我们讨论例子的时候，我的意思是指应当与行为具有最紧密的关联，应当是伦理学理论所应传达的最基本的东西，我也希望你们会是这样理解我的。当我们行为的时候，我们必须运用当下我们就可以利用的行为，而不是到将来才可用或对其他人可用的行为，也不是对像上帝那种全知的人才可用的行为，这种人对可能发生、将要发生和已经发生的行为都全部有所知。

有人可能会得出结论说，我认识到应当有许多不同的变种，但这种认识可能意味着我与拥有如下思想的人并没有真正的冲突，即这种人认为，根据后果主义，一个人应当做的也就是**事实上**具有最好后果的行为；相反我们是在彼此互证。然而，实质性的问题依然存在，如对道德理论来说必须把应当解释成与行为是直接相关的，以及如何才能做到这一点，不管英语中的"应当"是否就是目标概念。

对来自亲友的反对意见的回应

对后果主义做决策论式的理解将会给行动者的主观概率函数以非常重要的作用。这一

---

〔21〕 同时也存在着许多非道德的应当——审慎的等，但是还有另一种不同种类的维度，不过在这里是不相关的。

事实是我们回应来自亲友的反对意见的关键。我认为，通过两个例子我们就能很容易理解这一回应：一个是药物例子3，另一个是人群控制的（crowd control）例子。

药物例子3

在例1中，希尔有三种药物A、B和C，以及一名患者。这次希尔有三名患者A、B和C，以及一种药物，如果这种药物全给其中的某位患者使用就是足够的。在例1中，她是在药物之间进行选择，而这一次是在不同的患者之间进行选择，但是她所面对的选择情境是相类似的。我们知道，她了解到药物能给患者A带来很大的利益，但不能完全治愈，患者B和C有一个能够通过此药物而完全治愈。然而，她也知道，B或C中有一个人将会被这药物杀死。但她又没有办法知道B和C中哪一个会完全治愈，而哪一个会被杀死。希尔应当如何做呢？

答案很明显是把药物给A，这当然也是决策论的方法所能给出的答案。[22]将药物给A所产生的期望的道德效用相比给B和C要高得多，因为在那两种情境中出现更佳结果的概率与出现更糟糕的结果的概率是彼此伴随的。当然，希尔知道，相比将药物分配给A来说，她还可以做其他的行为可以，产生的后果还要更好些，但是她的问题在于，她不知道将药物给B还是C才是更佳的行为。

从这种例子中我们能得出什么启发，从而可以应对来自有关亲友的反对意见呢？当希尔把药物给A，而不是B和C时，我们就指责她对患者A存在一种不合理的偏爱，很明显这是不合理的。希尔偏向患者A，是因为她的行为可以确保A的善，对这一事实的解释并不是她的偏好函数相比对B或C的利益来说给了A的利益以更大的分量。解释在于她的概率函数。后果主义要求我们都要有一种无偏倚的偏好函数，因为它的价值函数会给予每个人的幸福、偏好满足、快乐、对理想善的共享等等以同样的分量，但是这个例子告诉我们的是，我们的行为直接指向的是保护一个小集体——我们的家人、朋友等——的幸福、偏好满足等，它本身并没有表明，根据后果主义的标准，我们对偏好函数具有不合理的偏爱。对我们行为的直接本质的解释存在于我们的概率函数之中。

那么，对后果主义者来说，问题如下。我们对与我们有特殊关系的那些人进行特殊关照——这种特殊关照的程度在道德上是可以得到辩护的——是否可以做概率论式的解释，

---

[22] 当然，假定获得更多的信息，那么这种行动就并不是一个可行的选择。

所根据的是我们与亲友们的特殊的认识论地位，而不是根据行动者相对的偏好函数？第三种药物例子并没有表明能对这个问题做肯定回答。它只表明了这正是我们必须去问的关键问题。

我并没有一种决定性的论证可以确保对这一关键问题的回答是肯定的。我所做的就是要提出两种思考，它们都能表明答案可能是肯定的。在讲第一种考虑时，我将引入人群控制的例子。

人群控制的例子

想像你是一名警察局局长，你所执行的任务就是控制来观看即将开始的足球赛的许多人。你有两种方案可以选择：分散方案（scatter plan）与分区方案（sector plan）。你所理解的分散方案是指："人群中的每一个都具有相等的价值。任何方案，只要它是要求警员将注意力集中于任何特殊的个人或人群，这都是不道德的。因此，每一个警员都要人群中闲荡，尽可能地分散于观众之中。"你所理解的分区方案是指："将人群分成不同的部分，每一个警员对自己所管理的那部分都有特殊的责任。通过这种方式，警察们按各自的方式进行控制，对自己所管理的区域将要发生什么以及潜在的麻烦制造者都很清楚。同时我们也可避免分散方案所面对的一个主要问题，即在特定时间里有些人群可能根本就没有人来进行管理。当然，分区方案在分配的时候也具有一定的灵活性。尽管作为一般的规则，每个警员都应当对自己所管辖的区域特别注意，但如果另一个区域情况变得特别糟糕时，很明显别的警员来提供额外的帮助就会带来很大的差别，因此，适时变换自己关注的核心是可以得到很好辩护的。"

当然，我们在日常生活中通常所遵守的计划都是分区计划。我们重点关注某个特殊的团体、我们的家庭、朋友以及当下的一些交往圈，但如果有机会在别处产生大得多的后果，那么我们适当地忽略他们也是可以允许的。正如有人有时候所指出的，尽管为了在福利上获得一些小的增长就忽略了家庭与朋友，这是非常错误的，但是如果为了获得中东的和平而忽略他们，则是非常适当的。当我们提出，分区方案何时才会是具有后果主义思维方式的警察局局长才会采纳的正当方案时，我们就触及如下问题，即概率论的考虑能否从后果主义的视角出发为我们对家庭与朋友的关注提供辩护。

分区方案会在下列情境中得到明显的体现：（1）在认识某些人对获得好的结果是很重

要的时候。分散方案使警员们的注意力过于分散，要让他们对某个具体的人的心理具有细节性的了解这是非常困难的。如果好的结果依赖于这种知识，那么警员们只能让自己限定在某一些较小的团体上，类似于分区方案。（2）在获得好的结果包括了要对一系列的行为进行协调的时候。有时一个孤立的行为就其本身来说效果非常有限。所需要的是一种扩展了的行动计划，从对以前行为结果的积极与消极反馈的基础上选择后续的行为。请比较孤立的药物治疗过程与一种扩大了的治疗过程，这种治疗过程是根据以前治疗的效果来选择药物和剂量的。（3）当获得好的结果依赖于个体之间互相信任、互相尊重与互相理解时。传统的"警察在街上巡逻"是一种特殊的分区管理，非常依赖于我们所讲的这一点。（4）当不同警员的行为直接指向同一个人的时候，极有可能它们会彼此相互抵消。我们有时候就经常处于这种"人多误事"的情境中，这时分区方案很明显要优于分散方案。（5）以某种明显的方式将警察分配到不同的区域，这种方式与他们的自然倾向与热情也是相一致的，特别是当这一事实是日常知识的时候。有时警察们会因为谁应对哪一个区负责而争论不休，这种做法很明显可能避免这一点，从而降低了分区方案的成本。同时，哪个警察如果没有管理好自己的负责的区域，他受惩罚的可能性也大为增加，这个区域也更有可能保持相对独立的状态，可以免受其他自以为是的警察越俎代庖。

很明显，这里还有很多的东西要说，但它们大多数都是直接与经验事实是相关的。[23] 但是我希望我所说的足够使人们会认为下面的看法是合理的，分区方案体现在我们与周围的世界及生活于其中的人的日常交互作用的情境中。我们很难知道何种行为会有好的效果，我们在这些问题上的观点最好建立在我们很了解的那些人那里，仅仅就因为我们对他们很了解。获得好的结果通常也就是把一系列的行为协调起来，而不是慷慨地任其分散。互相信任与进行情感交流对好的结果也是非常重要的。当太多的人都想来帮助某一个人时，反而会出现人多误事的情况。很明显，我们自然地倾向于关心的特定人群的福利总是我们的亲戚朋友。对于决策论的后果主义来说，最为重要的是，我认为，我刚才所描述的那些事实都是众所周知的常识。

那么，我认为后果主义者可以对有关亲友的反对意见作出回应，后果主义者可以认为，直接关爱与自己亲近的人可以解释为有价值的生活的一种特征，而不需要赋予某种有偏见性的价值函数。相反，它反映了我们的概率函数的本质，特别是反映了有关获得我们

---

[23] 如参见在佩蒂特与古丁对可能性分布的讨论：Philip Pettit and Robert Goodin, "The Possibility of Special Duties", *Canadian Journal of Philosophy* 16 (1986): 651–676.

所叙述的好后果的认识论的各种事实。当然，我的建议并不是说，我们通常**实际上**所表现出来的对与自己亲近的人的直接关爱可以无须赋予某种偏见性的价值函数就可以进行解释。根据这一点，对于我们几乎不了解的人，我们应当做的比实际上所做的要多得多，这并不是对后果主义的反对。对于我们几乎不了解的人，我们应当做得更多。我们都是非常有集体意识的。我的建议是指，我们的生活总要有一些关心才是有意义的，我们在很大程度上关心自己的家庭与朋友就足以满足这种要求，而且这一点与按照后果主义过一种道德上可得到辩护的生活是内在一致的。

论三种反对意见

（1）威廉斯论证说："它（后果主义）在本质上包含了**消极责任**（negative responsibility）的概念：如果我对所有的事情都负有责任，那么我必须对我允许的或不能阻止的事也负有责任，正如我对……主动促使其产生的事情负有责任一样。作为一个负责任的道德行动者，这些事情都必须同时进入我慎思的范围……（根据后果主义）对于某个给定的行为来说，关键是做了它会带来什么样的结果，不做它又会带来什么样的结果，它们在本质上是不受因果关联的本质所影响的，尤其是不受以下情况影响，即结果在某种程度上是否是由其他行动者所产生的。"[24]

如果威廉斯是正确的，那么我们就有麻烦了。我们对有关亲友的反对意见所做的回应，其背后的核心观念是，我们在有关分区方案问题上所形成的那些反思使得以下观点是合理的，即后果主义者应当对他或她的熟人有特殊责任，这很明显包含了谁来做这件事在许多情境中是非常重要的——而这一点与威廉斯的观点是直接相反的，威廉斯认为，谁来做某事对后果主义者来说是不相关的。然而，这里的关键是要记住价值与期望价值之间的区分。威廉斯认为后果主义的价值函数本身并没有给谁来做某事以任何分量（无可怀疑，他也是这么想的），这是正确的，然而，谁来做某事对于行为的期望价值来说是非常重要的，根据我们对后果主义的解释，这也是非常关键的，这也正是谁来做某事何以能够"进入我的慎思"。特别是，史密斯可能会认为，总的来看，获得 A 比获得 B 来说要更好些，

---

[24] B. Williams, "Consequentialism and Integrity", in Sheffler (ed.), p. 31. 当然，威廉斯假定了，由于行动者的身份所产生的效果已经融入了后果之中。

但是这并不能推导出史密斯作为后果主义者应当努力去获得 A 而不是 B。另外，史密斯也可能会认为，还有一个人琼斯，她比他对事情更为了解，琼斯拥有好的价值。在这种情境中，史密斯面临着以下选择，或者由他自己来获得 A 而不是 B；或者相反让琼斯作出决定，是否应当获得 A 而不是 B，而后一种方案对史密斯来说更有可能得到更大的期望的道德效用。尽管对史密斯来说，他如果做 B，那么出现好后果的可能性是比较低的，这里的关键点是，如果让琼斯来做 B 出现好后果的可能性可能比较高，因为史密斯认为琼斯是最适合作出决定的人。一般来说，在这些情境中，我们都认为最好在 A 和 B 之间如何做决定的事交给专家们，正如我们所说的，尽管我们自己对做 A 和做 B 谁更能产生最大的期望价值都有一定的看法，但是将这个问题交给专家们可能是最能获得最大的期望价值的。因此，根据后果主义，**谁**来做某事**可能**是非常关键的。

我们可以代替威廉斯作出回应说，他脑中所想的并不是期望的价值，但我们刚才所讲的那些要点只适用于期望价值。然而，对于威廉斯（正确地）坚持认为后果主义是一种伦**理决策**论，以及上面引文中他所讲的有关事情怎样"必须进入我的**慎思**"（强调标记是我加的），这都有可能会造成破坏。

（2）莱尔顿通过下面的例子提出了后果主义亲友问题上所碰到困难。"胡安与琳达……虽已结婚，但仍然分居两地。他们通常总是每隔一周见一次面，但是有一个星期，琳达似乎有一些失落与焦灼，所以胡安为了与她在一起决定多跑一趟。如果他不跑这一趟的话，他会省下一大笔钱，他可以把这笔钱寄给牛津灾荒救济委员会，为一个干旱的村庄打上一口井。即使把琳达生病的痛苦、胡安的负疚感以及对他们关系的坏的影响都计算在内，对胡安来说，把钱寄给牛津灾荒救济委员会将会产生更好的后果。"[25]有人可能会反对说，到目前为止我所说的一切无论如何都没有触及这个例子所提出的反对意见。但是从决策论的观点来看，最为关键的并不是"胡安把钱寄给牛津灾荒救济委员会**可能**会产生更好的后果"，而是这样做是何以可能的。当然，对第三世界孤立的行善行为其效果如何，存在着不少的争论，不过，在如果他多跑一趟至少会产生哪些效果这个问题上，胡安还是很有把握的。这里关键就是要记住，寄钱的相关后果，如寄 500 元，并不是由这 500 元能在第三世界买些什么来确定的，而可能是由下面两种情况的**差别**来确定的，即对牛津灾荒救济委员会来说，如果没有胡安的这 500 元，我们能获得什么，以及如果加上胡安的这

---

〔25〕 Peter Railton，p. 120.

500 元，我们又能获得什么。[26]

很明显，以下的情况是比较合理的，即我们生活在发达西方社会的大多数人，如果我们努力通过某种系统的、明确的转换程序将多余的财富转移到第三世界，这样我们就会获得更多的善。我这里所讲的并不是捐机票这样的单个行为，也不是指第三世界的人们真正受到伤害的时候寄去一大笔钱，我的意思是要求我们更主动地去了解在第三世界正在发生的一切：了解这些援助是如何运作的，哪一些在做善事，哪一些在做坏事，无论是在知情还是不知情的状态；仔细调查那些村庄是如何利用人们所捐献的钱；这些外来的金钱与服务对当地的社会与经济结构所产生的影响，等等。但是这种观察何以可能形成对后果主义的来自亲友的反对意见呢？一个按照我刚才所描述的那些方式来行为的人会直接关心她的亲友。因为她会给世界上小范围的人以特殊的关照，她也会给自己的计划以特定的位置，其中一种计划就是要帮助第三世界中的那些人。对她来说，有些人的福利是她特别关注的，这些人就是她所研究的、逐步了解与理解的、生活在第三世界的不同的小村庄里的那些人，这与自己生活在同一个房子或邻里之间的那些人是不同的。

（3）也有人可能会反驳说，我们可以区分**两种**来自亲友的反对意见，而我只是回应了其中的一种。一种反对意见是："后果主义的价值函数的本质是行动者中立的，那么后果主义者如何理解以下事实呢，即相对有一部分人的福利在我们的生活中发挥着特殊的作用？"我们的回应是，后果主义应当看成是决策论式的。从正当的价值转变成正当的行为，其方式就是通过行动者的信念，如果理解了这一点，那么有关我们的认识能力与具体情境的经验事实将会使得下面这一点是合理的，即在大多数时间里我们的行为应当受到高度关注。另一种反对意见是："后果主义者如何理解下面这一点呢，**即特殊的**小团体在大多数情况下总是这样的？"后果主义可能能够理解存在一种小团体，但是它为什么总是有关家庭、朋友、伙伴及类似的东西所组成的小团体呢？

一个可能的回应是，后果主义不能理解这一点，但它也并不是对后果主义的反对。我们的日常道德中，我们**都是**非常具有集体主义倾向的，因此，对后果主义来说，更是清楚地表达了这一点。我不相信这一点。我承认，我们都是有一定的集体意识的，但并没有到

---

〔26〕 你可能并不喜欢以这种方式来探讨将 500 元捐给牛津灾荒救济委员会所产生的结果，因为你可能受到了帕菲特（Derek Parfit）在 *Reasons and Persons*（Oxford：Oxford University Press，1984）第 3 章所举例子的影响，但是那是一种不同的反对意见——在我看来，那是一种有诱惑力，但是被误解了的反对意见 ［参见 Frank Jackson，"Group Morality"，in P. Pettit etal（eds.），*Metaphysics and Morality*（Oxford：Black-well，1987），pp. 91 – 110〕。

那种疯狂的状态。我认为，我们可以通过有关人类品性与心理学的经验事实来为以下情况给出一种后果主义式的解释，即为什么对我们大多数人来说，那么特殊的团体总是我们的家庭或朋友。

你利用有关人性的经验事实，只是为了想论证，某种行为给予家庭与朋友以偏爱，这与后果主义的原则是相违背的，因此是错误的，但是它又是可以饶恕的，因为从某种意义上讲它所运行的那种品格以后果主义的术语来说也是善的。葛德文（William Godwin）举了一个很有名的例子，在一个发生大火的房子里有两个人，一个是费奈隆，是著名的学者与主教，另一个是一个仆人，但是恰好就是你的父亲，你要选择去救谁呢。救你的父亲是一个错误的行为，但同时这一行为却又来自于正当的品格。[27]这里所表达的观念是，尽管在理论上可能存在一种更好的品格，如果从后果来判断的话，它可以导致最好的行为，但是在实践中这种品格对我们来说是不可用的，或者至少对我们大多数人来说是不可用的。

我认为，这种回应有一点"回避问题"的味道。如果偏爱家庭与朋友的行为是正当的，而后果主义说这是错误的，那么后果主义就是错误的，问题也就完结了。另一方面，如果有一种观点认为，偏爱家庭与朋友的行为是错误的，那么要予以确立的就是这种观点，而不是有关好的品格的事实。或者，提供给我们的只是后果主义的一个**变种**，根据这种理论，对某个行为进行判断的时候并不是直接通过后果来进行，而是通过产生这种行为的品格的地位来判断，那么这使得我们似乎又投入了折中式的规则功利主义的怀抱。[28]如果后果在后果主义这里是关键，为什么它就不能一统天下呢？

我在这里并不是要否认下面这种正确的而且很重要的观点，即某种行为按照后果主义可能是错误的，但它可以出于某种品格，而这种品格按后果主义却是正当的。[29]我所要否认的是，这种观点对来自亲友的反对意见的本质很有帮助。某种品格会给人们对与之相近的那些人的爱与关怀以特定的地位，拥有这种品格所带来的结果总体上是这种品格**表现**（manifestations）的结果，也就是说，是特别指向与我们相近之人的需要的行为所产生的结果。因此，对这种品格所做的后果主义式的辩护预设了对这些行为的后果主义式的辩

---

〔27〕 William Godwin, *Enquiry concerning Political Justice*（Oxford：Oxford University Press，1971），eg. p. 71；关于品格的要点在某种程度上就是一种事后的想法，这种想法是由于你接受了应当放弃父亲的这一答案所激发出来的（参见 p. 325）。莱尔顿在我们前面所引用的关于两地分居的婚姻这一例子中，他采取了相似的立场。

〔28〕 莱尔顿清楚地表明了他并没有提供这样一种变种。但我对佩蒂特与布伦南却不敢肯定。

〔29〕 如参见莱尔顿；西季威克；帕菲特，第 14 部分。

护——这使我们又回到了有关亲友的反对意见所提出的问题。当然，并不是对每一种品格特征来说，拥有它所产生的结果在总体上就是表现它所产生的结果。拥有某种品格特征的一个主要的后果可能就是人们知道你拥有它，这种知识反过来对他们的行为又发挥了主要的影响，而不必要总是要表现出这种倾向。倾向于对受到毫无意义的暴力攻击作出反应就是一个例子；一个国家倾向于对来自另一个国家的核打击作出核反应是另一种例子，这个例子在有关核威慑的文学作品经常出现。我们的观点是，对与我们特别亲近的人福利给予特别的关注是我们的一种品格特征，它就像许多的倾向一样，大体上是通过它的表现形式而为人们所知的，也主要通过这些表现而产生效果。我知道，你特别关心你家人的福利，因为你的行为表现了这一点。因此，对那种品格特征的后果主义式的辩护有待于对这些行为的后果主义式的辩护。[30]

如果所有这一切真是这样的，我认为，有关品格与人性的要点就可以更直接地在这里发挥作用。一个人的品格在解决可能会出现什么结果这一问题上是一个主要的因素，它也可以在解决从（行为）后果主义者的观点来看哪些行为是正当的这一问题成为一个主要的因素。

有些行为如果按照正当的方式来做它们的话，它们才会产生好的结果。在服用抗生素的过程中只有第一片胶囊才具有好的后果，如果剩下的在正当的时间服用的话；如果你在恰当的时间写书评的话，你所写的书评才会有好的结果；你到海滩度假时，只有当你没有被太阳所灼伤时，你才会有好的结果，等等。在所有这些情境中，如果你不准备按照适当的方式来办事的话，你最好不要开始。从后果主义的视角来看，是否应当采取行动 A 在一定程度上依赖于在做了 A 后事实上行动者又做了什么事。[31]

----

〔30〕 有一位父亲他救了一位陌生人，而不是自己的女儿，因为从一种行动者中立的视角出发，他恰好知道那位陌生人稍微更值得救一些，而对这样的一位父亲，我们的感情一定很复杂，在对这种复杂的感情进行解释时，我并没有否认在行为评价与品格评价之间作出区分的意义。这种区分能促使后果主义者将这种复杂的感情解释成对以下情况的一种反应，即同时见证了在一种正当的行为中表现了一种错误的品格。我认为，这正是葛德文想要作出区分的部分目的。

〔31〕 见 Frank Jackson and Robert Pargetter，"Oughts，Options，and Actualism"，*Philosophical Review* 95 (1986)：233 – 255. 我们论证了，假如只有那些后果在决定应当做什么时有时起核心作用，这一般是正确的，不仅对后果主义是如此。这种观点是有争议的；参见有关这一点更广泛的文献，例如 Frank Jackson，"Understanding the Logic of Oblligation"，*Proceedings of the Aristotelian Society* 62，Supplement，(1988)：255 – 270. 我论证了，理解所发生的事的最好方式就是根据行动者的早期行为，即早期时间部分的行为。（在这两篇论文中，为了解释上的方便，论证都是根据客观上应当做什么来进行的，而不是我们在这里放在中心地位的决策论的应当。现在我认为对于论证策略来讲，这是一种很不幸的选择；它模糊了我在这里所要强调的要点——即伦理学特别与行为相关）

这意味着，在决定行动者在此时此地应当做什么的时候必须考虑到他或她将来会做什么，这包含了要严肃对待品格问题。我是否要坚持那些人们都在提倡的事？我是否要对那些在所要求的时间里提出的计划保持足够的热情？我是否应当保留充分的、无偏倚的视角？我是否应当避免出现的各种诱惑？等等。对我们中的一些人来说，在这些情境中，这些考虑都不利于我们给予朋友与家人的利益以特殊的保护。我们有时最好是为那些我们并不亲近的人做事。许多人在打网球的时候肯定不会找他们的妻子做双打伙伴。但是作为一种规则，出于品格的原因（无疑也有一种进化论的解释），那些包含了家人与朋友的计划相比涉及陌生人的计划，我们通常会做得更好。这仅仅是因为，我们总是饱含热情地认为，只有当某种计划对我们特别关爱的人有所助益的时候，我们才会认为这种计划是成功的。可能用一个简单的例子就能使这一点更加清楚。原则上讲，琼斯在组织下一年的历史讨论班与哲学讨论班时，她可以做得同样好。她在这两个领域都具有所要求的知识与交往圈。然而，相比历史来说，她对哲学更感兴趣。在这种情境中，即使不考虑她自己的欢娱感，她也最好应当去组织哲学讨论班。因为，尽管她知道她在这两个领域会做得同样好，她也知道如果接手哲学课程的话，她极有可能做得更好，她有关这一事实的知识将会对她有一定的影响，即她同意接手哲学课程而不是历史课程。

我们已经看到，好的后果主义者应当把她的注意力放在保护相对较小的一群人的福利上，包括她自己，这不是因为她把他们的福利放得比别人的福利要高，而是因为就保护他们的福利而言，她所处的位置最佳。通常，她会同意一种相对扩展了的行动计划，它会使得品格的某种坚定性与力量成功地得以推进。在她开始行动之前，她知道，如果她和我们大多数人一样，那么相比为那些她所几乎不了解的人造福，为像她的家人和朋友这样的相对较小的团体造福获得成功的可能性要大得多。就人类心理学来说，这种一般性的归纳可能也有例外，如特雷莎修女（Mother Teresa）或许就是其中的一个，而纳德尔（Ralph Nader）则是另一个；从有关他们的报道中，我们知道，他们似乎都有能力完成一些要求较高的行动计划，就是为一部分人谋福利，尽管他们所帮助的那些人相对于全球人口来说也只是九牛一毛，但相比我们大多数人的行为关注的只是家庭、朋友以及团体这样的圈子，他们关注的范围还是要大得多。他们似乎不依赖于那种亲近的私人关系，而正是这些私人关系使我们避免了成为完全自私的人。

结论

后果主义通过结果的价值来处理行动者应当做什么的问题，并将这些价值以一种与行动者无关的方式来进行分配，然而我们所思考的那些值得过的生活却给了与我们有关的某些人以一种非常核心的地位。我们都有一种行动者相对的道德视角。我的论证是，根据在从后果主义者的价值函数来确定行动者应当做什么的过程中概率所发生的作用，后果主义者能够合理地解释行动者的相对性。将**预期的**（expected）道德效用最大化的命令，当它与我们在分区方案中所列出的那些事实结合在一起的时候，它就意味着后果主义者可以包括我们的如下信念，即道德上好的生活会为对小团体的责任留下特定的位置。到底是哪一种小团体，这是另一个问题，我在这里所论证的是，对我们大多数人来说团体的选择都带有一定的种族性。由于关于我们本性的经验事实，那种选择降低了我们会堕落的可能性。

对后果主义的一种反对意见是，它会与我们根深蒂固的道德信念发生冲突，特别是关于我们对亲友的责任。有人可能会认为，我对这种反对意见的回应是非常不完整的。因为我们很容易就能够合理地描绘一种可能的情境，而在这种情境中，我所提及的那些可以为人们偏爱亲友提供后果主义式的辩护的那些因素并不适合，然而，根据日常道德，人们应当偏爱自己的亲友，或者至少偏爱亲友是可允许的。[32]尽管，我所关注的一直都是对这种反对意见作出回应，即后果主义确实会把道德上好的生活解释成不值得过的生活。我认为这一点是对后果主义的来自亲友的反对意见中真正让人烦忧的方面。后果主义者可能会承认与日常道德之间存在着矛盾，例如，后果主义者认为，日常道德要想为自己的核心特征提供一种基本原则那是非常困难的。[33]但是在我看来，后果主义者确实不会认为自己与值得过的生活之间存在什么冲突。否则那将会引入一种挑战，即他们有关应当做什么的概念与**人类**道德失去了关联。

[32] 我要感谢 David Lewis 和 Kim Sterelny，他们强烈地提醒了我这一事实。

[33] 如参见 Shelly Kagan, *The Limits of Morality*（Oxford：Oxford University Press, 1989）。

规则后果主义

规则后果主义[1]

布拉德·胡克　著　陈江进　译

　　假定接受规则就是具有某些欲望和倾向（desires and dispositions）。那么现在我们考虑以下这种理论，该理论认为，某种行为是道德上正当的，当且仅当它为一系列的欲望与倾向所要求，并且从无偏倚的角度来判断，这些欲望与倾向如果为每个人都持有的话就一定会导致好的后果。[2]由于缺乏一个更好的名称，我们最好称这种理论为倾向/规则—后果主义，或直接简称为规则—后果主义。这一理论有两个关键性的特征必须指出来。其一，这种理论评价任何特定行为的正当与错误，不是直接根据行为所产生的后果，而是**间接地**由每个人拥有一系列的欲望、倾向与规则所产生的后果来判定。[3]其二，它评价行为的正当性，不是根据**行动者本人**持有那些欲望、倾向与规则所产生的最好的总体后果，而是根据**每个人**持有它们所产生的最好的总体后果。[4]让我把如果每个人都持有就会产生最

---

　　[1]　文章的草稿得到了许多同仁书面上的批评指正，所以大家现在看到的这篇文章比它原来的面貌要好得多，他们分别是马其（Penelope Machie）、奥弗沃尔德（Mark Overvold）、沃伦提尼（Peter Vallentyne）、埃利斯（Anthony Ellis）、尼尔森（Mark Nelson）和布兰特（Richard Brandt）。我也要对以下人员表示诚挚的谢意，在与他们讨论文章中的一些观点过程中我受益匪浅，他们是：富克斯（Alan Fuchs）、格里芬（James Griffin）、黑尔（R. M. Hare）、克里斯波（Roger Crisp）、戴森豪斯（David Dyzenhaus）、米萨克（Cheryl Misak）、索依弗（Eldon Soifer）、罗宾森（Howard Robinson）、鲍尔丝（Madison Powers）和特里安诺斯基（Greg Trianosky）。至于文章所存在的缺点，全部由本人负责。

　　[2]　我不想对人类到底能持有哪些欲望与意向去做一些有争议的假定。我也不想在这里介入有关人性时至今日是如何成型的争论，更不想讨论通过基因工程来改善人性是否可取之类的问题。

　　[3]　所以规则—后果主义是一种间接后果主义。认为间接—后果主义不评价行为而只是评价例如动机、固定的意向、规则和社会实践之类的东西，这是错误的。间接—后果主义也是评价行为的。[请参阅 B. Williams，"A Critique of Utilitarianism"，in J. J. C. Smart，B. Williams（eds.），*Utilitarianism：For and Against*，Cambridge University Press，1973，p. 121]

　　[4]　参照亚当（R. M. Adam）关于"个体动机功利主义"与"普遍动机功利"之间的区分（"Motive Utilitarianism"，*Journal of philosophy*，1976，p. 480）与帕菲特（D. Parfit）关于"个体后果主义"与"集体后果主义"的区分（*Reasons and Persons*，Oxford：Clarendon Press，1984，pp. 30 - 31）。似乎这种论断在某种程度上是可疑的，即正当的行为是那种为一系列的欲望、意向与规则所要求，并且这些欲望、意向与规则如果为每个人都持有的话就一定导致最好的后果。我还将会回到这一点上来。

大总体后果的那一系列欲望、倾向与规则称之为**最优化**系列。

对于那些着迷于后果主义，但同时又需要某种至少与我们大多数直觉都符合的道德理论的人来说，规则—后果主义具有很大的吸引力。在本文的第 I 部分，我将通过表明规则—后果主义如何能避免其他后果主义理论所面临的主要反对意见，力图展现规则—后果主义的吸引力。然而，即使规则—后果主义的最佳形态不会碰到其他后果主义理论所面临的困境，但规则—后果主义也有其自身的问题，其中最大的一个困难就是所谓的部分服从的反对意见（partial compliance objection）。[5]在第 II 部分，我将考虑规则—后果主义如何回应部分服从的反对意见。最后，在第 III 部分我会探索规则—后果主义者是否会避免部分服从的反对意见，同时又可以使他们的理论不至于对个体提出不合理的、过于严格的要求。

I

对于功利主义，其中一个最为流行的批评意见是功利的人际比较是不可能的。我假定任何合理的规则—后果主义形态都具有功利主义的成分，那么它对于人际比较的批评意见就应当有某种回应。但考虑到这篇文章的目的，我将只是简单地假定通过某种可接受的方式做人际比较是可能的。[6]

另外一个针对行为功利主义的著名反对意见是，当利益与负担的不平等分配有助于产生更大的净福利的时候，如果你做平等的分配就是道德上所不允许的。[7]但是我们在不抛弃**行为**后果主义的前提下也有可能同化这一批评。因为，尽管只有那些产生最大后果的行为才是正当的行为，但是在对结果大小的排列上，我们不仅要考虑行为所包含的福利，

---

〔5〕 实际上，作为一名卓越的规则后果主义者，布兰特承认这个问题特别对间接形式的后果主义来说是最重要的一个问题。参阅他的 "Fairness to Indirect Optimific Theories in Ethics"，*Ethics*，1988，pp. 341 – 360.

〔6〕 正如后果主义者一直所指出的，最好是这么做，如果我们甚至能够与行善的常识义务相一致，如罗斯（W. D. Ross）的（关于这一点，请参阅 W. D. Ross，*The Right and the Good*，Oxford，Clarendon Press，1930，ch. 2）。至于最近对功利的人际比较所做的辩护，请参阅 James Griffin，*Well-being：Its Meaning*，*Measurement and Moral Importance*，Oxford，Clarendon Press，1986，part 2.

〔7〕 针对行为功利主义的一些直觉性反对意见的说明，请参阅谢弗勒（S. Scheffler）所编论文集《后果主义及其批评》的 "导言" 部分（Oxford：Oxford University Press，1988，pp. 1 – 13，esp. pp. 2 – 4）。

同时也要考虑福利分配的平等性或公平性。[8]

对行为后果主义还有一个著名的反驳就是，它从来不给义务性的、行动者相对的考虑以任何分量：也就是说，标准的行为后果主义会认为，有些行为，如伤害他人、忽视对与你有特殊关系的那些人你所应负的责任，只要这些行为能带来更好的总体后果，哪怕只是多一丁点，这些行为都被证明是正当的。[9]许多人肯定相信许多行为本来就是错误的，如谋杀、虐待他人以获取信息、诬陷无辜之人、偷窃、违诺、对与自己有特殊关系的人不能给予特殊的关照等，**即使这其中的任一行为从无偏倚的角度来判断的话，都能在某种程度上产生更好的后果**。为了辩护行为后果主义，这里我们要多说几句。[10]行为后果主义的辩护者们通常首先就指出，上面所提及的那些行为实际上很少能够产生最大的后果。他们认为人类由于自身的局限性与偏见，对于自己所面临的各种行为所能产生的预期后果不可能作出准确的计算。也就是说，我们不可能很快就获得充足的信息、时间与能力对利益与伤害作出无偏倚的衡量（例如，由于我们的偏见，通常只会看到行为对自己的益处，而低估它对他人所产生的伤害）。正因为这些原因，一种精致的行为后果主义会规定，我们必须在自己与他人身上教导与保持两种倾向，一种是坚决不能作出上面所提及的那些行为，另一种是要谴责那些作出上述行为的人。实际上，考虑到我们心理的局限性，行为后果主义应更赞同我们具有一些很深的道德倾向，有了这些倾向，我们就不会作出上面所讲的那些行为，即使在个别的情况下它们能够产生最好的后果。人们如果持有这些倾向就一定会产生最大善，这一系列的倾向在心理上是可能的。但是行为后果主义坚持认为正当的行为是那些能够产生最大总体善的行为（即使道德上善的那些人不会去做那些行为）。对行为后果主义所做的这种论断与我所提及的义务论的信念存在着尖锐的冲

〔8〕 T. M. Scanlon, "Rights, Goals, and Fairness", in S. Hampshire (ed.), *Public and Private Morality*, Cambridge：Cambridge University press, 1978, pp. 93 – 111, esp. part 2. 这篇文章后果重刊于谢弗勒所编论文集《后果主义及其批评》中。S. Scheffler, *The Rejection of Consequentialism*, Oxford：Clarendon Press, 1982, pp. 26 – 34, 70 – 79; D. Parfit, "Reasons and persons", p. 26.

〔9〕 当然，谢弗勒本人对那些认为义务性的考虑在最基本或首要的道德原则中应当起作用的观念提供了一个更有力的攻击。(*Rejection of Consequentialism*, ch. 4)

〔10〕 历史上已经有许多精彩的辩护，我将作出总结的是，H. Sidgwick, *The Methods of Ethics* 7th ed., London：Macmillan, 1907, pro. 4 ch. 3; R. M. Hare, *Moral Thinking*, Oxford, Clarendon Press, 1981, pp. 35 – 52, 130 – 159; D. Parfit, *Reasons and Persons*, pp. 27 – 28; P. Railton, "Alienation, Consequentialism, and Morality", *Philosophy and Public Affairs*, 1984, pp. 134 – 171, esp. pp. 153 – 154、157 – 159. （莱尔顿的论文也重印于 Scheffler 所编的论文集中）

突。[11]

然而，规则后果主义就不会作出这种有问题的论断。相反规则功利主义认为，个别的谋杀、虐待、违诺等行为，即使它们在有时候相比其他行为能产生更好的后果，那也是错误的。因为规则后果主义判断特殊行为的正当与错误，不是根据个别行为所产生的后果，而是根据它们是否符合一系列的较为一般的规则，如果所有人（或差不多所有人）都接受这些规则的话，一定会产生最好后果。[12]接受这些禁止谋杀、虐待与违诺等较为一般的规则，相比每个人接受允许这些行为的较为一般的规则来说，肯定会产生更好的后果。（如果根据倾向而非规则的话，人们可能更能清楚地看清这一点）

现在让我们考虑一下针对行为功利主义的另一个反驳，就是它提出了不合理的要求，根据它的解释，人们所应当思考的义务其实都是一些超出义务之外的自我牺牲。[13]为了更全面地评价这种反对意见，我们必须牢记以下三点：（1）金钱与其他物品通常都具有边

---

〔11〕 请参阅约翰逊（Conrad Johnson），"The Authority of the Moral Agent"，见谢弗勒的《后果主义及其批评》第 264 页。

〔12〕 所讨论的规则当然应当是"非常一般的"，因为如果这些规则是非常特殊的，规则后果主义就会很大程度上与行为后果主义是相同的。布兰特提到了这一问题（"Indirect Optimific Theories"，p. 347）。至于人们接受这些规则的普遍性程度是我下面所还要讨论的问题。

〔13〕 这种反对意见在许多地方得到了讨论。西季威克认识到功利主义相比常识道德而言，"似乎要求自利更全面地与无休止地屈从于共同善"（*Methods of Ethics*，p. 87，强调标记是我加的）。同时也请参阅第 492、499 页。有关这一反对意见的讨论还包括：K. Baier, *The Moral Point of View*, Ithaca：Cornell University Press，1958，pp. 203 – 204；Scheffler 的《后果主义及其批评》的"导言"，第 3 – 4 页；G. Harman, *The Nature of Morality*, New York：Oxford University Press，1977，pp. 157 – 162；F. Feldman, *Introductory Ethics*, Englewood Cliffs：Prentice-Hall，1978，ch. 4；布兰特，*A Theory of the Good and the Right*，Oxford：Clarendon Press，1979，第 276 页；霍斯珀斯（J. Hospers），*Human Conduct：Problems of Ethics*，第 2 版，New York：Harcourt Brace Jovanovich，1982，第 162 – 165 页；布罗克（D. Brock），"Utilitarianism and Aiding Others"，见米勒（H. Miller）和威廉斯（W. Williams）所编的 *The Limits of Utilitarianism*, Minneapolis，University of Minnesota Press，1982；Thomas Carson，"Utilitarianism and World Poverty"，见米勒和威廉斯所编的 *The Limits of Utilitarianism*；帕菲特，*Reasons and Persons*，第 30 – 31 页；威廉斯（B. Williams），*Ethics and the Limits of Philosophy*, Cambridge, Mass，Harvard University Press，1985，第 77 页。让我们看看下面来自于行为后果主义的辩护者莱尔顿的这样一段话：行为后果主义给个体在多大程度上带来了高要求或破坏这都只是以下事件的某种功能反应，例如世界的状态如何糟糕、其他人通常如何行为、存在哪些制度以及个体的行动能力有多大。如果财富能够得到更加平等的分配，如果政治体系具有更少的强制性而对公民的需求能有更多的回应，如果人们更容易接受特定的责任，那么个体每一天的生活就不会不断地为善的原因所破坏（p. 161）。所以行为后果主义认为，在真实的世界里，哪里财富得不到平等分配，哪里政治体系更具强制性、对公民的需求缺乏回应，哪里人们一般不易接受特定的责任，那么你的大多数行为就不会是道德上正当的，你的日常生活就会因为善的原因而不断受到破坏。避免行为后果主义不至于不断变成破坏性的一个主要路径就是大多数人应当为那些需要帮助的人作出牺牲。

际效用递减的特征；（2）例如，一美元在埃塞俄比亚相比在第一世界国家能买到更多的食品；（3）其他相对富有的人不会施与更多。我们必须承认，如果我们放弃自己大多数物品去做慈善事业的话，根据行为后果主义，这一定会导致功利最大化。当然，我必须把我的当前行为对我未来施与能力的影响也考虑进来。鉴于这一考虑，我保持适度的收入与财产对我是非常必要的，因为这使我的赚钱能力得到了延续，从而在我的一生中就能为他人作出更多的施与。[14]但是，如果假定我为自己保留的那些依然相当少，那么我们中的许多人会认为为了他人而要求我们作出这样的牺牲在**道德上是不合理的**。[15]这一思想与以下认识是一致的，即道德总是不时地要求为了他人作出重大的自我牺牲；它同时也不与以下论断相反对，即将自己的大部分个人所得给予那些最需要的人不仅是可允许的，也是非常值得高度赞扬的。但是我们大多数人都过于自信地认为，这种自我牺牲只是份外之责——也就是说，不是道德**要求**我们所要做的事。

我承认，仅仅因为一种道德理论的要求有些严格就反对这种理论，这多少是有些令人不快的。有人可能会认为，源于要求过高的这种反对意见只会对那些其自我利益笼罩了道德判断的那些人才有吸引力，也就是说只对那些在某种强烈要求帮助他人的同时会让自己蒙受很大损失的人才有吸引力。[16]但是在这些基础上就不接受这种反对意见也是不公平的——这么做就会发现这种反对意见是"联合犯罪"。而且，即使我们认识到这种要求过高的指责只对那些并不太高尚的人才有吸引力，但这种反对意见本身也具有相当大的力量。

我已经讨论了，行为功利主义要求我们为了他人要持续不断地作出牺牲，除非直到这种牺牲从长远上看会导致总体福利减少。现在让我们来思考另一个要求并不是太高的帮助

---

[14] 请参阅 P. Singer, *Practical Ethics*, Cambridge：Cambridge University Press, 1979, p. 163.

[15] 谢弗勒和内格尔（T. Nagel）已经为我们展现了道德理论家们对这种要求甚高的道德概念所作出的各种反应［谢弗勒，"Morality's Demands and their Limits"，*Journal of philosophy*，1986，第531 – 537页；内格尔，*The View of Nowhere*，New York，Oxford University Press，1986，第10章；格里芬，*Well-Being*，第127 – 162、195 – 206、246 – 251、302 – 307页；莱尔顿，第169 – 170页，注释42；布林克（D. Brink），"Utilitarian Morality and the Personal Point of View"，*Journal of Philosophy*，1986，第432 – 438页］。下面的比较特别重要。当面对被解释为要求极高的道德时，我们中许多人的反应都是反对对道德内容的这种解释。另一种反应则是接受对道德内容的这种解释，但是会限制道德的理性权威。尽管还有其他可能的反应，但我在这篇文章中所表达的观念则是，那种把道德的内容解释成提出了无情的要求的做法从根本上讲是错误的。这个注释后半部分的目的是使人们认识到并不是所有人都认为那看法是吸引人的。

[16] 请参阅 Carson, *Utilitarianism and World Poverty*, p. 243.

原则。这一原则要求，只要我们给他人的利益远远大于我们的牺牲，我们就要帮助他人。[17]即使这种要求不是太高的原则对于我们之中某些有多余资财的人来说也会是较高的要求：我们中的大多数人只有在达到这样一个临界点的时候才会牺牲自己的财富去帮助他人，即我们所作出的牺牲相比对他人所产生的利益来说不能过小。[18]确实，要求某人为缓解并非由其所引起的、陌生人的痛苦而牺牲自己的**大部分**财富是不合理的要求，特别是有许多人有能力帮助而没有这么做的时候。

实际上，规则后果主义的一个最显著的吸引人之处在于它——不同于行为后果主义和刚才所提及的那种更为中性的帮助原则——要求一定程度的自我牺牲并非不合理。[19]如果每一个相对富有的人贡献自己相对一部分收入来缓解饥饿，那就足以保证这个世界的温饱。其实，从每个人的财富中抽取十分之一可能就足够了。尽管这么做对我们大多数人来说可能都是相当困难的，但这种要求似乎也并非不合理。因此，规则后果主义能够避免要求过高的反驳意见。如果真是这样，它就避免了针对行为功利主义的所有主要的指责。

我的意思并不是要表明没有其他更有力的理由去发现规则后果主义是后果主义的最吸引人的形式。人们能够认为反思道德的本质能表明它可以作为某种公开的原则系统，我们可以求助于它来为我们彼此的行为进行辩护，规则后果主义能公正地对待这一洞见，当然这也不是说行为后果主义就不能公正地对待这一洞见。[20]或者人们会认为规则后果主义能够公正地对待"如果所有人都那么做又会如何"这一普遍问题的重要性，而行为后果

---

〔17〕 西季威克认为这一原则是"常识道德"的一部分，甚至"从广义上来讲，是无可置疑的"（*Methods*，第 348 – 349 页；同时请参阅第 253、261 页）。

〔18〕 这一论断与费希金（J. Fishkin）在 *Limits of Obligation*（New Haven：Yale University Press，1982）一书严格论证的一个核心观点比较相似，这本书含义深刻。同时请参阅内格尔的看法，他认为，考虑到现实的世界环境，不仅行为功利主义，就是任何含有非个人内容的道德都会提出贪婪的要求（*View from Nowhere*，第 102 页）。

〔19〕 请参阅帕菲特，*Reasons and Persons*，第 31 页。辛格，*Practical Ethics*，第 8 章，特别是第 180 – 181 页；费希金，*Limits of Obligation*，第 162 – 163 页。

〔20〕 有关"公开性条件"的文献可谓汗牛充栋。例如，请参见西季威克，*Methods*，第 489 – 490 页；拜尔，*Moral Point of View*，第 198 页；唐纳根（A. Donagan），"Is There a Credible Form of Utilitarianism?"，载于贝尔斯（M. Bayles）编撰的 *Contemporary Utilitarianism*，Gardem City，NY，Doubleday & Co.，1968，第 187 – 202、194 页；罗尔斯（J. Rawls），*A Theory of Justice*，Cambridge，Mass：Harvard University Press，1971，第 130 页的注释 5 及第 133、181、582 页；霍斯珀斯，*Human Conduct，Problems of Ethics*，New York：Harcourt Brace Jovanovich，Inc.，1972，第 314 – 315 页；布兰特，*Theory of the Good and the Right*，第 173 – 174 页；"Indirect Optimific Theories"，第 348 页；帕菲特，*Reasons and Persons*，第 17 部分；威廉斯，*Ethics and the Limits of Philosophy*，第 101 – 102、108 – 109 页。

主义却不能做到这一点。我的意思也不是要表明，反对行为后果主义这种过高要求的唯一方式就是与规则后果主义联合起来。[21]对于这些问题我不想在这里进行探讨。

II

什么是规则后果主义所面对的部分服从的反对意见？它指的是，如果有一种道德规则是世界上的每个人都能接受的，那么遵从这一规则就会带来最大化的后果，但在现实世界中，实际上往往只有一部分人会接受这一规则，所以遵从这一规则只能是（以布兰特的话说）"反效果的或无效用的"。[22]借用布兰特所引用的一个例子，假如所有人都按照一种没有种族偏见的方式来行为，那么一定会产生最佳的结果。但是同时也假定你被一群具有强烈种族偏见的人所包围。很容易想像，如果你在这些狂热的种族主义者面前以一种无种族偏见的方式来行为，后果一定会很糟糕。

根据最简单的规则后果主义的观点，最佳系列的规则、欲望与倾向指的是，如果每个人都绝对接受这些规则，拥有这些欲望和倾向，那么相比人们绝对接受其他规则、拥有其

---

〔21〕 一种不同的反应来自于谢弗勒，他提倡一种行动者相对性的优先权，相比对他人而言，给予自己的计划或承诺以更大的权重。请参阅他的 *Rejection of Consequentialism*。谢弗勒的理论仍然没有完全起作用，它所包含的困难异常严重，使得我们不敢从事于规则后果主义（关于这一点请参阅 S. Kagan，"Does Consequentialism Demand Too Much? Recent Work on the Limits of Obligation"，*Philosophy and Public Affairs*，1984，pp. 239–254，esp. p. 251）。另一个有趣的观点是，只要我们考虑到以下这一点，行为后果主义就会被证明并不是提出了不合理的要求，即正当与错误的每一个标准都可能对心理实在论的要求较为敏感，例如相比人性所能给予的限度，行为后果主义不能要求更多的自我牺牲。对于这一建议，我对格里芬深表感激，但是在这里我没有更多的篇幅来探讨它。

〔22〕 布兰特，"Fairness to Indirect Optimific Theories in Ethics"，第 357 页。同时请参阅他的 *Theory of the Good and the Right*，第 297–299 页，以及他的 "Problems of Contemporary Utilitarianism：Real and Alleged"，载于鲍伊（N. E. Bowie）所编 *Ethical Theory in the Last Quarter of the Twentieth Century*（Indianapolis：Hackett Publishing Co.，1983），第 99–102 页。我必须提到，在比较完全服从与部分服从时，我将通常会遵照日常的实践。但是，由于规则后果主义的最佳形式（包括布兰特的）都是关注"接受效用"（acceptance-utility）而非"服从效用"（compliance-utility），这一术语就不是非常准确。接受效用与服从效用之间的区分非常重要，因为所有人都接受某种规则（相应的也为它所激发）所导致的后果可以包括行为符合这一规则所产生的后果。关于这一点，请参阅威廉斯，"Critique of Utilitarianism"，第 119–130 页；亚当斯（Adams），"Motive Utilitarianism"，第 467–481 页，第 470 页；布拉克伯恩（S. Blackburn），"Errors and the Phenomenology of Value"，载于洪德里希（T. Honderich）所编的 *Morality and Objectivity*，*A Tribute to J. L. Mackie*，London，Routledge and Kegan Paul，1985，第 21 页，注释 12。

他欲望和倾向来说，产生的后果更佳。但是那么如何才能使反对以下看法成为合理的呢，即有些倾向如果**所有人**都拥有的话，它将会产生最大善，但却在并非**所有人**都拥有它的情境中就成了反效果的或无效用的？设想每个人都接受一定的规则或具有特定系列的倾向，但同时又有一些人不接受这一规则及不具有这些倾向，这很明显是不合逻辑的。布兰特对这一问题提供了一个简洁的解决方法：他把导致最优化的道德规则界定为这样一种规则，即如果它为"除那些其协定为关于道德问题情境的描述所排除人之外的所有人"都接受的话，一定会产生最大善。[23]

但是针对如何解释规则功利主义所面临的部分服从的反对意见，依然存在着许多问题。下面让我们考虑三种可能性：

(1) 这种反对意见可能是，在做某事时，你有时可能为某些规则所要求，而这些规则的出现会产生最大善，但由于其他人并不服从，从无偏倚的角度来看，最后产生的是**稍微**差一些后果。

(2) 也可能是，规则有时要求你去做某事，但由于其他人不服从，最后的结果可能是**对你有害的或不利的**，对那些不服从的人是有利的。

(3) 也可能是，规则有时要求你去做某事，但由于其他人不服从，那么最后从无偏倚的角度来看，产生的是**非常**糟糕的后果。

我认为，第一种解释可以排除。即使当打破规则能产生**稍微**多一些善，人们也不能这样去做，这一论断并**不是**反直觉的（除了那些坚持强硬路线的行为后果主义者）。[24]

那么让我们再考虑一下有关反对意见的第二种解释——也就是说，有时候由于其他人不服从，那么我服从这些简单的规则将对我是有害的而对那些不服从的人是有利的。如果认为这些简单的规则为在这些情况下提供了正当与错误的标准，这种看法就侵犯了我们的

---

[23] "Fairness to Indirect Optimific Theories in Ethics", pp. 342, 358.

[24] 请参阅罗斯有关这一问题的著名讨论，"The Right and the Good"，第 34 - 35 页。我在文本中所作出的论断不能被错误地解释成以下对规则后果主义的日常反驳的一个回应：考虑到规则后果主义认为遵循道德规则关键是在达到最优化，那么如果我们打破规则有助于达到最优化，却又反对我们这样做，这只能使得这种理论成为内在不一致的。我这里没有地方来详细探讨这一常见的反对意见，布兰特在"Fairness to Indirect Optimific Theories"（pp. 353 - 357）中接受了这一反对意见，对此我相信应有更有说服力的间接后果主义者的回应。我非常感谢埃利斯，他指出，我应当我在文本中讨论的观点与这种反对意见区别开来。

公平感。[25]但是至于规则后果主义者如何缓解这一反对意见，也是非常明显的：他们能够赞同在与那些不愿意服从规则的人打交道的过程中，拒绝遵从特定的规则并不是错误的。那些在部分服从的世界中也能产生最大善的道德规则自身可能就具有一些规定性，这些规定性能给那些在我们服从规则过程中受益的那些人也有动力去遵从那些道德规则。这些规定性会允许我们在与那些不愿意遵从规则的人在打交道的过程中忽略那些通常较为合适的规则。

反对意见的第三种解释似乎更有力量。如果规则后果主义认为，即使不遵守某些规则能够避免给他人带来**更糟糕**的后果，但我们还是要去遵守，那么这种理论就更加不可信了。（从现在开始，我将忽略对部分服从反对意见的前两种解释方式，后面我仅仅把第三种方式看成是对这种反对意见的解释。）现在，规则后果主义对这种反对意见是否能提出一个令人信服的解答呢？

布兰特明确地表达规则后果主义者所能作出的最为自然的回应。他指出，规则后果主义会规定我们具有一系列的道德动机，这些动机包括：

（1）与正常的、简单的道德规则相适应的一些长存的动机（例如，公平对待他人的长存的欲望，还有不伤害他人、不偷盗、不违诺、不说谎等长存的欲望）；

（2）那种避免大的伤害的长存的欲望；

（3）那种促进更广泛地接受最优化规则的长存的欲望。[26]

规则后果主义者有可能说，如果某种行为为这一系列的动机所反对的话，那么它就是

---

[25] 对于功利主义的同情者最近关于解决公平的尝试，请参阅格里芬，"Well-being"，第 10 章。

[26] 实际上这并不完全是布兰特所呈现出来的。他说，他的目标是要引导我们思考，在有关南非的那个例子中，行动者被狂热的种族主义者所监视，"平等待人的要求相比避免引起大的伤害来说可能更为脆弱，但是要求人们力所能及地改善事态的要求相比简单地屈从于大多数人所赞同的规则更有力量"（"Indirect Optimific Theories"，359）。这是非常令人困惑的，因为它表明最优化的道德规则可能包含了一种内在动机，也就是要屈从于大多数人所赞同的规则，而这可能是错误的。可以肯定的是，我们完全接受这种观念，即在现存规则的基础上力图作出道德改革相比完全推倒它们能取得更大的成功。（关于这种观念，请参阅西季威克，"Methods of Ethics"，第 467 – 471、473 – 476、480 – 484 页；格里芬，"Well-being"，第206、302 页；布兰特，"Theory of the Good and the Right"，第290 页，以及"Indirect Optimific Theories"，第350、356 – 357 页）但是认为在现有规则的基础上进行道德改革能取得更大成功并不就一定就意味人们也接受以下看法，即人们会激发起来去屈从于大多数人所接受道德规则。

道德上错误的。我将把这种对部分服从的反对意见的回应做如下归纳：在规则后果主义者们所赞同的规则中，一个特别强有力的要求就是人们应当避免大的伤害，如果在有些情境中，我们坚持规则只会导致更糟糕的后果，那么规则后果主义者就无须认为只有坚持（通常是最优化的）规则才是道德上正当的。[然而，为了本文的余下部分，我们将把重心放在上面的（1）和（2）上，不管（3）。这么做是因为，至少在许多情境中，无须那种促进更广泛地接受最优化规则的欲望之帮助，避免大的伤害的欲望也能在与一些简单规则相适应的动机的斗争中获胜。这些都是我将要重点关注的]

III

部分服从问题对规则后果主义构成了威胁，使得规则后果主义要求过高，然后不幸的是，为了应对部分服从问题，却需要某种避免伤害的强原则作为基础。假如存在帮助他人的各种可能的规则，每个相对富有的人都绝对接受其中某一规则就能产生最大善，这一规则要求每个人将自己十分之一的收入捐献出来以解决饥荒。假如我刚才就是这么做的。假如我们知道，作出捐献的大多数人并不符那一要求，那么我现在就力图要决定我是否应该多捐一些。依然有许多人在死亡线上挣扎，如果我能捐献更多的话，他们是能够被拯救的。我这么做因此就避免了对他人造成严重伤害。考虑到这些条件，布兰特的建议可能会是要求我捐献更多的收入。但即使我再多捐出十分之一，同样的问题依然存在，即如果我再多捐献一些的话，我还能挽救更多的人。所以只要我持续不断地捐献，那么更严重的伤害就能够避免。实际上，这只会使我的生活过得相当糟糕，甚至穷困潦倒，最后根本没有能力作出更多牺牲以使那么急需帮助的人脱离严重伤害。所以这种问题累累的规则似乎要求自我牺牲要有一个界限点。但是要求自我牺牲总要达到这个点似乎也是非常不合理的，特别是对那些已经在提供帮助但还没有达到这个点的那些人。[27]

所以我的论证可以像这样呈现出来。针对规则功利主义的部分服从的反对意见是非常重要的——毕竟我们都生活在一个不完全服从的世界里。但是通过引入一个人们应当避免大的伤害的强要求，规则后果主义就能在部分服从的反对意见中全身而退。这种做法虽使

---

〔27〕 在并不牵强的条件下，规则功利主义看成是义务性的那些行为其实都仅仅只是分外之责，请参阅唐纳根，"Is There a Credible Form of Utilitarianism?", pp. 194–196.

规则后果主义逃出了这一困境，但却又使它陷入一个新的困境之中。

规则后果主义者可能会作出何种回应呢？他们可能会说，为了避免大的伤害，最优化系列的规则和倾向**允许**我偏离某种给定的规则，但并**不要求**我这么做。当我们思考捐献以缓解饥荒的事例时，这种回应可能听起来很不错，但我们在思考其他部分服从的情境，即行动者的福利不起作用的情境时，我们就能看到这不是正确的。针对那些行动者的福利不起作用的情境能给出一种直觉上让人可以接受的回答，规则后果主义者可能会说，最优化的规则要求行动者不要去做导致大的伤害的事情。似乎规则后果主义者要达到这一点，最自然的方式就是认为，我们应当遵守那些如果所有人都服从就会达到最优化的那些规则，除非由于其他人的不服从，而我们服从那个规则只会导致大的伤害，所以在这些情境中，我们应当去做能避免伤害的事情。但是，正如我已经解释过的，这种回答会使得规则后果主义在像缓解饥荒这样的例子中一样总是提出很糟糕的要求。

这里有一个规则后果主义者可能会尝试的更为折中的回应。规则后果主义者会偏爱某些规则，这些规则的流行能产生最大善。在对所建议规则的成本效益评估过程中，有一个因素必须被计算进来，这就是我们所说的维持成本（maintenance costs），即保持人们对它的承诺以及将其教导给年轻人所耗费的成本。而且，许多规则后果主义者（布兰特是其中之一）认为，错误的行为是那些为这种道德规则所禁止的行为，这种规则如果在**具有自然偏见与局限性**的人们之间得以流行，它一定会产生最好的后果。[28]考虑到人自然所具有的自私性等，一种要求极高的道德**只有付出高昂代价**才能成功地教导给人们或在人们身上得以维持，这是非常真实的。[29]因此，将方方面面都考虑进去的话，某种要求不是太强的道德得以流行就会产生更好后果。也就是说，如果我们不考虑维持成本的话，那些要求不是太高的道德规则之盛行就能产生最大的整体善。

现在的问题是：即使我们把维持成本考虑进去，一系列最优化的规则会不会仍然只是不合理的要求呢？这很难确定。部分原因在于，我们每个人对什么是不合理的要求的感觉是很模糊的（尽管在本文的前面对有关要求过高的指责还较为明确）。但同样重要的是，

---

　　[28]　请参阅"Indirect Optimific Theories"，第346－347、349－350页；"Problems of Contemporary Utilitarianism"，第98页。同时也请参阅麦基（J. L. Mackie）的评论，他指出，在设计一种道德规则时，"我们要把人看成实际是什么样子，道德法则应当是什么样子"（*Ethics: Inventing Right and Wrong*，Harmondsworth: Penguin Books，1977，p. 133）。

　　[29]　即使它能教导给人们或在人们身上得以维持！正如布兰特在他的著作中所发现的，"义务规则所做的要求受到了每个人的自我利益要求的限制，也受到几乎在每个人身上都具有的特殊欲望与厌恶的限制"（p. 287）。

我们不能确定，帮助他人的规则之中，哪一种规则能为所有人都接受（除了那些在对有关问题情境说明过程中被排除掉的那些人）并能产生最大善。换句话说，我们不知道帮助他人的最优化规则的要求到底到什么程度。[30]合理要求与不合理要求的界限在哪里，最优化规则的要求要到什么程度，这些问题都需要进一步地探究。但是至少我们可以对规则后果主义者提出挑战，并表明，人们普遍接受帮助他人的规则相比普遍接受其他规则更能产生总体上更好的后果，而且这一点与我们对存在份外之责的**坚定**信念并不是冲突的。[31]

---

〔30〕 正如布兰特所承认的，"当我们力图以现实的方式来确实各种细节的话，最优化的间接理论就会陷入混乱"（"Indirect Optimific Theories"，p. 360）。

〔31〕 阿瑟（J. Arther），"Equality, Entitlements, and the Distribution of Income"，载于奥伦（J. Olen）和巴利（V. Barry）所编的 *Applying Ethics*，Belmont, CA, Waadsworth Inc.，1989，pp. 362 – 372.

布兰特的 *Theory of the Good and the Right* 这本书包含了对以下这种观念的有力批评，即我们对道德理论的评判要依据其多大程度上与我们的直觉是相符合的（参见其大作第 1 章第 3 部分的引文）。同时也请参阅 N. Daniels，"Can Cognitive Psychotherapy Reconcile Reason and Desire?"，*Ethics*，1983，pp. 772 – 785，esp. pp. 778 – 781. 我个人的看法是，我们必须留意西季威克的警告："任何强烈的情感，哪怕是完全主观的，都倾向于让自己具有直觉的假象，这一点几乎是无可辩驳的。"（*Methods*，p. 339）所以深思熟虑的判断在对道德理论的评判中仍然发挥着合法的作用。

精致的规则后果主义：

一些简单的非议

理查德·阿尼森　著　陈江进　译

　　规则后果主义在哲学家当中的流行性时兴时衰。更多的是呈现衰落状态，至少最近是如此。半个世纪之前，有一种观念在许多学者的著作中变成了认真分析的对象，如斯马特（J. J. Smart）、罗尔斯（John Rawls）、莱昂斯（David Lyons）、布兰特（Richard Brandt）、黑尔（Richard Hare）以及其他人，这种观念认为，应当号召大家忠诚的道德就是理想规则（the ideal code of rules），因为如果这些规则得到所有人的接受就会产生最好的后果。[1]他们思考了规则后果主义的功利主义版本，却发现这种观点中所存在的缺陷，同样也适用于那种广义上的后果主义学说。在一些人的眼中，这些缺陷是决定性的。

　　胡克（Brad Hooker）写了一本非常卓越的著作动摇了这种自以为是的一致性的看法。[2]在过去的几年时间里，他不断地为一种规则后果主义作出有力的辩护，这种版本的规则后果主义并没有明显地屈服于那些通常被认为是针对规则后果主义的致命的批评意见。他认识到自己从布兰特那里获得不少知识。但是他避免了在布兰特努力把道德设想成理想规则过程中所存在的一些累赘。特别是，布兰特想从某种形式的契约主义背后的承诺中派生出某种形式的规则功利主义，而胡克避免了这种误导性的尝试。而且，胡克致力于清楚地、详细地表达一种规则后果主义，以使人们能明白，这种理论的各个不同部分如何能彼此一致，这种理论的最佳版本如何遭遇到表达上的许多不连续的选择，以及如何在每一个这些决策点上作出最好的选择。

　　胡克正确地提醒了我们，如果规则后果主义目前尚不确定是否是一种道德理论，那么

---

　　[1]　参阅罗尔斯（1955）、斯马特（1956）、布兰特（1963，1967，1979）、莱昂斯（1965）与黑尔（1981）。

　　[2]　那里的引用都来自胡克（2000）的更早的著作。本文其他地方对这本著作的参考都将只在括弧内给出页码。

根据适合于道德理论的标准，它应当被看成一种道德理论。根据胡克的看法，这些标准如下：一种道德理论必须发展关于道德的前理论的（pretheoretical）直觉；必须是内在一致的；必须与我们理想的反思平衡中慎思的道德判断相一致；必须"确定一个基本的道德原则，它能解释为什么我们许多特殊的慎思的道德信念是正确的，以及能从一种无偏倚的观点出发为它们辩护"（p.4）；必须为解决矛盾的、摇摆不定的问题提供指导。

我们把这种不易受三个标准的反对意见伤害的规则后果主义称为"精致的规则后果主义"（sophisticated rule consequentialism）。这三个标准的反对意见是：（1）规则后果主义有规则崇拜之过；（2）贬义地讲，规则后果主义是乌托邦；（3）规则后果主义或者退化成行为后果主义，或者（如果解释成可以避免退化的话）是明显不合理的。[3]规则崇拜的反对意见是指，尽管规则后果主义声称要把道德与产生最好后果结合起来，但这种理论在关键时刻会提倡遵守规则，哪怕这样做产生的只是次优化的结果。说它是乌托邦的这种反对意见，指的是它被认为是规则崇拜的情况中最坏的一类。规则后果主义认为，如果所有人都接受（或遵守）规则，那么人们应当遵守它，这将导致最好的后果，但是这一规则似乎教导人们，即使当其他人并不接受（或遵守）理想规则时，人们也应当遵守规则。退化论证认为，对于规则后果主义的任何一种阐释来说，它所命令的行为与行为后果主义所命令的行为是不同的，但可能存在一种可供选择的后果主义的准则，它与行为后果主义之间不存在人们公认的冲突，只是从规则后果主义的立场来看，它可能更为优越。[4]如果不是这样，对规则后果主义来说就更加糟糕了。

这三种反对意见正如人们通常所认为的都预设了规则后果主义的首要义务是要将好的后果最大化或者把好的后果最大化作为目标。胡克反对这一预设。他发现，根据他对规则后果主义的理解，规则应当根据它为人们普遍接受所产生的后果来进行评判，行为根据它是否符合这些规则来进行评判，这种理论本身则要按照它总体上是否与我们在反思平衡中

---

〔3〕 行为后果主义认为，人们应当总是去做的行为相比人们可能会选择的其他任何行为相比，所产生的结果不会更糟糕。

〔4〕 追随布兰特，胡克根据那种如果得到普遍接受就会产生最好后果的规则来表述规则后果主义，而不是普遍符合就会产生最好后果的规则。在对普遍接受所产生的功利的计算中，他把教导每一个新一代的人接受规则所产生的功利与损失都计算在内。那么规则应当是简单的、可学习的。这一变动使得规则后果主义所产生的有关行为的含义与行动后果主义完全不一样，所以退化担忧也就不存在了。[关于退化的反对意见，参阅（莱昂斯，1965）]我顺便指出，如果在普遍符合所产生的功利计算中，人们把教导每一个新一代的人符合这些所提议的规则所产生的功利与损失都计算在内，那么普遍符合的检验也可以作为行为后果主义的一个不同的替代者清楚地出现。

经过慎思的判断相符合来加以评判。他所做的这些发展是非常机智狡猾的。

胡克精心设计了一种精致的规则后果主义，并论证说它作为一种道德理论要优越于其对手。概括地说，其观点如下：精致的规则后果主义能胜过行为后果主义，因为后者关于我们应当如何行为的看法与我们深入思考的道德判断是相冲突的。精致的规则后果义也能胜过罗斯式的直觉主义义务论，因为在避免我们慎思的道德判断发生冲突的方面，它比直觉主义表现得要好，而且它还能提供一种原则对我们慎思的特殊的道德判断进行解释与辩护，而直觉主义最终只能把道德表达成大量毫无关联的判断的混杂物，这些判断都只是孤立地看我们才有可能支持的。顺便我们也指出，精致的规则后果主义也证明自身优越于绝对的义务论，这种理论认为有许多事是我们绝对必须去做的，不管后果如何。这些作为对手的理论违背了许多我们通常强烈持有的道德信念。精致的规则后果主义揭示了自身要比这些道德理论更为优越，至少有资格要求得到进一步的探讨并要求人们以敬重的态度进行思考。

胡克为这种规则后果主义辩护说："如果有些规则能在几乎每一代的所有人心中得以内化，并由此产生预期福利价值的最大化（至少比最糟糕的情况要好），那么为其所禁止的行为就是错误的。对规则的预期价值的计算包括了使规则内化所付出的代价。根据预期的价值，如果有两个或以上的规则要比其他的更好，但是彼此之间却难分伯仲，那么最接近于日常道德的那一个就决定了行为正当与否。"[5]（p. 32）

避免灾难

精致的规则后果主义者理解乌托邦主义的担忧。这种担忧就是，规则后果主义把人们此时此地应当遵守的规则等同于那种只要几乎所有人都教导与接受它们就会产生最大的合理预期的后果的规则。这意味着，规则后果主义把此时此地道德上应当去做的事等同于遵守规则，而这些规则在反事实的情境中也能很好地发生作用。在行动者面对的实际情境中，可能是没有人或不是所有人都遵守这些理想规则，行动者此时此地遵守它们所产生的

---

〔5〕 在我的讨论中，这种标准的表述之中的一些细节并没有什么作用。特别是，我将在以下两者之间并不作出区分，一者是说一种为能产生最好的**预期**后果的规则所禁止的是错误的，另一个是说一种为能产生最好的**实际**后果的规则所禁止的行为可能是错误的。在这一讨论中，我有时认为胡克倾向于后一种表达。就我而言，我认为这种差别对我所坚持的任何论证都不重要。

结果可以是任何一种情况——好的、坏的或令人讨厌的。精致的规则后果主义对这种担忧有精致的回应。不幸的是，这些回应并不成功。

一种策略就是坚持认为，理想规则必须包含一种后果主义的附加条件，就是"首要的是，避免灾难"。这就是说，如果遵守这一系列的规则（除了避免灾难的规则自身）的话，就可以合理地期望能避免出现灾难性的后果，人们应当选择那种能避免迫在眉睫的灾难的行为。"首要的"表明了这一规则能胜过与其相冲突的其他规则，后者在行动者所处的环境中会导致灾难。

为了看清针对乌托邦担忧的回应所存在的不充分性，让我们考虑以下情况，在行动者所面对的许多判定问题中，遵守理想规则会导致了日益临近的灾难或与日益临近的灾难靠近的坏后果。在我看来，这一问题的出现很大程度上与规则后果主义者如何理解"灾难"这一模糊概念没有什么关联。[6]无论人们在哪里划出灾难的界线，问题都会出现，当遵守理想规则会导致接近于灾难的坏的后果时，应当如何做？这种含有适当的能避免灾难的规则系列的精致的规则后果主义会认为，道德行动者应当坚持并遵守理想规则，最后产生可预期的坏的后果。行为后果主义者会说，精致的规则后果主义在这里揭示了自身所具有规则崇拜之过，批评者们所断定的那种更差劲的迷信式的规则崇拜是一些简单的规则后果主义背后所存在的规范动机。如果遵守理想规则，即使在这样做的时候会导致灾难，就是不合理的、道德上错误的，为什么我们就不能同意遵守精致的理想规则，即使在这样做的时候会导致日益临近的灾难，也是不合理的、道德上错误的呢？

精致的规则后果主义者还有进一步的回应。这些回应被认为会对我们前面的论证所得出的结论会形成一定的阻碍。

一种回应是，要紧紧坚持理想规则，即使这样做并不能在那些与日常道德判断相一致的情境中产生最好的后果。实际上，行为后果主义的批评者们已提出，后果主义允许甚至要求与重要的道德规则相反的方式行为，仅仅因为这样做在行动者的实际环境中会产生更好的后果。根据日常道德，讲真话、恪守承诺与通常符合重要的道德规则这样的道德责任会对讲道德的、有良心的行动者的行动会形成一定的约束，即使说谎、违诺或类似的行为相比坚守这些规则会产生更多的善。如果精致的规则后果主义在这一点上与日常道德是一致的，这是支持规则后果主义的一个证据，而并非对它的一种激烈批评。

---

〔6〕　灾难的临界点设定得越低，胡克的精致的规则后果主义与行为后果主义在实践上的分歧就越少。在此限度内，人们可能把那种产生最差结果的行为看成是那种导致灾难的行为。胡克很明显不想采取这一路径。

这种回应是失败的。问题在于，精致的规则后果主义者的立场并不意味着它对行为所做的建议与日常道德的建议是一致的，所以即使我们有理由接受后者，我们也依然有好的、充足的理由拒绝前者。这里我并不是说赞同日常道德的立场，这种理论我认为它与罗斯的直觉主义伦理学大致是一样的。我想表达的是，在这个问题上同意日常道德并不能产生支持规则后果主义的理由。这是因为，带有避免灾难成分的精致的规则后果主义告诉我们要遵守理想规则，而日常道德可能会反对这一结论。

让我们考虑如下情境，理想规则或者至少其中一部分规则在这种场合存在着一些问题，即事实上它们并不能为大多数人所接受或遵守。请考虑一种规则如果能为所有人或几乎所有人遵守就能产生理想的后果，否则不能产生好的后果。这里有一个简单的例子：在战争中，那些为正义的理由而战的士兵们在战斗时都应当坚守自己的岗位，否则会寡不敌众，以至于坚固的防御工事都是没有用的。假如这一规则如果差不多为所有人遵守就会产生理想的结果。但是在具体的一场战斗中，这一规则事实上并不可能内化到所有那些为正义理由而战的战士的心中。在敌人的攻击之下，你的大多数战友都逃跑了。你可以遵守理想规则，战斗到最后一刻，或者也逃走而待日后再战。遵守规则的后果即使不是灾难性的，但肯定也是非常不利的。你会战死，即使运气全在你这边，你也是所获甚少。[7]你应该如何做呢？日常道德认为，对那些假定为有用的规则所承担的责任是与其他人在此时此地实际遵守它的程度是相关的，因此，日常道德一定会告诉人们逃跑并待日后再战。而规则后果主义，即使是附带有避免灾难这一条件的精致的规则后果主义也会认为人们应当坚持战斗直到牺牲。精致的规则后果主义这就非常糟糕了。更往坏的一点说，它被揭示为不切实际的。

修正的规则后果主义到了穷途末路吗？

再思考一下我们已经讨论过的那种规则后果主义的含义。我们设想它可以应用于理想规则并非实际上为社会中的大多数人所接受的情境，如果说只有所有人都接受理想规则，

---

〔7〕我关于这一简单例子的描述引出了一种回应，个体的死亡会界定为一种灾难，并触发避免灾难的规则。如果那种回应有一定的吸引力，请设想在这些情境中坚持遵守通常有用的规则所产生的预期的获益与损失之间比较后的结果可能是有坏的，但还不足以说是灾难性的。假如坚守岗位给那位坚毅的士兵带来严重的身体伤害，而对能受其影响的军事目标而言所产生的预期收益是非常小的。

好的后果才会产生，那么不管行动者在任何仔细研究过的特殊的选择情境下做什么，无论如何好的后果都不会出现。我们假定行动者可能按照理想规则行为，但在非理想的条件下这样做并没有好处。我们进一步假定，如果行动者在这一场合会遵守理想规则，那么结果对她或其他可能会受到影响的人来说会很糟糕，但并非糟糕到以至于达到灾难的临界点，而触发避免灾难的规则（因为现在我们同意这种规则包含在理想规则之中）。在目前我们描述的例子中，对于行动者所思考的行为，除了说它符合理想规则外，我们并没有说什么，它为几乎所有地方的所有人内化所产生的后果至少与内化其他可能的规则所产生的后果一样好。还有一些并非为理想规则所采纳的行为，行动者也可以去做，相比遵守理想规则所产生的结果，它们对行动者或其他人也会有好处。

尽管几乎所有人都接受被认为是理想的规则，应注意到精致的规则后果主义能处理这样的情境，即绝大多数人，或者甚至几乎所有人实际上都会在某些（类型的）场合违背理想规则。行动者接受某种规则与实际上有时不能符合它的要求是相容的。因此，理想规则能够包含与这种不服从相关的规则。同时，与几乎所有人接受其他备选的规则这一假设相一致的是，有些人并不接受理想规则，而且这种理想规则应当包含这些规则，它们被设计出来是为了指导人们的行为以回应这种不接受的情况。

有问题的场合是指许多人或大多数人实际上并不接受理想规则的那些场合，尽管几乎普遍地接受它会产生最好的后果，所以行动者在这些情境中遵守规则将会导致次优化的后果，甚至是很大的次优化后果。

假设精致的规则后果主义者通过增加高阶规则来回应这一困难。修正后的表达形式如下：如果一种行为为那种如果得到普遍接受就会产生最好后果的规则所禁止，那么它就是错误的，除非这一规则并不是为人们所普遍接受的，在那种情况下（如在一阶规则并没有被普遍接受的情境中）人们应当遵守那种得到普遍接受就会产生最好后果的规则。原则上，人们可以增加一些高阶规则来处理在前一层次上不接受（nonacceptance）的问题。

在理想规则不被人们普遍接受的情境中，它所建议的行为也就不具有合理性，然而通过为理想规则增加一个为这种情境特制的二阶规则也是困难重重。困难就是，为不接受的情境构建一个规则，如果它为几乎所有地方的所有人都接受就会产生好的后果，但它并非人们所需要的规则。我们为在特殊情境中遵守理想规则所产生的坏的后果而担忧。如果包含着针对这种情境的条款的规则与那种修正的规则是几乎所有地方的所有人都能接受的，那么何种规则才是理想的这一点并不是关键问题。为了明白这一点，请注意，情况可能是，如果几乎所有地方的所有人为了这种偶然性都接受这一理想规则，那么处理这种不接受问题的理想规则将会产生好的后果，可用战场逃亡为例。这个简单的例子表明了这一点：当其他人在战争中都逃跑，自己独自坚守岗位也并不会产生好的后果，此人是否也应当逃跑？那种用以说明这种情况的规则只有当它几乎为所有地方的所有人都接受时才会产生最好的后果，所以这种规则只有在凭借假定它获得普遍接受的情况下才会产生这样的结果。我们可以设想，当逃跑很普遍的时候，假如最后一个本应逃跑的人却坚守自己的岗位，这种广为流传的光辉形象使那些潜在的逃跑者和少量忠诚的士兵都感到羞愧，最后对军队士气与战场效率都带来了很大的积极后果。所以针对这种普遍逃跑情形的理想规则是：逃离岗位的最后一人应当坚守岗位。现在让我们设想把这一规则应用到战场中去，如果我们小组其他人都已经逃了，我是最后一个要逃跑的人。如果我坚守自己的岗位，只会让我落入敌手而立刻毙命，因为最后一人在任何地方都要紧握战旗光荣地战死事实上并没有成为一种普遍的实践。尽管如此，根据能处理在理想情况中的不服从问题的精致的规则后果主义，我肯定会被教导坚守岗位，而且道德上也要求我这么去做。

我的结论是，通过提出一系列的理想规则来回应乌托邦主义的反对意见，这种策略是不成功的，即在这一系列的理想规则中，通过假定在前一层次上的规则并不为大多数人所接受，每一个层次都能超过第一个层次（如果每个人都接受它们，请考虑何种规则对那种情境是理想的）。反例也持续存在。规则后果主义者所设计的问题并不只是人们力图决定什么是道德上最好的行为的问题。在给定的情境中人们应当如何行为依赖于他所能完成的其他行为的后果与质量。一种理想规则针对这一情境将会做何规定并不是重要的问题，当然，什么样的规则才是理想的，这只是在规则如果几乎为所有人接受就会产生最好后果这种意义上说的。

这一点并非假定任何一种后果主义都是正确的。义务论可能是正确的。人们可能具有自然权利，做侵犯权利的事比允许侵犯权利更糟糕，将侵犯权利作为目标或达到目标的手段相比对权利的侵犯并非有意为之也更糟糕。这些基本的自然权利可能是由理想的反思考察之后的直觉和在理想的慎思限度内的反思平衡所确定的。事实可能确实是这样。当人们力图弄清它的含义时，这种观念事实上根本没有任何意义，此观念认为，人们在此时此地应当如何做是由对以下问题的回答所确实的，这个问题可以针对任何一种行为，它就是，如果所有人都做同样的行为，或者如果所有人都将理想规则进行内化，且这些理想规则包括了那种能说明针对这种情况的其他行为的规则，那么将会怎样呢？

然而，正如胡克精心设计的精致的规则后果主义与我们已经思考并反对的那种反复申述的（iterated）规则后果主义是不一样的。胡克提出了两个附加规则，这两个规则都包含在理想规则中，提出它们是为了处理乌托邦主义的问题，即当其他人不接受或不遵守理想规则时，简单的规则后果主义所指导的行为的含义具有不合理性。一个规则就是"避免灾难"，第二个规则粗略地讲，就是"在理想规则并没有得到普遍接受的情况下，如果按照理想规则行为对自己或他人就会是不公平的，那么就去做公平的事"〔8〕。我将把这些规则称为避免灾难与公平。

在我看来，这些规则都已经越轨了，坚持这些规则的人都不是真正的规则后果主义者。〔9〕我所承认的规则后果主义者应有的观点，我称为"反复申述的规则后果主义"。这种版本为理论增加更深入的层次——有些规则（如果为几乎所有地方的所有人都接受的话，就会产生最好的后果）能够处理那种在第一层次上得到详细说明的理想规则没有得到普遍接受的情境，类似的规则能够处理在第二层次上得到详细说明的理想规则没有得到普遍接受的情境。我认为反复申述的策略是不成功的，因为有各种反例能表明简单的第一层次的理论的不合理性，而这些反例可以在每一个较高层次上进行复制。规则后果主义的假设推定（what-if）的特征会引发这样一种情况，即这种理论所提出的问题，无论它定位在何种层次上，都与如下问题没有紧密的关联，也就是为道德理由所挑选的行为总的看来也就是行动者在她的实际情境中应当去做的行为。

胡克的规则后果主义放弃了这种观念，即在最好的理想规则不被接受的情况下，要做的就是问一个限制性的问题，就是如果能被几乎所有地方的所有人都接受，什么样的规则会产生最好的后果。如果不是不接受的情境，那么人们应当公平地行为。而且，在任何条件下，不管实际接受的水平如何，如果遵守理想规则会导致灾难，那么人们就应当采取可避免灾难的其他行为。这种版本的规则后果主义是一种混合物或者说是一种妥协。请只考虑公平的成分。如果进行重新表达的话，它认为，当理想规则不被普遍接受，遵守它对自己或他人都是不公平的时候，人们就应当公平地行为。

这种混合是不稳定的。为了看清这一点，请注意以下问题，不论人们如何精心地设计独立的公平法则，尽管它在这里能起一定的作用，但问题都会出现，即为什么公平地对待所有人所具有的价值不是在全面决定何谓道德正当与错误、道德上允许与不允许时发挥作

---

〔8〕 关于避免灾难，参阅胡克（pp. 98 – 99）。关于公平，参阅胡克（pp. 121 – 125）。

〔9〕 值得强调的是，胡克的立场能否恰当地称之为"规则后果主义"的问题只是术语之争，而无实质意义。如果对通常所认为的规则后果主义做些发展与修正，总的来看，就可以认为它能够为人们合理地接受，至于我们是否称这种理论是"规则的后果主义"还是"带星号的规则后果主义"或是其他什么东西都是不重要的。

用的价值。如果公平并非道德上非常重要的非后果主义的价值，我就不明白它的命令如何能被限定到普遍不接受的条件上。我们正在肯定的是某种形式的多元直觉主义，而并非任何规则后果主义。

在胡克的文本中也有一些暗示，表明他会拒斥自己所建议的版本，也是我刚才所讨论过的，这种版本使它的理论完全超出了规则后果主义的范围。相反，他会说，他所引入的避免灾难与追求公平的规则实际上是通过在第二层次上质询基本的规则后果主义的问题而挑选出来的：假设在第一层次的理想规则不为人们普遍服从的条件下，我们通过征求第二层次的规则而产生最好的后果，那么什么样的规则如果为几乎所有地方的所有人所接受就会产生最好后果呢？但是这种解释又把他的立场推回到我所说的"反复申述的规则后果主义"，并使得它易受这一理论所面对的那些致命的批评意见的伤害。

精致的规则后果主义在主场

精致的规则后果主义者认识到，在部分或普遍不接受的情况中，她所偏爱的规则后果主义形式会出现一些问题。可能就这些松散的目的而言，规则后果主义应当看作为发展中的一种研究计划或工作。但是她对某种形式的规则后果主义能为如下问题提出正确的答案完全充满了信心：当我们设想的是在理想规则被几乎所有地方的所有人都接受的世界中的行动者的行动选择时，应当如何生活？这种自信是否能得到证明呢？

在每一种情况下决定何谓正当与错误的理想规则被认为是如果能被几乎所有地方的所有人都接受就会产生好的后果的系列规则。这是规则后果主义者的建议。决定哪些规则是理想的必须考虑到人们在决定如何做的时候对相关事实的有限知识，人们运用有用信息、认识对他们应当思考的行为赞成与反对的理由的有限的认知能力，他们的力量，还有他们对偏私动机的深层的、根深蒂固的倾向，这种动机偏爱自己胜过其他朋友，偏爱家人胜过他人，更一般讲就是偏爱与自己更近更亲的人胜过陌生人。因此，规则应当是较为简单并能容纳人们偏私的动机。根据胡克的看法，理想规则在每个人都接受规则所产生的后果与教导人们实际上去接受这些规则所付出的损失之间表现了一种最佳的折中方案。他建议，为了计算后一种损失，对每一种规则来说重要的问题就是，从每一代的起跑线开始教导每一个新一代的人使他们都能接受规则会产生多少损失。

现在我们设想这种理想规则适得其所，社会也在这些基础上兴旺发达。我认为，类似的行为后果主义的考虑破坏了这种观念，即在一个社会中确立的理想规则是正当与错误的理论决定者。一种规则要想成为最便利的，它必须非常简单并不承载过多的额外条款。这意味着有些情况可以出现，这就是如果行动者遵守理想规则，她就将放弃易获得的好的后果。她作出承诺，但最后却被证明，对行动者在所处的实际环境中可获得的最好后果的无偏私的计算将会表明违诺相比守诺将会产生总体上更好的后果。假如守诺不会导致灾难并因此而触发避免灾难的规则，规则后果主义就必须规定，尽管在好的后果中必定有损失，理想规则也应当被遵守。

胡克坦承并没有为这些例子所困扰。实际上，他对它们表示欢迎。他的思想是，日常道德（思考具体的罗斯式的直觉主义）认为，即使违诺能获得适度增长的好的后果，守诺的义务也具有压倒性。对其他日常道德规则也是一样的。那种精致的规则后果主义对于那种情况会产生如下判断，与常识判断一致是对这种理论的信任而非不信任。

这一回应是不合适的。如果有人不同意行为后果主义所产生的判断，他会认为，在个体的行动引起好与坏的方式上的义务论的区别将直接影响关于何种行为是道德上正当与应当去做的道德判断。但是如果做/允许（do/allow）、有意/预见（intended/foreseen）的区别本身就具有道德上的重要性，那么就没有哪一种后果主义是正确的。接受如下论断将会对规则后果主义者计划的核心形成沉重打击，即这些义务论的区别在道德上很重要，必须整合进对基本的道德原则的正确表达中去。

精致的规则后果主义者其目标是为了满足针对有关情境的义务论的与常识的道德判断，在这些情境中，不会在关于基本原则的表述中给予义务论的与常识的因素以任何地位。我们应当改变规则后果主义表达的详细特征，以至于在现实的以及类似的情况下，它会产生关于在特殊情况下应当如何做的意见，这些意见满足了非后果主义的常识判断，这种观念是胡克公开表示赞同的，但在我看来，它只一种站不住脚的混合性的策略。或者我们努力去适应的义务论的与其他常识的判断应当被接受，在这种情况下，对它们的反思应当直接进入到基本原则的表达中去，或者它们应当遭到拒绝或不接受，作为一种我们易于理解的谬误通过解释而消除掉。但是在后一种情况下，义务论的直觉对我们接受直接的、过时的行为后果主义并没有形成障碍。

但是，如果规则后果主义带有死板的规则，只倾向于提倡与日常道德相一致的行为，而非与行为后果主义相一致的行为，它认为按与日常道德规则相反的方式行为将是有利的，那么这种一致性似乎就是表面上的——仅仅建立在偶然的事实之上。但是如果我们修正规则后果主义的准确表达将会导致它同意许多情境下的义务论的判断，为什么就不能公开地承认义务论的与常识的直觉主义因素直接进入了我们的道德原则呢？

我并不坚持认为，道德理论中的一切都应当整合进规范行为的第一层次的原则中去。一种理论可能包含了附加层次的原则，它详细说明了谴责与赞扬的规则，也可能是包含了能为其他层次上的原则进行解释与辩护的基本原则。一种道德理论可能具有许多层次。我的观点是，这些层次必须是内在一致的。在一个层次上自身就具有道德重要性的考虑不能在其他层次上受到破坏或完全消失。胡克所讲的那些层次并不是内在一致的。他的一阶原则表达了义务论的信念，他关于规则后果主义标准的表达明显受到这些考虑的改变，但是这些信念完全没有在基础层次得到表达，在这种基础层次上，规则只根据如果它们得到普遍接受就一定会产生的结果来进行评判。

看一个有关变量的例子，精致的规则后果主义者对其价值的选择主要着眼于增加规则后果主义与有关道德正当与错误的非后果主义的义务论的直觉相一致的程度，这种变量就是那些接受理想规则的人数比例。规则后果主义可能会认为，行为的正当与错误是由理想规则所确定的，这些规则如果为几乎所有地方的所有人都接受就会产生最好的后果。那种要求所有人都将理想规则进行内化的要求实在太强了。第一，这种规定似乎是从对道德规则的几乎完全不服从中提炼出来的，也排除了拥有道德规则以处理那些坚定的反社会的破坏道德规则者。第二，教育那些难以社会化的人可能代价巨大。由于不可避免的基因遗传以及早年不幸的社会生活环境，任何社会中都有一小部分人长大后对道德规则有一种深深的厌恶，所以这种教导与社会化的计划所要付出的代价将会导致要每个人都把理想规则进行内化确实是成本过高。更糟糕的是，这些代价将会施加压力以至于要把那些最反社会的人最反对的理想规则都处理掉。所以如果有人想修改规则后果主义的表达，使得它对行动者应当如何做的看法与在相似情况下罗斯式的直觉主义关于日常道德规则的看法相一致，那么他就希望能将内化规则的人数比例往下调，以防止限制说谎或守诺脱离规则。另一方面，当有人在下调比例时候，他又要避免比例降得太低，以至于教导人们去接受与严格的行为后果主义的要求相接近的较强的利他主义的义务会变得较为有效。这两种压力之间的平衡是否确实能产生出一种规则后果主义，它允许不去做那种会产生最好后果的行为，并要求一些限制以反对后果主义的最大化的性质，这种性质会打破人们所持有的道德规则，我将假定这个问题是一个开放性的问题，最终也只是一个经验问题。但是我将对这一胡言乱语中的基本原则提出质疑。如果有人相信后果主义是错的，因为它不符合那种关于道德限制与道德选择的道德，为什么不能直接把这些限制与选择整合进对基本的道德原则的表达中去呢？

我所做的论证从形式上看是一种假言性质的。如果有人相信有一种恰当的道德包含了这些限制与选择，那么他就会接受关于限制与选择的道德，而不是对间接后果主义做一些微调，使它最终能模仿关于限制与选择的道德。[10]

公开性

行为后果主义赞同以下可能性，即好的后果的最大化可以通过向精英提倡后果主义与向大众提倡更简单的宗教命令式的道德或原初的规则而得以产生。只要行为后果主义表达了一种行为正当与错误的标准，其主旨不是要表达能实际指导每一个行动者应当采取何种行为的方法或决策程序，行为后果主义就不能排除这种可能性，正确的道德行为的标准应当是秘密的，为少数人所保留（或者甚至不为任何人所知，因为长远来看能产生最好后果的行为可能在人们当中压制了关于这种标准的所有知识）。胡克反对这种真正的道德应当是密传的、仅为少数人所知的观念。他写道："那种家长式作风的欺骗是道德上错误的，即使它能把总体善最大化。"（p. 85）但是后果主义者对此如何才有把握呢？但通常对于欺骗、家长制或其他东西的道德上的厌恶最终是否能真正得到辩护，规则后果主义者的态度应当是开放的。

胡克的意思是，根据确切的定义，精致的规则后果主义应当是一种公开的规则。如果几乎为所有地方的所有人都接受将会产生可预期的最好的后果的规则，也是几乎所有人都应当被教导去接受的规则。这种规则的内容不能只是为少数人所知的秘密。如果你接受精致的规则后果主义，公开性的价值似乎就不知不觉地出现了。

对规则后果主义信条的承诺也就附带了对公开性的承诺。同时，如果有人想确定这一信条里面包含了哪些规则，很明显，反对欺骗、反对通过限制他人自由追求自己的善的方式来干涉他人的私人事务的规则肯定在其中。家长制与欺骗在道德思维的两个层次上都会被排除掉。胡克是这样论证的。

作为回应，有必要指出，这些关于规则后果主义与公开性的广泛的论断是不正确的。规则后果主义表达的是行为道德上正当与错误的标准。这种标准主张，行动者在此时此地道德上应当去做的事情在理论上是由一种特定的反事实的情境所确定的：如果某种被推荐

---

〔10〕 作为一个行为后果主义者，我本身并不相信一种充足的道德包含着限制与选择。

的道德法则为几乎所有地方的所有人都接受，那么何者才是预期的后果。在特定的反事实的情境中，那种产生最好后果的规则将会决定此时此地人们道德上应当如何去做。确实这与以下进一步的事实并没有太大的关联，即人们是否在道德上应当使这种理想规则在实际的情境中变成一种为人们公开认识到的规则。[11]假如我们发现自己处于一种大多数人并没有把规则后果主义的理想规则进行内化的情境之中。精致的规则后果主义的概念之中就没有什么东西可以保证在这种情况下理想规则能明确规定我们现在应当努力把这种规则成为已建立的主要的道德规则，其中生活了尽可能多的社会化的人。胡克感到非常自信的是，他所提倡的精致的规则后果主义对欺骗与家长制非常反感，而与公开性存在着紧密的关联，这在我看来，他的这种自信是不合时宜的。

更为重要的是，公开性自身并不能被认为具有内在的道德价值。正确的道德规则及其易为所有人获得的直觉原理通常是提升道德价值的好的手段。但是在那些可以内在一致地进行描述的可能情况下，事情将并不是这样。在这些情况下，如果我们坚持公开性，我们就不会获得最好的可获得的后果。让我们遵照胡克的观点，把最好的后果界定为最大化的福利，这种福利在权衡之后将给予弱势群体的所得以优先性。那么让我们思考一个简单的例子，在其中，行为后果主义与胡克所解释的精致的规则后果主义在关于公开性问题上，它们所提出的意见是有分歧的。社会规划者会带来以下两者情况之一。在一种情况下，后果主义作为公开的道德广为传播，社会的弱势群体因此在一生的福利方面会变得更为糟糕。可能在我们所处的环境中，作为公开道德的后果主义的确立将会导致穷人会承受更多的暴力犯罪之害。能够达到的另一个情况是一种"政府大厦后果主义"（government house consequentialism）的形式，在这种情况中，秘传的后果主义道德为少数人内化，而以宗教为基础的伦理为大多数人内化。在这后一种情况中，忽视许多人都要经受的道德的理性基础是毁掉他们一生的因素，而不只是它使人们免于更多的犯罪而抵消。面对这一例子，行为后果主义者会毫不犹豫地选择第二种情况，而不看重社会不能满足假定的公开性的要求

---

〔11〕 该议题突出了这样一个问题：理想规则是否包含了一种规则，它的内容是，人们应当努力散布这一规则和组成理想规则的其他规则，并把它确立为一种人们公开认识到的道德？规则在这一点上不能对行动者要求太高，否则将把教导人们所产生的快速增长的损失带入理想规则。规则的散布不能采取这种形式，对此我完全不清楚：在有些情况下，消极地接受任何在社会中占主导地位的规则；在其他情况下，努力改变它以使之迈向理想化（当以非常适中的代价就能做到这一点时）；还有其他一些情况下，散布大众化的道德，并把理想规则解释成密传的。答案依赖于难以看清的经验事实。

这一事实。我看不出，行动后果主义者关于公开性的坚决的工具主义观点对她的立场构成了障碍。

道德理由

还有另外一种方法能看到精致的规则后果主义的确矛盾与执迷不悟，这就是指出胡克似乎支持的反思平衡或伦理学中的一致性方法的基本特征。在评价一种道德原则时，这一原则仅提议与我们慎思的判断相一致的合理的行为还是不够的，如果它被运用到我们与其他人都可能面对的现实的决策问题中，情况也应该是一样的。一种可接受的道德原则应当选择我们在经过理想的批判性考察之后认为是正当的行为，作出这种选择的理由就在于我们在经过批判性考察后认为应支持这种选择。例如，罗尔斯论证说，即使一种聪明的哲学家能够表明行动功利主义的原则也会提议为人们所接受的政策，这些政策涉及在人类社会所面对的现实与可能的情境中对言论自由的维护与人类奴役的压制，功利主义中依然还有些什么东西是大为错误的，当我们思考把功利主义运用到一些假想情境中去，这种假想情境包含了我们最坚定的慎思的道德判断，如谴责奴役、维护言论自由，这种错误就会出现。根据罗尔斯，功利主义即使给出了与我们慎思的信念相一致的看法，但它并非出于正当的理由给出正当的看法，这种理由是我们在经过理想的考察之后一定会欣然接受的。[12]

通过这相同的理想的反思平衡或理想的一致性方法，可以表明精致的规则后果主义确实是值得反对的。请考虑未来可能出现的情境，世界发生了剧烈的变化，以至于理想规则的内容与在不确定的未来的相似的情况中我们对它本应设想内容是完全不一样的。看一看下面这个简单的例子。假如之后一千年的时间里，生物科学取得了突破。从那时起，科技完全可以允许通过直接且准确地对大脑进行刺激而对人进行教育与社会化。这种新科技剧

---

〔12〕　必须澄清：罗尔斯认为，他所提及的那些考虑对行为后果主义形成了决定性的反对，我并不接受他的观点（Arneson，2000）。我接受他所提倡的方法：一种道德理论所建议的行为，并不能只是那些在现实的或类似的情境中经过理想的慎思之后觉得是直觉上可以接受的行为。一种理论同时也应当提议那些对我们来说直觉上是正当的行为，并且作出这种提议的理由是我们在经过理想的反思之后认为是正当的理由。因此，一种可接受的道德理论在反事实的情况下也是站得住脚的：在不现实的但又有可能的情境中，这种理论必定会产生针对行为与政策选择的含意，这些含意与经过理想的慎思之后的慎思的判断是相一致的。

烈地改变了几乎所有地方的所有人都接受不同的道德规则所应付出的代价。在这一变化了的世界里，我们可以成功地向人们灌输迄今为止更为精致、更为复杂与要求更为主动的规则。

这些有关未来的可能的、遥远的事实对于精致的规则后果主义所选择的理想规则的内容具有极大的影响，精致的规则后果主义认为这种内容从理论上决定了个体在此时此地道德上应当如何做。如果世界的未来正如我们设想的那样，理想规则就表现为以下两种规则之间的一种妥协，一种是对现在的人们能发挥最好作用的规则，一种是对科技取得日新月异的发展时的人们能发挥最好作用的规则。

我们对这种所设想的情境的回应是，之后一千年的时间里到底发生了什么（假如所发生的事并不受我们现在所采取的行为的影响），以及一千年的时间里教导人们接受哪些规则是有用的对有关以下问题的回答完全没有影响，即此时此地人们做什么是有意义的，以及什么是人们道德上应当的或可允许去做的。精致的规则后果主义不能产生这种结果，所以是应被淘汰的。有些行为，我们出于正当的理由对其进行了批判性考察，最后认为是正当的，但精致的规则后果主义却并不认为是正当的。规则后果主义使得确定此时此地何为正当的决定权完全隶属于一些偶然性，这些偶然性涉及的是，在未来的人们碰巧所面对的任何情境中，什么样的规则如果为这些未来的人所内化就将会产生好的后果。直觉上看，这些偶然性似乎并不有成为正当与错误的决定者。在我们所思考的反事实的情境中所揭示出来的有关规则后果主义明显存在的问题，同时也是与我们大多数人所熟悉的世界类似的未来情境中的规则后果主义所存在的问题，只是不那么太明显而已。

结 论

人们认为胡克发展了一种规则后果主义，这种后果主义对之前的规则后果主义所面对的那些批评作出了非常巧妙的回应。他的精致的规则后果主义表达一种观念，认为它可能是后果主义的最佳形式。在这篇文章中，我论证了胡克的精致的规则后果主义同样会受到标准的批评意见的各种变种的挑战。如果这些论证有道理的话，那么胡克所做的一切也只是表明我们应当放弃规则后果主义的研究计划。行动后果主义依然屹立，值得做进一步的发展并将它与其他非后果主义的道德进行比较，这些道德与日常道德观点的某些特征是非常一致的。

参考文献

Arneson Richard (2000). "Rawls versus Utilitarianism in the Light of Political Liberalism", in *The Idea of a Political Liberalism*, Victoria Davison and Clark Wolf, ed. (Lanham, MD: Rowman and Littlefield).

Brandt, Richard B. (1963). "Toward a Credible Form of Utilitarianism", in *Morality and the Language of Conduct*, H. N. Castaneda and G. Nahnnikian, eds. (Detroit: Wayne State University Press), pp. 107 – 143.

Brandt, Richard B. (1976). "Some Merits of One Form of Rule-Utilitarianism", in *University of Colorado Studies in Philosophy*, pp. 111 – 136.

Brandt, Richard B. (1979). *A Theory of the Good and the Right* (Oxford: Oxford University Press).

Hare, R. M. (1981). *Moral Thinking: Its Levels, Methods, and Point* (Oxford: Oxford University Press).

Hooker, Brad. (2000). *Ideal Code, Real World: A Rule-Consequentialist Theory of Morality* (Oxford and New York: Oxford University Press).

Lyons, David. (1965). *Forms and Limits of Utilitarianism* (Oxford: Oxford University Press).

Rawls, John. (1955). "Two Concepts of Rules", *Philosophical Review*, pp. 64, 3 – 32.

Smart, J. J. C. (1956). "Extreme and Restricted utilitarianism", *Philosophical Quarterly*, pp. 6, 344 – 354.

规则后果主义的两难困境[*]

艾恩·劳　著　陈江进　译

I

　　规则后果主义（以下简称为 RC）认为，某种行为是正当的，是指如果这种行为为某种规则所规定，而按照这种规则进行行动的话，此行为就一定会产生最佳后果。[1]RC 面临着一个非常有名的反驳。即 RC 实际上从更广泛的范围来看与行为后果主义（以下简称AC）是等同的，莱昂斯（David Lyons）可能最好地表达了这一论证（莱昂斯，1965，ch. 4）。这也就是说，按照 RC 的标准认为是正当的行为与那些按照 AC 的标准判断为正当的行为是一样的（根据 AC 的标准，那些能产生最好后果的行为是正当的）。有没有什么方法能对这一论证进行反驳，同时又能够不让 RC 的最深层的原则成为内在不一致的或错误的呢？在本文当中，我将论证我们目前还没有方法来完全修复 RC。

II

　　如果 RC 从广义上讲等同于或退化为 AC，那么把 RC 看成是一种独立的道德理论就是

　　* 本文的早期版本分别在坎特伯雷的肯特大学、阿伯丁大学、伯明翰大学与圣安德鲁斯大学举行的英国伦理理论学会的会议提交。所有对本文提出指正的人我都要表示感谢。同时也要感谢阿卡德（David Archard）、登特（Nich Dent）、胡科（Brad Hooker）、霍普金斯（Rob Hopkins）、马森（Ellie Mason）、索耶（Sarah Sawyer）以及斯科拉普斯基（John Skorupski）。

　　〔1〕 有许多不同版本的 RC 可能并不符合这一定义，其中之一将在后面显得非常重要。当它变得越来越相关时，这种差别就会变得更为明显。

没有意义的。这种认为它会退化为 AC 的论证大致如下。假如确定了某种类型的规则"做 X 类型的行为",那么一般接受这种规则就会产生最好的后果。按照 RC,如果行为为这一规则所规定,并按此规则行动,此行为就是正当的。现在假如出现了一种新情况,无疑规则已经规定了一种行为,但是如果做另一种行为却能产生更好的后果。首先这似乎看起来对 RC 是个小问题。规则可以简单地做些调整以适应这种新情况,似乎可以这样说"做 X 类型的行为,除了在 C 类型的这种情况下"。困难在于,这种意在解决此新情况的策略似乎又包含了一种一般性的原则,即只要这种情况出现,RC 的规则就应当以这种方式进行修正。这意味着,在每一种情况下,我们实际上都会被告知正当的行为是那种会产生最好后果的行为,而这正是正当行为的 AC 标准。因此,RC 似乎不能保持其自身的完整性,它关于正当行为的标准将退化成 AC 的标准。

假如 RC 的辩护者能够克服困难拒绝对上面我们所设想的情境中的规则进行修正,他们也能避免这一问题并能保持 RC 的完整性。他们就能坚持认为 RC 标准是正确的,结果正当的行为有时就是那些明显不能产生最好后果的行为。然而,这一策略似乎就显示 RC 是内在不一致的。让我们看看这些关于针对不同种类的后果主义的评论:

> 行为后果主义不是后果主义的唯一类型;还有其他的变种,包括规则后果主义与动机后果主义。这些观点……与行为后果主义具有相同的特征,就是以非个人的方式对总体事态进行排序,它们共同具有的一般观念就是认为最好的事态都应当努力去增进。(谢弗勒,1982,p. 2)

既然 RC 的关注和 AC 一样就是增进"最好的事态",那么 RC 如何能够内在一致地宣称正当的行为可以是不必带来最好后果的行为?它如何能够内在一致地保留这种有关正当行为的标准呢?这种标准无疑会认为正当的行为可以不是那种导致最大后果的行为。但是如果它屈服了,并承认规则可以改变以避免这种结果,那么它最终又会退化为 AC。

那么,RC 或者就是内在不一致的,或者根本就不是一个独立的理论。第一个两难困境在于,RC 或者具有完整性,或者具有内在一致性,但它不可能两者兼得。

III

当然,这个问题并非新问题,规则后果主义的标签不断地应用在许多道德理论上。在休谟对正义的说明中，我们或许可以找到解决此类两难困境的初步努力。休谟提出了著名的论断，正义原则的唯一基础与证明就在于它们是有用的。但是很明显，他不说特定行为的正义或非正义是根据它们的功利来进行评判的，相反是正义的规则应当以这种方式进行评判。事实确实如此，休谟也同样面临着这一困境，实际上，他明确地提出在许多情境下，破坏规则的行为所产生的功利比遵守规则的行为所产生的功利要大得多（至少一开始似乎是这样）。他给出了这样一个例证："继承权在某一例子中可能是有害的。它的益处只有在遵守一般规则时才会出现。"（休谟，1751，app. 3）

他比较了正义的规则与仁爱的命令。他说，仁爱就像一堵墙，组成它的砖块就是那些特殊的仁爱行为。而正义就像一个拱顶，组成它的砖头就是那些为正义规则所规定的行为。如果从仁爱之墙上抽走一块砖头，这堵墙依然屹立，例如，仁爱不会因为有一次没有做到仁爱之举而受到威胁。但是，如果从正义之拱顶提出一块砖头，那么整个建筑就会坍塌。换句话说，对正义规则的完全服从是非常有必要的，因为如果有一次违背的话，即使不会完全摧毁正义，也会对它造成巨大威胁。

不幸的是，规则后果主义者不会采用这种回应以避免或克服我们前面所提到的困境。即使当破坏规则能带来更大的善，人们为什么还要遵守规则？如果原因就在于这种违背行为可能会产生灾难性后果，那么采取这一行为的理由只是一种直接的行为后果主义的理由。我们现在被告知的是，尽管破坏规则的后果似乎要好于遵守规则的后果，实际上破坏规则的后果可能会更加糟糕，因为它们会导致人们不再去正当的事。这种推理很明显提供的只是一种关于何为正当行为的行为后果主义的标准，因此它又跃进了其力图避免的那种困境。

还有另外一种策略 RC 的辩护者也可以采用，尽管它与休谟的有些类似。该论证认为，如果我们都是规则后果主义者，那么相比我们都是行为后果主义者，我们就能获得更好的结果。有两种好的后果通常被提及。例如，哈丁（Russell Hardin）挖苦 AC，认为它对人类行动者所具有计算能力做了不现实的预期（哈丁，1988，p. 17）。人类是有限的，因此他们的计算能力也非常有限。如果我们不断地致力于计算我们所实施的每一个行为的后果，我们就什么事都做不了。很明显，如果我们遵守好的规则办事，那么一定会更有效率。哈桑伊（John C. Harsanyi）也指出了，如果将规则后果主义作为决策程序也会产生其他理想的效果（哈桑伊，1977，p. 36；1982，pp. 56 – 61）。这些效果包括"协同效果"（coordination effect），例如，它保证了所有行动者不会把它交给其他人去表决。它们也包括"期望效果"，它大概是指，人们能够对于其他人作出承担责任、恪守承诺等行为的可能性给予更多的信心。

首先，这种论证可以以不同的方式进行攻击。论证的目的是为了向我们提供好的理由来说明，所有的人都采纳 RC 而不是 AC 作为决定行为的程序，为什么就是一件好事情。但是我们应当反对这一点，做什么将对我们所有人最好这一问题与我处于特定情境下应当做什么的问题是不相关的。哈桑伊建议将 RC 作为决策程序。他的理由是，如果我们这样做的话就会产生更好的结果。那么，这似乎是为我们采取 RC 作为决策程序所做的辩护就在于这样做会产生好的后果。但是我知道在特定的情境之下只有做其他的事情才能获得好的结果。无论如何，为什么每个人采纳 RC 的后果要优于每个人采纳 AC 的后果更好这一事实很重要？考虑到最终的目的就是要将好的后果最大化，如果真是如此的话，那么与事实相反，我此刻所需要做的就是不考虑什么会产生好的后果（例如，每个人采纳 RC）。

其次，这一论证完全着眼于遵照决策程序所产生的后果，似乎犯了一个错误。我们所看到 RC 所存在的问题在于 RC 作为正当性标准，而不是决策程序。许多人对已经对正当性标准与决策程序作出了区分（如帕菲特，1984，pp. 24 - 29，31 - 43；布林克，1989，pp. 216 - 217，256 - 262，273 - 283）。这一区分其目的是为了避免以下这个问题，即似乎人们不按照行为后果主义的动机去行为相比按照行为后果主义的动机去行为会产生更好的后果。如果没有作出这种区分，而且关于行为后果主义的结果的假设也是正确的，那么 AC 为自身的错误做辩护的时候就处于一种非常尴尬的境地。我们讨论中所提及的这点胡克做了很好的说明：

> 确实，如果我们相信行为后果主义所导致的后果是次优的，那么行为后果主义自身就会规定我们尽量不要相信行为后果主义。但是，现在有许多人证明，这个并不能使行为后果主义的正当性标准无效。同样，如果相信 RC 的结果是最优化的，这也并不就表明 RC 实际上就是正确的，仅仅表明它是有用的。（胡克，1995，p. 28）

然而，如果可以怀疑正当性标准与决策程序之间区分的有效性，那么这一结论可能是不成熟的。有可能可以想象去构建一个论证来表明哈丁与哈桑伊所提供的考虑只不过意味着 RC 是正确的正当性标准，而不仅仅是正确的决策程序。论证如下：

（1）将 RC 作为决策程序最能产生更多的好后果。

（2）因此将 RC 作为决策程序就是正当的。

（3）如果在 RC 的基础上决定如何行为是正当的，那么按照 RC 的要求行为就是正当的。

（4）所以正当的行为就是为一些规则所规定的行为，这些规则如果能得到普遍遵守，那么就能产生最好的后果，例如，将 RC 作为正当行为的标准是正确的。

这一论证似乎表明，如果运用 RC 来决定如何行为相比运用 AC 会产生更好的结果，那么 RC 就是正确的（不仅仅只是一种更为合适的决策程序）。然而，这一论证至少有两个缺点。

第一个缺点已经提到过。论证的第一个前提认为，遵照 RC 就会产生最好的后果，但是这涉及**每一个**都遵照 RC 的后果。论证可能表明，如果其他人都遵照 RC，那么我按照 RC 行为可能是正当的，但它并不能表明，如果其他人都不这么做，而我这样做就是正当的。所以，如果前提（2）理解成将 RC 采纳为决策程序**对我来说**是正当的，那么这一前提并不一定能从前提（1）中推导出来。

至于前提（2）不能从前提（1）中推导出来，还有一个原因。前提（2）涉及的是"如何行动才是正当的"这一问题，而前提（1）仅涉及"什么将能最能产生好的后果"这一问题。如果前提（2）能从前提（1）中推导出来，还必须加上一个前提：

（0）做任何最能产生好的后果的行为是正当的。

尽管这似乎非常奇怪，因为前提（0）正好是 AC 关于正当行为的标准。这意味着，为了为这个有矛盾的结论进行辩护，AC 关于正当行为的标准必须被看成是前提之一。让我们思考一下一个类似的论证。假如你正在对着一个靶子射箭，但大多都偏向了左边。你是不是不能做如下推理？

（1）我想射中靶子。

（2）我瞄向右边的灌木丛相比我瞄准靶子更能让人射中。

（3）因此我应当努力射向灌木丛。

这一论证似乎表明，你应当努力射向灌木丛，但是当然我们知道你不会去做这种事。

你依然会努力射中靶子，并运用最好的手段来达到。同样，我认为，在前面论证的结论中关于正当行为的 RC 标准表面上看来只是一种海市蜃楼。实际上，此论证只是一种行为后果主义的论证，它论证的只是 RC **似乎**是正确的，而并非**真正正确**。有人认为，此论证只证明了将采纳 RC 作为决策程序，而并不认为 RC 作为正当行为的标准是正确的，因此他们是正确的。

IV

霍华德－施奈德（Frances Howard-Snyder）指出，只要人们还设想 RC 还包含一些要将好的事态最大化的内在承诺，那么它就只能被看成是内在不一致的。但是这种假定从一开始就使得 RC 真正地忠实于 AC。她表示，认为什么使得行为是正当的就在于"普遍遵守那种能将功利最大化的原则"这一点并不是内在不一致的（霍华德－施奈德，1993，pp. 275 –276）。如果有人确实坚持这一看法，那么他同时也会相信，即使某一行为并不能产生最好的后果，它也可以是正当的。换句话说，为了保持完整性与内在一致性，RC 的提倡者必须承认有时增进最好的事态可能是错误的。

霍华德－施奈德对这一困境的回应相当于从形式上挽救了 RC，因为她已经表明 RC 陷入进退维谷的境地并没有什么概念上的必要性。但是正如她所认识到的，这种挽救也是有代价的。现在的问题在于，很难明白为什么我们非要接受 RC。如果 RC 关心的并不是将好的后果最大化，我们为什么还会为它所吸引？RC 的提倡者们能向我们提供什么样的理由使得我们认为，正当性在于遵守规则，而不是去做最有可能将功利最大化的事？似乎她所能说的一切都只是，如果我们去做 RC 告诉我们应当去做的事，我们就是在遵守规则，这种规则如果为大多数人所接受就能产生最好的后果。但是这一回答依然诉诸产生好的后果，所以并不总是令人满意的。因为，如果我们认为好的后果是重要的，我们就没有理由去遵守那些规则，而不是去做那种能产生好的后果的行为。似乎 RC 如果要脱离这一困境的话，那么作为代价，它将变得毫无吸引力。因为 RC 现在似乎变成了这样一种理论，它或者不能保持自身的完整性，或者是表达了动机不明确的规则崇拜与令人不爽地涉及能为正当规则辩护的"最好后果"。

V

近来还有另一种挽救 RC 的尝试，它比霍华德－施奈德的方法更为深入。胡克式的 RC 不会退化成 AC。他所构想的 RC 所包含的规则，不是那种如果只要得到遵守就会产生最好结果的规则，而是如果人们**普遍接受**就会导致最好结果的规则。这意味着，在任何给定的条件下，人们所应当做的正当行为，不是为那种如果我遵守就会产生最好结果的规则所规定的行为，而是那种如果（几乎）所有人都遵守就会产生最好结果的规则所规定的行为。人都具有明显的局限性，无论是是认知上的还是情感上的，胡克考虑的就是在有局限的人之中实际灌输规则的得与失。这些局限性意味着那些规则抽象地来看似乎是最大化的，但实际上并不能导致最大善，这都是由于这种灌输之失误（参阅胡克，1995，1996，1999，还有即将出版的）。

那么，对 RC 的这种修正避免两难困境中的退化这一方面。但是它似乎在此困境的另一方面会有更多的麻烦，因为这种修正意味着 RC 所要求人们做的与其背后所假定的承诺之间存在着很大的分裂。然而，胡克与霍华德－施奈德在有一点上是一致的，即认为 RC 无需产生最好结果这一承诺。他说：

> 理论可以分裂成两个部分：（1）关于如何选择规则的原则；（2）关于何种行为是道德上允许的原则。理论是根据这些规则如果得到不断灌输是否能合理期望将善最大化这一点来选择规则。理论根据当下所选择的规则来评判行为。这些都是理论的承诺。在理论当中不存在将善最大化的首要承诺。（胡克，1996，p. 539）

然而，旨在反对内在不一致的可能性的这种辩护并不能帮助理论逃脱霍华德－施奈德所认识的那些问题。能为规则提供合法性证明的是它能够产生最好的结果。如果我们接受在规则选择过程中好的结果是重要的，那就很难明白为什么在确实行为的正当性方面我们应当接受好的结果并不重要这一点。确实，胡克式的 RC 能为人们相信不具备形式上的内在不一致性。但是这一理论看起来在动机上是不明确的。对此我们还能提供什么样的辩护呢？胡克式的 RC 所面临的这些困难可以以霍华德－施奈德留下的 RC 所面临的新的两难困境的形式来表达。如果 RC 包含了将善最大化的承诺，那么它就面临着第一个困境。如果它不包含这一承诺，那么它就是动机不明确的。

VI

因此，我们接受 RC 是正确的，这依赖于为其提供辩护的可能性，而且这种辩护不能诉诸产生最好结果这一价值标准。胡克一直在努力提供这种说明。他论证说，如果对于那些可接受的道德理论，我们接受一些合理的限制，我们就会发现 RC 是唯一能够完全满足这些限制的理论。这些限制如下：

(1) 理论应当能够经受反思平衡的过程，例如，它应当是努力使我们的一般道德原则与我们的（详细思考的）道德判断相符合的产物。

(2) 理论应当是内在一致的。

(3) 理论有为那些困境的情境提供帮助。

(4) 理论应当"详细说明什么东西（如果有的话）能将我们不同的一般原则结合在一起并为它们提供辩护"。（胡克，1996，p.531）

我们可能否认胡克所建议的程序会将 RC 作为产生的结果。或者，我们也可能否认，作为遵从这一程序的结果，任何结果都能达到。我将跟从这两种否认过程。不清楚的是，反思平衡（RE）的方法如何能够应用到一群人或一个社会的信念中去，因为我们没有可以运用的标准来确定哪些信念是"经过详细思考的道德判断"。假如在一个社会当中观点之间存在着巨大的分歧，那么何种标准可以运用来决定某种特殊的信念是不是社会所持有的？何种标准可以用来决定是否这些信念是经过详细思考的？但是如果我们把反思平衡仅看成是适用于个体的信念，那么似乎就没有根据认为所有人在关于反思平衡的同一信念上会趋同，因为即使我们对于何谓"详细思考的"施加一定的条件，观点的分歧也依然极有可能出现。

为了为 RC 方法辩护，胡克诉诸这样一个事实，即适应我们的一些核心的道德信念对道德理论来讲是一种约束："例如，没有'外在的'视角能真正使我们放弃如下信念，即为了取乐而折磨一个无辜的人是不对的。"（胡克，1996，p.533）这是一个陈腐的例子，我也将对此作出一个陈腐的回应。看看我们的历史，非常明显许多人所具有的道德信念并不排除折磨（至少一些）无辜之人来取乐。考虑到可能存在一些顽固不化的纳粹之类的人，那么什么是"我们"、什么是"我们的"道德信念对胡克来说就是一个非常尖锐的问题。即使我们能够通过限制哪些信念被认为是"详细思考的"来限定信念输入的范围，也不能保证 RC 就是最适合它们的理论。毕竟，反思平衡更多的是运用于支持义务论。这使得第二种回应看起来更有吸引力。如果我们把反思平衡解释为努力发现适合于我们所有人都具有的道德信念的原则时，那么结果可能是没有一种内在一致的理论，或者至少没有什么东西是我们都一致同意的，这一点就是非常合理的。我们中的每个个体可能会达到反思平衡，但是除此之外要**我们**能达到这一点几乎是不可能的。

尽管存在这些问题，即使反思平衡的方法能够产生确实的结果，它是否就真正是确立行为指导原则的正确路径呢？正如人们通常所指出的，反思平衡是一种保守的方法。原则是结果，判断是输入，前者是为后果所决定的。这似乎相当于我们最不愿意放弃的观点与承诺的一个清单，以及发现一个原则或一系列原则以支撑它们并将它们紧密结合起来的一种努力。最好是认为，相比对那些我们已经相信的事情有条不紊的反思，我们期待从道德理论中得到更多。

胡克对这一反对意见做了一个简短的回应。他指出，我们不能从价值中立的立场来评判道德理论这似乎是非常合理的。为了能够作出评判，我们必须认为有一些价值是恒定的，以使我们能让其他人反对它们或作出判断。考虑到确实如此，很明显那些被认为是恒定的价值应当是我们最为信任的价值。换句话说，就他所说到的"伦理学中的理论选择"（胡克，1996，p. 531）而论，我们所能做的就只能是全力去寻找这样一种理论，它最能符合我们详细思考的道德信念，或与之有紧密关联。胡克得出结论："我们只能接受这种观点，道德理论化的核心包含了对反思平衡的寻求，这种反思平衡存在于我们的最一般、最抽象的道德原则与我们关于在特殊情境中何为正当的信念之间。"（胡克，1996，p. 533）

这是一个有说服力的回应。正如我已经说过的，我们大多数人都相信任何可接受的理论之上的限制都不允许类似于折磨他人以取乐这样的行为。但是认识到在道德理论化过程中的这些限制所处的位置与接受胡克发现正当的道德理论的方法是完全不同的两回事。步骤（1）到步骤（4）对于确定何者是正确的道德理论还是不充足的。假如我们接受 RC 实际上就是最符合我们特殊道德判断并能将它们紧密联系起来的理论。这就能给予我们相信它的理由吗？对我来说似乎并不如此。理解反思平衡方法的一条路径就是，认为它使得我们脱离我们事实上所相信的，而迈向我们应当相信的。在发现信念与原则之间的平衡过程中，我们似乎并没有足够的信心说我们对于接受这些原则有什么认知担保（epistemic warrant）。

如果在接受信念输入时我们得到了证明，那么我们拥有这种证明的唯一方式还是有可能的。但是考虑在寻求平衡的过程中这些信念所发生的改变，那些拥护反思平衡方法的人也不允许那样。即使我们加上胡克的其他三个步骤，我也不认为我们有充足的理由相信 RC。

除非理论是内在一致的，否则它逃不过反思平衡的过程。同样，如果我们接受至少有些情境是较为棘手的，因为我们具有不一致的道德信念，那么任何幸存的理论在处理这些棘手情境时可能都有一些用处。诚然，最后一步是有些理论会比其他理论做得更好，但是为了运用它以支持 RC，我们必须保证：首先，RC 能顺利通过其他三个步骤，我已经论证这绝不是确定的；其次，在"详细说明什么东西（如果有的话）能将我们不同的一般原则结合在一起并为它们提供辩护"问题上没有任何其他理论与之具有同等的力量，而这有待于证明。如果信念输入得到仔细选择，RC 就只能从反思平衡的过程中出现，我对此依旧保持怀疑。如果不同的、但同样得到仔细选择的信念输入得以运用，我找不出任何理由来解释为什么康德主义就不能同样从中出现。胡克必须表明，RC 确实是由反思平衡所导致的，在输入信念的基础上它确实如此，这些信念对这种结果绝没有任何偏见。无论如何，只有我们接受反思平衡并把它当做确定什么是正确的道德理论的最好方法，关于何种理论能最好地统一我们的原则之标准才会变得非常关键。由于缺乏令人信服的理由认为反思平衡能保证我们接受它的结果，所以这一步几乎没有什么用处。

我的基本的反对意见是这样的。胡克需要为我们接受 RC 作为正当行为的正确标准提供辩护。有一种信念认为将善最大化是正当的，人们通常认为它提供了一种辩护，但是他又不能诉诸它。但是，在我看来，辩护不只是包括将 RC 看成是一种启发，它能将我们所作出的判断与我们所具有的承诺联结起来。人们应当尽可能完备地说明这一点，对于认为 RC 是行为正当性的正确标准，人们依旧没有提供什么辩护。胡克需要一种辩护，但是他所提供的至少在我看来并不是所要求的那类辩护。如果我们指望在 RC 中找到什么以作为它所作出的规定之根据，那么我们发现这只能是诉诸产生最好后果这一点。但是胡克必须说，事情不是这样的：参考最好的后果这一点与 RC 中专门处理规则选择的这一部分是可以分离的，最好后果在为特殊行为辩护时没有什么作用。这样，他就使得 RC 变成了这样一种理论，它实际上只是"适合并且联结"我们的道德直觉，对于我们为什么拥有这些道德直觉、我们拥有这些直觉能否得到辩护等问题，它不能提供答案。

这一点又回到了第 IV 部分结尾部分。在那里我指出，如果我们认为 RC 相比 AC 并不包含一种压倒性的承诺，那么参照产生好的后果就是令人不安的。我在那里提出的第二个困境也没有为胡克的方法所解决。参照最好后果或者是根据最深层的、最重要的价值来为

RC 辩护的一种尝试，或者不是。在第一种情况下，有可能明白是什么使得 RC 具有吸引力，但是不幸的是，这一理论的基础也使得它回到了第一个困境。在第二种情况下，这一理论能保持自身的完整性，并避免内在不一致性，但是作为代价，这将使得参照最好后果的做法变得完全不可思议。我们应当遵守的、行为也因其而为正当的那些规则，不能诉诸产生好的后果而得到辩护，尽管这些后果具有巨大的价值，而在于以下事实，即它们能够通过反思平衡的方法。如果 RC 陷入的是两难困境的这一方面，那么它就将自身与它所需要的辩护切断了。

总而言之，尽管接受 RC 不必内在不一致，但我依旧发现很难明白为什么人们会认为它是一种吸引人的道德理论。

参考文献

Brink，David. *Moral Realism and the Foundations of Ethics*. New York：Cambridge University Press，1989.

Hardin，Russell. *Morality Within the Limits of Reason*. Chicago：University of Chicago Press，1988.

Harsanyi，John C. "Rule Utilitarianism and Decision Theory"，*Erkenntnis* 11 （1977）：25 – 53.

Harsanyi，John C，"Morality and the Theory of Rational Behavior"，in A. Sen and B. Williams （eds.），*Utilitarianism and Beyond*. Cambridge：Cambridge University Press，1982.

Hooker，Brad. "Rule-Consequentialism，Incoherence，Fairness"，*Proceedings of the Aristotelian Society* 95 （1995）：19 – 35.

Hooker，Brad. "Ross-style Pluralism versus Rule – Consequentialism"，*Mind* 105 （1996）：531 – 552.

Hooker，Brad. "Rule-Consequentialism"，in LaFollette，H. （ed.），*The Blackwell Guide to Ethical Theory*. Oxford：Blackwell，1999.

Howard-Snyder，Frances. "Rule-Consequentialism is a Rubber Duck"，*American Philosophical Quarterly* 30 （1993）：271 – 278.

Hume，David. *Enquiry Concerning the Principles of Morals*. La Salle，Illinois：Open Court，1966.

Kant，Immanuel. *Groundwork of the Metaphysics of Morals*，translated and edited with commentary by H. J. Paton in *The Moral Law*. London：Routledge，1948.

Lyons，David. *Forms and Limits of Utilitarianism*. Oxford：Clarendon Press，1965.

Parfit，Derek. *Reasons and Persons*. Oxford：Oxford University Press，1984.

Scheffler，Samuel. *The Rejection of Consequentialism*. Oxford：Clarendon Press，1982.

后果主义与道德要求

后果主义要求过高吗？

——关于义务的限度方面的近期成果[1]

舍利·卡根 著 解本远 译

后果主义声称：一个行为在道德上是被允许的，当且仅当与其他任何可供选择的行为相比，这一行为具有更好的后果。这意味着行动者在道德上必须为总体善作出最大可能的贡献——不论他们自己作出什么牺牲（只要记住他们自己的福利也很重要）。道德所要求的牺牲没有限度；行动者永远不允许以更大的善为代价来支持他们自己的利益。

我们通常的道德直觉强烈地反对这一描述。我们想要主张道德对我们的要求是有限度的。为了别人而作出的某些牺牲值得赞扬，但并非必须；这些牺牲是职责以外的（super-erogatory）。普通道德给予个人一些空间来追求他个人的事业，即使其他的行为可能会有更好的后果：我们被允许促进善，但并不是必须这样做。

我们几乎都不加批判地接受了"后果主义要求过高"这一对后果主义的反对意见；大多数道德哲学家不做任何辩护，就引入对实施非最佳行为的许可。但是我们的直觉支持某个道德特征，仅这一事实本身难以构成充分的哲学辩护。如果我们要超出单纯的直觉传播，就必须寻求更进一步的基础来限制追求善的要求。

孤立地考虑这一问题也是不充分的：对这一问题的论证必须同我们想要辩护的其他道德论题联系起来。问题在于，要为维护某些特征提供一个合理的辩护，这些特征使得通常的道德观点成为一种适度的观点。一个关于通常观点的明显充分的辩护必须解释为什么通常观点有时候允许拒绝履行某个最佳行为。但是那些不愿信奉利己主义的人必须同时避免

---

[1] 本文对下列著作进行了评论：David Heyd, *Supererogation*：*Its Status in Ethics Theory*（Cambridge：Cambridge University Press, 1982）；Thomas Nagel, *The Limits of Objectivity*. In *The Tanner Lectures on Human Values*, I, ed. S. Mcmurrin（Cambridge：Cambridge University Press, 1980）, pp. 77 – 139；Samuel Scheffler, *The Rejection of Consequentialism*：*A Philosophical Investigation of the Considerations Underlying Rival Moral Conceptions*（Oxford：Clarendon Press, 1982）.

某些论证，这些论证排除了存在任何道德要求的可能性。这样这一解释还必须说明如下事实：有时候一个特定的最佳行为是为道德所要求的。同样，这一解释必须抓住如下观点：就算一个特定的牺牲不是必须的，它也是可允许的——事实上，是值得赞扬的。大多数有关论证似乎都与通常观点的这些或其他特征相矛盾，因此那些想要捍卫通常观点或类似观点的人就需要拒绝这些论证。

而且，对"后果主义要求过高"这一主张的讨论常常会受到削弱，因为讨论者没有将这一主张与另一个被关广泛讨论的反对意见区分来，这个反对意见认为后果主义允许太多——不适当地许可为了另外一些人的利益而将牺牲强加到某些人身上。某些理论包含了义务论的限制，禁止某些种类的行为，即使这些行为产生好的后果。我在这里将不考虑这些限制的优点。然而值得指出的是，即使包含这样一些限制的理论对非最优地行动（act nonoptimally）——要求行动者在可容许的手段范围之内促进善——仍然可能缺乏更一般的许可。我们将只在这里考察拒绝"促进总体善"这个一般要求的理由。

I

戴维·海德的《分外善行》为我刚才表述的某些问题提供了一个有益的例子。在对某些主要道德理论中分外善行的地位作了一个历史概述后，海德对这一概念提出了他自己偏爱的分析。不过海德的讨论细节和我们没有什么关系，除了这一点：作为第一个对分外善行这一主题的研究，人们会希望海德对辩护他的如下观点给予特别关注：某些行为是职责以外的——是最佳的但不是必须的。但是《分外善行》却是一本令人失望的书。考虑到他在书的结论一章处理了这一任务，而没有展开论证，我们发现了一个各种不完整思想的令人困惑的混合。像大多数为职责以外的行为辩护的人一样，在这一观点上求助于直觉使得海德没有看到自己的讨论存在着明显的不足。

根据海德的观点，对分外善行的辩护分为两个方面：消极的方面对限制道德上必须的行为提出辩护；积极的方面提出"非必须的善举本身的价值"（p. 166）。海德对他的论证的总结表明每一个方面都依次被几个理由所支持。不幸的是，这些辩护的实际表述并没有试图区分个别论证之间的界限，使得人们很难弄清楚他的整个讨论。根据我的粗略计算，他的讨论有十一个论证，没有特别的顺序。[2] 其中一些实际上仅仅是论证的线索，一些甚至根本就不是论证。而且，即使其中最好的论证也是不完整的，好像海德要竭力抓住可能支持他的观点的任何论证。虽然这里不可能回顾海德的所有论证，但我将重构其中更为有趣的论证，并给它们命名。

理由的不可通约（pp. 170–171）。海德主张存在两种类型的理由：促进全体人类福利的理由和"自主性"的理由，后者支持个人追求自己的目标。虽然第一类理由是"道德上优于"第二类理由，但是这两种类型的理由"不能按照强度进行比较"，这样如下结论就完全不是普遍正确的：促进总体善可以被更强的或者决定性的理由所支持——也就是说，行动者"应当"促进善。如果行动者转而选择根据那些支持促进他自己目的的理由而行动，从实践理由的立场看，这不可能受到指责；他并没有不去做他应当做的事情。

通过考察这两类不可通约的理由，海德或许能够解释为什么行动者可以自行决定以自身的巨大代价去实施某一最佳行为，或者按照他选择的不去做。但是这样一个说明将使得海德不可能解释行动者怎么能够被要求促进善——即使以对他来说微不足道的代价。可能如果发生这一类的事情，我们想说这两类理由可以根据强度进行比较，自主性的理由太弱，使得它们在最后被另一类理由超过。但是被认为是不可通约的理由是怎样仅仅因为重要性上的变动就变成可通约的呢？海德不能用一个论点来支持其道德理论的一部分（分外善行），而这一论点又排除了其道德理论的另一部分（存在某些帮助的要求；例如，参见 p. 90）。

道德的最低限度模式（p. 174）。海德说，道德并非旨在"总体的善或幸福的最大限度地增加"，而是"确保协作和正义的某些最低条件的一种手段"，大概只有这些关于个人自主性的最低限度的约束可以得到辩护；除此之外，个人拥有"实现他们自己目的的权利"（p. 172）。海德并没有明确陈述怎样设置最低标准，但他随后似乎赞同这一观点，认为道德要求"构成了维持社会所必需的最低限度"（pp. 181，177）。

然而这样一个标准将会使道德标准低得令人难以接受：如果我自己不需任何代价就可以救某人一命，当然我就必须去救他；但是如果没有人履行这样的义务，社会的维系也不

---

[2] 对这一混乱的一个指南（使用我自己的标记）：理由的不可通约性（pp. 170–171）；善——应当的裂隙（pp. 171–172），权利的基本性（pp. 172–173）；一致性（pp. 173–174）；完整性（p. 174）；道德的最低限度模式（p. 174）；正义（pp. 174–175）；分外行为的内在价值（pp. 175–176）；密尔（p. 176）；乐善好施者（Good Samaritan）的立法（pp. 176–178）；关心的证据（p. 179）。可能其他人会对这一讨论进行不同划分。

会受到威胁。这样除利己主义之外的其他人都将承认帮助的要求，这一要求超出了根据海德最低限度模式提出的要求。海德很可能想将一个适度的帮助原则包含到他的模式中，作为其模式的一个部分——但是这种做法是特设性的。一旦看到这一点，并且人们认识到一个道德的真正的最低限度模式要求是多么低，这一观点就完全失去了吸引力。但无论如何，最低限度的概念不可能被海德这样的人所使用，这样的人想要主张：帮助的要求应当被限制——而不是不存在。

正义（pp. 174－175）。海德断言"正义的非功利主义的概念既适用于反驳赞同惩罚无辜者的功利主义论证，也是用于支持义务和分外善行之间的区分"。正如"个人不应该被牺牲用来促进总体的幸福（如同惩罚无辜者以便挽救其他许多人的情况）"，同样地，"正义的考虑使得如下一点令人无法接受：要求任何个人为了其他人的福利而不停工作"。

这是一个含糊的论证。当个人被要求促进总体善时，谁或者什么被许可违反正义？海德没有说，而道德或者个人自身似乎都不是特别有希望的受责备的候选者。那么是社会不正义地运转吗——通过要求促进善，支持社会认可的要求？这似乎更有希望：我们有一个直截了当的理由为了其他人而将牺牲强加到某人身上（恰如惩罚无辜者）。其他几节也支持了这一解释（例如，pp. 166，176－177）；但是如果这真是海德所想的，他就完全离题了。将牺牲强加到个人身上的不道德性同个人在道德上被要求主动承担牺牲是相一致的。实际上，第三个论证承受着我稍早提及的一个混乱，但是它与"后果主义是否要求过高"这一论题好像没有关系。这样，即使能够表明社会强迫个人促进总体善是不正义的，这对于支持海德的如下观点毫无作用：个人自己免于这样一个道德要求。（海德自己对准了一个类似的反对意见来反对其他意见；例如，pp. 109－110）

分外行为的内在价值（pp. 175－176）。既然分外行为超出了被要求的，履行分外行为就是"完全可选择的"。海德相信这使得分外行为尤其有价值。如果他是正确的，这就使我们有理由拒绝促进善的一般要求。但是这一有价值的特征是什么？海德告知我们"某些类型的有美德的行为只有在完全自由的条件下才能实现，也将会因为更为极权主义的义务概念而被扼杀"。然而这一主张从来没有得到证实，因为海德没有清楚说明他心目中的美德有哪些。他确实提到分外行为显示了"个人的偏爱和美德"；但是无疑履行义务也可以做到这一点。他还注意到，分外行为的选择允许偏爱（favoritism）和偏倚（partiality）——但如果这些是"美德"，我并不清楚我们应当为失去它们而感到难过。

一种更有趣的可能性在海德的反复建议中被略微提及：分外行为的特殊价值存在于"它们是完全可选择和自愿的"（pp. 9；cf. pp. 18－19，41－42，53，133）。他从来没有解释为什么这给了这些行为特殊的价值（除了对美德无用的提及），但是一种可能性似乎近在手边：因为分外行为超过了被要求的，如果行动者为另外的人作出牺牲，他这样做并不是因为他必须，而是因为他想要这样做。也就是说，他的行为不是出自义务——而是出自他对被帮助者的关心。这样海德可能相信对分外行为的（典型）履行是出于一种格外有价值的动机（cf. p. 177），如果义务更具涵盖性，这一动机将会消失。

然而，尽管这一思路具有最初的吸引力，但是它本质上依赖这样一个假设：如果促进总体善是道德上必须的，那么人们就不可能（或者很难）出于格外有价值的动机这样一种更高类别的动机而行动。但是没有理由相信这样一个主张。毕竟，在道德上被要求去帮助别人，同出于对危难中的人的直接关心而行动是完全相容的。

结果，海德的论证多次没有达到目的：在我们已经考察的四个论证中，两个同海德自己的观点相矛盾，一个同他的结论不相关，最后一个论证也没有履行承诺。最后，从海德的论述中所能挽救的是一个一般性建议：一个充分的辩护可能包含了积极的部分和消极的部分。例如，在消极方面，可能要考虑限制道德要求的必要性；在积极方面，可能要说明做分外行为的可欲性（desirability）。然而很明显，海德的建议本身并没有指明如何提出这一必要的辩护。

在他的结束一段，海德怀疑道德观点的基本分歧是否能够"通过理性的论证得到解决"；他断言自己并没有试图"证明"他的"对人和道德本性的描述"（p. 183）。而且，应当注意的是，海德的论述的缺点在这一领域的大多数著述中颇具代表性。虽然很少有哲学家向海德一样提供了这么多论证，但通常他们的特定论证同海德的论证一样软弱。然而，在接下来的部分中，我将考察明显例外的两部作品：每一部都为拒绝促进善的一般要求提供了一个不懈的论证。

II

托马斯·内格尔的《客观性的限度》是一部在形而上学和伦理学方面思想丰富且发人深省的著作。此书由三个演讲组成，第一个演讲探讨了心灵哲学中的主观性和客观性；第二个演讲讨论了价值的客观性；第三个演讲论证了后果主义的不充分性。

在第二篇演讲中，内格尔在行动者相对的理由和中立于行动者的理由之间作了一个关键区分（pp. 101 - 103）。大体上，一个中立于行动者的理由就是"任何人去做或者想要去做某事的理由"——也就是说，这是适用于所有人的理由，不考虑人们的特殊境况或利益。如果我们断定某一事态具有中立于行动者的价值，"那意味着任何人都有理由希望这一事态发生"；如果我们断定某事具有行动者相对的价值，那么我们只能相信"有人有理由想要完成它，如果此事恰好与他有关系（例如，符合他的利益）"。内格尔在第二篇演讲用中大量的篇幅来论证至少存在着某些中立于行动者的理由；例如内格尔相信，"任何人都有理由想要阻止所有痛苦，不管这痛苦是否是他自己的"。

当然这是一个有争议的论断，但在这里我将不会对此进行解释，因为这一论断当然会被后果主义者所接受。实际上，后果主义似乎可以被有效地视为这样一种理论，这种理论认为行动的唯一理由就是中立于行动者的理由（p. 119）。与这一立场相对，内格尔在第三篇演讲中为真正的行动者相对的理由进行了论证。"义务论的理由"超出了我们的论题。然而"自主性的理由"的存在同指责后果主义要求过高直接相关，因为这些理由"将会限制我们有义务去做为了实现中立于行动者价值的那些事情"（p. 120）。自主性的理由来自于"欲望、计划、承诺以及行动者个人的个性，所有这些都使他有理由为了实现自己的目的而行动"（p. 120）。

内格尔写道："如果我头痛得厉害，任何人都有理由希望我停止头痛。但是如果我非常想成为一流的钢琴家，并非每个人都有理由希望我去练习。我有理由想要去练习，这个理由可能和我希望停止我的头痛的理由一样强。但是其他人却没有什么理由在意我是否会成为一流的钢琴家。我认为相信这一区分比解释这一区分更容易。"（pp. 121 – 122）

实际上很容易相信内格尔的区分。但正如内格尔似乎注意到的，问题在于他是否能够为这一区分提供一个充分的解释，这样就可为我们的直觉辩护。

但是在研究这一点之前，有必要清楚地说明这些行动者相对的理由是怎样令后果主义促进善的要求前景不妙（内格尔匆匆讨论的一个论题，pp. 124 – 125）。首先，假设我的计划和利益确实产生了中立于行动者的理由，而且只有中立于行动者的理由。既然我的计划具有中立于行动者的价值，那么不但我有理由促进这一计划，每个人都有这样的理由；促进我的计划将会被视为总体善的一部分。然而，既然我的计划将只产生中立于行动者的理由，我就没有比其他任何人更多的理由来促进我的计划；它们是我的而非别人的计划，这一起码的事实将不会给我任何额外的理由来支持这些计划。

相反，假设我的利益还产生了行动者相对的理由（除了中立于行动者的理由，如果有的话）。那么我就有理由促进我的计划，而其他任何人都没有这样的理由；如果足够强大，这些促进我的计划的额外理由将会压倒那些侵犯我的中立于行动者的理由。这样，在某些情形中，以促进总体善可能付出的代价来追求我自己的计划将是被允许的。

内格尔全神贯注于否定偏好的满足自身存在着任何中立于行动者的价值（p. 124；可能存在着派生的价值，因为愿望的受挫可以是痛苦的，p. 123）。这使得他能够提供一个间接的论证：既然坚持"没有真正的理由是被产生的"这一点不合理，那么由偏好所产生的理由就一定是行动者相对的理由（p. 125）。即使是合理的，我也不认为这样一条否定之路特别启发人心。它可能有助于建立起行动者相对的理由，但却不能解释这些理由。而且，如果我在前面两节的说明是正确的，那么否定偏好的满足自身存在着任何中立于行动者的价值，这对内格尔来说似乎是一个不必要的极端的论点，因为只要我的偏好产生了一般的中立于行动者的理由，对我偏爱自己计划的容许也将被建立起来。不必否定我的偏好同样产生了一般的中立于行动者的理由；关键在于这些偏好必须在产生中立于行动者的理由时不耗尽它们给予理由的力量。〔3〕尤其需要说明的是，为什么行动者相对的理由是被激发出来的。不幸的是，考虑到内格尔间接论证的需要，内格尔的论述反而集中于解释为什么中立于行动者的理由不是被激发出来的。

可能这些只是相对次要的抱怨；但是内格尔的说明中存在一个更为重要的困难：为什么行动者有时候促进自己的利益，而不是为了总体善而牺牲这些利益？内格尔对此的解释是：行动者相对的理由经常会压倒与其相对立的中立于行动者的理由。然而这样一个解释使人无法理解行动者作出牺牲怎么会是可容许的。毕竟这样做将会完全无视行动者相对的理由，根据假设，这一理由压倒了中立于行动者的理由。为了维持如下的直觉性主张：行动者可以按照他所选择的，作出或避免这一牺牲，内格尔似乎需要一个比此处的解释更为复杂的说明。

内格尔的问题是对困扰海德的那个问题的补充。海德主张自主性的理由和促进总体善的理由是不可通约的。这使得他能够解释行动者可以自由选择牺牲或者不牺牲他的理由；但是海德的主张排除了解释道德要求的可能性。内格尔视行动者相对的理由和中立于行动者的理由为可通约的，这样他就可以解释道德要求的存在；但是他似乎不能解释如果行动者愿意，他就牺牲自己利益的自由。是否存在一个对理由的前后一致的解释可以做到同时避免这两个问题，这一点还很不清楚。

---

〔3〕 如果我的计划缺少中立于行动者的价值，那么其他人就没有理由帮助我促进这些计划。这可能提供了第二条途径，主张道德将会比大多数后果主义者所认为的要求更低。但是这不会表明后果主义促进总体善这一要求的不充分性；这一途径将仅仅表明：相信偏好的满足自身是总体善的一部分，这是一个错误。

现在让我们将这一困难放到一边，回到先前的问题上来：为什么痛苦产生了中立于行动者的理由，但成为一个钢琴家的欲望却只是行动者相对的理由？内格尔区分了非自愿的欲望（involuntary desire）和那些"被采纳"或被选择的欲望（p. 122）。他的观点大体是：非自愿的欲望产生了中立于行动者的理由，但是被采纳的欲望只产生行动者相对的理由。（这一观点暗自求助于先前的一个论证，这个论证支持避免痛苦具有独立于行动者的价值）

为了对抗那些认为一个被采纳的欲望的满足具有中立于行动者价值的人，内格尔提出反对，认为"一个人将不得不错乱地认为被采纳的欲望的满足确实具有一种与个人无关的重要性"（p. 123）。然而这一回答的大部分修辞性力量来自一个错误的观点，这一观点认为具有独立于行动者价值的对象必须"自身是好的或者坏的"（p. 119；cf. p. 109）。说一个对象自身是好的，大概是说这个对象的价值并不依赖于任何人欲求它；坚持如下观点显然更为合理：被采纳的欲望的对象仅仅因为某人确实欲望它们而（典型地）具有价值。但是内格尔显然没有注意到这一可能：虽然某个对象具有的价值依赖于它被某人或其他人所欲求，考虑到确实有人欲求这一对象，这就产生了中立于行动者的价值。这一观点至少并不那么不切实际，所以内格尔需要解释为什么被采纳的欲望只能产生行动者相对的理由。

在一段话（这段话我看来是关键的）中，内格尔写道，当他考虑被采纳的欲望时：

> 客观上说，从外部我们可以承认被采纳的欲望给予行动的理由的有效性，而不认为对于任何将要做的事情都存在着一个中立于行动者的理由。那是因为，当我们转到客观的立场时，我们并没有坚持这样的观点，认为这些价值必须被接受。它们的多样性和对行动者的历史和境况的依赖确保了这一点。从我成为一个一流钢琴家的抱负这一观点以外看，认可并理解这一观点，进而承认源自这一观点内部的理由是可能的；但是其他人不可能将这些理由作为自己的理由而加以接受，除非他采纳了这一观点而不仅仅是认可了它。（pp. 122 – 123）

我必须承认我不能领会这一论证或解释的目的是什么。这段话再三断言，如果我不共享一个被采纳的欲望，我就没有——实际上不可能有——一个促进那一欲望的满足的直接理由。但是我完全不明白内格尔对此做了怎样的解释。我不共享我没有共享的欲望，这一无意义的剩余物自身不能解释为什么这样的欲望没有产生约束我的理由。

一种可能性是内格尔暗自假设的：个人可以有理由促进某物，只有当他对某物具有（逻辑上优先）的兴趣。这就解释了为什么独享的欲望不产生理由；但是这样一个休谟式的观点似乎同内格尔计划的整个精神相违背，并在其他地方被明确拒绝（例如，p. 110）。

另一种可能的解释是内格尔可能强调了非自愿欲望——完全被"引起"的欲望，以及被采纳的欲望——出自选择的欲望之间的差别。既然在某种意义上，我采纳的理由没有得到满足，这是我的过错，有人可能提议这解释了为什么其他人没有义务在这点上帮助我。（比较这一观点：罪犯和懒汉在克服他们给自己找的麻烦上不应该得到帮助）我不知道这一说明是否可以得到充分发展和辩护，但是这样做无疑需要超出内格尔所建议的一切。

因而，内格尔的讨论从根本上说是不充分的。尽管内格尔的论证存在细节上的不足，我认为他的总的论点方向正确。内格尔关注客观的和主观的观点之间的冲突，他急于强调后者的合理主张。当然如果可以提供一个充分的辩护来拒绝促进总体善的一般要求，这一辩护将以主观立场的存在和本性为基础。但是在我看来，《客观性的限度》没有对此提供一个充分的论证。我认为，对内格尔的策略的最有希望的发展可以在我们的最后的工作中找到。

III

塞缪尔·谢弗勒的《拒绝后果主义》是我近年来所读过的最有趣的道德哲学著作之一。这本书从"所有道德观念的显著特征需要有原则的动机"这一合理的观点开始，正如副标题所指出的，是"对作为相互竞争的道德观念基础的种种思考的一次哲学探究"。

三种特别的特征引起了谢弗勒的注意：善的审慎分配理论；义务论的限制；第三种特征是他所谓的"以行动者为中心的特权"（agent-centered prerogative），这种特权允许行动者（在限度以内）履行从不偏不倚的观点来看根本就不是最佳的行为，如果他选择这样做的话。这里只有最后一种和我们有关。谢弗勒相信他可以为拒绝后果主义促进最大善的一般要求提供一个合理根据。正如我已经指出的，这一根据显示了主观的或个人的观点的本性。

但是在转向这一根据本身之前，让我们来看一下谢弗勒发现最合理的以行动者为中心的特权。后果主义坚持认为行动者应当依照不偏不倚的立场行动。相反，以行动者为中心的特权将会允许行动者"将其精力和注意投入到他的计划和承诺中，这一投入与它们按照客观的计算所占的分量不成比例"（p. 14）。这一基本观点直截了当；但是谢弗勒对他的特权的细节描述却是相当混乱。他认为一个合理的特权"将会允许每个行动者将比给其他人利益更大的相称分量分配给他自己的利益。合理的特权仅在如下条件允许行动者促进他所选择的非最佳结果：非最佳结果较差于每一个他可以促进的较优结果的程度，同他促进较优结果所必需的牺牲程度相比，绝不能超出特定的比例"（p. 20）。

按照字面理解，这一节似乎在说当两个（模糊的）量值之间的区别小于或等于某个指定的比例时，某个行为是被容许的。根本不清楚的是这一表达能够具有何种直观上的解释。

谢弗勒的失误令人遗憾，因为理解他可能想要描述的那种特权似乎并不困难。设想我想要实施某一行为 S，而不是可替代的行为 O，因为 S 更是为了我的利益。后果主义会认为，我必须将其他人的利益同我自己的利益看得同样重；这样我能够实施行为 S 而不是行为 O，当且仅当其他人的损失在客观上没有超过我的所得。然而，假设我被许可将我自己的利益看得比其他人的利益更重要；让我们假定在我的计算中，我可以放大我的利益和损失，给予它们以 M 倍于其客观分量的分量。和后果主义不同，其他人的损失的数量（行为 S 而非行为 O 造成的损失）必定少于或者等同于我的所得。在这一以行动者为中心的特权之下，倘若其他人损失的数量少于或等于我的所得的 M 倍，那么即使在其他人的损失确实超过了我的所得的情况下，履行行为 S 而不是行为 O 也将是可容许的。

我相信这就是谢弗勒心目中的那种特权：我可以通过给我的利益以 M 倍于其客观分量的分量来为某些非最佳的行为辩护；但是我不必将我的利益估量得过重，因此我仍然可以选择牺牲我自己的利益，实施最佳行为。而且，如谢弗勒所指出的（p. 21），[4] 这样的特权不同于利己主义，因为当其他人损失的数量远超过我的所得以 M 倍，我可能不被容许追求我自己的利益。

然而，谢弗勒忽视了一个很重要的困难（pp. 23 - 25）：这样一个特权将不仅允许行动者放任伤害，还将允许行动者在追求他们的计划时实施伤害（谢弗勒欣然允许最佳的伤害）。因为这一特权只对其他人损失的数量敏感，而对这一损失是否是由这一行动者的行为引起的不敏感。因此，比如说，我杀死我有钱的叔叔以便继承一万美元就显然将是可容许的。为了避免有人建议一个合理的 M 将会避免这一结果，记住我们大多数相信我们不需要付一万美元以便救某个陌生人一命；任何大到足以保留这一结果的 M 很明显对前一

---

〔4〕 假设 M 是有限的。然而谢弗勒错误地断言，这样一个特权会将限制施加到行动者能够追求的计划上（参见 p. 21, cf. pp. 18 - 19）。

种情况也将有效。这些对实施最佳伤害行为的许可可以通过引入对伤害的义务论约束得到阻止,但是谢弗勒拒绝这样做;他也没有提供任何其他理由来限制对允许伤害的情形的特权进行限制。

现在让我们考虑谢弗勒为以行动者为中心的特权(无论任何形式)所提出的理由。谢弗勒的说明以一种辩证的方式进行(特别参见 pp. 56 – 67),但是这一论证的最后要点似乎是这样的。第一,每个人都有一种观点,这一观点的特性是这个人"自己的计划和承诺对他的注意力有独特的要求;他对自己的计划和承诺的关注大大超过了"在非个人的立场上它们的分量所应占的比例。在这一意义上,个人的观点"独立于"非个人的立场(pp. 56 – 57)。第二,既然一种充分的道德观必须充分考虑人的本性,我们应该拒绝任何"忽视个人观点的独立性"的道德原则(pp. 57 – 58)。第三,但是,至少有两种不同的合理方法来考虑个人独立性这一事实(pp. 60, 63):"最大化"策略,这是后果主义可利用的策略(pp. 58 – 61);"解放"策略,这一策略产生了以行动者为中心的特权(pp. 61 – 62)。最终,既然解放策略至少和最大化策略同样充分,我们就有理由合并特权:考虑到对个人独立的重要性的一种解释,这样做"包含了一种考虑个人独立性的合理策略"(p. 67)。

谢弗勒的结论是适度的:他并没有论证把这样的特权包含进来是必要的,而只是论证说:我们有合理的理由接受把特权包含进来的理论。当然,这一结论适度,还取决于解放策略的说明;因为,一种理论可以被解释为对人的本性的某种回应,仅仅这一事实自身并不能表明存在着一个那样回应的理由。

首先,考虑一下最大化策略。虽然有这样一个名称,但这一回应的核心是对个人独立性的承认"从根本上影响了人类实践的特征,因此影响了个人善的构成"(p. 60)。既然放弃个人的计划尤其困难,唯一合理的途径是"权衡这一困难的得失,以获得我们对相关结果的全面评估,从而肯定人们对作为他们自己计划的那些计划的关照"(p. 59)。后果主义者(不论是否正确)继续要求促进总体善;但即使非后果主义也应该接受这一对个人善的精致解释(cf. pp. 63 – 64, 123 – 124)。可能对个人独立性还存在另外的适当回应,但是无论如何,对调整一个人关于善的看法的理由似乎是清楚而不可否认的。

至于解放策略就不那么清楚了。谢弗勒断言,一个以行动者为中心的特权"正是通过承认个人观点的道德独立性来考虑个人观点的自然独立性"(p. 62)。然而这一断言容易引起误解。诚然,任何特权都会让个人观点在某些实践慎思具有免受非个人立场的约束的自由;但是,像后果主义,一个有限的特权"不太可能耗尽"(p. 61)行动者对他自己的计划的感情。除利己主义外的任何观点都不会给个人观点以真正的道德独立性，如果我们像谢弗勒那样想要拒绝利己主义，就需要给那些仅仅承认部分道德独立性的特权一个理由。

而且，谢弗勒对这一理由的以解放策略为基础的核心描述（p. 62）是模糊的；虽然其他段落有一些说明（pp. 64，69，125 - 127），我认为谢弗勒对这一理由的说明是不充分的。谢弗勒说，在解放策略中，个人观点的自然独立性的重要"被认为主要来自于它对人类能动性和动机的影响"（p. 94）——也即是说，人们一般不会按照非个人的立场行动。谢弗勒认为，"考虑对个人独立性的自然事实的重要性的这一认识，只有个人独立性的自然事实能够通过使人们免于如下要求：他们的行为和动机从非个人的观点来看应该总是最佳的，从而反映一种道德观点，这一道德观点才会给予这一事实以足够的分量"（p. 62）。

这样，面对人们通常不会促进总体善这一事实，解放策略的回应是：他们在道德上并不需要这样做。但是这一回应的根本理由究竟是什么？当然谢弗勒并不打算论证，既然人们无论如何都将要做某些事情，我们也可以说这就是道德上可容许的——这既是通向利己主义的快速路，并且也不合理。个人的独立性可能对以行动者为中心的特权具有绝对的吸引力——但是承认这一吸引力的理由是什么？（当然不是像这样纯粹的事实：创造这一吸引力。）诚然这样做是一个回应，但是为什么是一个合理的回应呢？谢弗勒从未提出这些问题；但是没有回答，我不理解我们怎么能接受他的主张，认为解放策略是考虑个人独立性的一种理性方法。与最大值化策略不同，谢弗勒根本没有为对解放策略提供真正的理由。

让我很快提出两条可能的途径来提供这样的理由。第一种途径将会发展谢弗勒关于个人独立性对动机和能动性的影响方面的意见：这一途径可能认为，作为结果，促进总体善的一般要求缺乏与动机有关的基础，这一基础对真正的道德要求来说是必要的；因此道德理论必须至少承认某种行动者相对的特权。第二种途径可能为了承诺的存在和紧密的个人关系而强调个人独立性的重要意义：这一途径可能认为，这些承诺的价值产生了一个积极理由，用来解释在道德理论的范围内至少为了个人观点而保持某种道德独立性。这两种途径都不会必然导致利己主义；但是我不确定两种途径是否可以得到充分辩护。然而没有这两条途径，似乎谢弗勒也未能提供一个基础性的理由将以行动者为中心的特权纳入到道德理论中。像内格尔和海德一样，对促进总体善的一般要求的拒绝仍然没有得到充分支持。

IV

在这篇文章中，我考察了三种最近的尝试，它们试图辩护如下的观点：（在限度之内）行动者追求他们自己的计划而不是总体善是可容许的。这三种尝试已经被证明是不充分的，这使得那些甚至感到没有必要辩护这一通常观点的人犹豫不决。像海德提供的混乱方法的缺点可能不会令我们感到惊讶，但是像内格尔和谢弗勒的不懈尝试的失败应该使我们认识到证明通常信念的困难。实际上，如果"后果主义要求过高"这一直觉不可能得到辩护，我们可能必须面对这样一种严重的可能，即：不是后果主义出错了，而是我们的直觉出错了。

功利主义和美德*

菲利帕·福特 著 解本远 译

功利主义如何困扰我们这些不相信这一理论的人，这个问题是一个很值得关注的问题。虽然我们坚持认为功利主义是错误的，但又好像总是觉得它肯定是正确的。在《契约论与功利主义》一文中，托马斯·斯坎伦一针见血地观察到，在我们时代的道德哲学中，这一理论占据了中心位置，尽管存在如他所提出的事实："行为功利主义的含义同坚定地持有的道德信念极为不符，而规则功利主义作为一种不稳定的折中，打动了大多数人。"[1]他认为，为了打破这一符咒，我们所需要做的就是要找到一种可以替代功利主义的更好选择。我确信这是正确的，但是我想做的是要更为直接地着手驱除这一符咒。很明显某个东西将我们驱向功利主义，它肯定不是一种在某方面错误的假设或想法吗？因为要不然为什么这一理论令人难以接受？我们必定在某处出错了，因此应该找出错在哪里。

我要证明功利主义的根本错误在于它所包含的后果主义，但我也要指出其后果主义的成分也是功利主义为何如此有说服力的一个主要理由。因此我需要说一下"功利主义的"和"后果主义的"两种理论描述之间的关系。按照其最一般的形式，后果主义认为判断行为正确或错误的依据是行为"总的结果"，也就是由行为和其后果所组成的全部。伦理学上的后果主义理论首先将一定的事态识别为好的事态，然后断言行为的正确性（rightness）和善性（goodness）（或者道德判断的其他题材）在于这些行为与那些好的事态的积极的富有成效的关系。功利主义像它通常被定义的那样，除包含后果主义外，同时还将最好的事态等同于那些最幸福、最快乐、欲望得到最大满足的事态。严格说，功利主义——这里

* 在对我写作本文给予帮助的许多人中，我要特别感谢在洛杉矶的罗杰斯·阿尔布雷登和沃伦·奎因，在牛津的罗莎琳·德荷斯特豪斯，加文·劳伦斯和戴维·维金斯。

[1] T. M. Scanlon, "Contractualism and Utilitarianism", in Amartya Sen and Bernard Williams (eds.), *Utilitarianism and Beyond* (Cambridge, 1982), p. 103.

以福利功利主义（welfare utilitarianism）为例——在如下情况下落伍了：当福利分配自身被用来影响事态的善性时；或者当福利以外的任何东西被认定为善的一部时。如果一种理论认为正确的行为是产生"好事态"的行为，不论这些好事态是什么，那么这一理论当然可以被认为是一种功利主义理论。在这种情况下，"功利主义"和"后果主义"就是同义的。功利主义，我指的应该是"福利功利主义"，尽管功利主义在某种形式上同后果主义相一致，这是我最应当关注的。

虽然我相信功利主义的根本错误在于它所包含的后果主义，但是似乎它的最大问题在于它的福利主义或者福利的总量排序（sum ranking of welfare）。因此有人认为"善"（the good）并不会随着快乐的增长而自动增加，而是随着非恶意的快乐、一阶快乐或者类似快乐的增长而自动增加，这样做是为了克服由观看公开处决的快乐或者偏执者和老古板的快乐和痛苦而引起的麻烦。而且，分配原则已经提出，所以那些使得富人受益多于穷人受损的行为在道德上都是没有价值的。这样事态的善性标准不断被修正以应付一个又一个反对意见，但是这种修正似乎总是赶不上反对意见。因为分配原则和特定快乐和痛苦的折算无助于解决与如下错误相似的问题：在少数实验对象身上诱发癌症以便发现一种治疗癌症的方法。如果这一理论要给出符合日常的道德观点的结果，那么权利就必须在某种程度上得到关照，而即使经过修正的功利主义版本也远不能提供这种关照。

因此，阿马蒂亚·森建议，应该考虑"目标权利"系统，在对事态的评估中，尊重或者冒犯权利的观念本身就是一种善或恶。[2]这一想法有助于解决问题，因为如果对主体权利的尊重得到足够重视，那么，癌症试验最终就不会成为"最佳"选择。然而这似乎是一个相当奇怪的建议，因为正如塞缪尔·谢弗勒已经指出的，这一理论没有解释清楚的是，为什么在对事态或总结果的善性的衡量中，杀死（killing）应该比死亡（death）的分量更重。[3]但更为重要的是，这一"目标权利"系统不能处理其他一些行为的例子，我们大多数人并不想把这些行为看做是错误的。例如，假设某个邪恶的人威胁要杀死或者折磨许多人，除非我们杀死或者折磨一个人，再假设我们完全有理由相信他会按照他所说的去做，那么，按照它们的总结果（包括由行为和其后果组成的事态），我们在杀死或则折磨更多的人和更少的人之间就有一个选择，后果主义者将不得不说，在总是假设没有间接后果影响善和恶之间的平衡的情况下，我们有正当的理由杀死或折磨一个人，因此确实在

［2］　Amartya Sen，"Rights and Agency"，*Philosophy and Public Affairs*，11，no. 1（1982），pp. 3–38.

［3］　Samuel Scheffler，*The Rejection of Consequentialism*（Oxford，1982），p. 108–112.

道德上有义务去这样做。如果杀死或折磨无辜者是阻止另外的行动者去做更多的同类事情的唯一方式，那么事实上对这个完全无辜的个人所做的任何事情都是正确的。

现在我发现这是一个令人完全无法接受的结论，并注意到这并非特别是功利主义的结论，而是任何形式的后果主义的结论。因此我们不得不考虑的是后果主义的诱人力量。福利主义有其特殊的吸引力，这一吸引力与如下事实有关：快乐、幸福、欲望的满足是被视为善的事物。但是这一吸引力会因为我们补充了分配原则而变得较弱，快乐也会因为我们很关注公开处决这样的事情而减少。尽管后果主义存在困难，但如果撇开福利功利主义，我们发现自己仍然不能摆脱后果主义，这其中必有原因。

我们不禁要问，是什么原因使得后果主义如此有说服力？我认为这是一个相当简单的问题，虽然喜爱一个更坏事态甚于一个更好事态，这从来都不可能是正确的。产生较少的善而不是更多的善怎么可能是正确的呢？正是这一想法困扰着我们。顺便提一下，这一想法并不能使规则功利主义在回答如何使功利主义符合日常的道德观点这一问题时令人满意，因为我们感到，在一个特殊情形中，我们清楚地认识到遵循最有用原则不会产生最佳结果，倘若如此，遵循这种原则可能确实是不合理的。其次，就像塞缪尔·谢弗勒那样，我们可能会问如下观点是否是不矛盾的：用遵循最有用的原则的方式去行动，以便最低限度地减少在道德上引起非议的同类行为，这种做法在道德上竟然会引起非议。[4]如果去完成这些行为中的一个行为构成一个坏事态，那么大概完全所有的行为都构成了一个更坏的事态。喜爱更坏的事态甚于更好的事态必定是不合理的吗？

这一思想实际上确实有说服力。但是在关于做什么事情是正确的这一问题上，它却得出了明显令人难以接受的结论。因此，如我所说的，我们应当探究我们是否已经在某处出了错。我认为实际上我们确实出了错。我认为（这也是本文的主旨），我们在接受如下观点时出了错：存在着后果主义所要求的意义上的更好和更坏的事态。如维特根斯坦所说，在一个不同的情境中，"在这场魔术中，决定性的动作已经作出，而正是这一动作被我们认为是完全合法的"[5]。

因此让我们观察一下在这个思想中出现的一个好事态的观念，根据这一观念，我们可以断定一些事态比另外一些好，然后给予同这些事态存在有效关系的行为以道德上的描述。

我们应该以这样的提问开始：为什么我们如此确信，我们刚好理解了诸如"一个好事

---

〔4〕 Samuel Scheffler, *The Rejection of Consequentialism* (Oxford, 1982), p. 121.

〔5〕 Ludwig Wittgenstein, *Philosophical Investigation* (Macmillan, 1953; and Blackwell, 1958), para. 308.

态"或者"一个好结果"这样的表述？因为如彼特·吉奇多年前指出的，存在着一些包含"好"这个字在内的短语，例如"一件好事"，它们至少并不像它们所表示的那样具有某种意义。[6]沿着这一思路，人们可能会认为哲学家们在使用诸如"一个更好的世界"时有点草率。人们可能会理解这一短语，如果这一短语用来指一个"道义上更好的世界"，后者被定界为在这样一个世界中，较少的义务没有得到履行。但是，很明显当后果主义需要使用"更好的事态"这一表述时，上述做法并不能有助于给"更好的事态"以某种意义，因为后果主义者想要确定我们的义务而不提及对它们的履行。

但是，"一个好的事态"这样的单词结合体似乎是无可非议的或者毫无问题的，因为这样的表述太令人熟悉了。我们每天不是都在使用它们吗？某事或其他事发生，我们就说那是一件好事。用这样的短语要素构造任何我们想要的集合，就像（原则上）考虑一个可能世界的所有要素，然后组成好事态的总结果一样，这里能有什么困难吗？难道真的没有人能够严肃声称"好事态"是一个我们不理解的表述吗？

当然，询问如下平常事情的意义是荒唐的：我们会说，发生某事或者其他事是"一件好事"，或者一定的事态是好的或坏的。可疑之处并不在于是否存在使用这些单词的某种方式，而是在于这些单词在功利主义和其他后果主义道德理论的说明中是如何发挥作用的。我们以一种非常自然和熟悉的方式谈论好的事态，爽快地接受这一点是重要的，而且这样的使用也没有问题。但是，同样重要的是，要明白这样的表述在我们所熟悉的情境中是如何发挥作用的，特别是要追问一个好事态的地位。它是客观的，是所有通情达理的人都能认识到的东西吗？令人惊讶的是，事实似乎并非如此，至少在许多具有相对性的话语情境中。例如，假设不同队的支持者聚集在体育场上，每个组的成员都在讨论比赛；或者两名观众在一次赛马比赛中支持不同的赛马。在以这样或那样的方式评论比赛时，他们会说情况进展得好或不好，当某个情形发生转变，他们会说这种转变是一个好事态或坏事态。更为通常的是，他们会愉快地接受某些变化，而对其他变化表示难过，他们会说，"哦，好！"或者"那样不好！"，称某些消息是好的，某些消息是坏的，有时将发生的事情描述为"一件好事"，有时不是。我们可以提出大量其他同类的例子，例如我们可以想像一下，针对某种犯罪侦查或保护财产的新设备的发明，在警察总局和窃贼窝点可能发生的谈话。

在这里，至少可以辨别出两种类型的说话方式。"好"和它的同源词可以用来表示说

[6] Peter Geach, "Good and Evil", *Analysis* Vol. 17（1956），pp. 33 – 42.

话者对某个作为最终结果的结果的态度，当他说"好"或者"我高兴"或者"那是好的"时，他针对的是某个本身受欢迎的事物，而不是因为这一事物所能带来的任何善。但事态则更适合于通过它与其他被称作好的事物的联系进行评价。即使本身被认为是好的事态，也有可能因为它引起的结果中有足够的恶而被认为是坏的。

那么，我们对这些说话方式的真或假应当说些什么呢？它们当然可以直接是真的或假的。可能看上去将要变好的东西实际上却在变坏；似乎是好的东西实际上却是坏的东西；一个显然是好的事态却是灾难的开始。当一个人用好事态或者好事情来描述已经发生的事情时，另一个人可能对他说，"你完全错了。"结果可能表明他确实错了。我们可以看到，如果有着相同目标、利益或者欲望的人在一起商量，这一准客观性是没有问题的，但是，如果我们试图将一个群体的说话方式同另一个群体的说话方式进行比较，这一准客观性就不再受到重视了。一个人会说"一件好事"而另一个人会说"一件坏事"，事态也是同样。在比赛中，主张这匹或那匹赛马赢得比赛真是一件好事，这可能有些牵强（可能因为它会带给大多数人的快乐，或者对比赛前景的好的影响），对于一个只关注赚大钱的特殊顾客来说，这样说当然是真的。

然而，这并不是说，被某个人说成是好事或者好事态的东西必定是相对于他自己的利益而论的，因为任何人都可能对比赛前景感兴趣，人们一般会对例如朋友的成功这类事情感兴趣；如果朋友中的某人得了奖或找到工作，人们会说"那是一件好事"。顺便提一句，也不会太担心他或她是否是最好的候选人，除非这个人同他得到的奖或工作明显不相称。

有人可能会认为，这些肯定是诸如"好事态"这样的表述的相当特殊的用法，因为在谈论公共问题（例如对遥远的灾难的反应）时，我们必定会说得十分不同。我们说这则新闻是坏的，因为许多人在地震中失去了生命。随后我们可能会说事情并没有我们担心的那样坏，其他人可能会说"那是好事"。我们可能会用"一个坏事态"来评论我们听到的关于人们死亡或者无家可归的最初新闻，而这通常与我们或者我们的朋友的伤害无关。

这样，上述情况就与观看赛马的人、警察或者窃贼的情况不同。当然，这并不意味着我们在这一情形中所说的与我们迄今考虑的说话方式相比具有不同的身份。为什么它的真实性不应当也是"说话者相对的"，即使不依赖于现在会带给他们的善或伤害本身，同样也不应当依赖于说话者和他们的团体感兴趣的东西？思考这一点与区分这些表达的两种不同用法一样是不合理的吗？一种用法是与说话者相对，另一种则不是。真的存在两种方式吗？例如警察可能用这两种方式说话。大概窃贼也会用这两种方式说话。我们真的认为，当他们都是在用相对于说话者的方式来说话时，他们并不互相冲突，可能都是在说真话，而当他们以"客观的"方式说话时，一方就会真实地说话，而另一方不是吗？何以表明存在第二种说话方式？

有人可能会问，我们到底可能拥有什么样的想法？这些想法必须通过有争议的方式表达。思考一下那个遥远地震的例子，我们会认为，我们相信最好的事态就是在这一事态中，存在着最多的幸福和最少的不幸，或者诸如此类的东西。但是思考其他事情，我们可能会怀疑任何这样的想法是否能够真正属于我们。

例如，设想在一个穷人区散步时，我们中的某个人可能会丢失一笔数目相当可观的钱，我们本来打算将这些钱花在某个相当好的事情上。到了家中，我们发现钱丢了，就抱着很小的希望打电话给警察，希望钱能够找到并归还给我们。令我们高兴的是，我们得知丢失的钱被一个路过的诚实警察捡到，并会归还给我们。"多么好的一件事情，"我们说，"那个警察碰巧在那里。"结果看上去是一个坏的事态，最后被证明并非是坏的：事情比我们认为的更好。结果是好的，一切都好。但是我们可能会问，我们怎么能说事情被证明比我们认为的更好？我们不应该相信最好的事态就是那个存在着最多幸福和最少不幸的事态吗？如果丢失的钱没有被归还给我们，而是被这一地区的某个贫穷的居民捡到并据为己有，这不是更好吗？我们完全没有考虑这一点，因为我们大多数人实际上没有这样的想法：最好的事态就是在这一事态中我们损失了钱，而他们得到了钱。或许如果是一笔数目很小的钱，我们应该有这一想法，但钱的数目相当大。

那么迄今为止，这一讨论的结果是什么？首先，应当指出，这里不可能对"什么是好的和坏的"这一陈述的客观性做任何一般的批评。因为这里根本没有对吉奇所谓的"归属判断"（attributive judgment）提出这类疑问，属性判断涉及同一类的好或者坏的东西：好的刀子、房子和文章，或者甚至好的行为、动机或者人。[7]如果有理由把这些东西说成是主观的或者相对于说话者的，这一理由在这里也未给出。这里也没有涉及关于如下问题的命题的地位：什么对任何人或者任何事物都是好的，或者它们的好在于什么。然而，我们已经在某处找到了说话者相对性（speaker relativity），在那里后果主义要求某物更稳定，因此仍然不能解释关于产生最好事态的断言，而这一断言使得后果主义颇具说服力。

有人可能建议这样回答：正在被讨论的不只是一个好事态，而是从非个人的观点来看的好事态。但这是什么意思？它大概是要反对从我的观点或者从你的观点来看的好事态。从我的观点来看的好事态是对我有利的事态，从你的观点来看的好事态是对你有利的事

---

[7] Peter Geach, "Good and Evil".

态，从一种非个人的观点来看的好事态大概是普遍有利或者对多数人都有利的事态，或者类似的事态。关于最大限度的福利的概念，我们不存在（或者我为了论证而这样假设）任何困难。但是仅仅按照最大限度的福利来定义好事态而得到的对好事态概念的说明，在这里对我们没有帮助，因为我们的问题是"我们应当对最大限度的福利说点什么"，例如，客观地说，最大限度的福利是一件好事，但我们不能断定这是什么意思。

在第二个更为切题的回答中，后果主义可能会说，在这场讨论中，我们真正应该处理的是从道德的观点来看是好的或者坏的事态。有人可能建议说，我们应该不言而喻地认为要在道德情境中去理解这个限定：在道德情境中，说话者在任何辩论中都不会给他自己的私人利益或者忠诚以特殊的位置，在其他情境中存在的说话者相对性被排除在外。在其他一些情形中，这似乎是一个常见的模式，例如，在公共机构主管会议上的讨论。为什么我们不应该以同样的方式来讨论一件将要发生、从道德的观点来看的好事或坏事呢？拒绝如下结论并不困难：正确的行为是产生相应的"最好事态"的行为？

不错，特殊的情境能够产生我们正在讨论的表述的特殊用法。但是，在得出关于道德判断的结论之前，我们应该继续追问：为什么我们认为这样的说法——某个事态是道德上好的（或者坏的），或者，"从道德的观点来看"发生某事是一件好事——是有意义的？我们提出这个问题，是因为毕竟我们不能采取这样一种做法：仅仅通过把这种言语形式的限定增加到（比如说）我们的表述上来，我们就可以编造出一个有意义的句子来。例如，说"从法律的观点来看"或者"从习俗的角度来看"一个事态是好的或者坏的，这会是什么意思？或者一定的事情发生了，从法律或习俗等同样的角度来看是一件好事，这又是什么意思？某些解释自身表明它们是明显离题的。例如，如果法律明确规定，那么从法律的观点来看，它就是一个好事态，或者如果每个人都遵守规则，那么从习俗的角度来看它就是一个好事态。

然而，可以提出一种与法律类似的方式。设想一下，可能有人会说，我们先从思考创制法律的目的开始，提出下面这样一个简单假设：法律的创制只有一个目标，比如说是为了将谋杀和强奸减少并保持在一个最低数量。在假设的情形中，这是我们关心的全部，因此当我们创制最大限度地减少强奸和谋杀的法律时，我们在合理地行动。我们作出任何我们能作出的安排，因为这样做我们最有可能确保被我们假设为目标的事态（总结果）。在这样一种情况下，如下做法可能实际上是合理的：对于每一个关于何为违法的规定都可以作出一个例外，说这个行为不是违法的，如果它的结果可能将与它同类的行为减少到最低数量（按此方式，一个人被允许去偷窃贼的工具）。如果说没有这样的规定更为明智，那只是因为考虑到了诱惑或误算的可能性，这些例外可能达不到预期效果。在这些情况中，从法律的观点来看，似乎可能存在着某个东西，被自然地认为是最好的事态。那么为什么在道德的情形中，不应该实际上如此呢？有人建议说，道德是一种具有一定目标的设置，与协调各种目的有关；或者确保实现最大地可能的一般善；或者上述两者之一再加上保障权利。如果上述三条内容就是我们的目标，那么道德的内容——什么是真正正确的和错误的——就会被认为是由合理的行为需要具备的条件来决定的。

这是一个相当有力的建议。它极为有利于为"从道德观点来看的好事态"争得意义；如果我们采纳了"从道德观点来看的好事态"这样的说法，我们就不会去追问我们对这种事态所持有的直观认识。我们似乎从我们自己的目的开始（我们当然很熟悉自己的目的），然后就像我们可能评估其他任何"装置"一样去评估一种道德。然而，没有被觉察到的是，在这一想法中至少包含着一个非常有问题的假设。持有这一想法的人想当然地认为，道德仅仅是我们为了一定目的而设计出来的一种装置，就好像至少在服务正确目的的情况下，任何广泛地可教的、完全可普遍化的规则集合都可以是一种道德。实际上，有人想当然地认为没有任何东西能够约束道德命题的真实性，除了那些我们认为有用而制定出来的约束外。然而，即使前面那个说法也完全不是真的，我们可以通过考虑一个共同体来认识这一点。这个共同体有一套关于每个人应当做（必须做）什么的规则，此外还包括一些奴隶，他们恰好没有从这套规则的任何一条规则中得到好处。至少可以争论的是，在这一情形中，奴隶们无法得知他们将利用这套与我们的道德"应当"相当的规则做什么，"应当"的含义是在某种意义上负有义务。因此或许这一制度根本就不是一种道德，尽管它包含着可普遍化的命题，而且，从最大化福利的观点来看，它可能是一套有用的制度。契约主义可能会以道德的名义否定这一制度，当然，像斯坎伦这样的人可能会认为：如果某些人（他们被指望要服从这一制度）不可能理性地接受这一制度，它就不是一种有效的道德。[8] 当然，关键在于，在完全可以被称为道德体系的制度上，可能存在着此类约束，更不用说其命题有待证明为真的道德体系。任何拥有纯世俗的道德观点的人，或者任何正确地认为道德体系在某种意义上是人为发明的人，在这一点上很容易犯错，他们忘记了道德是一个具有自己约束的非常特殊的概念。

上述建议让我们可以讨论"从道德角度来看的好事态"这个说法。这个建议似乎阻碍了我们只去设定一种关于"道德为何物"和"如何判断正确与错误"的理论，而且是

---

[8] See Scanlon, op. cit.

后果主义的理论。同样，哈桑尼在其"道德与理性行为理论"〔9〕一文中把伦理定义为手段－目的推理的一种特殊例子，这种推理致力于最大限度地增加整个社会所有个人的平均效用水平，满足一种合理性的要求。在这样做时，他就为从道德观点来看的好事态提供了一种意义，但这一意义来自于后果主义理论内部。

同样的情况还有黑尔最近发表的关于功利主义的讨论，他为如下论题提供了一个相当精致的论证：一个采取道德观点的人必须将效用的最大化作为自己的目标。黑尔通过两种方式来表明这一点：一种方式是对日常道德的一阶描述，另一种方式是二阶的批判性的道德判断。〔10〕对于任何一个接受他的理论的人来说，在谈论从道德观点来看的好事态时，都有一个清楚的含义，只因为他可能相信存在着某物，它是所有道德行为的目标。

因此，当后果主义者谈论道德上所说的最佳事态时，他知道他说的是什么意思。但是非后果主义者如何理解这种说法呢？这种说法对他来说会是什么意思呢？他有任何理由认为存在着从这一道德观点来看是更好的和更坏的事态吗？他会说这一讨论只适合于后果主义内部，因此拒绝与其有任何关系吗？这似乎必定是错误的。然而，这个包含好事态和坏事态的命题却好像通过某种魔法将非后果主义者带到他认为是错误的理论。所以他应当问自己为什么确实认为必定存在着这样的事态。是什么让他认为情况如此呢？在我自己看来，我发现，看似荒唐而被否定的是：一个有道德的人，就其作为一个有道德的人而言，必须希望并致力于某些事情，而且，当这些事情发生时，他就会认为是一件好事，当这些事情正在发生或者用他们所赞同的方式得到处理时，这就是"一个好事态"。他必须希望其他人幸福吗？否定这一点就会否定仁慈是一种美德——谁想这样做呢？

让我们看看这一思路会把我们带向何处：毫无保留地接受仁慈是一种美德；一个仁慈的人必须致力于其他人的利益；如果一场遥远的灾难结果没有我们担心的那么严重，就称这样的情况是"一件好事"。在这里，我们确实让"一件好事"这样的说法（明显像一个"好事态"）出现在道德语境中。对这种说法的使用不是通过功利主义理论来解释的，而是通过一个关于仁慈的简单观察来解释的。

这一观点似乎与如下方式相同：把人们在其中是幸福的这一事态视为好的事态，这是道德的本质部分。但是非常重要的是，我们已经发现了这一道德体系之内的目的，这一目的构成了道德体系的一部分，而不是作为评价一般道德行为的"好事态"位于道德体系

---

〔9〕　John C. Harsanyi，"Morality and the Theory of Rational Behavior"，*Social Research* Vol. 44，no. 4 (1977). Reprinted in Sen and Williams op. cit.，pp. 39 - 62.

〔10〕　R. M. Hare，*Moral Thinking*（Oxford，1981）.

之外。仁慈只是诸美德之一，因此，在对特定情形下的好行为和坏行为发表意见之前，我们必须考察其他美德。于是我们就可以看到，我们没有理由认为，为了促进其他大多数人的幸福这一目标而做的任何事情都是道德上被要求的，或者甚至是道德上可容许的。理由如下。第一，存在着像友爱这样的美德，它们在决定仁慈的要求方面各有影响，例如，给朋友较少的服务而不是给陌生人或熟人更多的服务，这种做法与仁慈相一致。第二，存在着正义的美德，在古老而广泛的意义上，正义与应当做的一切事情都有关。在日常的道德准则中，我们可以找到大量正义限制追求福利最大化的例子。首先，存在着分配正义原则，这些原则以公平为依据，禁止类似地"做好事"，即以穷人的不幸为代价增加富人的幸福。其次，存在着诸如说真话这样的规则，这些规则不可能被任何地方、任何时候的福利的增加所打破。第三，存在着关于权利的考虑，既有积极的也有消极的，这些考虑限制那些为了福利而采取的行为。正义主要与公平和诚实行为的某些原则有关，与对其他人的禁止和干涉有关，而不是任何目的的附属物。当然，正义的人必须阻止不正义的事，在这里，正义就像仁慈一样是一个目的问题，但是这个目的本身不同于仁慈这样的特殊目的，不必与其相一致。

我并不打算在这里详细探究这些问题，只想指出，我们发现，在我们日常的道德准则中，有许多要求和禁止与"仁慈就是道德的全部"这一观点不符。

有人可能会说在正义与仁慈之间是有张力的，人们可能会理解他的说法。但是他的说法在严格意义上并不准确，因为这种说法可能具有这样一个含义：一个为了增加总的幸福而去做不正义的事情的人，要比那些拒绝这样做的人具有较高程度的仁慈。这是不正确的。一个拒绝为了增加幸福而牺牲无辜生命的人不会被认为比那些愿意这样做的人更少仁慈。我们可能倾向于认为，如果后者是致力于其他人的幸福，那么他至少是"出于仁慈"而行动。但这是一种糟糕的谈论方式。仁慈当然不需要不正义的行为，我们也不应当将侵犯权利的行为称为仁慈的行为。例如，为了减轻更多人的痛苦而在一个人身上诱发癌症（或故意让其按常规发展），这样的行为不可能是仁慈的行为。

这一讨论所要表明的是，即使在仁慈方面的圆满也并不意味着人们可以做任何经过可靠计算可以增加人类幸福总量的行为。顺便提一下，这使得某种功利主义理论变得清楚起来，这种理论将一种处境下的道德评价等同于有同情心的、不偏不倚的观察着所作的道德评估，观察者的仁慈平等地扩展到所有人。我们可能会问，对于这个观察者的其他特征，我们会说些什么？他仅仅是被减轻痛苦和增加幸福这一愿望所引导吗？或者他也是正义的？对他来说，讲真话、信守承诺、尊重个人自主性这些说法，如果仅仅是因为它们有助于最大化福利而得到推荐，那么我们就会明白，这个"不偏不倚的有同情心的观察者"显然是一个赞同某种功利主义观点的人。这样，我们再一次看到，功利主义者完全按照他们自己的观点来定义道德评价。

回到我们论证的主线上，现在我们发现，我们能够更好地理解实际上存在于道德范围之内的更好的和更坏的事态的观念所适合的场合。根据如下事实可以得出，存在着这样的场合：仁慈的合适目的是其他人的善，而且在许多情形中，具有这一美德的人能够根据一般的善来考虑好的和坏的事态。然而并不能由此得出他总是能够这样做的结论，因为有时正义会阻止一定的行为，就像它阻止为了进一步的癌症研究而进行的造成伤害的实验；在这种情况下，我们就不能问包含某个行为及其结果的"事态"是否比这一行为没有得到实行的事态要更好或者更坏。这一行为不可能被实行，因为正义禁止它。任何具有正义这一特征的事情都不能被归入到此类总结果的比较范围内，而仁慈有时可能需要此类比较。回到前面讨论的那个问题：为了阻止更多的杀害或折磨而杀害或者折磨某个人是否是道德的？我们看到同样的原则在这里起作用了。如果问题变成安全营救少数人还是多数人，仁慈会要求救多数人。然而，如果问题是以杀害来阻止杀害（或纵容杀害），情况就变得相当不同了。人们不必认为所有不干涉的权利都表达了不正义的行为；如果上述说法是不正义的，有道德的人就会对自己说他不能做这种事情，并在作出这个判断时没有把它包含在他对自己可能引起的好事态和坏事态的任何评价中。

我在最后几节略述了关于最大限度的福利这一观念在道德中所占的重要位置，我们能够真正地说些什么。最大限度的福利或者任何其他目的不能被置于道德范围之外，作为道德的基础或者仲裁者，而是应当出现在道德范围之内，作为上述美德的一个目的。如果我们这样来看最大限度的福利，不给"最好的结果"和"好事态"这样的表述以道德情境下的特殊含义，而是由诸美德赋予它们意义，那么我们就不必再考虑如下荒谬的想法了：有时候按照某一种方式行动，包含行为和其结果在内的总结果没有某个其他可能得到的结果好，但这一行为却是正确的。非后果主义应当说的是：在这些情景中，"好事态"这个说法是一个用处很有限的说法。它仅仅适用于如下情形：仁慈的美德不受约束地追求其目的，并在各种可能性中作出选择。（不受约束地追求某个目的的正义同样如此）但是，如果我们试图用"好事态"来表示一个无所不包的东西（例如，包含我们可能违法去做、被允许去做、想要去做的事情以及它们的后果），这一表述就没有意义了。理论上说，一个仁慈的人必定希望把损失和伤害降到最低程度。然而，他并不希望他自己或者任何其他人应当为了最低限度地减少杀死行为而杀死一个人。因此，在这一点上，没有理由认为他必须把为了最低限度地减少杀死行为而杀死一个人的行为视为"更好的事态"。有些非后果主义者认为道德情境中的好事态和坏事态只能来自于美德本身，对于这些人来说，他们没有理由把拒绝这样一个行为——为了最低限度地减少杀死行为而杀死一个人——描述为一个更坏的事态。如果他做了这样的描述，他就把这个词在其对手那里的含义给予了这个词，他会发现自己已在对手的控制下，这并不奇怪。

因此，我希望已经表明非后果主义理论的核心并没有矛盾。无疑，有人会反对说，在谈及诸美德时，我只是移动了地方，而原本必须求助于更好的和更坏的事态。但是这是为了支持一种特殊的美德理论而求助于论题本身。道德上好的倾向必然产生或保持某些人类善，例如公平、协作、友爱和相互尊重，这当然是真的。但由此并不能得出，存在着某个所有道德行为都应当努力促进的事态。

异化、后果主义与道德要求

彼特·莱尔顿 著 解本远 译

引言

遵守道德要求可能会导致异化——与一个人的个人承诺、感情或情感、其他人甚至道德本身相异化。在这篇文章中，我将讨论这些异化的几个明显事例，试图对它们所涉及某些道德理论的可接受性问题作出一个初步评价。我将特别关注这一问题：异化问题是否表明后果主义理论是自我挫败的。

我将不会试图对异化做一个完全的或一般的描述。实际上，在一个很一般的层面上，异化只能被非常粗略地描述为导致某种（不一定被有意识地发觉的）损失，或者某种（不一定被有意识地注意到的）疏远、远离、分离。[1]我将依靠事例来传达包含在某些我所关心的异化中的意义，而不是尝试一种一般的分析。在下文所要讨论的语词和现象中，没有什么东西能够在避免"异化"这个充满争议的术语的同时又得到充分考虑。但我的观点是，只要我们注意到某些并不总是受到关注的问题实际上是有某种共性的，对这一很难对付的术语的使用就存在着某种意义。例如，在本文最后一节，我将指出，在道德实践

---

[1] 该损失不必某种价值的损失，更不必是总体上坏的东西：某些人、机构或文化的异化可能是一种福利。异化在多大程度上是一个棘手的现象，这取决于损失了什么；在接下来将要考虑的诸多情形中，损失的通常是实质上的价值。如我们将在"非异化在人类价值中的地位"一节看到的，不能由此认为在这些情形中，异化总的说是一件坏事。而且，我并不认为，该损失由于原先并不存在的一种分离而表示某种价值的实际减少。例如似乎有理由说，某个人在与自然的异化中可以经验到损失，不需假设他曾经和自然有过这种关系，就如同我们说，对某人来说从未受教育或从未欣赏音乐是一个损失。很遗憾，这里不能讨论不同种类和来源的异化。在理查德·沙赫特的 *Alienation*（Garden, New York：Doubleday, 1971）一书中可以找到对异化的一般的、历史的讨论。

中异化的一种重要形式可以通过处理道德可能引起的其他种类的异化而得到减轻。异化的这一种重要形式的含义是，道德作为一不相容的要求，与我们实际上所关心的事情距离遥远而又互不相关。最后，存在着历史的理由将这些现象归入一个类别，这里将不讨论这些理由；对这些现象的部分解释存在于现代"公民社会"的条件中，存在于经验主义和理性主义的哲学传统中——这些传统包含了某种对自我与世界关系的描述——这些传统已经在这一解释中兴盛起来。让我们从两个例子开始。

两个例子

对许多人来说，约翰看上去一直是一个模范丈夫。他几乎总是对妻子的需要表现出极大的敏感，并且愿意想尽各种办法来满足这些需要。他极为倾心于她。当约翰的朋友谈及他关心他的妻子的这种非凡品质时，约翰的回答没有任何的自我放任和自得："我一直认为人们应当相互帮助，如果他们有很好的机会去这样做。我比其他任何人都了解安妮，因此我更知道她想要的和需要的东西。而且，我非常爱她，而这种爱并没有重负——相反，我从中获得的极大的满足。如果人们没有对他们所爱的人以特别的关心，只需想一下婚姻或者生命自是多么令人敬畏。"他的朋友认为约翰过分谦虚，但是约翰的态度却使他相信约翰说的是实话：这就是他的真实感受。

利萨在短期内经历了一连串失望，情绪极为低落。不过，最后在其他人的帮助下，她从漫漫长夜的焦虑和犹豫中解脱出来。现在她已经可以坦率地和朋友谈心了，她找到老朋友海伦，海伦在整个过程中起到了支柱作用。利萨想通过某种方式感谢海伦，因为她清楚地认识到自己在这几个月所承受的巨大负担，自己给海伦带来了多大的拖累和麻烦。"利萨，你不必感谢我，"海伦回答说，"你应该得到我的帮助，你为我做了很多，这是我至少能做的。记住我们是朋友，不是吗？我们很久以前就说过，不管发生什么，我们都会互相帮助。有一天我可能会求你做同样的事情，我相信你会做到的。朋友之间还能有比这更好的吗？"利萨想知道海伦是否只是为了避免产生内疚感才这样说，但是海伦回答说，她说的全是实话——她不可能使自己对利萨撒谎，即使她试图这样做。

缺少了什么？

约翰和海伦的话有什么问题？他们的话都显示了坚定的品格和道德意识。约翰的话具有仁慈的、后果主义的特征，而海伦则使用义务、互惠、尊重这样的义务论术语来说服别人。他们不是自我中心的或者没有同情心。但是他们的话似乎有问题。

需要注意的与其说是他们所说的，不如说是他们没有说的。例如，考虑一下如下问题：约翰的话在他的妻子听来如何可能是合理的呢？安妮可能希望约翰在某种最终的意义上，部分地为了她和他们的爱情的缘故，给她以特殊的关心。他忠诚于她，是因为这样做可以产生显著地好的后果，这一事实完全没有涉及她以及两人的关系——尽管这些显著地好的后果在很要的方面依赖于他们两人之间的特殊关系。约翰确实照顾了她，但是她有理由认为约翰照顾她的方式伤害了她。好像约翰在审视她，审视他们两人的关系，甚至审视他对她的爱情的时候，都是在从一种冷淡的、客观的观点出发——这是一种道德观点，根据这一观点，理由必须是任何有理性的人的理由，因此即使在处理个人事情时，也必须具有一种非个人的特征。他的妻子可能认为一种更个人的关系同样是适当的，一种源自于"那是我的妻子"或者"那是安妮"的观点可能会有直接的、特殊的相关性，并在他对"你为什么那么照顾她"这一问题的回答中扮演一个无中介的角色。

在海伦对她为什么支持利萨的解释中也缺少了同样的东西。虽然我们理解她对利萨的特殊义务依赖于她们关系的特殊特征，但是如果利萨发现海伦对她的感激相当冷淡，甚至令人寒心，我们可能不会对此表示惊讶。我们不必怀疑海伦是否对利萨有着深厚的感情，但是我们想知道这一感情在海伦的思想中如何得到表达。〔2〕

约翰和海伦都显示了异化：在他们的爱和他们的理性的、慎思的自我之间似乎存在着异化；一种抽象的、可普遍化的观点在他们对其他人的回应和他们对自己情感的回应中间进行调解。我们不应当认为他们已经陷入一个道德反思和事后理性化的无特征时刻；从道德观点来思考和行动，这是他们性格中一个稳定的部分。对他们来说，世界好像就是义务和许可的组织，在这一组织中，个人考虑只在如下的意义或方式上才值得承认：这样的考虑要在这一组织中占有一席之地。

称约翰和海伦与他们的情感或亲友相异化，这一看法自身并不是要谴责他们，也不是要说他们正经历任何悲痛。人们可以与某物相异化而没有认识到这一点，或不因为这种异化而有意识地遭受痛苦，就像人们完全可以对某物不感兴趣而对此没有认识或有意识地遭受痛苦。但是异化并不只是缺乏兴趣；约翰和海伦并不是对他们的情感或者亲友不感兴

---

〔2〕 这并不是说，在这一点上没有问题：海伦（或者约翰）的感情和态度是否构成了最为完美的爱情或友情。稍后我们将看到这一问题。

趣；更确切地说，他们的兴趣采取了某种异化的形式。这种异化自身可能并不是一种心理上的痛苦，它可能是这样一些痛苦的基础（例如寂寞感和空虚感），或者是某些有价值东西的损失的基础（例如归属感或自发性快乐）。而且，他们的异化可能引起其他人心理上的忧虑，使某些有价值的关系变得不可能。

然而，我们必须提高警惕，以免过于简单的类别歪曲了我们的判断。在我看来，将自我描述为按照通常所划分的认知的和情感的两个部分是错误的，其中慎思和合理性属于前者，而情感属于第二部分。约翰的异化并不是一个涉及两个被自然地给定的自我（认知自我和情感自我）的分界问题；而是一个部分地由如下事实来构成的问题：他的心理分化为两个分离的区域。约翰的慎思的自我似乎显著地与他的情感相分离，但是并非所有的心理都需要被如此划分。在情感中存在着认知成分——情感并不是单纯的"感受"，此感受对于慎思的自我来说是已知事实，而是还包含了某些特有的思考和理解方式——这一点可以为如下观点所显示：如果约翰坚持用把他的话显示出来的那种方式来看待安妮，人们就很难相信约翰确实爱着她。实际上，他对安妮的感情似乎的确被降级为单纯的"感受"。尤其因为这一原因，我们不应当认为约翰与其感情的异化和约翰与安妮的异化是完全独立的现象，一个是另外一个的原因。[3] 当然，同样的评论适用于海伦。

道德的观点

如果刚才提到的这种异化并不存在，约翰和安妮或者海伦和利萨的生活可能会更幸福或者更完满。但对道德来说这是一个问题吗？如果如某些人所主张的，具有某种道德就是从道德的观点作出规范性判断，并接受这些判断的指导，并且如果一种道德观点本质上必须排除那些缺少普遍性的考虑，那么任何真正道德的生活方式似乎都有可能产生前面所提到的各种异化。[4] 因此，"道德绝不应该要求我们超出个人观点"这个说法就是一个概念

---

〔3〕 而且，存在着一种认识，在这种认识中，某个人对他的感情或感受的回应明显地受到一种计算观点的调节，他可能无法完全认识自己，或者在某种程度上对其他人来说是不可知的，这种"认知的距离"可能本身即他的异化的一部分。我在此处受惠于艾伦·吉巴德。

〔4〕 关于道德观点的本性和它在道德生活中的适当角色，存在着相当广泛的观点。一个人必须实际上根据普遍原则而行动，或者只是必须愿意使其遵循的原则普遍化？道德观点根据其本性要求我们以同样方式考虑每个人吗？在这里我对道德观点采用了一种相当强的解读，根据这一解读，采取道德观点包含了可普遍化和对所有人的同等考虑。

上的混淆，因为不能从一个非个人（或非私人）的观点来看事情并不一定意味着就不符合道德——这种做法可能只是非道德的，而不是不道德的。这并不是要说，不存在着值得我们关注的其他生活观点，[5]或者采取一种道德观点总是合适的——人们可以说，当约翰和海伦用这样一种非个人的方式考虑问题时，他们并没有表现出道德上的缺陷，虽然他们确实过渡地说教。但是，即使一种特定的道德要求我们采取一种非个人的观点，这一事实也不能合理地成为反对它的理由，因为它很有可能就是使得那个道德成为一种道德的原因。

这一立场给我的印象是太过自满了。首先，我们必须以某种方式说明实践理性，这一说明并不只是增加观点和划分自我——我们需要一种更为统一的说明。第二，我们必须承认爱情、友情、团体忠诚和自发行为包含在使生活有意义的最重要的因素里；任何值得认真考虑的道德理论本身必须给这些因素以严肃的考虑。如威廉·弗兰克纳写道："道德为人而设，而非人为道德所设。"[6]道德考虑通常被认为在实践理性中压倒一切。如果我们发现，采纳一种特定的道德将会导致与人类主要福利发生无法和解的冲突——就如同约翰和海伦的话让某些人怀疑——这就使得我们有很好的理由来怀疑这种道德的主张。[7]

例如，在《正义论》的结束句中，约翰·罗尔斯考虑了"永恒的观点"，这一观点跨过所有的个人和时代而是不偏不倚的。他写道，这是一种"世界上有理性的人们能够采纳的思想和感觉的形式"。"心灵的纯洁，"他断定，"也许会看清这一切，并从这一观点出

---

[5] 一种道德观点的理论家可能使用由密尔区分的三种观点：道德的、审美的和同情的。"第一种致力于我们的理性和良心，第二种致力于我们的想像力，第三种致力于我们人类的同情（fellow-feeling）。"摘自"Bentham"，重印在 *John Stuart Mill: Utilitarianism and Other Writers*, ed. Mary Warnock（New York: New American Library, 1962），p. 121. 在他看来，道德上正确的东西可能并不是"令人愉快的"（例如父母严格要求孩子）或"美好的"（例如不真实的姿态）。这样，这三种观点不必在它们的积极或消极评价中同时起作用。然而，注意密尔已经将自我分为三个领域，"理性和良知"的领域，"想像"的领域和"人类同情"的领域；还要注意，他选择感情（feeling）来描述人类的情感（affections）。

[6] William K. Frankena, *Ethics*, 2nd ed.（Englewood Cliffs, NJ: Prentice-Hall, 1973），p. 116. 不符合这一格言——或者将所有有知觉的存在着包括在内的这一格言的修正形式——的道德规范可以被认为在费尔巴哈式的意义上是异化的。

[7] 例如，密尔称这一道德观点"毫无疑问是首要的和最重要的"，尽管他认为提升道德观点的地位并且完全"压制（审美的和同情的）观点"是道德说教者（如边沁）的错误，但是他并没有解释如何避免这一点，如果道德观点如他所说的应当是"至高无上的"。参见他的"Bentham，" p. 121.

最近因为这样的理由而怀疑道德规范的哲学家包括 Bernard Williams, "A Critique of Utilitarianism," in J. J. C. Smart and B. Williams, *Utilitarianism: For and Against*（Cambridge: Cambridge University Press, 1973），Michael Stocker, "The Schizophrenia of Modern Ethical Theories," *Journal of Philosophy*, 73（1976）: 453 – 466.

发，优雅而自制地行动。"〔8〕这可能是心灵的纯洁，也可能不是，但它不可能是没有把个人从各种个人关心和承诺中根本上分离出来的实际生活立场。可能我们不应当认为罗尔斯是在提出这一建议：在日常生活的大量行为中，我们应当采纳这种永恒的观点。但是，如此高度抽象的观点被描述为一种道德理想，这至少应当令我们感到奇怪。〔9〕如果更加完善地合乎道德就是要更加接近这种抽象，那么或许我们在起初登上道德电梯时就犯了错误。阻止我们实现这个道德理想的那种"弱点"——对某些人或生活计划的强烈忠诚——似乎是更令人信服的人类理想的一部分。

在这一点上，我们是否应当说：教训就是我们应当在我们的道德推理中给予非异化（non-alienation）的价值一个更为显著的角色？那可能有点太迟了：问题似乎在于道德要求我们考虑事物的方式，而不只是它要求我们所考虑的事物。

"享乐主义悖论"

我将不从如下问题直接入手：合乎道德是否就是要采取一种道德观点，在合乎道德和在某种意义上有害于人类繁荣的异化之间是否存在某种必然联系；而是要考虑一个有关的问题，对这一问题的解决可能提出一个绕开障碍，找到一种更直接路径的方法。

所谓的"享乐主义悖论"的一种形式是：作为生活的唯一最终目的，对最大化幸福的追求同样可能阻止人们拥有某些经验，或者参与一定种类的关系或承诺，而这些关系和承诺是幸福的最大来源之一。〔10〕享乐主义者环顾四周，可能会发现，尽管他不懈地追求幸福，那些比他较少关心自己幸福的人，以及那些与他相比较少把人们或计划视为工具的人实际上过得比他更幸福。这一"悖论"是实用的而非逻辑上的，但却有些难以理解：这位享乐主义者似乎不应当成为一个享乐主义者。这样，似乎我们遇到了另外一种情形，在此

---

〔8〕 John Rawls, *A Theory of Justice* (Cambridge：Harvard University Press, 1971), p. 587, 附加的强调。

〔9〕 我并不认为我们应当根据这少量的几段话来解释罗尔斯所有复杂的道德理论。我引用这几段话仅仅是要说明道德思考中的某种倾向，特别是一种被康德主义所激发的倾向。

〔10〕 这对个别的、利己的享乐主义者来说是一个"悖论"。"享乐主义悖论"可能采取的其他形式在特征上是社会性的：有证据可以表明，由利己的享乐主义者组成的社会可能比由更为仁慈的存在者组成的社会达到总量较少的善；或者，将幸福作为唯一的社会目标与追求更广范围的目标相比，可能导致一个总体上较为不幸福的社会。

情形中，如果一个人用一个特殊的观点（在目前的情形中，享乐主义的观点）来调解他与其他人和计划的关系，那么这种做法就阻止他可能最大限度地实现他所要寻求的价值。

然而，注意到这一点很重要：即使采纳一种享乐主义的生活计划会妨碍实现这一计划，在为了另一个人或者类似原因而行动和认识到这对于个人的幸福是多么重要之间并没有这种自然的排斥。丈夫为了妻子而行动，他完全知道这样做是使他自己获得强烈满足的来源——除了向他提供内在于行动的行动理由外，这一关系还可能促进实现幸福这一外在目标。而且，虽然对幸福的追求可能不是他加入或维持夫妻关系的理由，但他可能也承认，如果这一关系没有使他幸福，他可能就不会加入这一关系，此外，如果经过时间证明这一关系与他的幸福相矛盾，那么他可能就会考虑终止这一关系。

可能会有人反对说：如果一个人的承诺在这个意义上是偶然的或可被超过的，那么他实际上就不可能把某个人或者一个计划视为一个目的本身（end as such）。但如果情况是这样，对于这种目的，我们只能有极少的承诺。例如，一个人不能将自己的配偶和孩子承诺为目的本身，因为在发生冲突的时候，在这些承诺中至少有一个可能会被超过。很容易把对一个目的本身的承诺的概念与一个压倒性的承诺的概念混淆起来，但是强度不同于结构。对一个目的本身加以承诺至少取决于这个承诺是否给某个人提供了行动的理由，而且这些理由不是由其他的关注来调解的。但我们不能由此推出，这些理由必须总是压倒一个人所持有的任何其他相对立的理由，或者一个人不能同时持有其他调解性理由，这些理由也倾向于让一个人按照那个目的来行动。

对目的本身的实际承诺，即使非常强，也服从于不同的限定和偶然因素。[11] 如果一个朋友长得过于平庸或者去了世界的另一个地方，或者一个经过打算的生活计划被证明不如想像的那么吸引人或可行，对朋友和计划的承诺及感情自然会变化。如果一种关系根本经受不住最小的变化，那么谈论真正的感情而不是比如非理性的迷恋，将会是牵强的。但是如果一种关系的成员逐渐相信没有这种关系他们将会过得更好，这就是一个重要的变化了，并且不难想像他们对这种关系的承诺可能是偶然的，但却是真的。当然，一种关系包含了共享的历史和共享的期望，也包含了短暂的经历，在正常情况下，感情和关心不太可能在一夜之间就发生变化，关系也不会随意开始或结束。而且，在影响一个人的生活和实现更深层次的满足方面扮演决定性角色的这类感情和承诺，是不会轻易被那些不断的再评价和事后批评所超过或影响的。这样，一个明智的享乐主义者可能不会使他的感情或承诺

---

〔11〕 这不是要否认承诺是有索引排列（indexical）的组成要素的。

永远服从于享乐主义的计算，也不会仅仅因为另外的安排在特定时刻会令他更幸福就试图解除某种关系或承诺。对其他人的承诺或诸如此类的原因可能与自我具有非常密切的联系，一个知道自己打算做什么的享乐主义者不会因为一点点刺激就显露他的自我。偶然的东西并不是可有可无的，尽管某些承诺明显是非偶然的——例如父母对子女的承诺或者爱国者对国家的承诺——但我们不能说那些更为偶然的承诺永远都不真实，或永远不会有助于意义更为深远的幸福。[12]

依据这些观察，如果我们区分了两种形式的享乐主义，我们就可以减少"享乐主义的悖论"的影响力。主观的享乐主义是这样一种观点：一个人应当在行动中采纳享乐主义的观点，也就是说，他应当在任何可能的时候都努力决定哪个行为看上去最有可能对他的幸福作出最佳贡献，并相应采取行动。客观的享乐主义是这样一种观点：一个人应当采取事实上最有可能促进他的幸福的做法，即使这样做包含了在具体行动中不采纳享乐主义的观点。如果一个行为是从一种享乐主义的观点实行的，这个行为将被称为是主观享乐主义的；如果一个行为作为行动者可实行的行为之一，最有可能有助于他的幸福，这个行为就是客观享乐主义的。[13] 如果一个人致力于过一种客观享乐主义的生活（也就是说，是在这一情况下他能得到的最幸福的生活），但并没有承诺一种客观的享乐主义，我们就可以把这个人称为精致的享乐主义者。这样，在心理上可能的东西的范围内，无论何时，当采取这种观点同采取一种客观享乐主义的做法发生冲突时，一个精致的享乐主义者就准备避开这一享乐主义的观点。所谓的享乐主义悖论表明，可能存在着这样的冲突：只

---

〔12〕 这一承诺取决于什么看来确实很重要，它是多么偶然看来也很重要。在我看来，取决于满足利己的享乐主义标准的承诺是否就是在我们所能得到的最幸福的生活中发挥作用的那种承诺，这是一个未决问题，我们马上就将回到这一问题。

那些具有密切关系的人通常会发展对彼此的责任感，这一责任感超出了爱或者情感的承诺，也就是说，他们可能对彼此具有责任感，这一责任感比爱或者情感的承诺更少偶然性，并且完全不会受爱或者情感承诺的迷惑。如果这样一种责任感同自我利益发生冲突，如果它是最令人满意的密切关系的正常组成部分，那么这就可能向利己的享乐主义提出问题。

〔13〕 需要对此作几点注释。第一，我称一个行为对某个行动者来说是可实行的，如果他努力就可以成功实施这一行为。第二，不论在这里还是在本文的其他地方，我打算使用对行为的十分"厚实"（thick）的描述，以便使"人们应当带着一定的意图或目标实施某一行为"可以成为行为的一部分。短期的（而非长期的）意图、目标、动机等比我们的公开行为更少服从于我们的深思熟虑的控制——仅仅说"对不起"要比真心实意的道歉更加容易。然而，这个事实关系到一个行动者在采取行动的时候什么样的行为是他相对可得到的，因此，我们不应该认为它规定了什么东西算作一个行为。第三，在此处和别处，为了简化讨论，我忽略了这一可能性：一个以上的行为过程可能是最大限度地有价值的。第四，由于我将不在这里讨论的原因，我已经按照实际结果而不是预期价值（与行动者可获得的信息相关）来表述客观的享乐主义。人们实际上可以通过使用预期价值的概念来作出实质上相同的论证。

有某些行为和做法不是主观享乐主义的时，这些行为和做法才可能是客观享乐主义的。如果情况是这样的话，精致的享乐主义者似乎就面临一个问题而不是一个悖论：如何行动以便实现最大限度的可能幸福，如果这有时（或者经常）不是一个执行享乐主义的慎思的问题。

在特定的情形下，对这个问题的回答将是复杂的和依赖于情境的——看来不太可能的是，任何一种决策方法都总是会促进那种最有助于获得幸福的思想和行动。一个精致的享乐主义者可能会通过考虑复杂性和具体情境而准确地开始行动：观察那些在某些方面像自己并且看上去最幸福的人们的实际思考和行为方式。如果我们的假定是正确的，他将会发现这些人很少有人是主观的享乐主义者；实际上，他们为了许多目的而行动。然后他可能在自己身上开始发展这些性格特征、思想方式、承诺类型，等等，这些似乎是幸福的生活所共有的。例如，如果他注意到最幸福的人经常对朋友具有强烈的忠诚，他必定会问他怎样才能成为一个更为忠诚的朋友——不仅仅是他怎样才能成为一个看似忠诚的朋友（因为他已经观察到的那些人因为只是看似忠诚，所以并不幸福）——而是他事实上怎样成为这样的人。

如果一个人把过一种最佳的幸福生活作为目标，他真的能够作出这样的改变吗？在我看来，答案似乎是一个限制性的"是"，但是让我们先看一个简单的例子。一个非常喜欢竞争的网球运动员认识到，他一心想赢的执著阻碍了他发挥出最佳水平。一位专家告诉他，如果他想要赢得比赛，就必须专心于比赛和比赛中的动作，而不要考虑成绩。他被告知，网球运动的成功在于通过他的努力所能做到的投入和专心。因此他花费大量的时间，全身心投入到这项运动的各个方面，发现这种专注特别令他感到满足。他球打得更好了，如果以前他打得不好，他可能会放弃在这一项目上的改变，但是现在他发现，他是因为这个运动项目本身而更喜欢打网球，除了从这项运动中获得外在的报酬外，他还享受着巨大的内在回报。这样的人不可能老是想——在场上或者场外——"不管我怎样打，我唯一关心的事情就是我是否获胜。"他会承认这种想法是自我挫败的，是他先前看待问题的无用方式重新回来的证据。这样的人也不可能是自我欺骗的。他自己也不需要隐瞒他取胜的目标，因为这一目标同他日益增强的对比赛的专注是相一致的。他对这一运动的投入并没有被他获取成功的愿望所遮蔽，而是因其变得更加强烈。

类似的故事可以用来讲述精致的享乐主义者和友爱。一个人可能认识到，他对待朋友的工具性态度阻止他获得友爱所提供的最完善的幸福。由此他可能会尝试着更加关注他的朋友，比如多少有些故意地去这样做，或许直到这样做更加自然为止。他可能发现他的友爱改善了，他自己也更加幸福了。如果他反而发现与朋友的关系变得恶化或者自己的幸福下降了，他可能会重新考虑这一想法。他自己完全不必隐瞒这一点：幸福的外在目标增强了他的关系的内在目标。因此，精致享乐主义者的这一动机结构应该满足一个反事实条件：他不必总是为了幸福而行动，因为他可能为了许多事情自身或者其他人而做这些事情，但是，要是这样做与他过一种客观的享乐主义的生活是不相容的，他就不会这样做。当然，一个精致的享乐主义者不可能保证他将会满足这一反事实条件，而只是试图尽可能充分地满足这一条件。

网球上的成功是一个相对受限制的目标，没有对生活的其他许多方面进行界定。相比之下，最大限度地增加个人幸福似乎是消耗一切的。对其他目的的承诺能够与最大限度地增加个人幸福并存吗？考虑一个类比。奈德需要谋生。不仅如此，他还需要尽其所能赚钱——他有开支巨大的嗜好，一次再婚，孩子到了上大学的年龄，并且他没有大量钱财。他开始将他的钱和劳动投入到他认为可以获得最大回报的方式上。然而并不能由此得出：他完全是为了尽可能赚钱而行动。[14]虽然明显为真的是：他做他所做的，因为他相信这样会获得最大限度的回报，但这并没有排除他是为了其他的理由而这样做，例如为了好生活或者照顾他的孩子。即使奈德为了钱自身而想要钱，也就是说，如果他将财富的积累既看做具有外在的吸引力，又看做具有内在的吸引力，情况仍然是这样。[15]同样，一个人寻求客观享乐主义的生活，这一约束当然为人们提供了相当多的指导，但是它没有为人们行动的动机和目标提供全部指导。

我认为精致的享乐主义者可以避免享乐主义悖论，但这是有条件的。似乎仍然可能的是：通常可达到的最幸福生活是那些甚至拒绝精致的享乐主义的人所过的生活。这些人的性格是这样的：如果他们需要在两种完整的生活之间进行选择，其中一种包含总体较少的幸福，但可以更充分地实现其他某些价值，他们可能会故意选择这种与最大限度的幸福相对的生活。如果情况是这样，这表明精致的享乐主义者可能有理由改变他的信仰，因此不再接受任何形式的享乐主义。当然，如果我们把客观的享乐主义理解为对人们的行为应该

---

〔14〕 迈克尔·斯多克考虑了有关的情形，参见 "Morally Good Intentions," *Monist*，54（1970）：121-141. 他的讨论使我受益颇多。

〔15〕 在奈德为了钱自身而赚钱和道德发展的一定模式之间存在着某种类似：最初被追求以便实现家庭或者社会期望的东西可能会成为一个自身目的。

有人可能会反对如下观点：尽可能多赚钱这一目标完全不同于尽可能幸福这一目标，因为很清楚的是，钱仅仅具有工具价值，即使为了钱自身而赚钱。但是幸福在同样的意义上也具有工具价值，因为它可能有助于促进成为一个可爱的或者成功的人这样的目标。

满足的**标准**（理性的、审慎的或者道德的标准）的一个说明，那么以上论述仍然没有反驳这种享乐主义，因为精致的享乐主义者可能恰好就是为了满足这个标准而改变其信念。[16]

非异化在人类价值中的地位

我们对享乐主义所说的一切是否适用于道德？在讨论这个问题之前，我们应当注意的是，异化并不总是一件坏事，我们可能并不想克服所有形式的异化，在特殊情形中可能与非异化发生冲突的其他价值有时候可能会对我们提出更大的要求。让我们考虑几种这样的情形。

通常认为，在家庭和朋友关系中，当相关的情感已经消失（例如，一个人对他的朋友感到恼怒，对爱感到厌倦，等等）时，道德责任和义务将开始发挥作用。[17]"应当"蕴含着"能够"（或者至少"本来能够"），虽然我们至少在某种程度上出自爱情、友情或者同情去做我们应当做的，这对人而言可能更好，但有时我们完全不能聚集这些情感，正确的做法就是按照爱情、友情或者同情本应引导我们去做的那样去做，而不是拒绝履行任何仅仅出自某种义务感的行为。

但是我们应当为非自发的、基于道德动机的行为增加一个进一步的任务：纵然爱情或关心很强烈，人们也应当与他们的情感或另外一个人保持一些距离，这通常是合适的做法。配偶的一方可能会以一种过分爱护的方式对待另一方；父母可能会无度地宠爱孩子。强烈而直接的爱可能会完全控制一个人，使其无法认定其他人实际需要或者应该得到什么。在这些情况下，在人们之间或者在个人和他的情感之间保持一定距离，让道德考虑进入双方的缝隙，这可能是一件好事，并且构成真正的爱或承诺的一部分。相反的观点认为只要感情强烈，这样的干预就是不合适的。在我看来这是一种浪漫主义的想法。因此对异化的关心不应当采取崇拜"不惜任何代价的真实性（authenticity）"这一形式。

---

〔16〕 对这个主张——客观的享乐主义可以充当一个人的行为应当满足的道德标准，即使这意味着不信仰享乐主义——的一个重要非议是：道德原则必须满足一个公开性条件。我将在"减少道德上的异化"一节中讨论这一反对意见。

〔17〕 例如，参见 Stocker, "The Schizophrenia of Modern Ethical Theories".

　　而且，在避免异化和实现其他重要的个人目标之间可能会发生正常的冲突。自主性就是这样的目标之一。伯纳德·威廉斯强调说，我们许多人已经逐渐形成了一定的"根本计划"（ground project），这些根本计划赋予我们的生活以形态和意义。威廉斯注意到一个人在如下情况下可能遭受的损害：他被迫认为他的个人计划被道德考虑潜在推翻，因此就从他的个人计划中被异化出来。[18]但与此相对，有人极力主张，对自主性来说很关键的一点是，一个人应当对自己的承诺进行检查，即便根本计划也不例外。我们的根本计划通常是在我们年轻时，在特定的家庭、阶层或者文化背景下形成的，对这些产生怀疑是异化的，或者甚至是令人困惑的。当然，自主性不可能明显地要求我们立刻怀疑我们的所有价值，它也不必要求我们始终与我们正在做的事情相分离。仔细检查人生的基本方面，从而达成一套经过自主选择、作为一个完整生活的基础的承诺，这是非常有可能的。实际上，心理冲突和实践上的障碍使我们重新检查我们的基本承诺变得必要，这一检查比我们所希望的要更为经常。

　　同时，自主性和非异化之间的张力不应当被夸大。避免夸大的一个方面就是要放弃康德的这一见解：自主性在某种程度上就是避免被任何偶然的因素所决定。不过，我们也不应该把自主性与完全独立于其他人混淆起来。卢梭和马克思都强调说，实现对一个人自己的生活的驾驭需要参与到一定的社会关系中——实际上，在这些关系中，各种异化已经被最小化。

　　自主性只是一种价值，可能同非异化之间存在着复杂的权衡关系。异化和不真实性（inauthenticity）各有自己的用处。某些个人或者团体与其周围环境的异化有时对于基本的社会批评和文化革新是必要的。而且，没有某种程度的不真实性，人们之间的公民关系是否能够长期维持，这也值得怀疑。在这里，读者并不需要足智多谋，只要有足够的耐心，就可以构造出把这些麻烦的冲突揭示出来的例子，这些冲突存在于非异化和任何其他有价值的目标之间。

减少道德上的异化

　　现在让我们完全转到道德上来。利用任何确定性来处理这一问题，我们必须具有一种

---

　　[18]　Williams，"Critique"．

特定的道德。因为种种理由，我认为看起来最合理的一种道德在形式上是后果主义的，后果主义根据某个事物对善的贡献来评价其正确性。因此，在试图概述我们如何可能在道德理论和实践上减少异化时，我将在后果主义的框架内来工作（虽然我所作的大量论证经过必要的修正，也可以由义务论者作出）。

当然，除非一个人断言了善是什么，否则他还没有采纳特定的道德观点，更没有采纳后果主义。我们先简述一下价值论。我认为，占支配地位的后果主义理论的一个错误在于，这一理论的支持者没有看到，是事物而不是主观状态能够具有内在价值。与此相似的一个倾向是：将所有内在价值还原为一个——幸福。经典功利主义的这两个特征反映了异化的形式。首先，将主观的状态从其客观的对应物中分离出来，并断言我们是专门为了前者而寻求后者，通过这样做，功利主义就在某种程度上切断了我们与世界的联系，这一点通过经验机器这样的例子可以得到形象的说明。经验机器是一种假设的仪器，它能够通过编制程序给某个人提供任何他想要的主观状态。经验机器向我们提供了超过实际生活、具有决定性的主观利益：在实际生活中，如果有的话，也很少有人认为他们已经得到了所有他们想要的。但是对于每个人来说，经验机器使得这样一种他无法区分的幸福事态的存在成为可能。[19]尽管存在这一诱人的利益，大多数人仍然强烈反对经验机器的想法。如罗伯特·诺齐克等人指出的，不仅生活如何向我们显现出来的这一点很重要，我们实际上所做、所是的同样重要。[20]我们将生活的意义视为与这个世界和其他人关系密切，这是主观主义所不具备的，在沉思一种依靠经验机器的生活时，我们所具有的那种失落感显示了主观主义已经在此处误入歧途。其次，像享乐功利主义所认为的，将所有目标都还原为幸福或快乐这样纯粹抽象的目标，这种做法将所有其他目标都工具化了。知识或友爱可能会促进幸福，但是认为这就是它们具有最终价值的唯一含义，这一观点是对我们对于知识或友爱这些目标的承诺的合理描述吗？在我们的所有目的后面存在着一个抽象的、统一的目标，这一主张是不是显示了我们与这些特定目的之间的一种异化呢？

我不想继续探究这些问题，而是要提出一种通向善的途径，这一途径作为获得人类价值的一种方式，似乎较少令人绝望。这一途径是一种多元主义的途径，在这一途径中，多种善，例如幸福、知识、有目的的行为、自主性、团结、尊重和美，被认为具有内在的、

---

〔19〕 至少一个限定条件是必需的：这些主观的状态必须在心理上是可能的。有可能的是，我们某些人实际上是在欲求心理上不可能的状态。

〔20〕 Robert Nozick, *Anarchy*, *State*, *and Utopia* (New York：Basic Books，1974)，pp. 42ff.

非道德的价值。[21]这些善不需要按照词汇上的顺序排列，但是可以被赋予权重，并且行为的正确性准则是：这一行为从最终结果看应当最有助于这些价值的加权总和。这就使得在前面讨论过的价值之间的权衡成为可能。然而，我不会停下来发展或者辩护这样一种关于善和正确的说明，因为我们的任务是要表明，如果道德被假定为具有这样的基础，在道德情境中发生的某些异化问题如何可能得到处理。

考虑这样一个例子。就像约翰一样，胡安一直是一个模范丈夫。当一个朋友评论他对妻子所表现出来的那种超出寻常的关心时，胡安会一贯回答道："我爱琳达。我同样喜欢她。因此为她做事对我来说意义很大。我们同甘共苦，为她做事已经成了我的一部分。"但是他的朋友知道胡安是一个讲原则的人，就问胡安他的婚姻是怎样符合一个更大的规划。朋友问道，尽管拥有这样一种密切关系对胡安和他的妻子来说都很好，但是如果胡安进一步扩大范围，胡安可能帮助的所有其他人会怎么样呢？胡安回答道："看，如果人们能够拥有像我们一样的关系，世界会变得更好——如果每个人总是自问谁最贫困，没有人能够拥有这种关系。在这个世界上有所作为并不是件容易的事，人们所能做得最好事情就是建立像我们这样密切的关系。如果你为了某个更高的目标而结束这些密切关系，你就轻

――――――――――

〔21〕 据我所知，为关于内在价值的主张进行辩护的最完善的方法包含了一类通常为人熟知的思想试验，其中的一个例子是，我们想像两种生活或者两个世界，除了一种生活或一个世界包含尊重外，它们在其他所有方面都相同，然后让我们尝试决定如下问题：理性的、见闻广博的、经验丰富的个人（在对两种选择都有生动认识时）是对两种不同的生活或世界保持中立，还是对一种生活或世界具有超出另外一种生活或世界的确定偏爱。因为没有人是完美地合乎理性、完全地见识广博或者极大地经验丰富的，我们所能做得最好的事情就是更为认真地对待那些更为近似地接近这些条件的人所作出的判断。然而更糟糕的是：我们所能做得最好的事情是更为认真地对待那些我们**认为**更好地接近于这些条件的人所作出的判断（我并不是在假设事实或者经验以某种方式蕴含价值，而是假设在理性行动者那里，信念和价值显示出一种明显的相互影响和一致性）。如果我们考虑一下其他社会和时代的行为和偏爱，那么我们可能就会克服某些狭隘性，但是，即使在这里，我们也必须依赖被我们的信念和价值所影响的解释。在本文的范围之内，我必须对许多关于价值和价值判断性质的深奥的、困扰人的问题不予回答。没有理由认为我们绝不能给出一份内在善的不确定的名单，认识到这一点就足够了。

描述内在价值的心理状态成为一个复杂问题。例如，我们应当认为一个人重视一种团结关系，比如友谊，就因为它是一种友谊吗？这听起来好像是这一关系以某种方式促进某种抽象价值（比如友谊）的实现。当然这是一种错误的描述。我们可以通过考虑幸福的情形得到一个关于内在心理状态包含了什么的更为清楚的概念。我们当然并不因为阅历丰富的幸福的一个具体部分有助于实现作为抽象目标的幸福，就重视这一部分——我们因为这一经验自身的缘故而重视这一经验，因为这是一种幸福的经验。同样，友谊自身就是贵重的东西，属于贵重一类。当然，一个人可以说他重视友谊，因此追求友谊，正如一个人可以说他重视幸福因此追求幸福的经验一样。但是，例如，当一个人谈论追求使他幸福的东西时，这一表达方式必须与所说的内容相比较。朋友并不是"是人们实现友谊的事物"——他们部分地促进了友谊，正如具体的幸福经验部分地促进了个人的幸福。这样将友谊作为内在价值并不意味着在手段的意义上来看待具体的友谊。

易使事情变得更糟糕。无论如何，我知道你不可能总是将家庭放在首位。世界并不如此完美，所以只要退回到你的小圈子里就可以了。但是无论如何你需要那个小圈子。如果人们试图通过自己拯救全世界，他们就会被累垮，失去联系。那些能够坚持下去，通过努力使得事情变好的人通常就是这样的人，他们使更大的规划符合自己的生活，而这一生活并不会使他们自己痛苦。我最近没有遇到任何真正的圣徒，我也不信任那些自认为是圣徒的人。"

如果将胡安和约翰进行对比，我们并没有发现一个人允许道德考虑进入自己的个人生活，而另外一个人不允许。我们也没有发现其中的一个人在他的道德关注上较为不严肃。相反，被胡安认可为道德上必须做的那些事情，本质上与直接为了另外的人而行动并不是不相容的。使自己的生活服从道德审视，这对胡安来说是重要的——如果别人要求他对自己的行为提出一个超出个人层面的辩护，那么他完全没有被难倒，他并不只是说"当然了，我关心她，她是我的妻子！"或者"那是琳达"，并拒绝听取他的朋友所提出的更加非个人的考虑。设想他的动机结构具有与精致的享乐主义者的动机结构相类似的形式（也就是说，他的动机结构满足一个反事实条件：虽然他通常并不仅仅为了做正确的事情而行动，但是，要是他不认为他的生活是在道德上可辩护的，他就会寻求过一种不同类型的生活），这与他所说的是一致的。他的爱情并不是不切实际地淹没他的爱人，而排除了世俗的责任，在这一点上，可以说他的爱包含了与琳达的一定程度的异化。但这似乎并没有从他们的关系中把人类价值完全排除。人们也不必设想琳达听到胡安的话后会像安妮在无意中听到约翰的话后那样伤心。[22]

而且，因为他非常愿意从道德上检查自己的生活，胡安还避免了一类没有得到充分讨论的异化——与亲密关系以外的其他人的异化。有一些人不愿意或者不能从一个更广泛的视角来询问他们的所作所为，这些人在一种很重要的意义上就切断了他们与他们的群体和更大世界的联系。他们可能不会以任何直接方式被这一异化所困扰，但即便如此，他们可能无法体验到对目的和意义的那种更为有力的感受，而这种感受就来自于认为自己属于某个东西的一部分，这个东西比一个人自己或者比一个人的亲朋好友的圈子更大、更持久。在我看来，对这样一种目的和意义的探求无处不在——无疑，对宗教、种族、地区认同（最引人注目的是，"重新发现"这样的身份）或者对机构忠诚的大部分冲动源自于这一愿望：

---

[22] 如果有人反对说，胡安对琳达的承诺是有缺陷的，因为它在某些意义上是偶然的，那么反对者必须表明这种偶然性可能会破坏他和琳达的关系，特别是因为道德品格通常在承诺（其他人的品格，或者一项承诺与一个人具有他所重视的那种品格这件事情的兼容性）中发挥重要作用，并且在胡安的例子中，这一偶然性是由他的道德品格引起的。

将我们自己视为更普遍、更持久的和更值得做的事物发展过程的一部分。[23]这可能是如下观点的一部分：宗教世俗化已经导致了某种无意义感，或者传统共同体和社会的衰败意味着失范（anomie）的增加。（精致的享乐主义者也应当注意：要对"一个人的生活是值得过的"有一个稳固的理解，这一理解对于实现自己生活中不同价值可能是重要的，获得这种理解的一种方式就是要克服与其他人的异化）

通过利用前面对两种享乐主义的讨论，我们可以把两种后果主义区分开来。主观后果主义的观点认为，无论何时当一个人面临行为的选择时，他应当尝试决定在他可以采取的行为中、哪一个最有可能促进善，并且应当相应努力行动。一个人按照主观后果主义的要求来行动——也就是说，过一种主观后果主义的生活——是在这一意义上而言的：他使用和遵循一种明显的后果主义的决策方式，有意识地以总体善为目标，尽职尽责使用最有用的、最精确的信息。客观后果主义的观点认为，一个行为或行为过程的正确性的标准是：它是否实际上最能促进行动者可以采取的那些行为的善。就像主观享乐主义一样，主观后果主义是这样一种观点，它规定了一个人在行动的时候所要采取的一种慎思方式。就像客观的享乐主义一样，客观的后果主义关心实际上所引起的后果，因此就只是按照促进适当结果的某些形式的决策倾向来处理慎思问题。让我们用"客观后果主义的行为（或生活）"这一表述来指代那些在行动者可实行的行为中，将会引起最好结果的行为（或生活）。[24]相应的，我们认为一个精致的后果主义者就是这样的人：他对过一种客观后果主义的生活有一个长期承诺，但是他不必对决策的任何特定形式给予特殊地位，因此也不必试图过一种

---

〔23〕 我并不认为这样的身份总是个人选择问题。完全相反，身份通常出现在社会化、偏见和相似的影响中。关键更在于存在着一个非常一般的、急需解释的认同现象，这一认同在某种很重要的程度上与社会化和偏见这样的现象的基础，这表明事实上在所有社会成员身上都存在的一定需要——对实体的认同的需要超出了自我所能回答的范围。

我担心，我们当中许多反对从一种更广泛的观点来对我们的生活进行提问的人，并非出自这样一种理解：如果我们接受这样的观点，那么过一种有意义的生活将是困难的或者不可能的；而是出自这一理解：我们的生活经不起由这一观点引起的太多的审查，以至于过一种从更广泛的观点来看似乎会是有意义的生活，这会要求我们在某个重要方面作出改变。

〔24〕 虽然这里的术语是因果的——"促进"和"引起"——但是应当指出一个行为同善的关系不必总是因果的。学习的行为不但可以因果地促进内在价值在后来的实现，也可以非因果性地涉及逐渐拥有知识（在我看来这是一种内在善）。同样，因果后果并不具有特权地位。如在客观享乐主义的情形中，我已经用实际结果（所谓的"客观义务"）而不是用行动者认为与"什么是合理的"有关的预期价值（主观义务）来表述客观后果主义。本文的主要论证可以通过使用预期价值来进行，因为具有最高预期价值的行为过程通常不必是主观后果主义的行为过程。

存在着主观的后果主义者吗？许多理论家已经指出，一个后果主义者为了名副其实，必须是一个主观的后果主义者——参见 Williams, "Critique", p. 135；Rawls, *A Theory of Justice*, p. 182.

主观后果主义的生活。胡安可以被认为（如果对细节进行补充）是一个精致的后果主义者，因为他似乎相信他应当为了最好而行动，但是好像又感到对他的每一个行为都进行后果主义的计算是不合适的。

做一个精致的后果主义者可能意味着要拒绝主观的后果主义，这是古怪的还是矛盾的？毕竟，一个主观后果主义的追随者不也寻求过一种客观后果主义的生活吗？他可能这样做，不过他错误地认为，这意味着在面临选择时，他应当总是承诺一个明显是后果主义的慎思。为了看清他的错误，我们只需考虑一些例子。

众所周知，在某些紧急情况中，最好的结果要求行动非常迅速，以至于排除了后果主义的慎思。这样，一个精致的后果主义者有理由向自己反复灌输在明显的紧急情况下迅速行动的倾向。这一倾向并不是纯粹的反应，而是经过慎思后获得的成熟的行为模式。例子很简单，但是应该会消除悖论的气氛。

许多决定太不重要（"我应当先系哪一根鞋带？"），或者其结果是我们可以提前预知的（"我应当按时去上上午课还是应当看报纸消磨时光？"），因此我们无需承诺对其进行后果主义的慎思。一个针对后果主义的古老难题属于类似的一类：在我慎思一个行动之前，我必须决定分配给这一慎思多少时间是最优的；但是为了这个时间分配的决定，我必须首先决定分配多少时间用来作出这一决定是最优的；但是在此之前，我必须决定分配给后一个时间分配多少时间是最优的，等等。精致的后果主义可以通过指出如下一点来阻止这一令人气馁的遗憾：通常要做的最好的事情根本不是询问关于时间分配的问题。相反，他会发展长期的倾向，以便依靠各种决定的可觉察的重要性、可用的信息量、他的选择的可预见性等给予各种决定或多或少的时间。我认为我们都有这类倾向，这也解释了我们对某些长期的慎思而不是其他考虑的耐心。

还存在着另外更具迷惑性的例子，这些例子更多地与心理干预而不是与时间效率有关：胆小的、软弱受欺的雇员知道，如果他不对是否要求升职一事进行慎思，他将屈从于自己的懦弱，不能要求他实际上应得的东西；怕难为情的人知道如果在社交聚会时，他总是为应当怎样行动而犹豫不决，他的行为将是尴尬和不自然的，这与他想要让自己的行动自然、合适的目标正好相反；走钢丝的人知道他必须不要去反思"保持全神贯注"这种做法的价值，等等。人们可以通过学习来避免某些惯常的自我挫败的思路——正如在稍早例子中的网球运动员学着避免不断地考虑赢得比赛——精致的后果主义者可以认识到，后果主义的慎思在许多情形中是自我挫败的，因此应当培养其他的思想习惯。

精致的后果主义者在避免后果主义的推理时不必欺骗自己或者不诚实地行动。他完全可以承认他正在发展这些倾向，因为它们对于促进善是必要的。当然他不能始终过分关注这一事实，但是，若没有对正常或合适的思考和行为模式的这一干预，一个人也不可能专注于任何事情。

我们可以将约翰加到干预例子的名单中。他按照主观后果主义的方式来看待事物，这种通用意愿（all-purpose willingness）阻止了他在自己身上，在他与其他人的关系中来实现那些他认为至关重要的价值。

伯纳德·威廉斯说过，在许多重要的生活领域，后果主义都不得不把自己视为一种决策方式，这表明后果主义面临严重麻烦。[25]虽然我认为他夸大了麻烦的程度，以至于我们可能不得不将后果主义的考虑从生活中排除，以便避免灾难性的结果，但是这样问是公平的吗：如果最大限度地增加善事实上要求完全排除后果主义推理，这反驳了后果主义吗？设想一个全知的恶魔控制着世界的命运，并将可怕的惩罚将临到人身上，以至于他不使用康德式的道德（这个恶魔自己显然不是康德主义者）。如果存在着这样的恶魔，精致的后果主义将有理由皈依康德主义，或许无任何准备，都可以从人类记忆中消除后果主义，并阻止它的复兴。

这一可能性表明客观后果主义是自我挫败的吗？相反，它表明客观后果主义具有不把如下区分弄得模糊的优点：一个伦理理论的真值条件（truth-condition）和它在特定情境中的接受条件（acceptance-condition）之间的区别。哲学家们在关于其他题材的理论中通常会承认这一区分。可能有人会提出反对，认为与其他理论不同，伦理理论必须满足一个公开性条件（condition of publicity），大意是，承认一个本身为真的伦理理论，并且公开传播这一理论而没有因此违反这一理论本身，这对我们来说必须在所有情况下都是可能的。[26]这样一个条件可能被认为是从道德的社会本性中得出来的。但是任何这样的条件都是在乞求论题来反对后果主义理论，因为它会要求一类行为——采纳和传播一种伦理理论的行为——不按照它们的结果来对其进行评价。而且，我看不出道德的社会本性如何能产生这样的条件。对一种决策方式的采纳和传播作出规定，却不考虑决策方式的后果，在我看来这完全背离了人类的、社会的或其他方面的关切。如果有人主张，一种没有满足公开性要求的伦理理论在某些条件下可能会赞同导致人虐待人、人操纵人的做法，我们只需要思考一下，没有任何心理上可能的决定程序能够保证对它的广泛采纳永远不可能产生这样的结果。一个"后果主义"的恶魔可能会增加世界上虐待和操纵的数量，这一数量与人们按照这一绝对命令而行动的程度成正比。客观后果主义（和某些义务理论不同）在如

---

〔25〕 Williams, "Critique," p. 135.

〔26〕 对公开性条件的讨论，参见 Rawls, *A Theory of Justice*, pp. 133, 177 – 182, 582. 公开性条件是否能够得到辩护，这是一个困难的问题，值得对其进行比我在此处所能做的更为全面的讨论。

下一点具有很大的灵活性：它允许我们在评价一定决策方式的适当性时考虑这一决策方式的后果，因而避免任何种类的自我挫败的决定程序崇拜。

更进一步的反对意见是：在客观后果主义和特定的决策方式之间缺乏任何直接的联系，这使得客观后果主义太模糊，以致不能在实践中提供充分的指导。相反，客观后果主义设立了一个确定而独特的正确行为准则，因此应当在什么时候、采取哪一种决策方式就成了一个经验问题（虽然不是一个容易回答的问题）。对于客观后果主义者来说，试图拉紧他的正确性准则和任何特定决策方式之间的联系，这将会是一个错误：一个推荐特定决策方式而不考虑后果的人不会是一个精明的、不推诿的客观后果主义者，而是一个自相矛盾的人。

对比不同的探讨

客观后果主义表面上的"间接性"可能会导致它与通常的间接后果主义理论（例如规则后果主义）相混淆。事实上，主观/客观的区分超越了规则/行为的区分。基于规则的和基于行为的理论都具有主观和客观的区分。迄今我们只处理了行为后果主义的主观和客观形式。相比而言，一个主观的规则后果主义者（大体上）认为，在慎思中我们应当总是尝试决定哪一个可实行的行为符合这样一类规则：通常接受这类规则最有可能促进善；然后应当努力完成这一行为。一个客观后果主义者事实上遵循那些作为其正确行为准则的、具有最高接受价值（acceptance value）的规则，并承认如下可能性：最好的一类规则可能在某些情形下——或者甚至总是——建议人们不执行规则后果主义的慎思。

因为我相信最后这种可能必须得到认真对待，我发现规则后果主义的客观形式更为合理。然而根本上说，我怀疑规则后果主义的任何一种形式都站不住脚，因为它可能推荐那些（在主观上或客观上）符合最好的那类规则的行为，即使当这些规则实际上没有被普遍接受，或者结果表明这些行为可能会产生非常坏的后果时。"承认这些能带来最大可接受效应的规则吧，即使天塌下来"与"实现正义，哪怕天塌下来"都同样是不合理的说法，而且前者远不如后者响亮。因此，本文的论证完全基于行为后果主义。

事实上，一旦对后果主义作出了主观/客观的区分，行为后果主义就可以获得使得规则后果主义或品格后果主义（trait-consequentialism）吸引人的某些直觉。[27]无疑，这些间

---

[27] 品格后果主义的一个例子，参见 Robert M. Adams, "Motive Utilitarianism," *Journal of Philosophy* 73 (1976)：467 – 481.

接后果主义的吸引力部分来自于这样一个观念：人们应当具有一定的品格特征或者对个人或原则的承诺，这些特征和承诺足够稳固，使得他至少有时候会拒绝放弃它们，甚至当这种拒绝被认为与获得总效用的增加——可能是少量的——相冲突时。与其主观的对手不同，客观的行为后果主义能够认可只在这种意义上的稳定的品格和承诺。

为了看清原因，让我们首先暂时回到上一节中的一个简单例子。精致的行为后果主义者可能认识到，如果他要发展一种长期的倾向，在紧急情况下不经过精致的行为后果主义的慎思就能提供迅速帮助，那么我们几乎可以肯定存在某些情形，在这些情形中，他的行为要比他停下来经过慎思后再行动更糟糕，例如，当他的迅速行动在某种程度上被误导时，而如果他此前经过仔细考虑，他本来可以注意到这一点。但对他来说，发展这种长期倾向仍然可能是正确的，因为要是没有这种倾向，他在紧急情况下所采取的行动可能就不那么正确——迅速的反应往往要合适得多。此外，如果一种倾向在某些情形中将会产生最好的结果，那么把在这些情形中导致一个人作出迅速反应的倾向发展出来也不是实践上不可能的。然而人们可以尝试培养一些倾向，这些倾向对各种因素反应迅速，并可以指出行动的迅速是否比进一步的思考具有更大的重要性。这样的改进本身是有代价的，而且，考虑到人类资源的限度，即使最有教养的倾向有时也可能使人误入歧途。这样，客观的行为后果主义者可能会建议培养某些倾向，这些倾向有时候会引导他违反自己的正确行为准则。尽管如此，他不会像一个品格的后果主义者那样改变他的准则，并认为：如果一个行为源自某些品格，而拥有那些品格将是最好的（考虑到人类所能达到的限度，成本和收益的平衡，等等），那么这个行为就是正确的。相反，他继续相信一个行为可能源于某些倾向，拥有这些倾向可能是最好的，但也可能是错误的（因为在特定情形下，源于这些倾向的行为可能比行动者可实行的其他行为产生更坏的后果）。[28]

---

〔28〕 作为对照，当罗伯特·亚当斯考虑将动机功利主义应用到行为的道德规范上时，他提出了"良知功利主义"，这一观点认为"我们具有做某个行为的**道德义务**，当且仅当我们可能具有的最有用的良知要求我们这样做时"（"Motive Utilitarianism"，p. 479）。这大概意味着：违背最有用的良知的要求去做某件事情可能是道德上错误的。我已经抵制了对行为的正确性的这种重新定义，因为我相信那种最有用的良知有时可能要求我们实行某一行为，而这一行为在我们所能得到的行为中并不具有最好的总后果，履行这一行为可能是错误的。

当然，对最后这一句话的解释会有某些困难。我在本文从头至尾都假定：某个行为对行动者来说是可实行的，如果他努力就可以成功完成这一行为。在结果与特定行为如何相联系这个问题上，我也采取了一种相当简单的观点。在某些罕见的情形中，甚至一个例外行为（被认为具有优化效应的行为）的履行也会完全削弱行动者的稳定的（优化）倾向。在这些情形中，我们大概就不能提出如下观点：这一例外的行为就是行动者在这些情形中所要履行的正确行为。（稍后这一问题将再次出现）

这一论证方法可以扩展到动机模式、性格特征和规则上面。精致的行为后果主义者应当认识到，只有当人们具有发展良好的性格时，一定的善就确实可以达到，或者完全可以达到；人类心理有能力胜任这么多的自我调节和改进；并且人类的知觉和推理容易产生大量的偏见和错误。因此，如果个人拥有某些持久的动机模式、品格特征，或者除了拥有为了最好的行动而必须具有的任何承诺外，还拥有对规则的初步承诺，那么他们更有可能正确地行动。因为这样的人不会考虑所有情形下的后果，他们可能会错过许多最大限度地增加善的机会；但是如果他们转而总是试图评价结果，总的结果可能会更糟糕，因为他们可能较少正确地行动。[29]

现在我们可以加强这一论证，以表明客观后果主义者可以赞同倾向、品格或者对前文所提及的意义上的稳定规则的承诺，也就是说，对规则的承诺并不只是补充为了最好地行动而采取的承诺，而是有时候要超过这一承诺，因而有意地做与最大限度地促进善相反的事情。再考虑一下胡安和琳达，我们设想他们的婚姻是一种"通勤式婚姻"（commuting marriage）。他们通常每隔一周团聚一次，但是某个星期琳达看上去有些情绪低落和烦闷，于是胡安决定做一次额外的旅行以便陪伴琳达。如果他不做这次旅行，可以省下一笔相当可观的钱，他可以把钱送给牛津饥荒救济委员会，在一个饱受干旱的村庄挖一口井。即使算上琳达连续的不适、胡安的内疚和对他们关系的任何不良影响，对胡安来说，将这笔车费捐给牛津饥荒救济委员会要比这次事先并未规划的旅行可能会产生总体上更好的后果。假设胡安知道这些，而且他可能待在家里填写支票。尽管如此，考虑到胡安的品格，他实际上不会尝试完成这一更有益的行为，而是会旅行去看望琳达。客观后果主义者会说，胡安在这一场合实施了错误的行动。然而他也可以说，如果胡安具有一种可以引导他实施更好行为的品格（或者使他更倾向于这样做），他原本必须较少专心于琳达。考虑到胡安能够影响世界的方式，如果胡安较少专心于琳达，他对人类福利的总贡献最后可能更少，可能因为他会变得更加玩世不恭和自私自利。这样，胡安可能就应当具有（应当发展，或者被鼓励具有，等等）一种品格，以便他有时有意地、谨慎地做与他的客观后果主义义务相

---

[29] 这一讨论的一个结论是，我们不能现实地期望人们的行为严格服从这一反事实的条件，即使他们承诺要成为精致的后果主义者。精致的后果主义者至多只是试图满足这一条件。但实际上我们在道德上不可能是完美的。单是信息上的不完整就足以使个人不可能过一种客观后果主义的生活。当然，是否或者什么时候因为人们实际上或明显地没有完美的行动而责备他们，这是另外一个问题。

注意我们不只要考虑完成正确行为的频率，而且要考虑由此产生的总福利的增加和损失之间的平衡。正确行为的相对频率只是在如下（罕见）的情形中才有可能解决这个问题：在这种情形中，某种行为中的每个行为所能产生的善的数量（比如说，行动者可能遇到的每一紧急情况）都是同样的。

反的事情。他实际上可实行的任何其他品格都会引导他更加脱离一种客观后果主义的生活。问题并不是待在家里就会改变胡安的品格，因为我们可以假设这不会改变他的品格；问题是，在可实行的品格中，如果他具有那种将引导他完成最有益的总体行为后果的品格，他事实上是否会决定待在家里。因此，在某些情形下，存在着一个支持发展和维护某种品格的客观行为后果主义的论证，而西季威克等人则认为行为后果主义者必须谴责这种品格。[30]

要求和干扰

在结束对后果主义的讨论之前，让我提及另外一个涉及异化的更大问题，这一问题似乎格外困扰后果主义理论，它也表明：如何与异化问题达成妥协可能既是一个个人心理的问题，也是一个社会问题。因为后果主义的正确性准则同对善的最大限度的贡献相关联，无论何时，只要一个人没有履行他能做的最好行为，他就要对由此引起的总福利的任何缺失"消极地负责"。伯纳德·威廉斯已经指出，接受这样一种责任的负担会迫使我们大多数人放弃或准备放弃我们许多最基本的承诺，使我们与那些对我们来说最为重要的东西相异化。[31]

---

[30] 在 *The Method of Ethics*，bk. IV，chap. V，sec. 4 中，西季威克认为一个功利主义者应该把"卓越或完善的总和"看做"品格和行为的理想"，并讨论了这个理想。他写道："功利主义者必须坚持认为，人们有意识地做除了他相信最有助于促进普遍幸福的事情以外的事情，这总是错误的。"（p. 492）在这里，西季威克异常地混乱——并且是在两个方面。首先，考虑逐个行为的评价，一个客观功利主义者可能主张，行动者在相信一个特定行为最有助于促进普遍幸福这一点上可能是完全错误的，因此他有意识地去做这一行为以外的事情，可能是正确的。其次，即便我们遵从西季威克在这段话中的关注，着眼于持久的品格而不是单个的行为，甚至假设行动者的信念是正确的，但一个客观的功利主义者也可能认为，对某个人或者对一般而论的人来说，这个理想的品格可能涉及愿意用一种已知地违背最大幸福的方式来行动，当这样做是为了特定的深层次的个人承诺时。参见 Henry Sidgwick, *The Method of Ethics*, 7th ed.（New York: Dover, 1966），p. 492.

可能有人认为，在上述例子中，说胡安通过旅行看望琳达是不正确的，这是违反直觉的。但是必须记住，对于行为后果主义者来说，说一个行为不正确并不是说这个行为没有价值，只是说这个行为不是行动者可实行的最佳行为。当我们在直观上觉得看望琳达的行为是正确的时，我们的这种感觉与其说是来自于我们对这个行为本身的评价，不如说是来自于我们对这样一个人的品格的反应：他待在家中，给牛津饥荒救济委员会写一张支票。可能他不得不过于冷漠或者自以为是，因此他对我们缺少吸引力——尤其是考虑到这一事实：是他的妻子感到非常痛苦。我们已经看到一个行为后果主义者如何能够分享对品格的这种评价。

[31] Williams, "Critique," sec. 3.

确实，甚至在允许我们目前所讨论的这些心理现象、允许在"一个行为是错误的"和"行动者应当因为这个行为而受到责备"这两个说法之间作出区分后，这里所考虑的这种客观的行为后果主义仍然是一种要求极高并且具有潜在破坏性的道德观点。但是，客观的行为后果主义对个人如何要求过高或者如何具有破坏性乃是取决于如下因素：世界的状况有多么糟糕，其他人通常如何行动，存在什么样的制度，个人有能力做到什么程度。如果财富分配得更为公正，如果政治制度对这一制度下的人们的需要更少压制，反应更为积极，如果人们更普遍地准备承担一定责任，那么个人的日常生活就不会不得不为了善而经常受到干扰。

例如，在一个不存在有组织的赈灾形式的社会中，情况可能是这样：如果灾难袭击了某个特定地区，整个国家的人都有责任为了提供救助而作出一定努力。另一方面，如果这个国家存在一套完备的公费赈灾制度，那么要求人们打断自己的正常生活去试图帮助别人就是一个很糟糕的主意——他们的努力可能会是没有组织的，消息不灵通的，妨碍了熟练的救济工作，并在经济上造成混乱（可能甚至会损害社会的赈灾能力）。

与自由地做善事相比，通过改变社会和政治安排，我们可以减少道德要求对我们生活的干扰，最后达到更好的结果。因此后果主义理论可能建议，承担消极责任与其说是独自着手拯救世界的问题，不如说是支持一定的社会和政治安排（或再安排）的问题。而且，很清楚的是，除非个人生活在心理上承受得住，否则这样的社会和政治变革就不可能实现，这就为我们拒绝如下见解提供了实质性的理由：我们应当抛弃对作为个人的我们来说所有重要的东西，全身心地为社会的净福利作贡献。最后，在很多情形中，最重要的是**被觉察到的**苛求和干扰，而不是实际的苛求和干扰，并且这是一个取决于正常期望的相关问题。如果一定的社会或政治安排鼓励更大的贡献，并将其作为很自然的事情，那么个人可能不会感到这些道德要求过度干扰了他们的个人生活。

当然，谈及社会和政治变化就意味着消除一些现存的计划和关系在社会上和政治上的先决条件，这些变化有可能在那些生活受到干扰的人们身上产生某种程度的异化。在一定程度上，这些人可能在维持大量从前的计划和关系的同时，还找到了新的计划和关系，因此避免了无法忍受的异化。但是并非所有人都能逃避严重的异化。这样我们可能遇到一种情况，在这种情况下，不管我们采取什么做法，异化总是存在——要么那些因为失去了旧秩序而困惑不解的人会觉得自己受到了异化，要么那些在目前的秩序下不能把他们的个性或目标在他们的生活中表达出来的人会觉得自己继续受到异化。那种遵循威廉斯的见解的逻辑似乎会产生这样一个过于保守的结果：它有利于在目前的事态中感到较少异化的那些人，而不太有利于这样一些人——要是某些变化已经发生，他们就会过上一种更加令人满意的生活。如果这些变化为更多的人享受有意义的生活创造了社会上和政治上的先决条件，那么这种保守主义几乎就不可能从对异化的关注那里得到保证。例如，如果女性开始在社会领域和个人领域中要求更大的平等并得到了这种平等，那么这个事实就会干扰很多男人的根本计划。但是这种干扰可以通过向更多的人开放自我发展的更多途径而被抵消。

在回应威廉斯有关消极责任的反对意见时，我将更多地关注干扰问题而不是苛求问题，更多关注社会层面而非个人层面。虽然某些一般的评论可能是适当的，但要充分应对威廉斯的反对意见需要说比我在这里能说的更多。后果主义者从相对简单的观点出发：某些东西对人们来说似乎比所有其他东西都重要。因此他的道德正确性的基础概念是：人们实际上是否尽可能地实现了这些目的，这应当比其他任何事情都重要。〔32〕此处讨论的这种后果主义的道德无疑设立了一个要求极高的标准，要求我们为彼此所做的事情要多于我们在目前的实践中看到的。但是这一标准显然没有要求大多数人为了某个更大善而过一种难以忍受的生活：对可能的最大多数人来说，更大的善在经验上等价于尽可能好的生活。〔33〕客观后果主义通过把为实现人类价值所做的实际贡献规定为正确性准则，允许各种实践和各种推理采取这一准则所要求的任何形式，从而完整表达了这一基本直觉。因此客观后果主义并不等于要求我们用一种受到异化的方式来思考我们自己、思考我们的承诺或者思考如何行动。

塞缪尔·谢弗勒最近建议说，对威廉斯就后果主义的非个人性和苛求所提出的问题的一个回答可以使人们离开后果主义，至少足以让我们可以把一个以行动者为中心的特权认可为一个基本的道德原则。这个回答大体上说的是：一个人并不总是有义务最大限度地增

---

〔32〕 在"对比不同的探讨"一节中，在拒绝规则后果主义时我诉诸了这一"基础概念"。虽然后果主义通常因为不能为道德规范提供一个与对人的尊重相一致的说明而受指责，但是这一基础概念为这一尊重的非常合理的概念提供了依据。然而，我怀疑在后果主义和义务论之间的任何根本的伦理争论可以通过诉诸对人的尊重这一概念而得到解决。义务论者持有他的尊重概念——例如，我们不应当以一定的方式来利用人们——而后果主义者持有他的尊重概念——例如，每个人的善对我们具有同样的主张，这一主张不被任何的权利或契约概念所调解，因此我们应当尽最大可能造就那些实际上促进人们的善的结果。对于义务论者警惕地指出的每一个在后果上得到辩护的操纵行为，也存在着一个在义务论上得到辩护的行为，但这一行为没有促进某个（某些）人的福利，而后果主义者完全可能指出这一行为令人感到憎恶。哪个概念更为严肃地对待"对人的尊重"？可能并不存在不乞题的回答，特别是一旦后果主义者承认像自治或尊重这样的东西具有内在价值。

〔33〕 "经验上等价于"这一限定条件是必需的，因为在诸如效用怪物这种经验上非实际的情形中，"使人类价值的总实现最大化"这一命令不可能通过促进尽可能多的人们的生活而得到满足。然而，根据对这个世界的合理假设（包括减少边际价值），这一等价是有效的。

加善，虽然如果他愿意，他就被允许这样做。这一特权使行动者有机会给他的个人机会和承诺以特殊的注意。然而，本文的论证，如果是成功的，就表明特权在道德实践中有一个稳固地位，即使一个人接受了一种彻底后果主义的基本的道德理论，特权也可以获得这样的地位。[34]

与道德相异化

在结论部分，我将转向来自道德自身的异化，转向作为外在要求（有意识或无意识的）的道德经验，这一外在要求不是根植于我们的生活中，或者与我们的观点相适应。对"为什么我应当是有道德的"这一问题的令人信服的回答必定涉及降低道德可能产生异化的程度。

构造这样一个回答部分在于表明：遵守道德并不需要使我们与那些让生活有价值的特定承诺相异化；在前面的论述中，我们已经看到，在对"道德要求什么"这个问题的一个客观行为后果主义的解释内，这一点是如何可能的。我们已经注意到各种计划和关系一般来说如何能够继续成为内在价值的来源，即使人们承认，如果这些计划和关系在其目前的形式不能在道德理由的基础上得到捍卫，那么它们可能就不得不经历变化。此外，知道一个承诺是道德上可辩护的，这也可以加深它对我们的价值，也使我们有可能感到自己是更大世界的一部分，这一更大世界自身具有更大的价值。如果我们的承诺被其他人认为是负责任和有价值的（或者我们有理由认为其他人应当这样看待这些承诺），这会增进这些承诺对我们的意义和价值。而如果我们的承诺被其他人认为是不负责任和没有价值的（尤其是，如果我们怀疑其他人能如此公正地看待它们），这可能使我们很难认同它们，或者很难在这些承诺中发现目的或价值。我们有一个几乎普遍的愿望想要理性化我们的行为和生活，这个愿望表明我们想要看到我们所做的事情从一个更一般的观点来看是可辩护的。我并不否认把一个更为一般的观点运用到个人生活上可能会要求自我付出不少代价——它可能会引起重新评价，这会降低自尊，产生内疚、异化甚至同一性问题。我确实想质疑一个

---

〔34〕 谢夫勒的观点，参见 *The Rejection of Consequentialism：A Philosophical Investigation of the Considerations Underlying Rival Moral Conceptions* (Oxford：Clarendon Press，1982). 后果主义者也可以论证说，在这个争论中，由威廉斯所发起的那部分争论更恰当地说是关系到道德命令和合理性命令之间的关系问题，而不是关系到道德命令的内容。

经常被告知的简单故事，在故事中，我们从个人观点隐约看见了事物的意义，但是当我们采纳一个更为一般的观点时，那些意义便消失到无意义之中了。在思想和行动中，我们反反复复地从个人的观点往返到不太个人的观点，在我们用来形成和维持目的、意义和同一性的过程中，这两种观点都起着重要作用。[35]而且，一个超出个人观点的视野应该在某种程度上得到维护，这个思想可能是成熟的承诺的一部分，甚至是那种最密切的承诺的一部分。

关于一般观点在个人生活中的作用的这些评论把我们引向一个部分，而在我看来，这个部分对于回答"我为什么应当是有道德的"同样重要，那就是：为了避免用异化的方式开始，为了终止"道德看上去仍然与我们相异化"这样一个结果，我们就需要重新设想这一讨论的术语。在继续这一想法之前，让我们迅速浏览一下对这一问题的两种现存解决方法。

道德可以被设想为在本质上是无私的、不偏不倚的、非个人的。合乎道德地行动就是要让自我、让一切关系到自我与他人或者与世界的关系的偶然事件服从于一套命令，这套命令只是对作为理性存在者的我们施加约束。在这一观点看来，我们应当是有道德的，因为这样最适合理性。然而，这样被考虑的道德似乎肯定要与日常生活相异化。罗尔斯意义上的"心灵的纯洁"是合乎道德地行动所必不可少的，而合乎道德的生活方式很有可能就从我们的实际存在中被完全排除了，就好像我们都处在一张由特殊主义承诺所织成的网中——这些承诺碰巧为我们提供了存在的理由。

通常对道德所采取的一个可供取舍的理解不是把它看做一种崇高的心灵的纯洁，而是把它看做自我的一个好的策略。人们假设个人是霍布斯的原子式的个体，并求助于博弈论来表明：如果这样的个体服从某些道德约束（至少相对于能够互相回报的人们来说），而不是仅仅谨慎地行动，那么在某些冲突的情形中，比如说在多次重复的囚徒困境中，他们得到回报的可能性就会更大。于是，在某些社会环境中，合乎道德地行动可能就是一个有利的策略。然而，与巧妙地混合了对规则的服从和不服从的策略相比，这种策略不可能是在一般意义上的**最有利**的策略。霍布斯式的个体大概只对自我利益感兴趣。然而，即使我们将对这一论证能够走多远的担心放到一边，仍然需要指出的是，对于这样一个只为了谋取私利的自我来说，一般而论的道德无疑表达了一组异化的要求，因为道德的核心就是这

---

〔35〕 例如，后代可能以我们很少明确地表达的方式在我们的考虑中占据重要位置。因此，虚无主义似乎是对这一观念的某种回应：人类将很快毁掉自己。"所以事物都将失去意义"是一个非常不同于"那么让我们同时尽可能过得快乐"的反应，并且可能同样是可以理解的。

样一个观念：有时基于一些与自己的利益无关的理由，必须考虑他人的利益。

处理"我为什么应当是有道德的？"这一问题的这两种明显对立的方法，不管具有什么差别，仍然对这一问题提出了非常相似的描述。在这些描述中，一个前社会的、理性的、抽象的个人是它们的出发点，它们的任务是要构建来自这些个人的合适的人际关系。无疑，这一想法颠倒了现实：这两种方法中的理性个体是社会和历史的产物。但这一批评已经陈旧。我们被告知，我们不应当把对个体的这种理解看做任何类型的历史，而是应当看做一种思考道德问题的方式。但是为什么在概念化的时候，我们会被这样反社会、反历史的描绘所吸引？我的谨慎的建议是：我们应当把我们的注意力放在社会和历史上面，保持这一注意力至少要长到足以使我们能够尝试用更为自然主义的术语来重塑这一问题。[36]

作为开始，我们首先来看看处于社会中并且拥有身份、承诺和社会关系的个人。这些身份、承诺和社会关系的成分是什么？当一个人近距离地研究具有深层承诺的关系（例如亲子关系或者夫妻关系）时，强行在"为自己所做的"和"为关系中的另一个人所做的"之间做一个二分就是虚伪的。即使对自我的关心和对另一个人的关心都存在，我们也不能把这样的关系分解为关心自己的矢量和关心他人的矢量。关系中的另一个人在一种基本的方式上已经成为自我的重要部分——或者用另一种可能更好的方式来说，另一个人已经成为自我的参照点。如果某人的部分身份是吉尔的双亲之一或者琳达的丈夫，那么这个人的自我就拥有除了自我意识之外的参照点，影响这些参照点的事物可以以一种无中介的方式影响自我。[37]这些参照点也不全属于亲密关系的圈子内。社会的、文化的或宗教的联系是身份的最重要的成分——某个人是犹太教徒、南方人、农夫或者老常春藤校友。我们的身份存在于关系中，而不是存在于绝对空间中，除了它们被参照点固定于其他人、社会和文化中外，它们根本就是不固定的。[38]

---

〔36〕 我并不否认，在冲突的情形中，关于策略的回报的考虑可能在一定的道德情感和道德规范的文化的或生物学的进化说明中发挥作用。更确切地说，我想要指出，在博弈论的分析中是存在某些典型的抽象和简化的，这些抽象和简化可能使得博弈论的分析对某些现象视而不见，这些现象对于理解道德规范及其历史，对于回答由实际的个人提出的"为什么我应当是有道德的"这一问题极其重要。

〔37〕 我们再次看到关于价值的主观主义的不充分性。例如，如果某人身份的一部分是吉尔的双亲之一，那么假设吉尔去世，即使这个人并没有意识到吉尔的死亡，他的生活也可以被认为失去了部分目的。作为稍早提及的经验机器的例子，存在着谈论目的的客观一面。

〔38〕 我在这里考虑的并不是在对人格同一性的讨论中通常很重要的身份。重点并不在于作为个体化原则的身份，而是作为有经验的身份，作为一种自我感——构成实际的身份认同危机的东西。

在生活的意义和语言的意义之间存在着一个有价值的类比。一段时间以来，哲学家们认为，如果我们把我们的私人意义连接到一个共享的符号系统上，这有助于我们认为语言是这一安排的结果。我们被告知，意义在一重要程度上存在于用法、公共语境、指称系统中——自我有可能使用一种有意义的语言，是因为自我被嵌入某些社会和历史实践中。但是伦理哲学家们还在继续使用令人惊讶的私人语言。在近来为道德提供基础的诸多尝试中，诺齐克的尝试可能给予生活意义以最大的分量。他认为生活意义取决于个人"按照某种他选择并接受的总体观念来调节和指导其生活的能力"，并强调了这一观念：个人通过选择某种生活计划，创造了意义。然而很明显的是，为了让选择起到自我定义的作用，可供选择的事物必须已经具有某种独立于个人决定的意义。[39]

不仅是"生活的意义"包含了这样的预设。例如，考虑一下另外一个在道德论述中起着重要作用的概念：尊重。如果其他人的尊敬对某个人具有重要性，那么那些人本身必定对这个人具有重要性。为了把他人的尊敬等同于流行的尊重，这个人必须对他人和他人的看法具有某种程度的尊重。[40]如果自我失去了对他人的重要性，这甚至威胁到自我对其自身的重要性；如果他人失去了对自我的重要性，这就威胁到自我重要性的基础。失去亲人或者背井离乡的个人不仅忍受着同他人断绝联系的失落感，而且还忍受自我的坚固性的丧失，并可能因此逐渐对自我甚至对同一性的清楚含义失去兴趣，这是心理学和社会学中的老生常谈。在这些情形中，把自我和自我利益重建出来基本上就是要构建与他人和世界的新关系，把这种构建理解为自我维持的自我重构的一个业绩。对一个假设的、前社会的个体的这种描绘使得一些哲学家分散了注意力，于是他们就（错误地）发现作出这样一

〔39〕 Nozick, *Anarchy*, p. 49. ［我在这里不考虑诺齐克最近在他的 *Philosophical Explanations*（Cambridge：Harvard University，1981）一书中关于生活意义的评论］"合理选择的生活计划"这一概念在最近的文献中已经非常重要，这部分应归于罗尔斯在描述善时对这一概念的使用（参见 Rawls, *A Theory of Justice*, ch. VII, "Good and Rationality"）。罗尔斯关于善的理论是一个复杂的问题，很难以任何直接的方式将他的主张与关于生活意义的观点联系起来。不过斯坎伦支持罗尔斯的解释［参见 T. M. Scanlon, "Rawls's Theory of Justice," *University of Pennsylvania Law Review*，121（1973）：1020 - 1069］，在这一解释中，个人的概念首先是一个理性选择者的概念——与忠于任何特定的目标相比，他更忠于保持他作为一个能够采纳并调整他的目标的理性行动者的身份——这样的理性选择者作为暗含在罗尔斯理论中的人的典范而行使职责。按照这一解读，我们可能将如下观念加入到原文中：意义来源于自主的个人选择。但这一观念推测的成分很大。无论如何，在我看来，最近对作为最终意义或价值的持有者的合理选择的生活计划的讨论并没有完全公正地对待某些方式，在这些方式中，生活实际上被赋予了意义，尤其是因为某些意义肯定会被任何生活计划的合理选择所预设。

〔40〕 当然，这只是对道德心理学而言具有重要性的一种尊重。但是如我们所看到的，自尊与对其他人和来自其他人的尊重具有很多有趣的联系。

个假设是很容易的：在实际世界中，对一个人自己及其目标的关心是很自动的，不需要外在的支持，而对他人的直接关心则不可避免地是有问题的，需要某个更进一步的理由。

不能由此认为存在着任何这样的绝对命令，它们要求关心他人或者世界超过关心就此而论的自我。拥有很少的外在参照点并且以一种与其他事物相异化的方式生活，这完全有可能。生活并不需要太多的意义以便维持下去，人们甚至不需要关心生活是否要继续下去。我们不能通过指出关于意义的事实来表明道德怀疑论必然是不合理的，但是，就像对认识论的一种自然主义探讨一样，对道德的一种自然主义探讨也不需要反驳激进的怀疑论。对实际的人来说，在认真地问"为什么我应当对其他某个人感兴趣"和问"为什么我应当关注我自己"之间可能令人惊讶地存在着很少的距离。[41] 为了恰当地回答前一个问题，仅仅指出关心自我以外事物所带来的间接好处是不够的（尽管确实也需要指出这一点），我们也需要表明：否认超出自我以外的任何事物是重要的如何可能削弱自我的重要性的基础。另一方面，在语言上有一个紧密但是不准确的类比：人们没有语言也能够相处，虽然不如他们使用语言那么融洽相处。如果有人问："为什么我应当用与其他人相同的方式来使用我的语词呢？"合适的回答可能不仅要指出用这种方式使用他的语词的明显好处，而且也要指出，如果他拒绝按照其他人使用语词的方式去使用语词，他就是削弱意义在他自己对语言的使用中的基础。

这些话不必将我们引向一种保守的传统主义。我们必须共享和保持意义以便拥有一种语言，但是我们可以使用一种共同的语言来进行争论和革新。当代的语言哲学使我们不信任任何绝对的二分：一方面是意义，另一方面是信念和价值。但是在一个意义系统之内，在经验的和规范的问题上，分歧和变革明显有其存在的余地。语言自身在历史进程中经历了相当大的变化，与信念和规范一道共同演化，但却没有一般的违背意义的本质条件。同样，只要一定的根本条件得到满足，道德价值和社会实践也可以经历变迁而不消除有意义生活的基础。（历史确实记录了某些变化，例如土著人的灭绝，因为根本条件没有得到满足，就产生了这种毁灭性的结果）

---

〔41〕 这在极端的情形中可能最为明显。对此，纳粹死亡营的幸存者谈及有时候为维持生存的意愿所作的努力，谈及其他人的重要性以及他人的意义。特雷布林卡集中营的一位幸存者回忆道，"在我们的团体中，我们共享一切东西；当团体中的一个人吃饭而没有与别人共享食物时，我们知道对他来说这是死亡的开始"〔摘自 Terrence Des Pres, *The Survivor: An Anatomy to Life in the Death Camps* (New York: Oxford University Press, 1976), p. 96〕。许多幸存者说，活下来"作证"以便那么多人的死亡不被世界忘记，这一想法对于他们坚持自己的生存的承诺是决定性的。

一个可以得到的、共享的意义系统似乎是维持个人生活在我们所熟悉的各种社会安排中的有意义性的一个先决条件。而且，在这样的安排中，同一性和自我的重要性好像部分地依赖于他人对自我的重要性。如果我们打算认为有意义的一种含义就是生活中很多其他东西的一个先决条件，那么我们可能接近于回答了"为什么我应当是有道德的"这一问题，因为我们已经通过明确诉诸关于自我的事实而超越了单纯的自我中心主义。[42]我们先前的讨论已经产生了两个考虑，这两个考虑使得我们更容易处理回答这一问题的剩余任务。首先，在讨论享乐主义时我们已经指出，当个人生活涉及对超越自我的那些事业具有一个承诺，或者对其他人具有一个承诺时，这种生活是最令人愉快的。此外，我们指出，最幸福的生活并不涉及承诺享乐主义（哪怕是精致的享乐主义），这是合理的。如果有意义的一个稳固的含义就是所有最完善幸福的一个先决条件，上述推论就变得更为合理了。其次，我们概述了一种道德，它从认真地考虑各种形式的非道德价值入手，然后通过表明我们能够提出道德问题，而不因此摧毁从特殊的关系和活动来实现各种内在价值的可能性，从而在我们的生活中为道德留下了余地。也就是说，我们看到合乎道德如何可能与过一种值得欲求的生活相容（至少在这些方面）。为了表明我们对"为什么我应当是有道德的"这一问题的回答在细节上如何被安排到一个更为稳固的结构中，我可能就需要写另一篇更长的文章。但是，通过采纳一个没有被异化的起点（情境化的个体而不是前社会的个体的起点），通过表明与用道德来影响我们的生活相联系的那种异化如何可能被避免，也许我们已经降低了道德在本质上似乎与我们相异的那种程度。

---

〔42〕 人们不必为了急切地提出"为什么我应当是有道德的"这一问题而成为一个道德怀疑论者或者与道德相异化。在一个特定情形中，如果做正确的事情或者拥有最好的品格与代表一个人或者一项计划行动直接发生冲突，如果只有通过压垮自己他才能违背那个人或者那项计划，那么从行动者的立场来看，做正确的事情有可能就不是合理的。不能完成道德上要求的行为，这在道德上总是错误的（虽然不总是在道德上应受责备），但在某些情形中，不做道德上要求的事情可能是最为合理的——不是因为某个更大的道德计划，而是因为对具体的个人来说重要的事情。因此在寻求"为什么我应当是有道德的"的答案时，我并不认为总是有可能说明道德行为完美地合乎理性，或者在其他方面从行动者的观点来看是最佳的。（在这里，如果我对合理性是什么有一个更为明确的观念，我可以说得更清楚）试图表明通常存在着行动者可获得的并且与行动者的合乎道德相一致、非常值得欲求的生活，这似乎很有雄心。尽管我们可能希望某种更强的东西，但考虑到从更一般的观点来看，同样可以被认为是代表了道德的东西，采取如下做法可能就足够了：使道德成为我们作为个人而具有的忠诚的一个有价值的候选者。

或许应当指出，根据一种客观后果主义的说明，合乎道德无需自觉遵循特殊的道德命令，因此在联系着这个理论来询问"为什么我应当是有道德的"这一问题时，重要的是：一个人是否有好的理由用这样一种方式来生活，以至于一个客观后果主义的正确性标准尽可能地得到了满足。在一个特定情形中，通过从一个内心的情感来行动，或者从一个根深蒂固的品格来行动，而不参考道德或者直接地面对道德，这一标准就可以得到满足。这再一次显示了客观后果主义的灵活性：关键是成为好人并做好事，而不必追求善性。

行善的要求

行善的要求[*]

利阿姆·墨菲　著　陈江进　译

行善原则要求我们增进善。如果我们相信一种合理的道德概念会包含这种原则，我们就必须处理它对行动者施加要求的问题。有些作者为那些要求极高的原则进行辩护，而有些则认为只有那些施加有限要求的原则才是可接受的。在本文中，我建议我们以不同的方式来看待行善的要求：我们不要仅仅只关心个别行动者所面对的要求的**范围**。相反，我们应当关心行善原则施加给行动者的要求是如何为其他人服从此原则的程度所影响。例如，行为后果主义要求每一个服从的行动者不仅要承担行善的要求对她本人的负担，同时也要承担它对许多可产生最大化效果的、不服从的行动者的负担。我建议我们着重关注后果主义的这一特征，而不仅仅是它给个别行动者所施加的极高要求。

因此，我将为以下观点辩护，即当我们预期其他行动者对行善原则的服从下降时，行善原则并不会对行动者提出过高的要求，另外，我还要设计一种能满足这一条件的行善原则。这种关于行善与服从的观点为一种特殊的行善概念所支持。行善不像我们所认为只是一种个人的目标，其实它可以理解为一种合作计划，我们每个人**与其他人**一起来努力增进善。如果确实如此，那么人们除了要承担自己在合作计划中所应有份额（share）外，肯定会反对承担那些不服从的行动者的份额。

---

  * 本文是从我的博士论文的一部分发展而来的，从一开始我就从拉莫（Charles E. Larmore）和博格（Thomas W. Pogge）的批评与建议中获益良多。还有许多其他人通过对本文不同版本的评论也给了我许多帮助，我特别要感谢费希尔（Sibylle Maria Fischer）、卡里迪（Muhammad Ali Khalidi）、迈尔斯（Robert H. Myers）、斯特赖克（Gisela Striker），他们是《哲学与公共事务》杂志的编辑，尤其要感谢的是卡根（Shelly Kagan）与谢弗勒（Samuel Scheffler）。我最要感谢的是帕菲特（Derek Parfit），本文许多不同的草稿他都给了我极有帮助的评论与建议。

简单的行善原则与过高的要求

每个人都面对着各种不同的行为，最简单的行善原则会要求她去执行那种能产生最好后果的行为。[1]当它孤立地来看，不受义务论约束或特殊责任的妨碍，[2]这种**简单的行善原则**（Simple Principle of Beneficence）或**简单原则**（Simple Beneficence）与后果主义是等同的。[3]现在我所说的"过高要求的反对意见"认为，一种牺牲式的道德或者至少是一种行善原则多大程度上能对行动者提出合理的要求，应当有一个界限。[4]不管这个界限设定得如何高，当然从理论上说简单原则的要求会超过它都是有可能的——因为简单原则承认没有这样的界限。但是同样也明显的是，关于可能认为是必需的牺牲的任何界限通常在实践上也会被超过。面对世界贫困，抓住问题的重点，对于第一世界的大多数人来说，简单原则会要求每个人为了他人放弃自己的大多数能量与资源。当然，每个行动者的福利的下降是一个坏的结果，但是她为了帮助他人解决饥饿而放弃自己大多数时间与金钱所造成的损失要远逊于这种行为所获得的善。尽管不是非常清楚缓解世界贫困的最好方法

---

[1] 更准确地说，每个人都会被要求去做她可以做到的各种行为，她也有理由相信，这会产生最高的期望善。这表明此原则关于正当行为的主观标准，至少在实践上是我们需要的唯一标准［我遵照他们的观点：帕菲特，"What We Together Do"，1988，未发表的手稿；Allan Gibbard, *Wise Choices*, *Apt Feelings*（Cambridge, Mass：Harvard University Press, 1990）pp. 42 – 43］。在本文中，我没有处理行善原则会采用什么样的善的概念这一问题。我的论证只与那些不把消除痛苦视为善的那些概念是不相容的。一种合理的行善原则在某种意义上会受到福利在人们之间进行分配的影响，对我的讨论来说这一问题也是不相关的。

[2] 义务论的约束是对不同种类行为的禁止，如侵犯人的权利；特殊责任是指行动者对与之有特殊关系的人所负有的责任，如父母照顾孩子的责任。

[3] 简单原则上为许多非后果主义者所拥护，例如，参阅 W. D. Ross, *The Right and the Good*（Oxford：Clarendon Press, 1930；Indianapolis：Hackett, 1988），p. 27. 除非文本中有所提示，否则我所用的"后果主义"指的是"行为后果主义"。

[4] 作为对功利主义的直接反驳，这种反对意见历史悠久。布兰特（Richard B. Brandt）直截了当地指出："行为功利主义对个体提出了极端的、强迫性的要求，就像登山宝训一样，它只是适用于圣人的道德。"［*A Theory of the Good and the Right*（Oxford：Clarendon Press, 1979），pp. 276 – 277］拜尔（Kurt Baier）在 *The Moral Point of View*（Ithaca：Cornell University Press, 1958, p. 203 – 204）一书中也作出了本质相同的反驳。西季威克（Henry Sidgwick）也考虑了这个问题，他说："功利主义通常按照仁爱所规定的去行为似乎总是超越了义务的标准"，参见 Henry Sidgwick, *The Methods of Ethics*, 7th ed.，（London：Macmillan, 1907；Indianapolis：Hackett, 1981），p. 431. 然而，这种反对意见似乎在 19 世纪功利主义的批评者中并没有受到太多的关注［作为一种调查证据，可参阅 J. B. Schneewind, *Sidgwick's Ethics and Victorian Moral Philosophy*（Oxford：Clarendon Press, 1977），chaps. 4, 5］，同时也请参阅下面的注释[5]。

是什么，但是无疑在当今社会对大多数个体来说根据简单原则来行为，她们自身所遭受的损失会是很大的。[5]

那种认为简单原则要求太高的观点似乎是非常直接的，但还是有三种重要的含义必须提及。道德要求的评价需要一种先验的资格（entitlement）观念。而且，确定相关的资格观念是非常有必要的，因为它有可能通过定义来消除要求过高的反对意见。假如我们是后果主义者——简单原则是我们唯一的道德原则。如果要我放弃大部分资源以提供帮助是这种理论对我的要求，那么这种理论首先就认为我具有拥有这些资源的资格。但是后果主义会承认我对财产具有何种资格呢？根据葛德文（Godwin），我只对那些如果我放弃就会导致后果更糟的财产才有资格。[6]如果这就是后果主义者理解要求的正当方式，那么我们就可以论证，后果主义要求我们放弃财产根本就没有对我们作出任何要求。

对于任何道德理论的行善原则都可以作出同样的论证。如果我对某物没有占有的资格（现在要求我放弃它），那么在何种意义上理论可以要求我放弃它呢？常识通常要求一个人把偷来的东西归还物主，在这种情况下这一论证似乎具有直观上的说服力——什么东西会妨碍它支持行善原则呢？

问题明显来自于从"内在于"我们所讨论的道德概念寻求相关的资格观念。道德要求直观上的说服力似乎依赖外在于任何理论的资格观念。也或许我们根本就没有采用什么资格观念，相反是从某种非道德的基准来衡量要求。不过，在这里我们没有篇幅讨论各种不同的可能性。为了达到本文的目的，我只是简单地假定直觉上所认可的要求过高的问题不可能通过界定的方式予以消除。因此，我将采纳这种简单的"外在的"要求概念：当一种道德理论要求你执行或不执行某种行为时，如果你遵照它的要求就会遭受损失，那么就只有

---

〔5〕 尽管我说"无疑"，但通过诉诸认识论的与实践的考虑，这种观点总是为人们争论不休。西季威克对要求过高这种反对意见的部分回应是，相比远离我们的那些人的善，由于我们对自己的善了解得更多，有更多的机会去增进它，所以我们在很多情况下都可以期望通过追求自己的善（以及我们比较了解的身边之人的善）来达到产生最大整体善，参见 Henry Sidgwick, *The Methods of Ethics*, pp. 431, 434. 有关这一论证的最新版本，可参见 Frank Jackson, "Decision-theoretic Consequentialism and the Nearnest and Dearest Objection", *Ethics* 101 (1991): 461 – 482. 若不夸大我们对如何帮助离我们较远的人忽视的程度，如果这一论证对要求过高的反对意见的影响并不是偶然的，那么它就需要一种先验的假设，也就是这些考虑**总是**会把简单原则的要求降低到"尚可忍受的"水平。然而，为了对西季威克更为公平，必须说在 20 世纪科技发展之前这种论证更为合理；在这一问题上，还有其他一些力图表明简单原则并不是要求太高的尝试，对此问题的讨论请参见 Brad Hooker, "Brink, Kagan, Utilitarianism and Self-Sacrifice", *Utilitas* 3 (1991): 268 – 269.

〔6〕 参见 William Godwin, *Enquiry Concerning Political Justice* (Harmondsworth: Penguin, 1976), para. 8, ch. 2.

在此限度内才能形成要求。根据这种观点，无论何时要我放弃一些财产都会形成要求，但这似乎在有些情况下又是不合理的，如归还偷来的物品。[7]然而，为了达到我们的目的，我们简单地规定这种要求的概念只应用于行善原则，有了这种限定，矛盾就会减少。

近来及当前有一种为大家所熟知的抱怨，认为现代道德理论是异化的，下面我将把要求过高的反对意见与这种反对意见区别开来。[8]"异化的反对意见"背后的一般观念是指无偏倚的道德会对我们的**动机**形成各种各样的要求，而它们与对完全有价值的个人计划与关系来说非常必要的动机是不相容的。一种有影响的观点认为，如果我们只能拥有道德"给予"我们的计划与关系（也就是说，它们是道德上可允许的，或者它们将会带来最好的后果），那么我们就不能认为我们的计划与关系有内在价值，结果也就是根本不能拥有真正的计划与关系。[9]

威廉斯（Bernard Williams）通过"完整性"概念对功利主义与康德主义的批评包含了这两种反对意见。第一种观点认为这些理论要求太高：追求计划与关系会不断地成为道德上不允许的。第二种观点认为，即使允许我们追求计划与关系，无偏倚的道德也会使我们与它们异化。[10]

尽管异化的反对意见非常重要，但我在这里不予讨论。[11]实际上，有些不幸的是这两种反对意见是交织在一起的。首先，在威廉斯的著作出现的有关要求过高的讨论倾向于只强调严格要求对我们计划与关系的影响。只要后果主义的严格要求影响着我们福利的所有方面，这似乎就是非常重要的。但那种讨论也部分地建立在一个可能的误解之上，因为不清楚的是，如果我放弃我的那些关系就一定能更好地增进善。确实，如果我在当前的条

---

〔7〕 对此，一个原因似乎在于我们通常总是无意识地把求助于**法律**资格作为基准。

〔8〕 明确表达了这两种独立的反对意见的作者包括：Peter Railton，"Alienation, Consequentialism, and the Demands of Morality"，*Philosophy & Public Affairs* 132（1984 spring）：134 – 171；Sarah Conly，"The Objectivity of Morals and the Subjectivity of Agents"，*American Philosophical Quarterly* 22（1985）：275 – 286.

〔9〕 参见 Michael Stocker，"The Schizophrenia of Modern Ethical Theories"，*Journal of Philosophy* 73（1976）：453 – 466.

〔10〕 有关完整性的批评意见尤其可以在以下文献中找到："A Critique of Utilitarianism"，in J. J. C. Smart and Bernard Williams，*Utilitarianism: For and Against*（Cambridge：Cambridge University Press，1973），pp. 77 – 150；"Persons, Character and Morality"，in Bernard Williams，*Moral Luck*（Cambridge：Cambridge University Press，1981），pp. 1 – 19. 我并不认为文中的总结穷尽了威廉斯的论证，我也不敢肯定他一定会同意我所做的这部分性的陈述。

〔11〕 作为一种后果主义者的回应，参见莱尔顿，"Alienation, Consequentialism, and the Demands of Morality"；作为康德主义者的回应，参见 Barbara Herman，"Integrity and Impartiality"，*The Monist* 66（1983）：233 – 250；"Agency, Attachment, and Difference"，*Ethics* 101（1991）：775 – 797.

件下遵守后果主义，除了增进善之外，我可能不能追求任何私人计划。但这又给我们坚持在要求过高与异化的两种反对意见之间作出明确区分的另一个理由：只要后果主义**禁止**我对计划或关系的追求，就不能说它把我从那些计划中异化出来了。

我对要求过高的反对意见所要讲的第三点是，它表现的是个体行动者的情境。这有一个很好的理由，因为只要并不是**每个人**现在都按照能产生最好结果的方式来行为，那么每个人都可以被要求放弃他的大部分资源与能源。通常只是在对简单原则的**部分服从**（partial compliance）的情境中——并不是每个人都按照最大化的方式行为——这一原则对每个服从的行动者要求太高了，而在那种**完全服从**（full compliance）的情境中，它的要求通常并不是那么高。[12] 然而，就目前来说人们对简单原则的服从是非常有限的，而且我们也可以合理地假设这种情况会持续下去。

有限的行善原则

作为简单原则的后果主义很明显会遭受到要求过高的反对意见。但是人们通常假定康德关于行善的不完全义务不像简单原则的要求那样强，因此康德主义不会遭受到要求过高的反对意见。然而，根据某些解释，康德的行善义务实际上仅仅要求的是个别的行善行为，而对其他的行善行为来说，它的要求可能与简单原则的要求同样异常地高。[13] 设计

---

〔12〕 参见帕菲特，*Reasons and Persons*（Oxford：Clarendon Press，1984），p. 31. 当政治制度帮助个人承担了行善任务时，简单原则也并不会是要求特别高，人们经常得出这种看法，例如参见莱尔顿，"Alienation, Consequentialism, and the Demands of Morality"，pp. 161 – 162. 但由于现存的政治制度没能做到这一点，所以依然要面对要求过高这种反对意见。

〔13〕 作为一种不完全义务，行善义务"只对准则而非确定的行为有效"，"义务仅仅是广义上的，即使我们或多或少不能对它作出限制，但对于我们应当做什么还是有一定的余地"。对于"决疑论的问题"——"一个人在行善时对自身手段的消耗可以到达什么程度？"——康德只是说"肯定不会达到他最终需要其他人的行善这种程度"[*The Metaphysics of Morals*（1797；Prussian Academy Edition，vol. 6），pp. 393，454；艾灵顿在 *Ethical Philosophy*（Indianapolis：Hackett，1983）一书中做了翻译]。有关义务要求甚少的解释，参见 Thomas E. Hill，"Kant on Imperfect Duty and Supererogation"，*Kant-Studien* 72（1971）：55 – 76. 对希尔的立场的讨论，康德的行善并非分外之责的解释，甚至像对行为的要求这种可能有点细小的问题，参见 Marcia Baron，"Kantian Ethics and Supererogation"，*Journal of Philosophy* 84（1987）：237 – 262. 从绝对命令（第一个表达式）来看，康德行善义务所施加的要求存在着许多不同的层次，参见 Thomas Nagel，*Equality and Partiality*（New York：Oxford University Press，1991），ch. 5.

奥尼尔（Onora O'Neill）把康德的行善理解为一种"可选择的"责任，它并不要求我们努力满足所有需要。她论证说，这种较为最小化义务并不是一种"伦理上具有侵犯性的"理论，也不会对我们要求甚多；认为它忽略了正义重要性的观念，参见 Onora O'Neill *Faces of Hunger*（London：Allen & Unwin，1986），ch. 8. 但是即使这是正确的，也可能不会避免要求过高的问题，因为在一个非常不正义的世界里，努力追求正义的责任可能是一种非常高的要求。

一种重要的但同时并不是要求过高的行善义务似乎可能要求诉诸对要求要有一个粗略的限制，信奉这种行善义务的康德主义者为我们如何理解与设计这种限制提供了说明。

"日常道德"也会碰到相似的问题。这种道德概念（我相信，其内容是非常不确定的）也通常被假定包含了带有有限要求的行善原则，但是正如西季威克所表明的，这种限制的本质是不清楚的。[14]

我们现在可以看清简单原则要求过高这一反对意见的全部重要性。这不仅对包含了简单原则或由简单原则组成的理论是个问题，只要包含了要求我们增进善的原则的所有道德理论都有这个问题。有一些关心要求过高这一问题的学者仅指出后果主义是令人不可接受的，因为它没有对它的要求作出限制。但是如果这是真实的话，它就可能使人产生误解，认为其他道德概念在这一方面会表现得更好些，但实际上由于它们对于如何理解与辩护给行善原则的要求设定限制不能给出任何说明，它们并没有表现得更好。

（问题所涉及的范围实际上并不仅限于包含行善原则的理论，因为如果没有包含行善原则的那些理论是合理的，它们必定包含了范围非常广泛的特殊责任。[15]例如，在关于帮助同胞的特殊责任方面，要求过高的问题因此可能会重现）

所以，如果我们假定某种形式的行善原则必须最终得到辩护，同时又要反对把简单原则看成是要求过高的，那么这就要求我们要力图表明如何去理解对行善要求的限制并为之辩护。[16]现在许多哲学家感觉到首先要指出简单原则的过高要求为什么是应当反对的，从而揭露出这一限制背后的基本原理。但是如果我们严格坚持要求过高的反对意见（忽略异化），对我来说似乎实际上没有什么值得揭露。要求过高的反对意见的基础仅仅在于这样一种信念，即针对我们要增进善的这种道德的要求应当有所限制。尽管这种信念在更好的情境中会为自利所支撑，然而这一信念是任何人都应当合理地持有的，不管他的福利水平如何。[17]我没有理由在表面上不接受这一信念，也没有理由认为它对我们找到某种背

---

〔14〕 Henry Sidgwick, *Methods of Ethics*, part 3, ch. 4, esp. pp. 225 – 253.

〔15〕 这种观点并非不存在矛盾，我并不想在这里为之辩护。

〔16〕 实际上还有另一种选择。斯洛特（Michael Slote）指出了以下可能性，即可以完全去除存在行善所要求的水平的这种观念，同时拥护一种"可分级的"行善原则，根据这种原则，我们创造的善越多越好；参见 *Common-sense Morality and Consequentialism* (London: Routledge & Kegan Paul, 1985), ch. 5. 我不能在这里讨论这种观点。

〔17〕 总的来说，对行善要求的限制是以牺牲生活困苦之人的利益来为生活幸福之人的利益服务，参照 Pogge, *Realizing Rawls* (Ithaca: Cornell University Press, 1989), 5n.

后的基本原理非常关键。[18]而且，尽管所提供的有些基本原理会添加到行善要求的限制上去，但是它们中没有哪一个单独来看似乎比存在这样的限制这种简单的观点具有更大的合理性。[19]

然而，当我们反思现实地设计这种限制的方式时，这种观点一开始似乎既不简单也不具有明显的合理性。谢弗勒的著作中有一个有说服力的设计，在《反对后果主义》中，我们看到了"以行动者为中心的特权"这一概念。如果我服从简单原则，同时也具有一种特权，我通常就会允许去增进最好的结果，但同时也并**不要求**我总是这样做，因为在评价我被要求做什么时，我有特权给我自己的利益相比其他人的利益以更大的权重。在评价我被要求做什么时，我有许多因素使我自己利益的价值得到增加。很明显，增加的因素（multiplying factor）越大，我所承受的要求就越小。用我的话来说，简单原则加上特权就给行善原则增加了限制性的要求，我们可以称它是**有限的行善原则**（Limited Principle of Beneficence）或者**有限原则**（Limited Principle）。

这种解释有一定的灵活性，随着情境的改变，它允许要求的层次也出现变化——如在能产生更多的善或更少的善的情境中。然而，它又不是足够灵活，因为对有限原则的服从有不同的层次，而各种不同的层次所产生的要求其影响也不一样，但它对此却不能容纳。我在前面已指出，简单原则的要求在部分服从的情况下相比完全服从的情况更高。由于一种限制甚至让我能规避在部分服从与当前情境下简单原则的要求，那么我就能够给予我自己的利益相比对它们进行无偏倚评价的状态下以更大的权重。问题在于，增加的因素大到

---

[18] 卡根在 The Limits of Morality（Oxford：Clarendon Press，1989）坚持认为需要某种背后的基本原则。由于他不能找到任何有说服力的基本原理（其他的原因，参见下面的注释[27]），卡根得出结论说，对行善要求没有限制这一点是能够得到辩护的。他那详尽的讨论最后就是在"最小主义"（没有行善原则）与"极端主义"（简单原则）之间进行选择，他赞同极端主义。

[19] 这里只能是罗列一些已经提供的基本原理。考虑到行动者的非个人的与个人的视角，内格尔讨论了对人类行动者来说什么才是合理的，参见 The View From Nowhere（New York：Oxford University Press，1986），pp. 200－204；Equality and Partiality. 谢弗勒在 The Rejection of Consequentialism（Oxford：Clarendon Press，1982）中，通过不同的角度诉诸私人视角的道德重要性来为限制后果主义要求进行辩护（关于谢弗勒，参见下面的注释[21]）。斯洛特在 Common-sense Morality and Consequentialism 的第2章中论证了，后果主义的极端要求侵犯了我们"道德自主性"。还有更多的基本原理为卡根在 The Limits of Morality 的第8、9章中所提议与否决。也有一些实用主义的论证，它们并不是建立在对简单原则要求的内在反对的基础上。因此，麦基（J. L. Mackie）在 Ethics：Inventing Right and Wrong（Harmondsworth：Penguin，1977，pp. 129－134）中论证了功利主义的极端要求使得它是"不切实际的"。胡克通过诉诸"教导与维持"一种要求很高的规则所付出的代价来为规则后果主义辩护，参见"Rule-Consequentialism"，Mind 99（1990）：76－77；"Rule-Consequentialism and Demandingness：A Reply to Carson"，Mind 100（1991）：269－276.

可以去做在部分服从的情况下要求过高的任何事情，但在完全服从的情况下可能就太大：在完全（或几乎完全）服从的情况下，我们会发现自己给予更大权重的私人利益几乎都超过了其他人的利益，结果就导致几乎完全不能要求我们去作出牺牲。

当然，现在如果增加的因素可以与服从的层次进行挂钩，那么问题就可避免。然而，这也并不是唯一的挂钩方法。我们已经指出过，谢弗勒式的有限原则在直观上具有可取的特征，即当有更多的善要去做时，它对我们的要求就更多。但是假定贫困与饥饿变得越来越糟。难道这不会把有限原则的要求带到不可接受的层次吗？难道我们不能在那种情况下求助于更高的增加因素吗？

似乎增加的因素应当随着环境的改变与服从层次的改变而不断地调整。这是因为，我们在这里的基本标准是行善原则的要求应当受到限制——它们不能超越一定的界限而对行动者对自身生活的追求形成干扰。但是请记住这一点，现在似乎很清楚的是，实际上根本不需要增加的因素，所需要的是对要求有一个相对更高的限制，所以，例如没有人会被要求牺牲远远超过自身一定比例的福利。[20] 如果基本标准是行动者给自己的利益以一种不成比例的权重，增加的因素就是非常关键的。但是正如我们所表述的，这种标准根本没有说要求到底要有多高，所以它并不是对要求过高问题的全部回应。[21]

然而，对行动者追求个人生活形成有限干扰的标准自身也面临着严重的问题，尽管它以明显且直接的方式对要求过高的反对意见作出了回应。这一问题的根源已经介绍过了。一方面，我们似乎相信行善原则的要求不可能随着善的数量的增长而无限期地增长。这也

---

〔20〕 这种说法引起了许多麻烦的问题。一个就是衡量要求的单位问题——是作为整体的行动者的生活呢，还是从现在算起的生活，还是某些更小的时间间隔。这些可能性每一个都会要求我们评估行动者相关阶段的总体福利，以使我们能计算所要求的比例。如果我们以绝对的术语来表达限制，对每个行动者的要求就不能超过选定时间段的某种固定的量，这可能是不必要的。

〔21〕 对行动者利益的不成比例权重的标准是由谢弗勒在 *The Rejection of Consequentialism* 中所说的 "解放策略"（liberation strategy）所表达出来的，请特别参见第 62 页。尽管解放策略这一名称并没有在 *Human Morality*（New York：Oxford University Press，1992）一书中提及，但是下面从该书中所引文字隐含地表达了这一核心观念："我们常识道德视角的一个基本原则就是，给予我们自己利益以一种不成比例的关心是可以得到辩护的。"（p. 122）但是在 *Human Morality* 中还有另一种不同的关注，就是道德对我们生活的干扰不能超过一定的度。谢弗勒 "温和地" 相信 "在合适的条件下，道德允许人们在宽泛的限度内按自己乐意的方式行为"（p. 100），"道德规则可以以一种内在一致的、有吸引力的方式与个体行动者的生活结合在一起"（p. 102）。在本文中，我不想对谢弗勒在这本书中的论证作出应有的评价。然而，为了避免误解，我要指出谢弗勒并没有认为解放策略本身就能够为对自我利益的**任何特定程度**的不成比例的关注进行辩护，甚至也不能就他所提出的简洁形式的特权进行辩护，参见 *The Rejection of Consequentialism*，pp. 21，n. 69. 而且，谢弗勒提出解放策略是为了对威廉斯的 "完整性的反对意见" 作出回应，而不是我所界定的要求过高的反对意见。

是我们为什么反对固定的增加因素而赞同简单的更高限制的原因。然而，另一方面，增加的因素也是非常有吸引力的，因为它并没有使行善原则的限度与善的数量分离开来。请考虑更高限制的这种建议，在面对世界贫困时，要求作出牺牲的层次绝对不会降到这一限制之下。但是当然善的数量可以疯狂地增长。这里的问题是：除非更高的限制设定得**非常高**，几乎接近于人类可能性的限制（它肯定比我们在"正常"情况下认为是合理的限制要高），否则在不考虑善的数量变化的情况下我们很难接受那些固定在我们身上的限制。我们在这里要作出回应，有限原则可以允许出现要求不合理的紧急情况，因为在这种语境中，否认我们的当前处境可以看成是一种紧急情况似乎是很特殊的。

那么如果仔细考虑的话，下面这种观点似乎就是非常值得怀疑的，即我们对于道德对我们的生活构成多大的侵犯形成了一定的概念，**不论这些生活的情境是什么样的**。[22] 再加上我们已经说过的其他东西，这又表明我们对行善要求的合适限制是什么也缺乏一定的概念。很明显，这里还需要更多的讨论，但是设计有限原则的计划似乎很成问题，至少想为用其他可能的原则来取代简单原则的做法作辩护是成问题的。

服从条件

简单原则给行动者所施加的要求似乎确实存在一些问题。但问题可能不在于这些要求太高了。

让我们考虑如下一种情况，有人在今天力图按照简单原则来行为。她会意识到，她必须不断地增进善，直到她的福利水平实际上已经非常低下，同时她也意识到，其实只有少数人按照此原则行为，她只是其中一员而已。而且，她会知道，她遵守简单原则会给她带来巨大牺牲，其主要原因就在于只有少数人遵守原则，自己也是其中一员。她也知道，她应该做得更多些，**只是因为**大多数人并没有做他们本来应当去做的事。如果每个人都根据简单原则行为，她所承担的要求就会少得多。面对这种情况，她可能会问："恰恰因为其他人做得少，为什么我就应当做得多些？我肯定只需做本该属于我的那一份。"[23]

---

〔22〕 因此，当我同意谢弗勒，认为"道德视角与个体行动者的视角"的关系是一种"可能一致"的关系时（参见 *Human Morality*，p. 4），我不相信有一种一般的理由可以排除在相反的情境（如我们目前生活的情境）中出现很大不一致的可能性。

〔23〕 我受到了帕菲特 *Reasons and Persons*（pp. 30 – 31）的相同语境中的相关评论的影响。

　　她实际上只应做属于她自己的那一份，这一回答可能并不能打动我们的行动者，但是不幸的是，其他人的错误行为使之成为不可能了。她可能会否认，只有那些不遵守的行动者才是唯一值得指责的，她认为由于其他人的不服从而对她提出过高要求的原则本身就是应当反对的。

　　要求过高的反对意见只着重于个体行动者在单独考虑的情况下所面对的要求。当以这种方式来思考简单原则的要求，很自然地就会得出结论说，对行善要求存在一种限制。但是如果我们有一种更广阔的视野，可能就会发现另一种很自然的想法：应当反对期望每个行动者去承担其他人本应完成而由于不服从所导致的没有完成的任务。我们应当做属于我们自己的那一份，这在一定的情境中就能达到很大的牺牲，更不能把我们自己任务和其他人的任务都要求我们去做。

　　那么让我们提出一种服从条件：当对其他行动者服从原则所做的预期下降时，行善原则不能增加对行动者的要求。因此我们认为，简单原则至少有一个问题，就是它不能满足服从条件。

　　为了评价这一看法，我们首先必须搞清楚我们是否能够**设计**出一种能满足服从条件的行善原则，如果根本不可能有这种原则，那么服从条件就必须被拒绝。我们应当如何进行是非常清楚的：如果当其他人的服从下降时，应当反对对行动者提出更多的要求，那么我们要调整简单原则，使它在部分服从的情况下对行动者的要求与在完全服从情况下对行动者的要求一样多。

　　现在我们似乎为了这一目的不必发明一种行善原则，因为我们已经对后果主义的版本非常熟悉，它们能满足服从条件，我们可以运用这些后果主义理论作为我们新原则的模型。

　　我考虑的是集合式的后果主义，如规则后果主义（集合式的行为后果主义与集合式的动机后果主义都是有可能的）。[24] 任何集合式的后果主义诉诸**每个人**遵守特定的规则（或**执行特定的行为，或持有特定的动机**）所产生的后果来确定行为的正当性。在**非理想形式**的集合后果主义中，这种诉诸方式并没有假定完全服从——实际上"每个人"是指被认为会服从的每个人。然而，非理想形式的集合后果主义侵犯了服从条件，因为显而易见的是，例如当所期望的服从的水平下降时，原来较为合适的规则会让要求变得越来越高。

　　因此我们必须转向**理想形式**的集合后果主义。这些理论诉诸每个人遵守特定规则（或

---

　　〔24〕　在这一段，我从帕菲特那里借用了某些术语，ibid.

执行特定行为，或持有特定动机）所产生的后果来确定行为的正当性，甚至在那种很明显并非所有人都**将**遵守规则（或执行特定行为，或持有特定动机）的情况中也是如此。这种理想化的完全服从意味着那些理论满足了服从条件，因为在部分服从的条件下和完全服从的条件下每个人都要求按照同样的方式行为。

但是在决定行为的正当性时，理想化的完全服从应为理想的集合式的后果主义所面对的一种非常有名的反对意见承担责任。在部分服从的条件下，这些理论要求我们按照某种方式行为，但由于许多其他人并非也按这种方式行为，所以要求我们那样行动最后完全是没有意义的，或者可能会导致更糟的后果——可能是非常糟糕的。有一种可能的方式可以避免这一问题的某些方面——它也适用于规则后果主义者与动机后果主义者——它提出一种压倒性的规则或动机来避免更大的伤害。[25] 但是这种解决方法又会使得这种理论与服从条件发生冲突，确实很难搞清楚对这种反对意见的解决方法如何能够避免与服从条件发生冲突。

尽管理想的集合式的后果主义不能成为我们所需要的行善原则的模型，但它们为我们指明了正确的方向。这些理论吸引我们的地方在于他们对行动者在部分服从与完全服从的条件下所做的要求是一样的。它们之所以能做到这一点，是因为它们运用理想的完全服从来确定行为的正当性。当然，对这种理想的运用同时也给理论带来了问题。但是我们可以不运用这种理想去决定行为正当性，而仅仅用它来对行动者的要求应当有多大确定界限，从而可以避免这些问题。满足服从条件的行善原则认为，行动者应当根据她所处的现实情境中她所能增进的结果的善来评价行为的正当性。到目前为止这种新的原则——根据下面我们将指出的原因，我们可以称为**合作的行善原则**（Cooperative Principle of Beneficence）或**合作原则**（Cooperative Principle）——更像简单原则而不像理想的集合式理论。但是合作原则与简单原则是有差别的，它不要求行动者总是增进最好的结果。合作原则要求每个人增进善的限度是由以下方式来确定的：要求每个行动者所作出的牺牲与她在完全服从条件下为达到后果最大化所作出的牺牲差不多。合作原则并不禁止行动者在部分服从的条件下所做的牺牲与她在这种条件下为达到后果最大化所作出的牺牲差不多，但它只**要求**所作出的牺牲与在完全服从的条件下达到后果最大化所作出的牺牲差不多。[26]

---

〔25〕 参见 Richard B. Brandt，"Fairness to Indirect Optimific Theories in Ethics"，*Ethics* 98（1988）：341 - 360；胡克，"Rule-Consequentialism"；"Rule-Consequentialism and Demandingness"。

〔26〕 因此，合作原则在结构上与那带有一种优先权的简单原则是一样的。然而，我之所以更喜欢前者，不是因为它有一种可以少做一些的优先权，而是合作的行善原则本身设定了要求水平，只有超出了这一水平行善的行为才是分外之责。

所以我们现在有能够满足服从条件的行善原则，同时又不存在理想集合理论所面临的问题。我们将集合原则表述如下：

> 要求每个行动者按照最大化的方式行为——去做那种能产生最好结果的行为——除非此原则处于部分服从的条件下。在部分服从的条件下按照最大化的方式行为也是可允许的，但是要求行动者作出的牺牲要受到在完全服从的条件下行动者为达到后果最大化所作出的牺牲的水平的限制，只有在行为所要求的不能超过这种牺牲的水平的条件下，行动者才可以被要求去做能产生最好结果的行为。[27]

现在必须强调，这里的"完全服从"并不是"理想的完全服从"——后者指的是这种情况，每个人都在遵守原则，而且这种世界状态良好，它要求每个人要做的比我们当前的所处的世界少得多。服从条件不能保证那种情境的理想化，但对"非理想的完全服从"却有效——这种情境在各个方面都与现实情境是相似的，除了我们指望每个人都能服从外。而且我们不能从过去的历史中想像完全服从（想像理想的完全服从也是一样的），只能**从现在起**想像完全服从。为什么期望一个行动者承担当前不服从者所造成的负担是应当反对的，而因为过去的人们做得很少却期望现在的行动者承担更多，却不是应当反对，这其中的原因何在，需要更加全面的解释。[28]

------

〔27〕 如果合作原则是唯一的道德原则，我们可以称它为合作的后果主义（不要与雷根的"合作功利主义"混淆，参见下面的注释〔36〕）。谢弗勒的"混合"理论（一种带有优先权的后果主义，照我来讲，与有限原则是相同的）所面临的反对意见对合作的后果主义似乎是无效的，这种反对是指，在没有义务论约束的情况下，它允许为了个人所得而伤害他人，参见 Shelly Kagan， "Does Consequentialism Demand Too Much?" *Philosophy & Public Affairs* 13， no. 3（1984 spring）：251；Frances Myrna Kamm， "Supererogation and Obligation"， *Journal of Philosophy* 82（1985）：126n. 谢弗勒在 "Prerogatives Without Restrictions"， *Philosophical Perspectives* 6（1992）：377 - 397 中对这种反对意见做了回应。卡根在 *The Limits of Morality* 中做了许多反对对行善要求设定一种限制的主要论证，其中一个就是这种限制使得义务论约束成为必要的，而这是得不到辩护的。

然而，正如我们在这里所表达的这种合作后果主义面临着一种不同的问题。根据这种理论，对行动者的总体要求不会随着干预的必要性而增长，这种必要性是指通过干预以阻止当前或将来的暴力或痛苦，或减缓相类似的效果（如 20 世纪 90 年代早期前南斯拉夫与索马里的情况），因为在对合作后果主义的完全服从的条件下，根本没有这种暴力或痛苦。合作的后果主义的辩护者对这一表面所存在的问题有许多可能的回应，但是每一个都很复杂，我不想在这里对此作出进一步的讨论。如果我们假定合作原则伴随着那种反对暴力、痛苦或类似东西的义务论的约束，问题就不会出现。因为在那种情况下，我们不会把在前南斯拉夫与索马里的那些作恶者的行为刻画成行善上的失败。

〔28〕 这里有两个不同的问题：前一代人的不服从与同时代人之前的不服从。从一种广义的元伦理本质的意义上看，团体的成员资格也存在其他问题，在这种团体中，服从是被理想化了的。

道德要求的分配

我已经设计了一种能满足服从条件的行善原则。我现在必须对服从条件背后关键的直觉观念做一些说明：根据行善的要求，每个人都有自己本应承担公平份额，不能要求她承担比此更多的部分。首先，令人感到奇怪的是，是否真的存在着道德原则要求每个人本应承担的公平份额这种东西。

"做我自己的那一份"这种观念来源于对道德理论要求的**分配**的考虑。关于要求道德理论在行动者之间分配要求的时候怎样才算公平，我在其他的地方讨论许多不同的观点。[29]我不在这里罗列这些不同的观点，我将简要地讨论是什么使得人们有兴趣讨论要求的分配问题。

首先，我们必须清楚地预设一种道德概念，它让要求能在人们之间进行分配这一观念有意义，我们必须把道德或道德理论看成是向人们表达了**一种集体的**计划。例如，如果我认为道德只在我本人激进的选择中出现，我几乎都不能问道德对我相比其他人是不是施加了更大的要求——因为它只能对我提出要求。根据这种概念，在其他人的道德对她们的要求与我的道德对我的要求孰大孰小进行比较根本没有意义。

如果道德是一项集体的事业，我们就能看到它的要求在人们之间的分配问题。但是它本身不能保证分配是否**公平**的这一问题有意义。人们可以像西季威克一样把道德原则看成是对个体实践理性的唯一要求——例如，所以只要人们认识到痛苦（行动者中立）的害处，每个人就都有理由去减缓痛苦。[30]根据这一概念，只要道德理由对每个行动者都直接出现，那么道德要求分配的公平性问题就不会出现。

然而，根据道德的其他概念，这一问题很明显会出现。特别是，要求分配的公平性观念很容易与契约主义者的概念相契合。如果我认为道德要求奠基于一种假言的同意，对这种同意的一个合理的约束可能就是，这些要求必须在不同派别之间作出公平分配。

---

[29] 在 *Demands of Morality* （New York：Oxford University Press，forthcoming）中，我对要求分配问题的兴趣是由谢弗勒在 *Human Morality* 早期草稿中的一个讨论所激发的，这一讨论的部分内容还继续存在（pp. 98 - 99）。罗帝（Amelie Rorty）在 "King Solomon and Everyman"，*American Philosophical Quarterly* 28（1991）：181 - 194 中讨论了道德要求的分配问题。

[30] 参见内格尔，*The View From Nowhere*，ch. 8，esp. p. 160.

而且——可以从另一个角度达到这一点——对要求分配方式本身的考虑就采纳了契约主义的方法论。使得这一观念清楚明白的方法就是把道德行动者看成是契约的自愿参与者。

现在假定我们可以得出结论说，对行善原则的要求所进行的唯一公平的分配就是平等分配。人们就会认为简单原则在要求的分配问题上是不公平的，因为它给某些人相比其他人施加了更大的要求——这些人或者具有特殊的能力，或者处于特殊的情境中。（在部分服从与完全服从的条件下都会是这样。）那么，在某种意义上我们可以说简单原则对某些人所做的要求会超过她们本应承担的公平份额。但是"超过公平份额"在纯粹分配的意义上与能用来激发服从条件的意义上不同的。服从条件是对以下事实的回应，即当其他人不服从时，简单原则对服从的行动者做了过多的要求，它要求每个行动者承担的要多于自己的公平份额，**在某种意义上讲，它的要求远远超过在完全服从的条件下被公平地要求的份额**。只要在这里有两种意义的"超过公平份额"在起作用，忽略其中的纯粹分配的意义更为简单。所以我接下来假定（实际上在我关于服从条件的表述中已经这样假定了）简单原则要求的**分配**事实是公平的。因此，我们假定在完全服从的条件下简单原则对我所施加的要求同时也是在完全服从的条件下对我公平地施加的要求。这里我们重点关注以下事实，在部分服从的条件下行动者可以被要求做得更多。

作为集体目标的行善

服从条件背后的直觉观念是，相比在完全服从的条件下行动者所承担的公平份额，行善原则在部分服从的条件下不能对行动者作出更多的要求。就像我们相信行善原则对个体行动者的要求到底有多大有一定限制一样，这一观念表面上也是可以采纳的。但它是一种不常见的观念，我们不必完全由其直觉的力量所决定。还可以提出哪些其他的考虑来支撑服从条件呢？

还有一件事我们**没有**说，即要求行动者比在完全服从的条件下他们所应承担的公平份额更多的份额是不公平的，指出这一点是非常重要的。因为每个行动者以同样的方式受到影响：在简单原则下，**每个人**不仅要求要做他在完全服从条件下自己应当承担的公平份额，而且还要承担不服从的行动者的份额，尽量导致后果最大化。确实，不服从的行动者可能会被指责不公正地**行为**，因为他们知道服从的行动者正由于他们的不服从而要承担更多的要求。但是随着对服从所做的预期的下降，要求就在不断地增加，在这一点上简单原则并没有对任何一个行动者体现出差别来，因此服从条件并不能由于诉诸公平性而得到支撑。[31]

然而，服从条件可以通过采纳一种特殊的行善概念而得到支撑。我考虑的是一种独立的**合作**概念——它并不仅仅源于契约主义方法论的运用。我们以一个相关的例子来表达这一点，让我们改变一下斯坎伦（T. M. Scanlon）式的契约主义，并假定参与假言同意的各个派别是由三个动机所指导的：行善、自利（广义上的）以及关于何者会被其他人合理地拒绝的考虑。[32] 如果根据这些假定就能够达到一种假言的协定，[33]那么它就能产生有限原则。但是这一原则不会把行善表达一种合作的事业。它会给每一个行动者一个单独的目标：把善增进到所要求的层次。在**二阶**层次上，带着这一目标的行动者就会彼此合作。例如，如果他们参加搜索队，行动者就能协调他们的行善行为，以最大的可能获得更多的善。但是在每个行动者如何理解道德原则的**最初**层次上，合作根本没有用。在这种最初层次上，要求每个行动者应当如何做并不是由其他人对此原则所持有的态度所决定或影响的——除了他们的服从与不服从外，正如他们的其他行为以及本性的改变都会影响每个行动者的环境，因此对她来说这样做是最好的。在这一方面，以契约主义的方式来派生有限原则有些像功利主义——契约主义的机械主义本身并不能表达出一种行善的合作概念。

当然，契约主义与道德的某种合作概念之间存在着一种传统的关联：它将道德看成是一种为了互利的合作事业。根据这种概念，行动者都被认为是由自利所推动的，他们认识

---

[31] 我在我的博士论文中论证了，服从条件要依赖于诉诸公平。帕菲特（提出了我在本段中所做的那些要点）使我看到了自己的错误。最近也有人提出，对那些服从的行动者相比较那些做得少的人要求更多，这是不公平的，此观点是由布罗克（Dan W. Brock）所提出的，"Defending Moral Options", *Philosophy and Phenomenological Research* 51（1991）：912–913.

[32] "Contractualism and Utilitarianism", in Amartya Sen and Bernard Willians, *Utilitarianism and Beyond*（Cambridge：Cambridge University Press, 1982），p. 110. 斯坎伦提供了如下契约主义式的说明："根据一般对行为进行控制的任何规则系统，如果它不允许去做某种行为，而且这种规则系统是开明的、非强制的、通常的协定之基础，那么做这种行为就是错误的。"我采纳这一建议是追随了内格尔在 *Equality and Partiality* 中的做法（esp. p. 172）；最大的区别在于，为了简单起见，我把内格尔复杂的"无偏倚性"的动机替换成了行善。

[33] 内格尔（ibid., pp. 50–51, 172）的考虑有些不同，他相信，只要处境好的人拒绝以超过特定水平的方式来作出一定程度的牺牲是合理的，那么那一水平也可以为处境差的人合理地拒绝，认为是不充足的。

到以彼此合作的方式行为能做得更好。参与到这种合作事业中的各种派别都有不同的目标，合作就是为了以最好的方式来获得这些各不相同的目标。这种合作最为重要的方面是互相约束，在对某种形式的行善原则同意的基础上是可以彼此行善的。如果确实如此，这一原则可以在最初意义上达成合作——每个人对原则的承诺根本上依赖于其他人的承诺。为了努力使这种道德概念更加合理，即使我们增加公平这一为所有人共享的目标，我们所做的描述在本质上也是一样的。最后的立场我们可以称为"公平的互惠"，[34]它为严格的互利互惠的观点增加了一些承诺，不仅要求每个人不要搭便车，而且要求对合作的成果做公平分配。

我在这里想引入的合作的行善概念与互利互惠的观点或公平互惠的观点没有关系。[35]这些观点包含了具有不同目标的人们进行合作的观念，与它们不同，我的建议是，行善可以根据**共享的合作目标**进行理解。让我们努力解释一下合作目标与个别的或非合作的目标之间的差别。如果我们两个人各自的目标就是要增进善，我应当如何做可能依赖于你如何做。正如我们所指出的，由于为增进善我最好如何做不断地依赖于你将如何做，我最好以第二种方式，即通过与你合作，才最能达到我的目标。但是如果你不合作，或者如果你没有增进善，这无论如何都不会影响我对自己目标的理解或承诺。如果我们都有增进善的合作目标，相比之下，我们都没有把自己看成是孤立的。另外一个人的相关行为会影响每个人对自己要求的态度。

实际上，我们可以说，如果我们都有增进善的合作目标，严格地说，我们中每个人都不能以增进善为目标。每个人都要把自己看成是**与其他人合作**来增进善。因此对每个人目标的最好描述可能是："与其他人一起增进善。"作为一种测试，我们可以说，合作目标的一个必要条件是，其他人的服从与不服从对每个行动者追求那一目标的影响与自然现象的影响是不同的。为了更好地表达这一点，我们可以把合作目标的行善与简单原则进行比较。对于简单原则来说，其他人的服从行为与我所处环境中的其他变化对我应当如何行动发生影响的方式是一样的。如果我知道贫困实实在在地越来越恶化，不管这是由于干旱，还是由于由他人所组成的救济组织捐赠的减少，追求我增进善的个人目标都是不相关的，

---

〔34〕 这一术语来自于 Allen Buchanan, "Justice as Reciprocity versus Subject-Centered Justice", *Philosophy & Public Affairs* 19, no. 3（1990 spring）：229.

〔35〕 对此类观点的批评，参见如布坎南（ibid.）; Brian Barry, *Theories of Justice*（Berkeley and Los Angeles：University of California Press, 1989）, esp. part 29 - 30.

无论在哪种情况下，正因为需要我的帮助的急迫性在增加，简单原则都要求我比以前要施与更多。[36]

相比之下，当行善是一种合作目标时，这种日益增长的需要是由于其他人的不服从还是由于我所处环境的其他变化，它要在这两者之间作出区别。它所作出的准确区别是什么依赖于悬而未决的特殊的合作目标——有一系列可能的行善原则可看成是合作目标原则。在一个极端，"与其他人一起增进善"的描述可认为是严格地意味着，除非**所有的**其他人都在作出贡献，否则我就不可能准确地追求**那个**目标，所以在部分服从的条件下我什么都做不了。那么就有一系列可能的原则，能不断地对其他人的不服从作出反应。行善原则会要求我增进善，即使其他人不这么做，但只是达到相比我在完全服从的条件下所要做的牺牲**更低**水平的牺牲。在另一个极端，我把合作原则界定为：在其他人不做自己分内之事的情况下，要求我所做的与在完全服从的条件下要求我所做的是一样多。相反，合作原则是对简单原则的一种弱化，它所形成的原则要求我承担由于其他人的不服从所留下的一些负担，而不是全部。

所有这些原则可以说都把行善表达成了一种合作目标。重复一下，那没有把行善表达成一种合作目标的行善原则是简单原则。如果要求每个人承担起由于其他人不服从所导致的**所有**负担，每个人就有增进善的个体目标。

合作目标的行善概念为服从条件与合作原则提供了重要支撑。如果这种行善概念是有吸引力的，那么相比简单原则与有限原则，我们就有理由赞同合作原则——因为正是这一原则而不是另外两个与它是相容的。进一步说，对行善做合作目标式的理解不仅清楚地表达了服从条件，而且为它提供了某种支撑。当然，这些观点的力量依赖于合作目标的行善概念的合理性到底有多大。

无论如何，这些观点对合作原则的支持也只是在与简单原则和有限原则相比较的意义上说的。它们并不表明合作原则就能胜过其他那些把行善表达成某种合作目标的行善原

---

〔36〕 我对合作目标的描述与雷根在 *Utilitarianism and Co-operation*（Oxford：Clarendon Press，1980）的第 12 章把道德描述成一种共同体的或合作的事业听起来有些相似。然而，关于我所表述的合作目标的行善概念，有一个关键点就是，其他人的服从与不服从与情境中的其他变化并不是同步的。相反，雷根关心的在服从的行动者之间的合作。因此雷根与我所关注的合作是非常不同的。他的"合作功利主义"指导每个行动者"与任何其他正在合作的人进行合作，在考虑到非合作者的行为的前提下，产生最大可能的后果"（p. 124）；这里的目标是要保证服从的行动者通过参与我所说的第二层次的合作，让他们作为一个团体尽其所能做到最好（参见，如 p. 6）。

则。[37] 然而，我们在这里必须记住，合作原则能在其他可能的合作目标的行善原则中脱颖而出，恰恰在于我们拥护服从条件的那些先验的、独立的直觉基础。对其他合作目标原则的辩护都要求对那些看上去有直觉力量的思想进行质疑，这种思想是指，仅仅因为其他人做得少，行动者就不需要做得更多，以及不能要求行动者所做的超过他们的公平份额。

接下来，我继续为合作原则提供一些支持性的思考，但是必须认识到，我所说的那些也同样适用于其他可能的合作目标原则。

行善与互利

对合作原则的一个不同的支持来自于以下事实，即使不根据为了互利而进行合作这种说法来理解行善，团体行善行为中的许多受益人也会是那一团体中的成员，所以增进善事实上在某种程序上可以互利。因为作为事实，只要行善是一种互相受益的计划，拒绝接受本来可以为这项计划作出贡献但实际上并没有这么做的那些人的份额是很自然的。[38] 然而，合作原则的辩护者又不能过于强调这一点，因为我们必须拒绝这种观念，即如果有些人（是我行为的受益者）没有承担他们自己的那一份，那么根本不能要求我作任何贡献。拒绝这一点的一种方法就是指出，并非所有的受益人都是那些本身对这项计划能作出贡献的人。这种认为合作原则优于简单原则的论证，将后者看成是极端的，同时也前者置于一种较为温和的位置，处于一个极端与另一个极端之间。

合作原则与要求过高

通向合作原则的道路起始于要求过高的问题。然而，合作原则并不是对简单原则对个

---

[37]　一个较强的竞争对手可能是这样一种原则，它要求在别人做得少的时候我要做得更多，但也不是完全承担所有负担。为此原则辩护的一种方法就是认为这可能导致完全的**不合作**，甚至**部分**负担都不会去承担。但是在其他人的不服从是非自愿的情况下，这种思想是最有说服力的；我们感兴趣的是那些自愿不服从的情况。

[38]　我在这里要感谢帕菲特。

体施加极高要求这一问题的回应。也就是说，它并不是为以下这种信念所激发的，即要求个体行动者作出牺牲的程度应存在一些限制。确实，合作原则的要求事实上比简单原则的要求要小得多。正如我们已经看到的，这是因为，在完全服从的条件下相比在当前最小服从的条件下要求行动者所作出的最大牺牲通常都要小得多。但是所提供的支持合作原则的那些考虑与行善原则要求个体行动者所做的牺牲的**总量**是没有关联的。

现在，在这里能提出的最强的观点是，服从条件所表达的正是简单原则一直困扰着我们的事。因此我们可以论证说，要求过高的反对意见不必根据自己的主张而得到解决，相反可以消解掉——我们从来不为要求的总量而担忧，相反，我们一直关心的是做其他人的工作。检验这一点的一种方法就是思考一下这种情况，在一个与世隔绝的、非常穷困的国家里生活着一小撮非常富有的人。无论是简单原则还是合作原则都会要求这一小撮人作出巨大牺牲，哪怕是在完全服从的条件下。〔39〕同样，如果只有一个行动者才能避免灾难或带来巨大的善，那么在这种特定的紧急情况中，两种原则都可以对他施加极端的要求。〔40〕但是我们会感到在这些情况下的极端要求就像简单原则每天施加在我们身上的要求那样是应当反对的吗？如果不是，怎样才能解释这种差别？所以，另一种支持服从条件因此也支持合作原则的考虑能帮助我们**消解**要求过高的问题。

另一方面，对这些情况的反思会让我们得出结论说，行善的要求必须满足服从条件并受到限制。如果我们能想出一种标准来设定界限以避免我们在第二部分所讨论的问题，我们可以继续发展出一种**有限的、合作的**行善原则。然而，如果我们的结论是只有特别极端的要求才是应当反对的，那么就不必要求任何新的标准。正如我们在第二部分所看到的，通过求助于对某人生活的有限干涉的标准来设定界限是合理的，只要这种界限在一种很高水平的要求上设定就可以了。提出一个很高的界限并不一定就能完全解决要求过高的问题，但是如果我们已经转向了合作原则，这种界限可能就足以让我们考虑为什么我们有时要关注并不为服从条件所约束的简单原则。所以，即使服从条件并不能完全消解要求过高的反对意见，但它足以可以使之变得易于处理。

---

〔39〕 为使这种情况纯粹，我们必须想像生活好的少数人并没有错误地剥削生活糟糕的多数人。这就削弱了这一例子的力量，因为最有力的实际情况并不是这样的。

〔40〕 如要求行动者冒着死亡或严重伤害的危险，或要忍受巨大的痛苦，这些情境会提出一些分开来看都是比较特殊的问题：我们可以合理地期望行动者持有哪些动机；一种道德理论会要求他们持有哪些动机。

要求的近处与远处的来源

下面这种观点在我看来是非常合理的，即生活在第一世界里的每个人都应该给予开发援助组织一定数量的帮助，这也是我们在完全服从的条件下为达到最佳后果而需要给予的数量。[41]但是尽管合作原则在世界贫困的情境中能产生合理的结果，但就非私人地增进普遍善来说，我们将会看到这并非适用于所有我们认为要求我们行善的场合。结果，服从条件与合作原则的合理应用可能必须受到限制。

在与我们相似的语境中，辛格（Peter Singer）与卡根（Shelly Kagan）都讨论一个例子，就是一个人以非常微小的代价就能挽救一个落水的儿童。[42]卡根运用这个例子表明了他的观点，日常道德要求我在付出的代价很小的时候应增进善，但是通常代价很高时并不做这样的要求，正如饥荒救济的情况一样。但是这个例子很容易改变成一种反常的情况。

假如我正步行通过公园去机场。如果我不能准时到达的话，我就会错过航班，而且即我买的是便宜的机票，我也会既浪费假期也浪费了金钱。我看到一个小孩落水了。如果我涉水过去把她救起来，这意味着我会错过航班。似乎我没有别的选择，只能责怪自己的运气不好碰上了这样的事，然后涉水去救她。如果我被要求这么做，从而不能将同样多的时间与金钱贡献给饥荒救济（假如我今年已经贡献了不多不少的一笔），那么对我来说这种代价并不能解释这种差别。即使我们把这种情境做些改变，让损失只针对行动者本人，这

---

〔41〕 假如我在完全服从条件下已经给出了可达到最优级化的份额，而这会把我较高的福利水平降低一点点。我也知道你没有承担你应该承担的份额，如果我以很小的额外的代价去做一些事肯定可以挽救远方的一条性命。是不是真的可以合理地说，不能要求我给出额外的份额？这种反对意见的一种解释也同样可以适用于有限原则。无论何种要求的水平上，只要这些要求未达到最大化，似乎都很难接受不能要求为了更大利益而承担很小的额外负担。但是这很快会导致简单原则。然而，可接受的是，只要我所承受的要求已经很高，很小的额外负担都是可以抗拒的；但是这种情况中，即我所承受的要求还不是很大，这种观点可能就不是这样子。这种反对意见让我回到了起点，因为它要求对行善要求的限制作出说明。这里有必要指出，对于不同于简单原则的任何行善原则来说，我们都有可能想像出一些情境，在其中我们似乎很难否认应当要求某些额外的行善。但是我们不能把这些情境孤立地进行考虑——我们必须牢记其他可能的行善原则所面临的那些问题，并对总体上相对的合理性作出判断。

〔42〕 参见辛格，"Famine, Affluence, and Morality", *Philosophy & Public Affairs* I, no. 3 （1972 spring）: 229－243；Shelly Kagan, *The Limits of Morality*, pp. 3－4, 231－232, 书中到处可见。

种看法实际上也会是真的：如果我跳进泥水去救小孩，我就会失去新衣服与新鞋，但可能我也并不会被要求把同等数量财物给予饥荒救济。然而，我所承受的代价并不能解释要求中的差别。

现在这个例子相比有限原则看起来对合作原则更好些。因为合作原则能解释为什么要求我去救小孩，而不要求我继续为饥荒救济作出同等的牺牲，而有限原则却做不到这一点。面对一个落水的小孩，我知道我所做的最大水平的牺牲与在完全服从的条件下并无不同，然而在饥荒救济的情境中，这明显会比在完全服从的条件下小得多。有限原则只将要求与行动者所付出的代价结合在一起，它不能区分这两种情境。在两种情境中都不让我牺牲假期与金钱，这似乎很明显是错误的。

然而，对这个例子的进一步修正会对合作原则产生一个反例。[43] 假如有两个人都正在通过公园去机场，机票也都很便宜，等等。他们经过湖边时看到两个落水的小孩，都有溺亡的危险。鉴于两个小孩在水中的位置，每个人都有足够的时间去救其中一个小孩且不会错过航班。如果两个中的任何一人去救两个小孩，那么那个人就会错过航班。很明显，最好的情况是，A 和 B 两个人每个都去救一个小孩。然而，不幸的是，A（W. C. Fields）不想因为帮助一个小孩而承受任何损失。这里似乎整个的负担都会落到 B（Jimmy Stewart）的身上，他不得不承受。但是这似乎不是合作原则的立场。根据这一原则，只要 B 处于部分服从的情境，要求他所做的牺牲只能与他在完全服从的情境中所应作出的牺牲一样大，在这里就是让衣服弄湿但不错过航班，所以只能要求他救一个小孩。

合作原则在这种情境中给出的肯定是错误答案。为了更远的、可能的行善目标，只能要求行动者作出的牺牲与他在完全服从的条件下是一样的，尽管这似乎非常合理，当我的行善目标直接面对我时，就似乎并不是那么合理了。

合作原则与有限原则似乎都没有为这第二种情境提出正确的答案。面对这一点，我们可能想重新思考简单原则的对立面，它对两种情境都给出了正确答案。但是还有其他可能的原则可以进行思考。

这些情境引起了许多复杂的问题，我没有篇幅讨论对这些问题的所有可能回应。我将指出一种回应以结束本文。

可能在这些情境中，有一种挽救的特殊责任在起作用。特殊责任依赖于行动者与责任

---

〔43〕 辛格在"Famine, Affluence, and Morality"（p. 233）中运用同样的例子得出了几乎同样的问题。也参见 Shelly Kagan, "Replies to My Critics", *Philosophy and Phenomenological Research* 51（1991）：924 – 925.

对象之间存在的特殊关系。这种关系在家庭责任等情境中是非常清楚的，但是挽救的责任的情境中就很难进行描述。常识认为，我不能（以很小的代价）挽救一个我眼睁睁看着落水的人，相比没有（以同样小的代价）挽救生活困苦之人的性命在道德上要糟糕得多，然而，如果我们希望为这种常识的反应进行辩护，对这种关系的某种说明是必需的。[44]

现在，依赖于特殊关系的责任不能根据为所有其他行动者共享的合作目标进行思考，因为隶属于这种责任的团体并不等于合作团体。因此，在作为整体的合作团体中，关于特殊责任的要求的公平份额的观念根本无立足之地。认为合作团体仅仅是由隶属于特殊责任的那些人所组成的，这是有可能的。但是这对特殊责任的本质似乎并不是正确的。在对待父母的家庭责任的计划中，我没有与我的兄弟姐妹合作，如果有这种义务，我们每个人似乎都是单独与个别地持有的。

考虑到服从条件与合作目标观念之间的关联，这似乎给出了一个理由，以解释为什么把服从条件运用到特殊责任可能是不合适的。这也允许我们通过求助于特殊责任来挽救我们所谈及的情境中的两个小孩。只有在那些包含了关于要求的更远的来源的情境中，我们才求助于合作原则。

---

[44] 如果不能找到那种说明，我们或者只有拥护简单原则，把我们与它的要求进行调和，或者相反拥护合作原则或有限原则，接受下述观点，即在像小孩落水的那些情境中提供帮助可能实际上是份外之责（supererogatory）。可能有一些考虑会减弱我们对这一观念一开始的抵触情绪。

仁爱的两种概念[*]

梯姆·马尔根　著　陈江进　译

一、导言

后果主义由于其简单性一开始就获得了不少吸引力：它向我呈现的唯一的道德计划就是要把这个世界变成更加美好的地方。但当我们开始询问这一计划到底包含了些什么时，复杂性就会越来越多。本文关注的是一种先验性的问题（a prior question）：在何种意义上后果主义向我（me）呈现了这种计划？在后果主义的传统中，有两种标准的回答是相互交织在一起的。一方面，后果主义的计划被看成是一种个体的计划呈现给作为个体道德行动者的我。另一方面，后果主义可能是一种集体计划，它之所以呈现给我，仅仅是因为我属于某种特殊的团体（它可能是所有道德行动者的集合，或者是他们的子集）。一般来讲，我把这两种不同的方法分别称为个体后果主义与集体后果主义。个体的方法表现为行为后果主义，而集体的方法表现为规则后果主义。

墨菲（Liam Murphy）最近在本杂志上发表了一篇文章，为我称为集体后果主义的一种形式进行辩护。墨菲把这一广义概念解释如下：[1]

---

* 本文是由我的博士论文发展而来的，博士论文得到了 Association of Commonwealth University，the British Council，the New Zealand Vice-Chancellors' Committee 和 Wolfson College，Oxford 的帮助。我同时也非常感谢克里斯波（Roger Crisp）、胡克（Brad Hooker）、库玛（Rahul Kumar）、摩尔（Andrew Moore）、墨菲（Liam Murphy）、帕菲特（Derek Parfit）还有 *Philosophy & Public Affairs* 的编辑们，他们都为我之前的草稿提出了许多有帮助的评论。

　〔1〕　Liam Murphy，"The Demands of Beneficence"，*Philosophy & Public Affairs* 22，no. 4（1993 fall）：267 – 292，esp. pp. 285 – 286.

行善可以根据**共享的合作目标**进行理解……如果我们两个人各自的目标就是要增进善……我们都没有把自己看成是孤立的……严格地说，我们中每个人都不能以增进善为目标。每个人都要把自己看成是**与其他人合作**来增进善。因此对每个人目标的最好描述可能是："与其他人一起增进善。"（强调标记是原文中的）

这种行善概念在公共善的事例中一定是非常有吸引力的。正如墨菲所指出的：[2]

……只要行善是一种互相受益的计划，拒绝接受本来可以为这项计划作出贡献但实际上并没有这么做的那些人的份额是很自然的。

从这种集体后果主义视角出发，墨菲提出了关于行善原则的如下条件：[3]

服从条件 当对其他行动者服从原则所做的预期下降时，行善原则不能增加对行动者的要求。（强调标记是另加的）

服从条件（或与此类似的东西）似乎是集体主义方法的核心特征。例如，规则后果主义者通常基于"公平"的理由为他们的理论进行辩护："（为了论证方便）我们假定，如果发达世界所有生活富足的居民都捐出收入的10%的话，就足以消除贫困与匮乏。我捐出了自己本应捐出的10%的份额。由于其他人没有履行自己的份额，如果我再捐出5%的话，它能够增加平均福利。为什么仅仅因为其他人拒绝履行他们的道德责任，而我却要为此（应捐出额外的5%的份额）备受指责呢？这是不公平的。我做好自己本应承担的份额才是合理的。否则，其他人就能够不履行他们的份额而来剥削我。"[4]这种论证路线很明显是建立在服从条件的某种类比之上的：没有任何原则可以仅仅因为别人做得更少而要求我承担更多。

---

〔2〕 Ibid., p. 288.
〔3〕 Ibid., p. 278.
〔4〕 对于这种论证的一种代表性的说明，请参见 Brad Hooker, "Rule-Consequentialism, Incoherence, Fairness", *Proceedings of the Aristotelian Society* 95 (1994): 19–35.

规则后果主义面临着许多问题，这已经有了很好的探讨。[5]但无论如何规则后果主义是集体后果主义唯一可能的形式。墨菲本人发展了一种行善原则，它既能满足服从条件，同时又能避免规则后果主义的许多错误。

建立了服从条件之后，墨菲接下来力图建构一种可以满足这一约束的原则。他提出了如下的**合作的行善原则**（cooperative principle of beneficence）：

> 要求每个行动者按照最大化的方式行为——去做那种能产生最好结果的行为——除非此原则处于部分服从的条件下。在部分服从的条件下按照最大化的方式行为也是可允许的，但是要求行动者作出的牺牲要受到在完全服从的条件下行动者为达到后果最大化所作出的牺牲的水平的限制。只有在行为所要求的不能超过这种牺牲的水平的条件下，行动者才可以被要求去做能产生最好结果的行为。（那么行动者或者被要求去做那一行为，或者能够产生好的后果的某种其他行为）[6]

有容易看到，墨菲的原则满足了服从条件。然而，我想论证的是，这个原则是不可接受的。在下面两部分，我提出了两种情况，在这里墨菲的原则似乎会产生不可接受的后果（第二、三部分）。然后，我力图表明墨菲的原则（类似于规则后果主义的原则）的失败并非这一原则的独特特征所产生的结果，而是任何满足服从条件的原则可能都不能令人接受。正如墨菲所指出的，如果服从原则是集体后果主义的本质特征，那么就可能没有令人接受的集体后果主义的形式（第四部分）。[7]在结论部分，我将对仁爱的个体与集体解释之间的关系作出一些理论评论（第五部分）。

---

〔5〕 对于发展了这些相关批评的文献，以及最近规则功利主义所回应，例如请参见布兰特"Some Merits of One Form of Rule-Utilitarianism"与"Fairness to Indirect Optimific Theories in Ethics"，这两篇文章都在他的 *Morality*，*Utilitarianism*，*and Rights*（Cambridge：Cambridge University Press，1992）一书中，分别见 pp. 111–136、137–157；Brad Hooker，"Rule Consequentialism"，Mind 99（1990）：67–77.（也请参见 Brad Hooker，"Rule-Consequentialism，Incoherence，Fairness"，前面注脚中有引用）

〔6〕 Liam Murphy，"Demands of Beneficence"，p. 280. 我重述了墨菲在文中所做的表达，不过稍稍纠正了一点不准确性。文中给出的这个版本与墨菲自己对原则的运用是相应的。（墨菲自己相应的证实了这一点）

〔7〕 在本文中，我不想在集体后果主义与服从条件之间最终建立一种必然的联系。我没有意识到，前者的任何形式并不要求类似于后者的东西。至少，一种并没有满足服从条件的集体后果主义必须与现存的道德理论有很大的不同。

二、来自于错误事实的反对意见

我的第一个讨论将着眼于以下这个故事：

> **阿芙伦特（Affluent）的故事** 阿芙伦特是一位生活在发达世界的富裕之人，她已经给慈善机构做过大量捐赠。她坐在桌边，桌上放着支票簿。她前面放着两个小册子：一个来自于一家声誉良好的国际援助组织，另一个来自于她小孩的未来的音乐老师。阿芙伦特有足够的钱或者给慈善机构一笔捐赠，或者买下音乐课程，但是两件事不能同时做。由于她对孩子的爱，最后买了音乐课程，尽管她知道这笔钱如果给慈善机构的话一定会产生更多的善。

我们将讨论这一故事几个更为复杂的形式，第一个如下：[8]

> **阿芙伦特的第一个无知** 阿芙伦特不知道到底有多少人正在忍饥挨饿。实际上，这个时候她是非常无知的，她只知道她所处的情况只能是以下三种之一：
>
> 少数的穷人：在某一发达世界中只有 100 万人在挨饿。
>
> 中等程度的穷人：有 5 000 万人在挨饿或忍受饥荒。
>
> 许多穷人：中国在下一世纪发生在大规模饥荒。有 25 亿人忍饥挨饿。
>
> 这三种情况中，阿芙伦特都没有能力来完全消除饥荒。她所能做的一切也只不过是杯水车薪。当阿芙伦特坐到桌边的时候，她就能够准确知道她所处的情境（可能通过仔细研究最近世界银行报告的附属细则）。

墨菲认为，在任何具体情况中总体善除以能为创造这种善作出贡献的所有行动者的总数，所得出的结果就等于要求每个个体所作出的牺牲。[9]为了论证，让我们假定在现实

---

〔8〕 我讨论了一个与规则后果主义相关的类似的情境，见马尔根"Rule Consequentialism and Fam-ine"，*Analysis* 54（1994）：187–192.

〔9〕 这种观点要求一种简单的假设，我相信它并不影响我论证的主要内容。墨菲仅仅赞同在文中所表达阐述的观点，每个人都作出贡献所产生的善的总量与实际存在的作贡献者的数量是无关的。在阿芙伦特的例子中作出这种假设似乎也是合理的。

世界中，要求捐赠 10% 的个人收入就会产生最大可能的后果这一规则可以得到完全服从。那么在现实世界里，阿芙伦特就应当遵守这一规则并捐赠 10%。然而，如果这是适当的个人牺牲，那可能是因为，为产生所要求的善（也就是消除贫困与饥荒）而付出的总体牺牲除以作出捐赠的人数等于后者收入的 10%。当面临饥荒的人数以 50 的倍数发生变化时，就会导致所产生的善的总量也发生同比例的变化，因此在完全服从的条件下所要求的牺牲也会出现以 50 为倍数的增长。

这些极端的差异似乎是不合理的。在只有少数穷人的例子中，对阿芙伦特来说，她只要捐赠 1% 收入的五分之一，仅仅因为只有 100 万人在挨饿，而不是 5 000 万人，这似乎是荒谬的。同样，在有许多穷人的例子中，仅仅因为有 25 亿人在挨饿，而不是**只有 5 000万人**，就要求阿芙伦特放弃她所有的收入，这似乎也是不合理的。这些情境之间的差别似乎并不能为要求阿芙伦特所作出的牺牲存在着巨大差异提供充分的辩护。

我在这里所做的反驳，并不仅仅是墨菲的原则使得阿芙伦特的责任依赖于特殊的经验事实。毕竟，传统的行为后果主义同样要求细节性的信息，一个行动者应当做什么依赖于她所做行为的准确后果。然而，与行为后果主义不同，墨菲的原则要求对事实有广泛的知识，且这些事实对我们的行为后果没有影响。阿芙伦特知道，她最有效的提供帮助的方法就是把支票寄给牛津灾荒救济委员会（Oxfam）。她也（大致）知道给出什么层次的捐赠就会产生多少善。她也知道，不论她做什么，由于其他人的不作为，几百万人将会处于贫困的境地。在她具体了解自己应当捐赠多少之前，她确实需要知道到底有几百万人将会处于贫困之中吗？[10]

在类似的题材中，我们考虑一下这个故事的一个变种。这次我们作出变化的不是挨饿者的数量，而是生活在发达世界中的人数量。这产生了以下的故事：

---

〔10〕 对于错误事实的反对意见，存在着两个维度。第一个是认识论的观点，阿芙伦特在她确实捐赠多少给慈善机构之前，她并不需要获得这些细节性的经验知识。第二种观点认为，一定水平的捐赠是否是道德上可接受这一问题并不能依赖于关于正在挨饿的人数的具体细节。我们可以称这两种观点是错误事实反对意见的"主观的"与"客观的"两个方面。在文本中，为了简单起见，我倾向于把这两种观点一起处理。它们很明显是相互支持的。阿芙伦特在行动之前并不需要仔细研究世界银行报告，对这种观点的解释在于那些可能有问题的客观事实对她的行为的客观的正当或错误并不构成影响。另一方面，建议阿芙伦特仔细研究世界银行报告在我们看来是古怪的，这一事实可以会使我们得出以下观点，也就是这一报告中所包含的事实并不是道德上相关的。尽管它们内在的关联性，主观与客观的观点是不同的，那些能区分客观正当与主观正当的人，他们在没有一方的情况下可以确定另一方。这种人只会接受错误事实反对意见的一个方面。（非常感激沙弗勒向我指出了在文本了作出这一区分的重要性）

阿芙伦特的第二个无知　当阿芙伦特坐在桌边时，她对发达世界的比重相当地无知。她知道发达世界的人数是相当庞大的，但是她不能准确地知道到底有多大。她只知道自己处于以下三种情况之一：

较少的富人：发达世界是非常小的，只有100万人。

中等程度的富人：发达世界有5 000万人。

许多的富人：由于中国经济的飞速发展，发达世界有25亿人。

根据墨菲原则，阿芙伦特又一次在她知道要为牛津灾荒救济委员会作出多少捐赠之前必须解决她的无知。在存在中等程度的富人的情况下，假如阿芙伦特必须捐赠收入的10%。如果5 000万人的10%的收入足以消除贫困，那么25亿人的收入总和的1%的五分之一同样也是足够的。因此，在存在许多的富人的情况下，阿芙伦特只要求捐赠自己1%收入的五分之一。相比之下，如果发达世界只有100万，他们就必须牺牲一切或者牺牲他们的所有收入与资源。在存在较少富人的情况下，要求阿芙伦特作出这样的牺牲实在是太苛刻了。

这似乎是不合理的。在发达世界只有5 000万人的情况下，如果阿芙伦特收入的10%正是所要作出牺牲的数量，为什么在只有100万人的情况下它就不是足够的呢？或者在存在25亿人的情况下，它为什么又太多了呢？阿芙伦特知道，在发达世界有几百万人，但他们中的大多数人都采取不作为。难道在她想知道自己到底要作出多大牺牲之前，她确实必须知道那些不作为的人到底有几百万吗？

最后，请考虑一下第三个变种。这次我们作出改变的不是面临饥荒的人数，也不是发达世界中的人数，而是政治经济学的本质：尤其是那些控制着饥饿存在的规律的本质。请考虑三种可能性：

阿芙伦特的第三个无知　阿芙伦特对政治经济学完全无知。她只知道下面有一种是对她所生活的世界的本质的准确描述：

发展式的观点：发展主义者认为自己的观点是正确的，即饥荒是由食物供给的忽略下降所导致的。

马尔萨斯的观点：新马尔萨斯这种观点是正确的，即人口太多是饥荒的基本原因。

森的观点：森的微观经济学分析认为这种观点是正确的，即饥荒很大程度上是由直接或交换权利的经济条件的崩溃所导致的。

正如卢卡斯（George Lucas）所论证的，针对饥荒，合适的全球反应关键依赖于这三种世界中哪一个是真实的。[11]完全服从条件下的牺牲在这三个世界中变化是相当大的。所以，根据墨菲的原则，阿芙伦特在她行为之前必须解决她的疑虑。在她知道她应当捐赠多少之前，阿芙伦特必须变成一位全球政治经济学的专家。

这似乎依然不是合理的。阿芙伦特的行为几乎没有什么机会带来最优化的全球反应，无论可能会发生什么。她的问题可能只是："把钱给牛津灾荒救济委员会会与做其他事产生一样的善吗？这样做会产生多少善？因此，根据其他的考虑，我应当被要求给出多少？"准确的全球反应的本质似乎并不是阿芙伦特应当知道的所有其他考虑中的任何一个。如果根据一种经济学的说明，10%是正确的，那么当特殊的捐赠行为所产生的善的数量与三种情况中任何一种所产生的善是一样时，为什么根据另一种经济学说明它就不是正确的呢？

与前面一样，我并不是认为这些经验差异对阿芙伦特的责任完全没有影响。我只是认为它们不应当过于影响她的责任，以至于像墨菲所说的那样。

墨菲在他的文章中讨论了一个类似的反驳：[12]

检验这一点的一种方法就是思考一下这种情况，在一个与世隔绝的、非常穷困的国家里生活着一小撮非常富有的人……合作原则都会要求这一小撮人作出巨大牺牲，哪怕是在完全服从的条件下。

墨菲对这一反驳做了如下回应：[13]

但是我们会感到在这些情况下的极端要求就像简单原则（它与行为后果主义相对应）每天施加在我们身上的要求那样是应当反对的吗？

我已经提出，在如这些不同的阿芙伦特的故事中一样，我们**可以**把合作原则的极端要求看成是应当反对的。确实，我会论证在某种程度上这些要求相比行为后果主义的极端要

---

〔11〕 卢卡斯 "African Famine: New Economic and Ethical Perspectives", *Journal of Philosophy* 87（1990）: 629－641.

〔12〕 Liam Murphy, "Demands of Beneficence", p. 289.

〔13〕 Ibid.

求是更应当反对的。后者在关于阿芙伦特的每一个故事中似乎都对她作出相同的要求。相比之下，合作原则只是在一些情况中而非其他情况中才作出极端要求。这种变化正是错误事实的反对意见所要反对的。

我们也将指出，墨菲所尝试作出的这一回应似乎只能更好地适合于错误事实的反对意见的某一方面而非另一方面。墨菲提到了要求过高的情境，在这些情境中变化的人数总是使得合作原则作出极端的要求。这忽略了要求过低的情境（少数的穷人与许多的富人），在这些情境中变化的人数总是导致合作原则作出过低的要求。确实我们发现，一种原则要求行动者付出很少是应当反对的，特别是当他还有能力做得更多时。[14]

三、自然灾难与人为灾难

我们现在转向墨菲原则所存在的另一个不同的问题。我们将着眼于下面四个故事：

一定会发生的饥荒：并没有任何个人或团体的作为、不作为或过失，但有些人却面临着饥荒。例如，大量的、富足的粮食储备因为某种不可避免的（或不可预见的）上帝的作为而毁于一旦。

土匪行为所导致的饥荒：国家有大量的粮食，但是在内战当中有一方士兵把另一方领域内的所有谷物都化为灰烬。

囤积居奇者所导致的饥荒：饥荒的产生仅仅是因为那些拥有谷物的人只想储藏它。他们拒绝买卖或把它们施舍给那些迫切需要的人（或者至少即使这些人以尽可能

---

[14] 我们顺便指出，在与要求过低的进行斗争的情境中，墨菲相比传统的规则后果主义者们处于一个更加脆弱的基础上，如布兰特。这是因为规则后果主义者强调规则，而墨菲仅仅处理牺牲的水平。在规则后果主义的复杂形式中，规则的易塑性可能用来做不少工作。例如，规则后果主义者指出，在完全服从条件下可以要求很少的某一规则在部分服从的条件下会要求很多，通过这一说法，他们可以对错误事实的反对意见作出回应。这种转换对墨菲来说是不适用的。在他的原则下，如果完全服从条件下的牺牲仅仅只需1美元，那么没有什么令人接受的道德原则可以要求阿芙伦特的捐赠多于1美元。我在其他地方已经论证了，错误事实的反对意见对于规则后果主义者是一个非常严重的问题。（参见我的 "Rule Consequentialism and Famine"）但它对墨菲的观点甚至是个更为严重的问题。（另一方面，正如我在其他地方所论证的，规则后果主义者对规则易塑性的依赖产生了更为严重的问题。参见我的 "One False Virtue of Rule Consequentialism, and One New Vice", *Pacific Philosophical Quarterly*, forthcoming）

付得起的价钱来买，他们也拒绝卖出）。

蒙昧者所导致的饥荒：饥荒的出现（部分原因）在于发达国家的集体不作为。

墨菲说，我们责任依赖于完全服从他的原则时会发生什么。在刚刚发生的饥荒这种情况中，完全服从将会构成一个世界性的缓解灾难计划。要求我们所作出的牺牲因此与隐含在这种理想的缓解灾难的努力中我们应当承担的份额是相等的。在其他三种饥荒情况的任何一个当中，看起来似乎完全服从在饥饿发生之前就会消除饥饿，正如饥饿只会在人们都不按照最优化的方式去行为时才会出现一样。在这些情况中，墨菲的原则根本不会要求我们作出任何牺牲。

根据我们所面临的灾难是自然力量的后果还是人类行为的后果，墨菲原则的要求会出现很大的不同。这似乎是不合理的。当面对一种灾难时，我的第一个问题肯定是"我能作出哪些帮助？"与（可能是）"我要付出多大的代价？"而不是"这是上帝行为的结果吗？"（接下来是，"如果不是，那么我就完全没有义务作出帮助"）。

然而，事情并不是这么直接。墨菲原则处理的只是**从现在起**的完全服从问题。我们通过理想化的方式想要消除的是在未来时间里所预期的没有成功地行善，而不是过去确实没有成功地行善。如果饥荒依然存在，即使它是由于过去没有行善的一个必然后果，墨菲的原则也会要求行动者从现在起就要采取行动来进行缓解。那么，这似乎表明墨菲肯定会反对行动者在上面的三个有关饥荒的例子中不采取任何行动。

墨菲关于从现在起的完全服从问题的限制存在着两个问题。第一个就是，在一定的情境中，它显得格外武断。例如，请考虑如下故事：

牛津灾荒救济委员会的未来饥荒救助基金 牛津灾荒救济委员会一直在努力增加基金以专门应对那些特定的灾难。他们决定征集捐赠建立基金以处理那些可能会出现的饥荒。他们请求阿伦福特为这笔基金进行捐赠。（我们假定，委员会请阿芙伦特捐赠的时候，当时还没有什么令她关心的饥荒发生）阿芙伦特在读报道的时候，看到了有一家可靠的机构，它们预测到将来会发生一起特定的饥荒。但是非常遗憾的是，她没有记住到底是哪一种类型的饥荒。她只知道以下情况中有一种是未来极可能会发生的：

一定会发生的饥荒：尽管没有其他人或团体的作为、不作为或过失，未来的饥荒还是会发生。

土匪所导致的饥荒：由于在内战过程中，一方士兵在另一方士兵的领土内将他们的所有谷物付之一炬，从而导致了未来的饥荒。

囤积居奇者所导致的饥荒：由于那些占有粮食的人决定囤积，从而导致了未来的饥荒。

蒙昧者所导致的饥荒：由于发达国家的集体不作为或不行动，从而导致了未来的饥荒。

根据墨菲的原则，阿芙伦特在她思考是否应当向牛津灾荒救济委员会的基金会捐赠之前，首先必须解决她的无知。这是因为，如果上面的三种情况是对未来世界的准确描述，那么对从现在起的完全服从问题的理想化表达会导致根本不会出现未来的饥荒。如果未来饥荒的发生仅仅是由于没能行善所引起的，那么就不能要求阿芙伦特作出任何牺牲以缓解未来饥荒。另一方面，如果未来的饥荒一定会发生，那么就应当要求阿芙伦特向牛津灾荒救济委员会的基金会进行（可能是相当可观的）捐赠。

因此，墨菲的原则在不同的可能情境中对阿芙伦特提出了截然不同的要求。这种不同似乎是让人不可接受的。而且，由于它以理想化的方式进行消除的只是**未来**行善的失败，那么墨菲原则关于牛津灾荒救济委员会的未来饥荒的要求与它相比关于当前饥荒的要求是非常不同的。在这两种情况下，考虑到行善的失败是阿芙伦特所不能控制的，那么是不是有些失败是在未来而不是在过去这一纯粹的事实就带有很大的重要性呢？

诉诸墨菲原则所具有的面向未来的性质还存在着第二个问题，即哪怕是在我们一开始对这些事故的设定中，这一原则在不同的情境中也都会提出非常不同的要求。例如，假如当前的饥荒来源于囤积居奇者过去的行为。这些囤积居奇者通过一系列的作为来减轻由他们所引起所饥荒，这是有可能的。由于墨菲的原则没有理想化地认为他们在将来会这么做，因此，相对于由上帝的作为所引起的饥荒，我们只能对阿芙伦特提出更少的要求。尽管这些差别不像它们一开始显现的那样重要，但这些差别似乎是有些武断的。

在墨菲论文的一个注脚里，他为了避免得出类似的结论，指出：[15]

合作原则伴随着那种反对暴力、痛苦或类似东西的义务论约束。因为……我们不会把在前南斯拉夫与索马里的那些作恶者的行为刻画成行善上的失败。

---

[15]　Liam Murphy, "Demands of Beneficence", pp. 280 – 281, n. 27.

这一变化可以消除土匪所导致的饥荒这一反常现象，但是它在囤积居奇者所导致的饥荒或者蒙昧者所导致的饥荒的问题上不能为我们提供帮助，除非我们可以囊括义务论的约束，以之反对没有给予挨饿的消费者以一定的折扣或者没有为牛津灾荒救济委员会提供足够的捐赠！引入这些约束将会排挤原初的仁爱原则。如果我们的义务论约束排除了所有引起（或者主动的或者被动的）人类需要的人类行为，那么就不会为仁爱留下任何空间。

四、反对服从条件

正如我在一开始就认识到的，墨菲的合作原则对于那些互利互惠的情况似乎是比较合理的。然而，正如墨菲所承认的，许多潜在仁爱的行为并不是互利互惠的。在那些情况下，墨菲的概念从表面上来判断似乎是非常古怪的。我向牛津灾荒救济委员会捐赠的目的是为了提升善（或者更准确地说，是减轻某些特定的痛苦）。我肯定非常希望我们大家一起相互合作为达到这一目标而奋斗，仅仅因为这种合作能推进我的个人目标。[16]不幸的是，行善的要求只是在墨菲的概念似乎很最难适合的场合才会突出地显现出来，在些场合中有许多离我们很远的人们正在挨饿。

墨菲对于规则后果主义的失败作出过回应，那么合作后果主义的拥护者对于我对墨菲原则的批评也会以类似的方式努力作出相应的回应："即使你的反对能站得住脚，它们也只是针对特殊的有关仁爱的合作形式的解释。你本应当表明那些满足服从条件的原则是令人不可接受的。你并没有表明没有令人接受的原则能满足合作条件。你所说的还远远不够，那么可能还存在着这种原则。"

当然，表明一个特定的原则存在问题，相比要最终表明一类原则（也就是说那些满足服从条件的原则）中的所有原则（可能是无限多的）都是令人不可接受的，那要简单得多。然而，我相信得出这种一般性的结论至少是有可能的。为了看清这一点，让我们假定

---

〔16〕 同时，它们的合作可能会推进我的其他目标，例如增强团体精神。然而，这些目标很明显是第二位的。我们必须顺便指出，出于"道德的"理由所执行的许多行为也可能来自于非道德的动机。例如，我想增进善的欲望可以与非道德的欲望结合在一起，这种非道德的欲望就是要成为同时也分享这一目标的团体中的一员。如果根本没有这种团体，那么为实现这种善的过程所包含的牺牲就太大了，我所作出的牺牲不会为这个团体中其他同样的行善者所获得的利益而补偿。在那种情况下，最好从道德上要求我在合作的情境中相比不合作的情境中作出更大的贡献，因为这其中所包含的总体的牺牲水平是一样的。

P 为任何能满足服从条件的仁爱原则，再考虑一下阿芙伦特故事的另一种形式：

阿芙伦特新的无知 当阿芙伦特坐在桌边的时候，她对发达国家的道德状态是非常无知的。她听到有传言说，那些想要为减缓饥荒作出贡献的人数发生了非常巨大的变化，但是她不知道这种变化是什么样的。（事实上，她甚至不知道这个传言是否是真实的）她所知道的只是她处于以下三种情况之一：

很少的关怀者：只有 2% 的那些以前想为减缓饥荒作出贡献的人依然还想这么做。（可能建立在霍布斯主义原则基础上的一种新的宗教产生了一个利己主义者的国家）

中等程度的关怀者：传言是错误的：想为减缓饥荒作出贡献的人数并没有变化。

许多的关怀者：突然，事实上所有人都想为减缓饥荒作出实质性的贡献。（可能建立在可靠的集体后果主义原则基础上的一种新的宗教影响了这片土地）

如果 P 满足了服从条件，那么 P 必须认为，无论她必须知道其他什么东西，但阿芙伦特在她能够准确决定自己应当捐赠多少给牛津灾荒救济委员会之前，她都不必解决她这个新的无知。我现在将对这一论断提出两个挑战。

第一个挑战就是，P 的辩护者必须确保它会产生这样的结果，即阿芙伦特新的无知是道德上完全不相干的，**不会**对墨菲原则的命运构成任何伤害。回想一下墨菲对阿芙伦特的第二个无知（指的是阿芙伦特对发达世界的规模完全无知的故事）所给出的令人不可接受的结果，因为他使得阿芙伦特的责任过于依赖于潜在合作者的数量。为了在那种情境中给出正确的结果，P 必须特别看重到底有多少**潜在的**合作者。然而，在阿芙伦特新的无知的情境中给出正确的结果，P 必须完全不能看重到底有多少实际的合作者。这表明 P 确实完全不能对合作者有兴趣。但是在那种情境中，P 何以成为集体后果主义的一种形式呢？说我关于让世界变得更为美好的后果主义的计划是一种团体计划而不是一种个体计划有什么意义呢？说有多少其他人属于那一团体或者他们中的每一个人是否会合作都无关紧要又有什么意义呢？

这里的要点是非常简单的：服从条件看起来是非常一般化的，但是它实际上具有很强的约束力。是否存在（即使是原则上）一些原则能满足服从条件，与墨菲的原则又很不相同，同时还能避免墨菲所面临的相似的问题，这无论如何都是不清楚的。在相关的方面，墨菲的原则可能是唯一满足于服从条件的原则，依然被认为是集体后果主义的一个合理形式。[17]

我的第二个挑战更为直接，尽管可能更容易引起争论。就其自身来考虑，阿芙伦特新的无知在道德上是完全不相关的，无论她所处的环境中什么是真实的，这一论断似乎太强了。确实，我们可以想像至少在**某些**情境中，阿芙伦特在决定她应当向牛津灾荒救济委员会捐赠多少之前，她必须解决她的无知。到目前为止，我讲的所有故事所处理的都是有大量人口的世界，合作者与受惠者在数量上都是成百万的。然而，假定 P 涵盖的只是人口较为稀少的世界。为了简单起见，请考虑阿芙伦特新的无知的一种形式，在阿芙伦特所处的世界中只有 20 个居民：19 个潜在的合作者与 1 个潜在的受惠者。原则 P 认为，即使在这样的世界里，阿芙伦特根本无须知道她那些生活富裕的同事如何行为，她在原则上都能准确地确定她应当作出多大的行善。这就会得出，相比她在其他 18 个富裕的同事与她一起追求后果主义的计划的情况下，行善并不能对阿芙伦特施加更多的要求。阿芙伦特在那种情况下所要求作出的牺牲是最小的。因此，即使由于其他人并没有履行自己的份额，结果导致许多潜在的受惠者在忍饥挨饿，也只能要求阿芙伦特作出最小的牺牲。[18]

这一结果在我看来像是原则 P 的一种归谬法。P 的辩护者可能通过求助于"公平份额"的概念来为之辩护："阿芙伦特已经承担了自己应当承担的份额（尽管几乎什么都没有做）；为什么仅仅因为其他人没有履行他们的份额，反而要求她做得更多呢？"不幸的是，这种相似的论证建立在一种错误的类比上。"做我自己的公平份额"这一概念通常自然地用做公共善的附加条款，在这里每个人都受益，而不论他们是否作出贡献。如果阿芙伦特为产生善而做了她本应做的，其他人没有承担自己的份额，根据她的附加条款可以说是一种"搭便车"的行为。通过拒绝承担他们自己的份额，他们迫使阿芙伦特承担更多的份额。这是不公平的。

减缓饥荒很明显不是一种标准的公共善。这有两个很关键的差异：其一，当那些拒绝履行自己份额的人从自己不做捐赠的行为（留下更多的钱供自己消费）中受益，他们并

---

[17] 至少，我会认为，这些考虑给服从条件的辩护者紧紧施加了证明的负担。他们至少必须向我们指出，一种原则应当如何建构才能（1）满足服从条件；（2）又能避免在第二、三部分中所出现的针对墨菲的合作原则的反对意见；同时（3）能表达一种不同的集体后果主义形式。

[18] 如果这种特殊的结果似乎并不是荒谬的，那么将这种故事改变一下，有 100 个潜在的合作者，而不是 20 个（依然只有一个潜在的受惠者）。当潜在合作者的数量增长时，P 要求阿芙伦特所作出的牺牲逐渐缩小为 0。在某一点上，阿芙伦特必然会被允许让那个唯一的受惠者挨饿，而不是费点举手之劳去求助他，仅仅是因为，在所有潜在的合作者都尽自己的本分时要求阿芙伦特所作出的牺牲要远远小于这一微不足道的牺牲。

没有从阿芙伦特履行她自己的份额中受益。他们并不是根据她额外的工作而搭便车。其二，在减缓饥荒的情境中，如果阿芙伦特只履行自己的"公平"份额，而不是尽其所能进行捐赠，那些会受到伤害的"他人"都是无辜的第三方：即饥荒的牺牲者。如果因为阿芙伦特多捐赠一些使他们活下来，而诅咒**他们**是搭便车者，这是很荒谬的。

那么，在饥荒的例子中，"公平份额"的概念如果完全得到应用的话，它与在公共善的例子中都会呈现一种完全不同的意义。我认为，在减缓饥荒的例子中，我的公平份额应当依赖于两个因素：对我的福利、利益或花掉不同数量的财富的计划所产生的相应的不利；不同的捐赠为饥荒的受害者所提供的利益。我认为，在这种情境之中，我们更倾向于认为在他们的公平份额会"产生伤害"之前，他们应当给出自己的公平份额，而不是仅仅由于以下原因他们可以给得更少，即如果每个人给得一样多，问题可能就解决了。集体后果主义者正确地强调了"做自己的公平份额"这一概念的重要性，但他们却错误地把它看成是支持集体后果主义的一个论证。[19]

综合考虑，在这一部分所作出的所有考虑为以下结论增加了支持力，即 P 最终不能被证明为一种令人接受的仁爱原则。然而，我们对 P 并没有做任何假定，除了认为它满足服从条件外。这可推导出没有能够满足那种条件的任何令人接受的原则。集体后果主义并不能提供关于仁爱的令人满意的说明。

五、走向一种后果主义式的多元主义

当把集体后果主义表达为对仁爱的完全说明时，我们已经看到集体后果主义是失败的。很自然的反应可能是完全抛弃服从条件。在最后一部分，我将提出拒绝这一想法的几个理由。

我首先指出后果主义那吸引人的简单性：整个的道德最终还原为一个单一的计划，就是让这个世界更加美好。现在道德哲学家中有一个共同的趋势就是把这种简单性不是看成是一种德性而是一种恶。道德并不是一种简单的算计性的工作，糟糕的是有些理论却这么认为。后果主义者的一种回应是要限制理论的野心：我们不再是为道德提供一种完全的说

---

〔19〕 这种论证路线表明，至少在这些情境中，达到仁爱的最佳途径或者是行为后果主义，或者是某种混合理论，如谢弗勒所建议的那样。特别参见谢弗勒的 *The Rejection of Consequentialism*（Oxford：Clarendon Press，1982）。

明，而只是指出理论的一部分（即称为"仁爱"的部分）。我们对仁爱的后果主义说明那么可以与一种多元道德理论中的非后果主义因素结合起来。实际上，墨菲正是把自己的原则安置在这种语境中。[20]对我关于集体后果主义讨论的最好的回应可能是进一步限制理论的野心。个体后果主义与集体后果主义把彼此看成为对手，两者都想为仁爱提供完全的说明。我已经论证了，集体后果主义不能胜任这一任务。然而，服从条件又不能没有直观上的吸引力。这似乎勾勒并描述出一个重要的道德计划系列。可能最好的解决方法就是把仁爱的两种概念不要看成是对手，而看成是合作者，每一个都分别描绘了一种重要但又不同的道德计划形式。根据这种新的解释，我们就有了一种多元主义的理论，不仅仅是关于道德的，同时也是关于仁爱的。正如仁爱不是道德的全部，所以处于服从条件之下的合作计划也不是仁爱的全部。

对"A 还是 B?"这种要求两者必择其一的问题，我们给出的竟是"两者皆是"这种包容性的答案，这似乎给人看起来像是一种逃避。确实从一元论转向多元论不可避免地会引起更多的问题。如果仁爱不是一种单一计划，而是许多计划的集合，有些是个体的，有些是集体的，那么这些组成部分之间的关系是什么？它们都是强制性的计划吗（例如，任何仁爱的行动者都不能忽略的计划）？道德行动者对于自己应当采取何种类型的仁爱计划是否具有某种合法的道德上的斟酌决定权？从关于仁爱的一元论说明（或者是个体的或者是集体的）转向一种行善的多元主义是否会使得后果主义或多或少有些要求过高？

我不想在这里为这些问题提供答案。[21]在这一点上，我的观点是，鉴于墨菲的原则所面临的困难，最好建议集体后果主义追求多元主义的仁爱，而不是在一元论的道路上继续行进。集体主义者并不能取得与个体后果主义战争的胜利。可能现在正是彼此休战并对有争议的领域进行划分的大好时机。

---

[20]　Liam Murphy, "Demands of Beneficence", p. 281, h. 27.

[21]　一个更为丰富的探索路线就是追寻在文中关于仁爱与"公平份额"的概念之间关系所做的评论。正如我所指出的，如果关于公平的最好解释是适合于公共善的情境的解释，在这些情况中关于仁爱的集体主义的解释是最合适的，而当更为偏爱另一种不同的公平的解释时，关于仁爱的个体主义的解释是合适，那么对公平的一般概念进行分析就是发展一种综合的仁爱理论的必须的前提条件。（我在"A Unified Theory of Benevolence"中进一步发展了这种推理路线，这篇文章是为 1997 年 3 月在新奥尔良召开的国际功利主义研究协会会议所准备的）

人性的限度

肯斯·霍顿　著　陈江进　译

一、导言

不论是在哲学界还是在更广泛的文化领域，认为人性给道德活动设定了较为严格的限制，这一倾向近来变得越来越普遍。人们为了作出这种论断，通常会采取两种形式的论证。首先，接受以下形式的规则必须有一定的理由：

　　（N）　行动者在这样的情境下应当做 φ。

然后，关于人性的特定考虑就会引入，为以下两种论断提供基础：

　　（1）行动者做 φ 是不可能的；或者
　　（2）就道德方面来说，行动者做 φ 会产生反效果。

如果（1）或者（2）是正确的，那么（N）就可以被认为是失败的。我不想对这些论证形式中的任何一种提出质疑，但是最近有人采纳了这些论证形式，并造成了一定的影响，我想对之作出反驳，在我看来，这些做法严重低估了我们严格意义上的道德活动的能力。

在这些形式的论证中，关于人性的考虑所起的作用就是对道德规则构成一种事实上的约束。这些考虑是规范因素的基础或构成了规范因素，它们不需要与任何为有问题的规则提供支持的规范考虑进行权衡。相反，它们只是应当考虑的许多事实——可能遗憾的是，如果我们认为人性如果不是这样子，事情在某种程度上会更好些。当然，这不是关于人性的考虑在道德理论中所起的唯一作用。一些哲学家认为这些考虑可以作为规范命题的**根据**。在这里我对这些观点不置可否。即使我们将自身限定于这些形式的论证，也就是关于人性的考虑形成了一种事实上的约束，但除了（1）和（2）之外还存在着其他方式。例如，这也可能是对的：

> （3）行动者做 φ，对他来说可能要求太高。

（3）是否能挫败（N）这一问题相比（1）或（2）能否挫败（N）的问题更加充满争论。当然（3）和（1）或（2）之间存在着关联。可以假定，在某一点上，要求渐渐变为不可能。在有些情况下，遵守某种规则可以是反效果的，**因为这样做可能要求太高**。但是在这种情况下，（2）将是决定性的。（3）或其他类似的论断是否能提供一种**独立的**理由反对（N）这个问题，我不想在这里进行讨论。

人性的考虑所起的作用就是形成一种事实上的约束，关于这一问题的论证为什么在当代道德哲学中变得越来越流行，这存在着许多原因。第一个原因就在于存在着下面这种想法，即任何道德理论都应当以某种方式把人性的考虑纳入进来，如果对这些考虑极不关心，或者对这些考虑与基础性的道德规则紧密相关这一点充满怀疑，想在这种情况下发展一种道德理论是相当荒谬的。如果这些考虑没有为道德规则提供基础，又没有对它们进行约束，那么这些考虑的所起的作用是什么就是不清楚的。另一个理由是由进化心理学近来所取得的进展所提供的，许多哲学家将之看成是推定的道德规则必须满足的明显约束。这些发展可能会加强对人性作为道德规则基础的怀疑：如果我们所具有的特定性质只是某些进化力量的偶然结果，那么为什么应当给它以某种规范性的地位就是很不清楚的。

不过，最重要的原因可能在于，某些道德理论可能会把那些明显无限制的要求施加到行动者身上。这种考虑在个体形式的后果主义那里尤为严重，也就是说，这种形式的后果主义告诉我们**每个人**根据（合理地预期）其他人实际上如何行为，去做会产生最好结果的事。[1]采取一个经常讨论的例子，在我们所处的经验世界中，后果主义似乎会产生如

---

〔1〕 参见帕菲特，*Reasons and Persons*（Oxford UP，1984），p. 30. 在这篇文章中我只关注个体主义形式的后果主义。

下规则：

  （N1） 相当富有的行动者至少应当把自己收入的一半捐献给国际援助机构。

  但是运用形式（1）和（2）的论证通常被用来击败（N1）。一些哲学家将它看成是反对后果主义的一种理由，还有一些人是力图发展后果主义的形式以满足这些论证。他们说，后果主义并没有告诉行动者去做他们所不能做的事情，也没有让他们去做就后果主义方面来说会产生反效果的事情。实际上，许多人采取这一路线来证明，当人性的限制完全考虑进来的时候，后果主义所导致的结果与日常道德就非常相近了。[2]

  有时可能是这种看法，即使假定后果主义者以某种方式按照社会控制的有力的指导规则来行为，要求相对富有的行动者总是按照（N1）来行动也是不可能的或反效果的。因此，有些哲学家讨论了以下做法的优点与缺点，即运用一些技巧修正人们的行为使他们的行为更为仁慈。[3]在这种语境中人们还不断提及的一种相关观点是，公开地提倡一种高标准就按照后果主义者来说也是反效果的。[4]有些时候，通常又着重关注的是那些行动者，对社会控制的问题又不予考虑。代表性的情境中所涉及的是那些诚实的、很显明是后果主义者的行动者：即使认为其他人都不按照（N1）行为，他也应当按照能产生最好后果的方式进行生活。这样做就是要力图超出人性的限制，这种自以为是将会带来毁灭——至少，用后果主义者的话来说，将是反效果的。

  这给我的冲击是相当大的。人性给人们的生活方式设定了**某些**限制，这是人们非常熟悉也是较为合理的一种观念，同时非常重要的是，在当今世界的经验条件下，一个诚实的后果主义者紧紧坚持日常道德要比根据（N1）行为要好一些，但这是另一码事。同时，很难断言论证具有确定性，部分原因在于我们缺乏关于人性的确切数据，而它们对于解决问题似乎是非常必要的。没有这些确切数据，我们最终只能依赖于关于人性的一些"基于

---

  〔2〕 持有这种路线的后果主义者的典型包括黑尔（Richard Hare）、帕菲特、莱尔顿、杰克逊与克里斯波。我在下面的第二、三部分更详细地讨论他们的论证。

  〔3〕 参见，例如，J. L. Mackie, *Ethics: Inventing Right and Wrong* (Harmondsworth: Penguin, 1977), p. 133；格里芬，*Value Judgment: Improving our Ethical Beliefs* (Oxford UP, 1996), pp. 88–89。

  〔4〕 参见 J. L. Mackie, pp. 133–134；B. A. O. Williams, *Ethics and the Limits of Philosophy* (Harvard UP, 1985), p. 212；R. Crisp, *Mill on Utilitarianism* (London: Routledge, 1997), p. 125。

直觉的想法"（hunches）。[5]但是对于对我们的严格的道德活动能力较为悲观的那些人，我希望通过强调他们所忽视的因素，以及指出他们为什么会忽视的原因来对他们的观点施加一些压力。

不仅仅是后果主义者把人性解释成为道德活动施加了一些较为严格的限制。人们会看到为什么后果主义者特别想检举这种看法：没有它，后果主义极可能变得要求非常高。但是许多非后果主义把这种观点仅仅看成是反对像（N1）这样的规则的**众多理由中的一种**。如果我所说的是正确的，那么尽管我自始至终强调的是后果主义，但我所说的对它们也有一定的关联。在那种情况下，最好是有好的**规范理由**以反对像（N1）这样的规则，而不是建立在人性限度上的理由。实际上，我认为非后果主义者也应当为像（N1）这样的规则感到担忧，尽管我不会在这里把这种观点具体化。

二、不可能的行为

考虑到即使对一个具有良好意图的后果主义者来说，按照（N1）来行为也被认为是不可能的或反效果的，我将着重关注有关这种行动者的情境。（我将在第四部分谈一谈人们通常能做什么，以及"我们"能让他们做什么）安娜正好20多岁，她有一个收入可观的工作，与男朋友斯蒂文生活在一起，而且他们正准备结婚。她并不是做任何决定都要诉诸后果主义，但后果主义在她那里也不是完全自我抹消的（self-effacing）。她每时每刻都要对自己的日常关心的事进行反思，想知道她目前的生活方式从后果主义者的观点来看是不是最优的。这只是其中一种情境。目前，她把自己收入的5%给了援助机构，根据日常道德的标准来看这已经是相当大方的了。但是现在她很想知道她是否应当遵守（N1）。这会导致她的生活方式发生剧烈改变。可能她感到，为了有更多的钱可以捐献，她应当保持自己的工作，但是她生活的其他每一方面都深深地受到影响：她日常的压力与舒适、她的计划，无疑还有她那些亲密的人际关系。

人们最通常得出的看法就是，从长远来看，这种变化就是根据后果主义的话语也是反效果的。我将在下一节讨论这一点。但是从另一个更强的看法开始可能是很有用的：

---

[5] "基于直觉的想法"这一术语为格里芬所用，他抛弃功利主义似乎很大程度上要归因于以下事实，正如他所说的"我关于人性的一些直觉的想法改变了"（p. 158，n. 13）。

（1a）对安娜来说，甚至想开始按照（N1）来行为都是不可能的。

开始按照（N1）来行为也就是要执行某些特定行为：向她身边的人解释她正在做什么，认识她的事业，在直接付款表格上签字，等等。这为什么是不可能的呢？

有一种关于人性的看法可能会支持（1a），也就是我们意向一经形成就有一定的**易塑性**。人都是被抚养长大的，人们的动机结构中就包含了一定的偏私性，正如格里芬（James Griffin）所指出的（p. 85），那种偏私性变成了其中的一部分，这并不是人在心理上可以随意地掌控的。它包含了成为一种什么样的人。如果"随意"意味着"从某一时刻到另一时刻"，那么格里芬所说的就肯定是正确的。我们所要做的并不只是完全避开我们那些根深蒂固的倾向，在具体的某一场合，按照我们认为最不偏不倚的方式来行为。最好是有些倾向一经形成就不能改变。例如，如果由于童年之不幸，安娜长大成人后对其他人有一种深深的不信任感，这就很难让她改变这一点。

但是，对安娜来说，这并不是普通的选择时刻。她处于如下的场合，即她想知道她的日常倾向按照后果主义的话语来说是不是最优化的。这种态度似乎至少给了她和这些日常倾向以部分距离。她所思考的遵守（N1）的政策与更加相信他人的政策是非常不同的，但是她能够仅仅通过签署一份直接付款表格就能开始遵守（N1）。签署一份直接付款表格这一事实表面来看在某种程度上很容易使（1a）成为不合理的。

但这种表象可能是有误导性的。可能如果安娜完全反思了按照（N1）去做对她意味着什么，她就会发现她不能这么做。如果按照（N1）行为，这将迫使她放弃那些对她来说意义重大的计划与关系，这也是特别合理的。至于为什么会是合理的，尚不是很清楚的。例如，如果她是一个英国人或美国人，赚取中等工资，那么捐献一半的收入将会使她的生活水平降低到她千百万同胞相同的水平上，他们中的许多人似乎都满足了个人计划与关系。但是情况可能依然是，如果**她**捐献一半的收入，**她**不能继续追求她所看重的计划与关系。一方面，对于行动者的计划与关系来说，过于高估金钱的重要性，另一方面，在谈论金钱时可能会预设那些鄙视金钱的非常圣洁的人，在这两者之间想找到一个合理的航向是非常困难的，这很大程度上要依赖于个别场合的具体情境。但是为了论证的目的，让我们假定安娜认为她最重要的承诺是针对她的伴侣斯蒂文的，如果捐出她收入的一半会使他们的关系破裂。如果斯蒂文与安娜在钱财上是共用的，安娜捐出她一半的收入对他的生活也造成很大的影响：他们可能必须迁入一家更廉价的旅馆，假期也不能过得那么奢华，等等。斯蒂文可能对此会感到愤怒。他也可能把它看成是对自己的一种打击。他也可能觉得安娜的决定莫名其妙，以至于认为她的宗教观发生的变化，他当初所爱的那个人现在完全变成了另一个人。

如果这是真实的，那么关于人性另一种论断可以用来支持（1a）。这里所包含的思想并不仅仅是倾向通常是相对易塑的，而且有一些特定的承诺特别为**心理上的不可能性**提供了基础。当安娜对她急剧改变的生活方式进行反思，发现这就意味着离开斯蒂文，她可能会发现自己**做不到这一点**。

确实有这种心理上的不可能性，但是这个问题需要细致地处理。要说的第一点是，如果安娜对是否应当捐出她的一半收入进行了慎思，她至少一开始采纳的就应当是她能做到的。这只是来源于慎思的本质：我们不能对我们相信做不到的事进行慎思。[6]所以如果安娜至少有时会采取后果主义的慎思，对她的整个生活方式提出质疑，这看起来她似乎必须把捐出她一半的收入看成是她能够做到的事。

但是实际上，只要考虑到她相信这样做将会结束她与斯蒂文的关系时，她可能不能严肃地慎思她是否应当捐出一半收入。也可能她能够对此开始进行慎思，但是她在慎思中**发现**她做不到这一点。这种发现可能会妨碍慎思：只要一经发现这一点，放弃她的大部分收入就再也不会成为一种真正的可能性，慎思也就随之结束。

让我们首先处理这第二种可能性。安娜在慎思中发现的东西是关于她的某种倾向的当前状态的，或者是由它派出的。但是，从她的后果主义慎思的角度来看，这些倾向的当前状态正是存在问题的。按照后果主义的话语，她所问的是这些倾向是否是最优化的。假定答案是否定的。所以看起来似乎安娜不能把这一发现看成是有权威性的。她只能对自己说"考虑到我的倾向与他们的一样，我不能放弃我的大部分收入。但是这些倾向并不是最优化的：我将按照与它们相反的方式行为"。

当我们的行动者把她的某种倾向看成是在决定要做什么时需要进一步考虑的事情时，我们很难知道对这种慎思应当说些什么。当然，通常情况下慎思并不是这样的。通常某人的慎思并不**考虑**他的倾向：它们仅仅是倾向的**表达**。这种考虑某种倾向的慎思可能本身就是某种深层倾向的表达。它也可能是实践理性的一种动作，在这种意义上，这种动作并不能仅仅解释成某种深层倾向的表达。幸运的是，我们不必在这里解决这些困难的问题。从安娜的观点来看，我们所需要只是以下事实，发现她的某种倾向使得她不能放弃她一半的收入，这一发现不能认为是有权威性的。即使没有把这些倾向仅仅看成是应当进一步考虑

---

[6] 参见亚里士多德，*Nicomachean Ethics*，第三卷第三节，1112a 18–33.

的事情的这些慎思，情况可能也还是如此。但是这种发现并不必穷尽她慎思的资源：她可以对自己说："即使如果我没有进行这种把这些倾向看成是进一步考虑的事情的慎思，我也不能放弃我的一半收入。但是当我进行这种进一步慎思时，我为采取反对这些倾向的行为找到了空间。"

对安娜来说确实很难"自主地"行为。她是否能成功地这样做将依赖于她可以自行支配的动机能力（motivational capacities），而这反过来又依赖于她可资利用**道德来源**（moral sources）：去做人们相信自己在道德上应当去做的事情为什么具有最根本的**重要性**，这些考虑就传达了这种意义。[7]当然，在通常的情况下，仅仅相信人们应当做什么可以足以推动他去采取行动。但是我们考虑的是一个较为特别的情况。考虑到一种表面上的不可能性，深入而严肃地反思为什么要求人们去做那种很明显要被排除的行为，这是非常有必要的。如果行动者仅仅只是思考他们应当做某事，而不管他们做那件事为什么真的非常重要，那么这种反思能够促使行动者去做他们没有做的事情。

相对于人们在主动行动或自控的关键时刻能够做什么的问题，道德来源的问题对于人们是否能够将动机**维持**很长一段时间的问题来说具有更大的重要性，因此在下一部分我将对此多说一些。但是就现在来说，我认为人们会看到这与我们上面所提到的那个问题还是有一点差别，即安娜对于她是否应当将自己的生活方式进行剧烈改变的问题甚至**一开始**就不能进行严肃慎思。选择在直接付款表格上签字从而放弃自己一半或更多的收入，这种做法对她来说似乎只是一种空洞的、不现实的方式，这就好比人们可能会对自己说："嗯！我今天要抛弃一切，然后坐下一个航班到尼泊尔去做和尚。"在这种荒唐的空想与严肃的慎思之间存在一条鸿沟，但是在安娜的例子中，通过反思哪些道德来源对她来说是有用的，这个鸿沟是可以得到填补的，根据某种考虑，如考虑那些受灾之人所切实感受到的痛苦，她就会真切地感到这种做法并不是什么不切实际的幻想，而恰恰具有最大的重要性。

我们可以根据这一点把它与帕菲特（pp. 31 - 37）所讲的另一个例子进行比较。克莱尔是一名后果主义者，但她也允许自己发展出一些倾向，它们有时会引导她去做错误的事，也就是做那些产生的结果不是最好的事。后果主义者对这种情况所做的辩护是，她合理地相信具有这些倾向相比具有"只追逐善"这种倾向从总体上更能产生更好的后果。在帕菲特所设计的第一个情况中（p. 32），她必须决定"是给她的孩子以某些利益，还是

---

〔7〕 我从泰勒那里借用了"道德来源"这一术语。Charles Taylor, *Sources of the Self* (Cambridge UP, 1989), esp. ch. 4.

给某位不幸的陌生人以更多的利益。因为她爱自己的孩子，她更应当给他而不是那个陌生人以利益"。她相信这是错误的。在她对自己的行为进行辩护时，由于她爱自己的孩子，她这样做是错误的，同时要让她丢弃这份爱对她来说也是错误的。给自己的孩子以利益依然是一种意愿性的行为，对于这种反对意见，她回答说："我本来能够采取不同的行为。但是这只意味着如果我的动机是不同的，我本可以那么做。"

在这一点上，正如克莱尔一样，如果我们假定心理的决定主义，这就是正确的。但是，首先这不是在慎思的语境中事情如何向她呈现的问题。如果她慎思的是做什么，那么不考虑上面关于心理上无能力的问题，可能对她来说她可以或者给自己的孩子或者给陌生人以利益，这完全取决于她选择哪一个。其次，即使一个心理的决定主义者也不必说她的动机是完全**独立于**慎思而被确定的。她可能会发现有一种情况，表面上看心理上是无能力的，但是慎思的过程可以会消除这种无能性，就像我们在上面所考察的那样。她可能会对自己说："我知道自己有一种强烈的动机去帮助自己的孩子，除非我对这些动机的关心将会让我去做错误的事。但是我将让自己去做正确的事。"在她通过这样一番慎思之后，对她来说本是不可能的事却可以变成为可能的。这与她的动机决定她的行为这一论断是内在一致的：特定的慎思可能会**影响**她的动机。

在帕菲特所设计的第二个情况中，克莱尔必须有在救自己孩子的性命与救几个陌生人的性命之间进行选择。她相信救自己的孩子是一件错误的事。帕菲特在这里（p. 34）求助于一种关于人性的论点：

> 我们可以设想其他动机甚至可以让结果更好。但是，考虑到人性的客观实际，那些动机从因果关系上说是不可能的。只要克莱尔爱自己的孩子，她就只救他而不是那些陌生人。我们可以设想当其他人的生命处于危险之中时，我们对自己孩子的爱可以"关掉"（switch off）……但是事实上我们爱不可能会是这个样子。我们不可能会产生那种"微调"功能（fine-tuning）。

我同意在那些情况中我们不能"关掉"我们的爱。但是那不是必然的：克莱尔必须可以根据她所具有另一种动机来行为——按照后果主义的话语来说就是产生更好的结果。无疑这是极度困难的。对某些行动者来说这真是不可能的：许多人会依赖于那些道德来源，它们维持了行动者对后果主义的承诺。但是至少这一点是清楚的，根据后果主义，她应当努力让自己去牺牲小孩，她应采取一切对她有用的慎思资源来推动或迫使她去做她相信应当去做的事。(正如帕菲特所做的，这也就假定了，在综合考虑各方面因素后，包括对她的品格及后续行为的影响，她会认为牺牲她的孩子会使结果更好）即使心理决定主义是正确的，要确定她能够做什么也不能完全**独立**于那些努力。克莱尔也应该意识到，可能会早早地就屈服于一种表面上的无能，但这种可能性只表达了她更想去做的事，或者表达的只是根据后果主义去做她认为可以接受的事。

帕菲特的结论是，如果心理决定主义是错误的，克莱尔就能够牺牲自己的孩子。但是他说，第一，这样做对克莱尔来说还是非常困难的（p. 33）；第二，她不能"**总是像个只追逐善的人那样行为**，而又不具有只追逐善的人的倾向"。（p. 36）第一个论断很明显是正确的，但它只是（3）而不是（1）或（2）的一种形式。第二个论断可能也是正确的，所以后果主义者并不总是只追逐善的人这一点可能依然是对的。但是允许他们发展不只追逐善的倾向并不必要求他们完全消除一种能力，即在**特定**场合按照与这些倾向相反的方式去行为，在风险很大的时候，他们有时间冷静一下并进行反思。

帕菲特所设想的克莱尔所处的第二种情境应当是人们所能想像的最困难的情境。安娜所处的情境没有这么极端，但这并不代表我会低估这种情境中所包含的困难。对她来说，要急剧地改变她的生活这也是非常困难的，特别是如果这意味着要离开斯蒂文，但是我希望这已经表明，在我们承认对她来说这样做是**不可能**的时候，其实应当倍加小心。在慎思与反思过程中，她应当能够控制强有力的动机资源，我认为这很大程度上归功于忽略了另一些资源，正由于这些资源，我们对人类能力的限制才作出了草率的假定。这对于下面这个问题来说尤其如此，即我们承诺需要像（N1）这样的规则，但维持这种承诺是否是可能的，这正是我将要讨论的问题。

三、反效果的政策

即使（1a）是错误的，下面也依然可能是正确的：

（1b）安娜维持对（N1）的承诺是不可能的。

如果（1b）是正确的，那么下面也可能是正确的：

（2a）从道德上讲，安娜急剧地改变自己的生活方式可能是反效果的。

为什么（1b）可能是正确的呢？这里的论证又将从这一观点开始，即按照（N1）行为极可能会损害行动者的个人计划与关系。我已经在第二部分指出，我们不能轻易地接受这种观点，但是为了在安娜的例子中进行论证，让我们再次承认它。下面的变换包含了关于人性的另一种论断，我称它为**堕落理论**（demoralization thesis）：

（DT）损害一个人的个人计划或关系极可能会导致某种心理退化或堕落——导致（不同形式的）冷酷无情、愤世嫉俗或自私自利。

那么下一个观点就是，只要行动者还原到了这种状态，他们就不会存在着为了他人而行动的动机，所以（1b）将是正确的。

如果真是这样，那么（2a）也可能是正确的——安娜终其一生进行捐赠所产生的善可能还不及她坚持适度给予所产生的善（考虑到世界的经验环境，可以想像捐献的量下降得非常快，善的总量却较为理想）。但是在这里有什么理由会认为退化理论（DT）是正确的呢？

有时（DT）似乎仅仅建立在对人类生活的日常观察的基础上。在我看来关于人性论断的这种来源在原则上没有错误——至少在目前看来，我们最好还是继续这种观察——当然尽管它也存在着一些危险。有一种倾向就是要寻找数据以证实我们已经相信的东西，或者为我们的利益服务，而忽略那些相互冲突的数据。也存在另一种倾向，就是把那些只适合于我们文化的本土模式解释成人性中的普遍规则。

然而，有时退化理论又得到来自于进化心理学的一些考虑的支持，正如格里芬所指出的：

自然选择使得我们对自己的关心尤为强烈，对一小部分人也有关心，特别是我们的后代。基因遗传给我们的无偏私性所涉及的范围到底有多大呢？[8]

在我看来，这里有许多东西都建立在可疑的基础上。求助于进化论的考虑所存在的一

---

[8] Review of Kagan's, "The Limits of Morality", *Mind*, 99（1990）：128–131, esp. pp. 129–130.

个问题在于，基因与成人心理与行为之间的关系是非常复杂的——基因与可能的心理以及行为模式的关系更为复杂。对预成说和生物决定论的幼稚形式的担忧使得许多进化论学者退回到"倾向"和"意向"这些术语，但是在何种意义上这种给定的"倾向"或"意向"能准确地让某种生活方式成为**不可能的**呢？如果对这些问题缺乏一种合适的解释，那么我们很可能就有以下想法，即进化论的考虑将会被不合理地运用以加强大部分自私是不可避免的这种先验感觉。〔9〕正如欧娅玛（Susan Oyama）所说："**基因的**与**生物的**……通常是**不可避免、不可改变**与**常态**的同义词。"〔10〕

当后果主义者运用退化论证的时候，求助于退化论证（DT）通常与其他考虑是混合在一起的——特别是与下面这种观点混合在一起，即后果主义者为了为不同形式的后果主义进行辩护，他们不能总是采纳明显的后果主义的决策程序。但是这些问题我在这里不需要予以关注：根据（N1）来行为不必包含着运用某种特殊的决策程序——安娜所要做就是在直接付款表格上签字然后承受后果。她不必总是不断地思考它。后果主义的不同形式相比以下事实并不是那么重要，即如果后果主义的**任何**（非集体主义式的）形式都产生类似于日常道德的结果，那么它们将必会导致（DT）的强形式。以下三个例子可以看成是代表。〔11〕

第一个例子来源于莱尔顿（Peter Railton）的一篇较有影响的论文。〔12〕莱尔顿设计了一个后果主义者，名叫胡安，他的生活方式就是把许多资源都用在发展他与妻子的关系上，很明显，这些资源如果分配给国际援助机构将会产生更多的善。那么按照后果主义的方式，他的这种行为怎样才能得到辩护呢？通过求助于（DT）：

> 考虑到胡安能够影响这个世界的各种方式，情况可能是这样的，如果他较少关心妻子琳达，那么他对整个人类福利的贡献最终也会是很小的，原因可能在于他将会变

---

〔9〕 作为对这些问题的一种合理处理，参见 D. Scoccia，"Utilitarianism, sociobiology and the Limits of Benevolence"，*Journal of Philosophy*，87（1990）：329－345. 尽管他未经论证就承认这种观点："没有什么东西能够有效地增加人们仁爱能力的力量。"（pp. 332，338）

〔10〕 欧娅玛，"Essentialism, Women and War: Protesting Too Much, Protesting Too Little"，in D. Hil and M. Ruse eds.，*The Philosophy of Biology*（Oxford UP，1991），pp. 414－426，esp. p. 422.

〔11〕 参见西·H. Sidgwick，*The Methods of Ethics*（London：Macmillan，1907），esp. p. 434. 是这种论断的一种重要的早期版本。

〔12〕 莱尔顿，"Alienation, Consequentialism and the Demands of Morality"，载于谢弗勒所编的 *Consequentialism and its Critics*（Oxford UP，1988），pp. 93－133.

得愤世嫉俗与自我为中心。（p. 121）

尽管莱尔顿尝试性地提出了这些观点，如果胡安的生活方式可以在后果主义的范围内得到辩护，那么它们在一种较强的形式上可能是正确的。

杰克逊（Frank Jackson）对于个人能否坚持为那些处于远方的陌生人作出贡献也同样是悲观的，因为他所思考的那些因素"无疑具有一种进化论的解释力"。[13]他承认"关于人类心理学的这种一般化的看法也存在着一些特例"，并将特雷莎修女作为例子，但是对于这些人为什么能够作出我们普通人难以作出的行为并没有提供解释。他只是说"他们似乎不依赖于那种亲密的私人关系，而正是这些关系使得我们大多数人不会那么极度自私"（p. 481）。

克里斯波（Roger Crisp）也是一位后果主义，他相信退化论证（DT）以一种足够强的形式可以同时产生后果主义与日常道德这一点是正确的，尽管在他所讲的情境中主要危险来自于冷酷无情而不是自私自利。他所设计的后果主义者将与少数人建立亲密的私人关系，与大多数人建立不是那么亲密的私人关系，人们还是可以期望依旧会有些东西可以留下来给作为一个整体的其他人。亲密关系的价值不会失去，他或她也不会变得冷酷无情……但是要求也不能太高而导致理论自我挫败（self-defeatingness）。在那种个体按照通常的方式抚养成人的情境中，这一点是很快就能达到的。[14]

如果莱尔顿、杰克逊和克里斯波所说的是正确的，那么安娜想要急剧地改变自己的生活方式这种做法实际上就是不明智的。但是这真是正确的吗？

把（1b）与（1a）这两种情况进行一番比较是具有启发意义的。（1b）与（1a）在有一点上是肯定不同的：安娜通常可以能够选择要做什么，但她却不能以同样的方式去选择她应拥有何种心理。[15]正如我们上面所看到的，按照与某种根深蒂固的倾向相反的方式行为也是有可能的，如果有人能内在一致地做到这一点，甚至改变这种倾向也是有可能的。但是，首先，尽管某人付出了最大的努力，也不能保证一定成功；其次，即使有人成功地转变了某种特殊的倾向，也很难看到这对心理体制的总体影响会是什么样子。人们的

---

〔13〕 杰克逊，"Decision-Theoretic Consequentialism and the Nearest and Dearest Objection"，*Ethics*，101（1991）：461–482，esp. p. 480.

〔14〕 克里斯波，"Utilitarianism and the Life of Virtue"，*The Philosophical Quarterly*，42（1992）：139–160，esp. pp. 157–158.

〔15〕 参见亚里士多德，*Nicomachean Ethics*，第三卷第五节，1113b 6–14.

倾向形成了一种复杂的网络，想要对其中的某一个作出改变，不论成功与否，都会对他人有一系列的后果，这些后果还可能是消极的。如果完全忽略这一切又会屈从于这样一种诱惑：即会产生一种完全理性控制的幻觉，好似人们可以根据某种理想化的、理性的蓝图，就能够彻底地重新构造整个心理。

但是（1b）与（1a）在其他两个方面是相似的。第一，安娜不能把她的整个倾向完全看成是给定的某种东西，而不是她所构造的某种东西。她有某种自我转变的能力，在这一点失败的地方，也有某种自我控制的能力。忽略这一点也会屈从于另一种诱惑：即懦弱的宿命论，当她当下的生活方式就是她偏爱的生活方式时候也是更有吸引力的时候。第二，这些自我转变与自我控制的能力并不能完全**独立于**哪些道德来源对她有用这一点而得以确定。在她的一生过程中，以及在作出特殊决定的情境中，她能做什么将依赖于她从这些道德来源中派生出来的力量或灵感。

正如我在第二部分所说的，我认为，关于人性的悲观看法如此流行，大部分原因在于人们忽略了道德来源的问题。人们可能几乎难以期待后果主义的支持者会拥有一种关于道德来源的生动概念，这种概念又可以维持对高要求的后果主义形式的承诺，但是奇怪的是，后果主义者似乎对这个问题的感觉不是那么太敏锐。我认为这至少有三个原因：

第一，当代后果主义者继承了长期存在的关于道德来源表达的问题：在哪一方面后果主义应该发现严格的道德活动是值得选择的或应当要求的，为大多数后果主义所持有的（至少直到当前）较为单调的价值论会把这个问题看成是神秘的。[16]

第二，我们时代的脾性使得许多人对"高尚的"道德话语充满了怀疑，甚至我们都丢失了许多传统的语词，从而根本不能阐明我们以某种方式行动为什么是重要的。亚里士多德式的有德性的行动者被认为"为了 καλόν"（例如，《尼各马可伦理学》第三卷第七部分，1115b 12 – 13）而行为。如果亚里士多德生活在今天我不能确定"καλόν"这个词对他来说到底是什么意思，但是我知道我们今天通常把它翻译成"高贵的"与"美好的"还不足以引起共鸣。在当今语境中，这些词我们听起来有些过时，甚至有些荒唐可笑，所以我们想努力发现一些词汇可以表达到底是什么使得特定的行为或生活方式是值得选择的。这些问题也同样适合于**卑鄙的**、**有价值的**、**无价值的**以及**诚挚的**等词，很明显这都是直到最近运用它们的时候才不带有讽刺或心理上的距离。

第三，许多人都想要表达，当所有的因素都考虑进来的时候，后果主义与日常道德

---

[16] 关于这一问题，参见泰勒（如 pp. 31 – 32，332 – 333，515 – 517）。

之间并没有那么大的鸿沟：如果关于人性的那些顽固的论断与对道德来源问题的忽略结合在一起，那种表达的期望也会以我们所看到的那种方式得到极大地提升。许多后果主义似乎准备承认，特别就要求来说，与日常道德之间存在的分裂过大将会对这种理论形成一种决定性的反对意见，但是淡化道德来源的重要性有助于消散这种反对意见。这会使他们处于一种非常矛盾的境地，淡化这些道德来源的重要性虽然能获得一些既得利益，但同时又要使得他们坚持自己的理论成为可能，特别是那种会提出较高要求的形式。

那么是不是存在一些后果主义者可以利用的道德来源可以使得某种更为严格的道德活动形式成为可能呢？我并不认为那些针对后果主义的标准**论证**能具有很大的帮助。如果安娜问自己，她是否可能会维持对（N1）的承诺，她几乎不会感到她的几种信念之间所存在的差别，如后果主义是为我们的语言倾向所必需的，或者它源于一种关于理由本质的理论，或它对我们关于道德的常识观念做了最好的系统化。在其他较为根深蒂固的动机面前，要求那些仅仅只是拥有的信念能产生较大的差别似乎是很不容易的。同时需要的是，对为什么按照（N1）行为是**重要的**这一点也要有所感觉。从哪一种来源才派生出这种重要性的感觉，它有足够力量维持安娜终其一生按照（N1）行为的动机？

有一种来源许多学者在文献中都给予了探讨，它就是，能切实地意识到按照（N1）行为所能影响到的那些人的痛苦。正如卡根（Shelly Kagan）所说的，有关第三世界中那些极其需要帮助的人的困苦的信息经常会触动我们，就像"我们在读故事书的时候所读到的某些东西一样"。[17]我们通常对这些痛苦的真实性缺乏一种切实的感受，但它确确实实正在发生，发生在我们今天生活的同一个世界里，而且在某些情况下，这几乎是极其可怕的。有人可能认为，采取一些方法增加我们对这种痛苦的感受将会造成一些差异。[18]但是，即使以极长的篇幅探讨这一路径的卡根也承认，可能还需要其他的东西，某种着重于行动者生活的东西。像许多后果主义者一样，他把"其他的东西"看成是对行动者**利益**的某种认知，他论证说，行动者拥有某种"完整性"所获得的利益是只有后果主义才能满足的利益，而且这种完整性来源于按照得到辩护的道德体系进行生活。[19]

---

〔17〕 卡根，*The Limits of Morality*（Oxford：Clarendon Press，1989），p. 295.

〔18〕 参见康德，*The Metaphysics of Morals*，麦格雷戈（M. McGregor）翻译（Cambridge UP，1991），VI 457.

〔19〕 参见辛格（P. Singer），*Practical Ethics*（Cambridge UP，1986），第 12 章，作为以下假设的另一个例子，即揭示出严格的道德活动正符合行动者的利益这一点可以用来弥补后果主义动机不足的问题。

关于这一点存在着许多不同的问题：一个明显的问题就是，是否确实只有后果主义才能得到辩护。但是在这里更重要的还是如下事实，卡根把这种"完整性"看成是一种审慎的（prudential）价值，确实明确地说它是"众多价值中的一种——并且它是可以被压倒的"（p. 392）。在我看来对行动者来说更为需要明确表达出一种陈述，在这种描述之下，严格道德活动的生活至少是**值得选择的**，或者至多是**被要求的**，而不需要假定一种标准，根据这种标准，那种被认为是值得选择或被要求的生活方式与行为的利益存在着一定的关联，而且也不需要假定一种感觉，即这种标准至少并**不能**以任何直接的方式为其他价值所压倒。正如卡根所认为的，这种感觉可能是只有这种生活才是能够得到辩护的，或者可能更好一些，这种感觉可能是，继续生活在从他人痛苦中除去的一些泡影中将是肤浅的与中庸的，或者是人们人类潜能的失败，或者从根本上是没有严肃地对待自己的生活：显示的只是一种毫无主见的、磨磨蹭蹭的过程，并没有真正停下来问一问人们正在做什么。尽管这种反思将着重于某个行动者自身生活的质量，但在任何通常的意义上，它都不会是关于他的**利益**是什么这一问题。

可能后果主义者也能探索为其他道德理论所表达的道德来源，以看清它们是否也能用做后果主义的用途。康德式的观念认为，在反对理性的指令的时候，人们使自己"成为仅仅只是爱好的玩物，因此成为一种物"，[20]这可能是一个例子；亚里士多德式的观念认为，在讽刺德性的要求时，人们一无所获，这可能是另一个例子——尽管确定这些康德式的与亚里士多德式的观念的有效性在多大程度上依赖于关于理性**内容**的特殊观点以及后果主义没有分享的观点是一件非常困难的事情。

正是有益于这些道德来源的有力反思会是什么样子是一件很难准确界定的事情，但是我希望现在这一点至少是清楚的，即一个行动者有能力做什么完全独立于这个问题仍然是不能得到确定的。然而，大多数后果主义在讨论（1b）的时候并没有提出这些问题。似乎他们对自己的理论只是有一种"苍白无力的"信念（运用了卡根的术语），而对于按照理论所说的去做为什么非常**重要**这一点根本没有任何感觉。

那么，安娜能维持她对（N1）的承诺吗？人们可能希望的是，她不要屈从于绝对理性控制的幻觉，但她也不能把自己的生活看成是某种仅仅会发生的事。她要把握哪些自我转变与自我控制的可能性对她是有用的，在哪里它们会导致失败，这两种情境都得到了来自于道德来源的全面考察所提供的支持（其中之一可能确实是这种意义上的，即如何生活

---

〔20〕康德，*The Metaphysics of Morals*，VI 420.

从根本上说还是**取决于她**）。然而，她也将认识到，她的某些倾向是保持不变的，或者力图改变它们会付出高昂代价，因此它们只需要进行**管理**。但是如果她有足够的自知之明，她将会知道她可能无法抗拒而要将这些倾向放在这种范畴里面，仅仅是因为她不想去改变它们。考虑到这所有的一切，对我而言似乎再也很难充满自信地说（1b）是正确的。

由此还会产生出一系列的依赖，如依赖于安娜所作出的慎思与反思的性质，她对自己的生活与行为的看法，她所探索的道德来源，等等。莱尔顿所设计的后果主义者胡安对自己说（以下数字是我本人加的）：

> （1）看，当人们都能够拥有像我们之间一样的关系，那么这将会是一个更为美好的世界——如果每个人总是问自己谁会得到最大的需要，就没有人能做到这一点……（2）无论如何，我知道你不能总是把家庭放在首位……但是你依然需要那个小圈子。如果人们都是努力靠自己来拯救这个世界，最后不是精疲力竭，就是老死不相往来。有些人坚持这一点，并且所做的工作就是要事情变得更好，但通常他们都不会让自己过一种悲惨的生活。（3）最近我并没有碰到任何真正的圣人，我们也不相信那些认为自己是圣人的人。[21]

除非胡安是一位集体后果主义者，否则（1）是不相关的——根据对其他人实际上会如何做这一点所作出的现实假设，他可以问自己对**他**来说如何做才是最好的。在（2）中，胡安利用了"靠自己来拯救这个世界"这一短语，这通常是保守主义者与犬儒主义者们用来挖苦改革者的话。如果"靠自己来拯救这个世界"正是胡安对自己的生活方式的一种解释，那么肯定会导致失败，但是他为什么要这样解释它呢？为什么不可以做另一种解释呢，如"让许多处境极为悲苦的人的生活变得更好"或"要以一种同时关注其他人生活的现实状况的方式来生活"？

那么我们对人们作出"精疲力竭"的一般性概括，这是另一种形式的堕落理论。很明显，有些人会精疲力竭，但有些人并不会：胡安需要考虑出现这两种情境的理由。那些会精疲力竭的人可能是以妄自尊大的、救世主式的术语来解释自己的计划吧？那么没有精疲力竭的人可能对道德来源有一种较强的把握吧？（这可以帮助我们解释杰克逊所提到的

---

[21] 在文中（p. 111）关于这一点，胡安确实是一个理想化的、非异化的道德行动者，而不是后果主义，但是莱尔顿（p. 114）后来说："胡安（如果把细节充实进来）可以被证明是一位精致的后果主义者。"

"例外问题"，但是他对此并同有提供任何答案）哪些道德来源可以用来维持胡安的动机呢？如果对这些问题没有一个严肃的考察，关于人们会精疲力竭的看法似乎只是一种草率的理性化。

还不完全清楚的是，（3）在这里有什么用。很明显有一种看法是，如果把更多的资源投给那些最有需要的人就会要求胡安把自己看成是某种"圣人"，而这又使他成为不值得信任的人。谁能知道这种看法来自何处？保守主义者与犬儒主义者为了为他们的自私开脱而必须对改革者进行某种指责，看起来似乎胡安也接受了这种指责。（圣洁的观念尚未去掉祈祷的含义，黑尔说："每个人……都必须问问他自己哪一种层次的圣洁才是他有可能做得到并且努力去追求的。"〔22〕考虑到这一点，似乎令人感到惊讶的是，黑尔也认为我们最好还是紧紧坚持日常道德，但是当我们记住人们这种追求所能找到唯一的、最终的辩护只是一种审慎式的辩护，那种困惑感多少都会降低〔23〕）

总之，我从莱尔顿那里所引部分中所贯穿的口气都是辩护式的，我并没有指出某种道德来源可以使得胡安能维持对最有需要之人的承诺。如果这就是胡安慎思的性质，那么急剧地改变生活方式对他来说确实有可能是反效果的。但是那种论断会具有一种自我实现的预言的特征。胡安最需要去做的首先是要停止以带有偏见的术语来描述一种要求更高的道德生活；其次则是要探索他可以用来维持他的动机的那些道德来源；最后还要当心一些辩护性的理性化，它们被设计出来仅仅是为以下两种情况辩护：或者是他想要做什么，或者是他感觉到对他来说做什么根据非后果主义是可得到辩护的。如果他能做到这所有的一切，他可能就会相信他可以做得更多。

四、其他的道德行动者

我所关注的例子都是特殊的坚持后果主义的行动者，部分原因在于我所反对的那些哲学家都认为即使对这些行动者（N1）也是失败的。但是我也选择着重关注特殊的一般行动者，这主要是因为在某种程度上，在思考普遍的人时相比在思考特殊的个体时，把人性解释成是为道德活动设定了严格的限制具有更大的吸引力。我努力从安娜的视角来描述事物，这是因为，相

---

〔22〕 Richord Hare, *Moral Thinking* (Oxford: Clarendon Press, 1981), p. 201.

〔23〕 参见 Richord Hare, ch. 2; Charles Taylor, p. 87.

比从第一人称的视角进行描述，哪怕我们是以从外部思考特殊个体方式来解释人性也更有吸引力。相信按照（N1）行为一般超越了人们的能力与真正相信你自己做不到这一点，两者比较起来，前者要容易得多。采取安娜的视角，我希望能够克服这种吸引力。

但是几乎我所说的一切也适合于一般意义上的人。无论如何我都没有把安娜变得特殊。她主要的特殊性在于，她紧紧抓住的是那些急需帮助的人对她所做提出的要求。在有关她的例子中，这种感觉得到了发展，因为她是一位后果主义者。当然，影响的方面是不可能会倒转过来的——即由于对其他人的需要的道德重要性的一种先验感觉，她变成了一位后果主义者。但是我在这里要指出的是，我所说的一切都不是建立在她是一位后果主义者基础上的。如果某人成为一位后果主义者，这对他对有力的、独特的道德来源有所吸收能有所影响，但似乎事实远非如此。我所简略考察的道德来源与后果主义根本不存在什么特殊的关系。为了对他人需要的道德重要性有一种强烈的感受，有必要成为一名后果主义者这一点对此会有所影响。但是很明显这是错误的。

那么我们针对一般人所说与针对安娜所说的差不多，似乎都隶属于对他人需要的道德重要性有这种强烈感受的附加条款。我们应当说，**如果**一般人来分享这种感觉，并且他们能变成有力的道德来源，那么他们也极可能可以维持严格的道德活动。任何关于**人性**的看法都不能阻止这一点。广义上的文化因素更为重要：对他人需要的道德重要性的流行感受、被认为是有效的特殊论证以及可用的道德来源。

这对哲学家的社会作用有重要的含义，因为哲学家对这些社会因素有某些影响。相信远方那些急需帮助之人的要求具有道德重要性的哲学家在许多方面可以发挥重要的作用，如苦口婆心地提出相信这一点的理由、驳斥那些辩护性的理性化以及对道德来源进行清楚表达。最后一种任务尤为重要。因为这些来源要有效，它必须在现实上跨越像安娜这样的人的心灵——正如它很明显不能打动胡安一样——这些来源可能事实上能够支持对像（N1）这样的要求规则的承诺。这种观念是否能打动她或与之相似的其他人，这在一定程度上取决于她所生活的那种环境中的流行观念。如果那种文化把退化理论看成是明显的、无需怀疑的，那么发掘能维持她对要求规则的承诺的道德来源对她来说是不可能的。按照这种方式，我们对严格的道德活动的能力的悲观主义在社会层次上可能会变成一种自我实现的预言，甚至在个体层次上有时也是如此。[24]

---

〔24〕 我首先要感谢莱西文（Michael Lacewing）与梅森（Ellie Mason），在我写作本文的过程中，他们与我讨论了许多问题；其次要感谢《哲学季刊》杂志的那些匿名审阅人、布莱克本（Simon Blackburn），特别是胡科（Brad Hooker），他们为本文的倒数第二稿所做的评论对我非常有帮助。

后果主义与对人的尊重

非后果主义、作为目的自身的人以及资格的重要性[*]

弗朗西斯·卡姆　著　解本远　译

最近，关于非后果主义的结构的几篇重要论述已经发表。其中两种是舍利·卡根的《道德的界限》[1]和沃伦·奎因[2]的两篇文章：《行为、意欲和后果：做和允许的理论》和《行为、意欲和后果：双重效果理论》。我想对这些作者讨论的几个有关论题进行研究。在这篇文章中我将提到的另一项重要成果是朱迪斯·汤姆森的《权利的王国》，但我不会非常地详细讨论它。

我将要关注的一般论题是非后果主义的道德理论的结构。非后果主义有两个重要特征。在一个非后果主义道德理论中，（1）允许不最大限度地实现总体上最好的后果（有时这被称为一种选择权），（2）在促进总体上最好的后果方面存在着限制（例如，我们不应当杀死没有任何威胁的无辜者，用他的器官来救活其他五个人）。我将借助卡根、奎因和汤姆森的著作来进一步描述非后果主义理论结构的基本原理并为其进行辩护。我将首先考虑对选择权的辩护，集中关注它们对"人是目的自身"这一观念的说明，"人是目的自身"是在如下意义上来说的：即使没有引起更大的善，人也是有意义的。然后我将考虑约

---

* 这篇评论是针对下面的著作：Shelly Kagan, *The Limits of Morality* (Oxford：Oxford University Press, 1989)；Warren Quinn, "Actions, Intentions and Consequences：The Doctrine of Doing and Allowing," *Philosophical Review*, 98 (1989)：287 – 312, "Actions, Intentions and Consequences：The Doctrine of Double Effects," *Philosophy and Public Affairs*, 18, no. 4 (Fall 1989)：334 – 51；Judith Jarvis Thomson, *The Realm of Rights* (Cambridge, Mass.：Harvard University Press, 1990). 我非常感谢《哲学与公共事务》的编辑对本文提出的许多优秀的建议和富有洞察力的疑问。我还受益于托马斯·内格尔以及伦理和法律哲学协会（Society for Ethics and Legal Philosophy）成员的评论。

〔1〕 我已经在一篇短文中讨论了卡根的书中涉及约束的部分，参见 *Philosophy and Phenomenological Research*, 51 (1991)：903 – 907.

〔2〕 沃伦·奎因最近的去世是道德哲学的一个巨大损失。如果本文为他的工作应得的严肃关注作出了一点贡献，我就非常满意了。

束的形式和辩护理由，并表明在一个道德体系中约束如何与选择权的存在相一致。我将考察描述约束的两个重要建议：伤害与不帮助的区分，意欲与预见（intention-foresight）的区分。我将论证说，一个人不但必须以产生最好的事态为代价，而且必须以自身为代价遵守这些约束，即使自身避免这样的代价是有权选择不去促进总体善的充分理由。对个人目标的约束和追求个人目标的选择权是一个道德体系里兼容的部分。最后，不管约束采取什么样的特殊形式，我认为它应当被理解为聚焦于受害者（victim-focused）的，而不是聚焦于行动者的（agent-focused）——也就是说，行动者的行动是错误的，如果行动者违反约束是因为受害者的某项权利受到侵犯，而不是因为他自己而非其他行动者与这一行动有特殊关系。而且，通过侵犯一个同等的权利而把对权利的侵犯减少到最低限度，这是不被允许的，因为人至少在某种程度上是不可侵犯的，并且是目的本身。实际上，仅当把人杀死一个人来救活其他人是不被允许的时，其他人才同样具有目的自身这一地位。

I

道德上的适度者（moral moderate）

卡根把"道德上的适度者"称为这样的人：他们既赞同个人的选择权，又赞同对行动者为了追求更大的善和个人利益而施加于他人的行为进行约束。不过这样的适度者相信存在着促进最大善的某个理由。实际上，卡根认为这样的适度者也会赞同存在着一个促进最大善的初步理由（也就是说，这个理由会一直被当作行动的理由，除非它被一个更为强有力的理由所超过）。大多数适度者赞同这样的理由，这似乎令人难以相信，因为某些适度者不想给予产生最小的善以任何道德分量，他们甚至想要主张，一个人没有义务总要为不引起一个重要的善而提供理由。例如，他们可能认为，某人已经做了大量好事，不再对做更多的好事感兴趣，这是可允许的，即使做更多的好事并非难以负担。不再做更多好事的唯一理由是行动者已经做了一些好事；这个理由并不是卡根所认为的决定性的对抗理由。为什么道德上的适度者会这样想？因为他认为，可以理解的是，一个人可能抵制他是实现更大善的一种手段这一观点，坚持自己独立于更大善这一目标，因此认可他自己作为目的自身的存在。

这就产生了这一结果：如果一个人选择将促进善作为他行动的理由，那么促进善总是可以用来辩护个人行为。在这个意义上，促进善总是可以作为理由，但并不总是（用卡根的术语来说）一个迫切的理由，只在缺乏对抗性考虑的时候要求采取行动。托马斯·内格尔已经指出，一个选择权意味着存在着实施这类行为的非迫切理由——也就是说，存在着我们能够决定是否将其作为我们的理由的行动理由。使用内格尔的例子，如果我买一本书是因为它便宜，这就是我买它的理由，但这并不必然成为我买书的理由。换句话说，选择权允许我们决定给予某些要素——例如我们的自我利益和更大的善——以多大的分量。只有某些类型的因素能够用来作为理由，但是这些因素在行动理由中并不必然会获得预先决定的分量，或者甚至根本不会有任何分量。

道德上的极端主义者

按照卡根的观点，"道德上的极端主义者"要求我们追求最大的善，并且很难证明对这一追求的约束是正当的。重要的是，即使她承认约束，也没有许可任何选择。卡根问道德上的适度者是否能够辩护自己的立场，反对极端主义而不因此陷入"最低限度主义"（minimalism），后者只承认选择权而不承认对追求个人利益所做的任何约束。如果我们有权选择不牺牲个人利益以追求最大的善，为什么我们必须牺牲自己的利益来避免伤害人们呢？同样，如果个人所要付出的代价的程度在选择的根据中至关重要，为什么伤害潜在受害者的个人代价要比行动者避免伤害受害者的个人代价更大，或者甚至要大得多呢？看上去选择权和对个人行为的约束可能是不相容的。[3]

让我们先来考虑如何可能为选择权进行辩护，然后看看这一辩护理由能否蕴含着对约束的拒绝。我将考虑五种可能被提出作为选择的辩护理由的立场：（1）个人观点的重要性，（2）自主性，（3）作为目的自身的人的观念，（4）负面论证和（5）正面论证。

个人的观点

塞缪尔·谢弗勒论证说[4]，一项选择权（他将其称为一项特权）的根据就在于认识到我们有能力从个人的观点出发去行动，并强烈倾向于这样行动，这一观点允许我们赋予

---

〔3〕 在"Supererogation and Obligation"一文中，我讨论了这一可能性：如果我们被允许追求个人善而不是最大善，那么我们可能被允许追求个人善而不遵守约束，*Journal of Philosophy*，82（1985）：118－138. 苏珊·沃尔夫也讨论了这一问题，"Above and Below the Line of Duty"，*Philosophical Topics*，14（1986）：131－148.

〔4〕 *The Rejection of Consequentialism*（New York，Oxford University Press，1982）.

事物以与它们从不偏不倚的观点来看具有的价值相比不成比例的价值。根据这一解释，选择权按照定义就是在从不偏不倚的观点行动和从某种个人观点行动之间作出的道德上可允许的选择。他认为这样的选择权是得到辩护的，因为道德理论在某种程度上应当认可我们直接从个人的观点出发去行动的自然倾向，而不是认为：除非从这一观点出发去行动促进了不偏不倚的观点上的目标，否则从这一观点出发去行动就是错误的。道德理论应当这样做，是因为它应当反映它所服务的人的本性。[5]

选择权与从个人观点出发去行动的能力有所联系，我对这一观点有几个问题。首先，选择权并不是对任何从不偏不倚的观点去看与其价值不成比例的事物都反映积极。例如，假设从我的个人观点来看，我置于其他某个人生活上的价值，要比这个人的生活从不偏不倚的观点或者这个人自己的观点来看所具有的价值更多。这并不意味着道德理论应当给予我一项选择权，使我可以对那个人的生活做我想要做的。也就是说，从对个人观点的关注中产生出来的那种选择权，必定是与我们先前对应得权（entitlements）的某种理解相联系的，这些应得权充当了对一个选择的范围的约束，它们在如下意义上是优先的：它们来自某个源头，而不是来自人们从他们的个人观点出发所具有的最强烈的关注。因此，你的生活是你控制的生活，即使我比你更为关注你的生活，并且我置于你的生活上的价值要多于它从不偏不倚的观点来看所具有的价值。

而且，通常只有那些从一个不偏不倚的观点来看对一个人重要的个人关注，在与实现一个重要的善发生冲突时，才会在为选择提供一个基础作用。例如，一个人对避免失去一只胳膊的关心，而不是对失去一根普通的头发的关心，可能会不利于挽救某个人的生命所实现的善。为我的选择权提供辩护理由的不是我的或者其他人的意愿的特殊本性。最后，虽然动物拥有个人观点，但它们没有选择权（或者没有很强的选择权）。这一事实表明，存在者（这样的存在者的其他属性给予他的价值比动物所具有价值更大）的个人观点对于辩护选择权是必要的。

---

〔5〕托马斯·内格尔在 *The View from Nowhere*（New York：Oxford University Press，1986）一书中提供了一种对选择权的另外说明。他的论证似乎是：对于某个人的偏好来说，只有当从任何人的观点（例如，这一观点不依赖特殊的嗜好）来看他的偏好都得到赞同时，他才可以要求其他人的帮助。我们有义务阻止另外一个人的痛苦，但没有义务为另外一个人学钢琴付费。内格尔的观点似乎具有如下奇怪的推论：（1）与阻止我自己的痛苦相比，我同样有理由阻止其他人的痛苦，并且我甚至必须在他的痛苦比我的重要痛苦更为强烈的时候，把药给他以阻止他的痛苦。（2）大多数我们认为生活中值得做的行为（基本需要除外）将不能要求别人帮助。（本文对内格尔的观点的所有引用，除另有注明外，皆出自 *The View from Nowhere*）

作为目的自身的人

明确了这些条件，我们就可以尝试通过关心个人自主性来辩护选择权，尤其是在重要的个人关心具有重大意义的地方。（但是注意，自主性本身可能是一个重要的关心）卡根主张，试图通过对自主性的关心来为选择权辩护只是再次断言"选者权"的定义——也就是说，这一辩护是在主张：我们应当给予人们选择（选项权），因为那样他们就会有选择余地（自主性）。但是，如果这样一个论证所关注的是能够进行选择的内在重要性，尤其是在除了关心自主性外的那些关心至关重要时，那么它就不是没有价值的。[6]然而，根本上说，我相信选择权是通过如下观点得到辩护：人们不只是达到最好事态的目的的手段，而是目的自身；即使对最好后果没有帮助，他们也是有意义的。（这种说法要强于如下说法：当他们促进了最大的善时，他们的利益也要得到促进）如果我们把自主性理解为在个人观点和非个人观点之间进行的可允许的选择，那么"人是目的自身"这个思想就超出自主性，并有助于为自主性提供辩护。作为目的自身的人值得在行动中拥有自主性，选择的概念有助于我们把握这个思想。（注意这一论证非常不同于谢弗勒给出的对选择权的论证）此外，我们无需认为，拥有一种强烈激发性的个人观点使得一个人成为目的自身，因为那些其理由从未偏离不偏不倚观点的人也可以是目的自身，他们实际上拥有从未用过的选择权。更准确地说，从那些是目的自身的人的个人观点来看受重视的某些因素可以成为行动的正当理由。

假设选择之所以重要，是因为它依赖于作为目的自身的人这一观点。如果我们最低限度地减少人们不被允许选择的情形，即使这意味着通过强迫某人作出一个巨大牺牲而偶然地剥夺了他的选择，以确保其他人可以选择，那么这不就表达了对人的这一概念的更大关注吗？我的看法是：如果这种最小化的手段得到允许，这种做法就会击败人是目的自身的理想（而这个理想大概是人类关注的目标），即使这样做没有涉及其他人作出物理强制，即使没有任何人实际上不得不作出强制性的牺牲。因为如果这样一个义务是合适的，那么个体就不再会是某个不是"为了"更大善的人，可以被用来最低限度地减少对选择的价值的干涉。[7]

---

〔6〕 我在这一点上感谢西娜·谢弗林。

〔7〕 在为选择权进行辩护时集中于选择的内在价值的问题之一是，我们应当希望最大限度地重视重要实体（valued entity）的存在（或者最小限度地干涉它），这将为干涉某人的选择以便最大限度地实现选择提供辩护。

对选择权的负面论证

卡根提出了另外两个可能用来支持选择权的论证，并对其进行了反驳。第一个论证是负面论证：我们必须拥有选择权，因为我们不能被一贯地激发起来去做促进最大善的事情，而如果某个东西不可能激发我们，它就不可能成为我们行动的理由（这是内在主义的假设）。为了反驳这一论证（但没有拒绝内在主义的假设），卡根提出了生动性论证，表述如下：

(1) 如果我们对所有其他存在者有着生动的（而不仅仅是苍白的命题式的）知识，那么我们可能会更加一贯地为了最大善而行动。

(2) 我们在这样的生动知识上的缺乏是我们的一个认知缺陷（即使这一缺乏具有某些保护功能）。

(3) 因此，甚至在缺乏生动知识的情况下，我们现在也能被激发起来、就像我们具有生动知识那样去行动，因为我们把这种缺乏看做是一个缺陷。

这一论证的要点是：除了认识到缺乏生动知识阻止我们为了最大善而行动这一事实外，[8]一旦我们认识到缺乏生动知识相对于真正地理解了知识的内容来说是一个认知缺陷，我们可以被激发起来、就像那些具有完善知识的人可能行动的那样去行动。类似地，我们在股票市场上追随那些被认为是更有权威的专家，并按照他们所说的去做，即使我们不能分享他们的知识。如果那些具有生动知识的人是被更大善所激发的，那么，尽管我们在认知上还不完善，我们也可以被更大善所激发。因此，对选择的负面论证是错误的。

我对生动性论证的第一个问题涉及这个论证的第一个前提：如果有人躺在你的脚下快要死了，你对他的命运具有生动知识，但是通常你并不会被激发放弃你的胳膊来挽救他的生命，即使你承认这样做会最好。也就是说，那些具有生动知识的人并不必然被激发起来为了最大善而行动，并违背自己的自我利益。而且，这不一定因为你对自己的命运有生动的认识，因为你对自己的将来并没有生动知识，而且（如卡根自己注意到的）你通常会发现：如果你关于将来的想法与满足现在的愿望相冲突，那么你自己就很难被关于将来的想法所激发。你甚至可能拒绝将自己的肾捐给快要死在你面前的那个人，以挽救他的生命，

---

[8] 这是约书亚·科恩的用语。

仅仅因为这样一种可能性：将来你可能需要这个肾。事实上，如果你被引诱捐出自己的器官，你可能会因为如下想法而抑制自己：捐器官这一行动涉及的是你与他的面对面关系。对自我的一种强烈的偏爱可以从生动性中幸存下来。因此，对自我的偏爱好像并不是主要来自于我们对自我的认识（相对于我们对他人的认识）的生动性程度。

那些抵制生动性效应的人之所以这样做，大概是因为他们认为自己有权不牺牲自己。也就是说，他们并不认为没有选择权的后果主义（或者受到约束限制的后果主义，也即是极端主义）是正确的道德理论。这对于正确理解卡根的生动性论证很重要。他并不打算认为这个论证作为对极端主义或后果主义的正确性的一个证明是充分的。考虑到内在主义假设，这个论证只是支持这些观点的正确性的证明的一部分，这个部分表明我们现在可以被激发起来、就像极端主义认为应当行动的那样去行动。如果我们有正面的理由拒绝支持极端主义的论证的其他部分（除了极端主义不能激发行动这一理由外），那么就没有理由认为我们会按照生动的知识去行动，不管这种知识在数量上多么庞大。

此外，假设当苍白的命题知识本身没有导致我们行动的时候，生动知识的确导致我们行动。也许并不是对要求我们行动的理由的更好的认识成为我们行动的原因。相反，也许是从生动性中所产生的那种心理压力成为我们行动的原因；这个观点我们经常应当拒斥的。事实上，受生动知识影响——例如，通过图片或者现场参观——经常使我们感到在心理上被操纵，理智被感情所征服。设想这就是生动知识影响我们的方式。这样，即使我们因为不具有生动的知识因此在认知上是不完善的，但这并不必然使我们的知识相对道德行动的目的来说是不完善的。因此，与前提（2）相反，相对于决定如何行动的目的来说，我们现在在认知上是适当的。

不过，我确实倾向于为我身边的穷人做得比为在远处的人做得更多。同样为真的是，我通常更为生动地意识到我身边的人。但是我回应的理由可能与生动性无关。更确切地说，我的义务可能因为这个人离我更近而不是更远而变得更强。我会用这一理由来激发行动，即使我对他在附近这一情况只具有命题知识。如果距离上的接近就是我负有义务的理由，那么，即使我对远处的人们具有生动知识，我也不会负有义务。卡根认为，对我们帮助朋友或者亲属多于帮助其他人的最好解释是：我们更为生动地意识到他们的问题。另一方面，我们可以因为他们是朋友或亲戚（或者因为他们希望我们可能提供帮助）而帮助他们，即使我们没有生动地意识到他们的问题。

另外一种可能性是：正是因为我实际上具有生动知识，我才有理由行动。能够忽视这样的知识是荒谬的，但是能够忽视苍白的命题知识却是不荒谬的。但这并没有让我有义务去获得更多的生动知识，以便我将为最大的善服务，或者就像一个具有生动知识的人那样去行动。〔9〕事实上，这可能向我提供了一个理由避免去获得生动知识，以便我没有新的义务。

对选择的正面论证

卡根构造了为选择辩护的第二个论证。他假设选择可能与满足个人观点的目的有关。根据这一假设，他试图把某些正面地好的东西鉴定出来，这些东西来自于从个人的观点来行动，是从不偏不倚的观点来行动所不能实现的。这就是对选择的正面论证。不过，卡根问道：如果存在这种只有从个人的观点来行动才能实现的价值（当然，他怀疑这是真的），那么难道这种价值不会使得从个人的观点来行动变成强制性的而非可选择的吗？也就是说，难道这种价值不是迫切理由，因此不能产生选择吗？

我也相信这一论证不能辩护选择权，因为它所提供的辩护是错误的。为了对选择权提出一个正面的辩护，我们所需要的不仅仅是通过列举从个人观点出发而得到的价值来为从个人观点行动提供辩护。而是，我们需要的是对具有这样一个选择提供辩护，这个选择就是：究竟是要从个人观点来行动，还是要从不偏不倚的观点来行动这一选择提供辩护？换句话说，这一辩护是在第二层面而非在第一层面上。第一层面涉及选择一个选择树的任何一个分支（个人的观点或者不偏不倚的观点），第二层面涉及在已经出现的各种选项和一个人所认同的道德要求之间作出选择。我们想要的那个辩护不是对追求个人观点的决定的辩护，而是对**有权选择**追求个人观点的决定的辩护。此外，对选择权所代表的选择的可能性的辩护确实是由迫切理由构成的——也就是说，这些理由应当证明任何道德体系必须具有选择权，任何没有选择权的体系都是错误的。已经有人建议说，关注人是目的自身这一观念就提供了这样一个辩护，因为作为一个目的自身的人经常可以决定是否要为更大的善工作。

---

〔9〕 我在这一点上感谢利萨·瓦伦斯基。可能有人主张，如果生动性打动我们，那么它只有通过和不生动的事物相对比才能打动我们。如果所有事物都是生动的，我们会以同样的方式行动，就好像所有事物都是不生动的一样。这是为了强调显著（salience）的重要性（我在这一点上感谢克里斯多佛·罗德尔）。但这不一定是生动性产生影响的方式。更确切地说，它可能好像提高一个音调的分贝标准：低于一定的绝对值，我们不能听清楚，当我们到达那一个绝对值，我们听到所有的声音都强而有力，并且稳定地继续进行。不过，对生动性在激发和辩护上文提到的行为方面的作用的所有批评都与生动性如何产生影响的这一解释相容：它可以仅仅对我们施加压力，或者它可以被正当地忽视。

II

约束：理解约束，为约束辩护

传统上，人们提出了两类约束。一类约束立足于实施伤害（doing harm）和允许伤害（allowing harm）之间的区分［最近主要被讨论为把人杀死（killing）和让人去死（letting die）之间的区分］。另一类约束立足于意欲把伤害作为手段或目的自身和把伤害预见为一个边际效应之间的区分，亦被称为双重效应学说（Doctrine of Double Effect，DDE）。据称对实施伤害和/或者意欲伤害存在着约束，而对允许伤害和/或者预见伤害则不存在约束。卡根正确地论证说非后果主义者需要与这两个区分相类似的某种东西，但他认为，在正确地表述采用这两个区分的原则上，在这些区分是否产生了非后果主义想要的结果这个问题上，存在着许多问题。例如，医生拔下呼吸机上的塞子怎么能成为让人去死的例子，而死者的侄子因为想要继承叔叔的遗产而拔下塞子就构成了把人杀死？当我们若不改变电车方向就会让五个人死去，因此改变电车方向而把人杀死时，为什么我们会允许改变电车方向以避免杀死五个人？如果道德上的重要性被用来支持字面上的区分，在各种情况下要产生正确结果就会存在问题。卡根进一步补充说，假设一个人能够明确地表达采用这些区分的原则，因此在有关的案例上得到他们想要得到的回答，那么辩护这些区分的更深层的理由是什么？

我不打算考虑卡根在细节上的抱怨，而是首先要考虑处理如下问题的两个提议：如何最好地表达伤害—允许伤害的区分（使用把人杀死和让人去死的例子）和对这一区分的可能辩护？两个提议都具有修正的含义，因为对某些案例的道德分析偏离了在把人杀死和让人去死之间所作出的纯粹的道德区分可能显示出来的东西。

奎因论权衡一个道德上重要的差异

考虑一下奎因的观点。他首先论证说，认为在把人杀死和让人去死之间存在着道德上重要的差异，并不等于认为即使除了把人杀死和让人去死以外，其他所有因素也都保持不变，所有让人去死的情形比所有的把人杀死情形在道德上较少糟糕。例如，比较如下情形：（a）放任一个婴儿在澡盆里被淹死，以此作为得到继承财产的手段，（b）通过淹死来把人杀死一个婴儿，以此作为得到继承财产的手段。[10]这两个行为可能都是错误的行为，这一点并没有暗示把人杀死和让人去死本质上在道德上是相等的。[11]它们不相等的一个标志是：对于把人杀死和让人去死存在着不同的可反驳性（defeasibility）条件——也就是说，推翻不把人杀死的主张比推翻要求得到救助的主张需要更多的辩护。奎因要求我们比较：（c）将五个人送到医院以便救活他们，因此可预见到地放任一个人死去，（d）将五个人送到医院以便救活他们，因此可预见到地碾过并杀死了一个路上的人。第一个行为是可允许的，第二个行为则不是。奎因得出结论，认为救活五个人足以击败一个要求得到救助的主张，但不足以击败一个不把人杀死的主张。（但是，如果我们为了救活五个人而放任另外一个人死去，我们无论如何就会免除我们救人的义务；我们还没有击败一个要求得到救助的主张以便做其他事情。一组更好的案例可能涉及比较如下两种情形：一种情形是，不得不危险地转向以避免把人把人杀死；另一种情形是，为了救活一个人不必转向）

汤姆森论要求得到救助的主张

在描述奎因的观点时，我谈到一个要求得到救助的主张。如果我们让人去死，我们就不能满足这一主张。"有这样一个'主张'这个说法"可能只是意味着：若在救助某人时我们没有承受巨大的负担，我们就应当这样做，或者，某人有获得救助的权利。出于讨论奎因的观点这一目的，我们不需要在这两者之间作出决定。但是值得注意的是汤姆森的一个论证[12]，这一论证认为不存在要求获得救助的主张和权利。她说：

（1）主张（权利）的迫切性取决于："如果某人的主张没有得到认可，情况就会有多糟糕。"（这就是恶化原则）

（2）在同样迫切的主张发生冲突的地方，满足大多数人。

（3）如果存在一个救活一个人生命的主张，那么通常一个人将会为了救活五个人

---

[10] 詹姆斯·雷克尔斯在"Active and Positive Euthanasia"一文中介绍了这些情形，*New England Journal of Medicine*，292（1975）：75 - 80.

[11] 其他人也提出了这一观点。奎因假设除了把人杀死和让人去死外，在这些情形中所有的因素也都保持不变。对是否以及在什么意义上所有因素确实都保持不变的讨论，参见我的"Killing and Letting Die：Methodological and Substantive Issues"，*Pacific Philosophical Quarterly*，64（1983）：297 - 312，"Harming，Not Aiding，and Positive right"，*Philosophy and Public Affairs*，15，no. 1（Winter 1986）.

[12] *The Realm of Rights*，p. 161.

而把人杀死一个人，因为对于某些人来说，不管死亡是作为把人杀死的结果
还是作为让人去死的结果，都同样糟糕。

（4）然而，"一个人一般来说应当把人杀死一个人以救活五个人"这一结论是错
误的。

（5）因此，不存在要求生命得到救助的主张。

不管汤姆森是否正确地断言一个人没有得到救助的主张（权利），她对这一结论的论
证似乎存在问题。我认为问题出在前提（1），因为如果迫切性并不只是取决于"要是某
个人没有享有权利，情况就会有多糟糕"这件事情，那么我们就不能得出违反直觉的前提
（3）。[13]实际上，有人已经论证说，不被杀死的权利比让生命得到救助的权利更迫切，因
为糟糕的状态是以不同的方式发生的。一个权利的起因同样可能影响其迫切性，例如，是
国王还是王子给了我权利？如果在紧急情况下我必须选择是占有那个我曾经承诺不占有其
财产的人的财产，还是占有那个对其财产只有普通财产权的人的财产，那么我相信前者对
我有一个更强有力的主张，即使我知道第一项财产的主人的任何期望都不会受挫，因为他
永远都不会发现这一损失。如果是事物本身而不是某人有多糟糕影响了迫切性，那么可能
存在一项让自己得救的权利，但是这一权利不如不被杀死的权利更迫切。倘若如此，杀死
一个人以救活五个人一般来说仍然是不允许的。[14]

然而，有意思的是，如下事实并不能证明我们不可以杀死某个人，而不是放任其他人
死去：通过衡量某个人为了避免把人杀死或者让人去死所要付出的个人代价，不把人杀死
的责任比不让人去死的责任更迫切。因为一个义务从一个标准来看可能更迫切，但从另一
个标准来看就不是这样。例如，为了避免在履行我的工作职责上的失败，我就必须做比救

---

〔13〕托马斯·内格尔向我强调指出如下观点是有问题的：迫切性仅仅取决于"如果主张没有得到满
足，主张的持有者就会有多糟糕"这一问题。

〔14〕考虑另外一点：在某些情形下，我们知道存在着要求帮助的权利（例如，一个病人对他的医生
的契约权利）。然而，即使在这一情形下，医生也不可以杀死一个人以救活他的五个病人。这似乎不是因
为这五个人没有被救助的权利，而是因为他们的权利不如那个人不被杀死的权利那么迫切。汤姆森（在谈
话中）指出，病人没有得到医生救助的权利，只享有医生应当使用特殊手段（例如，药物）来帮助病人的
权利。但是这一指明权利的尝试是误导人的吗？汤姆森自己已经拒绝了这一观点：并不存在不被杀死的权
利，只有在情形 x、y 和 z 下存在不被杀死的权利。而且，即使我们指定了通过药物得到帮助的权利，我们
不得不说，例如，只当医生不必杀死某个人以得到药物时，病人才享有药物治疗的权利。如果我们甚至
要指定得到药物治疗的权利，那么我们为什么不可以在我们入手的那个地方（要求帮助的权利）停住？

活一个人所要做的事情更多的事情，但为了救人一命，我可能会放弃我的工作职责。[15]

对道德不等价性的一个不同测试

尽管我同意可反驳性测试的用处，但我希望重新考虑奎因对案例（a）和（b）的讨论，因为我相信道德（不）等价性的另外一个测试可能更为敏感。如果把人杀死和让人去死在这些情况下是道德上等价的，如果在一种情形中用某个手段来阻止一个行为是可允许的，那么在另一种情形中用同样的手段来阻止另一个行为难道不应该是可允许的吗？我相信通过杀死一个可能将婴儿推到水里的人从而阻止他的行动是可允许的（如果必要的话）。即使没有阻止他的行动，但达到了没有让婴儿溺死这样一个好的结果，把他杀死也是可允许的。例如，在他把婴儿推入水中后我朝他射击，然后他跌入水中，而婴儿则获救。但是我不认为，对（a）中的人来说，我可以通过对他实施巨大的身体伤害来使他救助这个婴儿，我确信如果不这样做，他就不会救助。我也不可以杀死他，以便使他跌入水中而救出婴儿。因此，也许甚至在这些情形中，在把人杀死和让人去死之间也存在着一个道德上相关的差异。甚至在我们能够谴责这两种行为的情形中，忽视它们在道德上的差异是一个错误。这表明我们对所做的事情的道德愤慨不是道德等价性的一个充分检测。事实上，（a）中的行为可能会比（b）中的行为更令我们感到震惊，但为了防止行动者实施（d）中的行为，强迫行动者付出比实施（a）中的行为更大的代价，这是可允许的。

奎因论消极能动性和积极能动性

现在让我们回到奎因对不等价性的描述。他认为我们应该按照积极能动性和消极能动性的区分来把握在实施伤害和允许伤害之间的道德上重要的区分。积极能动性有两个组成部分：（i）通过行为引起伤害；（ii）在预见到但并不意欲一个事件的发生会导致伤害时，有意地允许这一事件发生，而这一事件的发生将会导致伤害。（注意，这并不是 DDE 中意欲的功能，因为在这里行动者并没有意欲伤害）消极能动性是仅仅允许伤害发生，也许预见到（但并没有意欲）伤害或者导致伤害的任何事件发生。

我相信奎因的积极能动性的概念是有问题的。我们可以考虑一些证明其有问题的情况，同时尝试说明为什么他的分析是有问题的。首先，考虑一组与奎因用来说明积极能动

---

〔15〕 对这一点的更多讨论，参见我的"Supererogation and Obligation"一文。

性的概念的例子相似的例子：

(1) 我们乘汽车将五个生命垂危的人送往医院，看见一个人挡在前面的路上，如果我们继续前进就会从这个人身上碾过去。

(2) 我们碰巧坐在车上——我们不对在车上负责任——这辆车正要将五个生命垂危的人送往医院。其他某个人在我们上车之前将车设置成自动驾驶，我们看见有人站在前面的路上。如果我们不采取任何行动，车会继续前进；如果我们踩到车闸，车就会停住。我们不这样做的唯一理由是我们意欲那辆车通过那个人所站的地方——不是因为他站在那里，而是因为为了到达医院，我们就必须通过这个地点。[这是积极能动性（1），理由在于：因为我们意欲一个事实上会导致伤害的事件发生，于是在这里我们就允许这辆车继续前进]

(3) 我们乘坐一辆车，这辆车被其他人设置成了自动驾驶，如果继续前进，它将会碾过前面路上的某个人。我们忙于照顾车后座上的五个人，如果我们停止照顾他们，他们就会死去。如果我们让车继续前进，我们就是让路上的那个人被杀死，但是我们并不意欲车通过那个人所站的地方。（这是消极能动性的一个例子）

对奎因来说，（1）和（2）是道德上等价的。但我认为，尽管在（1）中，朝某个人射击让他停下车来以免撞到人，这是可允许的；但是，我们不可以对（2）中那些故意不刹车的人做同样的事情，即使向他们射击可以使车刹住。如果我们不可以采取相同的行动来阻止事件的发生，这不就表明它们并不是道德上等价的吗？（1）和（2）之间的区别可能在哪里呢？一种值得思考的可能性是：（1）中的人们对我们所共享的世界做了某件事情，这件事情可能会伤害到某个与他们没有关系的人，相比较，（2）中的那些人则没有这样做。这就是道德上的重要差异。

奎因论电车难题

考虑一下奎因对积极能动性的说明的另外一个有问题的建议。他认为这一说明为电车难题提供了一个解释。电车难题涉及一种情形，许多非后果主义者认为，在这种情形下杀死一个无辜的旁观者以救助其他人是可允许的。我们想像一下，一辆电车正朝着轨道上的五个人开去，我们作为旁观者可以使电车改变方向，经过一个交叉点，使电车转到另外一条轨道上，而在这一轨道上电车肯定会杀死一个人。如果我们改变电车方向使其偏离五个人的轨道而转到将会杀死一个人的那条轨道上去，我们就通过行动参与了导致伤害的积极能动性［积极能动性（i）］。奎因相信，如果我们允许电车朝向五个人，那只可能是因为我们意欲救活一个人（否则我们会改变电车方向）。这表明我们并不意欲让电车朝他的方向前进。电车只可能朝两个方向前进：朝向一个人或者五个人。奎因似乎认为，意欲电车不要朝向一个人前进涉及意欲伤害五个人的事件发生。这并没有涉及意欲五个人死去，或者甚至没有涉及意欲"电车通过五个人所在的地点"这一事件发生。但是，意欲电车不要朝向一个人前进，这确实涉及意欲电车至少离开这一个人，并会朝五个人所在的轨道前进，正如我们所预见到的。这可能是积极能动性（ii），因为我们可能有意地允许一个事件发生（电车离开这一个人），并预见到电车会导致伤害。奎因由此断言，既然不管我们做什么，我们都会被卷入积极能动性中，因此我们最好还是认为被杀死的人越少越好。

就奎因对电车难题的分析而论，一个要问的问题是：如果我们没有使电车离开五个人，我们是否就是意欲一个人不被碰撞。不管我们是否认为实行这一碰撞在道德上是错误的，我们可能只是意欲不实行这一碰撞，这并不是意欲发生另一件会导致伤害五个人的事情。但是，假设奎因对我们所意欲的东西的分析是正确的，那么，根据他的分析，不管我们选择两条轨道中的哪一条，我们都会被卷入积极能动性中。但是考虑这一分析的一个很引人注目的含义。假设一辆电车正朝向一个人（而非五个人）前进，并且可以被改变方向，朝向五个人前进。根据奎因的分析模式，改变电车方向使其朝向五个人就是通过行动来行使积极能动性。假设通过不行动来行使积极能动性——积极能动性（ii）——在道德上等价于通过行动来行使积极能动性（奎因对电车难题的解决不仅取决于这一假设，也取决于他对如下问题的分析：在不改变电车方向使其离开五个人而朝向一个人上，我们做了什么？），那么改变电车方向以便使其离开一个人而朝向五个人，这与拒绝改变电车方向使其离开五个人而朝向一个人在道德上是等价的。

但是我相信这两种行为在道德上明显是不等价的。不改变电车方向使其离开一个人而朝向五个人，这是我们的责任；朝一个将要改变电车方向的人射击是可允许的。但是改变电车方向使其离开五个人而朝向一个人却不是必须的；这仅仅是可允许的。此外，我们几乎不可能严重地伤害某个人，如果这样做本身就可以使他改变电车方向，离开五个人而朝向一个人。我相信这些情形再次表明在下面两种行为之间存在着一个道德差异：一种行为是，改变我们共享的世界，以至于这样做对一个独立于我们而存在、无辜的和没有威胁的人产生了一种威胁［积极能动性（i）］；另一种行为是，允许已经存在的威胁继续发展，即使我们意欲一个可能会成为这种进程的一部分的事件。

奎因说，不改变电车方向使其离开五个人而朝向一个人，这涉及通过不行动来行使积极能动性。假设奎因的说法是错误的，我仍然可以用我先前对汽车的例子的讨论来支持我的观点：在这两种积极能动性之间是有道德差异的。我断定奎因并没有解决电车难题，要么是因为他的积极能动性理论是错误的，要么是因为他错误地描述了在这种情形中发生的事情，他出于道德目的而把积极能动性（i）和（ii）同化起来的尝试是错误的。

另一个建议

在实施伤害和允许伤害之间、在把人杀死和让人去死之间的道德上重要的界限要如何被划定？对这个问题的第二个讨论是由我在 1983 年首次提出的。[16]我通过行动而导致死亡在一种道德上重要的方式上不同于我通过不行动而让人去死，如果我的这一行动导致某人失去了在我不向其他人提供帮助的情况下他本来就拥有的生命（他可以凭借其他人的帮助而生存下来）。我让人去死，按照定义，涉及某人失去了他通过我的帮助本来可以拥有的唯一生命。很多把人杀死的情形都涉及某人失去了自己的生命，而如果向其他人提供帮助的那个人不把他杀死，他本来拥有自己的生命。但是，有时候我导致死亡的行动也涉及某人失去了他的生命，而如果我不向他提供帮助，他本来可以拥有自己的生命。比如说，这一点在如下情形中是真的：我在某人正在接受我对他的生命支持时刺中了他，结果他就死去了。我们已经把让人去死的一个规定性性质"输入到"这种把人杀死的情形中。这一假设是：如果那个性质具有道德重要性，那么，通过把一种把人杀死的含义改变为在那些并不具有这个规定性性质的让人去死的情形中把人杀死的含义，这种差别就会显示出来。这个性质使得某些把人杀死的行为是可允许的，而另外一些则是不容许的。如果让人去死但不是把人杀死在定义上所具有的这个性质与行为的可允许性具有重要关联，这有助于说明为什么我们倾向于按照把人杀死与让人去死这一区分去思考问题。但是，如果通过有意地构造一个特殊的例子我们就可以把这个性质输入到把人杀死的情形中，那么这种把人杀死的情形就变得与一种让人去死的情形相似。这样，把人杀死与让人去死这个区分的重要

---

［16］　在"Killing and Letting Die"一文中。卡根讨论了我的观点，参见 *The Limits of Morality*, pp. 116 – 121.

性在实践中就会被削弱。但要注意的是，只有当一个条件已经得到满足的时候，我们才可以断言让人去死在道德上不同于一般而论的把人杀死。那个条件就是：让人去死的规定性性质在它原来具有的根据（当它被输出时它所具有的根据）上具有同样道德上重要的作用。仍然有可能的是：一个性质在一种情景中有影响，而在另一种情景中则没有影响。我把这称为"情景相互作用原则"。[17] 而且，一些不能被输出的性质可能具有道德重要性。我们不能通过审视它们在它们原来的根据外所产生的结果来测试这一点。

某个人失去了他本来拥有的生命，究竟是因为别人为了救助其他人而把他杀死，还是因为别人不向他提供帮助而让他死去？我们对这个问题的关注是否在行为上作出了一个道德上重要的区分，至少部分地取决于一个人相对于另外一个人来说所具有的那种独立性的重要性。这一点也可能具有修正主义含义，这些含义有助于我们说明卡根提出的某些疑惑。也就是说，它可能说明了为什么一个医生终止他所提供的救助（或者由他的机构提供的救助）可以具有一种让人去死的情形的道德重要性，而一个侄子干涉并非由他所提供的救助却具有一种把人杀死的道德重要性。只有第一种情形具有让人去死的情形所具有的那样一个规定性性质，这个性质有助于使得让人去死是可允许的，而把人杀死是不容许的，也就是说，这个人仅仅失去了他要是得到行动者的帮助他就会拥有的东西。

答复卡根的某些问题

卡根认为实施伤害和允许伤害的区分产生了很多困惑，对他来说，制造这些困惑的一种方式就是对维护这一区分的那些人提出如下解释：他们是在断言这一区分一直具有道德上的重要性，而不仅仅是有时候具有道德上的重要性。然而这一区分的许多辩护者可能会像奎因那样坚持认为，这一区分仅仅是有时候具有重要性，但这就足以支持一个道德区分。一个区分可以只在有些时候产生道德上的差别，因为两个因素可以与第三个因素相互作用，从而产生同样的总结果，而与第四个因素相互作用时则产生了不同的结果。如果它们与其他因素相结合产生了不同的道德结果，那么它们在道德上就是截然不同的。[18]

---

〔17〕 我在 "Killing and Letting Die" 和 "Harming, Not Aiding, and Positive right" 中描述了这一相互影响，卡根在讨论他所谓的 "加和谬误" 时详细论述了这一问题，"The Additive Fallacy", *Ethics*, 99 (1988)：5 - 31. 在卡根与我的个人通信（1985）中，他指出我在 "Killing and Letting Die" 一文中的观点与他自己的观点的相似性。

〔18〕 我在 "Killing and Letting Die" 和 "Harming, Not Aiding, and Positive right" 中描述了道德等价性和道德上重要的差异这两个不同的概念。

我对把人杀死和让人去死这一区分所提出的分析比这样一般的要点更进一步。它集中在另一个因素，即：被人杀死或者被允许死去的那个人是否仅仅失去了他在杀人者或者不救助者的帮助下本来可以拥有的东西——不过这一因素在概念上与让人去死相联系。这种概念联系有助于说明为什么我们会倾向于用把人杀死和让人去死这一区分来谈论。通过强调在概念上将把人杀死与让人去死区分开来的一个关键因素有时不仅出现在让人去死的情形中，也出现在把人杀死的情形中，我的分析也说明了为什么把人杀死和让人去死这一区分有时候并不具有道德上多大的重要性。

有人可能会认为，只有当一个人有权得到他独立于我们的救助而具有的东西〔自我所有权（self-ownership）〕，没有资格得到我们所具有的可以救助他的资源时，导致他失去他本来独立于我们所拥有的东西才会比导致他失去他本来可以通过我们的救助所拥有的东西更糟糕。这可能是真的。但我想建议说，一个非规范性的特征——他独立于我们而拥有自己的生命——可能有助于为这种相对于我们而论的规范性要求权提供一些根据。

我们已经注意到，卡根所要问的是：如果我们拥有不为了救活一个人而作出巨大努力的选择权，为什么我们必须作出巨大努力而不是把某个人杀死？为什么行动者的损失没有潜在受害者的损失那么重要？我认为，如果某个人独立于我而拥有自己的生命，那么我就应当努力避免对他施加负担，即使我不必努力向他提供他在我的努力下会拥有的东西。这有助于说明这样一个道德体系的一致性，这个道德体系要求行动者为了遵守不伤害人的约束而承受严重负担，但是在为了追求最大善而必须承受严重负担时可以不这样做。而且，避免潜在的受害者遭受损失要优先于避免自己遭受更大的损失（为了避免伤害受害者，后面这种损失是必要的），因为行动者要首先避免把负担施加给潜在的受害者独立于他而拥有的生命。如果行动者必须努力让自己停止施加这样的伤害，那么潜在的受害者就不会首先把负担施加给行动者。在产生约束和选择的过程中，不仅受害者和行动者可能遭受的损失的相对分量很重要，而且如下问题也很重要：哪些损失阻止某人首先把负担施加给独立于潜在的施加者而具有的东西。

卡根用两种方式来批评我就把人杀死和让人去死这一区分的重要性所提出的第二个提议。他说，如果你依赖于我不杀你，那么你并不独立于我而拥有你的生命。这种说法可以是正确的吗？他的说法就类似于说，一幢建筑物维持不倒，不仅因为某人正在支撑着它，而且因为飞机没有撞到它，数百万有可能毁灭它的其他事情没有发生。这些都是它能够存在下来的必要条件，但它们同样都是必要的这一事实并不意味着它们在一种道德上重要的方式上没有差异。

卡根的另一个批评是：我的提议是循环的，它假设了它试图辩护的那个区分。怎么会这样呢？我们想要说明把人杀死和让人去死之间的道德区分，我们说明它的方式利用了如下区分：这个区分的一方是，**允许**某人保持他独立于我们而拥有的东西；另一方是，**做**一件使得他依赖于我们的事情（例如给予救助）。

但是，因为这两组区分并不完全相似就认为这是一个循环吗？[19]也就是说，允许某人保持他独立于你而具有的生命并不等同于允许某人去死，给予救助并等不同于实施伤害。但是，在与我们开始的情境不同的情境中，如果我们确实发现自己需要利用实施伤害和允许伤害这一区分（或者它的某一修正形式），这难道没有支持如下可能性吗：实施伤害和允许伤害这一区分是不可避免的并且在道德上是重要的？

电车难题和餐桌转盘难题

然而，改变电车方向因此杀死一个无辜的、没有威胁的、独立于我们的人是可允许的，即使我们可以采取另一种做法，让五个人死去。这样我们可能是为了更大的善而把一个人杀死。（我并不认为杀死那些有罪的或者那些道德上是无辜的但却是制造威胁的人有什么问题）而且，我们不但可以改变人们所面临的威胁的方向，还可以改变人们的方向使他们离开威胁，虽然后者会让其他人面临威胁。例如，假设我们不能改变电车方向，但是五个人坐在一个（共有的）餐桌转盘上——像回转工作台（餐桌转盘难题）。我们可以通过转动转盘使五个人远离威胁，即使餐桌转盘的转动会把一个旁观者推到电车轨道上。我们甚至可以通过转动转盘让五个人远离电车，如果这会引起一场塌方，从而把一个无辜的旁观者杀死。[20]

在《权利的王国》中，汤姆森为改变电车方向的可允许性提供了一个事前的合理性说明。她声称，如果改变电车方向是可允许的，这是因为在为了救活五个人而必须改变电车方向之前是有时间的，以至于在较晚的时间改变电车方向使其离开五个人，这种做法在较早的时间对六个人中的每个人都有利。这样做对他们有利是因为：（a）改变电车方向将会最大限度地增加每个人的生存机会，因为每个人都有同等的机会处于两条轨道的任何位置，因此是五个人当中的任何一个人的机会要比单独是一个人的机会更大；（b）一个人所面临的死亡并不比五个人所面临的死亡更糟糕，例如，这一死亡并没有遭受更多的残暴

---

[19] 我在这一点上感谢托马斯·内格尔。

[20] 我在"Harming Some to Save Others"一文中讨论了这些情形，见 *Philosophy Studies*，75（1989）：227 – 260.

和突然性；（c）并不存在其他因素（例如关于他们应当如何被对待的根深蒂固的信念），而这些因素总体上会使得改变电车方向对每个人都不利。汤姆森还声称，如果这些条件在我们可以切下一个人的器官以救活五个人（移植难题）的情况下保持有效，那么切下一个人的器官以救活五个人是可允许的。在我们这个世界上，再平常不过的是，如果我们为了更大多数人而切下某人的器官，那么每个人并没有真的最大限度地实现了他们事前的生存机会，因为我们知道在需要这种帮助的形势下，不同的人会遇到不同的危险。例如，我们知道疾病的存在受到生活方式的影响。同样，被切除器官而死比因为自然原因而死更糟糕，因为前者更突然，因此，切除一个人的器官以救活其他人的政策并不是对每个人都有利。至少这就是汤姆森所主张的。（值得指出的是，不久之前我们还不知道生活方式会影响疾病的出现，而为了移植而进行的麻醉死亡可能比因为电车而引起的突然死亡更为快乐）

就汤姆森对电车难题所提出的解决方案而论，我的一个疑虑恰恰是：如果说有理由认为在这个世界中改变电车方向有时是得到辩护的，那么她的解决方案是**用同样的理由**来辩护在其他世界中切下人们的器官。也就是说，她并不相信在那个其他的世界在器官移植的情形中把人杀死和在电车难题中把人杀死之间必然有一个进一步的道德上重要的差异。一个有关的关注是，汤姆森的解决方案可能为很多种电车难题的情形中把人杀死提供辩护，而在这些情形中，她自己已经证明把人杀死是不容许的。[21] 例如，如果在电车朝五个人开过去的时候，一个无辜的旁观者正站在电车上面的天桥上，那么我们可以把他推倒在电车前面以便使电车停住吗？答案似乎是不可以，即使我们并不知道成为站在天桥上的那个人比成为电车轨道上的五个人中的一个人具有更大的可能性，即使被突然推下桥并被电车撞死并不比通过改变电车方向而被电车撞死更糟糕。

我认为，在器官移植的情形和天桥的情形中行为的结构不同于在电车难题中行为的结构：甚至在这两种情形都分享了某些其他特点的一个世界中，在前面这种情形中把人杀死是不允许的，即使在后面这种情形中把人杀死是可允许的。这意味着对一个非后果主义约束的正确描述必须提到某些其他因素，这些因素比"把一个独立于我们而存在的无辜者杀死"这一因素更为复杂。严格地说，汤姆森的说明有可能能够容纳这个结果，因为这种更加复杂的行为结构可以被解释为在一种没有被汤姆森注意到的意义上使得把人杀死的行为不对每个人都有利。〔我们不会为了避免把一个人杀死而改变电车方向，让它朝另一个

---

〔21〕 In "The Trolley Problem", reprinted in *Rights*, *Restitution and Risk*, ed. William Parent, (Cambridge, Mass.：Harvard University Press, 1986).

人前进，即使这一情形与我们为了避免把五个人杀死而改变电车方向、让它朝另一个人前进的情形在行为结构上是相同的。这一事实只是表明，当没有额外的生命可以被救时，在把人杀死和让人去死之间的区分比关于行为结构的这个事实更为重要。这并没有表明一个事前合理性论证（这个论证依赖于人数上的差异）是正确的］在涉及同意的情形中就可以看到这种结构上的差异。如果汤姆森的条件得到满足，改变电车方向就是可允许的，而不需要事件中的人们对事前协定的同意。但是我的感觉是，在任何世界中的器官移植的情形中，为了使得把一个潜在的受害者杀死变得可允许，我们至少需要得到他的实际上的事前同意。事实上，情况可能是，如果每个人都理解了在器官移植的情形中用那种所要求的方式把某人杀死意味着什么，那么，当受害者在被杀死的时候不同意被杀死时，每个人都不会事前同意把他杀死。也就是说，甚至实际上的事前同意也不会使得把人杀死变得合法有效。

III

意欲伤害与预见伤害的区分

对于使用意欲伤害和预见伤害这一区分（DDE 以此为依据），卡根所提出的一个反对意见是：这个区分不可能得到明确表述，以便符合我们的直观反应。另一个反对意见是：这个区分不可能有一个令人满意的基本根据。就他对这个区分所提出的问题，我的评论将比我对实施伤害和允许伤害这一区分所提出的评论更为简要。［应该指出的是，如我所理解的，DDE 并没有简单地在行动者的精神状态中来发现道德上错误的事情，也没有简单地把道德上的错误归因于一个人在因果关系上被当作手段或目的（例如，作为自然的随机行为）所受到的伤害。我相信 DDE 乃是关系到这样一个问题：一个行动者处于某种精神状态是否会导致他把进行伤害或者允许伤害作为手段或目的？］

我将只是假设我们想要捍卫一种非绝对主义的 DDE，按照这种形式的 DDE，在面对那些有威胁的道德无辜者来保卫自己或者保卫其他人时，意欲对犯罪者进行伤害是可允许的。[22]这种做法会消除为了让这个原则符合我们对各种情形的直观反应而带来的很多问

---

〔22〕 我已经在 "The Doctrine of Double Effect: Reflections on Theoretical and Practical Issues" 一文中讨论了绝对论的问题，*Journal of Medicine and Philosophy*, 16 (1991): 571 – 585.

题。我并不否认，为了辩护这些例外，我们就需要做这项工作。

在发现这一重要区分上出现的问题

然而，在这个原则如何符合我们的直观反应这件事情上还存在其他的问题。乔纳森·贝内特已经论证说，[23]对意欲伤害和预见伤害这个区分所提出的一个一般检验不能准确地把某些人认为是道德上不同的情形区分开来。考虑一个特殊例子：在发动一场战争中，我们可能意欲通过恐怖轰炸而引起的死亡。然而，当我们轰炸一个军需工厂时，我们只是预见这一轰炸将不可避免地导致工厂隔壁医院儿童的死亡。意欲伤害和预见伤害之间的区分应该说明这两种情形下的道德差异。对死亡是被意欲的还是被预见的一个检验就是：如果我们知道这些死亡不会发生，我们是否无论如何都要进行这一轰炸。这一检验表明，如果我们意欲这些死亡，我们就不进行轰炸。因此标准的回答是，我们可能继续进行军事轰炸，而不使用恐怖轰炸。但是贝内特指出，即使人们好像是直到战争结束时才死去，我们在进行恐怖轰炸时所持有的目的也实现了。因此，如果这些人因为轰炸而看上去要死去，即使他们仍然活着，我们仍将继续轰炸。因此，我们可能只是意欲在恐怖轰炸中好像要发生的这种死亡，即使我们预见到他们真的将会死去。如果我们只是预见军事轰炸和恐怖轰炸中的死亡，意欲伤害和预见伤害之间的区分并不能说明这两种情形中的（可能的）道德差异。

希望处理贝内特的反对意见是奎因提出一个修正版本的 DDE 的一个原因：[24]他说，为了与一个道德上的重要原则发生冲突，我们不必意欲伤害本身；我们只需意欲一个人在我们的计划中被涉及，预见到如果我们实施计划，他就会被伤害。在恐怖轰炸中，甚至那些我们只要求好像一时间会死去的人也会被有意地包卷入我们的计划中。作为这个被意欲的作用的一个进一步后果，他们会遭受巨大伤害。相比之下，我们并不意欲军需厂隔壁医院的孩子被卷入。

在这个问题上的两个考虑是，贝内特反对传统 DDE 的道德重要性的意见有多严重，奎因所提供的修正版本是否回避了贝内特提出的问题？如果在特定的情况下，让人们死亡的唯一方式是把他们杀死，因此我们必须将意欲死亡作为出现死亡的手段，那么贝内特的

---

〔23〕In *Morality and Consequences*, Tanner Lectures on Human Values II (Salt Lake City: University of Utah Press, 1981), pp. 110 – 111.

〔24〕In "Actions, Intentions, and Consequences: The Doctrine of Double Effects", 另一个重要的修正版本在托马斯·内格尔的 *The View from Nowhere* 一书中。

反对意见就不重要了。另一方面，如果为了赢得战争我们所需要做的就是在某些人中产生一个信念，即其他人卷入了我们的计划，那么意欲实际上的卷入可能就是不必要的。例如，我们可能轰炸一个地方，因为这样做会使我们的敌人相信这个地方的人已经死亡。然而，我们不必意欲而只需要预见这一地方的居民将会被卷入我们的计划中，并将会死亡。在这里，实际上的卷入可能只是一个边际效应。这样一来，奎因所支持的原则就像 DDE 一样不会谴责恐怖轰炸，只要这样做是为了更大的善。〔25〕

不过，仍然可能有这样一些情形，在这些情形中，我们确实意欲其他人被卷入，但并不是意欲任何其他伤害。奎因提出的准则会认为这是错误的，而 DDE 则不会。例如，假设我必须轻敲某个人的肩膀以便救活五个人，但我预见到如果我这样做，他将会被擦伤并流血死亡，因为他是一个血友病患者。DDE 允许这一行动，但是像奎因所支持的这样一个原则——我认为是正确的——则反对这一行动。

超越双重效应：被预见的伤害的不同类型

在对传统的或修正的 DDE 的任何讨论中应当提出的一个问题是，DDE 认为可预见的伤害被允许用来追求更大的善，这是否是正确的。〔26〕在《堕胎问题和双重效应学说》一文中，菲利帕·福特为了反对 DDE 而坚持认为如下做法是不允许的：在手术中使用某种气体救活五个人，而这一气体会扩散到隔壁，导致一个人的可预见的死亡，即使我们不意欲这一死亡（我可以补充一下，也不会意欲这个人会被卷入），并且我们通过这一手术产生了更大的善。她的观点在我看来似乎是正确的。同样，仅仅是被预见、而不是被意欲的卷入可能是错误的。设想我只是预见到在我救五个人的路上，我将会轻轻碰某人一下，但是同时预见到这一碰撞可能会产生擦伤，致使他流血死亡，因为他是一个血友病患者。我继续救助五个人似乎是不被允许的。

然而，许多可预见的伤害同样可能是可允许的，例如，轰炸军需工厂，即使这样做导致擦伤了工厂隔壁患有血友病的小孩。但需要注意的是，小孩死亡还是被卷入轰炸并导致他们的死亡，他们的死亡是我们轰炸的直接结果或者军需工厂爆炸的直接结果，这两者是有差别的。前者可能比后者更难以辩护。可能我们将所有的注意力都给予了意欲和预见的区分，但却不正确地忽视了两种伤害之间的区分：一种伤害是作为我们的目的的手段的边

---

〔25〕 我在这一点上感谢肯尼斯·西蒙斯。

〔26〕 Reprinted in *Virtues and Vices* (Berkeley: University of California Press, 1978), pp. 19–32.

际效应，另一种伤害是我们的目的本身的边际效应。例如，福特为了反对 DDE 而坚持认为如下做法是不允许的：在手术中使用某种气体救活五个人，而这一气体会扩散到隔壁，导致一个人的可预见的死亡，即使我们不意欲这一死亡，并因此产生了更大的善。然而福特没有注意到如下情况是可允许的：使用一种气体来实施手术，结果是五个人的呼吸又恢复正常，即使我们预见到他们的呼吸将会改变空气的运动，结果此前是封闭的致命细菌就传播到了隔壁一个人那里。也就是说，当更小的伤害是一个更大的善（五个人呼吸）的结果时，引起更小的伤害是可允许的，但是，如果更小的伤害本身就是某种善的手段或者是实现那种善的手段的边际效应，那么引起更小的伤害就是不容许的。（我相信，如果五个人是自己呼吸到了致命细菌，而用一种气体来对他们实施手术会对那些在正常情况下不会感染这种细菌的人造成威胁，那么用这种方式来挽救他们的生命就是不容许的）[27]这些区分必须通过一个对约束的正确描述而得到解释。

意欲是更糟糕的吗？

让我们假设 DDE 错误地宽恕了许多可预见的伤害。但是，当一个计划会导致严重伤害时，意欲一个人被卷入这个计划，与预见到伤害而错误地行动相比，是否仍然是一种更为严重的错误呢？奎因认为是这样，因为这样做涉及把一个人当作手段（这对他来说是一件坏事），而不仅仅是没有把他当作目的。奎因说，当我们没有足够认真地考虑这个人的利益时，我们就没有把他当作目的，在预见到他会受到伤害的时候仍然采取行动。奎因也认为，有意地将这个人卷入我们的计划中，因此来获得若没有他的卷入我们就得不到的利益，这要比如下情况更为糟糕：把他卷入我们的计划中只是帮助我们获得与我们在使用其他手段的情况下所获得的利益一样多的利益，假使他的存在并没有干涉到我们使用其他手段。虽然奎因并没有这样说，但在后一种情形中，可以说明意欲的可允许性的东西就是：在这种情形中，被卷入我们计划中的那个人是一个道德上没有恶意的威胁，妨碍我们帮助自己，因此可以被攻击。

奎因所支持的修正的 DDE 中存在的一个问题是，这一修正是如此严重，以至于修正后的版本和原初的 DDE 看上去具有很少相似之处。奎因集中于意欲涉入（intending involvement），而 DDE 则集中在意欲伤害本身。奎因的解释更多地涉及不要通过利用属于其他人的东西来取得成功，如果这样做会给其他人带来坏结果的话，而不涉及不要以恶为目

---

[27] 我在"Harming Some to Save Others"一文中提出了这些观点。

的这一传统关注。（奎因自己意识到了这一点，因为他将修正的 DDE 建立在一个优先的观点上，这一观点是关于人们对什么东西拥有消极权利，以及意欲涉及这些东西比如他们的人身是多么不公正）内格尔对 DDE 的解释更好地表达了传统的观点。但是我们同样可以看到他的解释中存在着以下问题：为了避免其他许多伟大油画受到破坏而意欲破坏一副伟大的油画，这当中所涉及的恶是可允许的。但是把一个人杀死以防止其他人被杀死却是不允许的。这表明关键的是对人的虐待而不是追求恶本身。（同样，内格尔的观点比奎因的观点更多地强调要将约束的来源设置在行动者的个人观点上，他说，个人观点夸大了行动者自己的意欲伤害）此外，不像 DDE，奎因支持的原则并不是绝对主义的。也就是说，这一原则并不禁止意欲这种涉入，但是，主张意欲伤害或者意欲导致伤害的涉入总是会产生一些额外的消极成分。我对奎因的一般观点表示赞同。我只是不认为这是 DDE 的支持者所要寻求的。

DDE 和电车难题

电车难题有时候被认为可以通过参考 DEE 而得到解决：我们可以改变电车方向是因为我们可以救五个人，并且我们只是预见了一个人的死亡。但是 DDE 在解释电车难题时既不是充分的，也不是必要的。它是不充分的，因为它没有解释当摇动电车上方的天桥所产生的颤动将会阻止电车撞到五个人时，为什么我们不可以摇动电车上方的天桥，如果我们预见到这一摇动同样会跌翻一个旁观者，因而导致他的不必要的死亡。坚持 DDE 对于改变电车方向的可允许性来说也不是必要的，如下的情形可以表明这一点：一辆电车在朝五个人前进，我们可以将电车转到另一条规道上，在那里一个人将作为边际效应而被杀死。然而，电车所处的地形是：如果电车不真的碾过并被那个人绊住，它无论如何都会倒回来撞到这五个人。在防止电车倒回来的这一情形中，如果我们用使得电车离开五个人所必需的力量来改变电车方向，我们仍然是在意欲电车碾过这一个人。否则，改变电车方向就是不值得的。不过，我认为改变电车方向是可允许的。（而且，这一可允许性同不允许推倒站在电车前面的天桥上的旁观者，因此阻止电车朝向五个人是相容的。即使我们在两种情形中都意欲这个人的涉入，对前者的允许和后者的不允许也是相容的）

很明显，对于对 DDE 的任何传统的或者修正的解释来说，防止电车倒回的情形都是成问题的，无论我们是坚持不意欲伤害，还是坚持不意欲在我们的计划中把某些人卷入进来（我们的计划的实施会伤害他们）。我认为理解这一防止电车倒回的情形将会帮助我们更好地理解 DDE，[28]并且将注意力集中在作为较少伤害的原因的更大善自身上面，这将有助于解决电车难题。

IV

消极的、积极的和不可侵犯性

假设在某个修正的意义上，实施伤害比允许伤害发生在道德上更为严重，意欲伤害比预见伤害在道德上更为严重。卡根问，如果实施伤害或者意欲伤害如此重要，为什么实施善或意欲善（例如从自然灾害中救人）不是同样重要呢？如果同样重要的话，为什么实施善或意欲善不会成为对实施伤害或意欲伤害的一个辩护理由，因此把以不伤害原则和（或者）不意欲伤害原则为基础的不干涉权利排除出去的一个辩护理由呢？消除这种权利将会允许我们追求更大的善。也就是，为什么意欲或者实施消极的事情要比意欲或者实施积极的事情更为重要呢？

首先，仅仅作出如下假设是不正确的："实施"或者"意欲"这样的说法，在被用来修饰伤害的时候与在被用来修饰善的时候具有同样的分量。实施和意欲可能和每一个因素的相互作用是不同的，因此产生出整体上不同的道德重要性。[29]尤其是，在我看来，如果对伤害的否定比对行善的肯定具有更大的分量，那么这种做法就表达了道德赋予人的一种优先地位：人的不可侵犯的地位要优先于人作为恩惠的接受者的地位。（如果我们不意欲善是因为这样做可能要求我们意欲对某些人的伤害，会发生什么事呢？假设我们因为伤害或者意欲伤害某些人而侮辱了他们，那么当我们没有帮助某些人时，我们也是在用同样的方式来侮辱他们吗？我认为并非如此）

为什么要有约束？

假设不实施伤害或者不意欲伤害比实施善或者意欲善更重要。防止实施或者有意地允许伤害就应当成为一种中立于行动者（agent-neutral）的价值吗？（中立于行动者的价值是

---

[28] 我在"Harming Some to Save Others"一文中对理解这一情形提出了某些措施。

[29] 语境相互联系原则和卡根对加和的谬误的讨论暗示了这一点。

一种所有行动者都同样有理由促进的价值）卡根认为，这可能会导致行动者通过自己侵犯一项权利而将对权利的侵犯降到最低限度。它不会导致一项约束，这一约束防止行动者侵犯旁观者的权利，即使他这样做可能最低限度地减少由其他行动者实施的对类似权利的侵犯（或者甚至是他自己对其他受害者的侵犯）。对约束概念的一个有争议的理解（我拒绝这一理解）是：对于行动者来说，在他自己此时对一项权利的侵犯中存在着某种特殊的负价值或者显著的东西，在这个意义上，一个约束是行动者相对的（agent-relative），因此他不应当侵犯这一权利，即使这样做可能会促进更大的中立于行动者的价值。（我强调行动者此时对权利的侵犯，因为如果这个行动者相对的约束概念只是强调了行动者自己对权利的侵犯对他来说是一种负价值，它没有说明为什么我不可以此时杀死一个人以阻止我昨天设置好的一次爆炸，从而避免杀死其他五个人，或者阻止我自己明天设置这样的爆炸）〔30〕

注意我将"行动者相对"这一术语与聚焦于行动者（agent-focused）这一术语区分开来。前者强调了行动者和一种类型的行为（或者一个特定的受害者）之间的特殊关系，后者只是集中于行动者正在做的行为的特征，而不是受害者的主张。我相信以义务为基础的理论是聚焦于行动者的而不是行动者相对的，因为约束被认为是来自于行动者正在做的事情的内容，而不是来自于他（与其他人相比）实施了行为这一事实。

假设不存在约束，假设通过引起数量更少的侵犯权利（人们不被伤害的权利，不管这一权利具有什么样的复杂结构）的行为，把对这种权利的侵犯降到最低限度是可允许的。这一假设不符合人们应该尽可能不受侵犯的思想，因为我们毕竟可以为了救助其他人而伤害一个人——如果不是为了使其他人免于福利上的下降，至少是为了使他们的权利免于受到侵犯。相比较，假设存在着一项约束。这样一来，每个人尽管会因为我们遵守一项约束而不是最低限度地降低对权利的侵犯而受到伤害，其权利受到侵犯，但每个人也都拥有更加不可侵犯的人的身份，而且，对不可侵犯的人来说，伤害在道德上是禁止的。如果道德允许通过侵犯其他人来最低限度地减少对某些人的侵犯，那么不论是那些被救的人，还是那些被用来救别人的人，都将具有较少的不可侵犯性。正是这种允许，而不是对人的任何实际侵犯，使事情变得如此。如果因为违背约束得不到允许而使得对约束的更多违背实际上发生，那么这并不意味着道德认同了这些伤害的正确性。更多的人受到伤害，于是我们每个人受到伤害的几率同样会变大；但是，在道德上所认同的那种理解中，每个人的概念

---

〔30〕 我在"Constraints and You"一文中提出了这些观点，并讨论了各种与行动者相关的方法（论文提交在美国哲学学会，太平洋分会的年会上，加利福尼亚，长滩，1984）。

都包含了一种高度的不可侵犯性。我们可能都过着更为艰苦的生活，但是我们的尊严更加崇高。实际上我们可能更偏爱这种权衡，虽然这个事实无需成为使这种权衡变得正确的理由。是什么使得这种权衡变得正确，是什么使得我们就像我们事实上所是的那样不可侵犯？那就是我们作为个人而所具有的某些特性。（我意在强调"作为个人"，完全独立于我们处于或不处于其中的任何关系。正是我们作为个人而具有的某些性质使得人们必然用某些方式、而不是用其他方式与我们相联系）

然而，上面对人们所具有的那种高度的不可侵犯性所提出的说法，不可能是为什么存在着反对最低限度地减少侵犯权利的约束的唯一理由。考虑不被伤害以便取得更大效用的权利（这一权利与如下权利相对：不被伤害以便降低对同等权利的侵犯）。这一权利并不是绝对的。可能有一些（受到自然原因的威胁）的生命，我们可以**用器官移植问题所要求的那种方式**杀死一个人以救活他们。同样，我们甚至可以用电车问题所要求的那种方式杀死一个人以便救活两个人。如果甚至用电车问题中（或者在自卫的情形中）我们引起死亡的那种方式来引起死亡是不允许的，那么人就会更加不可侵犯。但是，我们大概认为做这些事情是道德上可允许的。也就是说，人并不是绝对不可侵犯的，因此，约束保护了他们的不可侵犯性这一事实并没有表明约束是在正确的或最高的程度上做到了这一点。假设在电车问题中把人杀死是不允许的，但在侵犯一个人的权利、以便最低限度地减少对其他人（对于他们来说，电车被错误地改变了方向）的类似权利的侵犯这件事情上却没有约束。那么，从数量上来说，好像就可以把不可侵犯性的同一种总体程度表达出来。因此，对不可侵犯性的简单谈论不可能是我们为了说明一项约束的存在而需要的一切。

假设有一项不要被用来最大化效用的权利，我们认为最低限度地减少对这项权利的违背会允许很多可允许的伤害，但不是我们为了产生善而意欲伤害没有威胁的无辜者而造成的伤害。这样，如果我们为了最低限度减少对这个权利的违背而违背了这一权利，我们就是在用这一权利所排除的那种方式来伤害某个人，即使我们这样做是为了最大化效用，而不是为了某个其他东西。（我们是为了把对权利的侵犯降到最低限度而这样做）如果这种伤害某些人的方式（也就是说，我们是为了达到某个目的而意欲伤害他们）是错误的，那么，要是我们为了最低限度地减少这种伤害方式的发生而竟然用这种方式来行动，道德就会更加认真地对待这一事实。约束所表达的并不是那种一般而论的面对伤害的不可侵犯性，而是一个人在面对这种被伤害的方式时的不可侵犯性。

假设这种约束对所有人都是适用的，其根据表达了某种类型的个人的不可侵犯性。那么如下思想就是自相矛盾的：为了把对这种约束的关注显示出来，最低限度地减少对这种约束的违背是道德上可允许的。例如，考虑"不要为了避免类似的权利受到侵犯而侵犯一项权利"这样一个约束，如果通过违背这一约束而最低限度地减少对这一约束的侵犯在道德上是可允许的，那么这种做法就无异于拒绝这一约束。事实上，形式上说，与为了显示对这样一个约束的关注而允许侵犯这个约束的说法相比，为了最大化效用而允许侵犯这样一个约束的说法倒显得更有意义。[31] 对约束的尊重就是对约束的最大关注。

以受害者为焦点，以及中立于行动者的非后果主义价值

这些论点支持了一种对约束的中立于行动者的论述吗？某些人之所以谈论行动者相对的约束，其中的一个缘由是：他们无法理解对一个受害者的不要用某种方式被伤害的权利的关注如何会妨碍把对类似权利的侵犯降到最低限度。例如，谢弗勒认为，如果我们在根本上关注的是不被伤害的权利，那么与关注一个人的权利受到侵犯相比，我们应当更加关注五个人的权利受到侵犯。因此他认为，如果行动者为了最低限度地减少对类似权利的侵犯而侵犯一个人的权利是错误的，那么这不可能是因为这个人的权利是一项约束。内格尔类似地论证并断言说，在行动者与其侵犯行为的关系中，必定有某种东西应当阻止他的行动，而通过这种东西，他的个人观点就被放大了。按照这一观点，受害者不能用他被不公正地对待为理由来抱怨行动者的所作所为；他只能哀叹这一事实：他是因为行动者做了从其他理由来看是错误的事情而受到伤害。（然而，内格尔确实也考虑到了我的受害者和我之间的特殊关系，他认为，通过这种关系，与"对其他人的有意伤害不应当引导行为"这一关注相比，我的受害者更加关注我对他的伤害不应当引导我的行为）

如果我们认为约束用一种方式表示了上面提到的一个观点，即人的特性使得每个人都是用某种方式不可侵犯的，那么我们可以拒斥这些关于个人观点和个人关系（它们被认为约束提供了基础）的观点。一个行动者自己的受害者是特殊的，只是因为他就是行动者侵犯了其约束性权利（constraining right）的那个人。这个行动者自己的行为是特殊的，只是因为它使得行动者侵犯了这一约束性权利。这就使得这一约束成为聚焦于受害者的而不是聚焦于行动者的——也就是说，这一约束在根本上是关系到潜在的受害者以及这一事实：

----

[31]　这里所发展的观点与 "Harming Some to Save Others" 一文中提出的观点相联系，和阿马蒂亚·森在 "Rights and Agency" [*Philosophy and Public Affairs*, 11, no. 1 (Winter 1982): 3 – 39] 一文中发展的观点形成对比，在这篇文章中，阿马蒂亚·森主张如果不是因为这一事实：从一种与行动者相关的后果主义观点来看，行动者侵犯一项权利比其他人侵犯更多的权利，结果更恶劣，那么我们可以侵犯权利以便最低限度地减少对权利的侵犯，但不是为了最大限度地增加效用。

他客观上是一个目的自身。受害者自己只需要说没有任何人应当被这样对待，而不需要说他的命运是因为他而被夸大。如果我们考虑到我们对不可侵犯性的关注甚至在没有一个人类行动者的情况下也可以被激发起来，那么这一点就变得更清楚了。假设自然被发现是按照如下法则来运行的：每当几个人面临死亡的威胁时，某个无辜的旁观者就倒地而死，不为别的缘由，只是因为他的器官可以用来救活其他人。在这样一个可能的自然体制内，人们只是被当作实现其他人的福利的手段，没有被当作目的自身。这样一个自然秩序可能是侮辱性的。

按照某些观点，非后果主义的约束最好被描述为关系到如下区分：我作为行动者所做的事情和（对那些我没有救助的人）所发生的事情之间的区分；我必须做某些事情，即使这意味着发生了另外的事情。无需否认这在一种非行动者相对的意义上是真的，但这里所提出的观点是要强调如下区分：在对一个人（准确地说，他的身份）做什么事情是可允许的和什么事情发生在人们头上（他们的权利更多地受到了侵犯）之间的区分。重要的是我做了什么，而不是发生了什么，因为前者可以把什么事情是可允许的揭示出来，把任何人的地位是什么揭示出来。

用下面这句话来总结我的论点可能不会太令人误解：至少在约束的情形中："没有什么个人的东西，我们之间也没有什么，但是你确实很重要。"

不可侵犯性的重要性

如果我们在某种意义上是不可侵犯的，我们就是比可被侵犯的生命更重要的生命；这样一种更高的地位本身对我们有益。作为人，我们的权益（福利这样一些普通利益的容纳者）更值得被满足。这个世界在某种意义上是一个更好的地方，因为有更为重要的生命在这个世界上。[32] 在这一意义上，任何潜在受害者的不可侵犯的地位（反对以某种方式被伤害）可以被视为中立于行动者的价值。这是一种非后果主义的价值。并非任何行为都可以（因果地或非因果地）引起这一价值，但是这一价值已经存在于人所拥有的不可侵犯的地位中。确保这一价值就提供了一个背景，在这一背景下我们可以寻求他们的福利或者追求其他价值。我们并没有义务引起中立于行动者的价值，只需要尊重把中立于行动者价值的存在表达出来的约束。卡根认为我们不尊重人的唯一含义就是以一种未得到辩护的方

---

〔32〕 即使没有人知道它是一个更好的地方，它也是更好的，但是如果人们不遵循这一真理而行动，世界可能变得更糟糕。

式来利用他们。因此，如果杀死一个人以救活五个人是有辩护的，那么，要是我们这样利用了这个人，我们就没有对他表示不尊重。但是不尊重还有另外一种含义，这一含义与如下事实相关：我们对人类怀有比对动物更多的尊重，即使我们同样不应当以一种未得到辩护的方式来对待动物。我相信正是不尊重的另外这个含义与没有注意到人具有更大的不可侵犯性这一事实相联系。

不可侵犯性与我们的更大重要性相联系，对这一观点至少存在两种可能的反对意见。[33]

为什么一个人若是更少地不可侵犯的、但在侵犯其他人上更加自由，他就不是一种更加重要的生命呢？为什么一个人因为不是那种为了自己而可以侵犯其他人的人，他就不是一种较不重要的生命呢？考虑第一个问题。我的理解是，如果一个人得到了侵犯别人的合法的自由权，并因此而失去了不可侵犯性，那么他在重要性的层次上就下降了（就像狮子在重要性程度上要比人低）。（但在这里，我们并没有按照这样一种理由把侵犯的可允许性包括进来，这种理由并未表明这一生命是一种较不重要的生命，例如值得被惩罚）通过自由地侵犯一个其不可侵犯性较少的生命，一个人在其地位方面并没有得到任何东西，并且他自己会失去不可侵犯性。而且，这个人所获得的侵犯别人的自由甚至不是一种必须被尊重的权力，准确地说，它不是更为重要的自主性。这种自由可以被抵制，因此并没有提升一个人的地位。如果一个人与不可侵犯性较低的生命不属于同样类型，那么他的地位不会仅仅因为另一个生命的地位下降、因此他可以侵犯另一个生命就内在地上升。只有当一个人的地位内在地上升到了他可以侵犯某个人（这个人是此前他不被允许侵犯的）、而自己没有被改变的地步时，他才有可能在重要性上有所增长。但甚至在这里他也必须小心翼翼。如果一个生命是真正地不可侵犯的，那么一个人自己的重要性怎么可能在他不可以侵犯那个生命的情况下比在他可以侵犯那个生命的情况下更少呢？说一个人的重要性较少但仍然有可能得到提高，就好像是在说上帝的力量是有限的，因为上帝不能改变数学规则。

我认为第二个问题更为困难，因为情况好像是：如果一个生命是重要的，那么放弃它就是错误的，而且，应当强迫其他人付出某些代价来帮助它。在约束的情况中，一个至关紧要的问题是，为了阻止只与其他几个人中每个人的损失相类似的损失，我们是否可以强迫某人遭受某一重要程度的损失。因此，有可能的是，如果一个人拥有高的地位，这个事

[33] 卡根在他的 "Responses to My Critics" 一文中提出了这几点，*Philosophy and Phenomenological Research*, 51 (1991): 919-928.

实就对任何其他人提出了一个要求：他们不能因为很多人的损失加在一起比要求他付出的牺牲更大就去伤害他。（这可能是真的，即使当我们不得不抛弃而不是侵犯一个人来救活其他人时，我们被允许聚集这样的损失）人的重要性通过他们形成"道德世界"的个人观点而得到表达，但这些道德世界并不仅仅是一个共享的公共世界的一部分，后者是由每个人的观点的集聚构成的。因此在我们正在讨论的这些情形中，他们的适当的个人关注是与每个人相互冲突的个人关注相对抗，而不是与一个群体的聚集性（congregated）的关注相对抗。[34]但是，即使这个非集聚论证是正确的，它不可能是整个故事，因为有时候约束保护个人免于遭受某些损失，而这些损失尽管很重要，但与其他人将会遭受的损失相比仍然很小。对于这些情形来说，我们需要提出一个好的辩护来说明：如果为了挽救我们，大量的行为被允许施加到其他人身上，那么我们作为一个人的地位为什么会下降而不是上升了？如果我们的地位以某种方式（特性 x）与不可侵犯相联系，下面的事实可能就不足为怪了：如果为了救活其他人我们都是可被侵犯的，那么我们所救助的那些人的地位就会较低。假设人们拥有的高地位使得救助他们变得重要，这一高地位被认为来自于其他某个性质。那么，说要是他们（在某些方式上）是可侵犯的他们的地位可能就会下降，就是在断言作为一个人的不可侵犯性的基础的那些性质要比产生一个人所具有的任何其他重要性的那些性质更为重要。例如，当我们的理性意志干涉到一个人独立于我们所拥有的东西，我们必须寻求理性意志的同意。在干涉一个人独立于我们而具有的东西时，我们必须寻求一个理性意志的内容，而一旦一个人具有一个理性意志，他在地位上就比一个复杂的、有感性的生物（这样一个生物在乎它的死活）要高。

我们对人所提出的这种理解涉及一种不可侵犯性。如果这种理解是真的，它就会给人以高的价值。我们有什么理由相信这种理解是真的？[35]也就是说，为什么我们应该相信最好的东西就是真的，或者甚至相信对我们来说，我们相信对我们自己最好的东西就是真的？在这一领域，我们可以依靠自己的努力而获得重要性，也就是说，如果某个人认为他是不可侵犯的，那么他就是不可侵犯的，这是可能的吗？但是思想可以做到这一点，因为我们拥有这样一个自我观念的能力把关于我们的某些其他东西显示出来，例如，我们是理性存在者，而这个事实本身就使我们值得得到某些种类的保护，即使我们并不相信自己值得这些保护。

---

[34] 汤姆森在 *The Realm of Rights* 中作出了相同的断言。

[35] 托马斯·内格尔在"The Values of Inviolability"一文中提出了这一点，forthcoming in *Revue de metaphysique er de morale*.

　　如果我们认为义务论的约束把每个人的不可侵犯的地位表示出来，而这种地位本身就是一种善，那么我们在某种程度上就缩小了后果主义与义务论的差别，因为后果主义关系到把某个价值论所规定的最好事态产生出来。如果人的高地位是一种善，其存在在约束中被反映出来，那么在这个意义上，约束就与一种善和一个好事态发生了联系。

后果主义和对人的尊重[*]

菲利普·佩蒂特　著　解本远　译

在《自由理论》一书中，斯坦利·贝恩对他在自由概念中识别出来的诸元素提供了一个详细而有益的描绘。[1]他描绘了享有自由的人际要求，比如互不干涉、平等和隐私这些要求。我对这一描绘没有特别的争议，当然也不会在此对这一问题进行讨论。但我所反对的是，贝恩赋予他的描绘以一种义务论的特征。

贝恩认为，只有当行动者在他们的慎思中承认某些"以人为中心"的理由不同于"以价值为中心"的理由时，他们才会承诺前面提及的各种要求，并因此致力于彼此的自由（p.7）；认可这样的理由就是尊重彼此为人（p.11）；在此意义上的尊重是一个"基本的义务论概念"（p.240）。因此他认为，如果人们彼此之间享有自由，后果主义就不能认同所要求的这种慎思。然而我想要证明贝恩在这一点上是错误的。虽然在其他方面他的书是有益的，但它低估了了后果主义的资源。

本文分三个部分：首先，我对义务论和目的论的观点进行了对比，识别出贝恩所支持的那种义务论；其次，我表明他所提出的证明都没有为他所赞同的那种义务论提供令人信服的支持。最后，我指出一个后果主义者如何可能辩护对各种要求（贝恩把这些要求与自由的理想联系起来）的尊敬（honoring）。我以一个后果主义者来写作，但在这里并不想为后果主义提供辩护；这是在别处需要完成的任务。[2]同样，我也不对义务论进行批评。我只是想要表明，在贝恩的哲学中，属于后果主义的东西要比想像的更多。

---

* 我要感谢鲍勃·古德文和阿兰·哈姆林对本文初稿的评论。

〔1〕 S. I. Benn, *A Theory of Freedom* （Cambridge：Cambridge University Press，1988）；对此书的引用将在文中附带给出。

〔2〕 John Braithware and Philip Pettit, *Not Just Deserts：A Republican Theory of Criminal Justice* （Oxford：Oxford University Press，in press），Philip Pettit，"*Consequentialism*," in *A Companion to Ethics*，ed. Peter Singer（Oxford：Blackwell，in press）.

I

后果主义者和义务论者可以共享一种善的理论：一种关于什么普遍性质是有价值的、使得这些性质的载体值得向往的观点。他们的不同之处在于对何谓正确存在不同看法，以及在"是什么使得一组选择中的某个选择成为正确的选择"这一点上观点不同。后果主义者认为，在任何选择中，正确的选项就是促进有关有价值的性质的实现的那个选项，义务论者否认这一点。他们认为，至少在某些情形中，正确的选项就是这样一个选项：通过在这一特定的情形中把对有关价值的尊重例示出来，它尊敬了这一价值，不管用这种方式来尊敬这一价值是否会促进它的总体实现。

对这两种方法之间差异的最初描述是很容易理解的。以和平这样一种价值为例，如果不管我做什么，我所做的事情都有望最大限度地实现这一价值，那么我就是在促进这一价值；这样做可能包含了我自己得不到和平，就如打一仗来结束所有的战争一样。另一方面，如果我选择把这一价值例示出来的那些选项，让自己得到和平，即使这样做意味着存在着总体上较少的和平，那么我就是在尊敬这一价值。但是这一区分无论如何是直觉上的，需要更为准确的定义；特别是需要详细说明"促进一种价值"这一概念。为了提供这一详细说明，我们首先必须定义一项选择的概念，然后定义我所说的一个选择－预期结果的概念。

一项选择可以直接是行为上的选择，例如，可以由像"我做 A"这样的命题所表述的选择，但是一项选择同样可以只是间接地与行为有关，就像由如下命题所表述的选择："在正常的环境中，我将保持对朋友的忠诚的天性"，"我承诺忠于仁慈原则"，或者"我认同在我身上体现出来的竞争的品质；我不会做任何事情来改变它"。一项选择的规定性特点是：它是行动者能够实现或者不能实现的一种可能性。他可以使他做 A 这件事情发生（或者也可以使这件事情不发生），他可以按照忠诚的天性行事，他可以让仁慈原则引导自己的行为，或者仍然自满意得地保持自己的竞争性。

虽然一项选择是一种可以被实现的可能性，行动者几乎总是不能决定这一可能性的准确结果；这依赖于世界上其他行动者和其他事物。我可能做 A 并且天下雨或者不下雨，我可能做 A 并且有或者没有第三次世界大战：这一列举是开放的。考虑到这些条件所产生的结果有多么不同，一项选择具有不同的预期结果。如果一项是一种可被实现的可能性，它的预期结果后果就是这一可能性得到实现的不同的可能方式。预期结果的概念采取了通常的后果概念的一种形式。如果一项选择得到实现，则这一选择的预期结果是世界可能是的一种方式，就此而言，预期结果的概念与可能世界的概念相一致。

现在回到后果主义的概念上来，我们可以鉴定出后果主义者通常辩护的两个命题。

> 命题 1　一项选择的每一个预期结果，作为选择某个选项的结果、世界可能存在的每一种方式，都有一个单一的价值，这一价值是由在那里被实现的有价值的性质来决定的，特别是由它的普遍性质来决定的，例如它在多大程度上是一个幸福的世界，是一个在其中自由得到尊重的世界，是一个在其中人类天性得到良好发展的世界，等等。[3]
>
> 命题 2　每一项选择，即行动者能够实现或者不能实现的每一种可能性，具有被其预期结果价值所确定的价值：其价值是其不同的预期结果的价值的函项，是与它可能导致的世界的不同的存在方式相联系的价值的函项。[4]

深究这个层次的细节的动机是为了给"促进一种价值"这一概念以更为清晰的含义。现在我们可以认为，当（事实上，仅当）行动者按照某些价值对选择的预期结果进行排序（命题 1），并且按照选择的预期结果对选择进行排序［这一排序决定了行动者的选择（命题 2）］时，他就在他的选择中促进了这些价值。在命题 2 中有一种不明确性，因为一项选择的价值是多么精确地由其预期结果的价值来决定的，这一点并不确定。后果主义者的通常方法，虽然不是唯一可能的方法，是将选择视为在不同的可能预期结果中的一次投机，并遵循计算价值的决策理论。根据这一方法，通过累加不同的预期结果的价值，按照预期结果成为正确选择的可能性（例如，四分之一或者一半）来对每一个这样的价值打折，你就可以发现一项选择的价值。假设行动者关心的是挽救生命，在某些灾难性的情形中有两种选择：一种选择有 50% 的几率可以救活 100 个人的生命，另一选择有一定的几率救活 40 个人的生命。在其他条件相同的情况下（当然，其他条件可能很少是相同的），后

---

〔3〕　如果这些特性可以是非普遍的——尤其是如果我可以通过一个预期结果在多大程度上特别包含了我这样做或那样做来评价这一预期结果——那么即使一种义务论的观点也可以被表述为后果主义的。义务论者可能在促进他对某某价值的承诺。Amartya Sen, "Rights and Agency," *Philosophy and Public Affairs*, 11 (1982): 3 - 39.

〔4〕　注意，这一观点并不要求较不抽象的预期结果的价值决定较为抽象的选择的价值，除非它们十分协调。Philip Pettit, "Decision Theory and Folk Psychology," in *Essays in the Foundations of Decision Theory*, ed. Michael Bacharch and Susan Hurley (Oxford: Blackwell, in press).

果主义的这一通常方法会赞同第一种选择。

在我们对后果主义的理解中，可能最重要的一点就是要认识到——后果主义并不包含对如下命题的承诺：

> 命题 3　决策者应当通过计算选择的预期结果的价值，计算相关的函项来慎思他所面临的选择的价值。

有一个简单的论证可以表明这一命题不是后果主义信条的一个必要部分。正如已经顺便提及的，前两个后果主义命题不仅与直接就是行为的选择有关，而且也与并非直接就是行为的选择（在某个时期或者某个环境中可能被采纳的其他动机或原则）有关。如果后果主义者认可命题 3，那么他就是在回避一个问题，即在任何领域中如何在以下高一级的选项之间进行选择：（a）我用某些已经选定的动机或原则来决定我在诸行为选项之间的选择；（b）我独立决定每一个这样的选择。如果后果主义者认可命题 3，那么在任何行为领域中他都推荐了（b）：独立地决定每一个选择。但（b）是否实际上是一个比（a）更好的选择，这是一个开放的问题。对这一问题的回答依赖于与那些高一级的选项相联系的前景。这样，对命题 3 的承诺——实际上是对（b）的认可——并不是后果主义信条的一个必要部分。

反对者通常总是将命题 3 归于后果主义者，但是在早期这一命题就被拒绝了。[5]后果主义通常想要坚持的是，尽管根据选择的前景的价值来估价或者评价一项选择是合适的，但是行动者在他的慎思中使用这样的评估是不合适的。如果他限制自己的慎思，利用某些经验规则或者其他东西来做决定，这对他可能更好——这会增加他获得合意的预期结果的几率。[6]这样，如果我在合适的场合满足于是自己忠实于朋友的天性，很清楚我这样做了，那么我可能会产生合意的后果，而如果我计算每一个回答的赞成或反对意见，我就可能忽略这些合意的结果。

现在我们对后果主义者所坚持的观点有了更好的理解。后果主义坚持认为，行动者对待他所认可的任何价值的合理方式就是促进这些价值；也就是说，在每一次选择中都挑选

---

〔5〕　Philip Pettit and Geoffrey Brennan, "Restrictive Consequentialism," *Australasian Journal of Philosophy* 6 (1986): 438 – 455.

〔6〕　这一限制性的后果主义立场并不是区别于极端或行动后果主义的受限制的或规则后果主义的一种形式，规则后果主义者只想以后果主义的方式对规则进行评价；以行为在多大程度上遵守合适的规则来评价行为。限制性的后果主义者赞同行为后果主义，希望所有的选择都通过后果主义的方式进行评价，但是否认这样做意味着行动者应当以这种方式审慎考虑所有的选择。

出那些具有如下预期结果的选项：正如一种后果主义所认为的，这样的预期结果是对那些价值的最佳投机（best gamble）。不过，对于非后果主义者所坚持的观点，我们现在也能够有更为明确的理解。有两种非后果主义的观点，这两种观点坚持认为某些价值应当被尊敬，而不是被促进。一种观点强调说，尽管存在着（比如说）尊重人或者忠诚于人的选项，但是"促进忠诚或者尊重的普遍价值"这样的说法是没有意义的。这一观点否认了后果主义的第一个命题，坚持认为像忠诚和尊重这样的价值不能被用来决定选择的不同预期结果（即世界可能存在的不同方式）的抽象分数。尽管这样的价值可以被尊敬，但它们不可能被促进。非后果主义可能采取的另一立场是承认第一个命题，承认行动者促进价值这一概念至少是有意义的，但是否认第二个命题：也就是否认最佳选择必然是由这一选择的预期结果的价值来决定的。

最后我们回到斯坦利·贝恩的观点上来。贝恩认为存在着——至少存在着（p. 15）——行动者据以采取行动的两类不同种类的理由：以价值为中心的理由和以人为中心的理由（p. 6 – 11）。以人为中心的理由涉及对自由、正义和平等对待等等的考虑；更一般地说，这些考虑是在尊重人的时候所采用的考虑。以价值为中心的考虑涉及这样的考虑，它们关系到如何最大限度地实现值得欲求的事态，如何促进某些价值（某些善或者有价值的性质）。

贝恩赞同以人为中心的尊重的理由，并认为只有义务论者才可以做到这一点，在此意义上他是一个义务论者。他明确承认，我们可以将人们互相尊重的状态视为一种值得欲求的性质，以便所有预期结果作为或多或少的善，都可以按照它们在多大程度上实现这一性质来加以排列（p. 111）。但他否认尊重人的正确性就在于尊重促进了那种价值这一事实（如果这是一个事实的话）（pp. 111 – 112）。实际上，更一般地说，他否认尊重人的正确性是由对任何种类的善的促进所构成的："在如下意义上，以人为中心的理由与某些原则有关，例如自由、正义、对人的权利的平等尊重以及对真理的忠诚：仅仅是因为主体是一个人，我们在与任何其他人的交往中就承诺了这些原则，**完全无需考虑与我们遵守或者背离这些原则的结果**。"（p. 8；强调是我加的）

现在可以明确的是，贝恩是上文区分的第二类义务论者。他准备承认每一个预期结果都有价值，这一价值是由预期结果在或多或少的程度上实现了不同的、有吸引力的性质来决定的，其中包括人们彼此相互尊重的性质（cf. p. 65）。但是贝恩想要否认尊重人的正确性与任何有价值的预期结果有关。例如，如果我们尊重一个人是正确的，如果不干涉他是正确的，或者给他与其他人同等的考虑，那不是因为这样做可以促进某个值得欲求的性质；甚至不是因为这样做可以促进人们被尊重的性质。不干涉、给予同等考虑是正确的，"这与我们遵守或者背离这些原则所产生的结果完全无关"〔7〕。

II

贝恩对他的义务论立场的辩护主要是在说明如下问题的过程中提出来的：我们如何被尊重的理由所打动？他的义务论意味着，尊重某个人可以是正确的，即使不尊重他就意味着人与人之间的尊重将会普遍地增加，比如说，因为不尊重的行为产生的冒犯。贝恩赞同这一结果，认为它是可以容忍的，因为尊重的理由打动了我们，尤其是因为尊重的理由借助于我们对待其他人的态度（把他们看做是自然的和道德的人）而打动了我们。"如果在某种情况下，没有尊重的行动将会产生最大限度的后果，这一后果压倒了遵守尊重原则的所有情形，那么在这一情况下，在纯粹原则的范围内，仍然存在着遵守尊重原则的理由，因为我们可以在自然人格和道德人格之间的概念联系中，而不是在遵循这一原则产生了最佳的结果这一事实中，找到遵循这一原则的理由。"（p. 111）

既然借助于自然人格和道德人格之间的概念联系，尊重的理由被认为就能打动我们，那么这种联系是什么呢？成为一个自然人就是成为一个选择的制造者，计划的追求者。另外，成为一个道德人就是面对其他的自然人享有某些主张，能够多少有效地要求他们不干涉，要求他们的平等考虑，等等；简言之，得到他们的尊重。这两个概念之间所谓的联系似乎是这样的：一个自然人会对不尊重他的人表示憎恨和愤怒；怀有这样的感情，他就会将自己视为一个应受尊重的道德人；承认其他人同他处于相对称的位置，他也会将其他人视为道德人。

> 然而，当我们对其他人不考虑我们而表示憎恨时，我们已经承诺了这一普遍原则：每一个自然人在概念上都能理解"拥有并且看重自己的计划"的含义，因此承诺要尊重其他每一个人的身份，视他们为计划的创始人。将我们自己视为自然人，视为计划的制订者，与其他和我们一样的人生活在一个世界上，我们就发展了一种视我们自己为道德人的观念，这使得我们能够对其他任何自然人保持一定程度的宽容，他们

---

〔7〕 但是，注意这种与结果的分离并不意味着：对贝恩来说，一定的冲突没有合理的解决方法。他拒绝后果主义，但是通常和后果主义的反对者一起，他并不拒绝对合理性的这一承诺；Benn, ch. 3.

在概念上能够理解并分享这种自我认知。我们基于我们的自然人格而要求尊重，即要求承认我们的道德人格，这样我们就承诺了要将尊重延伸到满足同样条件的其他任何人身上。(p. 98; cf. p. 9)

贝恩在这里提供的东西实际上并不是对自然人格和道德人格这两个概念之间的一种概念联系的分析。他所提供的是我们在采取如下做法时所持有的态度的一种系谱：我们不将某人看做一个对象，而是作为一个至少初步有理由尊重他的人来看待，例如，不干涉他的理由，同其他人一样同等地考虑他的理由，承认他的隐私的理由，等等。就道德人格的概念在一个社会中的发展被比作卢梭的社会契约而言（p. 98），这一系谱被赋予一种社会学的解释。就我们约略知道儿童如何可能逐渐将他自己和其他人视为道德人而言，这一系谱被赋予一种心理学的解释。

贝恩的观点是：一旦我们采纳了道德人的概念，这一信念——比如说，当我如此这样做的时候，就会有其他人遭受干涉之苦——就向我提供了一个不去这样做的动机性理由，尽管这一理由有可能被超过。对于这样一个动机性理由来说，欲望是必需的吗？贝恩认为并非如此，因为存在着一个支持一项选择的考虑（不管这个考虑是以价值为中心的，还是以人为中心的）这一信念会激发一个行动者采纳它，而不需要欲望在其中发挥作用（ch. 2）。正如对命题的信念可以使我相信它们所蕴涵的内容，对恰当命题的信念也可以使我采取某个行动方案，即使不是用一种压倒一切的方式。关于欲望的这个争论不是我们的核心关注。[8] 在贝恩对我们如何对尊重的理由变得敏感的解释中，重要的一点是，他认

---

〔8〕 我没有理由对如下观点表示反对：因为我的信念可以使我有理由相信它们所蕴含的内容，因此它们也为我的行动提供了具有动机作用的理由。我没有理由反对这一观念，也不需要像贝恩那样坚持一种休谟主义的观点，即认为欲望对于动机来说是必要的。休谟主义者可能会说，在拥有一个动机性理由的过程中，欲望的角色就类似于推理习惯在如下情形中所扮演的角色：有一个理由相信被我所相信的其他东西所蕴含的命题；Philip Pettit and Hua Price, "Bare Functional Desire," *Analysis* 49（1989），in press. 我可以相信如果 p，那么 q，并且 p，但是除非我被如此构造以便遵守肯定前项的推理，除非我显示了肯定前项的推理习惯，否则我没有理由——在与动机性理由相似的意义上——相信 p；同样，休谟主义者会说，我可能相信正在进行的 Φ 具有特征 F，并且 F 是值得欲求的特征，但是除非我拥有倾向于采纳具有这一特征的任何选择的习惯——除非事实上我对具有这一特征的事态具有显见的欲求——我将不会拥有对 Φ 的动机性理由。休谟主义者基础牢固，并且其基础不会在贝恩认为欲求在根本上促进了对动机性理由的拥有时，被贝恩的评论所困扰；Michael Smith, "The Humean Theory of Motivation," *Mind* 96（1987）：36 – 41. 如果在他的论证中存在着一个弱点，那么它是出现在如下进一步的主张中：欲望，与（比如说）肯定前项的推理习惯不同，必然是一种非认知状态，这样一个状态的适当性并不服从于那种支配信念的约束；Philip Pettit, "Humeans, Anti-Humeans and Motivation," *Mind*, 96（1987）：530 – 533；Michael, "On Humeans, Anti-Humeans and Motivation: A Reply to Pettit," *Mind*, 97（1988）.

为在我们身上发展出来的这种敏感性使得尊重的理由在义务论上具有约束力。我将某人视为一个道德人，因此不仅有理由尊重他，而且我也被认为有这样一个理由：不管与按照这个理由或者不按照这个理由来行动相联系的结果如何，这个理由都可以对我具有强制力量。"当一个人已经学会在自然人格和道德人格之间进行概念联系时，他也就了解到，即使他不期望收到回报，他也应当表现出宽容。"（p. 99）不仅如此，贝恩还认为：一个人知道他可能应当表现出宽容，这与任何结果"完全无关"（p. 8）。

在如何赞成尊重的理由这个问题上，先前我们已经碰到了一种并非不合理的解释。但是现在我们被告知，这一解释也表明尊重的理由具有义务论的地位。尊重的理由对我们产生约束，但不是通过与结果的联系，而且，在特殊情形中，尊重的理由可能要求我做减少总体上的尊重的事情。在这里，看起来合理的东西消失了。很难看到贝恩提供给尊重的那种系谱如何能够具有与所谓的义务论的结果一样强有力的结果。贝恩在想些什么呢？

这儿有一个建议。在以价值为中心的理由和以人为中心的理由之间存在着一个对比。以价值为中心的理由将我的注意力引向一种性质，通常是一种普遍性质，这一性质被认为是值得欲求的和值得促进的：这一性质可能是有感受能力的存在者享有幸福的性质，自然世界得到良好照看的性质，或者甚至是人们彼此相互尊重的性质。而以人为中心的理由如贝恩的系谱所强调的，首先并不将我引向我应当促进的一种性质，而是将我引向我应当履行的某一行为：我不应当干涉这个人，我应当给予他和其他人同等的考虑，或者任何类似行为。当然以价值为中心的理由也将我引向我应当履行的行为，但是它这样做是要将我引向我应当促进的某个特征。以人为中心的理由将我引向我应当履行的行为，而没有规定这样一个被促进的性质。

贝恩把他的义务论建立在尊重的系谱之上，他持有这样的看法并非不合理。这一看法毕竟意味着：在按照以价值为中心的理由来行动时，我们就像后果主义的行动者那样慎思，也就说，我们就像先前的命题3所要求的那样进行粗略的计算，而在按照以人为中心的理由来行动时我们并不这样做。在后面这种情形中，我们是在慎思，但并不明确关心要保证促进任何值得欲求的性质，要实现更多的而不是更少的值得欲求的预期结果。贝恩可能还认为，既然以人为中心的理由并不明确地是后果主义的考虑，这就是后果主义者不可能赞同它们的证据。

我认为，当贝恩声称后果主义者不可能赞同尊重的理由时，在这一主张中真正打动他的是慎思的现象学。在用以价值为中心的理由来进行慎思时，我明确地遵守后果主义的程序。在用以人为中心的理由来进行慎思时，我没有明确遵守后果主义的程序。"以人为中心的理由对慎思的影响完全不同于以价值为中心的理由对慎思的影响。一种结果已经被暗示出来：以人为中心的理由能够对一个要不然就很合适的行为施加约束，但在对预期结果的评价上不会改变什么。如果人们对一个以人为中心的理由意见不一，那么仅仅是表明放弃这一原则有可能得到多少总体上更好的东西仍然是不够的。为了一个好结果而否定一个人所具有的权利并不像投入一美元以赚取五美元那样。"（p. 13）

但是，如果贝恩求助于慎思的现象学来支持他的义务论主张，那么他只能提供很少的支持。如我们在前一节所看到的，后果主义者并不承诺命题 3，因此在原则上可以自由地赞同那种并不明确是后果主义的慎思。任何仅仅来自于慎思的现象学的论证都不能表明后果主义者不能赞同某些理由。这样，对于贝恩在他的以人为中心的理由的系谱中所显示出来的全部东西，后果主义者仍然能够赞同那些以人为中心的理由。他们可能重视这样的性质和预期结果，以至于认为行动者在某些情形中应当按照尊重的理由行动而不必明确注意结果。他们可以认为这种慎思和行动的模式用一种独特的方式适合于促进价值，适合于善的最大限度的实现。

III

如在第一节所描述的，斯坦利·贝恩的主张是，以人为中心的理由——尊重的理由——应当得到认可，而后果主义者不能做到这一点。但是正如在第二节所描述的，他用来支持"后果主义做不到这一点"这一论断的证明基础并不牢固。现在还需要简单考虑一下贝恩实际上是否误解了后果主义：后果主义者是否能够赞同行动者按照尊重的理由来行动的想法，而不明确关心这样做的结果。

后果主义者是否能够赞同任何推理和行为模式，这取决于他将什么样的性质视为值得欲求的：他承诺什么样的价值。后果主义的反对者们过于轻易地认为，真正的后果主义者所能支持的唯一价值是功利主义家族中的某一个价值：快乐、偏好的满足、利益的满足，等等。但这是一个拙劣的错误。没有任何理由认为，在描述善的各个特征这件事情上，后果主义者不如他们的反对者那么精致。

考虑预期结果或选择的任何一个被认为是值得欲求的性质，比如，性质 F。对于任何这样一个性质来说，后果主义者在支持这一性质上与义务论者处于同样好的地位。[9]如果他确实支持这一性质，当然他会认为行动者应当促进这一性质，虽然这一性质可能只是众多性质中的一种：他们应当采取行动以便最大限度地促进它的预期实现。在这里，义务论者与后果主义者的分歧，并不是出现在什么性质值得欲求这个问题（或者与此相关的问题）上，而是出现在值得欲求的性质要求什么回应这一问题上。义务论者认为，至少某些性质要求被尊敬而不是被促进。这样，后果主义者可能会主张对人的尊重是行动者应当促进的性质之一（即使在某些例外的情形中，这意味着以一种不尊重的方式行动），而像贝恩这样的义务论者则会认为对人的尊重是行动者在其行为中应当敬重的一种性质，是行动者可能被要求例示的一种性质，即使例示这一性质并非是促进它的最好方式。[10]

这样问题就在于是否存在某种性质，这一性质是后果主义者想要促进的合理价值，而对行动者来说，促进这一性质的最佳方式就是至少在某些情形中按照以人为中心的理由来行动：比如，至少在没有突发事件威胁的情形中。我认为对这一问题的回答是：确实存在着这样一个价值，而且，有点自相矛盾的是，正是贝恩自己给我们指出了这样一个价值。这个价值——可能说一系列相关的价值更好一些——就是普遍地出现在人们的彼此交往中、具有某种人际安全的价值。

如果我认为我所交往的一个人总体上说是有恶意的，那么我就不能自在地同他交往或者信任他：我不能确信我的私人利益在他手中会安全。上述看法仅仅是常识。然而通常较少为人所认识到的是，如果我认为这个人总体上是仁慈的，在同他的交往中我可能仍然缺乏一种人际安全感。假设在精确地促进人们之间的这种安全上他是仁慈的。那么，在与他的交往中我可能仍然缺乏这种安全，因为在最正常的情形中，如果他算计到他对我的辜负有可能会最大限度地在总体上促进这种安全，那么他很可能就会辜负我，而且可能是非常严重地辜负我。

从这个观察中得到的教训是：如果后果主义者希望行动者促进人际安全，然后又假设人与人之间有某种程度的不可捉摸，那么他会希望他们在彼此的正常交往中避免计算（甚至是避免对如何最大限度地实现这种安全进行计算），而是要选择按照以人为中心的理由

---

〔9〕 一般来说他处于更好的地位。义务论者只关注这样的性质，以至于行动者能够确定地说明任何一项选择是否具有这些性质之一。义务论者的处境不是针对这样的性质来定义的（一般来说是这样），通过选择来实现这些性质通常是一个冒险或者不确定性的问题。

〔10〕 虽然只有在其他其情况相同时。这一限定条件是重要的，因为贝恩并不是关于任何价值的绝对论者：他并不认为存在着无论发生什么事情行动者都应当例示的价值；Benn, ch. 3.

来行动。他会希望他们在慎思中把自己的手绑起来，让"如此行为将会产生干涉"之类的考虑通常对他们来说是决定性的；他会希望他们彼此明白那就是他们所要做的。[11]因此，大致说来，我们有理由认为后果主义者能够认同人们根据尊重的理由来行动的想法，而不直接关心这样做的结果。

贝恩的这一著作具有一个悖论性的特点：尽管它具有义务论的抱负，但贝恩几乎已经把我们所提倡的那种后果主义路线暗示出来。他暗示说，有一种后果主义的根据让我们坚持道德人格的概念：事实上，有一种后果主义的根据让我们通常可以承认以人为中心的尊重的理由。"如果一个人确实具有一个自然人格和道德人格联系在一起的人格概念，那么他可能就会拥有像友谊、爱和诚实合作这样的生活方式，这些生活方式依赖于以人为中心的尊重的理由，并且他没有理由想要放弃这些生活方式。……因此，对于理解并重视这些生活方式的人来说，拒绝这样一种对人格的理解是不合理的：这些生活方式对这一人格的理解来说是必要的。"[12]（pp. 99 – 100）

有人可能会反对以上所暗示的这种后果主义路线，认为某个人的人际安全要比如下信念要求的更多：其他人通常会在与他的交往中承认尊重的理由。有人可能会认为，一个人的人际安全要求其他人对尊重的理由作出更为绝对的承诺。但这并不是贝恩自己所能认同的一个反对意见，因为尽管他在尊重的理由上是一个义务论者，但并不是一个绝对论者。他否认这种理由的有效性来自于后果主义的考虑，但他也否认这种理由是绝对有效的，在所有情形中都有效（pp. 111 – 112）。

按照我对这一著作的理解，贝恩不应当认为后果主义就像他所认为的那样不利于他的观点。本文所暗示的那种后果主义路线使他能够继续把以人为中心的理由与以价值为中心的理由区分开来，并论证前者的重要性，如果人们准备在彼此之间分享安全和自由的话。当然，即使我自己信奉这种后果主义路线，我仍然可以看到《自由理论》一书的兴趣和优点。不管贝恩的义务论倾向如何扭曲了这部著作，它仍然对我们理解这一领域作出了一个重要贡献。

---

〔11〕 关于这一思路的更多表述，参见 Philip Pettit，"The Consequentialism Can Recognise Rights，" *Philosophical Quarterly*，35（1988），in press. 关于忠诚区别于尊重的更进一步的思考，参见 Philip Pettit，"The Paradox of Loyalty，" *American Philosophical Quarterly*，25（1988）：163 – 171.

〔12〕 在别处贝恩拒绝了在这里提出的后果主义路线，但是并没有太多证明；Benn, p. 112.

康德式的后果主义[*]

戴维·卡米斯基　著　解本远　译

一、康德、后果主义和无辜者的牺牲

如果不是在实践上，那么在原则上，后果主义者可能被要求为了某个更大的善而牺牲一个无辜者。尊重人的自主性这一康德式命令排除了无辜者的牺牲吗？当代的新康德主义者，可能包括康德本人，似乎认为康德显然为以行动者为中心的约束提供了辩护理由——例如，禁止杀死一个人以救活其他两个人。我将证明，尽管存在目前的哲学观点，将人当作目的自身的康德式的对人的尊重并没有对善的最大化产生以行动者为中心的约束；这样，如果不是在实践上，那么在原则上，康德的规范理论并没有排除无辜者的牺牲。

在批评后果主义理论时，大多数当代的康德主义者求助于康德绝对命令的第二个和第三个公式——对康德而言，自主性与如下观念联系在一起：自由而平等的理性存在者在康德所说的目的王国中追求合法的目的。对人的自主性的尊重就是"以这样一种方式来行动，无论在自己身上任何其他人身上，你都从不仅仅将人性当作手段，而总是同时当作目

---

　　* 我想向莎拉·康莉、斯蒂芬·达沃和彼特·莱尔顿表示感谢，他们对本文的不同初稿提出了许多意见。我还从与艾伦·吉巴德关于这些问题的谈话中受益匪浅。本文的短文版于 1987 年 3 月在圣弗朗西斯科的美国哲学学会大西洋分会上提交，我想对斯蒂芬·恩格斯特朗（Stephen Engstrom）和那些对短文版做过评论和踊跃讨论的人表示感谢。本文的初稿还提交到不同的会议和大学；在每一场合我都从批评性讨论中受益。最后，我还想对《伦理学》审阅人的广泛评论表示感谢。他们的重要而有益的评论使本文更为清晰。

的来对待"（GMM，p. 429；GPR，pp. 87，131）。[1]道德法则不能要求我们牺牲其他人或者我们自己，因为这样做会将人们仅仅当作手段：这样做不会将他们当作目的王国的自由而平等的成员。既然后果主义有时候可能要求我们侵犯某些人以便救助其他人，它就没有尊重人，因此也就不适合作为最高的道德原则。简言之，后果主义没有尊重人的自主性，因为它可能允许不将人当作目的自身的那种牺牲。

尽管具有康德式的风格和主观上的吸引力，对后果主义的这种反对意见并没有合理的康德式的谱系。事实上我们将看到，对尊重人的要求的这一最自然的康德式的解释产生了某种形式的后果主义。由此可知，一个自觉的康德式的道德行动者可能被要求牺牲无辜者，因为这样做将促进善。

这一主张在某种程度上是为人所熟知的。从密尔一直到黑尔的功利主义者都认为，他们视其为康德主义精髓的可普遍化是一个纯粹形式上的原则，这一原则事实上同任何规范性原则都是相容的，包括要求牺牲无辜者的原则。因此他们认为，他们的理论满足了康德的可普遍化要求，不会受到康德主义者的批评。然而我的论证在三个方面不同于这一历史悠久的方法，并有充分理由认为这一历史悠久的方法并没有完成它所设定的任务。

首先，我遵从大多数现代的康德主义者，集中关注目的自身这一公式，而不是那个通常受到批评的可普遍化公式。即使可普遍化公式意义不大，但人们已经认识到，把道德行动的实质或者客观目的表示出来的目的自身的公式无需是这样的。[2]任何想要反驳康德式的结论的人都需要对这一公式进行独立的考虑和评价。本文将考虑对康德的绝对命令的这一也许是更富有成效的表述，发现甚至这一表述也不能为拒绝后果主义提供辩护。

其次，就像拥护者那样，批评者也必须考虑康德的规范理论的总的发展，而不只是考虑对绝对命令的那几个表述。因此，我们需要考虑康德晚期在《道德形而上学》一书中对

---

〔1〕 括弧注参见 Immanuel Kant, *Groundwork of the Metaphysics of Morals*（1785），trans. H. J. Paton（New York：Harper & Row，1964）（GMM）；*Critique of Practical Reason*（1788），trans. Lewis White Beck（Indianapolis，Ind.：Bobbs-Merill，1965）（GPR）；*The Metaphysical Elements of Justice*（1797），trans. John Ladd（Indianapolis，Ind.：Bobbs-Merill，1965）（MEJ）；and *The Doctrine of Virtue*（1797），trans. Mary J. Gregor（Philadelphia：University of Pennsylvania Press，1964）（DV）. 页码参照普鲁士科学院版（Prussian Academy edition，*Kant's gesammelte schriften*〔Berlin：preussische acadenie der wissenshaften，1900 - 1942〕）。上述译本也提供了页码。

〔2〕 根据最近的讨论，我并不认为康德的可普遍化是无意义的这一通常的指责坚固到足以令人信服。例如，参见 Onora Nell, *Acting on Principle*（New York：Columbia university Press，1975）；Christine Korsgaard，"Kant's Formula of Universal Law"，*Pacific Philosophical Quarterly* 66（1985）：24 - 47.

其理论的发展。[3]为此，本文将不仅仅考虑目的自身的公式，还要考虑康德作出的如下几个区分的相关性：在正义的义务（duties of justice）和美德的义务（duties of virtue）之间的区分，在行动准则和目的准则之间的区分，完全的责任和不完全的责任之间的区分。当然这样做并不是为康德所作出的区分提供一项调查，而是要看看康德对其规范理论的晚期表述是否为拒绝后果主义提供了理由。

再次，本文将表明康德不仅没能反驳后果主义，而且实际上支持了某种规范的后果主义理论。[4]在康德主义者当中，目的自身的公式在当今可能是最有影响的公式，它最自然地导致了许多新康德主义者希望避免的那种关于行动的结论：牺牲无辜者可能在道德上是必要的。

在康德的道德理论中，有很多东西显然是非后果主义的；鉴于此，我们就需要澄清上面提到的那个最激进的论点。当然，我意识到康德的某些特定例子所强调的义务论要点，所以我并不认为康德在为后果主义辩护。但是问题在于康德对后果主义的明确拒绝完全基于对日常道德的直观依赖，而不是基于他所提供的任何论证。[5]

当然，我并不否认这些义务论的直觉有其吸引力，然而当新康德主义者求助于康德来反对规范的后果主义时，他们直接诉诸义务论的直觉，因为他们相信康德已经为特定的义务直觉提供了某些规范辩护。他们求助于康德的论证的力量，而不只是康德的直觉的说服力。那些直觉是否得到了真正具有辩护力量的明确的或含蓄的论证的支持，这是一个重要问题。一个人不能仅仅因为密尔论证说功利主义产生了一个实践上不可击败的自由权，就认为功利主义产生了这样一个权利，与此相似，人们也不能想当然地认为康德的理论产生了以行动者为中心的约束。事实上，就康德而言，在他的基本的规范理论和他对日常的

---

〔3〕 例如，约翰·罗尔斯已经反对像 R. M. 黑尔这样的功利主义者试图将"（康德的学说）还原为琐事（triviality）"的方式。黑尔这样做，是通过将康德的学说解释为具有如此"微弱的基础"。罗尔斯指出，强调康德理论的形式部分而忽视康德在后期著作中所发展的观点的"全貌"，这是一个错误；参见 *A Theory of Justice* (Cambridge, Mass.: Harvard University Press, 1971), p. 251.

〔4〕 规范后果主义和基础后果主义将在后面第二节进行区分。

〔5〕 显而易见，康德对惩罚杀人犯和善意的说谎的讨论在坚持如下主张上都是不妥协的：即使某些行为显然不会导致善，这些行为也是被禁止的。还有两个康德的最有争议的道德主张。甚至忠实的康德主义者也公开怀疑在这些具体事件中，康德是否正确应用了他的理论。对这些事例最近的出色讨论，参见 Christine Korsgaard, "The Rights to Lie: Kant on Dealing with Evil," *Philosophy and Public Affairs*, 15 (1986): 325 - 349; Jeffrie Murphy, "Does Kant Have a Theory of Punishment?" *Colombia Law Review* 87 (1987): 507 - 532. 在这篇文章中，我并没有讨论这些具体事例。不用说，如果本文提供的对康德的规范理论的分析是正确的，那么康德就是错误地应用了他的理论。

义务论道德的认同之间存在着一个重要裂痕。我们将会看到康德的规范理论没有提供材料来填充这一裂痕。

康德的理论并没有做许多康德主义者希望它做的工作。后果主义者通常所提出的论证并没有表明为什么康德的理论没有做到这一点，因此也就没有说服当代的康德主义者及其同情者。原因在于这一裂痕比已经看到的要深得多——这一裂痕如此之深，以至于它处于康德的规范理论自身的核心。康德的规范理论不能在逻辑上对所有形式的后果主义提供一个反驳，因为它实际上就是某种形式的后果主义，即康德式的后果主义。

二、规范的和基础的后果主义

许多新康德主义者可能会承认康德的具体事例没有得到充分发展，不足以令人信服，但是他们仍然会坚持认为康德详尽地反驳了后果主义。除了他的诸多实例外，他的伦理著作的主要论题完全是对规范原则的后果主义辩护的一种拒斥。虽然这一问题很复杂，我认为在基础的或辩护的层面上，康德不是一个后果主义者。然而我的证明涉及的是他的规范理论，而不是他的基础理论。

基础后果主义（foundational consequentialism）是一种关于规范原则的辩护的理论；也就是说，一个基础的后果主义者坚持认为，只有目的的善性（goodness of ends）才能为一个规范原则提供辩护。[6] 规范的后果主义涉及这个基本的规范原则的结构，而不是用来辩护这个原则的论证。我们不妨假设，对于一个一个规范理论来说，如果它的基本的规范原则（不管它的辩护是什么）告诉我们要促进某些目的，并不涉及基本的以行动者为中心的约束，或者并不涉及消极义务对积极义务的基本优先性，那么这一理论就具有后果主义的结构（对这一论题的更多讨论在下一节）。

有许多可能的途径到达一个后果主义的规范原则。道德语言的逻辑（R. M. 黑尔）、一个罗尔斯式的契约同意（J. C. 哈桑尼）、理性直觉（亨利·西季威克）、神的命令以及许多其他的可能途径都可以为后果主义的规范原则提供辩护。同样，康德的后果主义的基础理论也可以为一个后果主义的规范原则提供辩护。

---

〔6〕 G. E. 摩尔可能是基础后果主义的最好典范。虽然边沁和密尔在很大程度上被视为基础后果主义者，但是这一点并不像初看上去那么明确。最近对功利主义的义务论方面的一个引人关注的讨论，参见 Will Kymlicka, "Rawls on Teleology and Deontology," *Philosophy and Public Affairs*, 17 (1988): 173 – 190.

当然，对康德的基础理论的任何简要的陈述都不可能公正地评价《道德形而上学基础》和《实践理性批判》中的具体论证。但是省去所有这些限定条件和复杂情况，康德的基础理论包含了这一论点：理性行动的概念产生了实质性的规范原则；也就是说，作为希望某一行动发生的理性行动者，人们必须接受特定的规范原则作为行动的指导。康德不是一个基础的后果主义者；他并不主张目的的善性为基本的规范原则提供了辩护理由。另一方面，康德的基本规范理论包含了指导理性行动的具体规范原则，也就是在《道德形而上学基础》中的绝对命令诸公式以及后来在《道德形而上学》中对诸公式的解释，我将表明这些原则最适合具有后果主义的解释。

康德关于理性和道德之间的关系的论断非常重要，也十分有争议，但是这些论断并不影响我将要辩护的论点。仅凭康德拒绝基础后果主义这一事实并不必然包含康德拒绝或者有权拒绝规范的后果主义。事实上，即使康德反对基础后果主义的论证是合理的，康德的规范理论可能仍然具有一个后果主义的结构。[7]原则上，一个人可以在重要的基础问题上是一个康德主义者，并且仍然可以为后果主义的规范理论进行辩护。

基础的和规范的后果主义之间的区分本身并没有争议。事实上，甚至像斯蒂芬·达沃和克里斯汀·考斯佳这样特别坚定的康德主义者也同意：一个人可以是规范后果主义者而不是基础后果主义者。[8]然而，康德的规范理论是否自然地将其自身引向一种后果主义解释，这是有争议的——大多数新康德主义者坚持认为不会；我将论证说康德的规范理论会将其自身引向一种后果主义解释。

---

〔7〕 有人可能主张康德反对基础后果主义的论证同样可以被用来反对规则后果主义。随后的论证对这一主张的可靠性提出了怀疑。但是本文集中讨论对康德的自身目的的公式的最为合理的解释，因此，这一问题可以被搁置一旁。不过在我的另一篇文章 "Consequentialism, Egoism and the Moral Law," *Philosophical Studies* 57（1989）：199－222 中，我讨论了康德对义务概念的分析、他在形式原则和实质原则之间所做的区分、他的善的理论以及他的绝对命令的来源。本质上说，我认为，旨在把道德法则的那种形式特征确立起来的论证并没有排除后果主义的权利原则；也就是说，即使促使理性行动者采纳一项规范原则的道德理由不是后果主义的，理性行动者所采纳的规范原则在结构上也可以是后果主义的。由此得出，对绝对命令的不同表述可以得到一致解释，以便自觉的康德式的道德行动者承诺规范的后果主义。这样，康德对基础后果主义的反驳并不同样适用于规范后果主义。

〔8〕 斯蒂芬·达沃，私人通信（1988），克里斯汀·考斯佳于 1988 年 4 月在俄亥俄辛辛那提举行的美国哲学学会中部分区会议上对我的 "Consequentialism, Egoism and the Moral Law" 中的一节所做的评论。上述对基础后果主义和规范后果主义之间区分的表述基本上和考斯佳德在其评论中对"关于辩护的后果主义"和"关于正确性的后果主义"之间的区分是一样的。

三、权利和以行动者为中心的约束

罗伯特·诺齐克对道德的"边际约束"的推导是当代对规范理论的康德式的探讨的一个清晰例子。边际约束就是对可以被用来追求目标的手段的可接受的约束。道德边际约束就是不要用某些方式来利用别人的义务。诺齐克的目标是要明确表达并激发一种权利的说明,这一说明不会成为一种后果主义的规范理论或者他所说的一种"权利的功利主义"。权利的功利主义将"关于最小化侵犯权利的(加权)总量的某个条件"作为值得欲求的最终事态的组成部分。诺齐克提出反对,认为对权利的这样一种说明仍然受到对功利主义的通常反对意见的困扰:由于它把对不侵犯权利纳入值得欲求的最终状态中,原则上说,它可能就允许仅仅把人当作手段来利用,而这被认为是不可接受的。例如,"有人可能试图表明他惩罚另一个触怒暴徒的人是正当的,而他其实知道这个人是无辜的,因为惩罚这个无辜者有助于避免其他人更大程度地侵犯权利,从而导致这个社会里的权利侵犯减少到最低限度"。与此相比,边际约束的观点将对权利的不侵犯作为对行动的约束,因此"禁止你为了追求你的目标而侵犯这些道德约束"。[9]

诺齐克承认边际约束看起来似乎是不合理的:"如果 C(一项边际约束)的不可违反是如此重要,那么这不应该是一个目标吗?对不违反 C 的关切如何能够导致拒绝违反 C,即使有时候这种违反会防止对 C 的更大规模的违反?"然而他认为:"康德式的人是目的而不是手段的原则"提供了一个"将对权利的不侵犯作为一项对行动的边际约束的解释,而不是仅将其作为一个人行动的目标"。[10]

诺齐克进一步论证说,人是目的这一康德式的原则为他对行动所施加的那种自由至上论者的约束提供了依据,而这种约束是他对正义所提出的"历史资格理论"概念的最重要的部分:没有强迫、没有偷盗和没有欺骗。然而,权利的约束观点与诺齐克理论的其他部分没有关联。例如,尽管罗纳德·德沃金的规范的权利理论与诺齐克的相当不同,但是德沃金的"我们应当视权利为王牌"的论点与诺齐克的"权利即是约束"的论点是等价

〔9〕 Robert Nozick, *Anarchy*, *State and Utopia* (New York: Basic, 1974), pp. 28 – 29.

〔10〕 Ibid., pp. 30 – 31.

的。[11]

同样，一个人可以承诺边际约束而不必承诺这样一个观点：边际约束在道德上总是压倒一切；也就是说，一个人可以持有如下观点：对实现一个目标的可接受的手段存在着初步约束。事实上，斯蒂芬·达沃论证说，作为一个最低限度的主张，权利的约束观点只是衍推了这样一个责任，以至于"为了防止一个完全相同的约束被另一个人所违反，违反一个约束是错误的"。[12]作为一个最低限度的主张，权利的约束观点意味着：是一个人自己还是其他人违反这一约束（独立于任何后果主义的考虑），这会对一个人应当做什么产生影响。遵从托马斯·内格尔、塞缪尔·谢弗勒和德里克·帕菲特，斯蒂芬·达沃把这些约束称为"以行动者为中心的"。

现在，如诺齐克的论证所表明的，以行动者为中心的约束的根据不可能仅仅在于这一事实：约束受到违反产生了负价值（disvalue）。如果唯一的考虑是对价值的考虑，那么在价值上是行动者自己还是其他人违反了约束就没有什么关系；无论是行动者自己还是其他人违反约束，约束都会被违反，产生相同的价值损失。这样，如达沃、诺齐克和其他新康德主义者所承认的，根本问题就变成了：除了被违反的约束的负价值，对实现目的的手段实行约束的理由是什么？[13]这样，新康德主义者对后果主义的反对就预设了：以行动者

---

〔11〕 Ronald Dworkin, *Taking Rights Seriously* (Cambridge, Mass.: Harvard University Press, 1978), pp. 90 – 94, 364 – 368. 对认为这些观点是等价的一个论证，参见 Philip Pettit, "Rights, Constraints and Trump," *Analysis* 47 (1987): 8 – 14. 关于德沃金的权利观点的康德式基础，参见 Dworkin, pp. 180 – 193 (though also see p. xi).

〔12〕 Stephen Darwall, "Agent-centered Restrictions from the Inside Out", *Philosophical Studies* 50 (1986): 291 – 319, esp. p. 301.

〔13〕 达沃指出，道德完整性的责任要求一个人给予他所做的而不是他允许其他人做的事情以优先性。但是为什么一种康德式的观点会要求即使在损害其他人完整性的情况下也要关注自己的行为？为什么为了保存其他人的道德完整性而牺牲自己的完整性在道德上不负责任呢？除了这一具体的争论，本文将不会向后果主义提出"完整性异议"（integrity objection）。首先，如伯纳德·威廉斯指出的，这些反对同样适用于康德主义和后果主义方法 ["Persons, Character, and Morality," in *Moral Luck* (New York: Cambridge University Press, 1981)]. 其次，我相信这些反对已经得到了充分回答。例如，参见 Sara Conly, "utilitarianism and integrality", *Monist*, 16 (1983): 298 – 311, and "The Objectivity of Morals and Subjectivity of Agents", *America Philosophical Quarterly* 22 (1985): 275 – 286; Peter Railton, "Alienation, Consequentialism and Demands of Morality", *Philosophy and Public Affairs* 13 (1984): 134 – 171; Samuel Scheffler, *The Rejection of Consequentialism* (Oxford, 1982), 以及康莉对谢夫勒的评论，见 *philosophical Review* 95 (1986): 147 – 150. 有时候有人认为完整性异议对后果主义比对康德主义更为严重；但是只有当康德主义要求一个比后果主义更弱的消极义务学说时，这才是真的。以下我将论证说：原则上说，康德主义可能需要一个更强的消极责任学说。

为中心的约束存在着一个康德式的不以价值为基础的根据。

诺齐克、德沃金、达沃等人（比如说，墨菲、罗尔斯、费因伯格、多纳根、弗里德、瓦尔泽和理查兹）都各自发展了在某些重要的方面各不相同的新康德主义观点。但是尽管他们的观点存在重要区别，每个人都坚持认为对某种形式的以行动者为中心的约束存在康德式的解释。[14]下面的论证将会挑战这一通常信念：存在着一个康德式的根据支持一种非后果主义的规范理论。

既然积极义务是帮助的义务，而消极义务则是不伤害的义务，"存在着以行动者为中心的约束"这一论点就是对"消极义务比积极义务更为严格"这一更为人所熟知的论点的改进。[15]对后果主义的一个通常反对意见是：后果主义不能充分说明为什么我们在直觉上会认为我们的消极义务比积极义务更为严格。后果主义的回答同样为人所熟知。有充分的后果主义理由把消极义务对积极义务所具有的某种优先性包含在道德准则或者次要的

〔14〕 Jeffrie Murphy, *Kant: The Philosophy of Rights* (New York: St. Martin's, 1970); Rawls, *A Theory of Justice*, pp. 26 – 27, 29 – 30, 158 – 161, 178 – 190; Joel Feinberg, *Social Philosophy* (Englewood Cliffs, N. J.: Prentice Hall, 1973), pp. 87 – 96; Alan Dongan, *The Theory of Morality* (Chicago: Chicago University Press, 1977); Charles Fried, *Right and Wrong*, (Cambridge, Mass.: Harvard University Press, 1978), pp. 8 – 13, 28 – 29, 160 – 163; Michael Walzer, "The moral standing of States", *Philosophy and Public Affairs* 9 (1980): 209 – 229, 222, n. 24, 223 – 227; David A. J. Richards "Rights and Autonomy", *Ethics* 92 (1981): 3 – 20, esp. pp. 5, 17 – 20. 当然，这些理论家有很多。墨菲、罗尔斯、德沃金和理查兹的立场比诺齐克和弗里德的立场较少极端，多纳根、费因伯格和瓦尔泽的立场不太容易归类。但是无论他们的立场差异有多大，本文随后对康德的规范和政治理论的分析应当与所有被认为是康德主义的理论有关。

〔15〕 "消极的"和"积极的"这两个术语可能会令人误解。虽然仍然是一种近似的区分，我还是将这一区分约定如下："消极义务"指具有如下特征的所有义务：（i）不强制性地干涉其他人对其利益的合法追求；（ii）不强制性干涉其他人的财产权和合法主张，不管这些财产权和主张是什么；（iii）尊敬（或者不忽视）被选择的义务，如诺言和契约；并且（iv）讲真话（或者不说谎）。因此消极义务包括了像信守诺言这样要求积极行为的行为。涉及信守诺言以及也许涉及讲真话的义务被认为是典型的消极义务，因为人们必须自愿承担这种义务。人们可以通过完全不作出一项承诺（或者不说出？）来避免违反任何这样的义务。"积极义务"是指所有促进其他人利益的非选择的或者非契约的义务。（我将涉及行动者自己的积极义务和消极义务搁置一边）这一术语虽然可能令人误解，但已经广为人知，所以不妨这样使用。这样，一般来说，如果行动者不选择被强制，那么所有的消极义务通常可以仅仅通过不做任何事情而得到满足。另一方面，积极义务则要求行动者实际上做某事。（行动和不采取行动的问题将在第八节讨论）当然，存在着许多有问题的情形。例如，父母对孩子的义务通常被归入经过选择的积极义务。更一般的，积极/消极的区分还预设了在经过选择的和没有经过选择的义务之间的明确区分。积极/消极的区分也预设了一个进一步区分，即在追求目标的过程中在合法的强制性干涉和合法的冲突或竞争之间的区分。最后，积极/消极的区分还预设了一个对财产权或合法主张的辩护和说明。对我们的目的而言，这些问题和困难并不重要。作为一个后果主义者，人们作出这一区分以便促进善。康德式的非后果主义者反对以下提出的论证，因此我把澄清他们所要捍卫的这些区分的任务留给他们。上面的表述对我们的目的来说已经足够了。

原则中，包含在道德倾向中；也就是说，人们可以论证说，采纳一种把消极义务的优先性包含进来的道德和法律准则是最大限度地促进善的最佳方式。[16]

这样，新康德主义者就必须声称，后果主义者没有抓住我们的直观道德判断背后的正确动机或辩护。支持这一主张的通常理由是：后果主义的论述对这种直观提供了一个间接的、原则上可以被击败的辩护。[17]对后果主义的这一新康德主义批评背后的假设是：我们的直观道德判断上存在着一个更为直接的、原则上不可击败的康德式的辩护。如我在前面所阐述的，虽然康德经常强调日常道德的义务论方面，但有必要表明的是，以行动者为中心的约束更直接地来自于他的规范理论。

四、将人当作目的自身

康德并没有明确提出一个证明用来反对规范后果主义，支持以行动者为中心的约束。为了弄清楚康德的规范理论是否是非后果主义的，我们必须考虑康德理论的不同方面，以便看一下它们同规范后果主义是相对抗还是相一致。

在康德看来，目的自身这一公式既产生了消极义务，又产生了积极义务（GMM，p. 430；MEJ，p. 221；V，pp. 481 – 451）。[18]如果我们不干涉人们追求他们的（正当）目

---

[16] 关于权利和义务的作用，参见例如霍布斯、弗朗西斯·哈奇森、休谟、J. S. 密尔和西季威克。最近的讨论，参见 John Rawls, "Two Concepts of Rules," *Philosophical Review* 64 (1955): 3 – 32; David Lyons, "Mill's Theory of Morality," *Mind* 10 (1976): 101 – 120, and "Human Rights and The General Welfare," *Philosophy and Public Affairs* 6 (1967): 113 – 129; R. M. Hare, *Moral Thinking* (Oxford, 1981), esp. pp. 25 – 64; Allen Gibbard, "Utilitarianism and Human Rights," *Social Philosophy and Policy* 1 (1984): 92 – 102, and "Inchoately Utilitarian Common Sense," in *The Limits of Utilitarianism*, ed. H. B. Miller and W. H. Williams (Minneapolis: University of Minnesota Press, 1982), pp. 71 – 85.

[17] 两个清楚的例子，参见 A. J. 西蒙斯对吉巴德的 "Inchoately Utilitarian Common Sense" 的批评，"Utilitarianism and Unconscious Utilitarianism," in Miller and Williams, eds. *The Limits of Utilitarianism* (esp. pp. 97 – 98)；詹姆斯·菲希坎对吉巴德的 "Utilitarianism and Human Rights" 的批评，"Utilitarianism Versus Human Rights," *Social Philosophy and Policy* 1 (1984): 103 – 107.

[18] 通常认为康德的自身目的公式确实既产生积极义务，又产生了消极义务。例如参见，H. J. Paton, *The Categorical Imperative* (1947; reprint, Philadelphia: University of Pennsylvania Press, 1971), pp. 152, 156 – 157, 165 – 174; Wolff, *The Autonomy of Reason* (New York, Harper & Row, 1973), pp. 152 – 177; Nell, pp. 23 – 101; Donagan, *The Theory of Morality*, pp. 57 – 111, 229 – 239; Alan Gewirth, *Reason and Morality* (Chicago: University of Chicago Press, 1978), pp. 226 – 227, 329 – 332, 58 – 66; Bruce Aune, *Kant's Theory of Morals* (Princeton, N. J.: Princeton University Press, 1979), pp. 181 – 188.

的，我们就是在消极的意义上将他们当作目的。如果我们努力帮助人们实现他们的（正当）目的，我们就是在积极的意义上将他们当作目的。康德将对绝对命令的第二个公式的积极解释描述为将一种将他人目的当作我自己目的的义务。如果人们希望某个目的，也就同样希望实现这一目的的必要手段（GMM, p. 147），既然如此，积极解释要求我们实施那些对于促进其他人可允许目的来说是必要的行动。因为康德同样坚持认为"幸福必然是每一个理性的但有限的存在者的愿望"（GPR, p. 25；GMM, p. 415），我们具有促进其他人幸福的积极义务。这样，除了康德的原则可能产生的任何行动约束之外，他的原则还为我们应当追求的道德目标提供了理由（GMM, pp. 398, 423, 430；DV, pp. 384 – 387）。

既然康德的原则既产生了积极义务，又产生了消极义务，并且在许多情形下这些义务之间会发生至少是初步的冲突，因此我们就需要对给予一项义务而非其他义务以优先性进行说明。当然在康德看来，不可能存在不可解决的义务冲突。义务概念包含了行动的客观的实践必然性，因为两个相冲突的行动不可能都是必要的，义务之间的冲突在概念上是不可能的。但是康德承认，即使义务之间不可能发生冲突，"义务的根据"（grounds of obligation）之间也有可能发生冲突。这样他在这一层面上遗留下了优先性的问题。康德主张，如果发生冲突，"更强的义务的根据占据上风"（MEJ, p. 224）。虽然这种回答在直观上似乎是合理的，但它并没有说明为什么一个义务的根据要比另一个根据更强，所以没有提供任何实践上的指导。

除了认为冲突的义务在概念上是不可能的之外，康德也确信不存在不可解决的义务冲突，但这个信念是植根于他的更大的道德和形而上学体系，尤其是他的目的王国的概念、他的自然的目的论以及他把实在划分为感性领域和知性领域。根据康德的观点，完全理性的存在者的目的不会冲突，而是会构成一个和谐的目的王国。"合法的目的和理性存在者"这个观念的一部分就在于：他们在一种和谐的状态中共存，因为作为完善的理性存在者，他们都会意愿同样的东西。当然作为有限的、不完善的理性存在者（既受理性引导又受自然倾向引导的存在者），我们需要某种把我们引向理性存在者的恰当目的的东西。康德通常认为，在把一理性存在者的恰当的和合法的目的鉴定出来这件事情上，自然法则（natural law）目的论的目的就是我们的引导。作为不完善的理性存在者，我们存在于感性王国而非知性王国，因此我们就可以遵循自然的目的论法则，以确保我们的目的是合理的并且值得实现。如布鲁斯·昂所解释的那样："如果通过用某种方式来对待不完善的一个理性存在者，我们就促进了自然王国，那么我们就可以通过类比推论出，我们是在按照纯粹的道德法则的要求来行动，而纯粹道德法则直接应用于由纯粹理性的、知性的存在者所构成的一个不可到达的领域。"[19] 总的来说，康德认为自然王国代表了目的王国，而自然法则代表了一个普遍的实践法则。在康德看来，自然法则对我们来说就是普遍的实践法则的类比。

大多数新康德主义者并不捍卫康德理论的这些部分。如果我们拒绝（假设我们这样做）这一观点，即自然是目的论法则的一个体系，而这些法则规定了理性存在者的自然的和合法的目的的目的论法则，那么我们就必须依赖于作为目的自身的理性本质的概念来决定所有理性存在者的共享目的。理性行动的目的必须代替自然的目的。这样，为了发现哪一个义务的根据更强，因此解决义务的初步冲突，我们必须直接诉诸理性行动的客观目的。[20]

在康德看来，目的自身这一公式明确表达了基本道德原则的实质或目的；它陈述了道德意志的客观的、决定性的根据。康德写道，"现在我认为，人，并且通常每一个理性存在者，其自身都是作为目的而存在，而不只是作为被这个或那个意志所任意利用的手段"（GMM，p. 428）。就此而论，理性本质为把一项约束施加于所有仅仅是主观的行动提供了一个基础。然而这样一项约束并不是以行动者为中心的约束；一切非利己主义的后果主义的规范原则在这个意义上都是约束。康德的观点是，对非道德的、主观的目的或目标的追求必须被尊重理性本质所约束。理性本质不能被任意地用来作为实现某个个体的个人目标的单纯手段；对客观目的的追求受到了尊重理性存在者这一道德原则的约束。

康德的善的理论是复杂的和有趣的。[21] 然而为了我们的目的，我们不必研究所有吸引人的和有争议性的细节。基本的观点可以表述得相当简洁。我们都知道善良意志是唯一无条件善的东西，善良意志包含了理性的意志。事实上，康德认为善良意志或者理性本质是所有价值的来源，也是唯一具有无条件的价值的东西。所有其他事物都只具有有条件的价值，它们的价值的条件就是理性存在者的选择。我们的目的，在被理性地选择的时候，

---

[19] Aune, p. 111.

[20] 昂已经指出，把自然看做就好像是一个目的论法则的体系这种做法是不充分的，因为把自然看做就好像是由目的论法则来支配的这一做法没有为解决关于自然目的的争论提供理性依据。假设我们在一个自然现象应当行使什么功能这个问题上有分歧；例如，我主张自爱行使着刺激生活发展的功能，而你主张自爱行使着刺激快乐超过痛苦的这部分生活发展的功能。那么，在这样的争论中，我们就没有可以用来作出决定的标准。如昂所指出的，"如果我们仅仅认为自然好像是根据目的来运转的，那么对我们可以信任的目的的范围好像就没有什么限制"（ibid.，p. 60）。

[21] 一个详细解释参见克里斯汀·考斯佳最近的文章："Two Distinction in Goodness," *Philosophical Review* 92（1983）：pp. 169 – 195, "Aristotle and Kant on the Source of Value," *Ethics*, 96（1986）：pp. 486 – 505, "Kant's Formula of Humanity," *Kant-Studien*, 77（1986）：pp. 183 – 202.

在其价值的条件得到满足的时候，就是客观上好的。如克里斯汀·考斯佳所指出的，理性选择具有"价值授予"（value-conferring）的地位。因为幸福是所有有限的理性存在者的目的，幸福就具有有条件的价值。因为理性本质是所有价值的条件，它就具有无条件的价值。

斯蒂芬·恩格斯托姆认为，从这些考虑中我们可以推出，绝不可以为了促进幸福而牺牲理性存在者以及他们存在的必要条件。[22]根据这一观点，无条件的价值在词汇排列上优先于有条件的价值。既然理性本质 R 是幸福 H 的价值的条件，由此推出 R 必定在词汇排列上比 H 更有价值。

虽然我将不争辩这一点，但看来人们可以接受考斯佳对康德的善的理论的基本解释，而仍然不认同这个词汇排列的优先性论点。[23]考斯佳对康德的论证的重构是一个先验论证，其起点就是一个进行评价的行动者的内在视角。如果行动者从"对幸福的追求是合理的"这一假设开始，那么行动者必须同样赋予理性本质本身以一种特殊的价值。然而，即使一个人承认他必须相信如果理性本质能够授予价值，那么它就具有价值，这个人也不必相信理性本质比它所提供的价值在词汇排列上更有价值。作为所有价值的无条件的条件（unconditional condition），人们必须将理性本质视为只具有同它所提供的价值一样多的价值。事实上，理性本质似乎只具有同它所提供的价值相称的价值。尽管在康德的价值理论的具体细节上存在这些问题，我将假定一个康德式的价值理论涉及无条件地有价值的理性本质对有条件地有价值的幸福的某种优先性。

尽管如此，重要的是要认识到，即使一个人接受这一论点，认为理性本质的价值在词汇排列上优先于幸福的价值，但他并没有得到以行动者为中心的约束。就像很多新康德主义者也承认的那样，以行动者为中心的约束需要一种并非立足于价值的理论依据（参见上面第三节）。然而，康德的规范理论却以一个无条件地有价值的客观目的为基础。对理性存在者的价值的关注怎么能导致拒绝牺牲理性存在者呢，甚至当这样做会阻止理性存在者遭受其他的更大损失的时候？如果道德法则的价值是以理性存在者及其目的为基础的，那么似乎促进这两层价值都是道德行动的目标。

根据对康德的善的理论的这一后果主义解释，我们有义务促进对于理性存在者的存在

〔22〕 斯蒂芬·恩格斯托姆于 1987 年 3 月在圣弗朗西斯科举行的美国哲学学会太平洋分会上对本文初稿所作的评论。

〔23〕 对康德的善的理论的其他讨论，参见我的"Consequentialism, Egoism, and the Moral Law," pp. 199-222, sec. 4.

（无条件的价值）来说是必要的条件，此外，我们有义务促进理性存在者的目的或者幸福（有条件的价值）。这样，似乎在原则上说一个康德主义者可能就不得不牺牲某些理性存在者，以便促进其他理性存在者的存在，或者一个康德主义者可能就不得不牺牲少数人的幸福，以便增进许多人的幸福。

甚至像艾伦·多纳根和杰弗里·墨菲这样坚持对康德的规范理论进行义务论解释的康德主义者也指出，目的自身公式是一个目的论原则。[24]作为一个目的论原则，目的自身的原则自然地将其自身引向一种后果主义的解释。当然，尽管如此，多纳根和墨菲也都坚持认为，康德的规范理论不是后果主义的。康德的目的自身的公式明显区别于其他形式的目的论，因为这一公式将理性存在者或者人视为理性行动的目的。有可能的是，对尊重人的康德式的强调为放弃其他可能的自然的后果主义解释提供了依据。

五、对人的尊重

可能有人会认为，目的自身公式本质上包含了对"人的尊重"这一概念，而没有包含"促进善"这一后果主义的概念。对人来说，作为客观目的而存在就是作为尊重的对象而存在，而不是作为要被促进的价值而存在，对人的尊重包含了尊重人的权利；也就是说，尊重在本质上涉及尊敬对行动所施加的以行动者为中心的约束。虽然多纳根和墨菲都没有论证说尊重的概念衍推了以行动者为中心的探讨，但多纳根的假定（目的自身公式产生了"禁止性的概念"）和墨菲的假定（尊重人包含了不干涉理性存在者自由）似乎都预设了这样一种衍推。为了回应这一反对意见，我们必须更为紧密地注意尊重的概念。尊重某物或者某人是什么意思？

斯蒂芬·达沃主张存在两类尊重："承认性的尊重"（recognition respect）和"评价性的尊重"（appraisal respect）。承认性的尊重"在于在慎思如何行动时给予尊重的对象的某一特征以适当的考虑和承认"。评价性的尊重，作为尊重对象的某些内在特征的后果，存在于对尊重对象的积极评价中。评价性的尊重本质上并不涉及任何这样的观念：一个人对那个对象的行动是如何被适当地约束的。既然对人的尊重被认为在决定我们的行动方面发

---

[24] Donagan, 63; Murphy, *Kant: The Philosophy of Rights*, pp. 70 – 76.

挥作用，其中所涉及尊重概念就是承认性的尊重。[25]

对承认性的尊重有一种狭窄的理解，这一理解被限制到道德上承认的尊重以及一个更为一般的尊重概念。道德上承认的尊重涉及在人们做什么的慎思中给予尊重对象的特征以适当的道德分量。在道德上尊重某个对象就是要规范自己的行动，也即是说，要约束或者使自己的行动与由这一对象所产生的道德要求相符合。根据承认性的尊重的最一般的概念，人们在慎思中所考虑的任何事实都是尊重的对象。这一概念是如此宽泛，以至于它涵盖了尊重的所有用法。（事实上这一概念可能太宽泛了）

"我们应当尊重人"这一要求是一个道德要求，它要求我们要根据由人的存在所产生的道德要求来规范我们的行动。现在，如达沃所指出的，对人的承认性的尊重"被鉴定为对这样一种道德要求的承认性的尊重，这种道德要求是因为人的存在而被置于一个人身上的"。但是，我们想要知道的当然就是因为人的存在而被置于一个人身上的道德要求。这样，道德上承认的尊重的概念无助于发现因为人的存在而产生的具体的道德要求。

康德式的规范理论和日常道德通常假设，对人的尊重在根本上涉及以行动者为中心的约束，而不是涉及后果主义的考虑。然而，尊重的概念并不支持这一假设。一种后果主义探讨与一种以行动者为中心的探讨在初步的意义上同样合适。进行其他假设完全是回避问题。事实上，如果一个人坚持认为，作为一个概念问题，尊重人在逻辑上涉及承诺以行动者为中心的约束，那么他就必须为将目的自身的公式解释为本质上涉及尊重的概念而不是某个后果主义的概念提供理论依据。

对人的尊重涉及必须给予存在着人这一事实以适当的实践考虑。"尊重"的这一意义不能解决如下问题：被视为适当的实践的考虑是什么。让我们回到冲突的义务根据以及仁慈（beneficence）的积极义务的性质和范围这一问题上来。

六、仁慈的义务

当一个人必须在杀死某个理性存在者和允许很多其他的理性存在者死亡之间进行选择时，他会怎么做？例如，如果迅速结束一场否则将是旷日持久的战争的唯一方法是进攻一

---

[25] Stephen L Darwall, "Two Kinds of Respect," *Ethics*, 88（1977）：36 – 49, *Impersonal Reason*（Ithaca, N. Y. : Cornell University Press, 1983）, pp. 148 ff. ; 引自他的论文，esp. pp. 38, 45.

个居民点，情况会怎样？这样一个行动当然会包括对许多平民（儿童、老人、反对战争的对立国家的国民，等等）的侵犯。如果我们假设这一行动将会极大地减少人类遭受的苦难和压迫，那么完全不清楚康德主义者为什么会认为不应当牺牲某个人以救活许多人。目的自身的公式要求一个人不应当仅仅将其他人作为实现某个主观目的的手段。但是，在这种类型的情形中，行动的目的就是要以某些人为手段来促进其他人的幸福，以便履行"人的普遍义务"（DV，p.452）；也就是说，这一目的是一个客观目的而非主观目的（GMM，pp.428，431）。

康德一再明确表示，我们有义务促进其他人的幸福。然而，有人会提出反对，认为仁慈的原则包含了两个重要的限制条件。我们有义务保存生命和自由或者促进其他人的幸福，（i）只要这样做没有涉及不道德地行动，（ii）只要这样做没有涉及对我们来说是不合理的牺牲。[26]

现在，可以认为这一反对意见不过是在乞求论题。牺牲某个人以救活许多人的康德式的义务不会要求一个人不道德地行动或者实施不合理的牺牲。如果它是一项义务，那么遵守它就不是不道德的，并且牺牲也不是不合理的；事实上，牺牲是为理性所要求的。考虑一下第一个限制条件。

根据这一后果主义的解释，一个康德主义者可能有义务牺牲某个人以救活许多人。如果这一主张是正确的，那么牺牲某个人以救活其他人就没有涉及不道德地行动。作为对这一后果主义解释的反对，第一个限制条件需要一个理由给它以非后果主义的含义。这样，如果一个人声称康德的目的自身公式明确地蕴含了一个原则，即不应当做那些可能引起善的坏事，并由此为第一个限制条件提供辩护，[27]那么他不能断定，为了其他人而牺牲某个人涉及做坏事以便由此而引起善。我们所要讨论的问题是如下断言的康德式的基础：牺牲某个人以救活其他人这样的行动并没有将人当作目的自身，因此涉及做坏事（例如，主张这一行动是不被许可的依据）。既然我们有义务促进其他人的幸福，我们就需要一个积极的理由，排除某人作为实现目的的手段的牺牲。

同样的考虑适用于第二个限制条件。在这里，所要讨论的问题是：如果一个行动者的行为是由把所有人都当作目的自身的客观目的来决定的，那么，从这样一个行动者的观点来看，哪些牺牲是不合理的。

---

〔26〕 我得到一位匿名的审阅人的提醒，使得我们对这一反对的回应更为明确。

〔27〕 多纳根有时似乎以这种方式论证；参见他关于"使徒保罗的原则"的讨论（p.155）。我将在下面第八节中讨论多纳根对完全义务和不完全义务不可能发生冲突的具体说明。

现在，发展第一个限制条件的一种不乞求论题的方式就是要捍卫对第二个限制条件的一种特殊解释。如果某个行动是必须的，那么似乎这一行动对所有受其影响的人来说都应当是合理地可接受的。例如，如果我必须对你的土地征税，那么人们就会认为，此税对你而言是合理地可接受的，并且你拒绝缴税是不被许可的。相反，如果你并非合理地被要求缴税，那么人们就会认为也不允许向其人征收此税。一般，如果某个行动者在道德上没有被要求承担牺牲，那么怎么能允许其他某个人牺牲这个行动者，将其作为实现客观目的的手段呢？事实上，如我们将要看到的，康德认为，只有当人们被合理地要求认可对他们的强制时，强制人们才是可允许的。这样第二个限制条件就可以被用来为第一个限制条件提供一种反后果主义的含义。

在仁慈的要求的程度上，康德的立场并不十分明确。他明确表示，仁慈的义务确实需要牺牲，但是他并没有明确讨论仁慈的义务需要多大的牺牲。例如他认为，我们必须为自己提供生活必需品，不能捐赠太多以至于我们需要其他人的救济（DV, pp. 451 - 453）。这可能暗示了我们的救助义务只受我们继续为自己提供基本必需品的能力的限制。它还暗示了这一限制的根据涉及促进慈善目的的最佳手段：人们不应当为某个目的牺牲太多，以至于需要接受其他人的救济。更一般地说，人们可以从这些段落推出，康德可能赞同彼特·辛格的仁慈原则："如果我们能够阻止某件非常坏的事情发生，而不因此牺牲任何具有同等道德重要性的东西，我们就应当阻止这一事情发生。"[28]考虑到康德的价值理论，这可能意味着我们应当促进其他人的幸福，只要我们并不是同等地牺牲我们的幸福，并且我们应当牺牲我们自己的自由或生命，如果这样做充分地促进了理性存在者所必需的存在环境。

在下一节，我将捍卫对仁慈义务的这一解释。不过，为了论证上的需要，让我们首先只假定仁慈并不要求重要的自我牺牲，看看会有什么样的结论。虽然康德在这一点上并不明确，我们将假定重要的牺牲是超出义务的（supererogatory）。[29]这样，如果我必须伤害某人以便救活许多人，我通过行动将要伤害到的这个人并不一定要在道德上肯定我的行

---

〔28〕 彼特·辛格用这一原则来为减轻世界饥饿的义务进行论证；参见 Peter Singer, *Practical Ethics* (Cambridge: Cambridge University Press, 1979)。

〔29〕 当康德称一个行为是"值得赞扬的"（meritorious），他并没有意指着一行为是职责以外的；他只是指这一行为符合义务但是超出我们被正义或法则所强制的（MEJ, 227 - 228; DV, 447）。在接下来的两节中，我将讨论康德的善行是否可以被正义或法律所要求。对分外善行（supererogation）的一个康德式的解释，参见 Nell, pp. 94 - 96.

动。另一方面，我有义务尽我所能帮助那些处于危急中的人。因此我就面临一种两难处境：如果我实施了行动，我就以一种理性存在者不必同意的方式伤害了一个人；如果我不行动，那么我就没有尽义务帮助那些处于危急中的人，并且因此没有促进客观目的。这一两难处境中的哪一种选择同目的自身公式更为一致呢？

我们绝不能通过把这种情形描述为"为了某个抽象的'社会实体'而牺牲个人"来模糊这一问题。这并不是某些人为了某个难以捉摸的"总体的社会善"而不得不承担代价的问题。相反，问题在于某些人是否必须为了其他人而承担不可避免的代价。例如，诺齐克认为，"以这样一种方式来使用人并没有充分尊重并考虑这一事实：他是一个独立的人，更准确地说，他是他所拥有的唯一生命"。[30] 然而，对于那些因为我们的不行动而没有得到救助的人，这为什么不同样为真呢？如果我们仅仅强调在我们采取行动的情况下就必须承担某种代价的人，那么我们就不能充分地尊重并考虑许多其他独立的人，他们每个人也都只有一次生命，都将为我们的不行动承担损失。

在这样一种处境中，一个自觉的康德式的行动者，一个为理性存在者的无条件的价值所激发的行动者，会选择什么呢？我们有义务促进理性存在者的存在所需的条件，但是选择行动和不行动都会使理性存在者失去生命。既然康德的原则的基础就是"作为目的自身而存在的理性本质"（GMM，p. 429），对这样一个两难处境的合理解决就涉及尽我们自己的能力促进理性存在者所必需的条件。如果我为了其他的理性存在者而牺牲某些理性存在者，我并没有任意利用他们，也没有否认理性存在者的无条件的价值。人们可能具有"尊严，一种无条件的、无与伦比的价值"，这一价值胜过任何市场价值（GMM，p. 436），但是作为理性存在者，人们还有一种根本的平等，这种平等要求某些人有时候必须为了其他人而作出让步。这样，目的自身公式并不支持这一观点：我们绝不可以为了让其他人受益而强迫某个人承受某一损失。如果人们集中于理性存在者的这一平等价值，那么同等的考虑要求人们牺牲某个人以救活许多人。

不过，既然我们在上文中假设极端的自我牺牲并非是道德上必须的，我们就得到两个彼此关系紧张的论点：第一，我有义务为了其他人而牺牲某个人；第二，被牺牲的这个人没有义务承担这种牺牲。从一个康德式的观点来看，用不能理性地要求人们行动的方式来强迫他们行动似乎是不允许的。

事实上，目的王国公式意味着：某个理性存在者所意愿的准则同其他每个理性意志总

---

[30] Nozick，p. 33.

是意愿的准则相一致，以至于在一个理性存在者的世界中，所有的理性存在者都将在一种合法的自由状态中和平共存。这样，如果人们将目的自身公式理解为包含了目的王国中合理准则的和谐一致，那么没有被理性地要求的牺牲就不应当是可强迫的。

上面所建议的对这个两难处境的解决涉及为了挽救其他人、在违背某些人的理性意志的情况下牺牲他们，因此这种解绝不符合一种和谐的目的王国的景象。为了避免结果所得到的这种不和谐的解决方法，人们可能会质疑产生这一两难处境的假设。这一两难处境是由如下假设产生的：仁慈并不要求重要的牺牲。然而，如果理性行动的客观目的是理性本质和幸福，那么康德式的仁慈义务就要求这样一种牺牲，这种牺牲将会充分地促进生命、自由或者其他人的幸福。按照对我们的积极义务的这种更加斯巴达式的解释，理性存在者的合法目的就不会发生冲突。事实上，如果人们坚持认为这一康德式的仁慈义务要求重要的牺牲，那么由此而产生的规范理论可以毫不困难地将康德式的和谐目的王国的理想包括在内。

七、斯巴达式的康德主义

在为了促进自由和繁荣而必须牺牲无辜者的标准情形中，斯巴达式的康德主义者会承认她的牺牲是她所接受的道德原则所要求的。这样，作为一个自觉的道德行动者，她要么就会自愿地承担这一负担，要么在自愿行动是不可能的情况下，就会承认其他人对她的生活、自由或者财产的侵犯是实现一个必须要实现的目的的必要手段。按照这一解释，为了促进某个道德目标，一个人可能在道德上就必须牺牲他的无辜的自己，或者接受其他人要求她作出的牺牲。

自觉的道德行动者给予他们自己的法则可能会要求那种充分地促进其他人的合法目的的牺牲。这一见解与康德的如下观点完全相符：我们是"具有需要的理性存在者，生来就为了彼此互相帮助这一目的而被结合在一处"（DV, p. 452）。当然，诺齐克等人可以正确地指出，被牺牲的这个人"并没有从他的牺牲中得到某种更为重要的善"，[31]但是康德不是正确地强调了"每个人的仁慈义务都是在'不希望通过这一义务得到任何东西'（DV, p. 452）的情况下被完成的"吗？

---

[31] Ibid., p. 33.

然而有人可能会表示反对，认为这一斯巴达式的解释因为要求自我牺牲而违反了康德的不要将人（不论是自己还是其他人）仅仅当作手段的命令，这样这一解释就违反了康德对绝对命令的第二个表述。这一反对是失败的。对于康德主义者来说，如果一项牺牲是道德法则所要求的，那么这一牺牲并没有涉及仅仅将其他人或者本人当作手段来加以利用。事实上，如果我们不被允许将其他人的利益置于我们自己的利益之上，那么对其他人的一切无私帮助就将是被绝对禁止的。如果我们不是有时候被要求将其他人的利益置于我们自己的利益之上，那么康德主义者就不可能承认任何积极的道德义务。

这一斯巴达式的解释有别于其他的解释，只是因为这一解释消除了对原则上必须作出的牺牲的所有限制。虽然康德并没有详细讨论这一问题，但从他的论证中我们可以明确地看到这样的行动是可允许的。为了所有人的更大善而牺牲自己并不是"把自己仅仅当作实现某个任意目的的手段"，并没有预设一个"从所有义务中摆脱出来的道德称号"（DV, p. 422）。这一目的并不是任意的或者立足于单纯的倾向；相反，对于所有理性存在者来说，它都是一个必须履行的目的。这一动机不是自私的；相反，"它是每个人的仁慈义务——也就是说，通过他的手段促进处于危急中的其他人的幸福，但并不希望通过这一行动来得到任何东西——对处于危急中的人实施仁慈是人的一个普遍义务"（DV, p. 452）。为了道德目标而作出的自我牺牲行动是可允许的；问题在于它们是否是义务性的。

对这种斯巴达式的康德主义解释的最合理的回应承认义务可能要求重要的牺牲，但仍然坚持认为其他人不能合法地强制一个人行慈。根据这一回应，仁慈是一项义务，但它不是可强制的义务。因为根据康德的观点，只有正义的义务才是可强制的，而美德的义务则不是，仁慈是美德的而非正义的要求。事实上，对仁慈的强制本身就是对正义的违反；如多纳根所乐于指出的，对仁慈的强制涉及"为了产生善而做坏事"。

康德对仁慈的大多数讨论支持上述回应。在《道德形而上学》中，康德区分了可强制的正义的义务和不可强制的美德的义务，并把仁慈归为一种美德的义务。此外，《道德形而上学》的基本观点是对日常道德的准确反映。事实上，我们不应当强制一般的仁慈，这一结论已经为许多后果主义者甚至是功利主义者所捍卫。问题是这一常识立场是否有一个非后果主义的康德式的基础。

仁慈的义务是人的一个普遍义务；也就是说，仁慈的行动是理性上所要求的行动。既然消极义务服从于强制，似乎积极义务也可以服从于强制。这样，如果有人主张仁慈不应当被强制，那么他就必须为如下做法提供一个理由：把慈善的要求处理为不同于消极义务的要求，例如禁止暴力、偷盗和不守诺言。"积极义务是不可强制的"这一主张的最有可能的根据可能涉及对强制的辩护。有人可能会认为对强制的辩护也为强制的限度提供了一个说明。然而，康德对强制的辩护和强制的正当范围提出的说明并没有为上述限制和区别提供依据。

在康德看来，强制性的活动与尊重人的道德自主性是相一致的。成为一个康德式的自主的行动者就是要将道德理由作为行动的依据。尊重人的这种能力并没有排除强制这样一些人，他们没有按照道德要求他们去行动的那种方式去行动。康德解释如下："如果对自由的某种使用本身是对依据普遍法则的自由的阻碍（那是不正义的），那么用来消除这一阻碍的强制，就其阻止了对自由的阻碍而言，与依据普遍法则的自由是相一致的；换句话说，对强制的这一使用是正义的——事实上，正义的概念可以被认为直接是由把两种东西结合起来的可能性构成的，一种东西是普遍的、互惠的强制，另一种东西是每个人的自由。"（MEJ，pp. 231–232）对强制的这种普遍的、互惠的使用的可能性就存在于目的王国中。如果某些人没有合乎道德地行动，那么他们可能会被强制依照他们的义务来行动：若不是这样，所有的惩罚和自我保护都将是不被许可的。

康德确实论证说，我们只能强制他人依据义务来行动，而不能从义务的动机上强制他人。这样他将义务分为外在立法的义务和内在立法的义务，他称前者为"正义的义务"，称后者为"美德的义务"（MEJ，pp. 218–220）。康德还主张"仁慈的义务虽然是外在义务（外在行动的义务），但被认为属于伦理（美德），因为它们的立法只能是内在的"（MEJ，p. 221）。然而，这是令人误解的。

关键在于对其他人的真正关心不可能被立法，而不是救助行动本身不可能被立法。既然仁慈预设了一个特殊动机，如果救助是被强制的，那么救助行动就不是仁慈行动，因此仁慈不可能被外在地立法。如下引文有助于阐明这一点："所有的义务要么是正义的义务，即那些有可能对其进行外在立法的义务，要么是美德的义务，对这种义务而言，这样的立法是不可能的。美德的义务不可能成为外在立法的主题，因为它们所涉及的目的（或者对目的的采纳）同时也是一项义务，而外在立法不可能影响对目的的采纳（因为对目的的采纳是心灵的一种内在状态），**虽然外在行动可以被命令来导致这一目的，而无需让主体自己把这些行动确立为他的目的**。"（MEJ，p. 239；强调是我加的）。原则上不能被外在地立法的是行动者的动机，他的心灵的一种内在状态，而不是相对应的外在行动。事实上，康德明确表示"外在行动可以被命令"来促进我们在道德上必须采纳的目的。为积极的救助行动进行外在立法明显是可能的。虽然康德作出了这样的区分，但没有理由认为为什么是善行（beneficence），而不是仁慈心（benevolence），不应当被看做一项正义的义务。

不管康德在其他地方对强制和积极义务提出了什么观点是，他没有提出任何论证把对强制的使用限制到对消极义务的强化。

另一方面，康德确实主张"政府被授权要求富人为那些不能为自己提供最必需的自然必需品的人提供维持生计的钱财"（MEJ, p. 326）。此外，康德还对公共税收进行辩护，认为公共税收要用于维持医院（国民卫生保健）和"国民经济、财政和政治"（MEJ, pp. 321 – 328）等一般的行政机构。这些段落反映了康德认识到善行可以是正义的要求，并且有时候应当为法律所要求。康德并没有讨论上述解释所许可的那些更为极端的做法。但是，不管我们的日常信念可能是什么，康德的论证完全没有排除被认为只是困扰着后果主义的规范理论的那种牺牲。

当然，一个康德主义者实际上可以并且应当求助于好的后果主义的理由来限制对强制的使用，为个人自由留下余地。此外，如康德可能认为的，有限的理性存在者不可能被期望完全满足义务的要求。这样，康德可能遵循至少可以追溯到阿奎那的传统，这一传统承认人类的法律只应当为那些更有害的不道德行为外在地立法，并将其要求设置在正常的有美德的理性存在者能够满足的水平上。完美的美德最适合留给有限的存在者的内在立法。然而，康德主义者没有为以行动者为中心的约束提供某个更为直接的、不可辩驳的辩护。原则上，一个康德式的道德行动者可能被要求杀死一个人以救活两个人。

在康德看来，道德行动的客观目的是理性存在者的存在。对理性存在者的尊重要求人们在决定做什么时，应当给予理性存在者的无条件价值和幸福的有条件价值以适当的实践上的考虑。既然以行动者为中心的约束要求一个并非以价值为中心的依据，对"人们应当给予所有理性存在者以同种的尊重"这一要求的最为自然的解释，就导致了一种后果主义的规范理论。我们已经看到并不存在合理的康德式的理由来放弃这一自然的后果主义解释。

尤其是，一种后果主义的解释并不要求作出在康德主义者看来应当是不合理的牺牲，也不涉及为了产生善而做坏事。它只要求一个毫不妥协的承诺和一个认识。那个承诺是：所有理性存在者都具有同等的价值和同等的主张；那个认识是：在对行为的道德考虑中，一个人自己的主观关切并不具有高于一切的重要性。

然而，当代的新康德主义者仍然可能确信，某个被忽视或者被误解的文本的至关重要的部分提供了以行动者为中心的约束所缺少的依据。有时候我怀疑是否再多的证明也不能动摇多年的信念。尽管如此，让我们还是考虑最后一个康德式的区分，这一区分被普遍认为是一个义务论的规范理论的康德式的基础。

八、完全义务的和不完全义务 [32]

有人试图求助于康德在完全义务和不完全义务之间的区分来解决义务的明显冲突，并因此避免上述后果主义结论。对这一区分的道德相关性有许多可能的解释。我将集中在三种解释上面，其中两种解释是由康德的评论所暗示出来，另一种通常的解释是由密尔提出来的。看一下这些解释是否提供了一种可替代上述后果主义结论的选择。

正如佩顿、多纳根和昂所论证的，完全义务和不完全义务的区分涉及我们在遵守不完全的义务而非完全的义务时我们可以行使的自由或决断。[33]康德解释道，一项完全义务"不允许有利于偏好的例外"（GMM，p. 421 n.）反之，一项不完全义务则允许在遵循（遵守）法则时为自由选择留下一定的"游戏空间"（范围）（DV，p. 389）。在不完全义务而非完全义务的情形中，个人在决定如何履行这些义务时具有一定的自行决定。我将遵从康德，把具有这一特性的义务称为"广泛的"义务，把没有这一特性的义务称为"狭窄的"义务（DV，p. 389）。这样完全义务和不完全义务的区分本质上就涉及狭窄义务和广泛义务的区分。

康德认为完全义务涉及"行动准则"，而不完全义务涉及"目的准则"。他对此提出的说明有助于阐明这一区分（DV，p. 389）。一些义务准则与我们必须履行或者避免实施的特定行动有关，另一些义务准则与我们必须采纳的目的有关。当我们采纳一个目的时，存在着许多可能促进这一目的的可能的手段和行动。例如，存在着许多同等应受捐助的慈善团体，我可以向其中的每一个慈善团体提供捐助。仁慈的不完全义务要求我有一个帮助应受捐助的慈善团体的一般义务，但并没有准确告诉我应当帮助哪一个慈善团体以及我必须捐助多少钱财。在这一意义上，不完全义务在如何履行这一义务上允许一定程度的自由或自行决定。然而，完全义务则要求人们避免实施或者必须完成特定的行动。人们完全被

---

〔32〕　这一节因为舍利·卡根的大量批评而得到极大改进。他的评论显著地长于我的原始文本，激发我对这一论证进行彻底修正，因此除去了许多困惑和错误。

〔33〕　参见佩顿对《道德形而上学基础》的翻译，p. 137，note 53，n. 1；在《绝对命令》一书中，佩顿强调了完全义务的凌驾性。但是如他所承认的，在这两类义务之间必定有某种差异，这一差异可以说明为什么完全义务优先于不完全义务；Donagan，pp. 154 ff.；Aune，pp. 188 – 194. 昂的讨论在某些方面同本文接下来对完全义务和不完全义务的讨论是相似的。

禁止偷盗、谋杀或者不偿还债务。某些完全义务要求实施一个行动，而不只是要求禁止某些行动。这样，某些完全义务可能以不同的方式得到履行——我可以用十个一美元或两个五美元或一个十美元等来偿还一项十美元的债务——但是这些完全义务仍然需要行动者向特定的人作出确定的行动。相比较，涉及目的准则的不完全义务则允许行动者有某种重要程度的自由去选择哪些确定的行动是所要求的。我们可以这样来解释不完全义务的广泛性和完全义务的狭窄性。

（1）由于这一区分，有人可能会论证说，在一个人必须在完全义务和不完全义务之间进行选择的情形中，由于不完全义务的广泛性，这种义务就不如狭窄的完全义务那么重要，或者那么有约束力。虽然康德从未提出这种主张，但他指出：在"义务的依据之间发生冲突的情况下，更强的义务根据会获胜"（MEJ, p. 224），这一阐释可能暗示了上述主张。

然而，这一主张并不令人信服。不完全义务的广泛性或者在履行这种义务上所具有的那种自由度与它们的义务性（obligatory）力量有什么关系呢？例如，考虑一下帮助那些处在危急中的人这一义务性目的：为什么我们帮助所有处于危急中的人的义务会因为我们不能帮助所有人而减轻呢？假设有十个人需要帮助，而我只能帮助三个人。在这种情况下，我就不能帮助所有处于危急中的人，但是我仍然有义务帮助他们当中的三个人。例如，如果我在一艘船上，发现有十个人从船上落入水中，我能为他们做的唯一事情就是将三套救生用具扔给他们当中的三个人，那么我只能帮助十个人中的三个人，我可以自由决定要帮助哪三个人。在这个意义上，在如何履行这一义务上我有一定的自由。但是这种自由在逻辑上不可以被转换为一种较弱的义务根据。我们有时候必须选择所要帮助的人，但是仍然有义务帮助我们能够合理地帮助的所有人。不完全义务的广泛性没有为相信完全义务比不完全义务更为重要这一点提供辩护。

在康德看来，不完全义务在如下意义上也是广泛的：它并没有告诉我们"为了实现义务性的目的，一个人应当实施多少行动"（DV, p. 399）。有人或许简单地把这个说法理解为：每一个人都有权自行决定履行不完全义务需要作出多大的自我牺牲。然而，康德解释道，在决定为了促进客观目的而必须做多少这件事情上，偏好所具有的自由"不应被理解为一种可以不遵守行动准则的许可，而只应被理解为这样一种许可，这种许可允许用另外一项义务准则来限制一项义务准则（例如，用对父母的爱来限制对邻居的爱）——这种许可拓宽了美德实践的范围。"（DV, p. 389）这样，在上面的例子中，如果我的父母是从船上落水的十个人中的两个人，我可以（或者必须）将三套救生用具中的两套扔给我的父母。

虽然我们直观上认为完全义务比不完全义务更有约束力，但不完全义务的广泛性本身没有为这些直观提供任何支持。

（2）艾伦·多纳根指出，虽然不完全义务的广泛性没有使它们较不具有约束力，但其广泛性确实说明了完全义务在规范行动方面的优先性。在多纳根看来，"一项完全义务仅仅是不实施或者不忽略某些类型的行动的义务，……相反，一项不完全义务就是总是促进某个一般目的的义务"。一项完全义务排除或者禁止特定的作为或不作为；也就是说，它排除或者禁止了谋杀、偷盗或者不守诺言。多纳根认为，既然一项不完全义务就是促进某个一般目的的义务，它就没有"排除或者禁止任何特定的作为或不作为"。既然完全义务禁止特定的作为或不作为，而不完全义务没有禁止特定的行动，那么促进不完全义务的一般目的就不能要求违反一项禁止特定行动的完全义务。这样多纳根就推断说，如果我们承认完全义务和不完全义务的区分涉及禁止特定的行动和促进一般目的之间的差异，那么我们就会明白在这两种义务之间完全不可能发生冲突。[34]

多纳根的论证不同于第一个论证，他的论证并没有预设不完全义务仅仅因为它们是广泛的，因此较为不重要。事实上，既然在完全义务和不完全义务之间不存在冲突，一种类型的义务就不必比另一类义务更为重要。

在多纳根看来，完全义务和不完全义务之间的冲突被消除了，因为促进一个一般目的的义务并不"排除许可或者禁止任何特定的行动"。这是令人信服的吗？尤其是，促进一个一般目的真的不要求任何特定的行动（也就是说，真的不排除任何特定的不行动）吗？

在康德看来，如果一个人意愿一个目的，那么他也会意愿实现这一目的的必要手段（GMM，pp. 417）。这样，如果人们意愿将其他人的幸福作为目的，那么他们也必定意愿那些作为实现其他人的幸福的必要手段的行动。由此推出，实施或者忽略特定的行动与促进一个一般目的可以不一致。促进其他人的幸福的义务要求我做（不忽略）这样一些行动：按照我的最佳判断，这些行动对于促进其他人的幸福来说是必要的。例如，如果我能够使某人免于遭受严重伤害，而我自己没有付出同等的代价，那么促进其他人的幸福的义务就要求我采取行动。

然而，有人可能反对如下观点：不完全义务的广泛性意味着没有特定的行动是实现客观目的的必要手段。多纳根可能会主张，如果人们因为促进客观目的的唯一手段涉及对一

---

[34] Donagan, pp. 154 – 155.

项完全义务的违反，因此没有促进这一客观目的，那么他根本没有违反一项不完全义务——人们总是可以通过其他方式来履行不完全义务，这样人们就从来不需要违反一项完全义务来履行一项不完全义务。例如，我从来不需要违反一项帮助处于危急中的人的完全义务，因为我总是可以在某个其他时间帮助这个人，或者在其他某个时间帮助某个其他人，以便履行我的不完全义务。既然完全义务没有留下任何游戏空间或选择余地，既然不完全义务可以通过促进客观目的的任何行动而得到履行，促进客观目的的义务完全不需要违反一项完全义务。这样不完全义务就不会同完全义务发生冲突。

当康德声称一项义务的依据可能比另一项义务的依据更强，因此不存在不可解决的义务冲突时，他所想到的可能就是这种论证的要点，而不是第一个论证的要点。然而，即使不考虑文本解释上的问题，这一论证本身也存在严重问题。

首先，这一论证认为人们永远不需要为了一项不完全义务而违反一项完全义务，因为不完全义务总是可以用其他方式得到履行。然而，舍利·卡根已经指出，对一个广泛的义务来说情况有可能是，在所有可能促进广泛义务的目的的选择中，每一个给定的选择都可能违反某个完全义务。这样不完全义务的广泛性就不可能意味着：即便不违反一项狭窄的完全义务，不完全义务也能得到履行。因此，在一个不完全义务的要求和一个或多个完全义务之间仍然可能有重要的冲突。〔35〕在这种冲突的情形中，就不可能发现任何理由，借此断言完全义务提供了一个更强的义务的根据。

这一论证的第二个问题是，当如此来解释完全义务和不完全义务的区分时，它与积极义务和消极义务的区分不相一致。简单地说，我们可能具有完全的积极的义务；例如仁慈可以是一项完全义务。如果完全义务和不完全义务的区分被认为给消极义务对积极义务的优先性提供了一个康德式的依据，那么这两类区分就有必要相一致。用多纳根的说法，如果仁慈的义务排除了避免做特定的行动，那么它就是一项完全义务。如果仁慈是一项完全义务，那么人们不可能诉诸它的不完全的地位来说明为什么它不可能同其他完全义务相冲突。

甚至按照多纳根自己对仁慈的义务的解释，也可以得出存在着完全的积极义务这一结论。多纳根主张，将他人当作目的自身这一康德式的义务产生了一项仁慈的积极义务："不通过自身是可允许的行动来促进其他人的福利是不被允许的，因为人们可以这样做，而没有为自己带来与其他人的福利相称的不便。"此外，他承认（在他不是在讨论完全义

---

〔35〕 Shelly Kagan，专业通信（1989）。

务和不完全义务的区分的一个文本中）仁慈的原则对一个人提出了这一要求："如果遇到另一个当时需要帮助的人，而只有他才能给予帮助，而没有为自己带来与帮助相比不成比例的不便，那么仁慈的原则就要求他给予这一帮助。"[36]由此可见，有时不实施某些特定的仁慈行动是不被允许的，因此按照多纳根自己的说法，这样的行动是完全义务。

很容易想像这样的情形，在这种情形中，只存在一个我能够帮助的人，而仁慈的积极义务是一项完全义务。考虑如下例子：一艘船在百慕大沉没，一个在水中的幸存者向救生艇上的幸存者呼救。在这样一种情形中，只有一个人需要救助，而且只有一个救生艇能够提供救助。在假设这些因素的前提下，救生艇上只有一个人能够提供帮助。世界上同样有很多人需要帮助，这一点与此事完全无关。救助的积极义务的广泛性允许为了另一个促进同样客观目的的行动而放弃一个特定的救助行动，但在这一情形中却没有这样的自由选择。例如，我不能通过打算在其他某个场合帮助某个人，来为我在这一情形中的不作为做辩解。既然我既可以救这个人，也可以救某个其他场合中的另外一个人，因此，如果我没有救其中一个人，那么我就没有履行我的救助的积极义务。因此在这一例子中，履行救助的积极义务的唯一方式就是将这个快要被淹死的人拉上救生艇。总之，对我们来说，帮助所有我们能够帮助的人有时候是可能的，因此救助的义务有时候可能要求一个特定的行动，因此成为一项完全义务。

因此，多纳根不能利用完全义务和不完全义务的区分来说明：为什么人们永远不能为了帮助处于危急中的某些人而杀人、偷盗或者说谎。即使在完全义务和不完全义务之间没有冲突，仍然可能有这种情形：完全的、积极的仁慈义务可以与其他的不杀害、不偷盗或不撒谎的完全义务发生冲突。

考虑另外一个改编自托马斯·内格尔的例子，这个例子涉及完全的积极义务和完全的消极义务的冲突。[37]一个晚上，在一条偏僻的乡村公路上，我遭遇了一起事故，但事故并不是因为我的应受责备的过错而发生的。由于车上安装了驾驶员安全气囊，我没有受伤。但我的两位乘客就没有那么幸运了，他们都受了重伤。我记起从公路后退大约一英里处有一个农场，便跑到那个农场求救。但是令我沮丧的是，房子的主人不愿意提供任何帮

[36] Donagan, pp. 85–86. 多纳根用通常的两个限制来限定仁慈原则，（i）可容许的手段和（ii）成比例的不便。如上文第六到七节所说明的，这些限制并没有影响所讨论问题中的这一点。

[37] Thomas Nagel, "The Limits of Objectivity," in *Tanner Lectures on Human Values*, ed. Sterling Mc-Murrin（Salt Lake City：University of Utah Press，1980），pp. 126ff.；或者参见 Thomas Nagel, *The View From Nowhere*（New York：Oxford University Press，1986），chap. 9.

助或者将停在车道上的车借给。假设我有足够的能力并且没有明显的手段可以帮助车上的两位乘客，我应当强行从这个人手中偷走这辆车以便救助受伤的两个人吗？这个例子涉及在侵犯的消极义务和救助的积极义务之间的冲突。两种义务都是狭窄的，因此都是完全义务。

在许多情形中，一个人有义务对其进行帮助的某个人或某些人可以通过上述情形而得清楚地显示出来。虽然仁慈的义务通常是广泛的，但它也常常是狭窄的。事实上，假设只有通过杀死一个人我才能救活两个特定的人，也就是说，不存在另外两个人是我可以通过不杀死这个人就能救助的，而且，除了杀死这个人外，没有任何其他的方式救活这两个人。那么，在这种标准的情形中，这两个义务都是狭窄的，因此完全义务和不完全义务的相对的道德地位是不相干的。而且，在对仁慈的义务进行限制的这些条件不存在的情况下，一个后果主义者会被要求用一种不杀死这个人的方式来救助这两个人，或者会用不要求杀害一个人的方式来救助另外两个人。这些并不是孤立的、没有意思的反例，因为要是救助的义务对应于一项狭窄的义务，一个后果主义者可能就只需要杀死一个人以救活其他人。

虽然多纳根诉诸我们的日常直观，认为我们不能用杀人、偷盗和撒谎之类的手段来救助那些需要帮助的人，但完全义务和不完全义务的区分，当被理解为狭窄义务和广泛义务的区分时，没有为限制仁慈的义务提供任何康德式的依据。因此，多纳根对完全义务和不完全义务的区分的说明没有为我们的日常直观提供一个康德式的辩护。

积极义务可以是完全义务，这一结论为完全义务和不完全义务的区分的道德相关性的第一个解释提出了一个另外的问题。即使为了论证的需要，我们承认完全义务因为是狭窄的而非广泛的，因此就比不完全义务更重要，但人们仍然不能得出这一结论：消极义务比积极义务更重要。积极义务可以是狭窄的和完全的，因此与狭窄的、完全的消极义务一样重要和有约束力。

（3）对完全义务和不完全义务的区分的最后一种解释值得简短的讨论。就像 J. S. 密尔所做的那样，杰弗里·墨菲指出，康德对完全义务和不完全义务的区分事实上涉及相关权利的问题：完全义务与可指定的权利有关，如果完全义务得不到履行，可指定的权利就会被侵犯；不完全义务涉及人们应当去做的行动，但是如果人们没有去做，就没有可指定的权利会被侵犯。如墨菲所指出的，在仁慈的情形中，"没有人可以正当地要求我应当使他幸福，可以在我没有让他幸福的情况下认为自己受到了不公正的对待，（但是）我对其负有契约义务的人可以正当地要求我遵守这一契约，可以在我没履行这一契约的情况下正当地认为自己受到了不公正的待遇"[38]。仁慈的义务当然是帮助有所需要的人们的义务，而不只是让其他人幸福的义务。尽管如此，从日常的、直观的观点来看，债权人拥有要求偿付债权的相关权利，而穷困的人却没有一个类似的要求帮助的相关权利。让我们来仔细看看对完全义务和不完全义务的区分的最后这种解释是否提供了新康德主义希望得到的结论。

现在，在相关权利和完全义务的狭窄性之间存在着两种可能的蕴涵关系。人们可能认为正是完全义务的狭窄性使得这种义务与一项可指定的权利相关联。另一方面，人们可能认为正是相关权利使得一项义务是狭窄的并因此是完全的。新康德主义希望得到的那个结论并没有遵循任何一方面。第一个提议面临着同多纳根的解释同样类型的问题，第二个提议预设了一个对相关权利的在先的、成问题的说明。

首先，我们刚才已经看到，我们的仁慈的义务可以是狭窄的，因此是完全的。由此推出，在这种情形中，我们有一个与仁慈相关联的权利。事实上，正如我们的积极义务可以是狭窄的和完全的，我们发现我们的消极义务也可以是广泛的和不完全的。因为消极义务除了包括不杀人和不偷盗，还包括像守诺、偿还债务和讲真话这样的义务，这些义务要求我们采取行动而不仅仅是不行动，在这些情形中消极义务就是广泛的，并因此是不完全的。例如，假设我欠十个人每人1 000美元，但是，由于自己不应受责备的过错，我现在只有2 000美元，我该怎么办呢？因为我不能偿还我所欠的所有债务，我必须决定把钱还给谁。既然"应当"蕴含着"能够"，我偿还债务的义务仅使我有义务做所有我能够合理而正当地做的事情。由此推出，我只有义务偿还其中两个人的债务，而且我必须自行决定偿还哪两个人的债务。这个例子与十个人每人需要1 000美元，而我只有2 000美元可以分发的例子在我所能具有的自由度上并没有什么不同。这样，消极义务可以是广泛的和不完全的。

当然，如果我偶然得到足够的钱，我就必须偿还其他人的债务，在这一意义上，我仍然欠其他八个人每人1 000美元。但是我帮助的义务也是同样如此。如果我偶然得到另外8 000美元，并且可以合理地支出这些钱，那么帮助那些处于危急中的人们的义务性目的将使我有义务帮助其他八个人。我们认为债权人的要求与贫困者的要求不同。例如，我们说欠其他人的债务并没有被解除，除非这些债务得到偿还。但是我们同样可以认为贫困者

---

〔38〕 Murphy, *Kant: The Philosophy of Rights*, p. 51, esp. p. 146. 在此处他认为帮助危难中的其他人可以是一项完全义务，因此服从于国家强制；参见 J. S. Mill, *Utilitarianism*, chap. 5.

的要求没有得到满足。这样人们必须单独表明前者的义务要比后者的义务更为重要，因为这些义务在广泛性上面没有差异。

直观上说，我们相信我们必须为债权人所做的事情要多于我们必须为贫困者所做的事情，并且债权人可以向我们要求更多。仁慈的义务要求我们作出的牺牲没有为偿还债务而必须作出的牺牲更严重。在对多纳根的回应中，我们注意到，在不实施或者避免特定行动的义务和促进一般目的的义务之间的区分本身并没有产生这个直观结论。在目前的提议的情形中，狭窄义务和广泛义务的区分不可能说明关于相关权利的日常直观。仁慈的义务可以是狭窄的并因此是完全的，契约的义务可以是广泛的并因此是不完全的。由第一个提议可以推知，仁慈通常可以产生相关的权利，而契约则可能不会产生这一权利。

有人可能提出反对意见，认为第二个提议是正确的。第一个提议似乎使得事情倒退：狭窄性并不蕴含权利。相反，契约是完全义务，因为契约产生了相关权利，而且正是相关权利使得义务变得狭窄。另一方面，仁慈是不完全义务，因为它没有产生相关权利。因为这一原因，人们在履行仁慈的义务上面有一定的自由度。第二个建议比第一个建议更为合理，而且，在墨菲对完全义务和不完全义务的区分解释中，它可能是一个基础的思想。尽管如此，这一建议要么预设了一个独立的主张，即契约而非善行产生了相关的权利，要么明显是在回避问题。

当然，密尔对他正确地认为与完全义务相一致的正义原则以及相关权利的本质和根据提出了一个独立的功利主义的说明。正义原则是社会规则，由法律所强制，保护个人权利。密尔坚持认为拥有一项权利就是拥有某物，而社会应当对我占有某物进行保护；他主张社会应当这样做，因为这样做促进了总体的幸福。[39]但是，暂不考虑后果主义者对社会为什么特别应当保护我对安全和自由的享有、应当强制遵守契约所提出的说明，我们需要一个用来限制相关权利的范围的康德式的理由。既然将人当作目的自身同时涉及积极义务和消极义务，我们需要某个非后果主义的理由来分配与消极义务而非积极义务相关联的权利。这样，对于一个康德主义者来说，按照相关权利来区分完全义务和不完全义务的做法就没有提供任何规范性的指导，因为这种做法没有解决可指定的权利的本质和范围的问题。如果第三至第七部分的论证是可靠的，那么康德主义者原则上就没有理由限制可指定的权利的范围，以便使这种权利只与消极义务相关。

我们已经看到如下结论：第一，不完全义务的广泛性没有为不完全义务不如完全义务

---

[39]　J. S. Mill, *Utilitarianism*, chap. 5; and *On Liberty*.

重要这一主张提供任何理由。第二，完全义务和不完全义务的区分在任何内在的方式上都不与消极义务和积极义务的区分相一致；事实上，积极义务可以是完全义务。因此，即使完全义务和不完全义务之间不发生冲突，完全的积极义务和完全的消极义务之间也可能发生冲突。在这样的冲突中，完全义务和不完全义务的区分并没有为给予消极义务以优先性提供任何理由。第三，除非有独立的论证表明只有消极义务才与权利相关，否则我们就不能论证说完全义务涉及可指定的权利。因此，我们仍然没有理由相信，康德式的仁慈义务与需要帮助的贫困者的权利并不相关，而我们可以不付出同等的代价就可以提供这些帮助。

九、结论

尽管人们普遍假设康德的规范理论产生了以行动者为中心的约束，但是我们并没有发现对这种约束的康德式的辩护。也许对康德的基础理论的这种反后果主义的强调鼓励了这个普遍假设。也许康德自己对其理论的严格的义务论的应用使得他的规范理论似乎很明显是义务论的。也许康德在正义和美德之间、或者在完全义务和不完全义务之间所做的区分似乎产生了以行动者为中心的约束，因此导致了这一普遍假设。事实上，也许这些区分甚至导致康德错误地认为他的理论产生了以行动者为中心的约束。无论对这一假设的解释是什么，康德的将人当作目的自身而不是仅仅当作手段的要求并没有产生一个在根本上具有义务论结构的规范理论。

事实上，即使康德对具体的道德案例持有义务论的直观，但他的基本的规范理论最好被解释为在根本上具有一个后果主义的结构。为了辩护以行动者为中心的约束，人们需要一个不以价值为基础的根据。新康德主义者试图通过诉诸将人当作目的的康德式的原则来提供这样一个根据。新康德主义的策略很清楚：将人当作目的涉及尊重人，对人的尊重涉及对行动施加以行动者为中心的约束。然而，我们已经看到这一策略是有问题的。这一康德式的原则本身产生了促进一个道德目标的义务：我们必须促进理性存在者所必需的条件，让其他人的目的成为自己的目的，而这项义务正是"将人当作目的"的一个本质部分。虽然目的自身公式规定了一个我们有义务促进的道德目标，但它并没有为以行动者为中心的约束提供任何依据，以行动者为中心的约束的功能是在我们追求道德目标时对我们可以做什么进行限制。这样，尊重人的命令就产生了一种后果主义的规范理论，而不是新康德主义者所期望的那种义务论的规范理论。

因此，一个康德主义者似乎应当是一个规范的后果主义者。当然，许多新康德主义者可能宁愿抛弃康德主义也不愿赞同康德式的后果主义。这种对后果主义的不可改变的敌意更像是隐而不显的义务论的直观主义的证据，而不像是康德主义真正的规范力量的证据。对很多人来说，日常的直观是所有道德问题的最终法庭。我没有对直率的义务论的直觉主义提出反对意见。但是康德式的修辞无助于掩护这一观点。其他新康德主义者可能会提出他们自己的论证来填补康德的规范理论的裂隙，他们希望把这一观点称为康德主义。但是这些新康德主义者的观点不可能为康德的规范理论所支持，因此它们就必须依靠自己的优点。事实上，康德的后果主义的规范理论为挑战这些新康德主义的义务论的规范理论提供了根据。

自觉的康德式的行动者有一个基本义务，在可能的范围内为促进所有理性存在者的自由和幸福而努力。在对这一道德目标的追求中，可能某些人的利益必须为了其他人的利益而作出让步。如果我们作出牺牲，我们并不是仅仅是被当作实现其他人的目标的手段；相反，我们的牺牲是我们所赞同的原则所要求的。我们的非道德利益和偏好可能会引起不情愿，但是既然我们的牺牲促进了我们所赞同并且被要求去实现道德目标，我们的牺牲并没有违反我们的道德自主性或者我们的权利。

那么，我们应该如何理解我们的消极义务比我们的积极义务更严格这一直观认识呢？当代的新康德主义者通过如下论证来反对后果主义者对这个优先性论点所提出的辩护：因为一种后果主义说明本质上是间接和可击败的，它不能对我们的直观的道德判断作出充分的辩护。然而我们已经看到，对我们的直观的道德判断的更为直接的康德式的辩护并非是轻易就可以获得的。事实上，对这些直观的唯一合理的说明很可能是后果主义的说明。

道德的观点与个人的观点

功利主义道德与个人视角[*]

戴维·布林克　著　陈江进　译

功利主义已经受到了诸多批评，其中大部分批评同样也适用于后果主义或目的论的非功利主义形式。功利主义所面对的最普遍的批评是道德批评。[1]人们通常声称，功利主义不能容纳我们对他人的责任[2]、道德与政治权利的存在[3]和分配正义的要

[*]　在此要对莱昂斯（David Lyons）、艾文（T. H. Irwin）、西德利（Alan Sidelle）和斯特金（Nicholas Sturgeon）对本文之前的版本所做的有益评论表示衷心感谢。

[1]　当然，人们通常论证，功利主义不是理论上内在不一致，就是实践上内在不一致，因为它假定了比较所有可能行动的无限后果的能力和对福利做跨人际比较的能力。请参见，例如 Lionel Robbins, *An Essay on the Nature and Significance of Economic Science*（New York：MaCmillan，1935）；Alan Donagan, *The Theory of Morality*（Chicago：University Press，1977），pp. 201 – 202；Jerome Schneewind, *Sidgwick's Ethics and Victorian Moral Philosophy*（New York：Oxford，1977），pp. 141 –142，146. 只有在福利的跨人际比较是不可能或内在不一致的条件下，这里才存在着理论的或形而上学的问题。只有在我们是价值的不可靠的衡量者的条件下，功利主义才存在着实践的或认识论的问题，尽管此时福利的跨人际的比较是可能的。在这里，我不能对这些主张展开具体论证，然而，我认为形而上学的和认识论的反对意见是可以消除的。如果说福利的跨人际比较会面临形而上学的反对意见，这将会引起一系列的连锁反应。针对福利的跨人际比较的形而上学的反对意见同时会对任何包含行善义务的道德理论和任何要求对福利做个人内部比较的合理性理论发生破坏作用。我们需要一种更好的动机以否认福利的跨人际比较的可能性，而不是抛弃所有合理的道德理论与合理性理论。另一方面，认识论的反对意见似乎稍要合理一些。原因很明显，我们通常并不是可靠的福利计算者。但是这一事实只有在功利主义是一个决策程序的时候才会对功利主义产生反对作用。然而，正如我们看到的，功利主义是正当性的标准而不是决策程序，因此它可以避免关于福利的跨人际比较的实践或认识论的问题。

功利主义的这种辩护所总结的论证可以在拙著 *Moral Realism and the Foundations of Ethics*（手稿）第九章中找到。

[2]　请参见，例如，W. D. Ross, *The Right and the Good*（New York：Oxford，1930），pp. 22，34 – 35，38；Kurt Baier, *The Moral Point of View*（Ithaca：Cornell，1958），pp. 203 – 204；John Rawls, *A Theory of Justice*（Cambridge，Mass：Harvard，1971），pp. 572 – 573；Charles Fried, *Right and Wrong*（Cambridge，Mass：Harvard，1978），pp. 2，169.

[3]　请参见，例如，John Rawls, pp. 209 – 211；Ronald Dworkin, "Taking Rights Seriously", *Taking Rights Seriously*（Cambridge，Mass：Harvard，1978）. J. Waldron（ed.）*Theories of Rights*（New York：Oxford，1984）"Rights as Trumps". Robert Nozick, *Anarchy*, *State*, *and Utopia*（New York：Basic Books，1974），pp. 28 – 29；Alan Gewirth, *Reason and Morality*（Chicago：University Press，1978）, pp. 200，296；Charles Fried, pp. 81 –105；莱昂斯发表在沃尔德伦汇编的 *Theories of Rights* 中的 "Utility and Rights" 一文。

求〔4〕。在最近的一系列论文中，威廉斯〔5〕（Bernard Williams）为功利主义增添了一个新的道德批评，他指出，功利主义不能说明个人完整性（personal integrity）的道德意义。最近，谢弗勒〔6〕（Samuel Scheffler）在《拒绝后果主义》一书中论证了功利主义不能说明行动者视角的自然独立性（natural independence），所以它应当为一种"混合的道德理论"所取代，这种混合的道德理论可以包含他所提出的"以行动者为中心的特权"（agent-centered prerogatives）这一概念。根据这种混合的道德理论，行动者允许但并不强求追求善的最大化。威廉斯、谢弗勒等人〔7〕所针对的是功利主义，尤其是目的论的不偏不倚性（impartiality）的特征，这种不偏不倚性通常并不能解释我所说的**个人视角**（the personal point of view）的道德重要性。

我力图探讨的正是此问题，这有两个原因：第一，威廉斯、谢弗勒以及其他人对功利主义所做的这一批评影响非常大；第二，功利主义所面临的其他许多道德批评与这一批评是紧密相关的。尽管在这里我不能对这种观点展开论证，但认为功利主义所面临的许多道德批评都有一个共同的根源应当还是合理的，这些批评都认为以下事实具有很大的道德重要性：如每个人都过着不同的生活、都拥有不同的义务、追求不同的计划与目的。〔8〕如果这一判断是正确的，那么对来自个人视角的批评所做的考察就会使功利主义面对的其他批评变得更为清楚明白。

我将论证，从个人视角并不能对功利主义作出成功的道德批评。功利主义可以有许多不同的方式来容纳个人视角的道德重要性。然而，我们必须承认，这些策略并不能彻底消

---

〔4〕 请参见，例如，罗尔斯；诺齐克，pp. 150 – 164；格沃斯，pp. 200，296；威廉斯的 "A Critique of Utilitarianism" 一文，载于斯马特（J. C. Smart）和威廉斯合著的 *Utilitarianism：For and Against*（New York：Cambridge，1973），p. 137.

〔5〕 "Persons，Character，and Morality" 和 "Utilitarianism and Moral Self-indulgence"，这两篇文章刊载于他的 *Moral Luck*（New York：Cambridge，1981）一书中，另外，可见 "A Critique of Utilitarianism" 一文，pp. 77 – 135.

〔6〕 New York：Oxford，1982.

〔7〕 参考罗尔斯，"Social Unity and Primary Goods"，见森（A. Sen）和威廉斯编撰的 *Utilitarianism and Beyond*（New York：Oxford，1982），pp. 180 – 181；弗里德，pp. 2，34，114；洛马斯基（Loren Lomasky），"A Refutation of Utilitarianism"，*Journal of Value Inquiry*，17，4（1983）：259 – 279；内格尔（Thomas Nagel），"Subjective and Objective"，重刊在他的 *Mortal Questions*（New York：Cambridge，1979），p. 205，还有他的 "The Limits of Objectivity" 一文，在麦克默林（S. McMurrin）编撰的 *The Tanner Lectures on Human Values* I（Salt Lake City：Utah，1980），pp. 108，119 – 120，127，131，135.

〔8〕 罗尔斯，*A Theory of Justice*，pp. 23 – 24，27，29，187 – 188；诺齐克，pp. 31 – 34；弗里德，pp. 33 – 34，105，114；威廉斯，"Persons，Character，and Morality"，p. 3；谢弗勒，pp. 11 – 12.

除功利主义的不偏不倚性与个人视角之间的所有冲突。不过，剩下的冲突并不能构成对功利主义的道德批评，因为，在这一冲突中，个人视角表达的只是对功利主义要求的合理性或至上性（rationality or supremacy）的担忧。这些担忧可以合理地理解成是**关于**（about）道德的，而不是在道德**之内**（within）的，所以，它们并不能威胁对道德所做的功利主义分析，而实际上是支持了这一分析。

一、功利主义与目的论伦理学

功利主义是一种目的论的道德理论。目的论的道德理论不同于义务论的和其他非目的论的道德理论，它认为，正当性或合理性存在于善的最大化中；任何事情只有在它能够实现最大可能的价值时，它才是正当的或可以得到辩护的。[9]人们有时认为目的论必须不依赖于正当来说明善，因此，一种道德理论只有当它否认正当是善的最大化或它根据正当来说明善时，它才是非目的论的。[10]按照我个人的想法，我可以接受目的论和非目的论的这种解释，但我认为，我们还应对此提出质疑。目的论和非目的论可以根据传统的界线区分开来，一种理论在它认为正当性在于善的最大化的条件下就是目的论的。关于目的论的这种弱解释足以区分目的论与非目的论，尽管它承认通过道德可允许性或可接受性的思考来决定事态的善。只要正当，如全面思考后的可允许性（all-things-considered permissibility）或义务，是善的**最大化**，不管善是什么，正当与善就都是不同的特征。我们可以要求目的论将正当与善看成是不同的特征，但不必要求它们把善与正当彼此分离。所以，我将假定，区分目的论与非目的论的道德理论是前者而不是后者，前者认为正当性在于善的最大化。

---

〔9〕 斯洛特（Michael Slote）在 *Common-sense Morality and Utilitarianism*（Boston：Routledge & Kegan Paul，1985）的第3、5章中指出，我们可以对后果主义或目的论的道德理论做这种理解，它们主张，正确的道德评价只是所实现价值的某种功能。根据斯洛特，正当就是善的最大化这一主张只是目的论或后果主义的一个特殊个例。我认为，斯洛特对目的论所做的广义解释将会使我们区分目的论和义务论的道德理论变得非常困难。不管是否如此，像功利主义这样的传统的目的论理论符合目的论的狭义上的特征。我个人倾向于坚持这种更狭义的、更传统的解释。那些赞成斯洛特广义解释的人可以将我对功利主义和目的论伦理学所做的辩护看成是对目的论的特殊个例所做的辩护。

〔10〕 Williams Frankena，*Ethics*（Englewood Cliffs，N. J.：Prentice-Hall，1973），pp. 14 - 17；John Rawls，*A Theory of Justice*，pp. 24 - 25，30 - 31.

关于目的论的道德理论，我们现在可以指出几个重要之点：第一，我们可以区分目的论与后果主义的道德理论，根据某种解释，后果主义只是前者的一种特殊形式。按照通常的理解，后果主义认为行为以及道德评价的其他对象只有在它们的**因果后果**（causal consequence）比其他行为具有更大的内在价值的条件下才是正当的或可得到辩护的。这只是目的论者所持观点的一种特殊形式，目的论者认为，行为以及道德评价的其他对象只有在它们比其他行为实现更大内在价值的条件下才是正当的或可得到辩护的。所以，我们可以只把后果主义解释成是目的论的一种特殊形式，因为，同时与目的论观点不同，后果主义只是把道德评价的对象当成外在价值的载体，而目的论者承认道德评价的对象（例如行为）可能具有内在价值，而且它们的内在价值可以依照这些道德评价对象的正当性或可辩护性进行计算。[11]

第二，目的论的这一特征并不要求目的论提供善或价值的还原理论。目的论可以根据善定义正当以及根据公平或对人的尊重等一些道德特征来定义善。由此出现的理论既不必是循环的也不必是义务论的。正如我们所见，将正当等同于善，又将善等同于正当，这可能是一种循环。但是我们能够根据善来定义正当，如经过全面思考后的可允许性或义务，也可以通过其他的道德特征来定义善，而不会产生循环（比较弗兰肯纳，14）。实际上，正如我们所见，只要目的论者把正当定义为善的最大化，他就可以依赖于特定事态的可接受性来对善作出说明，并不需要定义正当与善。

第三，目的论的这一特征承认道德评价对象的多元性。功利主义和其他目的论据说关注的只是行为正当性的评价。但是行为并不必然是目的论者的道德评价的唯一对象。[12] 目的论者除了可以评价行为之外，还可以评价动机、规则和制度。目的论者可以通过这些对象所实现的价值来评价它们。

第四，正如我们将在下面的大幅内容中都会看到的，目的论可以解释成**正当性的标准**或者**决策程序**。正当性的标准解释的是行为或动机之所以正当或能够得到辩护的原因；决

〔11〕 然而，如果后果主义所寻求的将其内在价值最大化的后果包括**概念的**（conceptual）以及因果的后果，那么后果主义就可以将行为、动机等看成是具有内在价值的了。按照这种解释，后果主义与目的论就是相等的。参考谢弗勒，pp. 1 n – 2 n.

〔12〕 参考边沁（Jeremy Bentham），*An Introduction to the Principles of Morals and Legislation*（London：Athlone Press，1979），第 7 章第 13 部分；密尔（J. S. Mill），*Utilitarianism*（Indianapolis：Hackett，1979），第 2 章第 17 节；西季威克（Henry Sidgwick），*Methods of Ethics*，第 7 版（Chicago：University Press，1907），p. 428；亚当（Robert M. Adam），"Motive Utilitarianism"，本刊，总 73 期，14（Aug. 12，1976）：467 – 481；森，"Utilitarianism and Welfarism"，本杂志，总 76 期，9（Sept，1979）：463 – 489.

策程序提供慎思的方法。目的论提供正当性的标准，但没必要提供决策程序。[13]正如一个行动者能最好地追求自己的幸福，但这并不要求他时刻都在追求自己的幸福，根据他自己的要求从事某些活动，也可以将整体福利最大化，这并不是慎思如何行为或出于仁慈而行动的结果，而是以非功利主义方式进行推理或依照非功利主义（非行善的）的动机而行动的结果。

　　最后，对善的不同界定会产生不同的目的论。功利主义是包含福利主义价值论的后果论。功利主义认为人类福利或幸福才是价值。[14]作为一种目的论，功利主义认为行为、动机和制度等只在它们能够与其他行为、动机和制度实现差不多的人类福利的条件下才是正当的或可得到辩护的（如在可以实现**福利最大化**的条件下）。当然，不同的福利概念是可能的，功利主义的不同概念产生于这些善的不同概念。功利主义的传统形式提出的是福利的主观概念。[15]它们把福利解释成快乐或者偏好满足。这些福利理论是主观的，因为它们认为福利存在于或依赖于关于人们需要什么的心理事实。相比较而言，客观的福利理论认为福利的主要组成部分是非主观的；根据这一观点，有价值的生活存在于以下事实之中，如具有某种品格、参加某种活动以及施展某种能力等。[16]事物之所以有价值主要并不依赖于人们恰好偏好它。当然，客观功利主义的不同形式来源于不同的客观福利概念。

---

〔13〕 巴特勒（Joseph Butler），*Fifteen Sermons*（Indianapolis：Hackett，1983），第十二讲道书，第 4 部分第 31 节；密尔，*Utilitarianism* 第 2 章第 16、19 节，*Autobiography*（New York：Columbia，1924），p. 100，*A System of Logic*（London：Longmans，1970）第六卷，第 12 章，第 7 部分；西季威克，pp. 405 – 406，431 –433，489 –490；摩尔（G. E. Moore），*Principia Ethica*（New York：Cambridge，1903），pp. 162 –164；贝尔斯（R. E. Bales），"Act Utilitarianism：Account of Right-making Characteristics or Decision-making Procedure?"，*Philosophical Quarterly*，第 8 期，3（July 1971）：257 –265；莱尔顿（Peter Railton），"Alienation，Consequentialism，and the Demands of Morality"，*Philosophy and Public Affairs*，第 13 期，2（Spring 1984）：140 –146，152 –153；帕菲特（Derek Parfit），*Reasons and Persons*（New York：Oxford，1984），pp. 24 –29.

〔14〕 当然，功利主义者可以把善解释成感觉到的福利或幸福，我并不讨论这种形式的功利主义；感觉福利的（sentient-welfare）目的论者只要稍做修改就能解释我的论证与主张。

〔15〕 如果伯格（Fred Berger）是正确的，见 *Happiness，Justice，and Freedom*（Los Angeles：California UP，1984），密尔就是这个一般趋势中的一个重要例外。根据伯格，密尔辩护的是一种客观的功利主义，我发现这是非常合理的。

〔16〕 斯坎伦（T. M. Scanlon），"Preference and Urgency"，本刊，总 72 期，19（Nov. 6，1975）：655 –669，"Rights，Goals，and Fairness" 重载于沃尔德伦的 *Theories of Rights* 一书；克劳特（Richard Kraut），"Two Conceptions of Happiness"，*Philosophical Review*，总 88 期，2（April 1979），167 –197. 克劳特区分了**幸福**的主观与客观概念。尽管我认为，克劳特在幸福概念中发现了客观部分是正确的，但将这一区分看成是不同**福利**概念的区分更为容易些。因为，我们可能认为"幸福"一词运用的标准主要还是主观的，即使我们能以完全非主观的述语来思考福利。

尽管功利主义不能容纳个人视角这一主张总是用来反对传统的主观功利主义，但对于功利主义的目的论层面，它也是正确的。[17] 正因为如此，个人视角不仅可以反对非主观的功利主义，也可以反对非功利主义的目的论。针对这一反对，我的部分反应依赖于功利主义可利用的资源。如果把功利主义解释成正当性的标准而不是决策程序，并且它的价值论是客观的话，功利主义就能部分地容纳个人视角的要求。我们没有很好的理由否认功利主义的这些资源。然而，由于假定来自个人视角的反对意见会对所有的目的论造成伤害，这些资源同样适用于某些目的论就是非常重要的。

二、个人视角

威廉斯用个人完整性这一概念来表达功利主义不能容纳个人视角的重要性这一观点。他认为，对个人计划的深层责任能给予生活以意义与完整性。威廉斯指出，由于功利主义根据行为对**所有人的**福利所产生后果来评价行为的正当性，功利主义就要求行动者采取非个人（impersonal）视角。这种非个人视角要求行动者对他们自己的福利持一种不偏不倚的态度，某个行动者必须认为他自己的计划并不比其他人的计划具有更大的价值。但是这与行动者的个人关注是不一致的，作为行动者，他拥有自己的计划与责任。因此，功利主义不能容纳个人视角。

> 问题是他（行动者）与其行为紧密相连，而这些行为源自于他在大多数情况下、在心灵深处都会严肃对待的个人计划与态度、甚至生命的意义……当功利总数源于部分地由其他人的计划所决定的功利系统时，我们要求此人放弃自己的计划与决定，并且承认功利主义计算所要求的决定，就是不合理的。这便实实在在地将他与其行为以及所相信的行为之来源分离开了。这将他推入一种境地，一面输入的是包括他本人在内的所有人的计划，一面输出的是总数最大化的决定；但是这就要忽略，在何种程度上，**他的**行为与决定必须被看成是源自与他最紧密相连的计划与态度。因此，就其本义来说，这就是对他的完整性的一种批评。

---

〔17〕 参见威廉斯，"A Critique of Utilitarianism"，pp. 79，81；诺齐克，pp. 28 – 29；弗里德，pp. 2，8，104.

作为正当性标准的功利主义　正如威廉斯与其他人对这一批评意见的解释，它批评了功利主义要求行动者从非个人的视角来看待他们自己的计划。[18]按照这种解释，完整性就是对作为决策程序的功利主义的一种反对意见：功利主义的**推理**（reasoning）要求行动者以忽略个人视角的方式来轻视他们自己的计划。如果功利主义是一种决策程序，它就会要求所有人非个人地、不偏不倚地评价自己的计划与义务。人们可能会被要求按照无偏倚的慈善的动机来行为，为了将总体福利最大化，不断地牺牲自己的计划与义务。功利主义的推理不能认识到行动者对自己的计划与义务的特殊关注，所以也不能认识到个人视角的道德重要性。

但是功利主义在正常情况下并不要求非个人视角的假设。只有在它是一种决策程序时才会这样要求。功利主义需要提供的只是正当性的一种标准，并非同时也是决策程序。尽管一些功利主义者会认为他们的理论提供某种**决策程序**[19]，但功利主义并不必然如此，而且通常也并不按照这种方式进行解释。功利主义只需要提供**正当性的标准**。

巴特勒、密尔、西季威克、摩尔和其他人以不同的术语区分了作为正当性标准的道德理论与作为决策程序的道德理论。正当性的标准凭借哪种道德评价的对象（如行为）是正当的或可辩护的来提供特征或属性。决策程序表明行动者应当如何慎思、推理以及作出道德决定。同样，某种决策程序对道德行动者的动机内容也有一定的意义。因为，功利主义认为，所有人的幸福都很重要，总体幸福要实现最大化，功利主义的决策程序就要求行动者在任何时候都要做冷漠的慈善者。但是功利主义可以是正当性的标准而不必是某种决策程序。西季威克以如下方式提出了这一点：

> 最后，普遍幸福是最终标准的学说不能理解成普遍慈善是唯一正确的或者总是行动的最好动机。因为，正如我们已发现的，提供正当性标准的目的总是我们有意识地追求的目的这一点并不是必然的：如果经验表明人们不断地从其他动机而不单是普遍慈善出发能更令人满意地获得普遍幸福，那么很明显，这些其他动机相比功利主义原则就是更值得偏爱的。（p. 413）

西季威克所要表达的是：想有力地帮助陌生人，但我们自身能力却有限，另外，个人

---

[18]　参见威廉斯，"A Critique of Utilitarianism"，pp. 113，115 – 116，123，128，135；谢弗勒，p. 43.

[19]　边沁在第 2 章第 10 部分似将功利主义解释成决策程序（伯格怀疑这一点，pp. 71 – 77）。有意思的是，几乎全都是功利主义的反对者作出了这种假设。

的计划与关系也有特别重要，由于这些事实的存在，功利并不能通过普遍慈善而达到最大化。相反，如果我们对自己及身边的人有特殊的关照，功利主义的标准将会更容易达到。（pp. 432 – 434）

我们可以把那些用功利主义作为决策程序、且按福利最大化的意图行动的人称为**U – 行动者**（U-agent）。我们有类似的功利主义理由认为不必成为 U – 行动者。对福利的跨人际比较，以及对相关行动和政策的全面的、长期的后果进行估算，都很难准确地进行。在许多反事实情境中的因果机械主义数量众多且复杂、人生苦短、由我们偏见、自利与想像力的失败经常导致计算发生偏差，正因为这些原因，在许多情况下，我们估算什么将会使人类福利最大化就是很不可靠的。因此，U – 行动者就会在实现福利最大化时不断失败。当然，U – 行动者可以利用简单的经验法则。但是，这只是对之前关于未来的和过去的估算的一些总结。任何 U – 行动者必须不断地考察这些规则，当他认为新的环境完全不同于以前时，就抛弃这些规则。当然，蕴含于简单的经验法则中的估算与那些决定是否抛弃简单的经验法则的估算会与经验法则应当避免的估算遭受同样的错误。

我们在对后果及其价值作出可靠的估算方面能力极其有限，这些事实给了功利主义者很好的理由来相信，行动者应当慎思，我们不应总想着将福利最大化，而应求助于那些**事实上**可得到辩护且有助于人类福利的规则。这些规则**不**只是简单的经验法则，因为它们在功利主义者的慎思中并不起帮助作用。相反，根据这种观点，人们在大多数场合下多少都会严格地以及不加批判地诉诸或应用道德规则。道德规则的复杂性可以在功利主义的基础上得到辩护，遵守这些道德规则到底要有多么严格依赖于我们在估算其所产生的后果和价值方面的无能到底有多严重与普遍，而这可能在不同的社会与个体身上都是不同的。我们作为 U – 行动者，能力方面的缺陷如此之大，以至于我们在抛弃那些粗鄙的道德规则时都不能得到辩护。[20]但是在一些特殊情况和有道德规则冲突的情境中，我们最好抛弃这些道德规则而像一个 U – 行动者那样进行思考。[21]当运用追求最大化的规则明显不能将普遍福利最大化时（如产生重大的且应当避免的痛苦），以及道德规则相互冲突、但彼此都能得到功利主义的辩护时，行动者应当像 U – 行动者那样思考。[22]

那么，功利主义者可以把自己的理论解释成正当性的标准而不是决策程序。认知的局

---

[20] 摩尔就这么认为，pp. 162 – 164.

[21] J. S. Mill, *Utilitarianism*，第 2 章，第 25 节（伯格，pp. 66 – 73, 82 – 84）；西季威克，pp. 401，426，429，453，461；R. M. Hare, *Moral Thinking*（New York：Oxford，1981），chs. 2, 3.

[22] 当然，在一些冲突的情况下，我们可能是可怜的 U – 行动者，因此通常还是遵循最大化的优先规则。

限性为我们提供了很好的功利主义理由来按照有价值的动机和求助于有价值的规则采取行动。依照这些动机与规则行动，我们通常都会把我们的行为所实现的整体价值最大化。[23]

实际上，正如西季威克所发现的，我们有很好的理由认为这些道德规则能够说明行动者对自己的计划与身边人的福利可以有特别的关注。通常很难知道什么对他人有益，即使当某人知道了，他通常也会处于一种虽然创造了许多利益但却给自己带来了巨大牺牲的境地。而且，拥有与追求个人计划，以及发展包含相互关照与责任的亲密的私人关系，都是产生巨大功利的源泉。当然，功利主义对个人视角所展开的辩护不必过于夸大。当重大的伤害可以避免或者行动者无须付出代价就能获得重大利益时，功利主义就会认识到帮助他人的义务。但是，即使是这些关照他人的义务，也能以对个人计划与义务产生最小伤害的方式得以执行，如通过公共税收体制或相互协助的组织。因此，在正常情况下，功利主义可以为对个人计划的有限关注提供辩护，所以它并不要求行动者总是以一种非个人的方式追求福利的最大化，从而抛弃私人计划与义务。[24]一个功利主义者可能因此将他的理论作为正当性的标准进行辩护，从而认为可以容纳个人视角的道德重要性。

然而，对功利主义的这种辩护有两种担忧值得注意。这种辩护依赖于正当性标准与决策程序的区分。第一个担忧关注的是这一区分的合法性；第二个担忧关注的是这一区分所提供的辩护所具有的充足性。

公共性批判（The Publicity Objection）

有人主张，不能将功利主义看成是正当性的标准而不是决策程序。他们认为，作为能

---

[23] 就这是正当行为的理论而言，强调对道德规则的这种功利主义解释是一种行为功利主义理论是非常有用的。行为的正当性是由它们对人类福利的实际贡献所决定的。但是行动者不像 U－行动者那样进行思考。由于我们对福利的计算是不可靠的，我们通常最好从"非功利主义"的动机与规则采取行动。我们作为 U－行动者之所以不可靠性，部分原因是我们不能很好地区别一些场合，在这些场合中，那些最好的行为可能会偏离业已建立的规则。我们的动机与认识能力，就是指我们知道在某种场合下只有抛弃业已建立的规则才能将福利最大化、而在其他场合下采取同样做法却不能达到这一点的能力。因此，我们有很好的功利主义理由从人们所认识到的有时并不能将福利最大化的动机与业已建立的规则出发采取行动。从那些能实现最大化的动机与规则出发采取行动，我们几乎一定会犯一些错误。但是，这只表明对一个功利主义来说，对特殊行为的评价并不是最重要的评价维度。因为，从实现最大化的动机与规则出发采取行动，我们毕竟可以将行动所实现的整体价值最大化。

即使行动者通常都会从固定的动机和业已建立的规则出发采取行动，对他们来说，为了避免灾难、裁定道德规则之间的冲突、在计算很少发生偏差的"冷静时刻"来精确地估算道德规则的价值，那也有很好的功利主义理由像 U－行动者那样进行思考。

[24] 西季威克，pp. 432－434；谢弗勒，p. 15；莱尔顿。

够提供正当行为标准的一种道德理论，它必须是某种可传授的标准，并可以作为行为、政策与制度等的一种众所周知的辩护。[25]因此，功利主义不能区分正当性的标准与决策程序，以至于为非功利主义的动机辩护以及毫无批判地接受道德规则的多元性。威廉斯对这一反对意见做了如下表达：

> 功利主义……并不具有独特的地位，除非在相当狭小的限度内，它是决定人们应当如何行动的学说。然而，它的独特学说是关于何种行为是正当的，特别是对功利主义者来说，唯一的兴趣与要旨就是何种行为是正当的，这与决定这些行为的情形是相关的。(《批评功利主义》，p. 128)

威廉斯也参考并赞成罗尔斯的意见，罗尔斯坚持认为功利主义没有违犯公共性条件。罗尔斯写道：

> 那么，我们必须指出，正如我所定义的功利主义，对于社会正义的公共概念，它认为功利原则是正确的原则……我们想知道的是，什么样的正义概念能在反思平衡中描述我们的慎思的判断，并能作为社会的公共道德基础。如果某人坚持认为功利原则提供了这一概念，他就是一位功利主义者。(《正义论》，p. 32)

罗尔斯对正当性标准与决策程序之区分的反对意见建立在他接受公共性约束（publicity constraint）的基础上。这一约束可解释成某种概念约束，这种概念约束所针对的是什么可以看成道德理论，或者什么可看成是独立的以及可修正的道德信念。

将公共性约束解释成形式化的或概念化的观点，从而破坏正当性标准与决策程序之间的区分，那么公共性约束只是以未经论证的结论作为前提来反对目的论的道德理论。真正的道德理论是否应被认识、传授或介绍为某种决策程序本身就是实践问题，目的论者认为，答案依赖于这种公共性所产生的内在及外在价值。这种**真理与接受价值**（truth and

---

〔25〕 参见罗尔斯，*A Theory of Justice*，pp. 133，177－182，582；威廉斯，"A Critique of Utilitarianism"，pp. 123，125，128，135；斯托克（Michael Stocker），"The Schizophrenia of Modern Moral Theories"，本刊，总73期，14（Aug. 12，1976）：453－466；唐纳根，pp. 198－200；洛马斯基，pp. 275，279。梅德林（Briam Medlin），"Ethical Egoism and Ultimate Moral Principles"，重刊于高希尔（D. Gauthier）编撰的 *Morality and Rational Self-interest*（Englewood Cliffs，N. J.：Prentice-Hall，1970）.

acceptance value）的分离对伦理学也并不特殊（莱尔顿，pp. 154 – 155）。我们不仅区分非道德观点的真理与接受价值，而且我们认识到了某些事实应当受压制的观点。我们并不是总认为压制可能得到辩护，但是我们发现这些观点是可理解的，并严肃地对待它们。对**道德**真理来说，我们可以设想真理与接受价值并不是分离的，但这必须进行论证。[26]

因此，公共性约束应被解释成一种独立的道德主张。在这里，我觉得一个功利主义者没有理由认为功利主义**必将**违犯公共性约束而在那些反事实的条件下可能会违犯公共性约束，这对功利主义并不构成反对。

在现实世界里，功利主义满足了公共性约束。只有当功利主义并不被看成是正当性标准，以及功利主义推理总是不准确时，公共性才不会被违犯。功利主义对除简单的经验法则之外的道德规则以及除慈善之外的动机的道德价值所承担的义务与这样一种认识是相符合的，即对这些规则与动机的道德辩护在于它们对人类福利的贡献。而且，在许多情况下功利主义者所做的估算都是准确的。那些可以作出相对准确估算的场合能够限制道德规则的应用，并要求功利主义的思考方式；那些均能得到功利主义辩护的道德规则相互之间的冲突也要求功利主义的思考方式；在某些场合下，有些行动者应花时间与精力对过去长期坚持某些道德规则所带来的后果进行估算。对功利主义的这种态度在心理上是可能的，并没有冒犯公共性条件。

当然，可能也存在着一些场合，虽然我们还不能表达出来，在这种场合最好是大部分人甚至不把功利主义看成是提供正当行为的标准。在这些场合中，功利主义可能真正是一种"秘传的道德"（esoteric morality）（西季威克，pp. 489 – 490）。但是这对任何一种道德理论都是一种可能性。对任何道德理论来说，可能会存在一些场合，能满足自身的认识与应用比满足其他理论的认识与应用更糟糕。[27]对于任何理论者，正确的反应是相信这种

---

[26] 当然，如果道德实在论遭到拒绝，就很难把道德真理与接受价值进行分离。如果如一些非认知主义者所认为的，道德主张不是真实的而只是可接受的，或者如一些建构主义者所认为的，道德主张的真理只存在于其可接受性之中，那么道德真理与接受价值就不能区分，这样就可以为功利主义只是正当性标准而不是决策程序的观点进行辩护。当然，这只是表明道德实在论是错误的另一种论证。对道德实在论的辩护，参见我的 "Moral Realism and the Sceptical Arguments from Disagreement and Queerness", *Australasian Journal of Philosophy*, 总 62 期，2 （June 1984）：111 – 125；*Moral Realism and the Foundations of Ethics.*

[27] 难道不存在某个康德主义者会认为公共性不应违犯的场合吗？设想存在一种人，他对像这样一个理性存在者会意愿什么怀有绝对错误的信念。在这些场合中，如果行动者并不能总思考如何满足绝对命令，他们可能会更好地满足绝对命令。他们通过直接按照特定的道德规则行动，可能会更好地接近这种理性行动者会如何行为这一问题。在这些场合中，康德主义者难道不想压制绝对命令而提倡这种理性存在者可能会意愿的特定规则吗？实际上，我们会怀疑，这些场合是否只是可能的。

有问题的理论是正确的，并认为在**那些**场合正确的理论应受到压制而错误的理论应被认识到。公共性是一种合理的但可修正的独立的道德义务。一种在现实世界中违犯公共性的道德理论正由于这个原因可能就并不合理。可能会存在一些场合，其中道德理论可能会要求违犯公共性，但是这一事实对功利主义并不是特殊的事实，我认为，这一事实本身也不是对功利主义或任何其他道德理论的反对意见。

所以，依赖于正当性标准与决策程序的区分而对功利主义所做的辩护是合法的，并不会被关于公共性的考虑所破坏。功利主义者认为，公共性的价值依赖于公共性对人类福利的影响。可能存在一些场合，功利主义者会违犯公共性条件。然而，在正常场合，对功利主义者来说没有理由违犯公共性。[28]

自主性的价值

即使正当性标准与决策程序之间的区分是合法的，人们也会进一步质疑对功利主义的这种辩护是否是充分的。来自于个人视角的批评可以解释成是对功利主义的正当性标准的批评。即使功利主义并不要求行动者采取完全非个人的**态度**，它依旧非个人地分配道德价值。功利主义的这种特征与对个人视角的道德重要性的认识是一致的吗？

我不相信这种非个人性是在道德上令人反对的。对于正当性的标准是非个人的这一点，就应当反对吗？如果不要求我非个人地看待我自己的计划，我还要关心价值是否非个人地分配给各种计划了吗？如果回答是否定的，那么从个人视角对功利主义所产生的反对意见现在就能得到回应：因为功利主义是正当性的标准而不是决策程序，它不必、事实上也并不要求行动者采取非个人的态度。但是，对于认为功利主义正当性标准的不偏不倚性会贬低行动者的计划与义务的道德重要性的那些人，让我们看看对他们还能说些什么。

如果对假定为组成个人完整性的个人计划与义务的拥有与追求非常重要，那么功利主义者对人类福利的解释应当能够认识到这一事实。功利主义会认为，自我决定是行动者福利的主要组成部分，因此，一定分量的个人自主性就是实现这种价值的必要条件。因为个人计划与义务的拥有、追求与实现是行动者之善的主要组成部分，构想与追求个人计划的自由将胜过其他并不重要的内在及外在善。按照这种理论，某个人合理的、重要的计划就不会成为他人的兴致或偏好的威胁。这种回应预设了一种客观福利论，它脱离了传统的主

---

[28] 西季威克，pp. 489 – 490；谢弗勒，pp. 45 – 52；莱尔顿，pp. 154 – 155；帕菲特，pp. 24 – 51，esp. pp. 40 – 43. 莱尔顿和谢弗勒似乎假定功利主义违犯了公共性约束，并论证了这并不是很坏。我同意，在必要的时候，违犯公共性并不是很坏，不过，在实际上并无此必要的时候，我就不这么看了。

观功利主义。但是，没有理由消除客观福利论或包含了它们的功利主义理论。按这种方式，客观功利主义可能会认为自己容纳了个人视角的道德重要性。[29]

自主性的无偏倚价值就足够了吗？

对于认为价值的非个人性地分配会贬低行动者计划的道德重要性的那些人来说，这一回应可能并不能使他们感到满意。因为，他们的批评之点，不在于功利主义贬低了计划，而是功利主义贬低了**行动者**的计划。他们担忧的是非个人视角，从非个人视角出发来考虑个人视角并不能减缓这种担忧。即使功利主义能将自主性看成是一种主要的善，它在不同人的自主性之间也应是不偏不倚的。

威廉斯通过一个例子表达了这个问题。例子如下：吉姆是一名异邦的探险者，他碰巧来到南美的一座小镇上，在这里，军队首长正准备出于"纯属政治的"原因处决 20 个无辜的村民。出于对来访者的尊重，吉姆被赋予射杀其中一个村民的优先权。如果他这样做了，其他 19 名村民就可以毫发无损地被释放（绝对言而有信！）。如果他不这样做，首长就会按原计划将 20 个人都杀掉（威廉斯是这么规定的）。对吉姆来说，除这两个选择外，再无路可走。威廉斯认为，可信的是，在这种情况下很明显吉姆会杀掉一个村民而实现福利最大化，包括个人计划，所以功利主义要求他这么做。（《批评功利主义》，pp. 98 – 99；威廉斯关于这一点并不是很清楚，大概功利主义要求吉姆在这里放弃的义务是不杀无辜之人的道德义务）根据此观点，吉姆的例子表明了功利主义所存在的问题：功利主义承认行动者计划的非个人价值，从而掏空了它们的道德重要性（谢弗勒，pp. 9，61）。

我们应把个人视角整合进入道德吗？

有人可能会接受对功利主义的这种批评，要求道德容纳个人视角。那么有人就会反对功利主义，而赞成那种可以整合谢弗勒所称的"以行动者为中心的特权"（chs. 2，3）的道德理论。根据这种理论，行动者计划的道德重要性就不会为它们的非个人价值所掏空，行动者的计划会具有与其非个人价值不成比例的道德重要性。以行动者为中心的特权允许但并不要求行动追求善的最大化，所以会产生谢弗勒所说的那种"混合的"道德理论。根

---

〔29〕 这种客观功利主义的辩护可与诺齐克的"utilitarianism of rights"进行比较，参见诺齐克，pp. 28 – 30.

据这种混合观点，正当是以一种两者择其一的方式来界定的：比方说，一种行为只有在它或者可以将善最大化，或者以适当方式保持行动者的计划与义务时，它才是正当的。[30] 在谢弗勒看来，这种混合理论优于功利主义，因为它反映了行动者关心自己的计划与义务的"自然独立性"。[31]因此，包含以行动者为中心的特权的混合理论似乎是认识个人视角重要性的最好方法。

但是，功利主义者不必接受这一批评，所以也不必转向混合理论。非个人的道德理论能将道德价值分配给像吉姆这样的行动者，但是它们拒绝因为吉姆的义务只属于**他本人**，就给吉姆的义务分配任何特殊价值。吉姆的义务很重要，但是它们并不比他力图挽救的19个村民的义务更为重要。这样，非个人视角就是不偏不倚的。这种不偏不倚性正是我们希望道德理论进行反思的。这种不偏不倚性对功利主义或者目的论的道德理论并没有什么奇怪之处。一些非目的论为了避免大的伤害或为他人提供较大的利益，也认识到追求自身之善的义务。当然，这是独立的道德主张，它认为这种不偏不倚性是道德视角的特征，但是这是一种合理的观点，我们不能草率地就将之拒绝。如果这种观点是正确的，那么对非个人的功利主义就无从控诉。

对功利主义的这种辩护并不强迫我们否认个人视角的重要性。个人视角是重要的，无需使道德来抓住其重要性，我们也能认识到这一点。个人视角重要性所引起的担忧应被看成是**关于道德的担忧**（worries about morality），而不是**道德的担忧**（moral worries）。我们对吉姆的同情不必是道德的同情。像吉姆那样的情境是两难困境，因为它们对道德的辩护提出了严肃地质疑。我们可以设想，如果吉姆是一个正派的家伙——具有正确的动机——他可能会为按照功利主义道德而行为并杀害那个无辜村民所困扰不止。他可能会体会到怀疑与严重的个人痛苦。我们想知道吉姆是否有理由或有充足理由在这些情境中按照道德的要求而行动。对道德要求的辩护或至上性存在着不同的担忧，但这并不是对道德的功利主义解释的准确性的担忧。

对个人视角重要性的这种解释，有两个基本问题应当指出来。第一，对功利主义与个

---

〔30〕 谢弗勒讨论了后一选项更为详细的表达（pp. 17–18）。特别是，以行动者为中心的特权的范围并不是包含所有个人计划或义务，道德上令人讨厌的计划与义务从以行动者为中心的特权中获得只是些许保护，甚至完全没有保护。

〔31〕 谢弗勒，pp. 56, 79, 116. 谢弗勒似乎对应当得出什么样的结论模棱两可。有时，他明确拒绝认为混合理论优于（pp. 423–427, 430–431）中所讨论的那种复杂的功利主义（见谢弗勒，pp. 65, 77）。但是他认为在个人视角的基础上对功利主义的批评根据充足（pp. 6, 13, 56, 90, 116）。如果对功利主义的这种批评根据充足，那么在其他一切相同的条件下，能避免这一批评的混合理论可能优于功利主义。

人视角之间冲突的这种解释造成了外在主义者的假设，道德考虑是否为行动者提供了理由或充分理由采取行动，这是一个独立的问题，对它的回答依赖于关于行动或合理性的独立的理由理论，很可能是关于人类福利的独立理论。在道德命令的合理性问题上持内在主义的人可能会否认这一点，认为"道德概念"使这种冲突成为不可想像的或不可理解的。这只是道德考虑概念的一部分，就是道德考虑必然为行动提供理由或决定性的理由。[32]内在主义与外在主义之间的争论引起的是更大的问题，我们在这里不能解决。但是有些常见的理由可对内在主义假设进行质疑，这至少迫使功利主义的拥护者要为内在主义提供辩护。正如许多内在主义者认识到的，日常道德经验与哲学反思能引导人们去追问是否有好的或充足的理由按照道德的要求行动。人们称此为"非道德主义者的挑战"（amoralist's challenge）。通过诉诸"道德概念"，内在主义认为这一挑战内在不一致而能够予以消除。但是，针对道德要求的合理性的非道德主义者的挑战似乎不仅是可理解的，而且也值得认真对待。外在主义并不认为非道德主义者的挑战是不可回答的，它认为，只要与一个独立的行动理由理论相结合，这种挑战不仅是可理解的，而且可以得到处理。我们有能力将个人视角所引起的对功利主义的担忧表达成对道德要求的合理性或至上性的担忧，这一事实依赖于这些外在主义的主张，因此，就不能看成是这种表达个人视角重要性方式的弱点。[33]

第二，根据这种解释，个人视角所引起的对功利主义的担忧可以表达成关于道德要求的合理性或者至上性的担忧。我假设，如果某物符合某人的利益，那么他就有理由去追求它。合理利己主义认为，当且仅当 x 符合某人的利益时，他才有理由去做 x。个人视角可以看成是对行动者利益的表达。如果合理利己主义是正确的，那么个人视角所引起的对功利主义的担忧可以表达成对道德**合理性**（rationality）的担忧。行动者有理由按照功利主义的要求去行动吗？这一问题可为独立的人类福利论所回答，这种理论可解释在何种程度上功利主义道德的要求，特别是帮助他人的要求能够增加或构成道德行动者的利益。例如，

---

〔32〕 普里查德（H. A. Prichard），"Does Moral Philosophy Rest on a Mistake?" 重印于他的 *Moral Obligation*（New York：Oxford，1949）；福尔克（W. D. Falk），"'Ought' and Motivation"，重印于塞勒斯（W. Sellers）和霍斯珀斯（H. Hospers）编撰的 *Readings in Ethical Theory*（New York：Appleton-Century-Crofts，1952），pp. 494 – 495，499 – 501；黑尔，*Language of Morals*（New York：Oxford，1952），pp. 20，31，169，197；*Moral Thinking*，pp. 21，23 – 24，83 – 86。

〔33〕 关于外在主义的更完备的论证，请参见威廉斯的"Obligation and Motivation in Recent Moral Philosophy"，重刊于他的 *Perspectives on Morality*，K. Goodpaster de.，（Notre Dame，Ind.：University Press，1976）；以及我的 *Moral Realism and the Foundations of Ethics*，ch. 3。

有一种客观的人类福利概念甚至能在合理利己主义假设的基础上为功利主义道德提供较强的辩护，这种人类福利概念能在个体之善中认识到其中较为重要的社会的或关注他人的部分。（实际上，对行动者的善中同时存在着自我关注与关注他人的部分，那么通常总会有合理利己主义的理由按功利主义的要求去行动，尽管并不总是有决定性的合理利己主义的理由这么做）下面，我将主要探讨在特殊情况下，如吉姆的处境，对功利主义含义的合理性进行某种合理利己主义解释的问题。

另外就是，如果合理利己主义是错误的，行动者有理由按照功利主义道德的要求行为，而不管它对他们福利的贡献，那么，我们就可以把个人视角所引起的对功利主义的担忧表达成对道德要求的**至上性**（supremacy）的担忧。即使合理利己主义是错误的，行动者依然有审慎的（prudential）理由采取行动，根据那种合理性理论，这些审慎理由与道德的关注他人的特征所提供的行动理由是相冲突的。那么，人们可能想知道的是，行动者是否有充足的或决定性的理由按照道德的要求来行动。

对于功利主义道德与个人视角之冲突的不同表达方式，在这里我不想作出抉择。相反，我想强调的是它们的共同点，它们都把个人视角所引起的担忧表达成对道德要求展开辩护的担忧，而不是道德的担忧。

威廉斯在《人、品格与道德》一文中的观点加强了对功利主义与个人视角的真实冲突的这种解释：

> 任何人都拥有某种对他来说最为基本的计划，但功利主义有时会要求他在特定情境下放弃这种计划所提出的要求，特别是当这种计划所提出的要求与他作为非个人的追求功利最大化者所面对的要求发生冲突时。这种要求是非常荒唐的。康德主义者比功利主义者可能会做得稍好一些，但他们依然不能做得足够好。只要冲突确实出现，那么不偏不倚的道德必须取胜，这一点对行动者来说并不必然就是合理的要求。势必存在这种情况，人们在按照不偏不倚的善对道德行动者的世界进行排序时要求人们放弃自己所拥有利益，这是不合理的。（p. 14）

在这里，威廉斯认为康德主义的道德观点同样对行动者作出了不合理的要求，这一事实支持了我们前面的论断，即对功利主义与个人视角之间存在的冲突的真正担忧只是涉及道德要求的合理性或至上性的关于道德的担忧，而不是涉及哪种道德理论正确的存在于道德内部的担忧。[34]无须赋予个人视角以**道德**重要性，我们也能认识到它的重要性。

实际上，不仅无须通过赋予个人视角以道德重要性，我们就**能**（can）认识到它的重要，而且我们也**不应**（should not）承认它的道德重要性。谢弗勒偏爱那种能包含以行动者为中心的特权的混合的道德理论不仅是不必要的，而且混合的道德理论实际上会对道德与个人视角的关联作出错误的表达。这有两个原因：

第一，作为功利主义与其他目的论的特征且存在于不同人的善之中的不偏不倚性所表达出来的重要信念，是关于道德要求与本质的，而不是关于那种能将个人视角整合进道德的混合的道德理论。一种重要的道德信念是，道德的视角是不偏不倚的视角，道德要求不断地要求我们为了给他人创造利益或避免给他人造成伤害，要将个人的计划与义务搁置一旁。有一种对道德的不偏不倚性的论证与谢弗勒反对**以行动者为中心的限制**（agent-centered restriction）的论证是相似的。谢弗勒区分了以行动者为中心的特权与以行动为中心的限制，前者允许但并不要求行动者追求善的最大化，后者甚至不允许行动者追求善的最大化。以行动者为中心的限制建立在这种观点之上，即追求善的最大化有时是错误的。谢弗勒支持他所谓的**不对称论点**（the asymmetry thesis）：尽管个人视角的自然独立性为以行动者为中心的特权提供了某种原则性的依据，但对以行动者为中心的限制并不存在这种原则性的依据（ch. 4，esp. pp. 82 – 100）。谢弗勒特别论证了，包含以行动者为中心的限制的道德理论并不能对功利主义对行动者的要求作出一种合理的反应。例如，谢弗勒认为，与诺齐克将权利解释成边际约束相反，如果侵犯权利是坏的，那么力图将对权利的侵犯降到最低程度就是合理的——即使为了达到这一目的我们必须侵犯某人的权利。与此类似，如果吉姆的计划与义务是有价值的，那么他可以拯救的那19个村民的计划与义务也是有价值的，但吉姆按照功利主义的指导就会侵犯他们的计划与义务，实际上，将这种侵犯降到最低程度就是合理的。但是，与谢弗勒相反，如果对人的基本计划的侵犯没有价值，那么将这些侵犯降到最低就是必须的，而不仅仅是可允许的。而且这一判断似乎为慎思的道德信念所肯定。这种情境是令人遗憾的，例如，为了避免对自由（或同等重要的权利）进行大量的、同等严重的侵犯，人们**必须**侵犯他人的自由权利。同样，吉姆为了挽救另外19

---

[34] 尽管我们已各自不同地达到我们的观点，但我非常乐意指出，在这一点是我非常同意康利（Sarah Conly）对谢弗勒的著作所做的建设性评论，见 *Philosophical Review*，总93期，3（July 1984）：489 – 492. 有趣的是，这一主题在她对威廉斯的讨论中并没有强调，参见康利的"Utilitarianism and Integrity"一文，*The Monist*，总66期，2（April 1983）：298 – 311. 尽管莱尔顿的题目表明对威廉斯论证的这种解释，但莱尔顿并没有全面地发展这种解释。参见莱尔顿，pp. 163n – 164n.

个无辜的生命，他必须杀掉那个无辜的村民，这也是令人不快的。正如功利主义与其他目的论所认为的，在人们的善之中，道德看来似乎是不偏不倚的。

第二，如果我们接受道德要容纳个人视角的要求，正如谢弗勒所做的那样，我们就会发现自己不能提出那个我们已经看到的可理解的、合理的问题。我们不能问，道德的要求是否是真正合理的或可得到辩护的。如果道德被迫包含个人视角，我们就不能获知道德要求与行动者的利益之间的表面冲突是什么。常识与对道德要求的哲学反思会使人提出这种问题，即是否总是存在着好的、充分的理由去做道德的人。对道德要求、行动者之善的本质、合理性的本质的哲学思考可以维护道德要求的合理性或至上性。但是，即使我们能够回答这一问题，为什么要做道德的人？我们还需要能够明确地表达此问题。如果我们能够明确地表达关于道德的合理性或至上性的问题，我们可能会表达出道德要求与行动者利益之间的表面冲突。混合的道德理论能表达道德之内的表面冲突，但是不能表达我们所熟知的道德与行动利益之间的冲突。〔35〕既然我们熟悉这些表面的冲突，这是像功利主义那样的不偏不倚的道德理论的优点，这些理论允许、实际上是引导人们期待那些冲突，但这也是不能表达那些冲突的混合的道德理论的缺点。

如果这真是个人视角所引起的关于道德的合理性与至上性的担忧，那么个人视角并没有对道德的功利主义解释构成反对。实际上，正如威廉斯后期著作所表明的，个人视角所引起的关于道德的担忧并不是功利主义或者目的论的道德理论所独有的担忧。

道德合理性提出的是与功利主义的优点无关的更大问题。不过，上面所给出的对功利主义的辩护表明了一些观点。将自主性看成是主要善的客观功利主义能解释为什么个人计划的追求与实现非常重要。因为这种功利主义是正当性的标准而不是决策程序，它能够为行动者对自己的计划与身边人的福利采取特别关注提供辩护。因此，即使根据合理利己主义的假设，行动者通常也有理由像功利主义所要求的那样行动。

当然，并非所有的情况都是正常的。吉姆的例子就表明了，功利主义有时如何对行动者提出了过多的要求。如果吉姆是个正派的人——拥有正当的动机——那么当他按照功利主义所提出的要求杀害那个无辜的村民，他会感到非常痛苦。但是，再假设吉姆是一个正

---

〔35〕 似乎混合的道德理论能表达道德与自利之间的冲突，因为以行动者为中心的特权并不能将个人视角完全整合进道德。谢弗勒（pp. 17 – 18）认为，以行动者为中心的特权并不能保护道德上令人讨厌的个人计划与义务（如卡利古拉或希特勒的个人计划与义务）。所以，混合理论为道德与这些个人计划与义务之间的冲突留有余地。但是我怀疑，任何关于行动者之善的合理理论都会将这些冲突看成是道德与自利之间的冲突。无论如何，道德与我们所熟知的自利之间的表面冲突不能仅局限于这些情况。

派的人，如果他拒绝功利主义的要求，那么他即便不是感到更痛苦，也一定是感到一样地痛苦。在这里他可能会感到怀疑与痛苦。实际上，此时使他苦恼的并不是一个村民的死，而是他本可以挽救的 19 个无辜者的性命。这似乎**是情境而不是功利主义道德**对吉姆太残酷了。无论吉姆如何行动，他都处于不好的状态，这正是情境成为两难困境的一个原因。

幸运的是，这类的两难困境并不多。在正常情况下，功利主义对道德的解释与对个人计划与身边人的福利进行特殊关注的道德可允许性是完全相容的。在有些情况下，对任何人的善做不偏不倚的衡量将要求行动者牺牲重要的个人计划或义务，而为他人创造巨大利益或避免巨大伤害。这正是我们期望道德理论所能提出的要求。在要求行动者作出巨大牺牲的地方，当他知道他此时所遭受的痛苦不亚于他拒绝道德要求所受的痛苦，他一般都会感到很宽慰。

三、结论

通过考察来自个人视角的批评，我们揭示了功利主义蕴含的丰富的思想资源。功利主义通过区分正当性标准与决策程序而作出反驳说，由于他的理论只是某种正当性标准而不是决策程序，他就能为行动者对自己以及身边人的福利有特殊关照作出辩护。功利主义的价值论所具有的弹性也为这种批评作出了进一步的反驳，客观功利主义可以把自我决定或自主性看成是一种主要的善，它远比大量的像快乐这般的善更为重要。当然，即使功利主义有这些思想资源可以利用，但是由个人视角所引起的对功利主义不偏不倚的担忧依然存在。不过，这种担忧只是针对道德要求的合理性或至上性的而产生的关于道德的担忧，绝不是针对作为某种道德理论的功利主义所具有的优点的道德担忧。无论这种担忧能否得到回应，它所引起的事实只是支持而不是有损于对道德的功利主义解释。

以行动者为中心的限制、合理性与德性

塞缪尔·谢弗勒 著 陈江进 译

没有哪一种独立的道德理论是明显正确的。所有这些理论都需要某种辩护。不过，我在拙著《拒绝后果主义》[1]中论证了，对于典型的义务论，这种需要显得尤为迫切。尽管我们文化中所包含的日常道德在内容上基本上都是义务论的，而且许多道德哲学家都倾向于某种义务论，不过我认为，义务论观点依然存在着明显的矛盾。现实中人们求助于义务论，而义务论又存在着明显的矛盾，这两种现象总是混杂在一起——通常在哲学中紧密地结合在一起——使得我们特别需要为义务论提供辩护。

我认为，标准义务论观点很明显是矛盾的，我们通过考察义务论中所包含的我所说的"以行动者为中心的限制"（agent-centered restrictions）这一概念就能清楚说明这种矛盾。概略地讲，所谓以行动者为中心的限制是指，即使在违背它可以将对同一限制的总体违背降到最低程度并且没有其他相应的道德后果的情况下，它至少有时也是不允许违背的。例如，即使杀掉一个无辜的人可以把将要被杀的无辜者的总数降到最低，我们也要禁止杀掉这个无辜的人，通常把这种限制称为以行动者为中心的限制。传统的义务论包含着以行动者为中心的限制，这给了它很大的反后果主义的力量和直观吸引力。尽管它们与日常道德有很大的相似性，然而，以行动者为中心的限制总是让人倍感困惑。因为，实施某种道德上错误的行为具有能将所实施的同样错误的行动的总数降到最低的效果，并且没有其他相应的道德后果，在这种情况下禁止实施这种行为怎么就是合理的呢？将道德上错误的行为的数量最小化怎么就是道德上不可接受的呢？

---

[1] Oxford: Clarendon Press, 1982.

福特（Phillipa Foot）在她已发表的两篇论文中〔2〕"力图表明非后果主义道德的核心部分并没有矛盾"。〔3〕福特也认为以行动者为中心的限制看上去是矛盾的。后果主义首先从非个人的或行动者中立的立场出发提供某种原则将整体事态从最好到最坏进行排列，然后指出正当的行为是在特定情形下能产生最好后果的行为，她相信这种理论"非常具有吸引力"。〔4〕不过，她也相信，尽管非后果主义的道德理论包含着以行动者为中心的限制，但它最终可以消除其中的矛盾，因此也可以祛除后果主义的说服力。在她心中所想的那种道德理论中，德性概念起着核心作用。许多我所讲的那些传统的义务论观点并没有将这种作用赋予德性。实际上，人们通常把所谓的"德性理论"看成是后果主义与义务论道德概念之外的一种理论。因此，为了讨论的目的，我们有必要记住，福特的观点实际上是说，当以行动者为中心的限制放在某种非后果主义观点的语境下，它们就不是矛盾的。在本文的后面内容中我们有机会来思考，将核心作用赋予德性，在何种程度上对于福特力图为以行动者为中心的限制提供辩护是必不可少的。

福特说，后果主义吸引人的地方就在于，"它是这样一种非常简单的思想，它认为偏爱坏的事态胜于好的事态就不可能是正当的"〔5〕。包含着以行动者为中心的限制的非后果主义观点的矛盾之处在于，它们似乎认为力图产生最好的事态有时是道德上不可接受的。它们似乎说，我们有时应当尽量创造较少的善或避免较少的恶。例如，即使伤害一个无辜的人可以让那些会受到同样伤害的人的总数降到最低，我们也不能伤害那个无辜的人。福特相信，只要我们承认"后果主义要求存在着好的和坏的事态"〔6〕这种显然无知的观点，那么我们肯定就会认为，后果主义是有说服力的，而以行动者为中心的限制充满矛盾。不过，她也认为，这种观点并不真是无知的，但它会受到挑战，正是通过这种挑

---

〔2〕 所参考的第一个版本是《功利主义与德性》，*Proceedings and Addressees of the American Philosophical Association*（以下简称为 PAAPA），57（1983），pp. 273 – 283. 第二个版本以同样的名字出现在 *Mind*，94（1985），pp. 196 – 209. 福特将它称为"扩展后的版本"。她补充说："文章的大部分没有改动，观点也没有改变，但是我希望这能把我的观点表达得更加清楚一些。"参见 *Mind*，p. 196. 在引用的过程中，我将总会指明所引段落是否出现在福特论文的两种版本中。如果是的，我将给出两个版本的页码。如果不是，我就只给出所引版本的页码，我同时会把所引的段落与另一个版本的相应段落做比较。如果没有相应的段落，我将做简要说明。

〔3〕 PAAPA, p. 282. 这些话在第二版本被删去了，但是它们对这篇文章目的的描述与这两个版本都非常吻合。

〔4〕 PAAPA, p. 274；*Mind*, p. 198.

〔5〕 PAAPA, p. 275；*Mind*, p. 198.

〔6〕 PAAPA, p. 275；*Mind*, p. 199.

战，她力图祛除后果主义的说服力，消解围绕在以行动者为中心的限制之上的矛盾。

福特并不认为对事态的评价在道德语境中完全没有意义。相反，她认为，"看到事态好坏的观念实际上在道德中占据一席之地"[7]是非常重要的。她进一步说："这种一席之地来源于慈善的恰当目的是他人之善这一事实，在许多情况下，具有这种德性的人会根据普遍善来思考事态的好坏。"[8]例如，如果"我们有能力拯救少量或大量的人，面对这一问题，慈善将会要求我们拯救大量的人"[9]。但是，福特想要论证的是下面的问题。尽管具有慈善德性的人在一定情况下实际上倾向于增进好的事态，但慈善并不是唯一的德性。例如，正义也是一种德性。有许多不同的规则与要求是具有正义德性的人必须遵守的：如分配正义、讲真话、尊重权利等。这些规则与要求限制了"慈善自由地追求目的自身"[10]的领域，因为，"有时候正义会禁止某种行为，……不管包含这种行为的'事态'及其后果是好于还是差于不包含这种行为的'事态'及其后果"[11]。

不正义的行为已经超出了"慈善有时候要求对总体后果进行比较的领域"，这种观点在现在看来也并非完全清楚明白的。人们可能疑问，这是意味着只要有一个后果产生于不正义行为，那么对后果的比较**可能**就不会有意义，还是意味着由于人们在任何场合都不会做不正义的行为，所以对总体后果竟然做相关比较就是不合适的。然而，福特更早版本的论文中的这一段话已经表明，第一种解释可能更接近她的想法：

> 当我们……在道德语境下并不给像"最好后果"与"好的事态"这些表达以任
> 何特殊意义，除非德性给予它们以特殊意义时，我们就不会认为以下思想是矛盾的：
> 即某种行为所产生的总体后果比任何其他行为的后果都要小，我们有时采取这一行为

---

〔7〕 PAAPA, p.281. 在 *Mind* 这一版本中，引文做了一点点小变动："看到事态好坏的观念在道德中实际上占据着一定的位置."（*Mind*, p.198）

〔8〕 PAAPA, p.281–282. *Mind* 的相应段落是："如果确实存在着那样的一席之地，只是因为慈善的恰当目的是他人之善，因为在许多情况下，具有这种德性的人能够根据普遍善来思考事态的好坏。"（*Mind*, p.206）

〔9〕 PAAPA, p.282. 在 *Mind* 这一版本中，在"将会"与"要求"之间加入了"我们可以假定"这一词。参见 *Mind*, p.206.

〔10〕 PAAPA, p.282. 这句话没有在 *Mind* 这一版本中出现，但是我所描述的观点肯定存在。

〔11〕 PAAPA, p.282. 在 *Mind* 这一版本中，相应的段落如下："有时正义会禁止某种行为，……不管包含这种行为的'事态'及其后果是好于还是差于不包含这种行为的'事态'及其后果。这种行为是不能做的，因为正义禁止做它，慈善有时候要求对总体后果进行比较，但正义这种道德品格并不适用于这一领域。"（*Mind*, p.206）

也是正当的。非后果主义者会说在这些语境下"好的事态"这一表达的作用是非常有限的。它只属于慈善自由地追求自己的目标和选择各种可能性的场合……但是当我们利用这一表达来描述某种整体，而这个整体是由我们不公正地做、承认或期望的东西及其后果所组成的，那么这种表达就毫无意义。理论上讲，一个慈善之人必须希望损失与伤害最小化。但是，他并不希望去实现那种杀掉一个人可以把其他可能被杀的人的数量最小化的整体，不论这是由他自己的行为还是其他人的行为实现的。所以，在这一点上我们没有理由说他必须将它看成是"好的事态"。对于那种认为在道德语境下好的和坏的事态只来自于德性自身的非后果主义者，他没有理由拒绝选择较坏的事态。如果拒绝选择坏的事态，他就是在其反对者理论的意义上使用这些术语，他将毫不奇怪地发现自己完全处于对手的掌控之内。[12]

这段话中所表达的观点似乎是，在道德语境下总体事态的比较只有在以下情况下才是有意义的：即行为的目标是增进其他人的善，但在行为违犯正义规则的场合它应受到禁止，而且在这种场合说所禁止的行为将比其他行为能产生更好的总体事态完全是没有意义的。在福特论文的后一版本中，她删去了我们上面所引段落中的从"非后果主义者会说"到"那么这种表达就毫无意义"这部分内容，因此她也就撤销她的这一明确观点，即当不公正行为的后果本身值得怀疑的场合，"好的事态"这一表达完全没有意义。不过，她的立场基本上没有什么变化。她依旧认为，只有当人们要求做慈善的行为时，才能在道德语境下对事态作出有意义的比较，那种认为某种非正义的行为比其他行为会产生好的总体事态的观点在日常的非后果主义者的思想中缺乏明确的意义。她坚持认为，尽管后果主义理论可以给它某种意义，但是那些尚未接受这一理论的人没有理由去相信，存在着后果主义意义上的好的和坏的事态。[13]因此，福特相信，环绕在包含以行动者为中心的限制的非后果主义观点之上的矛盾可以消除掉。根据福特的看法，这些观点的矛盾之处在于，它们似乎认为我们有时应当去实现更糟糕的而不是更好的总体后果。如果她是正确的，这种表象就是虚假的。当然也有一些场合，后果主义者把非后果主义描述成这种观点，即我们应当创造更糟糕的而不是更好的总体后果。如果福特是正确的，非后果主义者会否认在那些情境中这种描述具有任何日常意义。因此，非后果主义者会认为，后果主义者或者胡说八

---

[12]　PAAPA，p. 282.

[13]　她在论文的第二个版本中写道，"来自于道德视角的好的事态"这一表达"可能不意味着任何东西，当后果主义理论已经给它某种意义时，它可能没有所指"。（*Mind*，p. 204）

道，或者犯了逻辑错误，将自己的理论中派生的特殊意义赋予自身，这是以假定作为论据来反对非后果主义。

福特是否真正成功地消除了围绕在以行动者为中心的限制之上的矛盾，我可以提出三个理由予以质疑。首先，我很怀疑这种观点，即在日常非后果主义的道德话语中，当要求人们去做慈善的行为时对总体事态的评价才是有意义的，而当有一个不公正行为的后果值得怀疑时这些评价就是没有意义的。那些否认这些评价的人，他们这么做一直是有意义的，因为他们并不相信不同人的利益与伤害可以能有意义地进行加总计算。但是这种对加总计算的担忧对福特并不是问题，因为她一直乐于说"福利的最大化在道德中具有重要地位"[14]这句话。正如我们所看到的，她想指出，对事态的评价在道德语境中并不是完全没有意义，而只是当评价的对象是不公正行为的后果时，它们才会失去意义。只要提出侵犯权利、说谎或不公正地对待某人是否可能比相反行为产生更好的事态这一问题，我们就真的不能理解"更好的事态"这一术语的意义了吗？我不这么认为。许多道德困境采取的就是这种冲突形式，即一方面是对正义、权利或公平的思考，另一方面是对总体福利的思考。只要某人认为侵犯权利比尊重权利能在整体上创造更好的后果，他就一定存在着问题，在我看来，对这种两难困境的特征做如此描述是非常自然的。我认为，除非能表明对利益与负担的跨人际加总存在着内在不一致，后果主义绝不会这样看问题，但我没有理由否认我们以这种方式来阐释与思考这一问题。

第二，为了让福特成功地消除围绕在以行动者为中心的限制之上明显的矛盾，就必须利用某一整体事态优于另一整体事态这种观念，因为只有这样才能表达出这一所谓的矛盾。但是正如我在论文的开始处对矛盾所做的最初描述所表明的，实际上，即使完全没有运用"整体事态"这一概念，也能表达这一矛盾。我在那里提出：实施某种道德上错误的行为具有能将所实施的同样错误的行动的总数降到最低的效果，并且没有其他相应的道德后果，在这种情况下禁止实施这种行为怎么就是合理的呢？将道德上错误的行为的数量最小化怎么就是道德上不可接受的呢？为了论证，我们甚至把这种观点赋予福特，即某一整体事态优于另一整体事态这种说法在存在非正义行为的场合缺乏清楚的非后果主义的意义。这些问题依旧可以得到表达与理解，但它们的答案依然不清楚。即使我们承认福特的观点，以行动者为中心的限制的辩护者也会认为以下说法是有意义的，即存在着除非我违犯一次某种道德规则，否则它将会被不断地违犯的场合。如果承认福特的看法，辩护者依

---

[14] PAAPA, p. 282；*Mind*, p. 206.

然可以否认下面看法有意义：包含着多次违犯规则的事态比只包含一次违犯规则的事态更糟糕。我不相信，为了把以行动者为中心的限制看成是令人费解的，我们需要后一种观点。我们所需要的是认识到，我按哪种方式行动对规则的违犯会越少，而且这些违犯都是道德上应当反对的，那些没有违犯规则的场合要比有违犯规则的场合更为可取。正如我在下面所要论证的，我相信福特实际上甚至连这种弱的观点也要反对，即为尽量减少违犯规则所付出的代价也是要禁止的。

第三，福特在其论文中一开始就承认，"功利主义经常萦绕在我们这些不信奉者的心头"[15]而她的论文就是一个"驱魔咒"，[16]它力图消除后果主义"吸引人的魔力"，她所采用的方式是，首先严肃对待后果主义而不管其吸引人之处，然后使它看起来非常神秘。因为如果后果主义者只是胡说八道，或者只是用其理论的话语来代替我们所要说的话语，那么他就可以问，"坏的事态比好的事态更可取"[17]怎么就一直是正当的呢？我们是如何发现他的问题是令人困惑却又挥之不去呢？如果福特是正确的，那么我们甚至不能清楚地理解这一问题。所以它经常萦绕于我们心头的力量存在于什么地方呢？我相信，福特的观点不承认这个问题有令人满意的回答，正因为此，在我看来，她的立场是令人不安的。

尽管我不赞同这种看法，即力图证明以行动者为中心的限制之矛盾性的努力都是武断的，也不赞同如下看法，即仅当我们已经承认了后果主义的真理，并接受对包含着那些限制的观点的描述，而且这些描述被认为会产生困难时，我们才能发现包含那些限制的观点是矛盾的，但我知道有一个原因可以解释这些观点为什么具有一定的诱惑力。而且，尽管我不同意它们，但是我认为它们也有某种合理之处，对这种合理性的赞赏是为以行动者为中心的限制进行充分辩护的关键。我相信，这些观点在某种程度具有吸引人之处，因为我们都有这样一种感觉，为了发现以行动者为中心的限制的矛盾，我们必须依赖那种处于后果主义核心位置的合理性概念，只要接受了这种合理性概念，这些限制看起来就必然存在问题。我们有一种方式可以说明这一看法的正确性。认为这些限制有矛盾并不是武断的，理由在于：尽管合理性概念在后果主义的核心位置造成矛盾的表象，但它并不是后果主义所特有的。相反，它是我们在一个非常宽广与多变的语境范围内所接受与操作的非常基本与常见的合理性概念。这种强大的合理性概念不仅存在于后果主义的核心位置，而且可以给人产生以行动者为中心的限制是矛盾的这种感觉，但这一事实并不表明，如果我们已经

---

〔15〕 PAAPA，p. 273；*Mind*，p. 196.

〔16〕 Ibid.

〔17〕 PAAPA，p. 275；*Mind*，p. 198.

接受了后果主义，不管是有意还是无意，这些限制只对我们是矛盾的。相反它表明，后果主义"吸引人的魔力"及其能萦绕于反对者心头的能力都来源于以下事实，即后果主义似乎包含了我们从种种不同的语境中所认识到的某种合理性概念，我们有较好的、独立的理由尊重它的力量。它也表明，以行动者为中心的限制的表面矛盾正逐步深入，为了发现日常道德与常识合理性之间的表面冲突为什么令人困惑却又挥之不去，无须回避问题的实质，这个问题是难于忽略或消除的。同时，它也表明对以行动者为中心的限制进行完全令人满意的辩护可以采取以下两种形式的任何一种：第一，力图表明这些限制与其所反对的合理性之间的冲突只是表面的，与此相反，这些限制与合理的常见形式是可以调和的；第二，力图表明这些限制对合理性形式的范围有限定，并能对我们能够认识且在我们的生活中占据一定地位的不同形式的合理性有所说明。

那种后果主义似乎明显包含的且能给包含以行动者为中心的限制的观点制造许多麻烦的合理性是我们所说的**追求最大化**（maximizing）合理性。这种合理性概念的核心是，如果某人期望达到一定的目标，而他面临两种选择，其中一种选择肯定比另一种选择更能有助于达到目标，那么在其他条件相同的情况下，它选择前者而不是后者是合理的。后果主义似乎包含了这种合理性，因为它首先包含的就是何者值得欲求的（如总体善）概念，然后告诉我们尽力地增进它。相反，与这种合理性相比较，那些包含以行动者为中心的限制的观点似乎是令人困惑的。因为它们似乎把某些行为看成是道德上应当反对的或不值得欲求的，只有在不存在其他行为的时候它们才是道德上更可取的，然后再提出，实际上有一些场合我们应当是更多地而不是更少地执行这些行为。

当然，追求最大化的合理性之内并没有什么东西要求我们接受后果主义者对目标的选择，所以尽管后果主义包含了那种合理性，但它并不是唯一的有关行为的规范理论。例如，利己主义也包含了追求最大化的合理性，在这里利己主义是指那种人们总是应当追求自己的最大利益的观点。实际上，处于利己主义与后果主义之间的常识的义务论道德有时似乎处于一种双面夹击的状态，它的合理性遭到了最大化追求者的左右两派的挑战：右派认为，人们应当总是追求自己的善，左派相信人们应当追求所有人的善。

我在前面提到，对以行动者为中心的限制作出令人满意的辩护可以采取两种形式中的任何一种，第一种是力图表明，与表象相反，实际上这些限制与追求最大化的合理性之间并不存在真正的冲突。因此，我们完全可以拒斥这些看法，即认为包含以行动者为中心的限制的观点一定会禁止那值得欲求的最大后果。可以说，它们将给予每个人以行动者相对的（agent-relative）目标而并不违犯任何限制，但是它们并不把总体上不出现这些违犯视为值得欲求的。因此，为了禁止总体违犯的最小化，它们实际上并不反对获得那些值得欲求的目标。

现在，我并不相信那些标准的义务论观点的辩护者真的能够提出这些主张。正如我已指出的，问题在于这些观点都持有这种看法，即认为违犯这些限制在道德上是应当反对的或不值得欲求的，因为从道德的观点来看，没有违犯限制的情况比违犯限制的情况更为可取。义务论的辩护者通常很乐意这样说，并且还提出很好的理由。根据标准的义务论，道德从一种优势地位来评价行为，它关心的并不只是个体行动者的利益。换言之，根据这种观点，一种行为正当与否与某种评价标准有关，这种评价标准考虑的是那些与行动者利益不相关的因素。这种观点的辩护者不大可能会认为相关的评价标准会包括以行动者为中心的限制，因为从这种标准所代表的优势地位来看，这些限制是否会被违犯其实无关紧要。因为如果从那种优势地位来看，没有违犯出现的情况比有违犯出现的情况更可取这一点并非事实，那么就很难明白何以认为个体行动者有理由去遵守这些限制，特别是当遵守限制与它们所关心的私人利益并不一致的时候。换句话说，义务论观点需要这种观念，如果人们不遵守限制与自己的利益相符时就不应当遵守限制这一点是合理的，那么违犯这些限制就是道德上应当反对的或不值得欲求的。然而，在没有违犯产生的比有违犯产生的场合更为可取的意义上，如果这些观点将违犯看成是道德上应当反对的或不值得欲求的，那么这似乎就是矛盾的，因为它们告诉说，我们有时应当按照那种将会产生更多而不是更少的违犯的方式来行为。相比较而言，利己主义似乎唯一遵守行动者相对的目标。它给予每个人以行动者相对的目标，即将自身利益最大化。由于它只以个体行动者的利益作为出发点来评价行为，它并把义务论所追求的非相关的目标看成是值得欲求的，相反它反对这种目标的最大化。正因为如此，以下这一点似乎是矛盾的：利己主义者认为每个人都应当将自己的利益最大化，即使这意味着总体上只是更少的人能将他们自己的利益最大化。

因此，标准义务论观点的辩护者似乎并不能提出这种看法，即为了禁止我们最少地违犯它们所坚持的限制，它们并不反对获得它们认为值得欲求的目标。然而，情况可能与其他非后果主义的观点并不相同。特别是，接受福特观点的人可能会更合理地提出这种看法。因为，如果把以行动者为中心的限制看成是拥有某些德性的人愿意遵守的限制，并且把这种德性看成是某些品格特征，只要拥有这些特征就能促使人们去过那种对自己是善的生活，[18]那么我们完全可能否定下面这一点，即以行动者为中心的限制一定蕴含着我们

---

[18] 实际上，我并不能确定福特是否会真的这么认为。但是我所假设为以行动者为中心的限制进行辩护的论证依赖于这种说法。正如下面的注释所表明的，那种论证明显尊重福特总体立场的精神。

对行为的评价要从那种并非只关心个体行动者私人利益的道德观点出发。[19]这一否认揭示了这种观点与标准义务论观点之间的某种重要的区别，它会使得将核心作用赋予德性对辩护以行动者为中心的限制是非常关键的；但是它也会使它接受这种观点，即对行为正当与否的评价与那种只考虑行动者福利的评价标准是相关的。因此，粗略地讲，不正义、说谎等行为之所以错误，是因为采取这些行为的意向并不能有助于行动者的好的生活，相反，不采取这些行为的意向却有助于行动者的好的生活。但是在我看来，这明显没有抓住这些行为之所以错误的真实本质。即使我们承认不正义行为的意向事实上并不能有助于行动者过上好的生活，我们也不能就认为这是不正义之所以错误的唯一原因。我们所讨论的这一观点可以做如下理解：这并不是说这些行为之所以错误是因为实行它们的意向不能有助于行动者过上好的生活，而是说实行这些行为的意向之所以不能有助于行动者过上好的生活是因为（某种独立的评判标准）它们本身就是错误的。[20]然而，以这种方式来理解，这种观点就失去了避免义务论困境的能力。因为它不再认为判断行为正当与否的标准就是实施这些行为的行动者的福利。因此，它也就失去了放弃如下观点的能力，即行为评价的出发点并不只是个体行动者的利益；从而转向这一观点，即从某种道德视角出发，没有违犯限制比有违犯限制的情况更为可取。所以，它就无力作出论断说，为了禁止总体违犯的最小化，不应反对获得它所认识到的、值得欲求的目标。

作为这种论断的替代物，那些力图表明以行动者为中心的限制与追求最大化的合理性之间没有冲突的人可能会指出，如果追求最大化合理性的表达中的"其余条件相同"这一条件能够完全实现，它的一个主要特征就是对如下效果的一种规定，即有时按照最不能达到某种目标的方式行动是合理的，只要这有可能会更好地获得另一个目标。如果确实如此，可以说，当以行动者为中心的限制告诉我们以将违犯限制最小化的非相关的目标为代价来促进不违犯限制的行动者相对的目标时，包含以行动者为中心的限制的观点并不必然

---

〔19〕 这种否认当然与福特在两篇论文中所表达的对"道德视角"的怀疑是完全一致的。我认为，这与下面从第二种版本的论文中所引用的这段话的精神也是一致的："可能根本没有……共享的目标会出现在伦理学基础上，相反，在此处我们只能发现个体的目标与拥有个体目标的那些人之间的合理妥协。或者，在基本的层次上存在的可能只有个体发现他们所能拥有的最大善的方式。"

〔20〕 从福特所发表的其他不同的著作来看，她到底持有哪一种观点并不是很清楚。因为在她最近的一些成果中，她对人们拥有德性与拥有善之间的紧密联系越来越怀疑。〔例如，可参见她的 *Virtues and Vices* 一书的导论部分（Berkeley, University of California Press, 1978），她的论文"作为假言命令系统的道德"（重印于 *Virtues and Vices*，还有在同一卷上发表的"道德信念"的最后一个脚注）〕然而，如果与第一种观点相类似的看法，我所考察的对以行动者为中心的限制所进行的辩护就不会有效。正如我在注释〔19〕中所指出的，福特似乎对这一辩护的部分因素持很大的同情态度。

与追求最大化的合理性相冲突。然而，就其自身而言，这种观点并不完全有说服力。问题是，行动者相对的目标与非相关的目标似乎以如下方式相联系，即从追求最大化的合理性出发，坚持给予相关性的目标以优先性是令人困惑的。正如我们前面的讨论所揭示的，由于从道德视角来看违犯限制是应当反对的这一事实至少构成了个体行动者通常不应违犯限制的部分基础，行动者相对的目标看起来似乎派生于非相关性的反对意见，并不代表那种本身就是值得欲求的东西。相反，获得行动者相对的目标的可欲求性随附于它力图促进将道德上应当反对的东西最小化的非相关目标。如果确实如此，那么人们应当满足行动者相对的目标，即使如此行为会抑制非相关目标的获得，不过，这与对最大化的考虑是不相容的。

因此，调和以行动者为中心的限制与追求最大化的合理性这一计划面临着以下困境。一方面，正如我已论证的，完全废弃道德视角这一观念，这些限制与那种合理性的调和不可能会令人满意建立起来。因为，如果有人废弃这一观念，他就不能恰当地处理我们的这种感觉，即这些限制所禁止的行为通常有什么问题。也正如我已论证的，接受道德从并不只是关心个体行动者的利益的视角出发来评价行为，否认从那种视角出发违犯这些限制是应当反对的或不值得欲求的，并不能建立限制与追求最大化的合理性之间的协调。因为，如果有人接受了前一观念，那么为了解释个体违犯限制可以获得自己的利益时为什么就不能违犯，他就需要如下观点，违犯是道德上应当反对的或不值得欲求的。相反，另一方面，前面段落的论证已表明，如果要建立以行动者为中心的限制与追求最大化的合理性之间的协调，我们就不能承认，从这些限制所禁止的行为的道德视角出发，它们的整个基础是应当反对的。因为如果有人承认了这一点，那么相比非相关的目标而给予行动者相对的目标以优先权的要求就不能与追求最大化的考虑不能协调。因此，为了表明以行动者为中心的限制与追求最大化的合理性可以协调，人们就必须承认这些限制所禁止的行为是在道德上应当反对的或不值得欲求的，同时要否认正是这种值得反对构成了这些限制的整个基本原理。所以，人们就必须提供这一原理的其余部分。

根据这些线索，以行动者为中心的限制提供了某种独立的追求最大化的目的这种看法应做进一步的讨论。例如，我们可以说，相比后果主义，包含这些限制能使一种道德概念给予某种重要的事实或考虑（可能是人的某种自然特征）以更多的重视。在《拒绝后果主义》一书中，我力图运用这种策略激发"以行动者为中心的特权"这一概念，这种特权允许每个行动者将自己的精力与注意力放到自己的计划与责任中去，而不在乎他这样做在非个人计算中所占的比重。如果我在那里所做的论证是正确的，那么这种策略也可以用来解释为什么不能总要求人们作出以下这一点：相比避免自身违犯的这种行动者相对的目标，应当给予将总体违犯最小化这种非相关的目标以优先性。有时，我搞不清楚如何实行这种策略来为以行动者为中心的限制辩护：即论证，与行动者相对的目标相比，我们不能总是允许人们给予非相关的目标以优先性。换言之，我不知道如何构建这样一种令人信服的情境，在其中，有某种非常重要的事实与考虑，只有当它包含以行动者为中心的限制时，道德理论才会给予它以足够的重视。然而，很显然这并不最终的结果，这种策略能继续提出一种方法，据此有可能协调以行动者为中心的限制与追求最大化的合理性，因此也就消除了这些限制所附带的明显矛盾。

当然，即使协调是不可能的，这也并不表明以行动者为中心的限制得不到辩护。正如我在先前所说的，对这些限制的合理辩护可以采取两种形式中的任何一种。与追求最大化的合理性之间的协调只是一种辩护形式。但是，毕竟追求最大化的合理性并不一定就是整个合理性。如果在追求最大化的合理性的框架内事实上无法为以行动者为中心的限制辩护，那么另一种辩护形式只能是力图表明它们偏离了最大化的合理性，这种合理性是为整个人类合理性的完整画面所承认的。换言之，任务就是要在正如我们所理解的更广阔的实践合理性的轮廓内令人信服地处理这些限制。

现在我们可能认为这一任务可以轻易办妥。毕竟，正如我在前面所言，如果以行动者为中心的限制与文化中的日常道德相似，如果它们包含了对那些看起来自然且具有直观吸引力的实践推理的约束，那么我们就能认为这足以表明它们实际上在我们准备承认的人类的实践合理性的范围内占据一席之地，即使它们偏离了追求最大化的合理性。这种观点实际上与福特希望持有的观点并没有多大差异。对于这种简便的解决方案，困难在于以行动者为中心的限制是不合理的这种表象是由某种有力的思想形式的适当应用所产生的，这种思想在我们所认识到的人类实践合理性中占据着核心地位。那种表面上的矛盾产生于那种看起来自然且具有直观吸引力的推理过程，并非由于引入了那些具有理论魅力但人类不可认识的合理性模型。因此，为了消解矛盾并给予这些限制在整个人类合理性中的位置以满意说明，人们不能仅仅只注意它们的自然之处与吸引力。因为这样做只会给人造成这种印象，就人类的实践合理性被引向以行动者为中心的限制，人类的实践合理性就可能会自身与自身作战。

认为以行动者为中心的限制与实践合理性的考虑有一种非常不可靠的联系，从某种视角来看是非常奇怪的。因为这些限制通常在精神实质上被认为是广义上的康德主义，而康德，以及亚里士多德，都与下面这种观念是紧密相连的，即道德规则扎根于实践理性的结构之中。如果我们谨记其合理性存在问题的规范性观点，尽管通常被看成是康德主义式的，但它至多只是代表了康德观点的某一个方面，那么这种奇怪性在某种程度上可以减弱。粗略地讲，我们可以区分康德道德思想中的以下要素：关于道德动机的观点（仅仅出于爱好的行为缺乏真正的道德价值）；理性为行动准则强加约束的观点（绝对命令程序）；由绝对命令所派生的独立的道德规则的观点。如果说真正意义上的康德主义观点在这里受到了挑战，它只是说：以如下方式解释绝对命令是可能的，即认为它不仅是实践理性的要求，还特别支持了以行动者为中心的限制。这里有许多康德关于道德与合理性的思想没有触及。同时，我认为，针对它所引起的问题，答案也完全不清楚。

以行动者为中心的限制：

消除矛盾*

保罗·赫尔利 著 陈江进 译

I

即使那些以行动者为中心的限制（agent-centered restrictions）的批评者，通常也都承认这些限制初看起来还是有一定意义的。他们也较容易承认，如果仅仅依靠直觉，那么我们就会认为，在道德上通常就会禁止行动者去做能够产生最好事态的行为。[1]这些限制通常会出现在如下情境中，即产生最好事态的行为就是要求行动者行恶的行为。它们来源于避免作恶这种要求的认识。确实，谢弗勒（Samuel Scheffler）正确地把这些要求或规则的常识力量与以行动者为中心的限制的常识力量描述成一个问题的两个方面。[2]当避免作恶的要求为采取与以下要求相反的行为提供了决定性的理由时，即避免出现更大伤害或

---

* 本文最后的版本从亚利桑那大学与加州大学的听众的评论中获益良多。汉普顿（Jean Hampton）、卡明斯基（David Cummisky）、博克（Hilary Bok）、斯科特－卡库罗斯（Dion Scott-Kakures）、扬（Charles Young）以及《伦理学》杂志的匿名编辑与审稿人所提供的评论与批评也让我获益良多。

[1] 因此，达沃（Stephen Darwall）明确地说："以行动者为中心的限制可以得到常识的支持，这通常是无可争议的。如果说在有关特殊情境的深思熟虑的判断的层次上有什么问题的话，那一定是属于后果主义者的。"［"Agent-Centered Restrictions from the Inside Out", *Philosophical Studies* 69 (1986): 291 – 319, p. 299］卡根［*The Limits of Morality* (Oxford: Clarendon, 1989), ch. 1］与谢弗勒［*The Rejection of Consequentialism* (Oxford: Clarendon, 1982), p. 243］都是易于作出这种承认的限制的批评者。对于把这种限制描述为"以行动者为中心的"到底包含了什么意思存在着很大的分歧，但是就我们的目的来说，从一种较为广泛的意义上去理解求助于以行动者为中心的限制就足够了——仅仅是一种求助于对产生最大化的非个人价值的行为的道德约束。

[2] 谢弗勒, *The Rejection of Consequentialism*, pp. 103 – 104.

增进更大利益的要求（下面简称为"避免伤害"），以行动者为中心的限制才会出现。

然而，即使它们的批评者承认以行动者为中心的限制得到了常识的支持，它们的辩护者通常却承认，力图搞清这些限制的意义却最终损害了它们的常识力量。因此，内格尔（Thomas Nagel）认为，这些努力会导致一种危险，即会产生"一种解释，它将对它们的有效性布上疑云"[3]。确实，它们的反对者通常想要论证而辩护者想要承认的是，尽管它们具有最初的直觉合理性，但努力想弄明白这些限制的意义往往不成功，最后却使得它们充满了矛盾性与不合理性。这些论断听起来都较为熟悉。最近斯坎伦（T. M. Scanlon）把它们界定为我们时代的道德哲学的一个"主要特征"：尽管反对限制的这种立场"并不是大多数人都认可的……但是当要人们为他们的道德信念提供一种理论解释时，他们却发现自己非常窘迫"[4]。

到目前为止，这种持续存在的不合理性与矛盾性并不仅仅是想努力搞清这些限制的意义出现失败的结果，同时也是越来越相信这些努力无用的结果。反过来，这种信念的增长又可以追溯到反对限制的一个有广泛影响的论证，这个论证曾为谢弗勒和卡根（Shelly Kagan）所提出过。[5]下面我将表明这种论证不仅是失败的，而且对这种失败的诊断也明确地揭示出，这一论证本想得出结论说搞清了这些限制的意义，但实际上我们根本就不能提供达到这一结论的有效途径，通过这些方法我力图消除围绕着以行动者为中心的限制的不合理性与矛盾。

我将论证，这种反对限制的典型论证实际上是论证这些限制与某种价值概念是不相协调的。这种价值概念认为，对行为的评价是建立在对事态的评价基础上的，因此，适合于后者的行动者中立的、非个人的立场同样也适合于前者。从这种观点对行为的评价排除了

---

[3] 内格尔，*The View from Nowhere*（Oxford：Oxford University Press，1986），pp. 165，178. 同样，达沃承认，尽管限制在直观上具有一定的力量，但是它们的辩护者想进行对它们进行证明存在着一定的压力表明了"对某人去做增进最好事态的行为进行限制，如何才能得到辩护"（"Agent-Centered Restrictions from the Inside Out"，p. 291）。

[4] 斯坎伦，"Contractualism and Utilitarianism"，载于森（A. Sen）和威廉斯（B. Williams）所编的 *Utilitarianism and Beyond*（Cambridge：Cambridge University Press，1982）pp. 103 – 128，103. 这种压力可以说明科斯佳把 20 世纪的伦理学描述为"努力逃离功利主义"["The Reasons We Can Share"，*Social Philosophy and Public Policy* 10（1993）：24 – 51，p. 24]。

[5] 特别是，谢弗勒，*The Rejection of Consequentialism*，特别是第 4 章；卡根，pp. 24 – 25. 卡明斯基在他的"Kantian Consequentialism"提出了这种论证的一种形式，*Ethics* 100（1990）：586 – 615，esp. pp. 590 – 594. 关于这一论证有启发性的讨论可见达沃，"Agent-Centered Restrictions from the Inside Out"，pp. 299 – 304；Michael Slote，*From Morality to Virtue*（Oxford：Oxford University Press，1992），pp. 37 – 39.

支持传统的以行动者为中心的限制的基本原则，[6]但是从嵌入在另一种替代性价值概念中的另一种立场出发对行为进行评价就不必做这样的排除。我表明了，这种替代性的价值概念一直都是可以获得的。这表明了对行为评价以及对行为评价与事态的非个人评价之间的关系都存在着其他替代性的解释。根据这种解释，行为的评价并不是建立在对事态的非个人评价基础上。相反，它是根据理性来确定的，理性所规定的观点不仅与适合于事态评价的非个人观点形成了鲜明对比，而且还与行动者的私人观点形成了鲜明对比。这种替代性的解释为这些限制提供根据指出了有效途径。

真正的问题是，这种偏好限制的（restriction-friendly）价值概念与限制的批评者们所预设的厌弃限制的（restriction-hostile）其他价值概念相比是不是差不多同样合理。对限制的明显不合理性的论证会避免提出这一问题，因为它模糊了替代性的价值概念的存在。在第Ⅱ、Ⅲ部分，我将呈现出这一论证，并确定某些重要的限定条件。在第Ⅳ到第Ⅵ部分，我将不仅表明这种论证会是失败的，而且表明失败的理由提出了一种对限制非常有利的价值概念。

Ⅱ

不要把卡根和谢弗勒所提出的反对限制的核心论证与经常与之伴随的其他边缘化的、不成功的论证进行混淆，这是非常重要的。谢弗勒所提出的一个论证，其目标就是要通过求助于常识实践的其他的、更关键的特征来确证限制的不合理性——尤其是求助于"常识的合理性"："这种概念的核心是，如果某人认为获得某种目标是可取的，而他面临两种选择，其中一种选择所获得的目标肯定比另一种选择获得的目标更好，那么……它选择前者而不是后者是合理的。"[7]

---

〔6〕 根据谢弗勒的解释，行为评价源于这种为行动者个人的立场所补充的非个人立场。正如谢弗勒自己所指出的（*The Rejection of Consequentialism*, chs. 1, 4），为行动者的个人立场所补充的传统的后果主义的非个人的道德立场并不能提供支持传统的以行动者为中心的限制的基本原则——因此他反对这些限制。

〔7〕 参见谢弗勒，"Agent-Centered Restrictions, Rationality, and the Virtues"，载于谢弗勒所编的 *Consequentialism and Its Critics*（Oxford: Oxford University Press, 1988），pp. 243 – 260, 252. 这一论证在谢弗勒的 *The Rejection of Consequentialism* 一书的不同地方都有所表达，但在"Agent-Centered Restrictions, Rationality, and the Virtues"一文中谢弗勒明显把它表达成一种不同的论证。这篇文章本身在一定程度上是对福特的"Utilitarianism and the Virtues"（谢弗勒所编, pp. 224 – 242）一文的回应，同样福特的文章也是对谢弗勒书中各种论证的回应。在福特的文章中，她重点关注的是谢弗勒求助于非个人的立场来揭示限制的矛盾性，并对谢弗勒的这种做法的合法性提出挑战。在这些方面，我接下来的论证追随了福特，尽管我们每个人挑战的实质是非常不同的。非常感谢《伦理学》杂志的编辑的评论，它使得我对谢弗勒的论证所做的论证更加清晰。

谢弗勒把常识的合理性界定为追求最大化的合理性：所要最大化的是行动者目标的满足。他认为，包含以行动者为中心的限制的观点不可避免地"在与这种合理性观念相关时看上去会遇到麻烦"，因为它们把这些行为看成是"只有在不存在其他行为的时候它们才是道德上更可取的，然后再提出，实际上有一些场合我们应当更多地而不是更少地执行这些行为"[8]。

然而，不管是否符合常识，都不可能是如谢弗勒所指出的那样，正是常识合理性的追求最大化的层面把以行动者为中心的限制解释成矛盾的与不合理的。日常道德认为，我们至少有两种不同的道德目标，它们在典型的以行动者为中心的限制的情境中是相关的，即避免出现伤害（preventing harms from happening）的目标与避免主动去伤害（avoiding doing harms）的目标。在最大化的模式中，理性行动者会在这些目标彼此冲突情境中对它们进行权衡。如果避免主动去伤害的目标在特定的情况下具有足够的权重，行动者将被要求按以下方式行为，即允许更大的而不是更少的伤害出现。[9]根据最大化的概念，以行动者为中心的限制不仅不是矛盾的，而且在如下情境中它们正是人们所期待的，即避免主动伤害的目标的权重超过避免出现伤害的目标。[10]

---

[8] 谢弗勒，"Agent-Centered Restrictions, Rationality, and the Virtues", p. 252.

[9] 不必为了谢弗勒对以下问题作出回应，即避免主动伤害的目标并不是一个恰当理解的"目标"。因为，根据假定，常识合理性在产生以行动者为中心的限制时给了这种要求以一定的权重，这种回应就其本身来说不仅会损害这种要求的合理性，因此也就是损害了限制的合理性，而且也损害了这种假设的合理性，即常识合理性只给"目标"以权重。正如赫尔曼所指出的，把特殊的要求或原则看成是推理中的目标或目的，并不存在什么令人困惑之处［"Leaving Deontology Behind", in *The Practice of Moral Judgment*（Cambridge, Mass.：Harvard University Press, 1993), p. 216]。把更多的东西引入到关于目标或目的的描述中来，这是谢弗勒一开始就明确要加以避免的，"在接受这些观点的描述时所承认的后果主义的真理被认为会产生困难"（"Agent-Centered Restrictions, Rationality, and the Virtues", p. 251)。当然，人们可以采纳与谢弗勒明显不同的论证，它是攻击常识的合理性，而不是求助于常识合理性。这种论证可以承认常识合理性似乎赞同，把那种以行动者为中心的要求必然会产生的限制作为目标，但是认为那得到适当解释与精炼过的（例如通过决策论）合理性与这一点上准确表达的常识合理性是不同的。这些论证得到了推进，事实上，它们可以描述成包含了反对以行动者为中心的限制的第二类关键的论证。然而，下面我们将会清楚看到，谢弗勒和卡根都没有采纳这种论证。我也不想在这里采取这种论证。对于这种论证的一种较好的批评性的讨论，请参见安德森的 *Value in Ethics and Economics*（Cambridge, Mass：Harvard University Press, 1993), esp. chs. 2, 6.

[10] 对谢弗勒的论证来说，具有讽刺意味的是，追求最大化的合理并没有向他想要攻击的以行动者为中心的限制提出任何问题，但却显示出了他想辩护的以行动者为中心的选择的许多明显的困难。（这一点卡根有力地指出来了，特别是第 1 章与第 6 - 10 章）我还在我的另一篇文章中力图指出这些选择可以与最大化的解释调和起来，见 "Getting Our Opinions Clear：A Closer Look at Agent-Centered Options", *Philosophical Studies* 78（1995）：163 - 188.

然而，谢弗勒的论证很明显并没有依赖于求助常识的合理性，而是求助于对"道德视角"（moral point of view）的某种常识约束。这种道德视角反过来又对会给最大化造成混乱的利他目标形成限制。谢弗勒引入了对道德视角的两种约束，他把这些约束看成是限制的批评者与辩护者的共同基础。第一种约束是指，"道德从一种不只是关注行动者的利益的观点来评价行为"。第二种约束是指，"从道德的观点来看，没有违犯限制的情况比违犯限制的情况更为可取"〔11〕。谢弗勒得出结论说，从满足这些常识约束的道德观点来看，避免主动去伤害的以行动者为中心的目标似乎是矛盾的。从这些目标的矛盾性会派生出以行动者为中心的限制本身的矛盾性。

但是正如谢弗勒求助于追求最大化的合理性的情形一样，以行动者为中心的限制的辩护者也能够毫无矛盾地容纳谢弗勒对道德视角的约束。例如，请考虑一下传统的康德主义解释所预设的立场。从目的王国的公民的观点来看，他关注的肯定不只是行动者的利益。因此，这种解释并不会对谢弗勒的第一种约束形成冲突。而且，这种观点会被用来产生互相帮助的要求、仁爱，等等，据此，所有人都是平等的，行动者总是有理由以不产生有害的违犯限制而非产生违犯限制的方式来行为。因此，这种解释所预设的观点似乎满足了谢弗勒的第二个约束。如果所有的东西从相关的道德观点来看总是相等的，而从目的王国公民的观点来看很明显并不总是相等的，只有这个时候矛盾才会出现。特别是，康德主义者认识到，避免主动伤害的要求产生于以下观点，从这种观点中能够产生出互助与仁爱的义务。这些避免主动伤害的要求通常为按与这些德性义务相反的方式去行为提供了决定性的理由。〔12〕

正如谢弗勒求助于追求最大化的合理性，他求助于对道德视角的常识约束也并没有导致以行动者为中心的限制的不合理性。他认为那种不合理性与矛盾性会出现，是因为他假定——正如我所指出的，这只是不正确地假定——这些约束排除了类似于康德观点的一些其他观点。如果唯一能够接受的立场是规定行动者自身的善的个人立场，以及规定总体善的非个人立场，那么谢弗勒认为以行动者为中心的限制看起来令人困惑这一点肯定是正确

---

〔11〕 谢弗勒，"Agent-Centered Restrictions, Rationality, and the Virtues"，p. 253.

〔12〕 如果谢弗勒的第二种约束的意思解释成"在考虑到一切的情况下是可取的"，那么这种康德主义的观点就会违犯第二种约束。但是谢弗勒肯定会反对这种解释，因为这种约束不再是明显合理的，也不会为以行动者为中心的限制的辩护者看成是合理的（就像谢弗勒认为，只要解释适当这种约束就是合理的）。实际上，根据这种解读，约束最后就变成了一种无效的规定，即道德立场就是非个人的立场。这种规定就是以没有证明的假定作为根据来反对限制的辩护者。

的。谢弗勒假定，适合于行为评价的观点是能够排除以行动者为中心的限制的行动者中立的观点，而且常识也强化了这一假定，但是谢弗勒求助于常识的合理性与对道德视角的常识约束并没有完全保证这一点。[13]

如果以行动者为中心的限制是矛盾的这种看法仅仅建立在一种未经论证的假定的基础上，即假定与行为评价相关的道德立场是非个人的立场，那么这就只是以假定的东西作为论据来反对限制的辩护者，很明显他们是求助于与非个人立场不同的立场。[14]但是事实上我们只是现在才达到我前面所讲的针对以行动者为中心的限制的明显的矛盾性与不合理性的核心论证。放弃限制的压力正如我们前面所指出的那样，并不只是来自于道德立场是非个人立场的假定，同时也来自于我们相信对这个观点有一种强有力的论证。

限制的辩护者们通过求助于所产生的事态的价值，想努力提供一种基本原则以支持避免主动伤害的要求，论证一开始关注的就是这一点。这些求助如果是成功的，那么这一论证的倡导者们就允许它们为赞成这些要求提供必要的支持，因此也是为以行动者为中心的限制提供必要的支持。但是，求助于事态的非个人评价当然并不能为避免主动伤害的这种相反的要求提供支持："如果你关注的是一个人做某事伤害另一个人所产生的恶，为什么

---

〔13〕 尽管我着重关注的是谢弗勒的一些次要的论证，但卡根也是在表达他的核心论证之前进行了不少次要的论证，其目的至少是要把证明的负担转移到限制的辩护者那里去。因此，他指出，当避免出现伤害的以行动者为中心的要求的相关性为限制的辩护者与批评者都接受时，避免主动去伤害的以行动者为中心的要求的相关性就会为限制的批评者所否认。卡根指出，关于对以行动者为中心的要求的支持，这种不一致性有力地把证明的负担转移给了限制的辩护者，"为他对约束与选择的信念寻求一种辩护的必要性……变得越来越紧迫"（p. 17）。但是尽管争论的这种特征有助于解释，为什么这些关注现在直接指向的是为一种要求而不是另一种要求提供一种支持性的基本原则，但是并没有为转移证明的负担提供证明。转移证明的负担中所存在的问题并不是以行动者为中心的限制的辩护者与反对者都同意什么，而是他们同意的证据是什么。根据假定，直觉认为同时存在着行动者中立与行动者为中心的要求。如果确实存在着负担，它也是在以行动者为中心的限制的批评者身上，他认为存在着支持两种要求的直觉性的证据，但他并没有提供证据来解释为什么接受其中一种要求而拒绝另一种要求。

〔14〕 在不同地方，谢弗勒似乎都认为，对于限制的辩护者来说，非个人的视角实际上是道德的视角。谢弗勒（p. 88）认为，以这种方式解释诺齐克关于边际约束的论证［*Anarchy*，*State*，*and Utopia*（New York：Basic Books，1974），pp. 28 – 33］是很自然的。但是正如科斯佳所指出的，如果人们作出假定——诺齐克并没有作出这种假定——"道德的事业就是要产生什么东西"（p. 49），那么以这种方式解释他的论证才是自然的。尽管可能有许多的义务论者，他们都错误地力图把以行动者为中心的要求建立在一种行动者中立的立场上，卡明斯基正确地论证说，这些义务论者通常都由以下假定开始，即行动者中立的立场并不是合适的立场（p. 592；同时参见卡根，p. 29）。实际上，许多以行动者为中心的限制的提倡者不仅拒绝把道德立场与非个人立场等同。他们甚至把道德立场等同于与非个人立场形成鲜明对照的其他立场。参见下面的第 IV 部分。

关注五个人对另五个人作出同等伤害的事所产生的恶就是不允许的呢?"[15]尽管谢弗勒承认,求助于事态的价值如果能够成功的话,就能激发避免主动伤害的要求,因此"激发以行动者为中心的限制",但他认为这求助是不会成功的。相比之下,它能"激发后果主义的假定",这种假定是以避免出现伤害的行动者中立的要求的形式出现的。[16]卡根也承认,这种求助能够支持避免出现伤害的要求,因此"也能支持如下观点……即为了能够避免更大的伤害,允许主动造成这种伤害"[17]。所以,当避免主动去伤害的要求并不能为求助于所发生的事态的价值所"支持"与"激发"时,避免出现伤害的要求能以这种方式得到支持。

求助于所发生的事态的价值能够为避免出现伤害的要求提供必要的"支持"与"激发"。我们应当避免出现伤害,因为这样做我们能带来最为有用的事态,这种事态正好是从行动者中立的、非个人的立场来确定的。我们很难明白,限制的辩护者是如何极不同意如下两种观点的,其一,非个人的立场是事态评价的合适的道德立场,其二,求助于从这一立场所评价的事态在弄清避免出现伤害的常识要求的意思这一点上能起一定的作用。

不仅非个人式地求助于所产生事态的价值不能支持任何独立的避免主去动伤害的要求,而且限制的批评者也无望找到这种支持的其他来源。谢弗勒和卡根都论证了,所有那些试图提供一种基本原则以支持相互对立的要求最后都退化为求助于所发生事态的价值,[18]而后者已经被表明是不充足的,或者只是假冒为它们的基本原则的那些直觉,或者由于未能达到被看成是另一个替代性的基本原则的最低程度的合理性而必须遭到否定。[19]谢弗勒的结论是:"我自己也不能明白支持这种限制的充足的基本原则会是什么。"[20]

尽管所有让这种常识要求——因此也是常识限制——有价值的尝试都失败了,实际上甚至想要取得进展都不可能,关于矛盾性与不合理性的断言预设了一个更强的结果。有关何种要求可以通过求助于事态的价值而得到或不能得到支持的这些考虑为怀疑将来的尝试能够成功这一点提供了根据。谢弗勒和卡根论证了,非个人的立场是与评价事态以及让避

---

[15] 谢弗勒, *The Rejection of Consequentialism*, p. 89. 谢弗勒总结要点以破坏人们努力构造任何相对立的要求,并论证说"只要这种策略指出了违犯要求的某种特征是很没有价值的,那么对这种限制就不会有充分的辩护"(p. 89)。卡根也指出了这一点, p. 29.

[16] 谢弗勒, *The Rejection of Consequentialism*, p. 90.

[17] 卡根, p. 28.

[18] 谢弗勒, *The Rejection of Consequentialism*, p. 101;卡根, pp. 28 – 29.

[19] 谢弗勒, *The Rejection of Consequentialism*, p. 103;卡根, pp. 29 – 31.

[20] 谢弗勒, *The Rejection of Consequentialism*, p. 107;卡根, p. 32.

免出现伤害的要求有价值相适合的立场。这也就是把非个人立场的适合性看成是一种评价性的立场——看成是这些评价的合法的道德视角。认识到避免主动去伤害的要求并不能为非个人的立场所激发，也就是认识到它们不能为这种合法的道德视角所激发。但是不清楚的是，这种道德要求如果不能从这种道德视角得到支持的话，它又是如何得到支持（甚至为行动者的个人视角所补充）的呢。

确实，正如卡米斯基（David Cummisky）所指出的，避免那种建立在事态价值上的基本原则也就是"预设了一种……并非以价值为基础的基本原则"以支持这种要求，也是支持以行动者为中心的限制。[21]然而，即使以行动者为中心的限制的支持者，如赫尔曼（Barbara Herman）都承认，"假定一种没有基本的价值概念的道德理论能够令人信服地完成这一工作肯定是不合理的"。[22]如果排除求助于事态的价值就是排除求助于赫尔曼意义上的基本的价值概念，如果甚至限制的辩护者也允许任何合理的基本原则都必须建立在这种价值概念之上，那么就可以得出结论说，不存在支持以行动者为中心的限制的基本原则。这一论证似乎可以作为下面结论的基础，即以行动者为中心的限制只能在直觉的层次上得到支持，但任何想把这些直觉定位在某种更为广泛的框架内的努力都无可避免地会损害它们。当然，即使发现这种论证是很有吸引力的，理论也被认为损害了直觉，但如何解释以行动者为中心的限制的直觉力量这一顽固的问题还依旧存在。但是如果上面的论证是成功的，错误理论与/或间接策略必须解释这种限制的恒久存在的直觉力量，不管这些理论与策略分开考虑时表面上是多么的不合理。[23]

因此，对于这两种明显相互冲突的要求，只有避免出现伤害的要求能为一种合理的基本原则所支持。行动者应当避免出现伤害，因为那种行为能产生更好的事态。这种评价恰好是从一种非个人的、行动者中立的立场得出来的。相互冲突的要求不能通过求助于事态的价值而得到支持，这种支持的其他任何来源也并不是明显的。实际上，似乎有理由得出结论说，不需要求助于这种以价值为基础的基本原则而想弄清楚限制的意义的任何尝试都是不合理的。这种论证路线如果是成功的，它就给限制的辩护者施加了很大的证明的负担，并且解释了围绕着这种限制的明显的不合理性与矛盾。

---

〔21〕　卡米斯基，p. 592.

〔22〕　赫尔曼，"Leaving Deontology Behind"，p. 209.

〔23〕　很明显，求助于这种反对要求的论证很大程度上并不依赖于求助任何特殊的间接策略或错误理论的合理性。论证的提倡者还依然求助于这种策略或理论，以解释以行动者为中心的限制的最初的直觉力量，但是除却这些求助及它们所导致的问题，这种论证显示了限制的不合理性与矛盾性。

III

那么，这也确实是赞成限制存在着矛盾。然而，对论证的更仔细的观察，特别是对作为这一论证建立的基础的基本原则的仔细观察，揭示出了一个重要的限定（qualification）与一个严肃的限制（limitation）。首先看看限定。最好提供对一种策略的简要说明，这种策略要能弄清避免出现伤害的要求的意义，当然这种策略还不能伴随对事态及正当行为如何进行评价的说明。确实是提供了这些说明，但是这种反对限制的论证的提倡者通常却力图与对事态评价的说明（通常是一元论的）划清界限。[24] 相反，他们所思考的是，通过求助于不同的相关考虑，它们在决定最好的总体事态时彼此之间必须进行权衡，正确的说明可能是多元论的。实际上，它被看成是反对以行动者为中心的限制的论证的额外的力量之源，它们不必像前面的关于善的一元论解释所做的一样，把自主性、尊重人等降低到工具性的作用，而是允许这些善也可以成为在事态评价过程中具有非工具权重的考虑。

限制的反对者为了使反对限制的论证通过，他们所要建立的就不仅仅只是关于这种基本原则的概略性的说明。它不是价值概念把什么规定为最好的事态的问题，而是说它是从非个人的立场进行规定的，而这种立场与反对限制的情况是紧密相关的。如果执行能产生如下事态的行为总是正当的，这种事态是由对相关考虑的行动者中立的限制所决定的，那么以行动者为中心的限制就可以被排除掉，不管这些相关考虑会是什么。

现在看看严肃的限制。论证预设了行为评价（如正当与错误、好与坏）与事态评价之间的特殊关联。根据这种观点，一个行为是正当的行为（或者在谢弗勒那里，是道德上可允许的行为之一），是**因为**它能带来最好的事态。但是为什么要接受对行为评价与事态评价之间关系的这种解释呢，即作为前者的根据的解释也完全适用于后者？日常道德肯定会认为，从非个人的角度确定最好事态与确定正当行为是相关的，但是论证的提倡者对于求助于日常的道德直觉深表怀疑，这些直觉并没有得到合理的基本原则的支持。而且，尽管日常道德认为，确定最好事态与确定正当行为是相关的，但它同时也为这种相关性划定了界限（并不仅仅来自于个人的立场），这为关于以行动者为中心的限制的直觉上的合理性所证实。

---

〔24〕 对于这些脱离一元论的运动，参见卡根，pp. 7，59 – 60；莱尔顿（Peter Railton），"Alienation，Consequentialism，and the Demands of Morality"，谢弗勒编，pp. 109 – 110；谢弗勒关于"多元的词典编纂的后果主义"，见 *The Rejection of Consequentialism*，pp. 27 – 30.

坏的事情会发生——台风、疼痛、饥饿。有时我做出某些行为完全可以防止这些事情发生，在这些情况下日常道德认为我有理由这样做。但是日常道德也认为，这也只是行动者用来客观地确定所执行的行为是正当行为的理由之一。这种对行为评价的立场似乎求助了事态评价的非个人立场，但是又有所不同。那么现在所需要的是提供一种解释，以说明为什么从非个人立场对事态的评价与从更广阔的立场对行为的评价的相关考虑完全不同，正如常识所认为的，而是从唯一相关的立场出发的独特考虑。谢弗勒和卡根都没有提供这种解释；事实上，卡根明确地认为这种基本原则还有所欠缺，他从来没有否认过这一点。[25]

因此，反对限制的核心论证反直觉地假定了，在评价行为为正当与错误的时候，关于事态更好与更坏的评价是唯一相关的考虑（除了从个人的视角出发），因此，适合于评价行为的立场也是适合于评价事态的立场，但这完全没有说为什么这是相关的，更何况达到这种反直觉的程度。为什么接受这种建立在反直觉的假设与高度概略化的基本原则基础之上的论证呢？卡根对这一挑战的回应可能是充足的：因为即使是高度概略化的基本原则总比完全没有好，而且限制的辩护者"不仅……不能提供充分的解释，甚至想开始进行解释都是不可能的"。卡根承认，要想对避免出现伤害的要求提供支持肯定会遭受许多"细节上的失败"，但是想为与之相对的避免主动伤害的要求提供支持会遭受到更大的失败。[26]因此，尽管求助于所产生事态的价值是很不完整的，而且在许多方面都存在问题，但是我们还是无可避免地要迈向它，以及它所产生的反对限制的论证，因为它比完全没有基本原则还是要好些。尽管基本原则一开始就是不完全的或有问题的，但它并不为以行动者为中心的限制所提供。那么，最有必要的就是考察那种支持以行动者为中心的限制的其他基本原则的简要说明，以及消除放弃以行为为中心的限制的压力。

IV

反对限制的论证似乎一开始就注定了这些努力。如果任何基本原则要具有最低程度的合理性都必须求助于一种基本的价值概念，那些并不建立在求助于所产生事态的价值基础

---

〔25〕 因此，卡根做了清楚表述，"考察实际上有一种理由根据某种行为将会带来更大的总体善这一事实来确定是否执行这一行为……也是道德哲学的另一个重要任务"，他并没有考虑这种理由"事实上是否能够成功地得到辩护"。（p. 18）

〔26〕 Ibid. , p. 32.

上的其他基本原则并不求助于这种基本的价值概念，那么所有这种其他的基本原则一开始就会被排除掉。然而，这种推理路线假定了，为限制的批评者所求助的价值概念仅仅是一种可选择的概念，因此否定这种概念只是否定了求助于基本的价值概念。但是这一假定是没有保证的。要求一种基本原则必须求助于事态的价值——在这种意义上可能是"以价值为基础的"基本原则——只是在一种特殊的基本价值概念的语境中才是合法的，这种价值概念有以下三种核心的组成部分：（1）根据何种事态最适合于从非个人的立场进行评价，对事态的评价进行说明；（2）根据行为评价完全建立在事态评价之中（可能为行动者的个人立场所补充），对行为评价与事态评价之间关系的进行说明；（3）根据何种行为适合于从非个人的立场进行评价，对行为的评价进行说明（也可能为行动者的个人立场所补充）。这种价值概念很明显排除了传统的以行动者为中心的限制的基本原则。但是同样明显的是，这种概念本身也是应当被否定的，而赞同另一种概念，这种概念不会产生那种令人不满的要求，即支持以行动者为中心的限制的基本原则应当建立在求助于对事态的行动者中立的评价基础上。限制的提倡者能同意赫尔曼的看法，即可能存在一种基本的价值概念，但是否认限制的批评者所预设的厌弃限制的概念，而赞同那种与对行为评价及它与事态评价之间关系的各种不同解释相结合的概念。

许多以行动者为中心的限制的提倡者最好理解成提倡这种替代性的价值概念。论证限制的不合理性的全部力量在于，这些限制甚至并不为对基本原则的概略说明所支持，努力提供这种基本原则最好无可避免地回到那种排除以行动者为中心的限制的价值概念，认识到替代性的价值概念并不排除这种基本原则，甚至似乎为发展一种支持以行动者为中心的限制的基本原则提出了有说服力的途径，那么这种认识就削弱了这种反对限制的论证。

这种替代性的价值概念的一个核心组成部分就是对行为评价的另一种说明。这些限制的提倡者都否认非个人的立场是适合于行为评价的，但是这样做很明显是因为他们通过求助于一种不同的评价立场而提倡一种关于行为评价的说明。根据这种替代性的说明，把行为评价为正当与错误并不是通过求助于事态的非个人评价来确定的，而是通过求助于理性来确定。求助于理性也就是求助于这样一种立场，它的提倡者都相信它与个人立场与非个人立场之间存在着明显的差别。因此，罗尔斯论证说，决定正当行为的立场是理性且合理的行动者的立场，这种立场不仅仅与"特定行动者的视角"不同，而且也与"非个人的视角"不同。[27]与后者相比，合适的立场"根据所有人都接受的合理建构的社会视角进

---

〔27〕 罗尔斯，*Political Liberalism*（New York：Columbia University Press，1993），p. 111.

行理解"。[28]同样，斯坎伦论证说，行为适当地评价为正当与错误并不是通过求助于事态的评价，而是求助于一种能力，这种能力可以"为某人对其他人所采取的行为进行辩护，根据就在于其他人对这些行为不能合理地拒绝"[29]。斯坎伦也论证了，求助于这些辩护性的理由反过来又规定的并不是非个人的立场，而是一种"人际的"立场，它可以描述为"一种真正人际的辩护形式，它是每个人都会同意的"[30]。

科斯佳（Christine Korsgaard）认为，正当行为的正确解释所根据的首先并不是行为所产生的东西，而是"我们所共享的理由"。求助于我们所共享的理由规定了一种"主体间性"的立场，它可以与非个人立场形成鲜明对照。[31]安德森（Elizabeth Anderson）反对这样解释行为，即"仅仅根据行为的后果评价它们的价值"，而赞同求助于一种行为是否"充分地表达我们的理性态度"。[32]这种理论表达了一种目标，就是要达到"一种共同的观点，它是其他人也能获得的，人们在经过反思后都会认同彼此的评价"。[33]她论证说，在对行为进行评价的理性所规定的这种更广阔的观点之内，非个人的立场所起的只是"不同的狭隘作用"。[34]罗尔斯的原初状态，康德的目的王国，汉普顿（Jean Hampton）所讲的霍布斯式的康德主义的契约主义都可以合理地理解为努力在理想化与一般化的不同层次上模仿这种替代性的立场。[35]

赫尔曼对隐含在所有这些说明中的东西做了清楚表达：求助于"作为规范规则的理性，都表达了一种独立的价值概念"[36]。确定正当行为并不是建立在求助于事态的价值

〔28〕 罗尔斯，"Kantian Constructivism in Moral Theory"，*Journal of Philosophy* 77（1980）：515 –572，p. 519.

〔29〕 斯坎伦，"Contractualism and Utilitarianism"，p. 116.

〔30〕 Ibid. , p. 117.

〔31〕 科斯佳，pp. 25，28.

〔32〕 安德森，pp. 31，17.

〔33〕 Ibid. , p. 3.

〔34〕 Ibid. , p. 79.

〔35〕 参见汉普顿，"Feminist Contractarianism"，载于安东尼（Louise M. Antony）和威特（Charlotte Witt）所编的 *A Mind of One's Own*（Boulder, Colo. : Westview, 1993），pp. 227 –256；罗尔斯，*Political Liberalism*，特别是讲演稿 3；康德，*Groundwork of the Metaphysics of Morals*，in H. J. Paton de.（New York：Harper & Row, 1964），chs. 1, 2.

〔36〕 赫尔曼，"Leaving Deontology Behind"，p. 213. 她指出，根据这种替代性概念，把行为评价为正当与错误可以不是核心的道德概念。赫尔曼的说明着重的是善，把善解释成意志的一种属性，而不是事态的属性。［同时参见达沃对他在"Rational Agent，Rational Act"一文中所提倡的广义的康德主义立场，*Philosophical Topics* 14（1986）：33 –57，esp. pp. 41，51 –52］这种替代性概念的所有提倡者的共同特征就是，他们求助于理性，认为理性提供一种替代的评价立场，这种立场允许对善与正当（及其相互关系）这些基本的道德概念提供一种不同的解释。

基础上，而是求助于理性。求助于理性也就是求助于关于行为评价的一种不同的立场，这种立场（所以这些限制的提倡者认为）与非个人的立场形成了鲜明对照。最后，因为这是关于行为评价的一种不同说明，这种说明与限制的批评者所提供非个人的说明（或为个人所扩大的非个人的说明）形成了对比，它很明显可看成是替代性的价值概念的一个组成部分。我将在后面把这种立场看成是一种无偏倚的立场，因为不偏倚性（impartiality）提出了一种独立于任何偏见的客观立场，但它又与"非个人性"不一样，并不预设这种立场应当是行动者中立的。

且不说求助于无偏倚的立场对行为评价的说明，甚至是对替代性的价值概念的唯一组成部分的概略说明似乎就足以削弱那种赞同以行动者为中心的限制的矛盾性的论证的力量。限制的辩护者提供了对行为评价的替代性解释作为替代性的价值概念的一个组成部分。这种价值概念并不直接产生对以行动者为中心的限制的否认，而非个人的价值概念是会产生这种否认的，因此，也就不会直接导致以行动者为中心的限制的矛盾性。这种概念也不必否认后果主义概念的一个组成部分——即事态可从非个人的立场做适当评价。但是只要它认为正当的行为是由无偏倚的立场所确定的，它的提倡者都会否认非个人的价值概念的第二种组成部分——关于事态评价与行为评价的关系的说明。根据这种概念，行为评价并不必建立在对非个人事态的评价基础上，除非通过求助于没有人能够合理拒绝的理由对行为进行辩护就是求助于一个最主要的理由——也就是行为会产生最佳后果。许多限制的辩护者提出了许多理由认为事实并非如此。[37]

我们最好在这里稍做停顿，对无偏倚立场与个人和非个人立场的不同方面做进一步细化，这样它能为发展一种赞成以行动者为中心的限制的基本原则提供有说服力的途径，而后两者无论是分开还是结合在一起都不能做到这一点。那些通常得到精致表达的共同特征，以及在这一部分的前面我所引用的那些对无偏倚立场的相互冲突的说明，对于它们的评论我将努力作出限制。我们通过区分从某种特殊立场所进行的辩护与辩护的立场，就可以抓住一个核心的差异。行为从一种立场得到辩护，例如行动者自己的个人立场，并不意味着从另一种立场也能得到辩护，如非个人的立场。但是从某种特殊立场可以得到辩护的行为是否能够得到辩护的问题是一个额外的问题。无偏倚的立场的提供者并不会把它当成另一种先前所界定的立场提出来，正是这一立场确定行为可以或不可以得到辩护，而且把

---

[37]　实际上，罗尔斯认为，在原初状态下人们是不会去选择功利原则的。同时参见斯坎伦的观点，失败者会合理地拒绝产生更高功利的原则（"Contractualism and Utilitarianism", pp. 122 – 123）。

它当成是实践辩护的立场本身。关于行为的这种辩护在实践上类似于关于信念的辩护。行动者出于理由相信与行为：如果他们相信与行为的理由是好的，那么他们的信念与行为是可以得到辩护的。

好的理由指的是事实上能够为行动者的信念或行为进行辩护的理由，那种没有人能够合理地拒绝的理由能够提供这种辩护。关于行动者的信念与行为的辩护的一个核心特征是，这些能提供辩护的理由依赖于其他人的信念与行为。认识到如果一个行动者能为她的信念辩护，即 P 属于我，那么通常来说，不管彼此信念之间所存在的相关差别，我也有理由相信 P。[38] 一般来说，我认识到她有很好的理由以某种特定方式改变世界的某一部分，那么对我来说也有理由以同样的方式改变世界的这一部分。

无偏倚立场的提倡者重点关注以下观点，为某个行动者的行为提供辩护的理由依赖于其他行动者。尤其是，如果一个行动者要她对我采取的行为进行辩护——她确实以某种方式改变世界图景——我（通常）有决定性的理由不要干涉她的行为。因为他所辩护的不仅是**她的**行为，而且是她**确实**在做的行为，通过求助于没有人（包括我自己）能够合理拒绝的理由，她以某种方式改变世界得到了辩护，认识到这一点也就是（在一定程度上）认识到我应当允许她以这种方式来改变我们的世界。对无偏倚立场的提倡者来说，行为的辩护为其他人的行为所施加的这些约束仅仅是用来提供辩护性理由的一部分，这些理由是"我们都共享的"（科斯佳），是"反思后会认可的"（安德森），以及确实"能为我们对其他人所采取的行为辩护"（斯坎伦）。

它的提倡者认为，正是这种辩护的无偏倚的立场对于行为的正当与错误的评价来说才是最合适的立场。在有些情境中，有些行为可以从某种特殊立场得到辩护但不能从无偏倚的立场得到辩护，那么对于那种从有问题的立场可得到辩护的行为应当施加道德约束。因此，如果在一些情意中，我不能无偏倚地为某一行为辩护，而这种行为从我个人的立场又可以得到辩护，我就会受到从个人立场出发而行为的道德所限制。考虑一下个人立场的解释，根据这种解释，从这种立场得到辩护的行为就是将个人可预期的功利最大化的行为。例如，如果从身体上伤害史密斯能让我获得自己的一个关键的计划，那么这种行为从我个人的视角来看是可以得到辩护的。但是无偏倚立场的提倡者会认为，我不能为史密斯提供理由，以使她接受我的这种行为。我也不能提供理由，以确证她干扰我的计划不能

---

〔38〕 关于信念辩护的这种人际维度的更为广泛的讨论，参见 Robert Brandom，*Making It Explicit*（Cambridge, Mass.: Harvard University Press, 1994），ch. 3.

得到辩护（不管她事实上是否会这么做）。事实上，如果限止我的伤害性行为会把史密斯的预期功利最大化，我的行动理由将会为她阻止我的行为的理由所反映。尽管我不能从我的个人视角为自己的行为辩护，我不能提供为我的行为提供无偏倚的辩护。总的来说，结果似乎是，在追求某人的计划与目标的过程中不能伤害他人的以行动者为中心的一些特殊要求，这些要求阻止行动者（在特定情境中）采取为他们的个人视角所规定的行为。

谢弗勒和卡根至少在原则上乐意承认，在从非个人的立场得以辩护（甚至在某些方面为个人立场所补充）与得到辩护之间存在着类似的鸿沟。这种鸿沟就允许存在如下可能性，即一种行为可以得到辩护或者从非个人的立场来说是应当被要求的，然而"行动者仍然在理性上被要求……可以不以那种方式作出反应"[39]。根据那种把正当性等同于理性辩护的解释，在有些情境中，那些从非个人的立场能得到辩护的行为并不能从无偏倚的立场得到辩护，这些情境就把自身表现为对出自非个人立场的行为施加了道德约束。限制的提倡者认为，对辩护的无偏倚立场的一种充分发展的说明在实践上具体证实了卡根原则上所允许存在的那种鸿沟，清楚揭示了行动者主动伤害不能得到辩护的那种情境，即使这样做从非个人的立场是可以得到辩护的（例如，能避免发生较大数量的伤害）。在这些情境中，被伤害的人能合理地拒绝来自于非个人的立场所做的辩护，就像你为自己伤害她进行辩护一样。斯坎伦论证说，至少从认识到"每个人可以根据自己不能合理地拒绝这一点"来为行为辩护，到得出每个人都应接受"从总体利益最大化的视角"所做的辩护这一结论，这中间还有"很长的路"要走。[40]正因为这条路太长了，要想取得成功似乎是"不可能的"，所以发展一种基本原则以支持传统的以行动者为中心的限制的前景就更为光明。

根据这种解释，辩护的无偏倚立场适合于评价行为的正当与错误。当隐含在这种立场中的人的概念得以充分表达的时候，那么很清楚总会存在一些情境，尽管行动者的行为从非个人的立场可以得到辩护，但在这种情境中行动者的行为却不能以同样方式得到辩护，正如行动者的行为可以从个人立场得到辩护，但在有些情境中却不能以同样方式得到辩护一样。从这种无偏倚的立场对行为所做评价中所包含了一种价值概念，它清楚地指出了发展一种支持以行动者为中心的限制的基本原则的有说服力的途径。

---

[39]　卡根，p. 66.

[40]　斯坎伦，"Contractualism and Utilitarianism"，p. 119.

V

反对限制的论证的提倡者通常都认为，上面所表达的可以对行为进行评价的替代性的立场只能合理地理解为与从非个人的立场对行为进行评价的相关考虑的另一种解释。[41]例如，限制的批评者都乐于承认，求助于我们作为理性行动者的本质揭示出每个人都应被看成是值得尊敬的自主的行动者。而且，他们也承认对自主行动者的这种尊敬，但这种尊敬只是一种考虑，在决定行为的正当性时，它可能会压倒如幸福与利益满足这样的传统考虑。因此，可能会出现这种情境，我们应当避免侵犯其他人的自主性，即使这样做会带来更好的总体幸福。

但他们争论说，上面所承认的那些并不就认为替代性的立场具有合理性，更不用说那种能够取代非个人的价值概念并能允许支持以行动者为中心的限制的立场了。以不尊敬的态度对待自主的行动者从本质上讲就是错误的。但是他们争论说，即使以尊敬的态度来对待也可能仍然是错误的，因为这种对待所导致的可能是一件坏事。因此，如果我们要避免五次不尊敬地对待自主的行动者——也就是五次恶——唯一的方法就是不尊敬地对待某个人，那么很明显我们就应当这样做。即使我们作为理性行动者的本质是相关的，这也不能为以下论断提供任何支持，即"适当的对待方式应排除伤害某一个人以避免伤害其他人"——也就是说，不支持以行动者为中心的限制。[42]根据这种解释，承认我们作为理性行动者的本质的相关性并不就能产生替代性的立场，它能够取代非个人立场并为产生最佳后果提供限制，它只是表明了如何确定最佳后果时的一些变数。结果并不是关于行为评价有一种替代性的立场嵌入在替代性的价值概念中，而至多是对于与非个人的价值概念相关的考虑有一种替代性的说明。他们认为，对于求助理性的重要性这一做法所能合理认识到的唯一意义就是并不为以行动者为中心的限制提供支持。

限制的辩护者会认为，这只是错误地解释了行为评价的替代性的说明。非个人的价值概念只是硬扯进了这种说明，它并不存在于侵犯个人自主性是坏的这一论断中（这肯定是正确的），而是存在于如下的假定中，即这些侵犯的行为之所以错误其根据完全在于它们

---

〔41〕 关于这种一般论证策略的变种为谢弗勒不断地运用，*The Rejection of Consequentialism*，ch. 4；卡根，ch. 1. 卡米斯基在 "Kantian Consequentialism" 一文的不同地方也都采纳了。

〔42〕 卡根，p. 32.

所产生的坏处。这只是预设了非个人的价值概念的三个核心组成部分中的一个：行为评价与事态评价之间关系的解释。但是限制的反对者可以合理地反驳说，只要限制的辩护者为这种关系提供了一种合理的替代者，她就不能真正地提出另一种替代性的价值概念。很明显，关于行为评价与事态评价之间关系的解释是关键。仅仅把求助于无偏倚的立场看成是相关的还不够，因为如果预设了批评者对这种关系的解释，那么无偏倚地求助于理性所派生的东西都必须在非个人的价值概念的范围内（以某种方式）进行理解。如果限制的辩护者不能提供关于行为评价与事态评价之间关系的一种替代性的说明，并且不能把行为评价建立在事态评价的基础上，那么他们就不能真正地提供一种替代性的价值概念。没有这种替代性的价值概念，也就没有支持以行动者为中心的限制的基本原则。

限制的辩护者似乎可以为这种关系提供一种替代性的说明，他们采取的论断形式是正当优先于善。但是如果没有关于这一论断中的优先性的具体解释，它也就只是一个贫乏的规定。更糟糕的是，限制的辩护者所提供的说明似乎与这种关于优先性的贫乏规定还是相矛盾的。实际上，这些说明通常承认非个人的立场是用来确定发生最好事情的较为合适的立场。而且，它们承认求助于最好事情的重要性在评价行为的正当与错误时也会发生。因此，在有一种意义上，确定善是优先于确定正当以及确定正当的一个组成部分的。关于正当优先于善中的空洞论断会退化成一个贫乏的规定，即存在以行动者为中心的限制。这不是为能支持限制的另一种替代性的价值概念提供框架，而是预设这种框架。

即使在概略性的说明中，为提供一种替代性的价值概念，非常有必要的就是对事态评价与行为评价之间关系的替代性的说明，这种说明能够厘清无偏倚的立场与非个人的立场之间的关系。对于任何能为以行动者为中心的限制提供支持的替代性的价值概念来说，这都是它的一个关键组成部分。限制的辩护者通常并不能提供这种替代性的价值概念，至少不能明确地提供。我相信，正是因为这一原因，限制的批评者们从不把辩护者们所提供的替代者看成是一种替代性的价值概念。正因为他们所提供的替代者不被看成是一种替代性的价值概念，它对反对限制的论证就构成了一种不充足的回应。事态最好从非个人的立场进行评价，这种非个人的事态评价对确定特定情境中所执行的行为的正当性能起一定的作用。限制的提倡者以关于事态评价的说明（及其与行为评价的关系）来丰富替代性的价值概念，这使得道德全景的这种特征有意义，但限制的批评者会回应说，只有他们的厌弃限制的概念才能提供这样做的唯一可行的方法。

但是在限制的辩护者所提供的价值说明中隐含着关于这种关系的一种替代性说明，甚至在其中得到了越来越明确的表达。[43]接下来，我将简单地概述关于行为评价与事态评价之间关系的这种替代性的说明。随着这种说明的增强，结果至少会产生一种替代性价值概念的简概，这种替代性概念会承诺一种支持以行动者为中心的限制的基本原则。

VI

为了发展这种替代性的说明，重新唤起在第Ⅲ部分所提出的那一点是非常有用的。对于非个人的价值概念的提倡者来说，适合于从非个人立场来考虑的行动者中立的考虑对于确定最有用的事态是相关的。因此，如果我们能确定两个可用的事态中有一个事态更能得到从非个人的立场来看是相关的考虑的重要价值所支持，那么我们也可以确定它就是两个可用的事态中较好的那一个。

无偏倚立场的提倡者很容易对事态更好与更坏的评价采纳这种说明，特别当认为这种评价在行为的无偏倚的评价中只起一种特殊的及受到高度限制的作用时。他们可以承认，从无偏倚的立场所派生的要求的子集（subset of requirements）组成了行动者中立的要求。要确定这种行动者中立的要求的子集为两个可用的事态中的一个提供了更多的支持，也就是确定它是两个可用事态的中较好的那一个。从无偏倚的立场来说，在决定这种行动者中立的要求的子集是否从为行动者在特定情境中的行为提供决定性理由的无偏倚的立场中产生出来时，这种关于事态的评价是较为有用的。在执行这种行动者中立的要求的子集的语境中，这就是认为替代性的价值概念产生了罗尔斯所描述的"善的特殊概念……为适应理性的要求所设计的一种特殊概念"。[44]

根据这种观点，不能主动去伤害的以行动者为中心的限制是从无偏倚的立场所派生

---

〔43〕 安德森明确地论证了，更为全局性的价值立场表明了"最大化的价值何以能起到局部性的作用"（p. 45）。斯坎伦讨论了我所讲的无偏倚的立场与福利考虑两者之间的关系（"Contractualism and Utilitarianism"，pp. 118－120），承认"有些道德问题可以通过求助于最大化的总体福利而得到适当解决，尽管这不是唯一的或最终的证明"（p. 120）。罗尔斯认为，康德也求助于一种独特的善的概念，这种概念是在将客观内容赋予某些不完全义务、避免与增进事态发生的义务的过程中产生的〔"Themes in Kant's Moral Philosophy"，in Eckard Forster ed.，*Kant's Transcendental Deductions*（Stanford，Calif.；Stanford University Press，1989），esp. pp. 90－95〕。根据所有这些解释，问题并不是要否认对事态的非个人评价在确定正当行为时发挥了作用，而是表明在一种价值概念的框架内它正确地抓住行为评价与事态评价之间的关系，求助于事态的价值很容易与以行动者为中心的限制的合法性调和起来。

〔44〕 罗尔斯，"Themes in Kant's Moral Philosophy"，p. 91.

的，对于这些以行动者为中心的限制，非个人的立场根本就没有起到什么有用的作用。但是除了这些不能主动去伤害的以行动者为中心的要求外，无偏倚的立场也会产生避免出现伤害的要求，这种要求所涉及的伤害并不是从行动者中立的立场出发行动者会主动去做的伤害，而是将会或不会发生的伤害。很难想像在这些要求所包含的慎思中非个人的立场不起作用。

例如，通常认为无偏倚的立场为拒绝忽略他人的真实需要的原则提供了理由。[45]当其他人的真实需要受到威胁的时候，他们可以要求我提供帮助。产生的则是那种避免发生剥夺真实需要的行动者中立的要求——避免得到那种伤害性的后果，尽管在特定情境中完全可以进行伤害。这种要求是否为在某种情况下的行为提供了决定性的理由，如果提供了，它要求行动者努力避免产生的特定后果又到底是什么，为了确定这些问题，她必须站在一定的立场上，从这种立场出发，她能够确定对真实的需要的哪些威胁会发生，她所采取的行为是否能够避免这些伤害出现，何种行为能够避免出现最大数量的伤害。简言之，无偏倚地产生的理由形成了一个系列，行动者在确定这种特殊子集的适用性的局部背景中应该采纳非个人的立场。因此，如果只有我能避免发生一种严重的伤害——例如，救助落水儿童——且这种行为对我几乎不会造成任何伤害，无偏倚立场的提倡者通常都会认为我有决定性的理由去这么做。但是我也有决定性的理由去救助落在同一个水池的两个儿童，而不是另一个水池中的另一个儿童（假定我在规定的时间里只能到达其中的一个水池）——避免对真实需要的更大的总体威胁是从非个人的立场来确定的。

对行为的无偏倚的评价与对事态的行动者中立的、非个人的评价之间关系的一般概要显示了这种替代性的价值概念开始出现。全局性的无偏倚的立场产生了行动者中立的要求，执行它们会要求行动者在局部背景下对有用的那些事态做行动者中立的排序。这些背景不仅为更为全局性的无偏倚的立场所规定，而且受它的限制。根据相关的行动者中立的考虑对事态所做的这种排序恰恰是按照更好与更坏对所产生的事态进行排序。在前面的例子中，淹死两个儿童是一件更糟糕的事，事实上其糟糕的程度是淹死一个儿童的两倍，同

---

〔45〕 我要感谢《伦理学》杂志那些匿名的审阅人，他们的有益建议使我在这里所作出的说明避免了许多错误。我的说明很大程度上借鉴了赫尔曼在 "Mutual Aid and Respect for Persons" 与 "Obligation and Performance" 中所概述的关于相互冲突的义务的说明，分别载于她的 The Practice of Moral Judgment 一书的第 3、8 章。至于从无偏倚的立场中归纳行动者中立的要求的其他解释，同时参见安德森关于仁爱的讨论（p. 23）与斯坎伦关于求助于福利的作用的讨论 ["Contractualism and Utilitarianism", pp. 118－119; "Value, Desire, and Quality of Life", in Sen and M. Nussbaum eds., The Quality of Life (Oxford: Clarendon, 1993), pp. 185－200, esp. pp. 195－199]。

时我有决定性的行动者中立的理由避免淹死两个小孩而不是一个，这两者是一个问题的两个方面。

现在我概述了事态评价与行为评价、无偏倚的立场与非个人的立场之间关系的一种替代性的说明。当它与行为评价的替代性说明结合在一起时，其结果就是替代性的价值概念的相关组成部分的一种概要，这种价值概念能够为发展一种能支持以行动者为中心的限制的基本原则。根据这种替代性的说明，无偏倚的立场规定了一些要求，在确定这些要求的子集——互惠的行动者中立的要求等——要求我们在特殊情况下如何行为的过程中，产生出对事态按非个人的方式以更好与更坏进行排序。而且，尽管事态的非个人评价产生于关于这种替代性价值概念的无偏倚的立场，这种非个人的评价在无偏倚地确定行为的正当性时仍然起着一种基本的作用，只要行动者中立的要求与这种确定是相关的，而且在确定这些行动者中立的要求是否为特殊情境中的行动者的义务提供基础时，事态的评价起着基本的作用。

最后，行为评价与事态评价关系的这种替代性说明能够解释，求助于非个人的事态评价为什么会受到直觉的限制。提倡者认为，对事态的更好与更坏的评价只有在执行某个行动者的行动者中立的要求时才是相关的，除了特定的以行动者为中心的限制外，这些行动者中立的要求只是某些考虑。在确定她所要做的正确行为时，不要主动去伤害是相关的。从这种替代性说明的最后一个特征可产生出支持以行动者为中心的限制的基本原则。关于相关的行动者中立的要求，在有些情境中行动者的以行动者为中心的要求是决定性的，那么行动者按照能产生最大的有用后果的方式去行为就是不正确的。在这些情境中，无偏倚的立场规定了行动者中立的，对这一点进行表达的过程也就能产生出对事态按非个人的方式以更好与更坏进行排序，同时也可以为行动者执行产生最为有用的事态的义务提供基础。但是从无偏倚立场所产生的以行动者为中心的限制也可以为行动者必须履行的义务提供了相反的基础。[46]行动者认识到执行那种行为的要求会产生更好的结果，但是同时也

---

〔46〕 实际上，所有的无偏倚立场的提倡者都认为以行动者为中心的限制可以从这种立场中产生出来。关于这些限制的范围则很难达到一致看法。特别是，对于它们是否包含与谢弗勒的例子相符合的那种情境也存在着许多不一致，即如果我主动去伤害会避免 X 个其他人主动去做 X 个同样严重的伤害（对于数字——X 的价值——在这种情境中是否重要、如何重要这些问题也缺乏一致看法）。一些无偏倚立场的提倡者明确地认为，这种情境应当包括在由无偏倚立场所产生的限制之中，并论证说，不主动去伤害与避免出现伤害的相关要求具有不同的义务基础，前者的义务基础在那些与谢弗勒的例子契合的情境中具有决定性（例如，赫尔曼，"Obligation and Performance"，特别是 pp. 166 – 167）。对于以行动者为中心的限制在这些情境中是否能从无偏倚的立场得到辩护，其他人一些不是很明确。（参见斯坎伦关于对行为规则的合法基础的评论，"Contractualism and Utilitarianism"，p. 111）

认识到她在道德上禁止执行能产生这种更好结果的行为——对于产生更好后果的行为有一种以行动者为中心的限制。因此，对替代性价值概念的概要说明使得解释以下这些问题有了希望，如事态如何才能进行合适的评价、在行为评价时为什么求助于事态是相关的、为什么这种相关性会受到以行动者为中心的限制的直觉力量所提出的路线的限制。

现在很明显的是，论证根本没有支持以行动者为中心的限制的基本原则，其主旨也就是论证没有哪一种基本原则能够与彻头彻尾的非个人的价值概念相调和。这个论证并不为这种非个人的价值概念辩护——而是预设了它。但是人们认为一些限制的辩护者会拒绝这一假设，而赞同替代性的假设，后者可以按以下方式充实起来，即明显存在支持限制的基本原则的概要说明。很清楚的是，真正的问题在于，限制的批评者是否能够表达出，他们的价值概念比支持限制的价值概念更为合理。但是反对限制的论证正好取消了对这些替代性的概念的合理性进行相互比较的考虑，因为它的目标是要确立根本没有替代性的价值概念可比。

VII

在本文中我并不想对这些替代性的价值概念的相对的合理性进行评价。这种计划远远超出了一篇论文的范围。然而，考察下面两个论证应当是合适的，它们似乎表达了我们前面所探讨的偏好限制的价值概念的相对不合理性，因为前面的论证与这些论证有直接的关系。首先，限制的批评者所提出的论证似乎表达了，求助于客观性足以能对限制的辩护者进行证明造成一定的负担。[47] 通常可以指出，个人视角只是一种主观的视角。客观视角只有超越了个人视角才能够达到。要达到这种超越只有通过取消视角，采用一种没有视角的视角、不着眼于特定个人的行动者中立的视角。以这种方式从一种客观立场所理解的相关的考虑是行动者中立的考虑，正如我们所看到的，这种考虑并不能用来支持以行动者为中心的限制。有些人认为，在评价行为时无偏倚的立场是较为合适的立场，但对他们也存在着反对意见，他们必须否认道德立场是客观立场的观点——实际上，他们必须把特定的

---

〔47〕 参见，如卡根把非个人立场等同于客观视角，他的相应观点是，对于限制的辩护者来说，"道德视角超出了客观立场，因为它同时包含了主观理由"（p. 352）。同时参见科斯佳的论证，他认为把非个人性等同于客观性是"客观主义的实在论者"观点的一个组成部分，她认为内格尔还有其他一些人持有这种观点（p. 32）。

主观的、行动者相对的组成部分整合到道德立场中来。但是这种立场很明显是站不住脚的。

如果某人接受把适当的客观立场与没有视角的视角等同起来，又把后者与行动者中立的立场等同起来，这一论证就有很大的力量。但是这种等同很明显是无偏倚的立场及与之相应的价值概念的提倡者所拒绝的。他们同意，行为评价的客观立场在某种程度上可以通过超越行动者的个人视角而获得。但是他们认为，个人立场的主观性不能通过取消视角的方式（究竟什么是没有视角的视角呢？）来取消，只能通过取消偏见的方式来取消。偏见只能通过采纳以下立场才能被取消，这种立场所赞同的理由是没有人能够合理地拒绝的理由——即无偏倚的立场。这样解释的客观性并不禁止以行动者为中心的理由和要求；实际上，正如通常所表达的，这种立场规定了客观上相关的理由只有以行动者为中心的理由与行动者中立的理由。

对客观性的这种描述不仅与行为评价是相关的，而且能更好地与日常道德相契合，因为据推测，以行动者为中心的考虑，如避免主动伤害的要求，认为自己在确定正当行为的时候是客观上相关的。而且，它还为把客观性等同于非个人性的直觉力量提供了解释，因为它可以允许适合于事态客观评价的立场是一种非个人的立场。这种非个人的立场产生于无偏倚的立场，根据这种描述，它在行为的客观评价中的相关性受到了从这种无偏倚的立场中可得到的其他理由的限制。正是限制的批评者的价值概念引导他们把理解成非个人性的客观性引进到行为评价中来，并在面对日常道德时也这样做。但是为限制进行辩护背后所存在的价值概念并不必这样做。

第二种反对意见是，单纯地求助于理性甚至不能提供关于替代性价值概念的简要说明，除非它能随着对无偏倚立场、由这种立场所产生的相关理由以及这些理由如何确定这些问题的详细说明而得以增强。没有这种说明，这种价值概念不仅对哪些行为是对或错的问题提供确定的答案，而且对哪些事态是更好或更坏的问题也不能提供确定的答案，因为与确定前者相关的理由所组成的子集，正是确定后者所要求助的。如果没有这些确定的答案，就还不能提供支持以行动者为中心的限制的充足的基本原则。

那些确定的答案还没有提供出来，在此限度内我们要求它们肯定是合理的。但是根据上面第Ⅲ部分所提出的论证，很明显非个人的价值概念必须与一种严格平行的要求相一致。除非这种价值概念能随着对非个人立场（"无视角的视角"）、由这种立场所产生的相关考虑、与确定最好事态相关的考虑如何从这种立场得以确定这些问题的说明而得以增强，否则它不仅不能确定哪些事态最好，也不能确定哪些行为是正当的。一元论的答案已被否定，但是这些否定只是强调了，我们需要说明如何能适当地确定具有适当分量的适当考虑。如果被看成是只具有最小合理性的基本原则需要提供这种说明，那么限制的批评者所求助的非个人的价值概念本身就应当被拒绝，因为它没有达到最低程度的合理性。每一种价值概念都为另一种评价奠定了基础，对于那些以它为基础的评价中的相关考虑/理由，以及这些考虑/理由所由以产生的立场等都有说明，如果它不仅仅只是关于价值概念的一种简要说明的话。因此，缺乏这种说明并不能为任何一者的相对不合理性提供证据，而只能为两者的简要本质提供证据。

两种反对意见都不能为与无偏倚的概念相关的、与偏好限制的概念相对的非个人的概念的合理性提供证据。然而，很明显无偏倚的概念一开始就有许多的优势。根据假定，以行动者为中心的限制在直觉上是合理的，正如这些限制的反对者马上所同意的，只有这种替代性的价值概念才有可能为支持这些限制提供一种基本原则。

后果主义与个人完整性问题

完整性、实践慎思与功利主义

爱德华·哈考特　著　陈江进　译

有一种观点认为，通过反思与威廉斯著作中相类似的完整性概念，可以在某种程度上推进对功利主义的反对。[1]本文的目标就是要表明，威廉斯的完整性的反驳——或者与之类似的某种观念——不仅对人们最为熟悉的行为功利主义形成了打击，而且对功利主义最近的发展形势也形成了打击。

I

我首先从威廉斯完整性反对意见的一种简单形式出发（尽管对他在 CU 一文中的讨论存在着许多种不同的表达，但我认为他也只想选择一种反驳作为完整性反驳：参见 WME，p. 211）。行动者通常都拥有许多计划。但我们都不能**先验地**保证功利原则有时不会要求行动者采取与其中某一种计划相反的方式去行为。所以功利主义者要求行动者在有些时候采取与它们相反的方式去行为。但是完整性意味着"……一个人会忠于那些他认为是具有伦理必然性或伦理价值的东西"（WME，p. 213）；也就是说，一个人不能在任何时候所作出的行为会与他的一些较为重要的计划相冲突——我称这些为一个人的"承诺"[威廉斯在

〔1〕 参见威廉斯（Bernard Williams）"A Critique of Utilitarianism"（后面缩写为 CU），载于斯马特（J. J. C. Smart）与威廉斯编的 *Utilitarianism For and Against*（Cambridge UP, 1973），特别是第 5 节。同时参见威廉斯 "Utilitarianism and Moral Self-Indulgence"（缩写为 UMS），载于他的 *Moral Luck*（Cambridge UP, 1981），pp. 40–53；"Practical Necessity"（缩写为 PN），载于他的 *Moral Luck*, pp. 124–131；*Ethics and the Limits of Philosophy*（London：Fontana, 1985；后面缩写为 ELP），特别是第 5、6 章；"Replies"，载于奥尔瑟姆（J. E. J. Altham）与哈里森（R. Harrison）编的 *World*, *Mind and Ethics*（Cambridge UP, 1995；后面缩写为 WME），pp. 210–216.

CU（p. 116）中的表达是："承诺……是（行动者）在最深层的层次上会严肃对待的东西，也是他的生活所涉及的"]。这样导致的结果就是功利主义与完整性难以共存。只要完整性越有价值，那么对功利主义来说就越糟糕。

就功利主义与行动者的非功利主义的承诺的不可调和性来说，我想先假定这是有效的。这不是说对这个论断不能进行质疑，赞成它还是反对它的那些思考在别的地方是随处可见。然而，如果这个论断能发挥作用，就会有许多结构上相似的反对功利主义的论断对除完整性之外其他一些性质也能发挥作用。正如我们所见，功利主义要求行动者随时准备把他们（第一位）的承诺搁置一边。但是人们不能时刻准备将承诺搁置一边，从某种程度上讲这也是他们的一种承诺。这不是说承诺永远不能被牺牲掉，相反是说，如果一个人对自己任何一个计划的态度是它随时可以搁置起来，那么当它搁置的时候就不能算是一种牺牲。这就导致功利主义与承诺是不能共存的：正如威廉斯所说（UMS, p. 51）："一个人不能既能让世界包括这些倾向，同时所做的行为又能满足功利主义的要求。"我称这种论证为"道德倾向论证"。

道德倾向论证不仅就其本身而言对功利主义是一种强有力的反驳，而且相比完整性反驳来说，对功利主义是一种更为基本反驳。为什么功利主义与完整性不能共存，其原因在于：功利主义与完整性所表达的非功利主义的承诺不能共存。

让我们稍做停顿，回想一下有关功利主义所发挥的两种理论功能之间类似的区分，一个是**决策程序**（decision procedure），或者确定应当做什么的方式；另一个是**正当性标准**（test of rightness）。功利主义理论如果不是正当性标准的话，它也不可能是决策程序，但是如果它不是决策程序，它却可以是正当性标准。因此，对于人们所提出的任何行为，不管它正确与否，功利主义理论都必须提供一种答案。但是这种答案可以看成是处理行动者确定应当做什么的问题，也可以不是。如果它是的，那么功利主义就是作为决策程序与正当性标准发挥作用（主观功利主义）；如果不是，那么功利主义就只作为正当性的标准发挥作用（客观功利主义）。[2]

现在看起来完整性反驳及比它更基本的道德倾向论证似乎都是对主观的和复杂的或复式的功利主义的反驳。因为功利原则与行动者的非功利主义的承诺在某一点上会发生相互挤压，这一点就是行动者决定如何行为：正是行动者随时准备采取与他的非功利主义承诺

---

〔2〕 我从莱尔顿那里借用了这一术语，"Alienation, Consequentialism, and the Demands of Morality"，*Philosophy and Public Affairs*, 13（1984），pp. 134 – 171，esp. pp. 152，156 – 160.

相反对的方式去行为，从而导致了功利主义与完整性之间不能调和（或者是功利主义与这些承诺本身）；他随时准备这样行为，错在他运用功利主义的正当性标准作为确定应当如何行为的方式。

但是如果完整性的反驳意见只是针对主观功利主义的，那么功利主义者即使接受所有这些前提，他也可以对此作出回应（很明显，如果他不是一位主观功利主义者；这种回应的典型代表就是莱尔顿）。因为，考虑到决策程序与正当性标准之间的区分，一种理论能够将非功利主义的决策程序与功利主义的正当性标准结合起来，同时可以依然是一位真正的功利主义者。实际上，反驳的一个前提——如果这个世界不包含功利主义的决策程序，它会是更加美好的世界——至少如果"更加美好的世界"可以给予一些功利主义的润饰，我们可以认为它就暗含了这种理论。

很明显，客观功利主义也可以因为其他的理由而被认为是缺陷累累。但我在这里想要考察的是，道德倾向论证本身是否就足以能对客观功利主义构成威胁。

II

我的策略分为两个部分，第一个部分相对比较直接。对特定情境中的行动者来说，根据对善的统一解释，功利主义的正当行为是指行动者在此情境中所面对的各种行为中能产生最佳后果的行为。根据这种统一的解释，当功利主义的正当性标准运用于一系列的行为时，如果省略了后果中的善，那么根据功利主义，正当性标准就不能为其自身的问题——"何种行为是正当的？"——提供答案。举一个非常简单的例子，假如有两种行为，一个是建设城铁，一个是建设地铁。铁路公司做了成本收益分析，最后决定建设城铁，因为它花费更少，但是分析并不能表明建设城铁从**功利主义意义**上讲就是正当的行为，因为它没有考虑如下事实，城铁会侵害人们的生活与摧毁重要的野生动物园。这是因为，必须根据关于善的统一解释，行为的某种特征才可以成为好的或坏的特征，如果在应用时无视它，功利主义的正当性标准就不能告诉我们，在这些行为之中，哪一种行为是功利主义意义上的正当行为。

在建设铁路交通线的例子中，无视某种行为的坏的特征这一事实是某种错误所导致的结果，但这种错误是可以避免的。然而，如果与行为评价相关的某种特征是功利主义计算**必然**不能认识到的，那么出于铁路交通线建设例子中的同样原因，最终会导致无论在何处用例子说明这种特征，通过运用功利主义的正当性标准所获得的意见，都会被功利主义认为是不可容许的；也就是说，运用功利主义的正当性标准**必然**不能告诉我们，哪一种行为从功利主义角度来讲是正当的。那么我们就会认为，功利主义的正当性标准是内在不一致的。

对于反对客观功利主义的策略的第一个部分，我们只讲这么多。在道德倾向论证中所呈现的思考的基础上，第二个部分力图表明，与行为评价相关的某种特征确实是功利主义必然不能认识到的。

III

道德倾向论证很大程度上依赖于如下观念，即如果你以功利主义的方式来思考做什么，那么有一些道德倾向就是你所不能拥有的。但是对于威廉斯所说的"我们描述行动者慎思的思想中道德倾向的表达"的方式，我们还有更为深入的层面。正如我所提出的，也就是说，行动者认为某物所具有的价值与行动者实践慎思的形式之间存在着一种**内在关联**。[3]但是如果存在着这样一种内在关联，那么某物对行动者如何有价值的问题（与把功利主义看成是正当性标准相关）与行动者决定做什么的方式的问题（与把功利主义看成是决策程序相关）就是难以分离的；而如果从主观功利主义退回到客观功利主义是对道德倾向论证的一种令人满意的回应，那么它们就是可以分开的。因此，为了确定功利主义必然不能认识到与行为评价相关的某种特征，我将会求助于这种内在关联。

然而，首先还必然引入另一个论证前提。这就是如下观点，即根据森与威廉斯的说法，功利主义会陷入我们所说的"还原主义"：

> 有一种策略就是将所有的利益、理念、灵感与欲望看成为处于相同的层次，虽然它们都可以表达为人们对之具有不同强度的偏好，但是可能还应予以相似地对待。[4]

---

[3] UMS（pp. 51-52）："以这种方式而不是那种方式来思考要去做什么从经验上看是不同的，也是成为某种人。"

[4] 森（Amartya Sen）与威廉斯编撰的 *Utilitarianism and Beyond*（Cambridge UP, 1982），导言，p. 8；同时参见 ELP, p. 86.

根据这种假设，功利主义者必须认为，行动者拥有某种价值也就是对某物拥有某种程度的偏好，这些偏好的相对强度在排列这些具有值得偏好特征的行为时得到了表达。因此，计算的输入项是价值，它被认为在一定情境中决定了功利主义意义上的正当行为，它可以表达为某个行动者如何评价所有行动者都关心的行为后果——通常这不仅适用于功利主义，也适用于理性选择理论。

现在回到行动者的价值与他的实践慎思的形式的内在关联上来，关于这种关联有一个简单但又重要的例子，无论何时在行动者的慎思中发挥作用的价值都被限定为我们**通常**所称的偏好，行动者的慎思具有某种典型的形式。特别是，它一方面是**前瞻性的**，因为行动者行为的唯一理由很大程度上是那些与他的偏好相符合的尚未实现的结果或行为过程；另一方面，它还是**比较性的**，因为行动者（如果他是理性的）为了决定执行何种行为，就必须对他所面对的所有行为的价值——考虑到他的偏好——进行权衡。〔5〕

现在，行动者拥有价值通常对他来说也就是拥有偏好：决定是在看戏剧前还是看戏剧后才进餐正好具有我所考察的那种形式。但是行动者通常所拥有的某些价值在实践慎思的形式内以某种不同的方式表现自身。通过思考一些例子就能看清这一点。

IV

行动者的价值不仅能将他所面对各种行为进行排列，还可以建构他的实践慎思，这一事实由以下情况得到了明显表达，即行动者的某种价值可以在某些行为并**没有被考虑**的事实中表达自己。假如有一个城市，无家可归的情况特殊严重。有一位城市议员的价值观可以表达在如下事实中，他从来没有认为通过敢死队将这些无家可归者杀掉是解决问题的方法。〔6〕但是正因为他从来没有这样想过，所以相比其他做法，你说他会赋予这种做法以多大的分量是完全没有意义的，正如你不能认为他根本没有慎思过的东西会是有分量的。

---

〔5〕 关于理性选择理论中关于实践审思前瞻性的表达及其局限性的讨论，参见 Martin Hollis, *The Philosophy of Social Science*：*An Introduction*（Cambridge UP, 1994），esp. pp. 187 – 195.

〔6〕 在 1991 年于牛津举行的一个哲学学会的会议上，威廉斯又创造了一个相似的例子。关于从来没有思考过的这种情况，也参见 CU, p. 42；与"Moral Incapacity"，在他的 *Making Sense of Humanity* 中（Cambridge UP, 1995），pp. 46 – 55，esp. pp. 46 – 47.

威廉斯的著作中有些例子是同样明显的，在这些例子中，价值在行动者的慎思中以**实践模态**（practical modalities）的形式表现自身，在行动者应当（must）做什么或不能（cannot）做什么中表现自身。[7]在威廉斯所设计的有关吉姆的例子中（CU，pp. 98 – 99），在南美洲的某个地方，有一个警察队长将 20 个当地的印第安人排好队，并准备射杀他们。吉姆无意中碰到了。队长让吉姆选择亲手射杀其中的一名。如果吉姆接受了，其他人都可以放掉；如果他拒绝的话，那么 20 个人都会被杀掉。让我们再做一些假设，假如吉姆是为"无国界医生组织"工作的一名贵格会教徒。他反对暴力，同时又把自己的工作生活投入到改善印第安人的生存状况中来，帮他们接种以防止疾病，等等，在这段时间里，他与印第安人之间建立了亲密的联系。不管吉姆如何做——我当前的目标不是要问他应当做什么，我只是在描述可能作出决定的方式，不管它是什么——这些成问题的价值正好给了吉姆慎思后的结论以某种威廉斯的实践模式的形式："我不能射杀"（如果他确实没有射杀）或者"我**不能**让这些人被杀掉"（如果他射杀了）。

但是这种"不能"或"应当"之中包含了什么呢？在许多情况中，实践结论可以通过这些语词进行表达，这与慎思所具有的从偏好所做的推理之形式特征是相一致的。在那种情况中，许多不同的偏好都在起作用，"必须"表达了其中有一种偏好超过了其他的偏好：虽然我有钱能去做许多事，但我更乐意看完这集电视节目，但是如果我**现在**不起床把支票寄到电话公司的话，他们就会切断电话，从而引起诸多的不便利。所以，我说"我真的**必须去**寄支票"[8]。

然而，在吉姆的例子中，"必须"并没有表明会出现对各种行为进行权衡。正如我所做的设想，吉姆相互冲突的价值——他既有对印第安人福利的承诺，也有对非暴力的承诺——都是他所强烈持有的：它并不像有关电话账单的例子那样，相比另一种价值，某种价值是无足轻重的。因此，如果包含了权衡，我们期待问题可以得到很好的平衡，对所选择的行为过程的反对性的考虑与赞同性的考虑都能很强地出现在吉姆的心中。但是真实的现象并非如此。当然，吉姆可能会花些时间才能作出决定（如果时间允许的话），他会在想像之中对他所面对的各种情况进行分析考察。但是当他达到某种结论时，他并不认为他的决定还有其他的可能性。相反，除了做他现在所选择的承诺之外，做其他任何事都是不

---

〔7〕 参见，如 PN 中随处可见；ELP，pp. 187 – 188；"Moral Incapacity" 中随处可见。

〔8〕 我在这里要感谢 Robert Gay，"Bernard Williams on Practical Necessity"，*Mind* 98（1989），pp. 552 – 569.

可能的，他说他必须这样做的时候，表达的正是这个意思。[9]

有人可能会反对说，如果吉姆事实上正在据以行动的承诺非常强，使得他按其他承诺去做都是不可能的，那么他的实际行动所反对的那种承诺原来就不会有那么强，所以我们一开始描述情境的方式就有问题。但是实际上，反对意见有助于表达出，行动者的价值与他的实践慎思的形式以某种不同的方式存在着内在的关联。我们假定吉姆射杀了其中的某个人。那么他对自己所做的事会有什么样的反应呢？由于他对非暴力有所承诺，那么他对此事会有一种深深的负罪感；他也有可能会感到为此要进行某种自我惩罚，或者找一个可以向之忏悔的人，或者以某种方式来自残。（顺便说一下，如果他作出了另一种决定，他也并不会感觉更妙，当然尽管我们可以把他的决定描绘成不同的，但我们已经就描绘了一个完全不同的人。如果他作出**不应当**射杀的决定，那么无力感或失败感也会使他倍感失落）那些了解吉姆的人都不能预见他的反应：吉姆自己是可以的，至少如果他有时间思考的话。因为这种反应几乎没有令人感到愉悦的，吉姆提前就知道射杀其中某个人的这一决定会具有坏的特征。然而，即使具有这样的认识，吉姆仍有可能不会问自己，他到底有多大的负罪感，或者他有多大的能力能够控制这些负罪感，然后据此决定采取何种行动。相反，如果吉姆的慎思表达了对非暴力的承诺，这种承诺且并不会被他想要帮助印第安人的承诺绝对地压倒，那么这种由此所产生的负罪感在他的慎思之中就**不能**理解成为一种损失：也就是说，吉姆对非暴力的承诺挫败了其他承诺（如他并没有据以行动的承诺），这种负罪感属于非暴力承诺的力量，它不会在他的慎思中以这种方式清楚地表现自己。

我前面说过，如果在行动者的慎思中，那些有问题的价值是通常意义上的偏好，那么他的慎思不仅具有前瞻性的特征，也具有比较性的特征。上面的例子表达了两点。第一，行动者通常会持有某些价值，当它们渗透于行动者的慎思，那么这种慎思就具有一个完全不同的形式。第二，不断坚持前瞻的、比较的慎思模式与增加偏好的强度，通常并不能代表行动者对某物作出承诺的力量：相反，行动者的慎思具有某种不同的形式这一事实，从本质上说与行动者对不同的价值依赖的强度与深度是紧密相关的。由此可以得知，行动者评价某物的情况与行动者具有某种偏好的情况是不一样的，无论偏好的强度有多大。

然而，假如功利主义陷入了还原主义，同样也可以得出，行动者通常认为有价值的某些东西，在他们看来，功利主义对它们的价值必然会作出错误地表达。这就为我们给出了

---

[9] 大规模的生活抉择都是通过相关种类的"必须"来作为对某人实践结论的典型表达：关于这一点，可参见霍利斯，"The Shape of a Life"，in WME，pp. 170 – 184.

第 II 部分结尾处所预示的结论，也就是，有些与行为评价相关的特征是功利主义必然不能认识到的。

任何功利主义计算的输入项——无论它被描述为现实的行动者所执行的（根据主观功利主义），还是被描述为一种抽象，仅认为行动者所做的是**正确的**，而不管他们决定如何去做它——因此有可能与按功利主义所确定的标准都是不同的，如果计算只是为判定何种行为是功利主义意义上的正当行为提供一种意见的话。所以功利主义的正当性标准是内在不一致的。由于功利主义的标准既针对主观功利主义，也针对客观功利主义，如果我所提供的论证是有效的，那么它就能挫败功利主义的两种形式。

V

如果这一论证是有效的，功利主义陷入了还原主义，那么它（或者它的某种具体形式）就容易受到攻击。但它真的陷入了还原主义吗？

有许多形式的功利主义使得事物的价值与行动者所具有的价值是无关的，特别是行动者的欲望、需要或利益，这样的功利主义似乎是一种反例。然而事实上，由于这些理论具有一种非福利主义的善的概念，它们就完全不能看成是功利主义的形式。

让我们把目前的讨论限定在这些福利主义的后果主义形式上——也就是通常所称的功利主义——它根据欲望满足或偏好满足来定义功利。这些都必然是还原主义，因此就易受那种论证的攻击吗？

我们对此可以作出否定回答，一个明显的原因就在于，这一论证诉诸能表现行动者的完整性的价值，也就是诉诸行动者的**道德**偏好，来为功利主义制造矛盾。然而，恰当地说，行动者道德偏好的满足并不是行动者福利的一部分：即使我强烈地相信某事应当做或不应当做，这种应做（或不应做）都不必使我活得更好。但是如果真是这样，功利主义根据定义又是福利主义，那么行动者道德偏好的满足与实现功利主义意义上的最佳事态是无关的。因此，正如论证所说的，可能并不是所有行动者的评价都能表达为偏好。但是功利主义的计算没必要理会这些不能这样表达的东西，所以论证失败了。[10]

作为回应，让我们承认行动者道德偏好的满足并不是行动者福利的一部分，因此行动

---

[10] 对于这种反对意见，我要感谢 Stephen Darwall。

者道德偏好的满足与实现功利主义意义上的最佳事态是无关的。即使这样，这种反对也是失败的。行动者的一些评价我称之为**承诺**，它们不能被表达为偏好，包括那些并非有合理定义的评价，道德上的芝诺主义是威廉斯的一种例子，雅典人对在体育中取胜可能是另一种例子。结果，行动者的道德与非道德的偏好之间的区分与可以表达为偏好与不能表达为偏好的行动者的评价的区分并不是一致的。所以，即使有一种好的理由让行动者的道德偏好不纳入功利主义的计算，我们也很难挣脱这一论证的力量。

对功利主义的反对可能还有一条不同的路线，那就是求助于经济学家的显示性偏好（revealed preference）的概念。可以说，那一论证所诉诸的偏好概念是在心理上有所承诺的：这一概念具有能够影响行动者的实践慎思的含义。在另一方面，经济学家的显示性偏好的概念是心理上中立的：在经济学家的意义上，一个人的偏好只是由他做的选择所显示的，不管什么样的慎思过程（如果有的话）导致了它们。因此，又有了新的反对意见，将行动者的所有评价表达成**这种**意义上的偏好并不能强迫一致地把它们压成一种它们并不适合的模式。当然，显示性偏好概念对于**主观**功利主义是没有用的。但是它对于**客观**功利主义来处理一些尴尬的评价肯定是一种理想的方式，这些评价既不能（正如论证所认为的）表达为心理承诺意义上的偏好，也不能（正如第一种反驳所认为的）因为它们是道德的从而将它们从关于最佳事态的真正的福利主义概念中排除出去。

这种反对意见的问题在于，这只是在偏好关系是相互关联的这一假定的基础上才有可能从行动者的选择中推断出他的偏好，例如，假定在一种不稳定的领域内有一对 x 与 y，行动者或者更偏好 x，或者更偏好 y，或者对两者都不是太在意。[11] 因为如果这种假定失败了，行动者选择 x 而不是 y 就有许多可能的解释：这可能是他偏好 x 胜于 y，但也可能是他不能在两者之间作出抉择（迷惑而不知选择与不在意是不同的），或者他从来就没有想过要对两者进行比较，或者让他对它们进行比较时他不知所措。

由于这些理由，我在第Ⅳ部分所举出的那些情境表明，在那些对功利主义的目的来说非常宽广的领域中，偏好关系并不是相互关联的。因为在有些情境中，人们选择某物而不是另一物，不是因为行动者比较两者后更偏好前者，而是因为他在两者之间彷徨不已，或者因为其中有一种根本就没有进入他的视野。但是如果有关相互关联的假定失败了，那么我们就不能认为行动者所做的每一种选择都显现了他的偏好。所以经济学家的心理中立意义上的"偏好"，尽管似乎很适合于客观功利主义者，实际上对他来说也并没有用。

---

[11] Sen，"Behavior and the Concepts of Preference"，*Economica*，40（1973），pp. 247–249.

我们在第 I 部分到第 IV 部分所呈现的论证似乎对那种根据欲望满足与偏好满足来定义功利的功利主义形式构成了反对。它能否对一般意义上的功利主义构成反对，取决于是否存在内在统一的后果主义形式，它们是福利主义而不是以偏好为基础的。然而，那是另外一个问题了，在这里我们应对关于功利主义与还原主义的关联性所做的较为质朴的解释感到满足：即使有一些功利主义的形式能够避免这一论证，但至少许多最为流行的功利主义形式却不能。[12]

---

〔12〕 非常感谢威廉斯，他对本文的早期版本做了非常有价值的讨论。同时也要感谢 Ruth Chang, Roger Crisp, Claire Finkelstein, Ariele Lazar, Saul Smilansky, Roger Teichmann, 以及在雷丁大学、圣克鲁斯的加利福尼亚大学与牛津的沃尔夫森哲学学会的听众们。

间接后果主义、友谊和异化问题[*]

笛安·科金，加斯丁·奥克利　著　陈江进　译

有人批评后果主义使我们与自己发生了异化，也与那些和我们有特殊关系的人发生了异化，为了对这种批评作出回应，标准的做法就是转向间接后果主义。有一种批评意见认为，由于后果主义者所持有的目标，后果主义在处理友谊这一主题时存在问题。根据这种批评，后果主义者的目标是追求善的最大化，但为了达到这一目标总会阻止人们拥有某些善，如友谊，因为在某些情境中，获得友谊似乎要求人们并不是要增进抽象的善本身，相反强调的是朋友的善。[1]另一种可能更有影响的批评意见认为，由于后果主义者所拥有的动机，后果主义在处理友谊这一主题时也存在问题。根据这种批评，后果主义者出于将善最大化的欲望而行为，但是如果人们在发展私人关系时其动机是为了善的最大化，就可能不会有真正的友谊，因为真正的友谊从概念上讲要求人们据以行为的动机与追求善的最大化是不同的。[2]

后果主义现在通常都反对这些批评意见，认为它们对于正当行为的后果主义标准如何指导好的道德行动者发生了误解。在反对这些批评意见时，后果主义者通常与西季威克一样论证，后果主义者把善的最大化看成是行为正当性的客观标准，据此对行为进行评价，

* 本文的早期版本曾在 Queensland 大学举行的澳大利亚哲学学会年会以及 Western Australia 大学都宣读过。有许多听众在这些场合对我的文章给予了评论，我非常感激。同时，我也要感谢 John Campbell，Owen Flanagan，Michael Smith，David Sosa 以及《伦理学》杂志的编辑，还有许多其他人，他们都提供了广泛的且极有帮助的评论。本文的研究得到了澳大利亚研究机构的资助，研究项目编号为 A59131226。

〔1〕　参见，例如 Bernard Williams，"A Critique of Utilitarianism"，in J. J. C. Smart and B. Williams，*Utilitarianism：For and Against*（Cambridge：Cambridge University Press，1973），pp. 75 – 150，128.

〔2〕　参见，例如 Michael Stocker，"The Schizophrenia of Modern Ethical Theories"，*Journal of Philosophy* 73（1976）：453 – 466，458 – 461.

而并不是为行动者直接提供在行动中有意识地采纳的动机或目标。[3]在这里，后果主义者的义务是以一种间接的方式发生作用，即在行动者身上发展一种倾向，这种倾向会导致客观后果主义的生活。

间接后果主义者强调后果主义者的目标不必总是善的最大化，也不必直接以追求善的最大化的欲望作为动机，这似乎是很正确的。就此而言，如果批评者的论证只是说后果主义者具有这样的目标或动机，那么他们的批评就有些无的放矢。但是即使后果主义的正当性标准并不必然就是行动者在行动当中的目标或动机，也并不必然意味着后果主义就能克服异化问题，因为异化问题给后果主义造成了一定的困扰，且其根由并不在于后果主义行动者的动机或目标。

在本文中，我们将论证，关于后果主义者是否会同与其有特殊关系的人发生异化的担忧要比目前所估计的还要深。与指出后果主义者的动机或目标存在着问题不同，我们将论证，在处理友谊问题时，后果主义者所面对的问题是，他所拥有的心理倾向（psychological disposition）的本质，以及那些通常被认为与他有适当友谊关系的人如何能接受这种倾向。如果我们是正确的，那么间接后果主义者对异化问题所做的辩驳也有些无的放矢，所以也没能成功解决真实存在的问题。友谊这一主题向后果主义所提出的异化问题，其根源到底是什么，为了对这一问题能作出清楚表达，我们也希望详细分清倾向与动机之间的一般区别，并指出某些指导性的、内化了的规范倾向如何帮助我们界定并区分不同类型的关系。执行这一任务也可以帮助我们认识到一些关键性的问题，它们是关于友谊的某种充足的道德心理学及其在合理的伦理理论中的地位的。

---

〔3〕 参见 Henry Sidgwick, *The Methods of Ethics* (Indianapolis：Hackett, 1981), p. 413. "普遍幸福是最终的标准这一学说不能这样理解，即认为普遍仁爱是唯一正确或者说通常是最好的行为动机。因为……给出行为正当性的目标并不必然总是我们应当有意识地指向的目标：如果经验表明，只有人们不断地从另一些动机而并非普遍仁慈出发，才能令人满意地获得普遍幸福，那么很明显，认为这些其他动机优越于功利主义的原则也是合理的。"其他许多学者也表达了这种特征，以及认为功利主义最好按照提供正当性标准来理解的观点，如参见 Robert M. Adams, "Motive Utilitarianism", *Journal of Philosophy* 73 (1976)：467 - 481；David O. Brink, "Utilitarianism Morality and the Personal Point of View", *Journal of Philosophy* 83 (1986)：417 - 438；Derek Parfit, *Reasons and Persons* (Oxford：Clarendon, 1984), ch. 1Peter Railton, "Alienation, Consequentialism, and the Demands of Morality", in S. Scheffler (ed.), *Consequentialism and Its Critics* (Oxford：Oxford University Press, 1988), pp. 93 - 133. 同时请参见 Owen Flanagan, *Varieties of Moral Personality* (Cambridge, Mass：Harvard University Press, 1991), pp. 34 - 35. "行为功利主义者在评价行为的正当性时，并一定不要求自己要按照行为功利主义者的心理来运作。"黑尔在为他所说的思维的"直觉层次"的日常运作进行辩护时，就采纳了这种特征，参见 *Moral Thinking* (Oxford：Clarendon, 1981).

间接后果主义者对异化问题的辩驳

　　莱尔顿说"客观后果主义"是指："行为或行为过程的正当性的标准在于它事实上是否最能增进行动者所能采取的那些行为的善。"[4]莱尔顿在后果主义的正当性标准与同它相符合的慎思与动机的刻画之间作出了区分，他指出，后果主义者并不必然以直接的方式内在地受后果主义指导，也就是说直接把对后果主义的承诺作为她的动机或目标。相反，莱尔顿则对下面这种道德行动者做了心理学的刻画，这种行动者以一种间接的方式过一种客观的后果主义的生活。莱尔顿说，这种行动者"对过客观的后果主义的生活有一种坚定的承诺，但是在一些特殊的需要作出决定的场合，他并不需要做具体的估算，因此也就并不必然寻求过一种主观的后果主义的生活（这种生活是指，在行为之前，后果主义者都应当对他的每一个行为有意识地作出计算）"[5]。莱尔顿称这种行动者是精致的后果主义者，他论证说，直接后果主义者一直被认为存在着友谊异化的问题，但对这种行动者并不存在。根据这种导致客观后果主义的生活的倾向如何能得以实现的心理学模式，行动者可以既是一位后果主义者，也可以是一位真正的、好的朋友。

　　通过求助于正当性标准与好的道德行动者的心理学模式之间的区分，像莱尔顿这样的后果主义者通常并不需要在伦理理论的正当性标准与行动者的道德心理之间做完全的切割进行论证。也就是说，他们并不需要为以下意义上的完全切割进行论证，即在为行动者关于她应当做什么时的慎思与动机提供指导与进行辩护方面，决定应当做什么的标准根本就没有发挥任何心理上的重要作用。莱尔顿所指出的是，精致的后果主义者的动机结构应当为能满足一种反事实条件的关切所指导；也就是说，他应当做的是正当的行为，但他通常并不这样做，在这种时候，如果他认为他的倾向并没有最大地增进善，那么他将仍然改变他的倾向与生活过程。[6]莱尔顿指出，那种其心理为满足一种反事实条件的关注所指导的行动者可以出于更多种的倾向与慎思模式采取行动；所以精致的后果主义者当出于总体范围的动机、倾向、承诺或慎思框架而行动时，就满足了这种反事实的条件。正如莱尔顿所指出的："根据客观后果主义的说明……（人们应当努力）以如下方式生活，即尽可能

　　[4]　Peter Railton, p. 113.
　　[5]　Ibid., p. 114.
　　[6]　Ibid., pp. 105, 111.

地满足客观后果主义的正当性标准。在某种假定的情境中，这种标准可以通过出于一种深切感到的感情或一种根深蒂固的品格特征去行为而得以满足，而不需要考虑道德或甚至直接面对它。"〔7〕

在描述精致后果主义者的道德心理时，莱尔顿心中所想的是，这种人将会规范他的倾向与行为，以使得他的生活能将善最大化。在一些情境中，这会要求目标指向增进善，而在另一些情境中（例如，在这些情境中，具有这种目标将不利于善的最大化），相反它会要求行动者具有其他的目标。提供精致后果主义者立场有一种有效的方式，即将行动者中立的价值最大化作为他的规范性的理念（regulative idea）。说行动者具有规范性的理念也就是说他已经把某种正当性或卓越的概念内化了，这样他就可以调整动机与行为以使之与那种标准相符合——至少不会发生冲突。例如，规范理论的原则、自然语言中的语法规则、音乐类型中的卓越性的标准或者友谊的概念都可以在不同行动者的心理学中作为规范性的理念发生作用。而且，规范性的理念可以为我们的行为提供指导，同时又并不会成为行为所指向的目标。例如，希腊语的语法规则为我们与希腊人的交流提供指导，但是我们交流的目标可能仅仅是为了找到一个好的旅馆，而不是为了表明我们掌握了希腊语语法。同样，正如我们后面将要讨论的，规范性的理念能够指导我们的行为，但是并不会变成我们行为的一种动机。因此，规范性的理念是一种内化了的规范倾向，能以某种方式指导我们的行为。

规范性的理念在范围上可能是一般化的，或者对特定领域来说也可能是特殊性的。例如，正如莱尔顿所理解的，好的后果主义的生活可以为某种一般的规范性理念（所指导），它体现在她追求行动者中立的价值的最大化的规范倾向之中。然而，一个好人的行动在特定领域可以为特殊的规范性理念所指导。例如，通常认为，如果有人要想成为一个好医生，他首先对医学的恰当目的的概念要进行内化，他才能倾向于以与这些目的相一致的方式来对待患者。而且，只要规范性的理念在我们的动机中作为指导性的背景条件发挥作

---

〔7〕 Ibid., p.132, n.42. 在大部分地方，我们把莱尔顿所说的那种精致的道德行动者解释为，从心理学的意义上讲，他是为对善的最大化的关切所指导着的，因为莱尔顿自己也是这样理解他的（参见注释〔15〕）。然而，正如我们在本文后面所讨论的，间接后果主义者不必以这种方式得到指导。因为间接后果主义者对客观后果主义的承认本身并不需要采纳能实现善的最大化的倾向的任何特殊的心理学观点。我们要感谢《伦理学》杂志的一个编辑，感谢他帮助我们澄清了这一点。根据莱尔顿，我们认为精致的间接后果主义者受后果主义的承诺所指导，然而他并不因此就过一种主观后果主义的生活（或者至少正如莱尔顿在后面所描述的——并不是那种把对善的最大化的关切看成是自己的目标或目的之人，也不是那种没完没了的后果主义的计算者）。

用，它们就能指导我们正当地行动，即使我们不能有意识地表达它们或者以它们为目标。例如，在学习说希腊语时，我学习了希腊语的语法规则，在学习的早期阶段，为了把那些结构良好的希腊语句联结起来，我必须能明确地表达这些规则。[8]但是我所期望的是培养一种语言倾向，使我在说希腊语以及用希腊语回答问题时不再需要表达出合适的语法规则。到了后期阶段，从某种意义上说我的语言能力也还渗透着一种潜在的规范性理念，并为其所指导，它就是希腊语语法规则。很明显，在我以希腊语进行交流之前，我并不需要有意识地去表达希腊语语法规则，我现在已经达到了这种阶段，这一事实与我的语言为这些规则所规范的这一点是相协调的——实际上，这就是流利地掌握了第二种语言。那么我说希腊语的倾向将为我满足一种反事实的条件所指导：通常我并不是为了表明我掌握了希腊语的语法规则而说希腊语，如果我认为我所说的与这些规则相抵触时，我仍然会改变我所说的。[9]那么，后果主义者同样可以论证，可以对承诺要满足后果主义的正当性标准做这种理解，把它看成是一种规范性理念在行动者的心理中发挥作用。[10]

后果主义的倾向与控制条件在区分不同关系时的作用

何以认为精致后果主义者关于将行动者中立的价值最大化的承诺与他同时拥有友谊关

[8] 可以肯定，这并不意味着为了作为一种指导性的概念发生作用，规范性的理念就应当表达成一系列的原则或规则。人们的努力不同，指导性概念的表达就也发生变化。有一些指导性的概念，如那些指导性的艺术与技艺，似乎很难可以修正从而表达成一系列的规则或原则。这会引起许多的问题，但我们在这里不能解决。

[9] 在"Virtue Ethics, Friendship, and the Regulative Ideals of Morality"（Monash University，没有发表的草稿，1993）一文中，我们指出，德性伦理学的正当性标准也可以通过规范性理念而成功地得到理解，它能规范好的行动者的动机结构，并为其设置条件，这与行动者中立的价值最大化在好的后果主义者那里发生作用的方式是类似的。我们论证了，根据规范性理念理解德性伦理学的正当性标准有助于表明，德性伦理能为正当行为的问题提供一种独特的、合理的解决方法。

[10] 有人指出，康德伦理学也否认将道德价值赋予特别的关系与有情感的关联，如爱和友谊，为了对这种担忧作出回应，近来有许多康德主义者也作出了类似的转变。例如，赫尔曼（Barbara Herman）论证了，康德式的绝对命令不能解释成为提供一种明确的决策程序，从而优先于行动者想做的所有事情，相反应解释成一种内化了的"限制性条件"，它能够调节好的行动者的动机，使他能够避免以不允许的方式行为。参见赫尔曼的下列论文："On the Value of Acting from the Motive of Duty", *Philosophical Review* 90 (1981): 359–382; "The Practice of Moral Judgment", *Journal of Philosophy* 82 (1985): 414–436; "Agency, Attendance, and Difference", *Ethics* 101 (1991): 775–797; 还有他的近作 *The Practice of Moral Judgment* (Cambridge, Mass.: Harvard University Press, 1993)。

系这两者是相协调的呢？根据莱尔顿的解释，精致后果主义者关于将善最大化的坚定承诺与他为了朋友而采取行为的承诺不必然（或者通常不会）是冲突的。莱尔顿举了一个例子，有一个名叫胡安的人，他相信他把最大化的承诺作为一种规范性的理念并不损害他对妻子的爱。为了对妻子琳达的爱进行辩护，胡安解释说，人们彼此之间拥有一种爱的关系会使这个世界变得更加美好。而且，胡安指出，并非所有人都准备保存世界，在任何情况下那些会这么做的人依然需要特殊的关系来维持他们。因此，"胡安认识到道德上要求去做的事就其本质而言与直接出于其他原因去做行为是可以协调的。对胡安来说，重要的是对自己的生活进行道德审视……他并不会浪漫地沉浸于爱中，以至于排除了对世界的责任"[11]。相反，胡安依旧对这些责任有所承诺，使他的生活完全为将行动者中立的价值最大化的原则所指导——根据经验情境，这种原则会要求胡安放弃他与琳达的关系。

然而，还远不清楚的是，为什么像胡安这样的后果主义者与琳达的关系应当限定为爱或友谊。莱尔顿认为，像胡安这样的人，他的生活是为行动者中立的后果主义的规范性理念所控制的，他能够拥有一些关系，因为他可以将更多的时间、关爱与资源投给某个特殊的人，这一点可能是正确的。但是我们为什么要称这种关系为爱或友谊呢？为了对此作出回答，莱尔顿应当指出胡安是为了琳达而行为这一事实。然而，有许多不同种类的关系，我们可以向其他人付出时间与关爱，而且为了他们而行为，但是这并必然就可以界定为友谊。例如，一种好的医患关系或者一种好的师生关系，与这些特征是完全相容的，但是很明显这些关系通常并不被看成是友谊。[12] 好的医生应当做的是对自己患者而非其他人给予特别的关照，尽管在有些时候她给予其他人以关照能使他们受益更多，她应当给自己的患者以关照，而不是要满足她的工作要求，然而我们不必把她与患者的关系看成是友谊。所以胡安愿意为琳达付出时间、关爱与资源，并为了她而行为，这一事实并不意味着像胡安这样的行动者中立的后果主义者就能拥有友谊，更不用说好的友谊了。

后果主义者要表明像胡安这样的人能够拥有爱与友谊的关系，还有一种方式就是指出如下事实，即他为了琳达而行为是因为他深深地感受到了对她的关爱。实际上，在一定程度上可以允许这种间接的感情关怀激发行动者采取行动，从而首先使得许多学者像莱尔顿那

---

〔11〕 莱尔顿，pp. 111 – 112.

〔12〕 参见，如 Patricia M. L. Illingworth，"The Friendship Model of Physician-Patient Relationship and Patient Autonomy"，*Bioethics* 2（1988）：22 – 36；Robert Veatch，"The Physician as Stranger：The Ethics of the Anonymous Patient-Physician Relationship"，in E. Shelp ed.，*The Clinical Encounter*（Dordrecht：Reidel，1985），pp. 187 – 207.

样走向间接后果主义。然而，从一个人出于对其他人的深切感受到的情感而行为这一事实并不能得出他就是那个人的朋友，因为在许多情境中行动者都可以出于那种动机而为其他人行为，但是这些人与行动者并不是一种朋友关系。好的医生或老师都可以出于对他的患者或学生的深切关怀并为了他们的福利而行为，但他们并没有成为他的患者或学生的朋友。

为什么这些医学的与教育上的关系不能认为是友谊，一个重要的原因在于它们建立在一种与友谊非常不同的动机与倾向结构上。为了明白这一点，请考虑例如那种适合于成为一名好老师的那种动机与倾向结构。布卢姆（Lawrence Blum）较好地表达了这一点，他举了一个例子，有一名高中老师名叫科尔（Herbert Kohl），他专门为一位目不识丁的 14 岁男生提供特别的课外指导。这个例子对我们很有意义，因为它以一种不同的方式表达了科尔作为一名老师出于对那位学生的利益与关爱而行为。只有具有那种特殊动机与倾向结构的行动者才适合于成为一名好的老师，科尔完全是由那位男生教育上存在的缺陷所打动的，他虽然长大了但却没有阅读能力。科尔并没有想把这位目不识丁的男生作为朋友来帮助——实际上，科尔甚至不喜欢他。[13] 所以我们所要指出的是，某人可以因为对其他人深切感受到的关心并为了他而采取行为，就像科尔所做的那样，而无需过多地告诉我们，此人与其他人之间所存在的某种不同的关系。此人可能是其他人的老师、医生、朋友或者其他关系。要把握此人与其他人之间关系的不同的本质，就要求我们认识到决定他们关系的动机与倾向所存在的不同方式。

例如，一边是师生与医患关系，另一边是友谊关系，有一种重要的但通常又被忽略的可以把握这种差别的方式就是要强调，这些关系何以是有条件的，它们依赖于某些特征，在着重指出这些关系的指导性的心理倾向时，这些特征与好的、真正的友谊的特征是无关的或不相容的。例如，医学的与教育的关系是有条件性的，它们依赖于如下事实，他人是需要关照或教导的人。因此，科尔与那位目不识丁的男生发展了一种关系也是有条件的，依赖于那位男生需要学习如何阅读。我们称关系的这些特征为"接受条件"（acceptance conditions）。相应的，这种关爱可以作为条件而起作用，在这种条件下人们可以终止某种关系。例如，当一位患者不再需要医疗处理时，医生就可以终止与患者之间的关系。我们称这种关系可以消除的条件为"终止条件"（terminating conditions）。我们想要强调的是，这些接受与终止条件非常重要地指出不同的关系的独特的本质与价值。例如，当患者不再

〔13〕 布卢姆，"Vocation，Friendship，and Community：Limitations of the Person/Impersonal Framework"，载于弗拉纳根与罗蒂（Amelie O. Rorty）所编的 *Identity，Character，and Morality：Essays in Moral Psychology*（Cambridge，Mass：MIT Press，1990），pp. 173 – 197，176 – 179.

需要医生关照的时候，医生终止与患者之间的关系并不存在什么不足。这是他与患者之间关系的本质的两个特征，并且都是完全合适的。相比之下，它并不是友谊的本质或规则，友谊关系的存在是由于某人为另一个有需要的人提供某种形式的关照，不能仅仅因为他人所需要的这种关照不存在了，友谊关系就终止了。而且，从友谊的角度来看，如果认为某人在那些条件下接受和放弃他同其他人的友谊关系，通常会被认为是有所欠缺的。实际上，如果这种关系是有条件的，并依赖于这种特征，那么这种关系是否能够称得上一种友谊完全可以是值得怀疑的。

现在，根据我们前面所说的关于关系的接受与终止条件，可以认为莱尔顿对有关友谊的异化问题的某些通常的表述提供了一种独特而又合理的后果主义式的回应。回应如下，作为一位好的后果主义者，他可以将接受与终止条件看成是他的规范性理念的一部分，他投身于特殊的爱和友谊的关系最好通过行动者中立的形式进行理解，如果不是这样，那么他将会终止关系。然而，这并不意味着，在爱或友谊中，行动者对将行动者中立的价值最大化的关注因此就能打动他。根据莱尔顿的观点，间接后果主义者可以直接为他同他人的友谊所打动，当他的后果主义的接受与终止条件都能为朋友关系进行辩护并提供指导时。[14]因此，正如莱尔顿所说，根据将行动者中立的价值最大化，如果他的友谊的选择范围越小，那么他就会结束友谊。[15]

在关于我们所说的接受/终止条件与动机的关系的这一运动中，存在着一个重要的核心真理。下面的观点似乎是正确的：当 X 可能是我与 Y 的关系的接受条件（或者非 X 是终止条件）时，这并不意味着 X（或非 X）因此就成为我与 Y 存在一定关系的动机性的原因。例如，如果你对我撒谎，我就会使我们的友谊关系破裂，我们假定这是我们之间关系的一种终止条件。在这些情境之下我会停止我与你之间的关系，但这并不意味着你不对我撒谎是我与你存在一定关系的一种动机性的原因。相反，我与你存在一定关系的动机性的

〔14〕 现在后果主义者通常都求助于以下观点来为友谊进行辩护，即作为经验事实，就是根据行动者中立的价值，这种关系也是其中最好的［参见，如杰克逊，“Decision-Theoretic Consequentialism and the Nearnest and Dearest Objection”，*Ethics* 101（1991）：461 – 482］。我们认为，求助于这种经验事实是不合理的。例如，我们很难相信，一个人把自己的资源投入到减缓饥荒相比投入到友谊并不能产生更多的行动者中立的善。（在遥远的过去，事情可能不一样，由于缺乏相关的服务与组织所以要想把一切投入到减缓饥荒中去是非常困难的）不过，我们在本文中的线索是，即使假定某人追求友谊在通常情况下都是最好的行动者中立的价值，依然有好的理由认为间接后果主义者由于其独特的动机倾向而不能拥有真正的、好的友谊。

〔15〕 这不仅仅是行动者在有些情境中实际上会牺牲友谊而选择更大的善，在反事实的意义上是正确的。而且行动者在与他人的关系中的动机倾向是以以下观点所指导的，即行动者与他人有这种关系从后果上讲是最好的。

原因可能在于你是一位好老师，或者更简单一点，你是一个很好的玩伴。至少这都是我所相信的。[16] 所以，在我们看来，莱尔顿可能正确地指出了，当一个行动者把行动者中立的价值最大化作为他与其他人的关系的接受或终止条件时，并不意味着这位行动者必须将此看成是他与其他人存在关系的一种动机性的原因。

然而，如果后果主义者认为求助于接受/终止条件（亦即"控制性条件"）与动机之间的区分就能建立起他们的如下观点，即以将行动者中立的的价值最大化作为条件的方式所控制与适合于友谊和爱的关系的动机倾向是完全相协调的，但是这一点对后果主义者来说，其间存在着一种未经论证的跳跃。因为，将行动者中立的价值最大化作为关于某人关系的一种控制性条件并不意味着他就会为这种关注所打动，即使这一点可能是正确的，即使这些条件与行动者为对他人的某种特殊的关爱所打动这一点是相一致的，从这些事实无论如何都不能得出结论说，行动者从动机上讲都可以看成是朋友或爱人。当我们回过头来看有关好的老师与好的医生这些例子时，我们就能看到莱尔顿的证明所没有填补的鸿沟，当行动者为某些条件所控制时，他们就处于某种关系中，这些条件也能允许他们为某些非常不同的关注所打动——实际上，为对他人的特殊的关爱与照顾所打动。因此，在这些例子中，我们看到，适合于老师与医生的控制性条件（governing conditions）并不适应于友谊或爱的关系。同样，像胡安这样的行动者，他为将行动者中立的价值最大化的后果主义的条件所控制，他也可以为某些不同的关注所打动——例如，可能为对他人的特殊的关爱与照顾所打动——但是这并不表明，为这些方式所控制与友谊或爱是相协调的，这一点是正确的。所以，尽管莱尔顿可能会避免我们上面所提到的通常对后果主义的批评，但是他并不能建立他所提供的那种更为精致的间接后果主义，它既能容纳友谊与爱，又能保持理论的内在一致性。

间接后果主义与友谊的本质

实际上，有许多好的理由可以认为间接后果主义不能内在一致地认识到友谊和爱的本

---

[16] 人们如何解释动机与控制性条件之间的关系，非常不清楚且无定论。例如，赫尔曼在其有关康德伦理学的著作中，似乎认为以某种关切作为控制性条件就会使得这种关切成为动机的一部分。参见赫尔曼，"On the Value of Acting from the Motive of Duty"，"The Practice of Moral Judgment"，*The Practice of Moral Judgment*. 我们并不认为这种观点是正确的。然而，无论人们认为赫尔曼的还是我们的观点是正确的，对于我们的目的来说都是无关紧要的。因为我们都认为关系的控制性条件已经了解了那种关系的倾向与动机。这种观点不会受到有关控制条件如何与动机相关的争论所影响。

质与价值。因为，将行动者中立的价值最大化的后果主义的接受/终止条件控制了某种关系这一事实穷尽了对关系的所有可能描述，莱尔顿似乎根本就不认为这种关系是一种真正的或好的爱或友谊。为了看清这一点，请看一看莱尔顿关于约翰与安妮、胡安与琳达的例子。莱尔顿把约翰描绘成一位直接后果主义者，在他与安妮的关系中，他所思考的以及直接为他提供动机的是将行动者中立的价值最大化的后果主义的关注。他也感觉到了对她深深的爱，这种爱也是针对她的动机倾向的一部分。相反，胡安是一位间接后果主义者，他关于友谊情感的动机倾向是为后果主义的规范性理念所论证及指导的。莱尔顿说，我们如何理解直接与间接后果主义的动机倾向所存在的差别标示出了后果主义理论能内在一致地认识到友谊与爱的关系的能力上所存在的差别。例如，他说，我们最好想像安妮感到与约翰之间发生了异化，在了解了他对她的看法后，也感到十分悲伤，在胡安关于他和琳达的关系的观点上，我们不必想像琳达也会有同样的感觉。但是，为什么相比安妮对约翰之爱的感受，琳达对于胡安的爱并没有丝毫的异化感呢？毕竟，约翰与胡安的"友谊的"动机倾向都是为相同的后果主义的规范性理念所论证及指导的，所以两者都接受，而且都准备在相同的条件下终止与其配偶的关系。

由于像安妮这种人存在着像约翰这样的直接后果主义的伴侣，莱尔顿在她那里所发现的异化就不能被看成是仅仅对像约翰这样的行动者的后果主义动机或目标的关注，这很大程度上归因于后果主义的控制条件，正是这些条件为像约翰这样的人的动机倾向提供了论证与指导。正如上面所表达的，在界定一些特殊种类的关系时一个关键因素就是它们是为某些控制条件所规定的。我们现在想要表达的是，这些控制性的条件依然是对某种关系的限定，即这些条件所包含的关注是否能作为那种关系中的行动者的部分动机或目的而直接发生作用，这似乎还是较为清楚的。所以异化以及无力发展友谊，这都为莱尔顿接受为直接后果主义者的一种特征，而对那些想要同化友谊并开始转向间接后果主义的人，它们也可以认为是间接后果主义的一种特征。

为了看清这一点，让我们构想下面一个例子，它在结构上与关于约翰与安妮的例子是相似的。假如有一个颇具野心的哲学家，他与一个很有影响的教授"交朋友"。有野心的哲学家对教授特别关心，然而在他与教授的关系中，他所关心的且能打动他的正是教授能够为他的事业提供晋升以及为他的成功提供必要的帮助。当然，在他与教授的关系中，他也是为这种关心所论证及指导的。正如莱尔顿针对安妮所说的，如果教授完全知道有野心的哲学家对他的行为动机，教授不会把他们的关系看成是一种真正的或好的友谊，这一点还是比较合理的。可能在读了有关胡安的故事后，我们现在设想有野心的哲学家以胡安为榜样，重新规范了他的动机倾向，他现在并不直接指向获得成功。相反，像胡安一样，那种能够指导他的关心现在只是作为一种控制性的条件起作用，这种条件是置于他针对教授的"友善的"动机与倾向之上的。所以，即使他现在与他人发展关系，其目标并不是为了获取成功，这种关切依然可以为他追求这种关系提供辩护及指导，特别是因为这种关系有助于他获得这一成功，他从动机上也倾向于发展这种关系，只有当它与获得这一成功的目标相冲突时，他才可以放弃它。当切实地告诉教授，这位有野心的哲学家的"友善的"动机倾向是如何被指导与辩护的，仅仅因为野心并没有作为教授的朋友的心理中的一种动机或一种目的而发生作用，教授就倾向于把这种关系看成是真正的或好的友谊，这是否就是合适的呢？很难明白为什么这是合适的。毕竟，关于有野心的哲学家与他的关系的动机倾向中的关键的辩护与指导性的作用依然是想获得成功的野心。有野心的哲学家接受与放弃这种关系的根据在于如何做才能为他的野心服务。似乎很清楚，哲学家以这种方式受到控制这一事实就足以否定这种关系能够成为友谊。教授可能会发现，在一些间接的情境中，哲学家的主导性的关切还是野心，但可能没有那么**突出**。但是如果认为这一差别会使他重新把这种关系界定成友谊，这似乎也是较为牵强的。所以，与此类似，相比安妮在约翰那里所发现的关切，琳达在胡安那里所发现的后果主义式的指导性的关切并不是那么突出，虽然莱尔顿承认安妮并不能找到友谊，但根据这种差别，我们也很难明白为什么琳达就能找到友谊。[17]

可能有人会反对说，这两个例子并不存在可比性。在有关有野心的哲学家的例子中，行动者追求的是一个为自我服务的利益，而在莱尔顿的例子中，约翰和胡安所追求的是涉及他人的更大的善。所以，反驳可以如下，如果在某人的动机或动机的目标中不存在自我利益，这一点并不能使得对自我利益的指导性的关切所发挥的道德心理学的作用更能够内在一致地认识到友谊，但是这一结论不必然也可传达到有关他人的指导性的关切。

然而这一反驳是失败的，因为某些指导性的关切与友谊之间的不协调性并不能归因于

---

〔17〕 我们正在论证的是，如果你认为直接后果主义者是异化的，不能拥有友谊，那么由于在界定人们的关系的本质时控制条件的重要性，你也应当认为间接后果主义者也同样缺乏。作为回应，人们应当否认直接后果主义者是异化的且不能拥有友谊。直接后果主义能否在这一问题上咬紧牙关挺过去，由于篇幅的原因我们在这里没有做相关处理，但无论如何这种争论已为人们在别处广泛争论。我们承认忽略了这一问题严重限制了我们论证的范围。但是由于转向间接后果主义在友谊问题对异化问题做了广泛而又有影响的回应，我们相信，并不能认为忽略这一问题就严重限制了我们论证的范围。

它们是自我关照的（self-regarding）还是他者关照的（other-regarding）。一种与友谊同样不协调的指导性的关切，不管它作为一种动机、目的还是控制性条件而起作用，它同样也适应行动者的指导性关切是他者关照的情境。例如，医生把治愈他的患者，这是一种关照他人的行为，然而，这种指导性的关切与友谊是不相符合的，因为它只是作为一种控制性的条件在起作用，而并非同时也是一种动机或者直接指向的目标。我们可以认为，在医生的关切直接作为动机而起作用的地方，很少有其他关切成为动机留下"空间"，例如某种特殊的关爱与关切。所以，从一个行动者动机中清除一种指导性的关切，似乎能为行动者发展关切他人的动机提供更多的空间。但是正如有关医生与老师的例子所清楚地表达的，这并不足以能为那种可以内在一致地认识到友谊的动机倾向提供说明。因为很明显，正是医患关系与师生关系的独特的控制性条件使得他们不能从适合于友谊的动机倾向去行为，而并非这些行动者可用的动机"空间"。

我们已经论证了，有较好的理由相信直接与间接后果主义者都不能具有友谊，因为他们都倾向于在同样的条件下发展与终止他们与同伴的关系，正是在这一点上他们的同伴发现自己被异化了。为了对此进行佐证，我们头脑中有一幅关于精致的间接后果主义者的心理的画像，它能够实现这种意向。那么，在这一问题上，我们可以反驳说，为了表明由于胡安给他们的友谊所带来的控制性条件，像琳达这样的人会发现作为后果主义者的伴侣胡安有所异化，我们依赖于一种被认为会导致客观的后果主义生活的过于狭窄的模式。可能也有其他的方式能从心理上实现导致客观后果主义的生活的倾向，这种生活并不像我们所认为的那样发生异化。

这种反驳可以像这样提出。我们对莱尔顿例子中的胡安做了相关解释，在他的一切关系中他都是为后果主义的规范性理念所指导，在他对行为进行评价与为生活进行辩护的时候，至少有时他会有意识地诉求后果主义的正当性标准。[18]然而，还有一位间接后果主

---

[18] 我们要感谢《伦理学》杂志的一位编辑，他向我们指出，可能存在其他一些方式——实际上，其他的可能性我们会继续思考——过客观后果主义的生活的倾向能够在心理上得以实现。然而，在我们看来，能满足我们脑中所想的、关于倾向如何导致一种客观后果主义的生活的心理学模式，是对像胡安这样的间接后果主义者是什么样子的一种自然且公正的解释。至于何以认为后果主义的正当性标准能指导行动者，这正是莱尔顿自己脑中所想的那种模式。正如莱尔顿所言："如果我们比较胡安与约翰，我们不能发现，一者允许道德考虑进入他的私人生活，而另一者不允许。我们也不能发现，一者在他的道德关切问题上是不严肃的……重要的是胡安要把他的生活放在道德考察之下——在问他如何在个人的层次上为自己的行为进行辩护时，他不能仅仅感到不知所措，他不能只说：'我当然关心她，她是我妻子！'"（p. 111）同时参见，如莱尔顿，p. 112，n. 22，在那里，他明确地说，胡安对琳达偶然的承诺"归因于他的**道德品格**"（强调是我们加的）。

义者，名叫劳尔。与胡安不同，劳尔并不是**有意识地**将后果主义的正当性标准作为为他的生活进行辩护的指导。相反，劳尔为复杂的、无意识的心理过程所指引，其结果当然也是满足了客观的后果主义的生活。只要劳尔不是明确地引入后果主义的正当性标准作为规范性的理念，为什么要认为劳尔发生了与胡安一样的异化呢？

作为回应，我们首先要提出的是，一个人为复杂的、无意识的心理过程所指引在这里到底是什么意思。最有可能的解释就是，对某些人来说，后果主义的正当性标准在他那里作为一种主导性的规范性理念起作用，也就是说，作为一种可以得到辩护的指导出现于行动者的心理，并控制他的倾向从而以一定方式采取行动，但是这种规范性的理念对他来说并不是有意识的，从而直接呈现于心中（或者至少远没有像胡安那样对此有所意识）。假如劳尔确实是这样子的。我们是不是有什么理由相信劳尔所呈现出来的是间接后果主义者的另一种典型，这种典型与对胡安的描述是不同的，他并没有发生异化？

如果以异化来反对胡安的这种反驳意见仅仅着眼于对异化的感觉，那么从胡安到劳尔的这一转变还是有些差别。也就是说，如果反驳的意思是说，拥有某些倾向会导致我们感觉到与他人发生了异化，或者会导致其他人觉得自己与我们发生了异化，那么劳尔没有（或者在很大程度上没有）意识到他的后果主义的规范性理念这一事实使得他几乎不可能感觉到与我们发生了异化，或者使我们感觉到与他发生了异化。然而，我们用来反对间接后果主义的异化论证直接指向的是由后果主义的规范性理念所控制的心理的本质。这种反驳意见并不是简单地着眼于一个人如何感觉，无论是间接后果主义者自己还是其"朋友"。例如，假设上面所提到的野心的哲学家是以一种无意识的方式由野心所指导，他根本就没有感觉到与那位有影响的教授发生了异化。如果他想与教授"交朋友"的倾向在心理上得以实现，而且我们对它的本质有所了解的话，我们就很难说他是教授的真正的、好的朋友。相反，他感觉到"友好"似乎只是日常现象的一种表现，这种日常现象就是，人们实际所拥有的感觉并没有遵循其应当拥有的感觉。同样，由于哲学家的心理所受的真实控制，我们并不能从教授没有感觉到与他发生了异化这一点就得出结论说他是教授的朋友。[19]因此，只要这里所存在的问题是胡安的关系是由后果主义的规范性理念所控制的——正如我们所论证的，在界定某人关系的本质时，这一点是关键的——而不是胡安在

---

〔19〕 同样，如果莱尔顿的约翰在某种程度上没有意识到他的动机或目标，这也不能缓解如下论断，即他与安妮发生了异化，安妮也与他发生了异化。这只能表明他不能认识到他与她发生了异化（也可能是她没有认识到她与他发生了异化）。

道德慎思过程中有时有意识地求助于它，即使我们把劳尔而不是胡安作为间接后果主义的典型，也并不能避免在胡安那里所发现的问题。

胡安所存在的另一个问题就是，他停止关怀琳达并不是一种有意识的决定的结果，而在于他确实这么做了，他非常唐突地停止了对琳达的关怀。胡安至少发生了较为明显的异化，因为我们认为他停止关怀琳达是为了实现以下目标的直接后果，即他为了最大限度地增进善，他只有放弃这种关系，相反去做其他的事。[20]很明显，这看起来是异化的，因为人们通常不能为了实现这种目标就唐突地停止给予关怀。然而，假如我们设想一个更为现实的胡安，由于他的后果主义的承诺，他决定放弃与琳达的关系，但是有时还继续给她以关怀。（他为了消除对琳达的关爱，可能要花去许多年的时间）这位更为现实的胡安难道不能成为琳达的好的、真正的朋友吗？

但是为什么胡安就更能成为琳达的好的、真正的朋友呢？更为现实的间接后果主义者对于与她存在着亲密关系的人不会唐突地终止提供关怀，但这一事实并不表明她与这个人之间就存在着真正的、好的友谊，对她来说，其实存在着许多种关系，它们也都要求她花去许多时间与其他人发展亲密联系。实际上，让我们重新回想一下那位有野心的哲学家。假如他在这里只是想消除与这位有影响的教授的任何关联，并决定不再企图获得与教授的"友谊"。假定有野心的哲学家在作出这样的决定的时候，他也并没有唐突地停止向教授提供关怀，做这样的假定似乎也更可能与更现实。他们还会花很多的时间在一起——例如，共同进餐、喝饮料或其他任何有趣的时刻——与之类似，有野心的哲学家有时会隐藏他的情感，即要给教授以关怀。正如休谟所指出的，情感通常被描绘为一种独特的"惯性"。[21]如果对有野心的哲学家进行一种更为现实的描述，通常会认为他具有人类的许多通常的情感特征。有野心的哲学家想要停止向教授给予关怀，这需要一些时间，但是这一事实并不能就使我们相信他就是教授的真正的、好的朋友，即使我们不管他与教授发展关系，其目的只是为了更好地推进自己的事业。那么，间接后果主义者会继续给她所离弃的人以一段时间的关怀，这一事实只是表明了她具有某些人类通常的情感特征。这根本不能

---

[20] 我们感谢《伦理学》杂志的一位编辑提出了这一建议。

[21] 参见，如休谟的《人性论》，编者塞尔比－毕格（L. A. Selby-Bigge）（Oxford：Clarendon，1978），p. 441. "想像力非常快速与敏捷；但是情感缓慢且固执。"同时参见 Annette Baier，"Actions, Passions, and Reasons", in *Postures of the Mind*：*Essays on Mind and Morals*（London：Methuen，1985），pp. 109 – 134；罗蒂，"Explaining Emotions"，pp. 103 – 126；Ronald de Sousa，"The Rationality of Emotions"，pp. 127 – 151，esp. pp. 140 – 141；Patricia S. Greenspan，"A Case of Mixed Feelings：Ambivalence and the Logic of Emotion"，pp. 223 – 250，esp. pp. 236，241 – 242，*Explaining Emotions*（Berkeley：University of California Press，1980）.

表明她就是他人的好的、真正的朋友。[22]

让我们回到将善最大化的倾向如何能在心理上得以实现这一问题上，还有一种不同的反驳意见，在我们所构想的那些反对间接后果主义的例子中，我们就已经利用了一种心理学的模式，这种模式包含了把后果主义的**规范性理念**作为我们的目标。因为我们可以说，如果行动者倾向于满足莱尔顿的反事实条件，这种条件是复杂的无意识的心理过程的结果，他根本就不需要受后果主义的规范性理念的指引。不过，间接后果主义者可能会说，客观后果主义要求我们追求善的最大化这一事实仅仅只表明了一种正当性标准。[23]因此，即使对何种倾向能把善最大化我们缺乏必要的经验知识，间接后果主义对客观后果主义的承诺对应当采纳何种倾向的问题最终也会保持沉默。间接后果主义者的心理实现了一种倾向，它能够满足客观后果主义所提出的正当性标准，这对间接后果主义者来说也只是形式上正确的。如果间接后果主义者只持有这种观点，即行动者的行为可以满足后果主义的反事实的条件这一点可能是正确的，那么我们的攻击如何能表明间接后果主义者不能拥有朋友呢？

这种类型的间接后果主义者是否能够拥有朋友依赖于经验环境。我们希望已经表明了，我们有很好的理由去相信，前面所讨论的由后果主义的规范性理念以不同方式所指导的间接后果主义者同样面临着异化问题，这个问题通常认为损害了直接后果主义。如果我们是正确的，那么只要经验环境是这样的，即要求满足后果主义的反事实条件的心理就是我们所描述的以不同方式为后果主义的规范性理念所指引的心理，间接后果主义就依然不能克服异化问题。但是，经验环境当然不必就是这样。实际上，正如许多后果主义者所指出的，经验环境可能是这样的，一个根本就没有听说过后果主义或者完全忘却后果主义的

---

[22] 我们在这里并不是在声称，由于承诺要追求善的最大化，某人从而终止与另一个人的关系，他就要不是能成为那个人的朋友。例如，假设胡安与琳达有一种长期的、亲密的关系，但他最近发现并转向了后果主义，由于他新发现的对后果主义的承诺为了增进其他地方的善从而终止了与琳达的关系。胡安可以是琳达的朋友，当他由于转向后果主义离开她后，作为她的朋友，他也可以为她保持一段时间的感情。然而，我们没有理由相信胡安在他发生转向之后，他可以依然成为琳达的朋友。而且，胡安对琳达持续存在的友谊情感只表明了情感具有典型的惯性这一事实。

[23] 索萨向我们提供了所有这一切都是间接后果主义所要求的这一观点。同时参见他的论文 "Consequences of Consequentialism", *Mind* 102 (1993): 101 – 122. 我们感谢他与《伦理学》杂志的一位编辑，他们澄清了这一点，即间接后果主义者有一种想过客观后果主义的生活的长期存在的承诺，这种承诺只能作为关于他们的倾向一种反事实条件起作用，所以不需要包含在心理学的意义上他们将为它所指导。

人实际上有可能倾向于过一种客观后果主义的生活。[24]因此，我们可以设想某个人，他通过复杂的无意识的心理过程，这一过程并不包含任何对善的最大化的追求，从而倾向于满足后果主义的反事实条件，或者设想某个人，他通过简单的有意识的心理过程，这一过程也不包含任何对善的最大化的追求，仍然满足了后果主义的反事实条件。只要出自于异化的反驳意见直接指向的是心理倾向，而这些心理倾向又是由后果主义的规范性理念所指引的，那么我们就不能对这些例子中的间接后果主义形成打击。我们并不是在论证，如果善的最大化只是行动者倾向之上的反事实条件，这必然与好的、真正的友谊是不一致的。[25]

在这一点上，可以接受的是，在从心理学的意义上，只要行动者是由后果主义的规范性理念所指引的，那么就有一些关系是他所不能拥有的，同时对于这些关系是否能现实地描述为友谊是可以进行怀疑的。人们可以反驳说，我们脑中所存在的那种关系包含了极其浪漫与不现实的友谊观念。根据一种更为合理的、现实的友谊概念，应该认为在友谊与由后果主义所指引的生活之间并不存在什么不一致性。[26]

作为回应，我们首先要看到这种反对意见完全可以以一种更温和或一种更激进的方式提出。反对意见的温和形式认为友谊的观念产生于某些社会规则与实践，然后根据它们如何能较好地符合通常所认可的规则与实践，就能判断某些概念的适当性，如何谓友谊、它所包含的倾向是什么。后果主义者的倾向可以与友谊的倾向特征进行对比，如果它们之间存在一致性的话，据此就可以确定它们之间一致性的限度。从广义上讲，这正是我们在这里所采用的方法。这种反对意见的温和式的解读认为，我们的论证依赖于一种友谊的概念及与其适合的倾向，它夸大了通常认为这些关系所包含的那种承诺。相反，激进的形式并不认为适当的友谊概念及其倾向是由社会所派生的，而直接产生于相关的伦理理论自身——在这里就是后果主义。那么根据这种更为激进的形式，行动者关于友谊的概念与倾向只有在它们与后果主义的要求相一致的时候才会是合理的与现实的。任何可以得到辩护的友谊概念的产生都依赖于理论自身。值得指出的是，莱尔顿自己似乎并不赞同这种激进

---

〔24〕 参见帕菲特，pp. 40 – 43；西季威克，pp. 489 – 490，根据这种观点，后果主义可能会变成一种"秘传的"道德。

〔25〕 而且，很难明白人们如何能够为这一点论证。毕竟，可能有一种人，他只为友谊的规范性理念所控制，对他来说，情境是这样的，他碰巧总能将善最大化；也就是说，他的倾向的条件恰好准确地遵循了客观后果主义的要求。他追求善的最大化并没有脱离后果主义的关切，不管是有意识的还是无意识的，仅仅是关于心理倾向的一种典型事实，在这种情况下，就是成为一名卓越的朋友。

〔26〕 我们很感谢弗拉纳根提出了这一反对意见。

的形式，他提到："我们必须认识到爱的关系、友谊、团体忠诚以及自发的行为都能够有助于生活更加美好；任何值得认真对待的道德理论都应当对它们进行认真对待……如果我们发现采纳某种道德却导致与一些重要的人类福利（如爱与友谊）发生不可调和的冲突……那么这肯定会为我们对这种观点进行怀疑提供了很好的理由。"[27] 总之，由于激进的形式实际上几乎完全否定了会出现我们在文中所涉及的那种争论，所以以温和的形式对反对意见进行解释与作出回应似乎更有说服力。

我们的论证是否依赖于一种极其理想化的友谊概念及其控制性条件，而这种概念并不忠于我们通常认为关系所应包含的规则？很明显，如果我们的论证预设了一种较为合理的强友谊概念，那么后果主义不能内在一致地认识到这一概念并不代表这种理论存在错误。然而，我们所说的一切不能利用一种非现实的友谊概念。可能更为重要的是，我们所指向的目标，这里就是间接后果主义，它也并不认为由友谊的例子所产生的异化问题依赖于一种非现实的友谊概念，这似乎是很清楚的。来自于间接后果主义者的回应从来都没有表明，例如像安妮这样的行动者，她感到与约翰的关系发生了异化，她应当采纳一种更为现实的友谊概念。相反，他们的回应一直是这样的，像安妮与约翰这样的行动者，如果有一方具有后果主义的动机或目标，他们之间的友谊关系将会出现破裂，但好的后果主义者会把将行动者中立的价值最大化作为规范性理念并控制自己，并不把它看成是自己行为的动机或目标。所以成为一名后果主义者并不一定就否定他可以成为别人的朋友。现在我们的回应还是比较保守的，可以说，认为友谊概念存有问题。我们并没有把例子建立在另一种友谊概念之上，这种概念包含了另一种要求更高的承诺（甚至更强一些，包含一种无条件承诺的友谊概念），它可以由行动者为后果主义的规范性理念所控制这一点所排除。相反，我们论证了，当人们看到引入接受与终止条件来界定不同关系的本质与价值时，就有很好的理由相信异化问题的根源存在于后果主义者的倾向，而不是他们的动机或目标，这些控制性条件已经清楚了告知了这一点。所以我们也有很好的理由相信，通常认为是直接后果主义的关系中所存在的异化问题同时也正好是间接后果主义关系的特征。那么，根据这一点，有人认为我们的论证依赖于一种非现实的友谊概念，这一看法不仅是误读了我们的论证，同时在某种程度上也是与论辩的精神是相违背的。不过，人们也可以认为论辩本身也被误导了，因为它的前提建立在一种非现实的友谊概念之上。要对友谊及其变种提供详尽的说明很明显超出了本文的范围，我们只能对如下担忧作出一些纠正，即无论是我们还是

---

〔27〕　莱尔顿，pp. 98 – 99.

我们的反对者在论辩中所指出的异化都建立在一种不现实的友谊概念之上。

在有些情境中，某人对另一个人产生了异化的感觉或者对他抛弃了幻想，但这并不表明另一个人就不是朋友。所以如果在这些情境中由于一种异化的感觉就认为另一个人不是朋友可能就犯了引入一种不现实的友谊概念的错误。例如，假设舒尔发现，如果她和保罗的关系使保罗感到不快乐与不满足的话，他就准备终止与她的关系。在认识到这一点后，如果舒尔感觉到悲痛、失望甚至可能与保罗有一种异化感，但这并不意味着舒尔在这里的感觉表明了保罗不是她的朋友。相反，舒尔对于友谊的关系到底要求什么只具有一种不现实的看法。同样，假设如果她严重违背了他的信任，在她发现保罗准备终止与她的关系时，她也有一种异化感。而且，舒尔的感觉只是表示对彼此的谅解充满了不现实的期盼，而不是要否认这种关系可以是一种友谊。[28]实际上，有时我们认为，根据他人的倾向来纠正对他人的消极的感觉更为合适，而不是认为这些感觉表明我们之间缺乏友谊。例如，假设凯特发现海伦在许多时候做事总是不得体，对此她感到非常失望与生气。如果海伦的不得体根源于一种无可指责的无知，那么凯特对他的失望与愤怒就有些无的放矢了；如果海伦马上努力弥补自己的不得体，那么凯特对他的失望与愤怒就有些不合适了。

由于胡安以后果主义的控制性条件来处理他与琳达之间的关系，使得琳达对他充满了悲痛感与异化感，但是我们为什么要认为这种情况与上面的各种例子是相似的呢？在一开始的两个例子中，行动者通过他人的倾向感觉到出现了异化，尽管这些倾向似乎只是我们关于友谊规则的日常概念的一部分，正因为如此，这种异化似乎将其前提建立在非现实的友谊概念之上。因此，如果某人在与他人结交后，越发感到空虚与不满足，或者对他人的信任受到严重损害，他就准备断绝与这个人的朋友关系，在这种情况下他依然还是朋友。但是另一方面，某人倾向于与其他人终止关系，这种关系无论何时都没不能将善最大化，这种倾向似乎并不是我们关于友谊的日常概念的一部分，所以与我们上面所提及的例子有所不同，假定像琳达这样的行动者感觉到与由这种倾向指导的像胡安这样的行动者发生了异化，似乎并不是极其浪漫或不现实的。[29]

---

[28]　另一方面，如果由于存在极少的背叛，就认为保罗会终止他们的关系，那么舒尔认为保罗准备终止与她的关系只是因为他对适合于友谊的承诺做了一种不现实的期待，就是正当的。

[29]　而且，与海伦不同，胡安并不把他的后果主义的倾向看成是品格上的缺点，所以我们不能认为琳达应当克服她的异化感并原谅他。

间接后果主义与友谊的本质

我们已经论证了，我们有很好的理由认为，将行动者中立的价值最大化作为置于行动者的关系之上的某种控制性条件发生作用同与友谊相适应的动机倾向可能是不相符的。在以这种方式进行证明的过程中，我们已经假定了友爱行为的价值有一个重要的来源就是独特的动机倾向，正是由这些倾向出发，行动者才采取一定的行为。[30] 为了在友爱行为的情况下对此提供支持，请考虑以下一组对照，假如我们失去了生活伴侣，我们可以通过朋友或者专业咨询师得到抚慰。假定朋友和咨询师的行为动机都出于对我们的同情，他们都是为了我们的缘故而作出行为的。进一步说，咨询师和朋友告诉我们的东西都是非常有帮助。然而，咨询师与朋友的不同的动机倾向很明显会引起许多不同的价值。而且我们相信，价值上的差别可以通过思考与这些不同的关系相适应的控制性条件能够清楚地呈现出来，只要这些关系的不同条件包含着非常不同的承诺。由咨询师来抚慰与由朋友来抚慰所表达的承诺是完全不同的。因为我们对咨询师来说只是需要帮助与关爱的客户，他向我提供的帮助从本质上说是由我所处的现实状况所控制的。因此，只要我从失去伴侣的这件事情上恢复过来（或者即使没有完全恢复过来，但感觉好多了），咨询师就必须适时地终止这种关系，实际上也期望咨询师能够终止这种关系。然而，朋友通过抚慰向我们提供的关怀与支持具有完全不同的本质。与咨询师—客户的关系不同，朋友为我们提供的关怀与支持其独特性在于，它表达了对我们的一种承诺，根本不是条件性的，依赖于我们的现实处境——这种承诺并不是建立在我们处于某种处境这一条件上，它不能因为我们已经恢复过来了就可以终止。如果我们发现某人为了我们而行为，但其所表达的承诺与咨询师是相同的，那么我们很自然地感觉到那种行为所具有某种重要的价值就丧失了。简言之，我们所论证的就是，在一个人对另一个人的承诺中所表达的价值，可以通过了解某人的关系的控

---

[30] 我们将其看成是解释友谊行为中的许多价值的一种自然而又直接的方式，许多学者对其他许多有价值的行为与关系提供了类似的解释。参见，如布卢姆，*Friendship*，*Altruism and Morality*（London：Routledge & Kegan Paul，1980）；Julie Inness，*Privacy*，*Intimacy*，*and Isolation*（New York：Oxford University Press，1992）；斯托克，"The Schizophrenia of Modern Ethical Theories"，"Values and Purposes：The Limits of Teleology and the Ends of Friendship"，*Journal of Philosophy* 78（1981）：747–765；Laurence Thomas，*Living Morally：A Psychology of Moral Character*（Philadelphia：Temple University Press，1989）。

制性条件以及这些条件如何塑造这种关系的动机倾向而获悉。由于我们已经论证了，我们有很好的理由认为间接后果主义不能内在一致地认识友谊的动机倾向，那么我们更有很好的理由认为间接后果主义不能内在一致地认识到在友谊中所发现的那种承诺的价值。

我们已经论证了，我们有很好的理由相信为后果主义的控制性条件所控制动机倾向与友谊的本质与价值可能是不相容的，因此与在友谊中所发现的那种承诺也是不相容的。那么由此我们也可以说，我们有很好的理由相信，尽管行动者中立的价值有时会战胜友谊，但在其他情况下，根据友谊的本质与价值，友谊能够胜过将行动者中立的价值最大化的观点。也就是，真正的、好的朋友都有一种动机倾向，随时准备为了朋友而采取行动，所以关于友谊的看法有时会胜过将行动者中立的价值最大化。现在，这并不是采纳某种浪漫主义，它认为人们永远不能为了其他价值而放弃朋友或爱人，或者甚至是为了另一个朋友。相反，这是持有一种多元价值观，它把友谊看成是一种具有内在价值的行动者相对的善，所以它想在以下两种路径中选择一条中间路径：或者是关于友谊的考虑总是占上风；或者认为行动者中立的后果主义道德的规范性理念占上风。[31]

不管我们说了些什么，人们可能依然认为间接后果主义有充足的资源应对我们提出的那些挑战，并为自身辩护。对于后果主义者来说，我们所构想的那些例子可能会被认为是错误的，因为后果主义者将他与其他人的关系只看是具有工具价值，即它们是作为增进幸福的手段才有价值。确实应当承认这对那种持一元价值观的后果主义者（在这里，友谊自身不能称为是内在价值）是一个问题，但对多元论的后果主义来说，不能认为是问题，这种后果主义只假定友谊是内在价值之一种，这些价值都是后果主义者一直以来有义务去实现最大化的。[32]

然而，我们的论证并不是说，后果主义者必须将他们的友谊仅仅视为具有工具价值，相反，那些控制好的后果主义者的关系的条件给我们提供了很好的理由去相信这种行动者

---

〔31〕 同样，我们认为康德式的义务有时会胜过爱与友谊，所以爱与友谊的要求也能胜过义务的要求。在别处我们论证了友谊的本质与价值更能包含在德性伦理内，它将好的友谊看成是为一种规范性的理念所控制，相比后果主义者与康德主义者所允许友谊概念，这种理念体现了一种更合适的（与非最大化）友谊概念（"Virtue Ethics, Friendship, and the Regulative Ideals of Morality"）。

〔32〕 在有些地方，关于友谊的价值问题，莱尔顿似乎持有与此类似的观点。参见："知识或友谊能增进幸福，但是说它们具有最终的价值，是不是对我们对这些目标的承诺的一种公正的描述呢？……（我赞同）一种多元主义的理解，有许多善都被看成是内在的、非道德的价值——如幸福、知识、目的性的活动、自主性、团结、尊敬与美。这些善不需要进行排列，但是可以赋予权重，行为的正当性标准就在于行为从长远来看更有助于这些价值的总量。"（pp. 109-110）同时参见摩尔（G. E. Moore）的"Ideal Utilitarianism"，见他的 Ethics（London：Oxford University Press, 1978）与帕菲特称为"客观列表"的理念（p. 4）。

不能拥有友谊。我们的论证因此也同样会对多元主义的后果主义者不利，他们认为行动者有义务去实现最大化的内在善有许多种，友谊也是其中之一。为了看清这一点，让我们对指导间接后果主义者的关系的控制性条件做些修正，使得他们与他人发展关系及终止关系的倾向依赖于这些关系成为行动者能够增进的最好的关系。那么根据这种看法，假如胡安离开他的妻子能产生更多的朋友之善（如更多的友谊），并将自己的所有精力都用于创建婚介服务，他就有义务这么做。实际上，根据最大化的要求，他不这么做是不理性的。但是假定在这种条件下创建与维持的关系与那种好的、真正的友谊是相容的，这似乎又不合理。实际上，为什么琳达感觉到与胡安有一些异化？恰恰是因为想把普遍意义上的友谊最大化，而不是将行动者中立的善最大化，他或者与她在一起，或者离开她。[33]

我们一直面对一种观点，多元主义的后果主义者会把友谊看成是他有义务去增进的内在价值之一种，他可能会反对如下看法，即某人为了增进其他地方的友谊要放弃自己的友谊在心理上是不可能的。也就是说，我们可以认为，除非人们自身首先就拥有友谊，否则就不可能把友谊最大化，因为正如耶茨提醒我们的一样，作出太多的牺牲也不能软化铁石心肠。对某些人来说，放弃自己的友谊之后很难再与其他人发展别的友谊，这是正确的。然而，对另一些人来说情况如果恰恰相反也可以说是合理的。任何这种一概而论的表达方式对我们来说可能都是不可信的。毕竟，断绝与某些人的某种关系最后会使得自己无力再与别人更有效地发展关系，这在我们看来并不是必然正确的。看一个例子就够了，并非所有的主持婚礼的独身牧师所增加的婚姻关系都是无效的。总之，即使人们相信作出太多的

---

[33] 正如斯托克〔*Plural and Conflicting Values*（Oxford：Clarendon，1990），pp. 313 - 314〕所指出的："友谊是……最大化的对立面。当然，人们能认识到，一些朋友与友谊要比其他朋友与友谊更好，一个人能比其他人拥有更多的朋友与友谊。在一定情境中，只要看到了这种可能性，它们就会引起行动。然而，如果人们通常因为另一个人更好从而放弃现在的朋友与友谊——或者如果人们准备这么做——那么不管当前的友谊是什么，它都不会是好的、真正的友谊。真正的、好的朋友与友谊包含了一种承诺的力量，它有足够的力量可以反对这种追求更好的要求。"在我们看来，从这些情境产生了一个重要真理，我们从概念上认为真正的或好的友谊的部分本质与价值就是，别人作为我们的朋友及与我们之间友谊都是不可替代的。我们承认这一点，斯托克在指出包含在真正的与好的友谊之中的承诺的种类与力量，以及这与准备随时放弃自己当前的友谊这一点是如何不相符时，他所指的也正是这一点。然而，与斯托克不同，我们并不认为这些情境是反最大化的。我们并不认为这个例子表达了不存在决策理论的后果主义，这种理论认为正当性要求我们去做我们最有理由去做的事情。因为"我们最有理由去做的事"可以同与友谊的价值相一致的方式得以满足，这种友谊可以解释成包含了对某个人的承诺，并且反对或不关心把友谊的价值看成是直接可以相加的。友谊要求认识到朋友是不可替代的，这种观点也为卡普尔（Neera Badhwar Kapur）所表达（"Why It Is Wrong to Be Always Guided by the Best：Consequentialism and Friendship"，*Ethics* 101〔1991〕：483 - 504），他论证说：正因为这一点，后果主义者不能拥有朋友，因为对后果主义者来说，其他人从本质上是可以替代的。

牺牲也不能软化铁石心肠，但这并不清楚地意味着为了把其他的友谊最大化我们就需要友谊。因为即使一个人根本没有朋友，他也能有许多方式（如金钱上的、组织上的等）为增进其他人的友谊而作出贡献。

结论

许多人认为异化问题一直困扰着直接后果主义，为了克服这一问题，后果主义者提出了一种对精致的道德行动者的解释。他们论证说，这种精致的道德行动者并不把对后果主义的承诺作为他的动机或目标，相反，他强调后果主义的正当性标准，并把它当成控制他所有关系的内化了的心理规范倾向——或者就是我们所说"规范性理念"。许多人认为，间接后果主义者的这种心理模式能使得后果主义挫败异化问题，并给予友谊以应有的地位。我们已经论证了，这种转变并不能成功克服异化问题，因为它对问题背后的根源的定位是错误的。为了界定行动者各种关系的本质与价值，我们要更密切地留意他的规范性理念的控制条件，但这将揭示出正是后果主义者心理的这一方面最应为异化问题负责。那么，精致的道德行动者并不能避免异化问题，和直接后果主义者一样，依然不能拥有真正的、好的友谊。

行 动 能 力 与 道 德

理查德·布鲁克 著 陈江进 译

根据谢弗勒（Samuel Scheffler）的看法，[1]"以行动者为中心的限制"（agent-centered restriction，以下简称 ACR）是指"即使违背它可以将对同一限制的总体违背最小化，并且没有其他相应的道德后果，它至少有时也是不允许违背的"（ibid.，p. 409）。例如，即使有意杀掉一个无辜者可以把将要有意杀掉的无辜者的数量降到最低，这样做也是错误的。同样，侵犯一个承诺，侵犯一项权利，或做一件不公正的事，不能由于它们使得同等地侵犯承诺、侵犯权利、做不公正的事在数量上最小化而得到辩护。

在谢弗勒看来，正由于这种特性，这些限制就包含了"一种固有的矛盾"。[2]如果一个特定的行为应受谴责，而它却能使得这种行为的数量最小化，并且没有其他道德上的后果，那么（正如他所指出的）做这个行为怎么会是错的呢。他指出，尽管 ACRs 在我们的许多日常道德中处于核心地位，但它们却明确否定一个似乎相当合理的目标，即把道德上应当反对的事最小化。

谢弗勒认为，这种在我们日常（义务论的）道德与一种理性要求之间所存在的所谓的冲突，给义务论施加了一个特别的负担；因为与通常的后果主义（例如功利主义）不同，义务论拒绝如下原则，即把道德上的善最大化。它虽没有规定要禁止我们去产生最大的福利、权利保护、德性或其他任何东西（ibid.）。然而，如果只有折磨一个孩子（我所

---

[1] "Agent-Centered Restrictions, Rationality and the Virtues", *Mind*, 94 (Jun 1984). 同时可参见 *The Rejection of Consequentialism* (New York：Oxford, 1982), pp. 80, 122. 这种限制的非总量最大化特征是核心性的。当我在这篇文章里把一种道德观称之为"义务论的"、"非后果主义的"或者"我们的日常（或普通）道德"时，我一般指的就是这种属性。这并不是轻视那些与家庭、朋友等相关的私人承诺。它们当然肯定是我们"日常道德"的一部分。不过，与谢弗勒一样，我的目标是要集中讨论这样一个强有力的信念，即为了避免更大伤害而去造成伤害，这可能是错的。

[2] *The Rejection of Consequentialism*, p. 122.

举的例子）才能避免对两个孩子的同等折磨，为什么这样做是错误的呢？[3]无论是什么使得折磨本身应当被反对，折磨两个孩子总比折磨一个孩子更糟糕。而且，由于这一理由，如果我在折磨一个孩子，这并不比其他某个人折磨一个孩子更坏。在没有其他道德后果的情况下，如果我虐待一个小孩将会使得虐待的情况最小化，那么这一虐待小孩的事件由我所引起为什么会如此重要呢（这一挑战继续展开）？

那么，谢弗勒就提出了一个引人注目的对义务论的内在挑战；这种挑战之所以是"内在的"，因为它认为，任何能确定何者是应当反对的道德观点，包括义务论，都有理由成为一种根本说来主张使总量最大化的观点。似乎为了形成一个内在一致的十诫概念，人们竟要求（或至少允许）有一个隐含的第十一条戒律，即为了使杀人、偷盗等事件最小化，人们就应当去杀人、偷盗等。本文的目的就是通过论证以下三个论断，来回答这一挑战：（1）对于道德责任来说，有三种非常不同的关于行动能力的重要性的概念，它们应当是彼此不同的，但也并非总是如此；（2）谢弗勒和其他人似乎都相信，在 ACRs 中体现了一种特殊意义的行动能力，但它对于说明 ACRs 的直觉性力量来说是无关要紧的；（3）对这些限制做以受害者为基础的辩护，而不是以行动能力为基础的辩护，是合理的，并且对于谢弗勒来说，这也与一种很重要的实践理性原则是相符合的。在文末，我根据这一辩护对行动能力做进一步的评论。

一、行动能力与道德责任

假如"以行动者为中心的"（或"行动者相对的"）这一标签不仅仅只是一种非最大化道德的名称，我们可能很难明白，在什么意义上（如果真的有的话）这种道德与行动能

---

〔3〕 谢弗勒很明显假定了从道德的角度来理解福利或任何其他的东西，所以如果某种特定的行为或结果是坏的，那么，在同等条件下，这种事例越多情况就越糟糕。然而，就谢弗勒对义务论的挑战来说，将这些事例进行加总可能并不是关键性的，尽管谢弗勒并没有从根本上对此表示质疑。肯定存在着许多情境，在这些情境中日常道德会禁止对某人做某事，尽管如果你不去这么做，就有可能对其他人作出更糟糕的事。人们不能为了避免一个孩子的痛苦和死亡而切除另一个孩子的一根手指。在本文中，由于论证的缘故，我（带有个人保留地）接受这一观点：如果某种特定的行为或事态是道德上应当反对的，那么这种事例越多的话就越是应当反对的。关于加总的问题，请参见 John Taurek, "Should the Numbers Count", *Philosophy and Public Affairs*, 6 (1977 summer)：293 – 316；布鲁克与施维默，"On Adding the Good", *Social Theory and Practice*, VII, 3 (1981 fall)：325 – 337；卡姆（Frances Myrna Kamm），"Equal Treatment and Equal Chances", *Philosophy and Public Affairs*, XIV, 2 (1985 spring)：177 – 195.

力是相关联的。[4]毕竟，反对伤害某个人以帮助（甚至是更多的）其他人的限制似乎是以受害者为中心的，特别是，如果这些限制是建立在人们都具有一定的权利之基础上的（正如后面我所要论证的）。在决定是否去尊重一种权利的时候，我可能并不担心，是我而不是任何其他人可能会侵犯这一权利。在托马斯·内格尔[5]的坦纳尔讲座中，他把这些考虑结合在一起。他正确地提出，义务论的约束是以"其他人不得受虐待的要求"为出发点。然而，与内格尔的观点相反，似乎很明显，这些指的是行动者中立的价值，因为它们涉及这样一些事态，用他的话说，这些事态提供了"任何人想要什么或不想要什么的理由"（例如，不让一个人的权利受到侵犯）。然而，内格尔说，这些要求给予了行动者以"行动者相关的"理由而**让他自己不要去虐待他人**。这种反身代词"他自己"大概并不仅仅是多余的；对于行动者来说，它所暗含的是，对他来说，特别重要的是尊重如下要求，即他不能虐待他人，而并非仅仅看到其他人是不可虐待的（或者更广泛地说，是不可伤害的）。

关于行动能力的重要性的观点（我称之为 A1），威廉斯（Bernard Williams）[6]在说到"我们每个人对他自己所做的而不是其他人所做的负有特别的责任"时，给出了一个简洁的表述（ibid., p. 117）。最近，达沃（Stephen Darwall）[7]在讨论他所说的"行动者

---

［4］ 在有些情境中，谢弗勒似乎只是要指明，"以行动者为中心"的意思指的只是一种不追求最大化的道德。"这些约束与许可的行动者相对性存在于如下事实中，即将这些约束与许可运用于个体行动者时，并不以从非个人的立场来看什么是最佳的这一点为基础，也不为这一点所支持。"谢弗勒主编的 *Con-sequentialism and Its Critics*（New York：Oxford，1988），p. 5. 但即使只是一个名称，我们仍知道为什么"行动者相对性"就是合适的。关于这一问题，谢弗勒在最近对贝内特（Jonathan Bennett）的回应中，对于为什么义务论的约束与行动能力之间存在着某种重要的关联，他给出了一种更为根本的回答（尽管我认为它是误导性的）。我在文中对此回答做了评论。参见贝内特，"Two Departures From Consequentialism"，与谢弗勒，"Deontology and the Agent，A Reply to Bennett"，见 *Ethics*，c，1（1989 Oct.）：esp. pp. 54－67，67－76. 沃尔德龙（Jeremy Waldron）在评论诺齐克的"边际约束"概念时，指出这些约束是"行动者相对的"，因为每个行动者都被看做仅仅关注她自己对这些约束的观察——"Rights in Conflict"，99，3（1989 April），p. 504. 在字面上，（正如沃尔德隆毫无疑问会承认的那样）这当然是错的，因为我们必定有责任避免他人侵犯边际约束。然而沃尔德伦暗含的主张，也是我在本文中所采纳的主张，即当我们称某种限制是"行动者相对"的时候，在根本上意味着，相比避免他人违犯同等的约束（或避免某种类似的自然伤害）来说，行动者自己更有责任不要去违犯约束。我在本文中论证，这种对比是有误导性的，因为尽管它是对的，但它却只是义务论的一种派生的而非核心的要点。

［5］ "The Limits of Objectivity"，rep. James P. Sterba ed.，*The Ethics of War and Nuclear Deterrence*（Belmont，CA：Wadsworth，1985），pp. 15－23.

［6］ "Utilitarianism and Integrity"，载于斯马特与威廉斯，*Utilitarianism，for and against*（New York：Cambridge，1973），pp. 76－117.

［7］ "How Nowhere Can You Get and Do Ethics"，*Ethics*，XCVIII，1（1987oct.）：133－157.

相关的责任”时，提出了一个类似的论断：

> 毫无疑问，道德常识假定了，有些显见责任是行动者相对的。例如，不背叛朋友的义务不能还原为背叛行为的中立性价值。在其他事情都相等的条件下，一个人是背叛了朋友还是做了某件事，但这件事间接地引起了一种类似的背叛行为，只不过在这一行为中**他并不是直接卷入其中的**，如果像上面所说的，可以进行还原的话，那么这两件事在道德上就是无差别的。（ibid. , p. 150；强调标记是我加的）

与威廉斯不同，达沃讨论的是有关友谊的特殊义务，但他的主旨是一样的：尽管我对朋友的背叛从非个人立场来看并不比其他人对朋友的背叛更坏，但相比阻止其他人造成同等伤害（“避免我并不卷入其中的伤害”）来说，我更有责任不去造成这一伤害（背叛）。实际上，相比其他人的同等行为来说，我更有责任对自己的行为负责，如果这种看法是对的，那么它就可以为以下观点提供支持，即为了避免其他人虐待两个小孩，我就主动去虐待一个小孩，这是错误的。那么，A1 以一种个人索引的方式（personally indexed way）来理解道德责任，这意味着，相比仅仅避免违犯道德限制的命令来说，一个人不得违犯道德限制的要求更为严格。[8] 当然，如果只涉及我主动进行伤害与我不能阻止其他人进行伤害之间的对比，那么这对 A1 的理解就太过狭窄了。从广义上理解，义务论的限制禁止我的主动伤害会使得由其他人或自然所激发的威胁变得没有意义。当然，自然的威胁并不是违犯。[9] 那么，如果正确理解的话，A1 就是指：不去造成伤害的义务比避免同等伤害的义务更为严格。

---

〔8〕 对于义务论来说，这种关于行动能力重要性的概念在当代讨论中能得到如此流行，着实是令人惊诧的。在最近一个导论性的文本中，我们发现了如下的话：“以行动者为中心的多元主义的道德会同意，欺骗、强迫与不正义是坏的。不过在给定每个行动者以不同的目标方面，它与后果主义是不同的，我们每个人应当有不强迫或欺骗他人的目标，即使……（这样做）导致总体上产生更少的压迫。我将按照传统的做法，将以行动者为中心的多元主义的道德体系描述为**义务理论**。”（强调标记是作者自己的）David Mc-Naughton, *Moral Vision*（New York：Blackwell, 1988），p. 166. 我在后面的一个脚注中会提到，在某种不会引起争议的意义上，可以说义务论可能会给予每个行动者以不同的目标，而在另外一种比较明显的意义上，它给予每个行动者以同样的目标。（参见注释〔21〕）

〔9〕 贝内特（在上面所引书中）恰当地阐释了这种观点。威廉斯却关注一种更为狭小的对比：在对我自己的行动的责任和对其他人的自由行动的责任之间的对比。这是在敲诈勒索的情境中出现的对比，在这些事件中，我被要求为了避免其他人自由地做更多的恶行而作出恶行。我认为这些情境提出了一些重要的、独特的以及困难的问题，但是贝内特正确地认为，它们太过狭窄，以至于通过它们不能直观地把握如下限制，即反对为了避免由其他人或自然所造成的伤害而去伤害某个人。

行动能力的第二层含义被用来作出一种道德区分 A2，这种区分在义务论限制的通常表达中是根本性的，并被（粗略地）表述为"双重效果的学说"：不允许**为了产生**（甚至更多）善，而造成一个特定的伤害，不过，有意地实现那种善，但无意中造成了同等的伤害，这可以是允许的。关于这一学说的确切表达和应用，它有大量的问题，但是在表达日常道德的非最大化的核心要素时，它或者某种与之类似的区分在历史上占有着非常关键的地位。[10]

行动能力的第三种含义 A3，它是主动去做与允许发生的区分（doing-allowing distinction）的一种时间索引版本（temporally indexed version）。它认为，**在某一给定的时刻**，相比允许伤害发生来说，人们更有责任不要去造成伤害。不幸的是（如我在下面所论证的），在那些为帮助他人而伤害某些人的令人困惑的情境中，A1 和 A3 通常很难区别开来。[11]

很明显，A1 和 A2 是很不一样的。双重效果论在人们自身的行动能力的范围内作出了区分；只要那些可以预见到的、坏的效果并不是人们有意造成的，那么它就允许在某人行为所导致的好的与坏的效果之间进行权衡。这里可能有某种自相矛盾的东西，但它只是这

〔10〕 在把某人仅仅作为手段还是不把某人仅仅作为手段之间所做的康德式的区分是一个相关的区分。这似乎与双重效果是不同的，但参见 Onora O'Neill，"Kantian Approaches to some Famine Problems"，in T. Regan ed.，*Matters of Life and Death*（New York：Random House），pp. 258 – 294. 奥尼尔论证说，把人们仅仅用作手段等于有意以一种与他们的利益不一致的方式去对待他们，因而是有意伤害他们。关于与双重后果有家族相似的一系列区分的有趣讨论，参见 Christopher Boorse and Roy A. Sorensen，"Ducking Harm"，本刊，Lxxxv，3（1988 March）：115 – 135. 奎因（Warren Quinn）最近力图抓住一种更为一般意义上的错误对待，它不仅意味着想去伤害某个人，同时也意味着仅仅利用那个伤害他的人，参见 "Actions，Intentions and Consequences"，*Philosophy and Public Affairs*，XVIII，4（1989 fall）. 关于双重后果学说，无论在宗教方面还是世俗方面都有大量的文献，但这并不是本文的主要论题。最近有其他一些有趣的讨论，可参见 Charles Fried，*Right and Wrong*（Cambridge：Harvard，1978）；内格尔，*The View From Nowhere*（New York：Oxford，1986），ch. 9；Nancy Davis，"The Doctrine of Double Effect：Problems of Interpretation"，*Pacific Philosophical Quarterly*，Lxv（1984）：107 – 123. 大多数这种文献力图为对有意伤害进行强烈限制提供某种辩护。几乎没有什么文献会为这种学说的核心主张提供必要的辩护，即原则上只有可预见的伤害是可允许的。弗里德的著作是一个例外。

〔11〕 福特（Phillipa Foot）表达过类似于 A3 的东西，她说："不过从道德的视角来看，在其他某个人的生活中开始一个新的事件系列与拒绝介入以阻止一个事件系列，这是不同的。" "Morality，Action and Outcome"，in Ted Honderich ed.，*Morality and Objectivity*（Boston：Routledge & Kegan Paul，1985），p. 24. 由于在福特的表达中没有时间索引，她是否区分了对主动去做与允许去做之间的比较，以及对某人自己的责任与对他人的责任之间的比较，这是不清楚的。对福特早期论文中所存在的这种模糊性的一个有趣的讨论，请参见戴维斯，"The Priority of Avoiding Harm"，in Bonnie Steinbock ed.，*Killing and Letting Die*（Englewood Cliffs，NJ：Prentice Hall，1980），pp. 173 – 215. 福特的早期论文是 "Abortion and the Doctrine of Double Effect"，rep. J. Rachels ed.，*Moral Problems*（New York：Harper & Row，1975）pp. 59 – 71.

一种矛盾：根据所做的行为是有意的还是只是有所预见的，来区分对同一个行动者来说，什么是被禁止的和什么是被允许的。为什么相比为了某人的目标而仅仅利用她的伤害来说，将她的伤害预见为某人行为的后果从而低估另一个人的目的就是更可允许的呢？然而，我们终于想清楚了，A1 很明显忽略了意向，但可能有些自相矛盾的是，它又揭示出，尽管无论一个特定行为是由一个人自己做的还是由他人做的，它都是同样错误的，但与阻止其他人做这个行为相比，一个人还是更有义务不去做它。

A1 和 A2 可能被含糊不清地结合在一起。例如，请看内格尔所做的如下表达："似乎你不应该去扭一个小孩子的手臂来使他的祖母做某件事，即使那件事相当重要——重要到为了避免**其他某个人**扭一个小孩的手臂，放弃某种对等的利益是不合理的。"（强调标记是我加的）[12] 两种行动能力的含义都表明：意向（扭手臂来达到某个结果）和所谓的针对某人自己行为的特殊责任，都是与其他人的行为是相反对的（你自己不去扭手臂与禁止别人去扭手臂是相反对的）。然而内格尔最终倾向于在意向与单纯预见之间作出区分，这体现了他所说的"行动者相对的价值"，正如他所说的，这些价值表达了"行动者与行为后果间的特殊关系"（ibid., p. 17）他争论说，对某人行为结果的单纯预见"在**相关的意义**上并不是这个人**所做的**，也并不处在义务论的约束之下。"（ibid., p. 19；强调标记是我加的）

我的行为的可预见的后果"在（与道德）相关的意义上"并不是确实会出现的后果，这一看法是不需论证就可以假定的（至少在这里是如此），然而，这些后果不应像被意愿的后果那样受到同样的严格约束。这种观点不会顺理成章地成立，即使我们能充分阐明，把人用作工具而伤害他内在地比在结果上造成伤害更坏。从根本上说，双重效果论一种关于什么样的行为是可允许的学说。因此，内格尔为了得出这种观点，仅仅指责以作恶（如小孩子的痛苦）作为达到善的手段，并对之作出评论，对内格尔来说这还是不够的。[13]这一点尽管有启示性，却几乎没有告诉我们，假如我们是无意地作出某种行为，我们为何

---

[12] "Agent Relative Morality", in *The Ethics of War and Nuclear Deterrence*, p. 19.

[13] *The View From Nowhere*, pp. 176–180. 内格尔的要点是，如果有人是有意要给那个孩子造成痛苦，他就可以"追踪考察"这种痛苦，在必要时更重地扭他的手臂以增加痛苦。但是我们可以设想某种东西，它与那种虽并非有意去造成但是却可预见的伤害是非常相似的。例如，假设如果我们提前警告平民说，我们在炸毁一个军事基地时，他们有可能会被炸死，虽然这并不是我们所意图的后果，但如果这样的话，那么这个基地就会被转移。因而我们不能警告这些平民。事实上，我们可能尽一切努力使他们留下。实际上，我们追踪平民，确保让他们死亡，尽管我们并不是有意让他们死亡。原则上〔隶属于比例约束（proportionality constraints）〕双重效果允许这样。

就可被允许造成一个同等的伤害。

无论如何，谢弗勒将义务论的限制称为"以行动者中心的"，他并不仅仅是指在意向和预见之间做双重效果的区分。他的目的是要对以下命题的合理性提出挑战，即要禁止违犯限制，尽管违犯了这种限制将同等的违犯行为降到最低，且没有其他后果。然而，双重效果论在某人所做的不同类型的事之间作出了基本的道德区分，而不是在产生的后果和未能避免的后果之间作出了基本的道德区分。谢弗勒的各种例子和讨论强烈地表明，他所认为的体现在 ACRs 中的行动能力的意义是 A1。[14]在评论关于消极义务与积极义务之比较的"日常观点"时，他说："但如果**你**必须谋杀一个无辜的人，以避免五个人被其他人所谋杀，那么你绝不能这样做。"[15]而在下一页，他给出了 ACRs 的所谓自相矛盾特征的"一个概略式的例子"。"假设如果行动者 A1 通过伤害某个无辜的人 P1 而违犯某个限制 R，**那么其他五个行动者 A2……A6** 都会通过同等地伤害五个其他的人 P2……P6 而违犯限制 R，而被伤害的五个人与 P1 一样都是无辜的，从一个非个人的视角看每个人受害与 P1 一样都是不值得欲求的。"（ibid., p. 84；强调标记是我加的）这表明谢弗勒像威廉斯、达沃和内格尔一样，认为 ACRs 包含了一种关于行动能力的个人索引的观点，例如，行动者认为自己有不能做错事的特殊责任（与只认识到不能做错事是相对的），在此被强调的对比是对自己行为的责任和对他人的同等行为的责任之间的对比。[16]谢弗勒在与贝内特（Jonathan Bennett）的最近一次交流中阐述了同一观点。在讨论"主动去做与允许发生"的区别时，他正确地指出，这种区别［或贝内特的"作出与允许"（making-allowing）之间的区分］对于义务论的限制而言不可能是基本的。假如它是的话，后果主义就获得了支持，因为如果为了降低做［或使其发生］X 的数量而允许做 X（或使 X 发生），这似乎是合理的。谢弗勒是这样表达的："［主动去做与允许发生］区别的意义在本质上是行动者相对的；关键是行动者主动所做的事，而不是这种行为的总体数量。"[17]

---

〔14〕 当然，谢弗勒不是在为 A1 辩护。事实上，他对它的价值颇为怀疑。我也指出，双重后果论强烈反对有意引起伤害，用谢弗勒的话来说，这是一种以行动者为中心的限制，因为人们即使通过有意伤害能够避免出现更多的有意伤害的，这也是应当禁止的。

〔15〕 *The Rejection of Consequentialism*, p. 24. 黑体的"你"很有意思。存在着这两者之间的差别：（1）你不应杀人和（2）**你**不应**杀人**。第一个似乎使得道德限制与行动者是相关的。第二个更为合理地表达了，一般应当禁止杀人，这一点是适用于每一个行动者的。

〔16〕 这就是考斯佳（Christine Korsgaard）在 "Personal Identity and the Unity of Agency: A Kantian Response to Parfit" 一文中阐释谢弗勒的方式，*Philosophy and Public Affairs*, XVIII, 2（1989Spring），p. 102. 她写道，一种以行动者为中心的道德要求"你必须以某种特殊的方式与你做了什么相关联"。

〔17〕 "Deontology and the Agent"，*Ethics*, c, 1（1989 Oct.），p. 73.

　　大概谢弗勒的意思是，对于行动者来说，特别关键的是行动者自己的行为，它与其他人的行为是相对的。[18]正是这种不同责任的概念我称之为"A1"。尽管 A1 在解释我们的日常（义务论的）道德直觉时是很有意义的，然而我会在下文论证，对于这些直觉的力量来说，它只是派生性的而不是关键性的，因而对于义务论限制的任何辩护来说也不是关键性的。

二、A1 对义务论而言是基本的吗？

　　请思考下面的情境。你在动物园和两个孩子在一起，他们在大吵大闹。你感到很气愤，把他们扔进了狮子洞。感到震惊后，你清醒过来，意识到如果你把第三个孩子（他只是在旁边散步）扔进洞穴的后边。狮子会转移注意力，你就可以迅速跳进去而把之前的两个孩子救出来。你应当怎么做？无论你做了什么，你开启了一个事件的序列，它导致了一个孩子的死亡。如果你什么也不做，你就有意地杀死了之前的两个小孩。而如果你牺牲第三个小孩，你仅仅通过把他作为挽救他人的手段而杀害了他。或者考虑一下达沃关于背叛的例子的一个变种。敌人抓捕了我，在一定的压力之下，我泄露了两个同志的隐藏之地。他们如果被发现就会被杀。我可以通过泄露第三个同志的所在地来避免这种情况，而且这第三个同志可能对敌人来说更重要。无论我是否泄露他的下落，我都有意背叛了某个人。[19]同样重要的是，如果我没有背叛第三位同志，我**依然直接陷入**对前两个位同志的背叛中。

　　然而把第三个孩子杀死，或背叛第三个朋友，这看来明显是错误的；假如在有些标准

---

〔18〕　当然，在一个最弱的、无争议的意义上，义务论会给予每个行动者以不同的目标。有一种事态可以描述为"史密斯无意中杀死了一个无辜的人"，它能够指史密斯的目标，而不必然指琼斯的目标。个人索引可以解释成为目标的内容。然而通常来说，个人索引的因素被解读为操纵者——每个人都有相同的目标，就是不去杀无辜的人。将这种索引看做目的的内容，就会误导性地表明，对于义务论的限制来说，相信每个人都具有自己独特的责任是核心性的——相对于他人类似的行为来说，人们对自身行为负有更大的责任。但是，从将个人索引解释成目标内容之中肯定不能得出它是核心性的（指与派生性的相反）。至于被描述为"史密斯不能杀死无辜之人"的目标，这种解读并不能回答琼斯的责任是什么。

〔19〕　当然，这一例子不只包含了一个行动者。然而这些例子都具有重要的相同结构，即造成威胁的那个人，与通过伤害其他人从而消除之前的威胁的人，是同一个人。在我模仿达沃所设想的例子中，根据 A1，我对任何一个同志的命运都负有同样的责任，因为在第一次作出背叛后，无论我做什么，我都要对他们的死亡负责任。

的情境中，你为了帮助他人而必须伤害某个人，事实上，上述情况与这种情境是同样错误的。重要的是，事实上这些都是标准性情境。它可能只是行动能力（在 A1 的意义上）在其中显得很重要的那些日常例子的模拟。也许，为了消除由他人（或由自然）而不是由我们自己所引发的威胁，我们更乐意于去面对伤害某人。但那种在威胁的起源方面的差别，对于禁止为了帮助他人而伤害某人的直觉性力量来说，是无关紧要的。

当然，A3 可以证明不去杀第三个孩子或不背叛第三个朋友的正当性。人们可以认为，**在某一给定的时刻里**，行动者有更大的责任不去侵犯某一约束，而不是**在那一时刻**去阻止那种违犯。然而，时间索引在这里是关键性的。没有它，主动去做与允许发生之间的区分就不能为不可杀死第三个孩子提供一个基本根据。无论我杀不杀那个孩子，我都做了某种事情，主动去杀了孩子，而不是仅仅允许他们去死。无可否认，谢弗勒关于 ACR 的定义有时看上去是与 A1 或 A3 是相符的。[20]然而我认为，A3 并不能以任何有意义的方式将行动能力与以行动者为中心联系起来；这就是说，它不能把道德限制与人们的行动能力联系起来，人们的行动能力可以解释为对个人总体上所做的事的特别关注。毕竟，能算作我所做的事情扩展到了我生命的大部分，而并不是我在某一特定时刻所做的事。与日常道德相一致，关于主动去做与允许发生的区分的时间索引版本确实会禁止我去谋杀一个小孩，尽管它允许我已经杀害了其他两个孩子成为了事实。但是 A3 远非"以行动者为中心"的，这种"以行动者为中心"的意义可以给予我一种不去侵犯义务论约束的特殊责任。如果一种限制在这种意义上确实是以行动者为中心的，每一个行动者都会有一个合理的目标，即使自己的侵犯最小化，而不是使侵犯总量最小化。[21]但在上述关于孩子的情境中，这很明显是义务论所要禁止的。通过谋杀第三个孩子，来使我之前杀害两个孩子的企图成为无效，这是错误的。事实上，单个行动者的例子（其中正是可以消除威胁的那个人造成了那种威胁）允许对谢弗勒进行批评，这一批评与他对贝内特的批评是相类似的。谢弗勒反对贝内特的要点是，如果主动去做与允许发生之间的区分是最基本的，那么允许某人去做 X 以使做 X 的总体数量最小化就是合理的。但是，同样，如果一个行动者完全只关心他自己的行为，一种有限的后果主义也能同等地获得一个立足点。允许这位行动者去做 X 以使

---

〔20〕 例如，本文开头所引的那一段。而且正如我在前面注释中所提及的那样，他在最近的一篇论文中提出，"行动者相对的"指的只是一种追求非最大化的道德。但这又引出一个问题：在最根本的意义上，非后果主义为何是一种行动者相对的观点。

〔21〕 在后文中我会讨论如下观点，即是意向而非后果决定了行为为什么错误。在这里我并没有这样做，我认为，我还是比较公正地把握了谢弗勒违犯约束的观念的精神实质。

他自己做 X 的数量最小化，也就是合理的。但是义务论会反对这一点。

我们必须把时间索引与个人索引结合起来，并指出，在某一特定时刻，行动者有一种特殊的责任，即他（在那一时刻）不要去做违犯限制的事。但是这两种索引形式又是背道而驰的。我的私人责任与我作为一位行动者跨时间的同一性是实实在在地并存的。在任一给定的时刻 t，我要为 t 时刻之前由我所发动的行为的后果负责，同时也要为我在 t 时刻开始做的行为所产生的后果负责。[22] 然而，关于主动去做与允许发生之间的区分的时间索引版本低估了我的行动能力的一般重要性，因为在某一给定时刻，它使得我更有责任不要去违犯某种道德限制，然后确保（在那一时刻）我不以违犯更多的限制而告终。我认为（后面将会为此辩护）A3 对义务论依然是重要的，但是它只具有派生的重要性，而非基本的重要性。

无论如何，个人索引意义上的行动能力 A1，似乎就是谢弗勒的"行动者为中心"的意思，但是它又不能为我们完全相信下面的情况提供说明，即给某人造成一定的伤害以消除对其他人的更大的伤害是错误的，但是当人们在思考自己是唯一的行动者的那些情境时，这一信念的力量依然很大。在这些情境中，在我不要去伤害的责任与我防止其他人（或自然）受伤害的责任之间并没有作出对比。然而，对日常道德来说，我虐待一个人以消除我之前对另两个人的虐待，或消除之前其他人对另两个人的虐待，都是错误的。[23]

那么，对义务论来说，其独特之处并不在于关于道德责任的个人索引式的观点，而仅仅在于它的非最大化的性质。实际上，如果 A1 被否定的话，这种性质可能更是矛盾的（正如谢弗勒 [24] 所指出的）。因为如果谁（或什么）带来后果在道德上是不相关的话，那么似乎就只有后果才是关键的。当然，A1 不重要并不一定就否定了对日常道德可以做以行动能力为基础的辩护，它依然可以利用时间索引式的双重效果论或主动去做与允许发生之间的区分来做这种辩护。[25] 然而，另一种可能性就是以受害者为基础（patient-

---

〔22〕 这可能需要做些修正。如果行动者急剧地改变了人格，我们可以说，他就不再需要对以前的行为负道德上的（与身体上的相对）责任。但是无论如何，尽管我的道德责任可能与我的身体上的行动能力并不是并存的，但它所包含的只不是我在当前所激起的行为后果。

〔23〕 尽管可能只是科幻素材，我们还是能够设想，史密斯开始了一种装置，如果它不能停止的话，就将会折磨两个人。而只有通过第三个人因痛苦而发出的尖叫才能摧毁这种装置。我是在与诺齐克讨论双重效果论的时候，获得了有关这类例子的观念。

〔24〕 "Agent-Centered Restrictions, Rationality and the Virtues", p. 414.

〔25〕 为了在单个行动者的例子中也起作用，双重效果论也应当是时间索引式的，例如，在某一特定时刻，我有意去做的或者仅仅只是预见的是什么。在上面我关小孩和儿子的例子中，我是否杀害第三个小孩违犯了非索引式的双重效果论。

based）对义务进行辩护。这正是我在本文最后一部分所要采纳的方法。

为了对福特所提出的一些批评作出回应，我必须首先指出，谢弗勒否认他的挑战会要求如在功利主义中的那种"总体最好或最坏事态"的概念。相反，他争论说，后果主义体现了一种更为深层的、更为一般的合理性原则，他称之为"最大化的合理性"（maximizing rationality，简称 MR）：

> 这种合理性概念的核心观念是，如果某人认为，将要获得的特定目标是值得欲望的，如果他面临着两种选择，其中一种相比另一种来说能更好地完成这一目标，那么在其他条件不变的情况下，选择前者而非后者就是合理的。[26]

以行动者为中心的限制似乎违犯了这一原则，因为它们所要求的某些事态是坏的（如虐待一个小孩），但是（在其他条件不变的情况下）禁止去做那种导致这种事态的数量最小化的行为。谢弗勒问："禁止去做一种道德上应当反对的行为，这样做具有如下效果，即可以将同等地值得反对的行为的总数最小化，而且还没有其他道德上的相关后果，这怎么就是合理的呢？"（ibid.，p. 413）

谢弗勒认为，义务论的限制实质上与 MR 大体上相容的，但前提是行为后果的可反对性不能完全解释这种限制（ibid.，p. 418）。[27] 有趣的是，为了满足这种相容性，他所要求的那些额外的因素似乎有些类似于 A1。例如，他指出，如果对每一个行动者来说，他违犯某一限制这一事实只是这种违犯的可反对性的一个因素，那么这就假定了每个行动者具有内在一致的行动者相对的（agent-relative）目标，即他不能违犯限制（与将违犯总数最小化的目标是相对的）。他并不认为这种观点是可信的，因为他认为，这与道德目的的非个人（impersonal）性质是相矛盾的，他相信，至少有一种观点可以使得义务论的限制与 MR 是内在一致的："包含以行动者为中心的限制的观点告诉我们，以牺牲违犯限制最小化的非相对的目标为代价，去推进**我们**自己不去违犯限制的行动者相对的目标，只有在

---

〔26〕 "Agent-Centered Restrictions, Rationality and the Virtues"，p. 414. 福特的讨论出现在 *Morality and Objectivity* 一书的两篇文章中，"Utilitarianism and the Virtues" 与 "Morality, Action and Outcome"。

〔27〕 我这里说"实质上"，就是要不考虑如下老生常谈的道理，即如果在某一时刻行动者的目标是不违犯道德限制，那么通过采取与义务论的约束一致的行为就能自动满足 MR。但是这种回应遮蔽了谢弗勒挑战的重要性，即只要给予行动者的目标以一种更为具体的描述，如"不要把任何人仅仅当成是手段"，那么我们的注意力就是指向某种特殊的后果（以某种特定的方式来运用）。那么将这种后果最小化，从直觉上看似乎就有某些压力。

这个时候，它们才不会与最大化的合理性相冲突。"（ibid., p. 417；强调标记是我加的）[28]

为了反对谢弗勒，我已经论证了 A1（尽管可能与 MR 相一致）与反对为帮助他人而伤害某些人的限制并不是相容的。一个行动者如果能够认真对待有关道德责任的 A1 观，它就能够合理地选择将他自己的总体违犯最小化（与所有的违犯是相对的），因此选择去做日常道德所禁止的事，杀掉一个人以消除他之前想杀掉两个人的企图。

那么，谢弗勒发现日常道德的约束是自相矛盾的，因为他很明显认为，如果这些约束要与 MR 相一致，那么就要求 A1，但是他又相信 A1 是不能得到辩护的（ibid., p. 415）。[29] 我也同意，A1 似乎与道德要求的非个人性质是相冲突的。在行为的错误性当中没有什么因素（就其自身来说）是我所造就的，而不是其他人造就的。但是可能更为有趣的是，A1 甚至并不是与义务论的约束相符合，因为它似乎允许违犯某种约束以降低某人违犯同一约束的总量。事实上，正是 A1 在这一方面的失败为非后果主义提供了支持，它认为后者需要一种以受害者为基础的辩护，而不是以行动能力为基础的辩护。

三、以受害者为基础对义务论进行辩护

为了回应谢弗勒的挑战，我们必须确定受害者的某种属性 P，有了这种属性，以下命题就是正确的：（1）P 的存在解释了为什么具有 P 特征的事态是道德上应当反对的；（2）如果一个主体 S 产生了具有 P 的两个事例，那么相比另一个主体 S* 产生具有 P 的一个事例（S 也能等同于 S*），他就做了一件更糟糕的事（根据他行为的后果）；[30]（3）仅仅为了防止具有 P 的更多事例出现，从而主动去做一件具有 P 的事，这是不允许的，这一

---

[28] 谢弗勒在这里论证说，这种个人索引意义上的行动能力与采纳"道德视角"是不相容的，我认为这是有一定说服力的。似乎他的观点背后有一个基础，就是在义务论中存在着某种"显见的不合理性"；*Rejection of Consequentialism*, p. 83.

[29] 他在这里提出的观点是，有些事态是应当去反对的，道德视角（与利己主义相对）即使不依赖于行动能力，也必须对此采取一定的立场。

[30] 我们要强调（2）只指行为的后果，这是非常重要的。这里的"后果"我指的是任何可以做后果描述的东西，如"伤害某个人"或者"侵犯某个人的权利"。当然，也存在"错误的行为"这一维度，它允许通过意图而不是结果来给行为进行分等级，看谁比谁更糟糕。我将在本文的后面讨论这一点，并把它看成是对谢弗勒的一种可能回应。这一点得益于本刊一位编辑的一些评论。

点与实践理性是一致的。再看看前面我所提到的例子，在那里我考虑了一种情况，我通过把第三个孩子扔进狮子洞，使狮子分散注意力，从而使得我之前扔进去的两个孩子幸免于难。不管是谁使前两个孩子处于危险之中，杀死第三个孩子都是极为错误的。这种直觉的力量如何才能得到解释呢？这种情境可以通过"一对一"的形式表现得更为严密。假如我把一个小孩扔进了狮子洞，但是只有通过扔进第二个孩子（那么他可能会被杀死）来分散狮子的注意力才能拯救他。不管我是否牺牲了第二个孩子，我都是不正义地杀死了一个小孩。现在不必要考虑数量问题，人们都能在第二个孩子那里发现某种属性，它原则上可以为人们不可杀死他而提供辩护。

第二个孩子的明显独特的属性就在于，在那一时刻他本来没有受到什么特别的威胁。[31]据此，我的意思至少（有些粗略地）是说，还没有出现任何的因果链，假如这种因果链没有被打断地话，一定会给这个孩子带来伤害。[32]第二个孩子可能正好得了一种疾病，二十年后必然会死掉。当我想利用这个孩子来分散狮子的注意力时，这个孩子本来是没有受到什么特别威胁的，我们也不能因为他得了一种怪病且必死掉就认为可以将他扔进狮子洞。还有另外一种表达形式，即使这个孩子得了疾病，他也会由于我不伤害他或杀害他以救前面的两个孩子而受益。[33]作了一种想像的装置，我们可以设想一种道德物理学，在其中，人们的生命过程都是在追求自己的利益，但同时并没有威胁其他人，这与物理装置中的无作用力的运动或惯性运动是相似的。正如在自然物理学中，不要求对惯性运动进行解释一样，这里也不要求对个人追求自己不受威胁的利益进行辩护。同时，正如在物理装置中，需要对惯性运动发生了偏离进行解释一样，由于威胁而使个人的生命路径发生了变向，这也是需要辩护的。每个人都有自己的道德保护屏，它可以防止威胁，如有

〔31〕 除了一种特殊意义，在这种意义上，第二个孩子受到威胁的，因为我可能认为后果主义是正确的。

〔32〕 这里的一个困难在于如何从别的角度来思考真正的威胁，如恐怖主义。我们可能并不想认为，这些威胁自身就开启了一个因果过程，如果这一过程不被打断的话，就必然导致伤害。然而，在我所考虑的情境中，这种威胁已经体现在伤害的意图中。

〔33〕 如果你不杀某个人以挽救其他人，那么这个人与其他人立即为会另外某个人所杀，这种情况又会怎样呢？那个人并不会因为你拒绝杀他而受益。威廉斯探讨了这种情况，他指出，我们自己的行动能力的道德重要性能为如下信念提供解释，即杀一个人依然是错误的。然而，威廉斯没有过于谈那些难以确定的事，如你可能会杀死的那个人无论如何会死掉。他的要旨重在比较以下两者，即人们对自己的行为应负的责任与对他人的行为应负的责任。因此，威廉斯是如何思考下面的例子，对我来说并不是很清楚，在这些例子中，或者是（a）如果你不杀这个人，他就不会死；或者是（b）如果你不杀一个人，所有的人都会因为自然的原因（或者由另一个已经开启的过程）而被杀死；参见"Utilitarianism and Integrity"。

些行为改变了这个世界，使个体受到了伤害。有一种基本的观念就是，在某一特定时刻，人们是本不受什么特别威胁的，这一点是一种基本的、道德上非常重要的属性。[34]我可以牺牲一个孩子以拯救第一个孩子，但在那个时候，这个孩子已经具有这种重要的属性，即他不可受到死亡的威胁，这种属性（那么）正是第一个孩子所缺乏的。

在这一方面，重要的是我们要记住，谢弗勒对义务论的挑战包含了一个其他条件保持不变的从句：他指出，如果一种事态 S 是应当反对的，且其他道德上相关的考虑都一样，那么将具有 S 的事例最小化似乎就是合理的。可以肯定的是，如果我的选择只是避免杀害一个或两个人，从句从而就得到了满足。那么（允许增加生命的价值）我应当避免杀害两个。另一方面，如果我必须杀害一个小孩以避免我去杀害另一个我本准备去杀害的小孩，那么就违背了其他条件不变的从句。但是——我认为这一点非常重要——这不是因为我的行动能力的道德重要性。重要的并不是我（与其他人或自然原因相对）导致了这个小孩的死亡，而是在那一时刻，这个小孩是本应受到保护而不应受到威胁。

在某一时刻不应受到威胁这种道德上非常重要的特征要求某种特殊的保护，这种保护是内在于不应受到伤害的权利之中的。仅仅将权利表达为一种反对威胁（与威胁的后果相对）似乎太弱了一些，而且事实上也是不必要的，因为除了某些特殊的（尽管有意思）情境外，伤害某个人就意味着这个世界发生了改变，这个世界通过伤害他从而对他构成了威胁。[35]因此，不受伤害的权利使得一些特殊的保护具体化了，这种保护就是为了防止受到伤害的威胁。

然而，我们认为就权利的内容来说，重要的是保护，这种保护可以表达为那种要求"非交易性"原则（principle of non-trade-off）的权利，例如，人们不能仅仅为了将同等违犯权利的事情最小化而去违犯某种权利。尽管（如果不是所有的话，也有一些）权利可以

---

〔34〕很明显，这里有一些理想化。某人在某一时刻可能是不应受到威胁的，但可能由于他过去的某种行为，受到伤害也是应得的；或者这个人不应受到威胁，但他同时却又错误地对他人构成威胁；或者他对他人造成了威胁，但可能本身是无辜的。我排除了这些情境，正如我们在理想的自然物理学中会忽略许多干扰一样。这并不是否认它们的重要性。

〔35〕我所想的那些例外，都是那些要求过度决定（overdetermination）的情境，例如，淹死一个掉出船只的人，或者从一个正在逃避小偷的人那里偷钱。在这些例子中，似乎伤害某个人并不意味着（至少在一般意义上）产生了伤害威胁。但是，有一些标准的令人困惑的情境，即为了帮助（更多的）他人必须伤害某个人，在这些情境中，伤害的行为在某种重要的意义上产生了伤害威胁。

被压倒，但将同等违犯的事情最小化就其本身来说并不是违犯某种权利的充分条件。[36]
尽管"非交易性"属性是关于权利的一种可接受的特征，但它并非在这里才作这样的规定。在前面关于小孩的例子中，对那个不应受特别威胁的小孩来说，非交易性的特征表达出了他应受到特别保护。如果那个小孩不受什么特别保护，那么在其他道德考虑相等的情况下，我是杀死第二个小孩去救第一个小孩，还是不杀第二个小孩从而让第一个小孩死去（我可以通过抛硬币来决定），这在"一对一"的例子中就是不重要的。因为，无论是哪一种方式，每个人都有不应被杀死的权利，而我的做法将对这种权利的违犯最小化了。反过来说，如果那本不应受到威胁的小孩应受到特别的保护，那么对我来说，为阻止我杀死第一个小孩而去杀死第二个小孩，这肯定是错误的。

当然，后果主义者可能会论证说，在"一对一"的例子中，道德考虑不可能是相等的。因为为了避免杀死第一个小孩而去杀死第二个小孩，就生命的保存来说，数量是一样的，而且去这么做的时候还付出了代价。因此，根据功利主义的计算，不给予第二个小孩以第一个小孩一样的道德地位从而去杀死他，就可能会被证明为是错误的。但是，毕竟，努力去杀死第二个小孩所付出的代价可能会被对第一个小孩的偏爱或其他什么所抵消。那么，我们能够设想一些例子，在这些例子中，我们不管特殊保护的问题，剩下来的唯一相关的因素是我杀死第二个小孩，还是像一开始所决定的那样，杀死第一个小孩。

即使不要求对第二个小孩的特殊保护，人们也可能会论证说，没有理由（特别是如果其他的考虑是相等的）杀死那个小孩以救第一个小孩。人们通常认为，行动总是需要某种理由的。这一论证认为，我所使用的多少有些技术化的术语"最小化"可能就是一个诡计——因为无论我是否杀死第二个小孩，我都做了同样（最小）数量的违犯，但这种看法没有切中要害。另一方面（继续作出反驳），如果我的违犯将总体的违犯行为降到了最少，人们事实上就有理由去行为。这一论证还有一些效力。但是在我看来，说一个行为不合理

---

〔36〕 在佩蒂特（Phillip Petit）最近的一篇文章中，我指出一种类似的权利概念。佩蒂特规定了，权利具有"不能在人们之间进行交易"的特征，它的具体解释就是："不能仅仅因为行动者通过侵犯 A 对 X 所具有的权利可以将人们对 X 所具有的权利的侵犯总体上最小化，就认可侵犯 A，A 对 X 的权利是不可压倒的"；参见 "The Consequentialist Can Recognize Rights"，*The Philosophical Quarterly*，XXXVII，147（1987 April），p. 46. 我关于权利的"非交易性"特征的概念与马姆（H. M. Malm）的原则具有某些相似性，这种原则是指"以某人的死亡来代替另一个人的死亡（改变谁生谁死），同时又没有好的理由这样做，这是道德上所不允许的"；"Killing, Letting Die and Simple Conflicts"，*Philosophy and Public Affairs*，XVIII，3（1989 Summer），p. 248. 马姆的原则相比佩蒂特来说，要更弱一些，但它至少要求，为杀死一个人所提供的好理由不能仅仅只是说，杀死这个人比不杀死这个人所导致的情境（做非个人的角度进行判断）不会更糟糕。

与说应当禁止去做这一行为，这两者并不是等同的。因此，如果（当其他考虑相等的时候）将对权利的违犯最小化就是违犯某种权利的充足理由的话，那么依然可以允许杀死第二个小孩去救第一个小孩，尽管可能不合理。而且，对后果主义者来说，某人做 A 或不做 A 会产生同等伤害，但仅仅这一事实并不是禁止做 A 的道德理由。而对非后果主义者来说，为什么应禁止杀死第二个小孩，这并不在于这种行为的不合理性，而在于那个小孩具有特殊的不应受到威胁的地位，这种地位是内在于他具有不应被杀死的权利之中的。[37]

布林克[38]（在阐释谢弗勒时）所认为的，"如果侵犯某一权利是**一件坏事**，那么将对这种权利的侵犯最小化就是合理的，即使我们为了达到这一点则必须侵犯某人的权利"（ibid.，p.436；强调标记是我加的），但我们知道，这样说可能是不正确的。这里有一种直觉的幻象，这种幻象仅仅是由评价语言的使用所造成的。如果仅仅通过指出侵犯权利是一件"坏事"就有理由要求去实现最小化，那么"魔法"就完成了。但"坏事"这种一般概念根本就起不了那种作用。侵犯某种权利之所以是一件坏事，正是由于这一点（它侵犯了权利）才是坏的。如果史密斯侵犯了三种特殊的权利，而琼斯只侵犯了一种权利，那么相对琼斯来说，史密斯可能（在此限度内）就做了更糟糕的事。但是，考虑到对权利我们义务去保护，人们通常都会认为，不能仅仅为了将对权利的侵犯最小化而去侵犯某种权利。[39]

但是假如我们在上面的例子中加入更多的孩子。如果我杀死一个小孩，可以拯救我之前曾威胁到的两个、三个或者一般来说 N 个小孩（N > 1）。那么这是否有所差别？这个问题尽管很困难，但它是一个不同的问题。有些权利在某些情境中是可以被压倒的。但是正如在"一对一"的例子中所力图表明的，这不仅仅只是要把对权利的侵犯最小化。当然，问题依然是，保护那些本不应受到威胁的人应该到什么程度。我倾向于认为，我们通

---

〔37〕 当然，第一个孩子肯定具有同样的权利。但是考虑到权利的非交易性的特征，在我为了保留第一个孩子的权利而必须去杀死另一个的情况中，第一个孩子的权利还是尚未确定的。

〔38〕 "Utilitarianism Morality and the Personal Point of View"，本刊，LXXXIII，8（1986 Aug.）：417 - 439.

〔39〕 一种更持同情态度的解释就是，布林克只是认为，如果侵犯权利是一件坏事，那么在其他条件相等的前提下，想将对权利的侵犯最小化就是合理的。但是这可能只是某种陈词滥调，而且肯定会削减他的观点的说服力。这还导致出现一种可能（我在文中进行了论证），即侵犯某种权利以使对同种权利的侵犯最小化会违背"其他条件相等"这一条件。在另一层面，布林克运用"坏事"这一范畴也是有有误导性的。如果人们强调的是福利，那么例如像功利主义这种追求最大化的学说也具有一定的吸引力。另一方面，当人们强调的只是道德上无价值的那些东西，如侵犯权利、不能力图进行伤害、嗜欲或者懒惰，那么这种吸引力就会急剧消退。简单地说，不存在将非道德的东西最小化的道德要求。

过伤害所能避免的同等伤害的例子中的人数是无关紧要的。其他人可能会认为，如果谋杀掉一个人可以避免十个人被谋杀或意外死亡（至少不比这更糟糕），那么这样做是可以得到辩护的。我们可以说，一般来讲（会含糊地承认），如果侵犯权利可以产生特别多的善（significantly more good），这种侵犯是可以允许的。尽管这里可能有某种一般性的标准，但就确定重要性而言，可能并不存在明确的界限，正如在矮与高之间不存在明确的界限一样。[40]

对 X 应有特殊的保护意味着，尽管我之前准备不公正地杀害 Y，但不能仅仅因为这一点，我就可以侵犯 X 的生命权。必须承认，这也并不必然能推导出，为了避免我之前准备对 Y 和 Z 的威胁，我杀死 X 就是错误的。但是，只要我们在某一时刻，对那些本不应受特别威胁的人具有某种特殊的保护，那么对于如下命令来说并不存在谢弗勒式的"矛盾"，即禁止牺牲一个小孩以避免两个、三个或更多的小孩被谋杀或意外死亡。那种矛盾依赖于如下结论，即如果行动能力与责任是不相关的，那么某人引起侵犯权利的事就其本身来说也应该是道德上不相关的。为了反对这种矛盾，现在就有必要认为，某种侵犯权利的行为必然产生很大的善，而不仅仅是使同等的侵犯行为的数量最小化。当然，以违犯为代价而获得很大的善也可能（在某种特殊情境中）被证明将侵犯行为的数量最小化。但是出现侵犯行为的数量最小化本身并不是很大的善的组成部分。那么，侵犯权利就是属性 P，它可以指行为的后果并且可以回应谢弗勒的挑战，因为谢弗勒曾想不通过求助于行动能力，而找到某种属性，它既可以解释某种事态为什么是道德上应当反对的，它也意味着，应当禁止仅仅为了将同等事态的数量最小化而去主动引起某种事态。

对上面的论证有一个有趣的反对意见，即为了使义务论的非最大化的性质更为形式化（通过非交易性原则），我们只是更为明确地表达它所谓的矛盾性，而不是去降低这种矛盾性。有人可能会论证说，这种矛盾依然是这种形式主义与实践理性的一种更一般、更好的基本原则（如 MR）之间的冲突。[41]例如，我们已经承认，某个行动者虽然一次都不去违犯约束，但最终的结果却可能会更糟糕，如违犯两次约束。[42]这似乎与最大化合理性的原则是不一致的。

事实上，如果 MR（如谢弗勒所定义的）要求谢弗勒所给出的解释，这一点可能是有

---

[40]　关于"特别多的善"这一概念如何发生作用有一个很有意思的讨论，请参见卡姆"The Choice Between People：Common Sense Morality and Doctors"，*Bioethics* I，3（1987）：256–271.

[41]　蒙哥马利（Richard Montgomery）与慧伦（John Whelan）向我指出了这一点。

[42]　本刊的一位编辑向我提出了这一点。

说服力的。然而，谢弗勒关于 MR 的定义最终只是一种工具合理性的原则，它允许从公认的空话到他自己似乎赞同的解释存在着一系列的解释，所谓公认的空话是指"行动者只有通过遵守道德规则才能最好地获得遵守道德规则的目标"，而他所赞同的解释是指，如果某种事态是道德上应当反对的，而且是谁引起了这种事态在道德上是无关紧要的，那么至少为了将总量最小化而引起某一事态似乎是合理的。至少有两种其他关于 MR 的解释，（我认为）它们并不是空话。

例如，存在某种道德传统，在这种传统中，行为之所以应当反对是因为其意图（或者预见，或者疏忽），而不是实际的后果，事实上，人们先前企图伤害许多人，为了将这些人解脱出来，其实他无需通过伤害某个人，也能将那些应当反对的事最小化。这些先前的企图本身就是错误的，也是不可能通过做别的事就可以消除的。[43] 如果在这种意义上要求某个行动者将错误的事最小化，那么 MR 与日常的义务论约束就是相一致的。事实上，有人对本文早期的草稿作出了评论，[44] 他们认为这是处理谢弗勒的挑战的最简单的方式。他们争论说，行动者通过杀害一个小孩而取消了先前杀害两个小孩的危险，他只是将错误的事最大化了。先前想杀害两个小孩已经违犯了两次约束，杀害第三个小孩就是第三次违犯约束了。这种观点是严格地根据犯罪意图来思考错误的事，包括侵犯权利，而不是根据不正义的伤害。从这种观点来看，在某一给定时刻，行动者遵守某种约束，即不应为了取消之前对更多的人的伤害而去伤害某个人，从而使得错误的事总体上最小化，这种看法就必然是正确的。

上述的方式就是将意图（疏忽、鲁莽等）与后果进行分离，而且认为错误的事只与意图相关联，从而认为行动者只要遵守义务论的约束就能将错误的事最小化，至少上面我们所讨论的非交易性的例子中情况就是如此。所以某种最大化的要求就获得了满足。然而，利用这种论证来表明义务与谢弗勒所界定的 MR 是相容的，我对此存在不少疑虑。MR（对谢弗勒来说）要求某种特殊的目标，这种目标与义务论者的目标是不一样的，义务论者的目标是要将自己或其他任何人的错误行为最小化。相反，如果根据犯罪意图来界定错误的行为，那么行动者反对通过伤害某个人以帮助更多的人事实上就会将错误的行为最小化。

即使我们把对权利的侵犯看成是要求现实的伤害，而不仅仅只是伤害的企图，我认

---

[43] 我要感谢埃利斯（Anthony Ellis），他为我提出了这些套路的建议与其他有益的评论。

[44] 埃利斯与卡尔（David Carr）指出了这一点。

为，不依赖于行动能力，也能对 MR（如谢弗勒所界定的）作出第四种解释，而且它与日常的义务论约束是相一致的。在某一给定时刻，人们即使无需相信，相对于别人来说自己不侵犯权利具有特别的重要性，他也可以具有不能侵犯权利这一目标。考虑到对于那些本不应受到威胁的人我们对其应有特殊的保护，行动者相信应当禁止仅仅为了将同等侵犯的事例最小化而去做侵犯权利的事，这也是非常合理的。谢弗勒很明显相信，如果行动者倾向于认为不能侵犯权利，他就应当更倾向于更少而不是更多地做侵犯权利的事，除非对他来说重要的是他不能违犯权利。[45] 但是这样的话就忽略了如下可能性，即反对将总体违犯最小化作为目标这一点是来自于权利的本质，而不是对某人行动能力的特殊关怀。

那么，在我看来，无须以赞同后果主义作为前提，我们就可以认为 MR——为了达到所欲望的目标而选择最佳的手段——并不包含着将我自己或其他人对权利的侵犯最小化的要求。在我所表达的概念中，目标是一种时间索引形式的，它在任何给定的时刻都尊重那些无辜之人或本不应受到威胁的人的权利。行动者在那一时刻通过尊重这种权利就能最好地达到目标，尽管作为结果，他可能只是做了一件从总体上来看是更糟糕的事，例如侵犯了两个人的权利。我们甚至可以说，在那一时刻，行动者侵犯第三个人的权利相比不侵犯第三个人的权利来说，他做了某件更糟糕的事。但是这并不是因为他的行动能力具有什么特殊的重要性，而是因为时间索引的目标，这种目标反映了受害者的权利。很明显正是这种索引允许我们反对如下观念，即行动者有义务将他自己或其他人对权利的侵犯降低，而且这种观念体现在不能侵犯权利的义务之中。因此，在某一时刻，行动者做侵犯权利的事相比不做侵犯权利的事来说，结果可能更糟糕，同时他也可能由于没有侵犯权利而做了更糟糕的事。也就是说，在时刻 t，行动者没有侵犯某个人的权利，结果却导致了侵犯两个人的权利。在时刻 t 他并没有侵犯两个人的权利，但允许这一点发生。如果（正如谢弗勒似乎相信的）在错误的行为概念中暗含着的，或者是实践理性关于将错误的行为总体上最小化的命令，或者是（如他认为对义务论来说是真实的，但却是不合理的）行动者将他自己的错误行为最小化的要求，那么这里似乎就是一种自相矛盾。我已经提出了第三种可能性，即一种时间索引的义务，它能反映不应受威胁的受害者的权利。

---

[45] 同时请参见 "Agent-Centered Restrictions, Rationality and the Virtues", p. 415.

四、关于行动能力、主动去做、允许发生和双重
　　效果的进一步评论

就 A3 来说，在以受害者为基础对义务论所做的辩护中，关于主动去做与允许发生的区分的时间索引式的版本只保留了派生的重要性。[46]我们本应当反对为帮助其他人而去伤害某个人，但有时我们会违犯这一约束，我们在违犯的时候必须是有意地或有所知地（或疏忽地）给这个本不应受到威胁的人以伤害。因此，违犯某种约束就是在那一时刻主动去做某事，而不是（在那一时刻）仅仅允许其发生。当然，即使是仅仅允许某事如 X 出现可能也不可避免地包含了主动去做其他的某事 Y。例如，将军落水了，我任由其溺死，我其实是做了某事，如改变了战争过程，尽管我并没有主动杀死将军。但是我所需要的是，在某一时刻主动去做 X（通过委托或疏忽）与那一时刻仅仅允许具有 X 的事件发生之间进行比较。这种比较（在某一时刻主动去做与允许发生）对于如下令人困惑的情境来说是非常必要的，即为了避免对其他人造成同样的伤害而去伤害某个人，同时这种比较是建立在如下情况之上的，即在某人采取行动之前（或不采取行动），另一个人是否受到他所面对的 X 的特别威胁。[47]

我们需要 A3 中的时间索引从形式上支持如下的强烈信念，即对某个行动者来说，为了消除其先前意欲造成更多伤害的企图，而去造成某种伤害，这是错误的。如果没有这种索引，行动者（在只存在单个行动者的情境中）就只面对着最后到底要伤害多少人的（时间上不受限制）选择。但是对于"拯救（道德）现象"来说，时间索引既不是基本性的，也不是一种武断的设置。它建立在如下基础上，即对那些无辜之人与不应受威胁之人，我们应予以特殊的保护。

---

[46] 埃利斯向我指出了这一点，它可能依然还是很重要的。

[47] 疏忽与委托肯定都可以认为是"做 X"。例如，仅仅由于疏忽而没有给一个小孩喂食物而任其挨饿，也就是在杀害他。更深层的问题是，何者可以被看成是这个世界的一种正常状态，从而可以把由于疏忽所导致的死亡看成是杀害。特殊的责任以及相关的预期都是不充足的。在一次简单的搜救工作中，救生员最后却没有尽到自己责任，但这并不是说他杀死了那位游泳者。但对我们来说，应该认为这种疏忽开始造成了死亡威胁。

对上述评论的一种反对意见就是，人们如果响应我以受害者为基础的义务论概念，那么他一定是所获甚少，因为在我们所考虑的情境中，在 A3 所表达的行动者的义务与受害者的权利之间存在着一种"互相包含"的关系。[48]那么，为什么就不允许 A3 是最基本的呢？为什么不允许义务是以行动者为基础，而不是以受害者为基础的呢？根据这种解释，所谓的对无辜者的"特殊保护"只是反映出了在任何特定时刻行动者的基本义务，即不应威胁无辜之人。

我相信答案就在于，尽管在我所讨论的情境中权利与义务存在着一种互相包含的关系，但解释的秩序还是不对称的。只有根据本不应受威胁的人应享有特殊的保护这一点，我们解释时间索引义务才是有意义的，而且根本没有其他的可能性。一个无辜之人在追求他不受威胁的利益时，他所处的地位就伴随了这种权利。这是一种地位缺失。正是由于那种地位的道德重要性才能解释如下事实，即行动者的义务必须是时间索引式的。否则，我们一定会疑惑，一个特别关心他自己的行动能力的人为什么就不希望将他自己的错误行为总体上最小化呢（例如，以一种时间上不受限制的方式）？时间索引反映了不应受威胁的人的道德地位，别的行动者可以利用（但不应该）这个人的生命来拯救他先前所威胁到的其他人。解释的秩序是由这种地位到行动者的义务。我正是在这种意义上来思考以受害者为基础的义务论的。而且，我希望在这种义务论观点与谢弗勒似乎倡导的观点之间作出区分，后者认为行动者最终关心的是他自己的行为，而不是总体的后果。

如果关于这种"无辜者的特权"我所说的是正确的，如不应受威胁的那些人应享有特殊的保护，那么在意图与仅仅是预见之间所做的双重效果的区分就缺乏最终的重要性。这一结论也还是尚未确定的，因为事实上双重效果（或某种更为紧密相关的区分）似乎可以解释如下这种非常有力的思想，即虽然有时帮助他人会产生伤害某人的后果，但如果仅仅为了帮助他人而去伤害某人就尤其是错误的。低估由双重效果所作出的区分也就是低估了义务论中从直觉上说和历史上说非常重要的东西。人们通过认为无辜者的特权内在于不受有意伤害的权利之中（或者在双重效果的康德式的变种中，权利不能仅仅作为手段），从而力图将双重效果整合进以受害者为基础的义务论中。没有什么可比较的权利是不能设想去伤害的（或者以人们没有运用的方式故意去伤害）。现在我相信，只有在次要

---

〔48〕 本刊的一位编辑指出了这一点。

的意义上这种观点才是以受害者为基础的。基本的错误可能是以某种方式"指向"人们所引起的伤害。某人不应受伤害的权利在那种方式上只是派生性的。[49]

五、结语

我的目的是要考察对义务论做以受害者为基础的辩护，从而回应谢弗勒的挑战，他认为对义务论所做的所有辩护都会违背明显合理的目标，即在其他事情相等的情况下，人们的行为应当把将（在非个人的意义上）道德上应当反对的事最小化。任何人都处于一种不应受到伤害的特别威胁的地位上，而这种辩护就是建立在将道德重要性赋予这种地位的基础之上的。我们通过归因于权利从而体现这种认识，例如不被杀死的权利。对权利来说，最为显著的是"非交易性原则"，例如，将对违犯权利的情况最小化并不是违犯某种权利的充分理由。只要我们认识到那不应受威胁的人应享有特殊的保护，那么就能直接得出这一原则。这种特殊的保护意味着，如果我为了消除之前想杀害 Y 的意图而去杀害 X，那就是错误的。必须承认，这种保护的限度是不确定的，但是至少我们能够论证说，谢弗勒认为如下观点是有矛盾的，即尽管杀害一个人能够拯救两个或更多的人，我们也应当禁止这样做，但实际上可能并没有矛盾。

另外我指出，根据谢弗勒对"最大化合理性的原则"的一般表达，关于义务论的这种辩护与这种原则是一致的，因为行动者在任何时刻都具有尊重特殊保护的目标，这种特殊保护体现在人们不应受伤害的权利之中。行动者通过不伤害此人就能最好地达到这一目标。理由就获得了满足。

当然，没有哪一种对权利的辩护会被证明为是成功的，不管是康德式的、契约式的还

---

[49] 内格尔在为强烈反对有意伤害进行辩护时提到，受害者在认识到自己只是为了其他人的（"甚至更多"）善而被"蓄意伤害"时，会感到"特别愤慨"。这表明，他认为，权利是不能作为达到别人目的的手段而任由侵犯的。没有什么类似的权利可以有意地（尽管可预见）进行伤害。参见 The View From Nowhere, p. 184. 然而，人们可以发展一些例子，它们可以与双重效果的结构是一致的，在这些例子中，对受害者的关怀作为一种考虑完全消失了。请考虑如下这种情况，在这种情境中，根据所获得的善，我相信（作为双重效果论的赞同者），可预见地、痛苦地但不是有意地杀死史密斯是可以允许的。相反，为了获得同样的善，史密斯要求我有意地、无痛苦地杀死他（他发现了有这样一种可能性）。作为双重效果论的赞同者，我拒绝了，并痛苦地杀死了他。必须承认，这种思想实验尽管非常奇怪，但它表明了，双重效果论的道德概念强调了人们的意志与他做了什么是紧密相关的，但这一点可能从根本上说基本上与福利或权利都没有关联。它可能是唯一真正的以行动者为中心的道德。

是其他什么形式。特别是，在道德领域中我所考察的"惯性"观念可能并不成功。但是我们相信，即使某人为了将自己所造成的伤害最小化而去造成伤害，这样做也是错误的，这种信念的力量表明，道德上所关心的是那一时刻不应受威胁的人，而不关心是我们还是其他人（或自然力量）造成了伤害。正是这种关心造就了权利的归属。同时，我也要顺便指出，在谢弗勒的挑战中没有什么东西似乎会否认权利的归属与违犯权利的归属问题。即使在这里，他的要旨在于，我们不管是谁侵犯了权利，如果侵犯权利这件事本身就是应当反对的，那么如下做法就是自相矛盾的，即我们要禁止为了将对权利的侵犯最小化而去侵犯权利。但是这又在一种更为抽象因此也是误导性的层次上会引起矛盾。如果权利概念是可得到辩护的，那么对于以受害者为基础的道德视角来说就没有什么东西是不合理的，尽管侵犯权利是应当反对的这一点就内在地隐含着要将侵犯权利的总体情况最小化，但这种视角还是否认把将侵犯权利的总体情况最小化看成是一种命令。

后果主义、正义与权利

为正义而调整功利：

后果主义对来自正义的反对意见的一种回应

弗雷德·费尔德曼　著　陈江进　译

一、导言

在接近《正义论》的开篇处，罗尔斯写了一段非常有名的话，讨论了功利主义在正义问题上会碰到的巨大困难。根据功利主义的古典形式，如果某种行为产生了总量最大的满足，那么它就是道德上正当的。正如罗尔斯所指出的，更为复杂的内涵就是，"……一个人如何直接在一生里分配自己的满足是很重要的，而功利主义认为，满足的总量如何直接在不同的个体之间进行分配并不重要"〔1〕。他在这一段中所得出的结论是："功利主义并没有严肃地对待人与人之间的差别。"〔2〕

按照我对罗尔斯的理解，他在这里暗示了一个非常有名的问题。有许多非常引人注目且构思精巧的例子都表明了这一问题。如其中有活体器官摘除（the Organ Harvest）、〔3〕南

---

〔1〕 罗尔斯，*A Theory of Justice*（Cambridge：Harvard University Press，1971），p. 26.

〔2〕 Ibid. , p. 27.

〔3〕 汤普森（Judith Thompson）在"Killing，Letting Die，and the Trolley Problem"中讨论了活体器官摘除问题，*The Monist* 59（1976）：204 - 217. 福特（Philippa Foot）在"Abortion and the Doctrine of the Double Effect"中讨论了一种本质相同的情境，*Oxford Review* 5（1967）.

方小镇（the Small Southern Town）〔4〕和角斗场（the Colosseum）〔5〕。罗斯（W. D. Ross）在《正当与善》一书中给出了一个最直接相关的例子。罗斯考察了一种情境，其中某人面对两种选择：（a）将 1 000 个单位的价值给一个很好的人；或者（b）将 1 001 个单位的价值给一个很坏的人。〔6〕罗斯指出，功利主义就暗含了（假定限制性条款的设定是标准的）将 1 001 个单位的价值给那个坏人才是道德上应当去做的，因为这样所享受到的总体价值要稍微更大些。罗斯相信功利主义的内涵是错误的。

对这一情境的反思可以帮我们澄清，当罗尔斯说"功利主义并没有严肃地对待人与人之间的差别"的时候，他到底想说什么。在罗斯的例子中，有一些利益必须进行分配。有一种利益分配方案总体上会是最好的，但是这种分配方案将所有的利益都给了那个本不应得的人。功利主义根本就不关心人们过去的行为与德性的品质。它只要求利益的分配能够带来最好的效果，而不管接受这种利益的人所具有的历史与品质。以此来看，我们可以说它并没有严肃地对待人与人之间的差别。〔7〕

后果主义的某些传统形式都受到了这种反对意见的驳斥。然而，我相信这种反对意见并不能揭示后果主义最基本的洞见中所存在的任何缺陷——这种洞见就是，我们的行为应当尽量让这个世界变好。在我看来，这种反对意见只是揭示了传统上与后果主义相连的价值论存在一些缺陷。我想要表明的是，建构一种价值论，它可以对正义问题作出反应，这是有可能的。如果我们将后果主义与这种价值论结合起来，我们就既可以保留后果主义的最关键的洞见，也能对来自正义的反对意见进行驳斥。

---

〔4〕 南方小镇这一情境中的许多要素都可以在卡里特（E. F. Carritt）的 *Ethical and Political Thinking*（Oxford：Oxford University Press，1947）中找到，罗尔斯引用了其中的一段话，"Two Concepts of Rules"，*The Philosophical Review*，64（1955）：3-32. 罗尔斯所设计的"惩罚无辜"的情境也是很相似的。尼尔森（Kai Nielsen）在"Against Moral Conservatism"一文中所描述的法官与亡命之徒的例子也是相似的，见 *Ethics* 82（1972）：113-124. 尼尔森的文章后来重刊在波伊曼（Louis Pojman）的 *Ethical Theory*（Wadsworth：Belmont，California，1989）：181-188. 这个例子在第 183 页上。

〔5〕 森（Amartya Sen）在"Rights and Agency"一文中简单地考察过基督徒在角斗场的例子，Philosophy and Public Affairs，11，1（Winter，1982）；rep. Samuel Scheffler，*Consequentialism and its Critics*（Oxford：Oxford University Press，1988）：191.

〔6〕 *The Right and the Good*（Oxford：Oxford University Press，1930）；重刊于上面波伊曼所编的那本书（p. 258）。

〔7〕 尽管为了确立这种观点，它一开始所要表达的并不是太清楚，但威廉斯所设计的有关吉姆与印第安人的例子能够表达有关正义的问题。参见 Bernard Williams，*Utilitarianism：For and Against*（Cambridge：Cambridge University Press，1973）：77-150. 帕菲特著名的人口难题也可以从这一视角来观察。参见 Derek Parfit，*Reasons and Persons*（Oxford：Oxford University Press，1982），part 4.

在本文中，我首先表达一种非常典型的后果主义形式，并较详细地指出它在正义问题上会出现怎样的错误。然后，我考察了一种新的价值论，它很明显可以考虑到正义。我想努力表明，当我们把后果主义与这种新的价值论结合起来的时候，那么在上面所指出的那些情境中，我们可以得到令人满意的结果。在最后一部分，我将讨论一些反对意见。

二、后果主义：一种基本表述

后果主义的典型形式是建立在如下观念之上的，即在每一种道德选择的场合，行动者会面对许多可能的行为。它们都是行动者在这种场合中的"选择对象"。每一种选择都会有一个"总体后果"，即如果行动者选择了某种行为，那么由这种行为所引发的各种事情都加起来，就是总体后果。[8]

为了表达出典型的后果主义理论的核心思想，我们需要根据内在价值对总体后果进行排列。[9]让我们现在假定以下这点：对于每一种可能的总体后果，都有一个数字来表明这种后果的总体的内在价值。假定这些数字是按照标准的方式给定的，数字越高就代表着后果越好，当我们讲一种行为"将内在价值最大化"时，它指的就是没有其他的行为所具有总体后果会比它具有更大的内在价值。

我们现在就可以对这种后果主义形式的核心原则作出表述：

    C：当且仅当一种行为能将内在价值最大化时，它才是道德上正当的。[10]

---

〔8〕 为了当前的目的，我预设了有关其他行为与后果的传统概念。关于这种观点的一种特别清楚的表述在 Lars Bergstrom，"Utilitarianism and Alternative Actions"，*Nous* 5（1971）：237 – 252. 我在 *Doing the Best We Can*（Dordrecht：Reidel，1986）一书中，我努力想表达为什么伯格斯特龙的这种方法会导致困难。我在这里要表达这种观点的一种更加精练的形式，它所依照的还是 *Doing the Best We Can* 一书中的 MO 模式。

〔9〕 我并不提出对"后果主义的本质"的一种解释。有许多规范性的理论，我无需依据内在价值对总体后果进行排列，都可以将它们看成是后果主义的。例如，请考虑那种要求我们应当偏好满足最大化的功利主义形式。人们既可以坚持这种观点，同时又认为根本没有什么东西具有内在价值。另一个例子是利己主义所提供的。利己主义的典型形式告诉我们将自己的福利最大化——它根本就没有讲内在价值的问题。最后，预期功利的功利主义告诉我们，将所预期的功利最大化是我们的道德责任，而不是内在价值。

〔10〕 至于关键的后果主义学说的一种更为严格的表达，请参见我在 *Doing the Best We Can* 一书中有关 MO 的讨论。将 C 与摩尔在 *Principia Ethica* 一书中所表达的"理想功利主义"进行比较是非常有意思的。

为了使这种理论具体化，我们必须增加一种价值论（axiology）或者关于价值的理论（theory of value）。它能够具体说明什么是总体后果，并给这种后果以内在价值。

为了简单与熟悉起见，我们最好还是利用传统的快乐主义形式。

根据这种观点，内在价值的基本载体就是有关快乐与痛苦的事件，这种事件中包含了某人在一定时间内所感受到的一定量的快乐（或痛苦）。我们也假定，对每一个有关快乐与痛苦的事件来说，都有一个数字可以用来表示在这一事件中所包含的快乐或痛苦的数量。我们按照通常的方式来指定这些数字，所以我们能够根据任何事件的"快乐水平"（hedonic level）来评价它的快乐或痛苦——衡量这一事件中的快乐或痛苦的数量。

根据这种简单的快乐主义形式，有关快乐或痛苦的事件的内在价值就是其快乐水平的函数。我们可以以一个简单的表来表示这种函数。表中的纵坐标表示的是内在价值的数量，正数表示内在善，负数表示内在恶。横坐标表示快乐水平，并带有快乐（越往右越快乐）与痛苦（越往左越痛苦）的数量。图1的含意是：有关快乐或痛苦的事件的内在价值与这一事件的快乐水平是相等的。

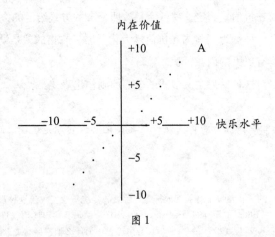

图1

现在我们可以陈述一种关于总体后果的内在价值的原则。根据这种观点，后果的内在价值是在这一后果中所发生的有关快乐与痛苦的事件的内在价值的总和。让我们称这种价值论为"H"（代表"快乐主义"）。当我们将 H 与原则 C 结合起来的时候，我们可能就会得到人们最为熟悉的后果主义形式——快乐的行为后果主义。

三、三个简单的情境

在文献当中所讨论的一些例子，总是把一些无关的道德问题令人困惑地、充满争议地结合在一起，所以它们的影响就不是那么清楚。为了表达的缘故，我们最好还是提出一些"更简单"、不是那么复杂的情境。我们将努力建构一些简单情境。

假如我要赠送出一张免费午餐券。假如我可以将这张券给 A 或 B。他们当中无论谁享受了这顿免费午餐（我们假定）都能得到 10 个单位的快乐。进一步假定，如果 A 得到这张券的话，B 会稍许感到有些失望，另一方面，如果 B 得到这张券的话，A 的失望情绪会更大。假如 A 和 B 在相关方面都是非常相似的，只是 A 已经享受的千百顿这种免费午餐，而 B 从来没有享受过。最好我们还假定，没有第三方会受到 A 或 B 的选择的影响。

这种情境我们可以称为**第一个免费午餐**（The First Free Lunch），C + H 意味着这张券应当给 A。表 1 可以帮助我们作出解释：

表 1

行为	A 所获得的价值	B 所获得的价值	总体价值
将券给 A	+10	−1	+9
将券给 B	−2	+10	+8

假如由于没有得到这张券，A 比 B 会稍许感到更为失望，而 A 和 B 在得到这张券时会感到同样快乐，也没有其他人会受到这种分配结果的影响，那么将券给 A 就能将总体内在价值最大化，即使 A 比 B 已享受过多得多的免费午餐。那么 C + H 就会产生这种结果，即我的道德责任就是把券给 A。但是这种结果是反直觉的。让 B 至少来享受一顿免费午餐肯定更为正义——毕竟，B 虽与 A 在所有相关方面都相似，但他从来没有享受过免费午餐，而 A 已经吃了无数顿。功利主义似乎忽略了人与人之间的一种重要差别。

第二个免费午餐（The Second Free Lunch）与第一个非常相似。我还是要赠送出一张午餐券。我也只能选择给 A 或 B。他们都要享受这顿午餐，如果这张券给了其中任何一个的话，对方都会感到有些失望——A 比 B 更失望。这次让我们假定 A 和 B 在过去接受免费午餐方面是差不多的。然而，让我们假想在这种情境中 A 已经偷窃与毁坏了千百顿午餐。

由于 A 邪恶的偷盗行为，许多体面的人都挨饿了。而 B 是一个体面的人，他从来没有偷过任何人的午餐。

我们可以假定表 1 中的数字在这种情境中也适用。而且 C + H 意味着将券给 A 是我的道德责任。这种理论的含意与我的道德直觉是相冲突的。根据 A 过去的邪恶行为，在我们看来这张券应当给 B，尽管这样做的话功利并不能最大化。当 A 已经任意地毁坏了其他人的午餐时，还让 A 来享受这顿免费午餐"在分配上是不合适的"（distributional impropriety）。因此，在我看来，第二个免费午餐以另一种方式揭示出 C + H 不能考虑到人与人之间的差别。[11]

让我们现在设想第三个例子。假如这一次 B 是这张免费午餐券的合法拥有者。现在 A 跑来偷走了这张券。A 通过诉诸类似于表格一所表达的那些事实来为自己的偷窃行为进行辩护。因为他（A）如果不能得到这张券就会感到更为失望，而他得到这张券功利就能最大化。因此，他认为自己偷这张券是正当的。

根据这些预想的一系列背景假定，C + H 意味着在**第三个免费午餐**这一情境中 A 偷走那张券并享受这顿午餐就是道德上正当的。但很明显在我看来这种含意肯定是错误的。如果真的出现了这种情况，那么 A 得到这张券并享受免费午餐就是不正义的。在我看来，这种不正义足以使得 A 偷券在道德上是错误的。在这一情境中，A 和 B 之间所存在的相关差别就在于，B 拥有这张券。C + H 似乎忽略了这一事实。

我在一开始就提及了许多例子，这包括南方小镇、角斗场与活体器官摘除。尽管这些情境非常复杂，但它们与我所描述的这些情境在某些方面是相似的。在每一种情境中，伤害与利益都必须以某种方式进行分配。规定了有一种分配方式可以将功利最大化。不幸的是，这种分配方案似乎也包含了具体的不正义。如果不正义非常严重，C + H 就产生了错误的道德判断。

四、一个新的提议

对这些例子的反思使得一些哲学家认为后果主义是错误的。在他们看来，这些例子揭

---

〔11〕 第二个免费午餐在许多重要方面与罗斯关于好人与坏人的例子是非常相似的。与雷歇尔（Nicholas Rescher）在 *Distributive Justice* 一书第 47 页所表达的一个例子也是非常相似的。雷歇尔的例子是，某人面临着两个选择，他可以给一个"非常具有德性"的人带来一定的善，也可以给一个"非常邪恶"的人带来稍微大一些的善。

示了，因为存在着不正义，我们有时不应当努力去产生最好的结果。但是还有另一种方式来解释这些情境。根据布伦塔诺与其他人，我们可以认为，这些情境只是表明了传统上与后果主义联系在一起的一些价值论出了问题。[12]一种不同的价值论——可以对正义与不正义作出反应——可能意味着，在这些例子中看上去道德上正当的行为所具有后果事实上比做其他行为可能会产生的后果更好。根据这种新的价值论，在这种后果中所存在的正义的数量可能会产生更大的价值。

在这种价值论中，正义具有一定的地位，为了努力对这种直觉作出发展，我想首先开始设计一种快乐主义的价值论，但是它能包含如下观念，即快乐或痛苦的价值是增长还是下降依赖于它是被正义地还是不正义地体验到。[13]当我们将这种新的价值论与 C 结合时，我们就可以得到一种后果主义的规范理论，它可以较为成功地处理正义问题。

我的正义概念是建立在一种古代的与合理的观念之上的，即当人们根据应得（desert）而获得善与恶时，正义就实现了。[14]应得与接受者之间的联系越紧密，结果就越正义。在其他事情相等的情况下，结果越正义就越好。在转向表达这种价值论之前，我应当对应得这一概念说几句。

我不能为应得概念提供任何分析。它在这里是作为一种最原始的概念而发生作用。[15]

---

〔12〕 布伦塔诺（Franz Brentano）在"Loving and Hating"一文中提出了一种复杂的价值论，设计这种理论是为了容纳许多的道德直觉，包括关于正义的价值的直觉。在有一段话中，他表明，当人们获得了他本不应得的善时，世界并没有因此变得更好。从这一方面讲，我的观点与布伦塔诺是一样的。参见布伦塔诺, *The Origin of Our Knowledge of Right and Wrong*，编者为克劳斯（Oskar Kraus），英文版为奇泽姆和西尼温德（Elizabeth Schneewind）所编，（London：Routledge and Kegan Paul, 1969）：149. "Rights and Agency"，*Philosophy and Public Affairs*，11，1（Winter, 1982）; rep. Samuel Scheffler, *Consequentialism and its Critics*（Oxford：Oxford University Press, 1988）：187－223；森讨论后果主义的"目标权利系统"（goal rights systems）。这些系统在许多重要方面与我在这里所表达的系统是相似的。最近，索莎（David Sosa）为这种类似的观点提供了辩护，参见"Consequences of Consequentialism"，*Mind* 102，405（January, 1993）：101－122.

〔13〕 在 *Confrontations with the Reaper*（Oxford：Oxford University Press, 1992）第 11 章中，我考察了一种与此相类似的价值论。然而，在那里为了力图找到对杀人的道德所做的一种后果主义的解释，我考虑了如下观点，即生命本身可能就是内在善的，每一个人不仅应当得到一定的快乐，而且还应享有生命权。

〔14〕 亚里士多德认为，最关键的一种正义就是"比例"。他似乎是认为，对善与恶的分配应当与接受者的德性是成正比的。参见 *Nichomachean Ethics* V. 3. 在 *Distributive Justice*（Bobbs-Merrill：New York, 1966）中，雷歇尔为一种类似的观点提供辩护，并从柏拉图、许多罗马法官、西季威克、霍斯珀斯（John Hospers）及其他人那里寻找支持。尽管雷歇尔的方法与我有一些重要的差别，但我从他的著作中获益匪浅——特别是他为功利主义与正义提供了非常广泛的参考书目。

〔15〕 关于应得概念更为广泛的讨论，请参见 George Scher, *Desert*（Princeton University Press：Princeton, 1987）.

然而，这一概念应是我们比较熟悉的。我们经常听到人们说，一个特别邪恶的罪犯"应是老鼠过街，人人喊打"；或者一个生病的孩子"不应受到这样的痛苦"；或者那些在幕后辛勤劳作的人，"他们的功绩应昭示于天下"。粗略地讲，当我们说一个人应得某种善的时候，也就是说他得到这种善"在分配上是合适的"。我假定应得具有一定的程度性，那么我们就可以说，某个人应当得到一定程度的快乐或痛苦。我将按照通常的方式以数字来表示这些不同的程度。

应得在这里并不是根据道德责任来进行界定的，指出这一点非常重要。说一个人应得某种善，与说他应当得到它或者其他人应当提供它，这两类论断并不是相等的。在有些情境中，尽管有人应得某种善，但没有人能够提供；在其他一些情境中，出于不同的原因，某些其他的考虑压倒了正义的要求。所以说某人应得某物并不意味着他得到它就是道德上应当的。同样，说某人应当得到某种善也并不意味着它是他所应得的。如果结果非常好，那也可能会现出这样一种情境，即某人道德上应当将某种善给某个接受者，即使对接受者来说这并不是他所应得的。

某个人在多大程度上应得到某种快乐或痛苦会受到许多不同因素的影响。其中一个因素就是**过去所接受的善过多或过少**。如果过去接受的善非常多，那么这就会降低你对善的应得水平（desert level）；如果过去接受的善非常少，那么这就会提升你对善的应得水平。为了看清这是如何起作用的，请设想一种情境，对于某种善来说，有两个可能的接受者。假如这两个潜在的接受者在所有相关的方面都是相同的，只是其中有一个人相比另一个人来说已经接受过多得多的这种善。那么，由于其他事情是一样的，那么那个以前没有太多地接受过这种善的人具有更高的应得水平。他对这种善的应得水平高于那些已经接受过更多的这种善的人。

接受者的**道德价值**（moral worthiness）也可以对他的应得水平发生影响。假如对于某种善，有两个潜在的接受者，他们在所有的其他方面都是相等的，只是其中一个人一直都很好，而另一个人却一直很坏。那么那个好人具有更高的应得水平。如果没有其他的因素来使这种情境变得更为复杂的话，那么将这种善给他就会更加正义。

第三个因素建立在权利与要求权（claims）的基础上。在其他事情都相等的情况下，对于某种善来说，如果某人具有**合法的要求权**（legitimate claim），那么相比那些对这种善缺乏要求权的人来说，他就更应得这种善。因此，如果两个接受者在其他方面都是相似的，但是其中一个具有合法的手段以达到某种快乐，而另一个没有，那么这个拥有者就更应当得到这种快乐，因为他对这种快乐拥有所有权。

如果对应得理论进行全面的研究，那么无疑还有许多因素会影响到一个人应得快乐或痛苦的程度，这些因素都可以进行详细描述。[16]而且在现实的生活中，这些不同的因素可以共同发生作用。这些因素会彼此冲突，或者彼此融合，它们以这种方式所产生的总体的应得水平也必须进行考察。然而，由于在这里我的目标主要是要表明构造一种能够考虑到正义的价值论是有可能的，以及表明这种理论如果能与后果主义结合起来以驳斥来自于正义的反对意见，所以我在这里并不对这些问题展开研究。

根据这种我想要辩护的价值论，有关快乐或痛苦的事件的内在价值是两个变量的函数：（1）在这一事件中接受者所**接受**的快乐或痛苦的量；（2）在这一事件上接受者**应得**的快乐或痛苦的量。粗略地讲，这种理论认为，快乐一般是内在善的；但是它完全是应得的，那么这就更好，如果它不是应得的，那么这就不是那么好。在极端的情境中，如果它是不应得的，那么它的价值就是很小——实际上，它可能是无价值的，甚至是恶的。另一方面，痛苦一般是内在恶。然而，如果一个人遭受了他所不应得的痛苦，那么这就更糟糕。如果一个人所受的痛苦是它完全应得的，这就不是那么坏——可能甚至是好的。

这种价值论的部分内容可以通过某些关于应得与接受的原则来进行表达。每一个原则都能控制一系列的情境，这些情境中包含了接受的幅度与应得水平。有一种原则控制了如下情境，即某个人所体验到的快乐是他所应得的。在我看来，如果某人所体验到的快乐是他所应得的，那么他就是拥有"正应得"（positive desert），这是非常好的。遵照奇泽姆（Chisholm）和摩尔，我将利用"提高"（enhancement）这一术语来表示这种价值论现象。[17]这就是"正义的应得"的第一个原则：

P1：正应得提高了快乐的内在善。

P1的部分含意在图2中得到了表达。在图2中，我们着重强调某人正好应得10个单位的快乐的这种情境。此表表示了，内在价值作为输出项，是由不同的快乐作为输入项的

---

[16] 在 *Confrontations with the Reaper* 中，我讨论了一种观念，即一个人与某种善相关的应得水平会受到他获得这种善所付出的时间与努力的大小所影响。因此，如果两个人在其他方面都是相似的，但是其中一个人在耕种花园时一直很努力，而另一个在花园里无所事事，那么那个辛勤耕耘的人付出的更多。对于由这个花园所产生的利益，他应当享受更多。

在 *Distributive Justice* （Bobbs-Merrill；New York，1966）中，雷歇尔讨论了分配正义的七种"标准"。每一种标准都与应得的可能来源是相一致的。（pp. 73 – 83）

[17] 参见布伦塔诺，pp. 85 – 87. 摩尔在 *Principia Ethica* 第六章中多次提到"提高"这一概念。例如，参见 pp. 211，213.

函数所产生的。然而，这一图表只适用于一个人只应得 10 个单位的快乐的情境，对于那些包含了具有其他应得水平的人的情境，它只能提出某种建议。

图 2 中的点 A 表示，当一个人应得 10 个单位的快乐并且也获得了 10 个单位的快乐时，那么这一事件作为一个整体就具有 +20 的内在价值。因为当这个人得到了他应得的东西时，正义就实现了，内在价值就得到了提高。请注意，当曲线到达东北方向时，它开始变平。这表明，当一个人所获得的多于他所应得的时候，快乐的额外增加所具有的边际内在价值就会递减。这就是正义的问题。点 B 也具有这种性质。它表明，一个本应得到 10 个单位的快乐的人却一无所获，这是内在恶的。

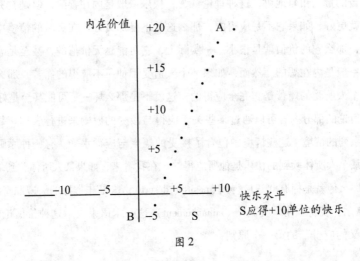

图 2

第二个原则所涉及的是，当一个人应得到痛苦却相反获得了快乐，又会出现什么情况。如果一个人只具有负应得（negative desert），但却享受到了快乐，这就是不正义的，那么快乐的价值就是减少或者"减弱"。[18] 这里是一般原则：

P2：负应得减弱了快乐的内在善。

对于负应得如何会减弱快乐的价值，图 3 表达一种可能的看法。我们也只考虑一组情境：在这种情境中接受者只应得 10 个单位的痛苦。图 3 表明了，内在价值作为输出项，

---

〔18〕 奇泽姆称这种现象为"挫败"（defeat）。例如，参见 *Brentano and Intrinsic Value*, p. 83.

是由不同的快乐作为输入项的函数所产生的：

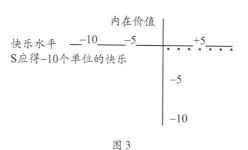

图 3

图 3 的意义在于：当一个人具有负应得时，如果相反所获得的是正数，那么这就是无价值的。在这些情境中，快乐——无论强度如何——没有内在价值。

根据某种更为极端的观点，当一个人总体上应得到痛苦，但是相反却获得了快乐，那么这种情境是非常不正义的，以至于成为内在恶的。[19] 如果我们接受这种观点，我们想做的就不仅仅是说负应得**减弱**了快乐的内在善。我们想说，在有些情境中负应得"重新评价"（transvaluate）了快乐的善。通过这一点，我的意思是要表明如果一个人的应得水平是负的，而最终获得的却是正的，那么这是内在恶的。[20] 我们可以用图 3′ 来表达这种观点：

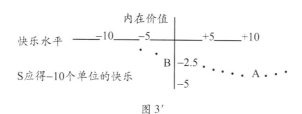

图 3′

---

〔19〕 在 *The Origin of Our Knowledge of Right and Wrong*（p. 23），布伦塔诺说，"在别人不幸的时候感到的快乐（幸灾乐祸）是坏的，因为（这不是一种正确的情感）"。在 *Brentano and Intrinsic Value*（p. 83）中，奇泽姆说，迈农也运用了"幸灾乐祸"这一术语来表明在别人痛苦时感到快乐。依照布伦塔诺与迈农，奇泽姆认为，快乐是善，但是当别人痛苦时而感到的快乐在价值上是中立的。摩尔在 *Principia Ethica*（pp. 208 – 209）中说："第一组（巨大的肯定性的恶）组成了如下的恶，这些恶似乎总是包括了对某些事物的一种喜悦或令人称美的沉思，而这些事物本身就是恶的或丑的。"接着他以残忍与淫荡作为例子。

〔20〕 奇泽姆，*Brentano and Intrinsic Value*，p. 83.

到目前为止，我们已经考虑了两种情境：即具有正应得的人获得了快乐，以及具负应得的人也获得了快乐。如果在一种情境中某人只具有"中性的"应得——他既不应得快乐也不应得痛苦——又是一个什么情况呢？在这种情境中，快乐的价值既没有提高也没有减弱。因此，这种有关快乐的事件的内在价值与它所包含的快乐的量是直接成比例的。这一原则如下：

P3：中性的应得既不提高也不减弱快乐的内在善。

第四个原则涉及的是这种情境，某人应得快乐，但相反却获得了痛苦。在我看来，痛苦是非常坏的；但是当某人应得快乐却相反获得痛苦时，由于出现了不正义，这种痛苦之恶甚至会变得更糟糕或者"严重"（aggravated）：

P4：正应得加重了痛苦的内在恶。

P4 是一种价值论直觉背后的一种原则，这种直觉就是，好人得恶报相比恶人得恶报更加糟糕。图 4 表达了一种看法，它是关于正应得是如何加重痛苦之恶的。

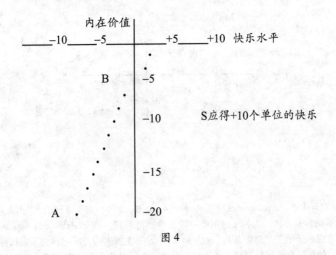

图 4

图 4 只适用于某人应得 10 个单位的快乐的情境。它所表达的观点，是针对这种情境的，即对于一个具有正应得的人来说最后却得了痛苦，那么这种正应得是如何使得这种情

况特别坏的。例如，请看点 A，它表明了，当一个应得 +10 个单位的快乐，但相反却得到了 –10 个，那么这整个事件就是不公平的，因此就具有 –20 个单位的内在价值。

第五个原则涉及的是这种情境，某人应得痛苦，最终得到的也是痛苦。痛苦一般是恶的；但是那种本应得这种痛苦的人正好体验到了这种痛苦来说，这种痛苦也就并不是那么坏。在这种情境中，由于实现了正义，事件的恶就有所减弱。

P5：负应得减弱了痛苦的内在恶。

用图 5 表达了对 P5 的一种可能的解释：

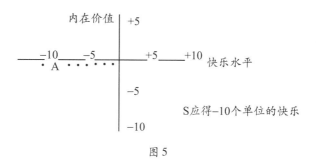

内在价值 +5

–10 —— –5
A · · · · · +5 —— +10 快乐水平

–5

S应得–10个单位的快乐

–10

图 5

点 A 表明了，当一个人本应得到 10 个单位的痛苦的人正好得了 10 个单位的痛苦时，会发生什么情况。由于在这种情境中，一个人正好得到了他所应得的，正义也就实现了。痛苦之恶也由于接受者的负应得而有所减弱。尽管他受到了痛苦的折磨，世界并没有因此而更坏。这种事件的内在价值为零。

有些哲学家似乎相信，有罪之人得到了应得的痛苦，这个世界就变得**更好**了。[21] 这种现象可以称为"重新评价由负应得所产生的痛苦之恶"。图 5′可以表达对这种观点的一种解释。

---

〔21〕 在 *The Metaphysical Elements of Justice* 中，康德描述了一种情境，即有一个孤立的社会将要被解散掉。有一个杀人犯还在牢里，而且将要行刑。康德似乎想说的是，即使在与此类似的情境中，没有办法为执行这种宣判提供功利主义式的辩护，这种罪犯也是应当被处死的。如果我们从另一个角度来看待这一情境，即重新评价由负应得所产生的痛苦之恶的原则，我们可能就会认为，由于这个杀人犯得到了应有的痛苦，世界变得更好了。因此，对于报复性的惩罚为什么是正当的，尽管传统的功利主义形式并不能进行解释，但 C + JH 可以。

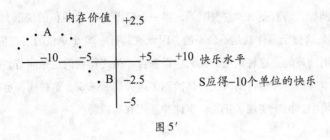

图 5′

图 5′中的点 A 表达了如下观念，一个人如果得到了 10 个单位的痛苦，而这些痛苦正是他所应得的，那么这种情况就是稍许有些善的（+2.5）。这表达了报应式的价值论直觉，即坏人受到处罚有时是善的。为了表达某人实际上所受到的痛苦多于或少于他所应得的痛苦都是不好的，所以 A 点左右两边曲线都是向下走。这与罪行与惩罚应当一致的直觉是相符合的。

图 5 和图 5′所表达的观点都曾为迈农、布伦塔诺、奇泽姆和摩尔所表达过。例如，布伦塔诺就表达过如下这种情境，某人因为别人的悲伤而感到悲伤。由于悲伤在这种情境中明显是正当的反应，布伦塔诺就宣称整个事态都是善的。[22] 摩尔关于讨厌邪恶与丑陋的观点也是类似的。[23] 在我看来，这些情境中的任何一个都表达了一种同样一般化的理论：痛苦之恶会由于负应得而减弱（在有些情境中可能是重新评价）。

最后一个原则涉及的是这种情境，一个具有中性的应得之人却遭受了痛苦。在我看来，任何这种有关痛苦的事件的内在价值直接与它所包含的痛苦的数量是成正比的。因此，这种原则可表达为：

P6：中性的应得既不能提高也不能减弱痛苦之恶。

根据"为正义而调整了的快乐主义"（justice adjusted hedonism，或者简称为 JH），内在价值的基本载体是有关快乐与痛苦的事件。在每一种情境中，有关快乐或痛苦的事件的内在价值并不是快乐水平的一个简单的函数。应得也发挥了一种关键性的作用。结果，有一些快乐并不是善的（如图 3 所表达的），有一些痛苦也并不是恶的（如图 5 所表达的）。

---

〔22〕 布伦塔诺在 "Two Unique of Cases of Preferability" 中讨论了这种情境，见 *The Origin of Our Knowledge of Right and Wrong* 一书的"补充注释"，英文版的编者是奇泽姆（pp. 90 - 91）。

〔23〕 摩尔认为（PE, p. 127），特定的憎恨情感并不是内在善的，不过一个人憎恨恶或丑时，它又是内在善的。这至少与如下观念是相似的，即与人同悲是善的。

在每一情境中，整个事件所具有的、为正义而调整了的内在价值是接受者的接受水平与应得水平的函数。整个后果的内在价值就是在这种后果中所发生的有关快乐和痛苦的事件所具有内在价值的总量，这种内在价值是为正义而调整了的内在价值。[24]

如果我们将 C 与我们新的价值论结合起来，那么所产生的规范理论（"C＋JH"）就能处理有关正义问题。它考虑了应得的因素，这种因素具有提高、加重、减弱甚至可能是重新评价的作用。我的观点就是，在前面所讲的那些存在问题的情境中，这种新产生的理论能产生正确的结果。

五、重新评价那些令人困惑的情境

在第三部分，我陈述了三种情境，在这些情境中，C＋H 都会产生不正确的规范判断。为了将 C＋JH 应用于这些情境，我们必须根据 JH 重新计算相关后果的内在价值。

在第一个免费午餐的情境中，对于免费午餐券，有两个潜在的接受者。一个接受者 A 已经接受过千百次这样的免费券。而另一个人 B 从来就没有接受过。但是它又规定，如果 A 没有得到这张券的话，相比 B 面对同样的情况来说，A 可能感到更加失望些。C＋H 意味着我有责任把券给 A，而这似乎是错误的。现在让我们考虑一下 C＋JH 对第一个免费午餐这种情境到底意味着什么。

表 2 包含了一些数字，表达了将新价值论用于这个例子后的情况：

表 2

行为	A 所获得的价值	B 所获得的价值	总体价值
将券给 A	+8	-2	+6
将券给 B	-2	+20	+18

---

[24] 在许多地方，森已经论证了，"总和排列"是传统功利主义中的一个重要组成部分。粗略地讲，这种观念认为，某种结果的总体后果就是在这种结果中所涉及的个体功利的总和。如参见他的杜威讲座的 "Moral Information"，*The Journal of Philosophy*，LXXXII，4（April，1985）：175. 我的加总原则做了进一步的发展：某种结果的总体功利就是在这种结果中与功利相关的基本事态（basic utility-bearing states of affairs）的功利之和。有一些哲学家可能受到了罗尔斯与威廉斯的影响，他们认为，正是这一关键因素抹煞了人与人之间的差别。我想一方面保留加总论的极端形式，同时又能设计一种价值论，它能够尊重人与人之间的差别的道德重要性。

如果 A 得到了这张券，他会体验到 10 个单位的快乐。但是根据他以前接受过许多这样的券，他的应得水平就比较低——可能甚至是负的。由更多的免费午餐所产生的快乐就是他所不应得的。结果，他的快乐的内在价值就减弱了。这正是 P2 的含意。我就相应将 A 的快乐的价值从 +10 降到 +8。

如果这张券给了 A，那么 B 又会感到失望。他就要遭受 1 个单位的痛苦。但是 B 不应得这种痛苦。根据他之前很少接受这种券，这一免费午餐的快乐是他所应得的。根据 P4，我们就能得出，B 的痛苦之恶由于他的正应得就加重的。因此我就用 -2 而不是 -1 来表示 B 的痛苦的价值。将券给 A 而具有的为正义而调整的内在价值就是 +6（而不是之前的 +9）。

现在，让我们考虑一下将券给 B 的结果。如果 B 得到了这张券，A 就会遭受 2 个单位的痛苦。如果 B 得到这张券，那么 B 的幸福就完全是应得的。毕竟，如果将 A 和 B 曾获得的免费午餐的机会进行平均的话，B 所曾获得的就远小于这一平均数，那么之前他就已经遭受了更多的失望之痛。根据 P1，他的幸福的价值由于他的正应得而得到了提高。按照表 B 的建议，我赋予它 +20 个单位的价值。

所以那些直觉上看上去是道德上正当的行为——将券给 B——根据 JH 也同样具有好的结果。因此，能驳倒 C+H 的例子并不能驳倒 C+JH。

根据 JH 来处理第二个免费午餐与第三个免费午餐也是相类似的。在任一个例子中，JH 都意味着最好的结果就是将这张券给更应得的 B。第二个免费午餐的情境中，由于 A 是一个行为邪恶的人，由于存在这一事实，因此这也就降低了 A 的应得水平。在第三个免费午餐的情境中，由于 B 是这张券的合法拥有者，由拥有这张券所产生的快乐是他所应得的，而 A 并不具有。

我前面提到，罗尔斯认为"功利主义并没能严肃地对待人与人之间的差别"。[25] 按照我的理解，这一点讲的是，功利主义倡导无论以何种方式来分配善与恶，只要能将总体功利最大化就行了——无需关心不同的接受者的品质或过去的行为。善与恶的接受者仅仅是作为能够装载价值的"容器"而起作用。这种理论意味着，无论以何种方式，只要能够产生最大总量的后果，这种价值都应当提供出来。然而，很明显这种指责并不能对我们在这里所提出的价值论构成有力的反驳。对善与恶进行分配的行为所具有的价值关键依赖于每个接受者对自己的份额所应得的程度。在决定应得的时候，过去的接受情况以及品质都发

---

[25] 罗尔斯，ibid.，p. 27.

挥了核心作用。因此，这种理论认识到并认真注意到了人与人之间道德上相关的差别。

尽管我并没有想努力在这里表明这一点，但我相信我们在文章一开始所提到的那些令人困惑的情境也不能对 C + JH 构成什么特别的威胁。在这些情境中，C + H 都意味着会遭受严重的不正义。但在有些情境中，C + JH 所产生的规范结果与由 C + H 所产生的结果是非常不同的，而且要更令人满意。在这些情境中，只要我们为正义而调整功利，它就会表明既能产生最好的后果，同时也不会遭受到不正义。因此，在我看来，C + JH 并不具有罗尔斯在我们所引的那段话中所表达的缺陷。

在这些情境中，这种理论的现实内涵依赖于在所有这些结果中接受者的接受水平与应得水平，记住这一点是非常重要的。在有些情境中，C + JH 也会暗含了，为了保证最大结果，严重的不正义也是有必要的，所以它也（令人悲伤地）应当受到这一指责。这种理论并不意味着正义总应得到最大化，它只意味着应总将为正义而调整了的内在价值最大化。

六、一些反对意见

有人可能会对 C + JH 提出反对，认为它只一种较为隐蔽的循环论证。可以认为这种循环是以如下方式所产生的：首先，我们的目标就是通过诉诸**内在更佳**（intrinsic betterness）的价值理论概念来解释**道德责任**（moral obligation）这一规范概念。然而，当我们要把内在更佳这一概念具体化的时候，我们就求助于**正义概念**。正义又通过**应得**来进行解释。最后又是这样来解释应得的，即如果快乐或痛苦是某个人所应当得到的，那么它们就是他所应得的——因此，这一循环就完成了。在我们力图解释道德责任的时候，我们已经隐含地运用了道德责任的概念。

这种反对意见对我们所做的提议只是一种误解。这种反对意见在最后一步上出了错，它认为我们通过诉诸道德责任来解释应得。我根本就没有做过这种解释。应得的概念并不是通过诉诸道德责任概念而得以界定的。实际上，在这里它并没有以任何方式得到界定。为了当前理论的目的，它只是作为一种最为原始的概念而起作用。

在我关于应得的讨论中，我较为自由地运用了评价术语。因此，我提到了"公平份额"（fair shares）、"接受的价值"（worthiness of receipt）、"道德权利"与"合适性"（fittingness）。然而，我努力避免使用道德正当、错误或必须这些概念。一个人应得某种快乐，这一论断与如下这一论断是不可混淆的，即他得到这种快乐是**道德上正当的**。为了使这种理论作为整体能够避免循环，不诉诸正当与错误的概念来解释应得概念，这是非常重要的。因为，在我看来，在确定正义的时候，应得发挥了一定的作用，在决定结果的内在价值的时候，正义又发挥了一定的作用，而在决定正当与错误的时候，结果的内在价值又发挥了关键性的作用。

对于道德哲学中正义论的位置，我的这种方法包含了一种并不是那么太正统的观点。传统上，人们认为正义论是属于规范伦理学的。我通常为它对行为所具有的含意而困惑不已。假如正义论能够坚定地确定某种行为是不正义的。那么是不是就应该得出我们不应当去做那种行为呢？如果是这样的，那么正义论似乎就侵入了日常规范伦理学的范围。如果不是这样的，那么正义论的含意就是不清楚的。

我的方法是把正义论紧紧地定位在价值论中。在一定程度上，我们的价值论根据结果中的快乐与痛苦分配的正义与不正义来决定了每一种结果的价值。反过来，人们通常认为正义与不正义是由对以下情况的反思来决定的，即在每一种结果中所获得的快乐与痛苦同应得的快乐与痛苦相适应的程度。因此，在我看来，一种成熟的价值论应当必须包括对正义的解释。那么规范伦理学就采纳了由价值论所派生的信息，产生了有关正当行为的一些规定。根据我的观点，这种规定是非常简单的：尽你所能让世界变好，按照这种方式行为就可以了。

我现在转向第二种反对意见。有人提出，即使这里所提出的理论是可接受的，它对为后果主义进行辩护也可能没有太大作用——因为这种理论并不是某种形式的**后果主义**。根据这种反对意见，问题就在于，我所提出的价值论把内在价值赋予复杂的事态。这些事态的价值对依赖于一些规范特征，如应得与正义。因此，他们认为，没有哪种后果主义理论可以以这种方式来运用这些规范特征。

为了对这种反对意见作出回应，我首先想坚持认为，就像密尔的快乐主义的功利主义以及布伦塔诺和摩尔的多元的"理想"功利主义一样，C+JH 也是后果主义的一种形式。这些理论中的价值论都是复杂的。在密尔的理论中，价值论建立在"高级"与"低级"快乐的基础上，它们具有高级与低级的内在价值。在摩尔和布伦塔诺的理论中，价值论建立在类似"爱善"与"憎恶"这种复杂的事态基础上。对摩尔和布伦塔诺来说，事态的价值关键依赖于这种事态所内含的规范特征。如果密尔与摩尔和布伦塔诺都是后果主义者，那么我也是。

我的根据也不仅仅只在救助于这些历史人物。我认为，"后果主义"的定义是一个存在很大争议的问题。文献当中充满了许多彼此不相容（有时是非常特殊的）的定义。[26]
因此很难找到一种能够得到普遍赞同的特征。考虑一种典型的、明显相关的特征，可能是
非常有趣的。在《正义论》中，罗尔斯给出了自己的解释。他说："那么，一种伦理理论
的结构总体上是由它如何定义与联结两个基本概念（正当与善）来确定的。似乎将它们
联系起来的最简单的方式就是目的论；对善的界定与正当无关，而正当可以界定为将善最
大化。"[27]

这番审视揭示了 C + JH 与目的论的这种特征是相符合的。当然，我承认，在我对善的
"定义"中，我所涉及许多包含在正义中的问题。但是，正如我已经强调的，我对正义的
解释并不需要诉诸正当与错误这些关键的规范概念。我可以说，我对善的描述与对正当的
描述是无关的。[28]

---

[26] 对于后果主义的本质，道德哲学家们观点分歧很大。有人说，后果主义理论必须要求某种价值
的最大化；有些人只讲满足；有些人又认为，正当以某种方式依赖于后果的价值。有人说，后果主义理论
都同意，行为的规范地位依赖于后果的内在价值；有些人则根本不考虑内在价值，而只提诸如偏好满足或
幸福之类的东西。有人说，后果主义理论是关于行为的规范地位（正当、错误、必须）的理论；有些人则
说，这些理论只关注其他种类的实体所具有的其他种类的价值（合理性、善、正义等）。帕菲特甚至说，
一种形式的后果主义可能会对眼睛的颜色进行评价，或者甚至是气候！"……最有可能出现什么样的气候
也可能使得结果最佳。"（*Reasons and Persons*，p. 25）

[27] 罗尔斯，ibid.，p. 24.

[28] 本文的一些早期版本分别在华盛顿大学、乔治亚哲学学会、康涅狄格大学、罗彻斯特大学、西
弗治尼亚大学和密苏里大学提交过。它也在亚利桑那州立大学与圣克劳德州立大学的教师研讨班上讨论
过。在所有这些讨论中，参与者们对本文所做的批评与提出的建议，我都非常感激。对我来说，有些人提
出的评论特别有用，他们是特罗耶（John Troyer）、贝内特（John Bennett）、韦伦加（Ed Weirenga）、费尔
德曼（Richard Feldman）、卡根（Shelly Kagan）、马科谢（Ned Markosian）、瑞安（Sharon Ryan）、布鲁门
菲尔德（David Blumenfeld）、麦基（Peter Mackie）、考利斯（David Cowles）、马尼弗（Peter de Marneffe）
和巴德（John Bahde）。

同时我也要感谢塞德（Ted Sider）、麦克劳德（Owen Mcleod）、哈吉（Ish Haji）、穆恩（Kevin Moon）、
列蒙斯（Noah Lemos）、谢弗（Neil Schaefer）、弗雷泽（Bob Frazier），以及 *Philosophy and Phenomenological
Research* 的两个匿名审稿人，他们对本文的早期草稿提出了许多批评性的评论。我没有地方来讨论这些批
评者所提出的反对意见，我希望能在其他地方可以讨论。

通过图表来表达这种价值论，我首先是在多年前与齐美曼（Michael Zimmerman）交流的时候获得这一
想法的。他的论文 "On the Intrinsic Value of State of Pleasure"，*Philosophy and Phenomenological Research*，41
（1980）：26 – 45，一开始就包含许多精致的、色彩斑斓的图表，来表示通过输入不同的快乐与快乐客体的
价值从而输出内在价值。这篇文章在发表的时候并没有包含这些图表，可能是因为在那个时候 *Philosophy
and Phenomenological Research* 杂志还不能在印刷的时候来复制这些图表。总之，我非常感谢齐美曼。

后果主义、理由、价值和正义

朱利安·萨福雷斯库　著　舒年春，陈江进　译

　　在英格兰的谢菲尔德，公共资金资助的试管婴儿（in vitro fertilization，简称为 IVF）服务是一种稀缺资源，因而只是给予那些最有可能成功怀孕的妇女。粗略地讲，一个不能生小孩的妇女在 30 岁时借助人工授精怀孕的几率是 15%，但是等到了 40 岁，人工授精怀孕的几率会降低 2/3，也就是说，怀孕的几率约为 5%。根据这种观察，为了使效果更佳，就不应给年纪大的妇女提供试管婴儿服务。由于这种分配程序的初衷是获得尽可能好的结果（结果的最大化），那么最终的结果就是年纪大的妇女得不到应有的对待。在英格兰，根据结果赋予某些个体以优先权远不止存在于对试管婴儿服务的分配。只是给予某些病人以优先权的方法可能运用得最广泛。

　　在一定意义上，这种体系是不公平的。多拉是一个 40 岁的不能生育的妇女，她会声称：“我承认我怀孕的几率只有 5%，但是试管婴儿是有可能成功的。这是我唯一的机会。我已经纳税 20 年了，现在我需要医疗服务了，但我得到有效对待的机会却被否定了。对于这些医疗服务我曾经作出了贡献，像琼那样的 30 岁的妇女碰巧有三倍于我的怀孕机会，为什么她就对这种医疗服务具有更大的要求权呢？甚至比她本应具有的要求权还要大。”

　　实际上，多拉能够论证她需要孩子的愿望跟琼一样的真切。既然她们的需要是一样的，那么为什么她们却得到不同的对待呢？

　　这种分配正义理论是功利主义的，它促成了谢菲尔德的妇科医生作出了这样的医疗决策。功利主义由三部分组成。[1]第一是关于什么是善的解释。根据福利主义，在卫生保健中所运用的关于善的首要解释、关于事态的价值完全是由那种事态中个体的福利所给出

---

〔1〕　A. Sen, "Utilitarianism and Welfarism", *Journal of Philosophy* 76 (1979), pp. 463–489.

的。[2]功利主义的第二个组成部分是，行动基于其后果而被选择。这被叫做后果主义。功利主义是福利主义的后果主义的一种形式，它只要求加总个体的福利以评估结果。第三个部分被称为"总量排序"（sum-ranking）。[3]由于这一术语对非专家学者来说不是描述性的，而且哈里斯自己也没有运用这一术语，我将把总量排序形式的后果主义看做是最大化的形式，后果主义的所有其他形式都是次最大化的（submaximising）形式。后果主义的次最大化形式包括满足论（根据这种理论，某些事态是善的，就足以要求人们来增进它们，即使能够增进更有价值的事态[4]）和把福利分配的公平性考虑在内的形式。用我的术语，功利主义是福利主义的最大化的后果主义。在后果不确定的时候，功利主义要求我们应该选择那种能将预期价值最大化的行为，正是在这种基础上，功利主义者会偏向于给琼而不是多拉提供服务。

在下文，我将论证：哈里斯提倡一种新的善的概念。我的目的是要表明这种概念是不合理的，我们最好是这样来理解功利主义所存在的问题，问题就在于行动理由和行动预期后果的价值之间存在着一种不准确的关系。

哈里斯对功利主义的担忧

功利主义的三个成分即福利主义、后果主义和最大化都引起了学界的批评。[5]一个得到广泛讨论的功利主义难题是在追求福利最大化时，功利主义没有充分考虑应得、权利或公平问题。只要分配能够产生最大的福利，而这些福利在个体之间如何进行分配是无关紧要的。[6]根据这条脉络，哈里斯反驳说，功利主义在平等待人方面是失败的。功利主义会导致总体上忽略那些急需帮助的群体。[7]哈里斯的论证直接反对运用"质量调整生

---

〔2〕 A. Sen, *Choice, Welfare, Measurement* (Basil Blackwell, Oxford, 1982), pp. 28, 227.

〔3〕 森和威廉斯所编 *Utilitarianism and Beyond* (Cambridge University Press, Cambridge, 1982) 一书的导言 (p. 4)。

〔4〕 J. Broome, *Weighing Goods*, (Basil Blackwell, Cambridge, Ma, 1991), p. 7.

〔5〕 Ibid.

〔6〕 罗尔斯, *A Theory of Justice* (Oxford University Press, Oxford, 1972), p. 26.

〔7〕 例如，哈里斯, "QALY Fying the Value of Life", *Journal of Medical Ethics*, 1989Sup., pp. 117 – 123；哈里斯, "More and Better Justice", in J. M. Bell and S. M. Mendus eds., *Philosophy and Medical Welfare* (Cambridge University Press, Cambridge, 1988)；哈里斯, *The Value of Life* (Routledge, London, 1985)。

命年"（Quality Adjusted Life Years，简称为 QALYs，意为"生活品质被调整后多活的年岁"）的概念来衡量卫生保健的善，但它们可以同等地运用于福利主义的最大化的后果主义的所有形式。请考虑哈里斯提出的两个例子。

救生艇例子 假如发生了一场海难。两艘船在下沉，其中大船上有 13 个船员，小船上有 6 个船员。功利主义者会救载有 13 名船员的那艘大船。哈里斯也论证说我们应当救 13 名船员的那艘船（281 - 282）。

医疗例子 一名外科大夫有 26 位病人等待手术，这些病人如果不做手术就将在两周后死亡。她只有为 13 位病人做手术的时间。如果她给前 13 位做手术，以 A 到 M 来代表，那么这 13 位会都得以幸存；如果她为后 13 位做手术，以 N 到 Z 来代表，则只有大约一半的人幸存。如果说 A 到 M 得的是阑尾炎，而 N 到 Z 得的是脑瘤，那么这名外科大夫就面临着是救 13 人还是救 6 人的选择。一个功利主义者会救 A 到 M，他们都是得阑尾炎的人，因为这样可以救更多的生命并因而产生最大量的福利。[8]

根据功利主义，我们应该提供帮助以便将人类福利最大化。这种功利主义的决策程序的一个后果被哈里斯称为实际上的歧视。[9]功利主义的决策程序把那些长脑瘤的人排除在外，虽然他们也有相似的需要。实际上我们可以论证说，他们不仅处境更糟而且还遭受着双重的不正义。在其他的例子中，哈里斯声称：功利主义能够是"经济主义者"（economist，它歧视那些治疗其疾病花费更高的人），能够是种族主义者（它歧视那些医疗诊断水平更贫乏的族群[10]），能够是歧视老人者和蔑视女性者。[11]在试管婴儿服务提供的例子中，已经考察了社会经济地位更低的人群前景更糟。[12]功利主义者会努力找出那些来

〔8〕 后果主义有一种否定形式的表述：做那种能避免最大伤害的行为。在救生艇例子中，是在避免 13 人死亡还是避免 6 人死亡之间的选择。否定的后果主义要求我们应当避免 13 人死亡。在医疗例子中，如果是在 20 人死亡和 13 人死亡之间选择。否定式的功利主义者会避免 20 人死亡。

〔9〕 作为一种分配正义理论，后果主义还有其他问题。见罗尔斯，*A Theory of Justice*；森和威廉斯的所写的导言；W. Kymlicka, *Contemporary Political Philosophy*（Oxford University Press, Oxford, 1990），ch. 2.

〔10〕 M. Lowe, I. H. Kerridge, K. R. Mitchell, "'These Sorts of People don't very well': race and allocation of care resources", *Journal of Medical Ethics* 2 (1995), pp. 356 - 360.

〔11〕 "QALY Fying the Value of Life".

〔12〕 库克（Ian Cooke），个人交流。洛克伍德（Micheel Lockwood）在 "Quality of Life and Resource Allocation" 一文中正视了这种一般的可能性，载于贝尔和门都斯所编 *Philosophy and Medical Welfare*, p. 44.

自于上层社会经济阶层的病人。这样的系统是阶级歧视主义。[13]

一个术语学的问题。哈里斯关注功利主义决策程序的含意，这是对的。在一定意义上，实际的歧视在道德上是应当反对的。最近，英格兰的博士后研究奖学金的年龄限制放宽了，因为以前的年龄限制歧视了那些需要花时间生育小孩的妇女。但是原来的政策并不是有意歧视处于劣势的妇女，在这政策的背后也没有如下预设，即妇女没有资格得到奖学金。种族主义是基于种族的歧视。诸如老人歧视主义、女性歧视主义和种族主义之类的术语意味着一种对这些主义的高度谴责。在评价功利主义力图确保进行正义的分配的时候，它们都是无法得到辩护的，因为功利主义的意图是促进所有人的福利。我们应当坚持"实际的歧视"这个术语。[14]

哈里斯总结说，如果卫生保健的提供者和资助者都是功利主义者，那么他们就会选择为那些最容易治愈的人提供服务，为那些治疗疾病花费最少的人提供服务，为那些最有可能治好的人提供服务，从病人那里去算计利益。在此限度内，那些最需要治疗服务的人最有可能被剥夺接受治疗的权利。

机会主义

功利主义错在哪里？哈里斯的解决是拒斥福利主义。他合理地声称，任何一个理性人至少从卫生保健服务那里要求三样东西：（1）尽可能长的寿命；（2）最佳的生活品质；（3）获得两者的最佳机会。（p. 270）哈里斯关于善的理论与福利主义是相反的，我们可以称其为机会主义：

卫生保健的善是一种事态，这种事态为人们获得最好的生活提供了最佳机会（3）。[15]

正如哈里斯所表述的：

---

　　[13]　精力充沛的平等主义者会论证说，哈里斯在救生艇的例子中，他的直觉是应当救13个人，其实这也是一种实际的歧视：那些碰巧在小船而不是在大船上的人被剥夺被救的权利，而这并非他们自己的过错。

　　[14]　感谢帕菲特为我提供了这个例子及看法。

　　[15]　严格地讲，卫生保健的善是一些提供善的机会的事态，为了简洁，我在写作时如此表述就像机会本身就是卫生保健的善。

任何一个人在道德上都是重要的，在他们的道德要求得到尊重时，我们就能认识到这一事实，当我们能给予他们继续存活的机会与其他人同样的分量时，我们也能认识到这一事实，当然两者存活的机会本身必然是有差异的。(p. 282)

哈里斯保留了对最大化的承诺（pp. 281 - 282）。他写道："所以，当对相同数量的人所提出的继续存活的要求能够给予同等尊重的时候，后果主义的最大化要求就得到了满足。"[16] (p. 282) 虽然这是真的，但是它并不能涵括最大化的全部范围。它可以称为**机会主义的最大化的后果主义**，根据这种理论，正当的行为就是，把能获得机会以实现最佳生活的那些人的数量最大化（在考虑到他们的处境和所有可能的行为的情况下）。

在医疗救助的例子中，一个机会主义的最大化的后果主义者会处于一种两难境地：或者给予 A-M 过最佳生活的机会或者给予另外 13 人（N-Z）机会。哈里斯论证道，外科大夫不应当简单地基于预断而偏向那些患阑尾炎的人。他提出了一种根据"先到先得"的原则而进行治疗的可能性（pp. 274, 282）。在救生艇例子中，一个机会主义的最大化者应当救载有 13 人的那艘船（pp. 281 - 283），因为这种做法给予更多的人活命的机会。这个例子把哈里斯界定为一个最大化论者。

根据我的经验，哈里斯关于这两个例子的直觉是许多人都共有的。机会主义的后果主义与这些直觉是一致的。然而，我将细致地考察这些直觉并提出一种更合理的替代方法。

机会主义的最大化的后果主义跟功利主义一样，有一些反直觉的含意。例如，它要求给予长脑瘤的人以同样的治疗机会，即使也许这些得到治疗的人或者只有百万分之一的治愈率或者治愈仅仅意味着被治疗者多活了几天。这是荒谬的。

哈里斯的机会主义也很难与他对经济主义的拒斥相一致。想像一下，在医疗例子中，做阑尾切除手术要花费 1 000 美元而去掉一个脑瘤要花掉 2 000 美元。如果患两种病的人都是 13 个，可是公共资源所能提供的资金只是 13 000 美元，那么救助碰巧得阑尾炎者就像救生艇例子中救助那些碰巧在大船上的人一样：考虑到我们处境的限制条件，如果我们治疗得阑尾炎者，那么我们就能给予更多的人以生的机会。哈里斯对经济主义的拒斥妨碍他偏向那些治疗起来更便宜的阑尾炎患者，但是在这些例子中，我看不到给某人治病的花费（我们允许公共资源分配者把这个人放进两个组中的任何一个，这个组或者是更多的人

---

[16] 此段表明，哈里斯假定了所有形式的后果主义都是最大化式的。而根据我的分类法则，并不是这么回事。

或者是更少的人得救）与一个人碰巧是在大船或是在小船上（大船上人多，小船上人少），它们之间所存在的差别具有什么道德上的重要性。

福利主义的和机会主义的最大化的后果主义都有反直觉的含意。但是我们有更具原则性的理由反对哈里斯的机会主义。

卫生保健的善是机会吗？

我们应当如何解释哈里斯的观点，即卫生保健的善是机会？一种明显的解释是给人一个机会就是对力图把福利最大化的分配方案的一种限制。而这种限制对于促成一个公正而公平的社会是必要的。人们拥有机会本身就是善。哈里斯在过去确定地讲过此类事情。他写道：

> 平等要求我们尽我们所能救助尽可能多的人（最大化因素），也要求我们尽可能确保某类人不被彻底地忽视。[17]
>
> 我们在此有两条同等合理的道德原则（即最大化福利和平等），但它们却是背道而驰的。如果这是正确，那么我们就必须找到一些公正对待每个人的手段，仅仅选择某一种还是不够的。[18]

然而这点并不太新，功利主义的很多批评者已经给出了这种论证的变体。而且，哈里斯自己似乎在说一些新东西而非仅仅在重述他的旧论证。如果哈里斯在说一些新而有趣的东西，我认为，我们应当照字面理解他，他认为卫生保健的善是机会，而不是福利，就像功利主义者在人们之间分配福利一样，这里只是在人们之间分配机会。这与他关于卫生保健的"利益"、关于"善的概念"的谈论是一致的，与他对于后果主义的某个最大化版本的明显同情也是一致的，尽管临床医生和卫生保健中的经济主义者所运用的后果主义形式是不同的。因此，哈里斯总结道："资助者和服务提供者会合法地希望把他们的钱和/

---

[17] "More and Better Justice"，p. 95.

[18] Ibid.，pp. 94 – 95. 这是对来自洛克伍德类似挑战的回应（"Quality of Life and Resource Allocation"，p. 54）。这类似于布鲁姆的建议，即我们应当为公平牺牲某种善（"Good，Fairness and QALYs"，载于贝尔和门都斯编 Philosophy and Medical Welfare）。

或努力所产生的利益的量考虑在内，并把得到这种利益的概率的折扣也计算在内。我已经论证了，对于'利益'到底意味着什么，有另一种视角可以来考虑，也有另一种解释。"（pp. 274，281－282，290）

哈里斯认为，机会确实是善，对此有三种方式进行解释。他的意思也许是机会本身就是善的（即是一种内在的善）；或者机会是达到其他自身即善的事态的手段（即机会是一种工具善）；或者两者皆是。内在善的状态的一个例子是感到幸福；工具的善的状态的例子是拥有钱。像拥有知识之类的善的状态可以既是内在善，也是达到诸如感到幸福之类的内在善的状态的工具。在这一部分，我将论证，按照这些解释的任一种，哈里斯关于这些例子的直觉是不能得到辩护的。

认为机会有工具价值的观点很容易得到处理，这种观点很明显不能为哈里斯的直觉提供辩护。根据这种解读，我们应当如此解释观点，机会是善的，意思就是说，机会作为延长好生活的手段是具有价值的。但是如果机会只有这种工具性价值，那么终极善就是一种好的生活。让我们给每个人好的生活以 1 个单位的价值，给死亡的价值就是 0。为长脑瘤者做手术会实现 6 个单位的价值，而为患阑尾炎者做手术却可以实现 13 个单位的价值。所以我们应该为阑尾炎患者做手术。

然而，我们最好认为，哈里斯是持有如下观点，即机会本身就是有价值的，具有内在价值。[19] 如果机会是一种内在善，那么这将把救生艇例子和医疗例子区分开来。当我们试图施救或进行医疗救助时，无论结果如何，我们都提供了机会。如果为人提供一个机会算做 1 个单位的价值，不提供机会算做 0，那么假如我们在海难中救 13 个人，我们就提供了 13 个单位的价值；而假若救 6 个人，我们就只提供了 6 个单位的价值。如果我们必须选择有最好结果的方案，那么我们就该救 13 个人。如果我们为 13 位长脑瘤者做手术，我们就提供了 13 个单位的价值；而如果我们为 13 位阑尾炎患者做手术，我们也提供了 13 个单位的价值。没有理由去偏好阑尾炎患者而不是长脑瘤者。

但是机会能够是一种内在善吗？买彩票中奖是达到我们的终极目的的手段，如体验愉悦、用钱完成值得做的事情等。买彩票失败者经常通过指出中奖所得的钱并没有让中奖者更幸福来安慰自己。看着乐彩轮在旋转也许很有趣，但这种体验的价值在于它所制造的愉悦，而不在于仅仅参与乐彩活动本身。机会并不具有客观的内在价值。

---

[19] 功利主义可以把内在价值归结为行为的结果和行为自身 [S. Scheffler, *The Rejection of Consequentialism* (Oxford University Press, Oxford, 1982), pp. 1－2; 布鲁姆, *Weighing Goods*, p. 4]。

有人可能会否认这种看法，并认为只有获得机会才是有价值的。然而，哈里斯对反潜在性论证（Argument against Potentiality）的承诺就暗含了，他自己就反对这种认为机会有一种客观的内在价值的观点。这个论证在关于堕胎及其他争论中得到展开，该论证是这样进行的：

> 前提 1　潜在的人拥有与人一样的权利。
>
> 前提 2　胎儿是潜在的人。
>
> 所以，胎儿拥有与人一样的权利（包括生命权）。[20]

哈里斯拒绝了第一个前提。"某个东西将成为 X，仅仅这一事实……并不是现在就像它实际上已经是 X 一样来对待的一个好理由。同样，虽然我们都无可避免地会死亡，但是……现在就把我们当成死人来对待，这个理由也是不充分的。"[21]哈里斯不仅认为潜在的人不拥有与人同样的权利，他还认为潜在的人也不具有与人一样的价值，基于此，杀死胎儿就并非错误。[22]在这样的上下文里，潜在就只是表达机会的另一个词。如果实现某种有价值东西的潜在性或机会自身就有实质性价值，那么考虑到胎儿生命的价值，哈里斯就不会提出上述主张。

还有另一种更为深入的方法可以考虑机会可能有内在价值。与其说机会具有客观的内在价值，不如说它具有主观的内在价值。

评价机会

哈里斯断言：一个人生命是重要的，"不是因为它是一条命，而是因为它是**某个人**的命，是因为他的生命是一项事业，这是他的利益之所在"[23]（p. 282）。这里的观点是，生

---

[20]　*The Value of Life*，p. 11. 严格地讲，这个例子是不相关的。它表明了这样的事实，即某个东西将会失去价值并不能为如同它已经失去了价值那样来对待它提供辩护。但是，我们感兴趣的是，即因为某个东西将具有某种特定的价值，所以我们现在就应当如此对待它，如同它已经具有那种价值一样。

[21]　Ibid.

[22]　Ibid. ，p. 159.

[23]　这与卡姆的观点相似，卡姆的观点是"我们同等地计算每个个体的偏好，我们不能把它理解为他偏好的对象，而应理解为他偏好它这个事实"，他偏好某种事态这个事实会在决定是否引起这种事态的过程中造成差别。［F. M. Kamm，"Equal Treatment and Equal Chances"，*Philosophical and Public Affairs*，14（1985），pp. 177 – 194，esp. p. 181］

命本身不是有价值的，在一定程度上，正是因为有人认为它有价值，它才成为有价值的。[24]正如我们已经看到的，这个策略也不能为哈里斯在医疗例子中的直觉提供辩护，因为即使每个病人的生命的价值是1，但我们必须根据手术将不能产生有价值的结果的概率，相应地低估给长脑瘤者做手术所产生的价值。

然而，这些主张的含意在于，每个人都会给手术赋予同样的价值。根据这种观点，机会是善的，在某种程度上就是因为它被人们认为有价值。因此，如果长脑瘤的汤姆跟阑尾炎患者阿莱克斯一样都想要生的机会，他们的道德要求是相等的，而不管他们幸存机会的大小。救生艇例子和医疗例子之间的相关差别在于，在前者，是在13个人的价值或6个人的价值之间进行选择，而在后者，是在13个人的价值或另外不同的13个人的价值之间进行选择。

如此解释机会的善有如下几个问题：

(1) 这不是我们评价机会的方式

把机会或治疗本身看做目的而不是看做手段是非同寻常的。根据这种观点，我们购买彩票不是因为我们可能因此赢钱，而只是持有彩票是为了有参加赌彩活动的机会。对于这种形式的担忧，有一个极端的例子，一个人只是觉得参加赌彩活动本身有价值，而根本不在乎结果。而一旦中彩了，他却走开了，因为他对中彩所得不感兴趣。人们可能会说，这个人可能心里有些不正常，错失了赌彩活动的真正意义。

我自己就很难理解，机会如何能够有内在价值，或者一个人如何就能够因其自身而清楚地对它进行评价。不过，人们确实会把某些特别奇怪的东西看成是有价值的，参加冒险运动的部分价值即在于冒险本身。[25]医生有时候会这样论证某次医疗冒险的灾难性后果，他们说："至少患者得到了救治的机会。"

(2) 当前的偏好

根据哈里斯的观点，一个事态的善是人们欲望这个事态的函数。但是这是哪一些欲望呢？我们现在就有的欲望还是我们将有的欲望？根据时间中立性（temporal neutrality）原

---

[24] *The Value of Life*, chs. 1, 2.

[25] 然而更加合理的是，与死的对照加强了生的价值。关于这种对照的心理学上的探索在卡尼曼（D. Kahneman）和瓦里（C. Varey）的论文"Notes on the psychology of utility"中得到描述，载于埃尔斯特（J. Elster）和罗默（J. E. Roemer）编辑的 *Interpersonal Comparisons of Well-Being*（Cambridge University Press, Cambridge, 1991）, pp. 127 – 163.

则，[26] 如果一个事态的价值由我们对它的欲望决定，那么我们就应该不仅诉诸人们现有的欲望，还要诉诸他们将有的欲望。如果我们考虑未来的偏好的满足，我们就必须根据未来偏好的不发生的概率来折算该偏好满足的价值。因此，在哈里斯的医疗例子中，为患脑瘤的病人做手术的价值必须减掉 50%。

哈里斯必须拒斥这种时间中立性。根据他的观点，善并不是偏好满足本身，而是当前的偏好满足。因此，哈里斯的后果主义就不同于偏好功利主义，偏好功利主义考虑一切时间里的一切偏好。我要顺便指出，哈里斯的这种理论与帕菲特[27]的关于行动理由的当前目标理论（present-aim theory）的工具性的、慎思性的版本具有一些相同的形式特征。根据这种工具性的版本，我们最有理由做的事情是那些最能满足我们当前欲望的事情。如我将指出的，帕菲特自己接着就拒斥了这种观点而主张一种客观的理论，即批判性的当前目标理论，这个理论我马上会进行描述。

（3）其他的当前偏好

但是为了论证的需要，让我们假定唯一相关的偏好是当下偏好。即使机会是由于有人在评价它，从而具有内在价值，那么具有一定的质或种类的生命也肯定会为人们所评价。所以，根据价值的主观解释，生命也是有价值的。如果人们在当前对生命进行评价，那么正如我所论证的，从拯救生命的需要派生出的道德命令将引导我们去救助那些最有可能幸存的生命。

更明确一点讲，想像一下：我们给予有价值的机会和有价值的生命同样的权重。如果我们治疗 10 个长脑瘤的人，我们期望实现 10 个单位的机会价值和 5 个单位的生命价值。如果我们为 10 个人割阑尾，我们能够实现 10 个单位的机会价值和 10 单位的生命价值。于是，我们应该给那些有阑尾炎的人以优先权。

（4）主观主义

一种结果是有价值的，是因为个体对它进行了评价，哈里斯的这种观点存在一个重大问题，即它对价值做了主观主义的解释。根据这种观点，如果一个人不想活，那她的生命就没有价值，把她杀死就可能不是错误的。如若存在她不想活的客观的理由，如她正承受着癌症晚期、生命行将结束的不可治愈的痛苦，那么上述观点是可能成立的，而一旦缺乏这样一种客观的论证，说她的生命没有价值就因为她碰巧想死就是荒唐的。主观主义者对

---

〔26〕 H. Sidgwick, *The Methods of Ethics*, (Macmillan, London, 1963), p. 111; T. Nagel, *The Possibility of Altruism* (Clarendon Press, Oxford, 1970), pp. 60, 72.

〔27〕 帕菲特, *Reasons and Persons*, (Clarendon Press, Oxford, 1984), p. 117.

上述论证做了回应，我只是想指出，我相信关于价值的主观主义解释是不合理的，而客观主义的解释也是不实际的。[28]而且，我在前面提出了一些论证反对如下的观点，即机会之所以具有价值恰恰是有人评价它，对于我的论证有人可能会作出回应。有些回应依赖于把一个人当作自在目的看待到底意味着什么。[29]就当前的目标来说，前述反对意见足以能对将机会看成是卫生保健之善的概念提出质疑。

超越机会主义

如果我们反对把机会看成是善，那么我们至少还有两条路可走。一种是放弃最大化承诺，而支持一种次最大化形式的后果主义，如哈里斯在过去所描述的，或者甚至是非后果主义。另一种策略是更进一步地修正善的概念。哈里斯会声称福利和公平都是善。按照这种方法，一种合理的后果主义形式应包含了对这两种价值都看重。[30]

关于这种替代性方案，人们所说的比我在本文所说的多得多，平等待人意味着什么有很多种理解方式。[31]但是我必须指出，哈里斯认为，给予公平以一定的分量就能与他关于救生艇例子和医疗例子的直觉相符合，对此我深表怀疑。哈里斯在其他地方声称："平等原则要求应该给予每个人从卫生保健中受益的同等机会。"[32]如果字面地理解哈里斯，重视公平和平等要求我们给予每个人同等的被救机会。根据这种平等观，公平性就会要求，在决定是救大船里的人还是救小船里的人的时候，施救者应该掷硬币。[33]

我将把这些可能性暂时搁置起来。我不处理那些将平等看成是尊重人的非后果主义的

---

[28] J. Savulescu, "Rational Non-Interventional Paternalism: Why Doctors Ought to Make Judgements of What Is Best for Their Patients", *Journal of Medical Ethics* 21, 6 (1995 Dec.), pp. 327 – 331; 萨福雷斯库, "Liberal Rationalism and Medical Decision-Making", *Bioethics*, 11 (1997), pp. 115 – 129.

[29] 卡姆, *Morality*, *Mortality*, port 1 (Oxford University Press, New York, 1993).

[30] 布鲁姆, *Weighing the Value*, ch. 1.

[31] 见卡姆前引著作所举的例子。

[32] "More and Better Justice", p. 86. 布罗克（Dan Brock）也持此种观点, "Ethical Issues in Recipient Selection for Organ Transplantation", in D. Mathieu ed. *Organ Substitution Technology*: *Ethical*, *Legal*, *and Public Policy Issues* (Westview Press, Boulder, Colorado, 1988).

[33] J. M. Taurek, "Should the Numbers Count?", *Philosophical and Public Affairs*, 6 (1977), pp. 293 – 316. 在本文所引用的两部著作中，卡姆对陶立克所作出回应表明了，还有几种其他的非后果主义程序，如各种赌博和多数决定规则，它们都认为平等待人并不必然依照每个人都有同等的获救机会这一点。

文献。[34] 相反，我将提出一种最大化的后果主义形式，我认为这个形式更加接近于哈里斯心里所想的，并与哈里斯的关于他所举例子的直觉也是一致的。但是，首先，我们需要讨论行动理由与价值之间的关系以及行动理由和分配正义的关系。

理由与正义

行动的理由是一个事实或一种环境，它形成了一种充足的动机引导一个人去行动。知悉一个人的理由使得我们可以理解为什么他会如此行动。有一些解释性的或动机性的理由。例如，一个人购买彩票的理由也许是这样的事实，即他相信他这周是他的幸运周并且他想赢取一大笔钱。行动的理由可能是好的或坏的。例如，"他把他小汽车上的污染控制装置移掉的理由是他想减少汽油消耗，但那不是如此做的好理由"。当行动的理由满足某种标准，或者说，与管治那种行为的一套规范相一致时，这个理由就是好的。好的行动理由被称作行动的规范性或辩护性（justifying）的理由。在下文，我将只考虑规范性的（normative）行动理由，而不是动机性的（motivating）行动理由。

一个人得到医保资源的规范性理由与她得到医保资源的资格之间的关系是什么？为了对医保资源有一种显见的（prima facie）资格，那么有理由增进的状态必须是某种与健康有重要关联的状态，像重见光明或免除痛苦。但是这种资格所要求的比这更多。

公正关心的是，我们有好的理由为人们提供什么。比如，如果有好的理由去促进某种事态 P，那么一个人就能合理地要求促进 P。根据后果主义的一个版本：

C1：医疗保健的善满足了对某种与健康相关的状态的合理要求。

C2：正当的分配就是，这种分配可以将那些具有同等合理的、与健康相关的要求完全得到满足的人数最大化。

---

[34] 特别的，卡姆的多数决定原则（*Morality, Mortality*, pp. 116 - 117；"Equal Treatment and Equal Chances"）会为哈里斯关于救生艇例子和医疗例子的直觉提供辩护，如果得到治疗或被救的所有相关人的利益是同样的话。然而，我的疑问是对长脑瘤者进行治疗所得的利益（被治疗者有 50% 的幸存机会）是否与对阑尾炎患者进行治疗所得的利益（被治疗者有 100% 的幸存机会）一样。我将论证这两种行动理由有同样的力量，尽管两种行动的预期价值是不同的。卡姆衡量了稀缺医疗资源的不同分配的结果（至少是生命的长度，pp. 257 - 260）。她没有直接处理有关好结果的预断与几率。

称这种意见为基于理由的最大化的后果主义或简称为基于理由的后果主义。[35]根据基于理由的后果主义，下述要求是正确的：

C3：如果一个人（包括公共资源的分配者）有同等的理由去增进 p，q 或 r，而这个人只能够增进 p 与 q，或者 r，那么他就应该增进 p 与 q。[36]

C4：如果一个人 A 有同样力量的理由去促成 p，而另一个人 B 有同样力量的理由去促成 q，那么就有一样的理由去促成 p 和 q。这样，如果 A 有同样力量的理由去促成 p，而 B 有同样力量的理由去促成 q，那么公共资源的分配者 X 就有同样多的理由去促成 p，也有同样多的理由去促成 q。

假如有同样的理由救每一个人的命，那么把 C3 应用到救生艇例子就蕴含着我们应该救 13 人而不是 6 人。[37]C3 似乎显然是正确的。

C4 并不是那样显然正确，尽管我相信它是正确的。有一个例子对这种原则作出了恰当的表述，如果 A（他或她是一个职业的足球运动员）有同样多的理由要求受伤的膝盖得到救治，而 B（他或她是一个职业的网球运动员）有同样多的理由要求受伤的胳膊肘得到救治，那么对于公共资源的分配者来说就有同样多的理由去救治膝盖伤或肘伤。有一种观念是，理由具有某种力量，这种力量是由特定的环境决定的，因此这些理由适用于每一个处于相似处境中的人。对职业能力的适当发挥至关重要的一个关节的正常功能的恢复提供了一种理由，这种相同的理由决定了应当把资源分配给 A 和 B。

C4 是容易被误解的，它的范围会被过度延伸。例如，陶立克（J. M. Taurek）在一部经常被引的著作中论证了，如果救自己而不是救 5 个陌生人在道德上是可允许的，那么对于另一个人来说，他或她救一个陌生人而不是 5 个陌生人在道德上也就是可允许的。诉诸类似于 C4 的论断，人们也许（错误地）解释了陶立克：如果（1）对 A 来说，至少有同样的理由来救自己，也有同样的理由去救 B – F，那么（2）对公共资源分配者 X 来说，至少有同样

---

〔35〕 如果义务提供理由，这将成为一种非常广泛的后果主义，这种后果主义包含道义论（义务论）的大部分。一种相似的宽泛解释见 D. Sosa, "Consequences of Consequentialism", *Mind*, 102（1993），pp. 101 – 122.

〔36〕 当然必须假定 p 和 q 之间没有否定性的相互影响。我们将看到，C3 和 C4 关注的都只是理由的行动者中立（agent-neutral）的部分。

〔37〕 如果大船上的 13 个人都是将在下周死去的癌症晚期病人，而小船上的 6 人全是健康的，那么我们关于这个例子的直觉将会发生改变。

的理由救 A，就像有同样多的理由救 B – F。然而，从论断（1）并不能得出论断（2）。

陶立克的后果主义版本包含对那些与个体自己利益相关的结果的评价（A 救自己而不是 5 个陌生人是可允许的），并且与行动者中立的理由概念结合在一起。行动者中立的理由适用于处于相似情境中的任何行动者。行动者中立的理由无需从根本上涉及特定的行动者就能够得到说明。[38]行动者相对的理由，根据某些行动者与所促成事态的关系而适用于这些行动者，这种理由从根本上要涉及特定行动者的情况。譬如，我有理由救 X 而不是 Y 和 Z，因为 X 是我的孩子。然而，你可以有理由救 Y 和 Z，因为他们对你而言都是陌生人。你的理由是行动者中立的，而我的理由是行动者相对的。[39]

帕菲特反对说，陶立克虽然声称他所描述的是行动者中立的理由，但他实际上讨论的是行动者相对的理由。[40]A 有同样的理由救他自己，他也有同样的理由去救 5 个陌生人，从这一论断中我们能够得出如下结论，即任何人都有同样足的理由救他自己和 5 个陌生人。因此，从陶立克的论断（1）A 有同样的理由救 A，他也有同样的理由去救 B – F，我们至多只能得出（2*）一个公共资源的分配者有同样的理由救他自己，他也有同样的理由去救 B – F。[41]

我的论断 C4 涉及行动者中立的理由。在关节损伤修复的例子中，我所讲的是，如果存在有力的理由 R 给 A 治疗膝盖伤，以及存在有力的理由 R 给 B 治疗肘伤，那么就有同样的理由要求公共资源分配者为 A 治疗膝盖伤，就像有理由为 B 治疗肘伤一样。根据 A 和 B 所体验到的痛苦或不便应用这些理由。[42]

把 C4 应用到医疗例子上会支持哈里斯的直觉，即如果有同样的（行动者中立的）理由去治疗阑尾炎患者，也有同样的理由去治疗长脑瘤者，那么我们就不应当更偏爱阑尾炎

---

[38] 内格尔，*The View from Nowhere*（Oxford University Press，New York，1986），p. 153.

[39] M. Smith，*The Moral Problem*（Blackwell，Oxford，1994），p. 169.

[40] 帕菲特，"Innumerate Ethics"，*Philosophy and Public Affairs*，7（1978），pp. 285 – 301，esp. p. 287. 帕菲特在后来的著作 *Reasons and Persons* 中使用"行动者中立"这一术语。

这种区分在有些方面是无益的。所有的理由在某种意义上都是相对的，因为它们都是相对于环境的相关特征的，这些特征包括行动者的相关特征以及他或她的（社会）关系。然而，所有的理由也都是与行动者中立的，因为这些理由适用于处于这些环境中的任何行动者（而不管其身份）。这样，如果我有理由救我的孩子而不是两个陌生人，那么（在极相似的处境下）每个父亲都有理由救他的孩子而不是两个陌生人。如果你有理由救两个陌生人而不是一个陌生人，那么任何人就有理由救两个陌生人而不是一个陌生人。这些理由既是行动者相对的，又是行动者中立的。

[41] 在其他条件同等的情况下，它们也不是典型的，因为公共资源分配者对 B-F 有特殊的义务，而其他个体没有这些特殊义务。

[42] 当然还有其他的与行动者相关的理由，但是在此我没有提它们。

患者，而忽略那些长脑瘤者。有同样的理由去对待长脑瘤者与阑尾炎患者吗？行动的理由是如何与该行动后果的预期价值关联在一起的？

理由和价值

哈里斯转向了机会主义，在一定程度上是由类似于医疗例子的情境中的（人们广泛持有的）直觉所推动的。然而，我已经论证了，这种理论有反直觉的含意，而且对价值做了不合理的解释。哈里斯真是一叶障目，不见泰山。一种更好的解决方法就在于对理由与价值关系做一种全新理解。

大多数关于行动理由的讨论都假定了理由与价值之间是一种同步上升的关系：行动的预期价值的增长会导致实施这些行动的理由的力量发生大致同比例的增长。就是说，一个行动所产生的价值愈多，实施这个行动的理由的强度就愈大。[43]根据这种解释，那些长脑瘤者比阑尾炎患者具有更少的理由获得手术，因为他们得到好结果（好生活的延长）的机会只有一半。

然而，理由与价值会以一种不同的、非同步上升的方式发生关联。两者之间的关联会是一种升定平稳型的，一开始行动所增进的价值的增长会带来行动的理由的力量的增长，这种增长达到一定程度后，就会达到一种稳定状态，从而行动的价值量增加，但行动理由的力量不再增强。因此，如果被选择的行为的后果是足够好的，那么一个人就有最充足的理由实施该行为，尽管其他行为会促成更多的价值。

我在其他地方[44]论证了：根据帕菲特的批判性的当前目标理论（CP），理由与价值之间的关系是一种升定平稳型的。这个理论的核心特征是：

(1) 我们每一个人都有最充足的理由去满足自己一系列合理的当前欲望。

(2) 这些合理的当前欲望所构成的集合包括了那些如果我们知道相关事实并且清晰思考的话就会持有的欲望。

(3) 所有内在地不合理的欲望都要排除出这个集合。一个内在地不合理的欲望是

---

〔43〕 在本文我不在理由的强度（力量）、理由的合理性和理由的数量之间作出区分。

〔44〕 萨福雷斯库，"The Present-aim Theory：A Submaximizing Theory of Reasons?"，*Australasian Journal of Philosophy*，forthcoming.

一个绝不值得努力加以满足的欲望。[45]

(4) 所有合理要求的欲望都要包括进这个集合。合理要求的欲望是我们每一个人都有理由去寻求满足的欲望，不管我们实际上是否具有这种欲望。[46]

(5) 这个有关欲望的集合本身不是不合理的（例如，集合没有内在不一致的或有永远不能实现的偏好）。[47]

在其他地方，[48]根据批判的当前目标理论，我论证了如下几点：

- 如果一种选择或行动是合理的，那么这个选择或行动所增进的事态必须确实是值得增进的。也就是说，它必须促成某些客观上有价值的事态，如福利、成就、知识、正义等等。

- 被增进的事态必须具有一种预期价值，跟其他事态的价值相比，这种价值是足够好的。

- 如果为了某种更有价值、又相应不同的事态，而要求我们不要去关心那种本身就是很好的、客观上有价值的事态，那么这是不合理的。某些当前的合理关心本身就是足够好的。

因此，我说 CP 是一种关于行动理由的"次最大化"理论，也就是说，这种理论允许一个人能够有最充足的理由以某种方式行动，尽管其他行动可能会实现更多价值。一些哲学家提议说次最大化是合理的、道德上可接受的理论，[49]但是正如哈里斯所指出的，这种理论通常被证明为是不合理的。[50]我在此已经把理由与价值的关系描述为升定平稳型的而不是次最大化的，以避免跟一种次最大化的正义论发生混淆。它们是不同的，一个人（就像我一

[45] 帕菲特，*Reasons and Persons*, p. 122.

[46] Ibid., p. 131.

[47] Ibid., p. 119. 依据欲望和目标来构建 CP 具有潜在的误导性。CP 是一种关于行动理由的客观理论。正是目标所指向的对象的客观价值产生了理由。

[48] 萨福雷斯库，"The Present-aim Theory: A Submaximizing Theory of Reasons?".

[49] M. Slote, "Satisficing Consequentialism", *Proceedings of the Aristotelian Society*, 增刊, 58 (1984) pp. 139 - 163. M. Slote, *Common-Sense Morality and Consequentialism*, (Routledge and Kegan Paul, London, 1985). M. Stocker, *Plural and Conflicting Values*, (Clarendon Press, Oxford, 1990), port 4.

[50] P. Pettit, "Satisficing Consequentialism", *Proceedings of the Aristotelian Society*, 增刊, 58 (1984) pp. 164 - 171.

样）可以在关于个体行动理由的问题上是次最大化者，而在正义问题上是一个最大化者。

如果这样解释当前目标理论，它就会给予行动者现在实际上在乎的东西[51]以一定的权重。对于某个人来说，与他所能够增进的其他事态相比，有一种事态只具有更少的价值，那么他是否有最充足的理由去增进这个事态呢？

我已经在其他地方[52]论证了，他是可以做到这一点的。这里有一个例子。想像一下：彼特的妻子安德里亚成了一个酗酒者。如果彼特跟她待在一起，他就能够帮助她，他们的关系在某些方面是好的。但是这将是一种充满困难的生活，他们将不可能一起养育小孩。而如果他离开妻子，他可以去爱一个老朋友玛丽。他们的关系将是丰富的、充满幸福的，并且能够拥有孩子和恰当地照料他们。对彼特而言，爱玛丽可能会一直给他带来更多的价值。如果彼特选择继续与安德里亚生活在一起，那么他所提出的理由在一定程度上只能是，安德里亚碰巧是他当下正实际关心的女人。

我们假定：如果彼特离开安德里亚与玛丽在一起，那表明彼特的关切模型发生了改变，并且他将最在乎玛丽。如果继续与安德里亚生活在一起经过了彼特的合理性论证，那么彼特至少有同样足的理由爱安德里亚，就像他有理由爱玛丽。我的看法是，如果安德里亚就是彼特最在乎的那个人，那么彼特继续与安德里亚生活在一起是可以得到合理辩护的。

从理由和价值到正义

如果理由与价值的关系是升定平稳型的，那么这将对分配公正有重要的意义。设想只能获得下述条件：

(1) 公共资源分配者只能够增进 p 或 q，不能把两者同时增进。

(2) A 至少有同样的理由去增进 p（因为 p 就是她当下在乎的），就像她有同样的理由去促成 q（如果 q 是她将会在乎的）。

(3) A 会改变她的关切模型转而在乎 q（A*）。

(4) q 比 p 更有价值。

---

[51] 更多的例子见萨福雷斯库，"The Present-aim Theory：A Submaximizing Theory of Reasons?"
[52] Ibid.

　　如果 p 就是 A 最在乎的，且他有最充足的理由去促成 p，那么根据 C4，公共资源分配者就有最充足的理由为 A 提供资源以至于被促成的是 p 而不是 q，而如果这就是 A 所想的，这种做法就不与其他人的合理要求发生冲突。

　　有一个医疗例子。假如 A 必须在他的脊骨做手术。如果以某种方式做这个手术，就不会伤害到他的腿神经，但是 A 将很可能阳痿。如果手术以另一种方式做，A 就不会阳痿但有很小的左腿瘫痪的几率。A48 岁了，他看重他的生殖能力。他选择保护他生殖能力的手术方式。现在有可能出现以下情况：长远地看，阳痿比瘫痪更好些（我们假定是这样），保生殖能力的选择并未将预期价值最大化。然而，这种选择可能是 A 最有理由作出的。如果事情如此，公共资源分配者就不应该要求他做那种肯定能避免瘫痪的手术。

　　如果那种关切类型的对象是值得获取的，并且相对于其他选择是足够好的，那么公共资源分配者就不应该要求行动者改变那些对他们最重要的东西。但是，更不用说，不应该为了其他人所关心的将价值最大化，而要求行动者彻底放弃他们认为是最重要的东西（除非它是不值得获得的）。

　　设想现在可以获得下述条件：

　　（1）公共资源分配者只能够增进 p 或 q，不能把两者同时增进。
　　（2）A 有最充足的理由去促成 p，B 有最充足的理由去促成 q。
　　（3）q 比 p 更有价值。

　　如果前述论证是正确的，那么分配者能够有同样足的理由提供资源给 A 以促成 p，就像她有理由提供资源给 B 以促成 q。运用前面的例子，如果 A 和 B 同样地身体功能失调，A 偏好做保持生殖能力的手术，而 B 偏好做避免瘫痪的手术，那么分配者就不应该更偏爱 B 而不是 A，即使 B 的选择的预期价值更大。

　　C4 意味着：公共资源的分配者会有同样力量的理由帮助 A 达到 p（如果 p 就是 A 最在乎的）就像有同样理由帮助 B 达到 q（如果 q 就是 B 最在乎的），即使 q 比 p 更有价值。

　　这个原则有一些限制。当一个选择的预期价值大大超过另一个选择的预期价值时，我们就会被合理地要求去选择前者。因此，当轮到 A 在保生殖能力的手术和避免瘫痪的手术之间进行选择时，公共资源分配者并不被要求为 A 提供资源以让他得到无益的草药治疗，即使 A 强烈地意欲这种疗法。这样，治疗 A 的预期价值与治疗 B 的预期价值之间的差别必须在某个临界值或限定值以下，否则就更多理由去治疗 B。

如果 C4 及其含意都是真的，那么它们合在一起就会为哈里斯关于医疗例子的直觉提供辩护。我们能够为哈里斯找到其他支持吗？考虑一个相关的但稍许不同的例子。两个 70 岁的老人患有癌症，不治疗的话都将死掉。他们都深爱着他的家庭。在每一种情况下，他们的家庭成员都长大成人了，但是他们都很穷。每个老人都在试图决定是否为一种新的实验性治疗花掉他所有的剩余资产。如果他花掉了他的剩余资产，他的家庭的情况会更糟，而他给予这种情况很高的权重。如果治疗的话：

老人 A 有 1/50 的幸存几率。

老人 B 有 1/100 的幸存几率。

在一种真正的不确定状态里，他们都会问："我该怎么办？"让我们假定：他们每个人都决定在保全生命上碰碰运气。

现在，我关于这种情境的直觉是，每个老人都有同样的理由选择在保全生命上碰碰运气而不是保全他的家庭福利。每个老人都有同样的理由把财产传给他的家人。所以，尽管幸存的几率是不同的，但是对他们每个人而言，在继续活着上碰碰运气所提供的理由的强度是一样的。[53]

如果你没有这种直觉，即每个人在选择在保全生命上碰碰运气方面是同样地合理的，那么把相应的概率变成 1/50 和 1/51。在某个点上，概率太接近了，以至于在这种处境中任何差别与老人的理由都是不相关的。有一个概率范围，它们接近于 1/50，在这一范围里，概率上的细微差别与理性慎思是不相关的。比如，概率可能会降到 1/55 或 1/60 或 1/100 或 1/200。这里的关键就是，理由并不是那么极为精细，以至于对预期价值的微小变化都能有所感应。

再比较这两个老人与 C。C 患同样的病，有同样的财产，同样地关心他的家人。但是他只有 1/1 000 000 的幸存机会。C 与 A 和 B 在相关方面是不同的。如果 C 非常关心他家人的福利，他就不应该把钱花在实验性的治疗上。手术的预期价值太小，以至于他做手术的理由的力量相当微弱。

---

[53] 对这些直觉的另一种解释是：在每一种情况下，保命生命在价值上都要远远大于把财产留给家人，所以对人们来说，为什么选择不把财产留给家人，就不需要给出任何相对的理由。但是这对我而言似乎不是这么回事。在每一种情况下，把财产传给家人与尝试延长自身的生命所能给出的理由在力量上是大致相似的。这就是为什么每个人在此时都陷入了两难困境的原因。

更重要的是，一种行为的预期价值是足够好的，但它是否能够为采取这种行为提供辩护，这在很大程度上要依赖于其他行为的预期价值。如果 C 没有家人，他就有最充足的理由把钱花在治疗上。但我要指出的是，他的理由与 A 和 B 的理由并不是一样的。在决定把资源分配给 A、B 或 C 的时候，我主张的是，有同样足的理由提供资源给 A 和 B，但治疗 C 的理由要小一些。

回到哈里斯的医疗例子，是否有同等的理由来对待长脑瘤者与阑尾炎患者，这依赖于阑尾炎患者是否有同样的理由像长脑瘤者那样在寻求治疗。在此，哈里斯的直觉也许得到了论证。指出如下这一点似乎是合理的，即如果给长脑瘤者做手术有 50% 的成功机会，那么那些长脑瘤者就有同样足的理由如阑尾炎患者那样寻求治疗。他们能够合理地说，做手术是他们保全生命的唯一机会，50% 的成功几率就足够了。

这一原则的限制是什么呢？什么时候具有更少价值的选择跟其他选择相比是足够好的呢？卡姆的建议是："在决定谁或什么是一种善的竞争者时，只有那些同等的或近似同等的个体利益或权利彼此才是旗鼓相当的。"[54]她指出："某个人看重他自己的已经剪下来的脚趾甲，就像看重他的生命，我们不能认为这一事实……可以证明他的如下做法是道德上可接受的，即哪怕放弃脚趾甲能挽救生命，他也不想这么做。"[55]我们主观上通常会给自己的利益一定的权重，卡姆将此描述为对这种情况的一种客观约束。

比如，陶立克主张：阻止一个人失去她的手臂而不是阻止她去死可以是被允许的。[56]帕菲特通常被认为是赞同最大化的（p. 289），他否定了陶立克的主张。[57]他（很可能还有哈里斯）相信：有更多的理由去救命而不是救四肢。然而，有些人会选择不要命也不愿丢掉一条腿。一个脊椎骨出了严重问题的人选择一种有 10% 死亡可能的手术而不是选择做有 10% 可能失去一条腿的另一种手术，那么这个人是非理性的吗？得出这样的结论是很困难的。

卡姆同帕菲特和哈里斯是不同的。她声称，一个人更看重他自己的腿而不是另一个人的生命是理性的，尽管（引用帕菲特的看法）如果这同一个人选择放弃他的双腿以救另一个人的命，他也是理性的。我的看法是，保全双腿与保全生命为行动提供了同等的理由，而且它们分别这两个人来说都是很好的，因此他们都可以同等地要求获得医疗保健资源。一方面卡姆相信，失去四肢能够与失去生命相比，另一方面她又相信失去一只胳膊不

〔54〕 卡姆，*Morality*，*Mortality*，p. 148.
〔55〕 Ibid. ，p. 153.
〔56〕 陶立克，"Should the Numbers Count?"
〔57〕 帕菲特，"Innumerate Ethics".

能与失去生命相提并论。[58]在决定哪些选择跟其他选择相比是足够好的问题上还有更多的工作要做。

当然，在实际生活中，有很多情境超出了 C2 和基于理由的后果主义的范围。在资源不充足的情况下，并且我们有这么一群人，他们对这些资源都具有同等的合理要求，这些要求只能或者部分得到满足或者完全得到满足，那么我们应该怎么做呢？比如，我们能够救 A，让他多活 10 年，或者救 B，让他多活 10 年，或者救 A 和 B，让他们都多活 6 年。当结果可以进行比较的时候，如某人能多活 6 年或 10 年，我们就应当尊重个体的自主性：A（和 B）会更偏好选择再活 10 年，尽管这只有 50% 的几率，而不是选择肯定能再活 6 年吗？这里的问题是，再活 10 年的 50% 的几率是否能与肯定再活 6 年提供同等的行动理由，我相信这只是一个个人判断的问题，这个判断应该尽可能得到考虑。

第二，在不是所有的个体对于资源的要求都同样有力的情况下，该怎么办？例如，我们能够救 A，从而 A 再活 10 年，或救 B - Z，他们都再活 6 个月。我们在此至少有两种选择：

优先论观点 对于那些最有理由得到挽救的个体来说，我们应该首先满足他们。[59]

累加论观点 我们应当给那些并不是那么合理的要求以某些较小的权重，并且这些要求能够相加在一起。

优先论观点对我更有吸引力，但我不打算在此为它做论证。

---

〔58〕卡姆，*Morality, Mortality*, p. 154. 她说道："一只胳膊与一条命不可同日而语。"

如果卡姆的方法是非后果主义的，那么我的就是后果主义。我们的看法在其他方面也不同。根据卡姆所喜欢的利益分析、主观主义，由于 A 和 B 的损失是差不多的，所以，A 所失去的对 A 来讲是重要的，如同 B 所失去的对 B 而言的重要性（这些损失在客观上是差不多的，ibid., p. 154）。根据卡姆的看法，如果 A（他更斯多葛主义）碰巧比 B 更少在乎失去双腿，尽管 A 也非常想留住双腿，那么，公共资源分配者就有理由优先考虑 B，因为 B 的损失对 B 而言更重要。根据我的看法，在极类似的情况下失去双腿提供了同样的行动理由（如果一个人更在乎那种损失而不是其他选择带来的损失）。在救生艇例子中，我们的看法也有差异，因为卡姆的利益分析、主观主义要求每个人都应该被给予同样的机会或比例适当的机会（ibid., p. 156）。

〔59〕这仍然是后果主义的一个版本吗？我不确定。情况也许是这样的，即具有不同力量的合理要求的满足都是不能比较的善，但后果主义能够提供一个诸善的词典编辑式的优先顺序。那就是说，如果 A 和 B 是不能互相比较的善，并且 A 对于 B 有一种词典编辑式的优先性，那么我们就应该先将 A 最大化。

机会主义的后果主义，抑或基于理由的后果主义？

基于理由的后果主义避免了哈里斯的论证中的一个荒谬的含意：过上好生活的几率无论多小，它都可以为要求资源提供辩护。因此，在医疗例子中，如果那些长脑瘤者只有0.1%的幸存机会，那么偏向阑尾炎患者就是适当的。相对于救治阑尾炎患者的确定性来说，这一几率实在是太小了。

值得指出的是，基于理由的后果主义不能避免哈里斯对功利主义所做的一个批评：即功利主义者都是经济主义者。但是，正如我在前面所指出的，哈里斯所偏好的解决方法，即机会主义的后果主义也不能避免这种批评。只要我们的目标是实现人们对于公共资源的合法要求之满足的最大化，那么经济主义就是不可避免的。依据治疗的花费就把一个人纳入一个群体，这就像某人碰巧发现自己就在小救生艇上，也就将自己纳入这一个群体，但出于环境的原因，公共资源分配者没有足够理由救这个群体而不是其他群体。

结语

哈里斯论证了，功利主义在追求福利最大化的时候不公平地忽略了一些人的要求。在他最新的著作中，哈里斯建议，医生应当停止根据预断而赋予某些病人以优先权。哈里斯论证了，卫生保健的善就是机会。然而，我已经论证了，有几种不同的理由都可以说明这种方法是有问题的。我已经提供了一种不同的方法，即基于理由的最大化的后果主义。我也论证了，正义包含了给予个体理由以及那些可预期为善的东西以一定权重。根据我赞同的正义概念，公共资源分配者应当寻求把人们对医保资源所提出的同样合理的、与卫生保健相关的要求之满足最大化。然而，理由本身并不是以一种同步上升（最大化）的方式与行动的预期价值联系在一起，而是以一种升定平稳的方式（次最大化）联系在一起。尽管救两个人中的任何一个所产生的预期价值是不同的，但还是有同等的理由去救他们中的任一个。这种方法要求我们更偏向那些预断前景更好的病人，而不是那些预断前景糟糕得多的病人，但是如果他们的预断前景差不多，那么要求我们给那个预断前景最佳的病人提供治疗就是不合理的。

权利、间接功利主义与契约主义

阿兰·哈姆林 著 陈江进 译

一、导论

作出社会评价与决策的经济学方法本质上通常是帕累托式的或功利主义式的，所以总是表现为福利主义与后果主义。[1][2]有许多文献对经济学方法和其他以权利为基础的社会哲学进行了比较，总体上可以分为两类。第一类关注权利与被看成是独立的道德力量（如关于帕累托自由的可能性的争论[3]）的功利主义（或帕累托主义）之间的相容性。这类文献可以描述为目的论与义务论方法之间更为广泛的争论的一种表现。第二类涉及实质性的权利是否可能根基于功利主义（或帕累托主义），以及权利的道德力量是否可能从更基本的对福利主义与后果主义的承诺中派生出来。这类文献可描述为对目的论方法之灵活性的探讨，特别是，它是否能产生出一些与通常义务论的方法更为相关的观点。本文所研究的是第二类文献。

在争论的时候，有一种观点流传甚广，即直接的后果主义与福利主义推理模式并不会认为权利是一种实体性的东西，而只是一种"社会性的有用的幻象"，[4]我将在第三部分为此提出支持。最近，有许多人力图论证，直接的后果主义与福利主义虽然在权利问题上

---

〔1〕 在相关文本中有关福利主义与后果主义的定义及对它们的一般性讨论，请参见森（1979a，1979b，1985，1987）、威廉斯（1973），以及森与威廉斯（1982）一书的导论。

〔2〕 哈梅林（1986）对经济学方法及其与权利的关系提供了一种批判性的概述。

〔3〕 关于这一争论，参见森（1970，1976，1983）以及那里的许多参考文献。

〔4〕 罗尔斯（1971，p. 28）。关于这一立场较有影响的论述，参见莱昂斯（1980，1982）。

很明显会失败，但间接后果主义与某种形式的福利主义能够成功地应对这一问题。[5]我想论证，在间接福利主义与后果主义的逻辑中寻找实体性权利的根据，最终也会失败，但是这种失败有一定的指导意义，因为它能为权利提供一种更为契约主义式的辩护，而这有可能会成功。[6]

我在威廉斯（1973）及其他一些人（格雷，1984；帕菲特，1984；雷根，1980；萨姆纳，1987）的意义上来使用间接的后果主义与福利主义一词来表达一种策略，这种策略包含了对不同分析层次的认识，直接后果主义或福利主义基本上或者也只有在最高的与最抽象的层次上才是恰当的。在这种批判层次上对基本原则的直接应用被证明为可以给某种不同的、附属性的原则在较低的、实践层次上的应用提供支持。间接功利主义的证明能为实体性的权利提供支持，也就是在批判的分析层次上对功利原则的适当分析会导致在实践层次上采纳实质性的个体权利。本文所要驳斥的正是这种普遍形式的证明。间接的后果主义或福利主义的策略虽然可能与间接功利主义是不一样的，但我的论证想要超越所有这些间接式的策略，尽管在论证时为了图方便在有些地方我明显只注重那些更为狭义的间接功利主义策略。

我的讨论中首先包含了这样一种区分，即在社会评价时权利的作用与在决定行为时权利的作用是不同的。为了澄清我对"实质性的"权利的解释，在这些作用当中，针对权利的地位我将会利用某种有些新奇的分类法。在下一部分，我将提供有关这个论证中的一些具体的要素。然后，在第三部分，我将描述权利与直接后果主义与福利主义立场之间的紧张，并指出那些可以用来避免这些紧张的策略。对包含了间接福利主义与后果主义的那些策略的批评包含在第四部分。在第五部分，我将考察达到权利的契约主义式的方法，并表明间接功利主义方法所面临的那些批评对它可能并不适合。

二、权利的作用与地位

近年来有大量的文献都在对权利进行分析，很明显，这导致想对权利概念的本质进行

---

[5] 例如，参见吉柏德（1984）、格雷（1984）、格里芬（1984，1986）、黑尔（1981）、麦基（1984）与黑尔（1984）之间的争论、哈桑伊（1985a，1985b）、佩蒂特（1988）与萨姆纳（1987）。

[6] 关于权利的其他的契约论视角，参见布坎南（1975）、高希尔（1986）、哈梅林（1986，1989）、纳维森（1984）、罗尔斯（1971）与萨格登（1986）。对功利主义与契约主义之间的相关比较，参见格里芬（1986）与斯坎伦（1982）。

界定存在着极大的困难。幸运的是，在那些文献中所碰到的大多数困难对于本文来说关系不是太紧密。更确切地说，我只关心权利分析的两个方面——它们的作用与地位——对此我在后面将做更详细的讨论。我不需要准确地说明权利的其他方面，我将采纳霍菲尔德（Hohfeld）在要求权、自由、权力与豁免权之间所做的区分，并根据这些范畴来进行讨论。作为一种替代性方案，我也可以采纳萨姆纳（1987）所做的区分，他把权利分为作为被保护的选择之权利（protected choices）与作为被保护的利益（protected interests）之权利，我将在这种区分上利用权利一词。还存在着一些其他的可能性：例如，在许多地方，人们通常用的都是义务一词，而并不是权利。然而，在整篇文章中我只谈权利（在那些需要进一步的界定来澄清讨论的地方，也会偶尔出现了例外），而让读者自己来提出他们所偏爱的定义。我这样做的原因在于，我相信这里所提出的论证——有时也需要做些小的修补——适用于对权利概念所做的更广泛的解释，我希望在那种更一般的背景中来解读这种论证。

但是我必须更详细地考虑权利的作用与地位。我将直接区分权利概念所能发挥的两种作用（这并不是想要排除其他可能的作用）。第一，权利可能会直接包含在社会状态的评价中，例如违犯某种特殊的权利可能会影响到对社会的评价，而根本不需要考虑这种违犯所带来的进一步后果。[7]我称这种情况为权利在评价中的作用。第二，是关于在决定行为时权利的影响，例如某种特殊权利的存在可能会影响到个体的行为选择，而根本不需要考虑这种行为所带来的进一步后果。我称这种情况为权利在决策中的作用。

这些作用中的任何一种都需要进一步的界定。直接后果主义——它认为对行为所作出的决定只能根据对社会状态的评价（或预期的评价）来作出，而这些社会状态本身又是作为这些行为的后果而出现的——很明显施加了一种限制，即在作出决定的作用中权利的地位是由它在评价作用中的地位所决定的，那么在这两种背景下权利的地位可能是等同的。但是只要这种强形式的后果主义在一定程度上会遭受我们将要谈及的那些质疑，那么不能在一开始就施加这种限制。因此，在作出决策的背景中权利的地位从概念上讲与在评价的背景中权利的地位并不是相互依赖的。

地位从本质上说是一种量化的概念。无论在评价还是在作出决定中，权利的地位都可以被认为处于从零到无限的这样一种连续体之上。我想把这个范围分为四个领域。对权利

---

〔7〕 我将遵照传统的做法，如果对权利的违犯可得到辩护，我就称为侵犯（infringment），如果不能得到辩护，我就称为违背（violation）。当辩护悬疑不定的时候，我就用违犯（transgression）。

的地位所提出的这种分类法着重的是连续体的两端以及关于中间的两种可能的解释。

有一种极端的观点认为，在作出决策的背景下，权利对行为作出了完全的约束。在评价的背景下相同的观点认为，所有的权利都具有相同的无限的价值，相较于其他价值，它们具有绝对的优越性。根据这种观点，权利不仅是"王牌"——每一种权利都是相等的王牌。我将分别称这种关于权利地位的观点为**约束权利**（constraint rights）和**绝对权利**（absolute rights）。[8] 很明显，对绝对权利与直接后果主义的承诺暗含了对约束权利的承诺，但是还有其他的方式可以达到约束权利的观点。

在我所提出的这种分类法中的另一种极端观点认为，在作出决策的背景中，权利只是会导致那些通常被认为是好的选择——以格雷（1984，p. 74）的话说，（译者加：所谓"好"只是）"功利计算的投影"。在评价的背景下相同的观点认为，权利不具有内在价值，只能完全根据对价值进行工具性的计算来看待。作为术语学的问题，我将分别称这些有关权利地位的观点为**指导性权利**（guide rights）与**工具性权利**（instrumental rights）。

通常来说，大多数人感兴趣的还是对中间路线的处理。在评价的背景下，这里的第一种可能性根据森（1982）的观点可以称为**目标权利**（goal-rights）的方法。目标权利的方法将对权利的遵守看成是一种目标，这种目标与其他目标是可以进行权衡的，且所有这些目标都有助于社会价值。似乎每一种权利都带有一种道德的保留价格（reservation price），它能确定因侵犯这种权利本身而对社会价值所造成的损失的范围。将权利描述为目标权利很明显能为它们在评价中提供一种独立的地位，反对认为它们只是一种工具性权利。如果绝对权利被认为是相等的王牌，那么目标权利就像其他的扑克牌，在打牌时，每一张牌都具有特定的面值，而没有绝对的王牌。

在森一开始的运用中，目标权利系统在评价性的与作出决策的作用中都能发挥作用。森特别想表明，在评价性的层次上，目标权利的观点足以为后果主义者提供好的理由使其也能在作出决策的层次上严肃地对待权利。考虑到这里的不同目标，我必须脱离这种用法。我将称在作出决策的背景下这种相同的观点为**补偿权利**（compensable-rights）的观点，它表明决策者将在作出决策时要进行计算，把权利的有限价值进行权衡，如果要违犯某种权利，除非从这种行为中所获得的利益足以补偿所有的损失。

在评价的背景下，另一种有关中间路线的方法可称为限制性的绝对权利（restricted-absolute-rights）方法。这种方法从名称上来看非常繁琐，它可以区分出两组不同的论证，

---

[8] 关于绝对权利的这种用法与范伯格（1978）那里的用法是一致的。

并指出，对一组论证来说，权利是绝对的（如具有绝对的优越性），但对另一组论证来说，权利不能为自己提供有效的保护（甚至根本就没有保护）。在每一组中论证的具体说明是什么，详细的立场可能各不相同，但是它们都有一种共同的观念，即权利相比某种限制性的领域具有绝对的优先性。根据这种方法，限制性的绝对权利可能看成是在某一领域中持有绝对权利观点的结果，或者是在互补的领域中持有工具性权利或目标权利的观点的结果。由于这些明显的原因，我将称在作出决策的背景下这种相同的观点为**限制性的约束**（restricted-constraint）方法。

限制性的绝对权利的方法认为权利的价值超过了某些种类的论证，而不论它们的分量；目标权利的方法认为权利的价值超过了某些论证的分量，而不管它们的种类。根据限制性的绝对权利的方法，附属于某一特殊权利的道德上的保留价格并不是只有唯一的方法进行界定，而是可以界于零到无限之间随意变化，这取决于所作出的精确比较。

表一总结了我们这里所作出的分类法。权利地位的分类（或者在决策中或者在评价中）均可以还原为这四种类型之一或者它们的某种结合方式，从这一方面讲，这种分类法是非常全面且彻底的。表一的每一行都表明了由直接后果主义所暗含的关于评价与决策之间的联系，所以对直接后果主义的承诺将这两列紧密结合在一起。

在陈述了这一分类之后，作为总结，我们有必要对它所确定的范畴与在文献已经确立的一些观点之间的关系做些评论（见表1）。

表 1　权利的作用与地位

权利的地位	权利的作用	
	评价	作出决定
	绝对的	约束的
	限制性的绝对	限制性的约束
	目标性的	补偿性的
	工具性的	指导性的

诺齐克对权利的界定似乎为约束性的权利提供了一种清楚例证，同样也是非后果主义观点的例证，它允许将权利在评价中的作用与在作出决策时的作用区分开来（诺齐克，1974）。正如森（1982）所指出的，诺齐克的观点是，"权利直接影响了行为判断——也只是行为的判断——而不是首先嵌入在对事态的评价中，然后再通过行为与事态之间的后果联结而影响对行为的评价"（p.5）。然而，诺齐克（1974，p.30n.）指出，在"道德灾

难"的威胁下，权利有时也是可以侵犯的，这表明权利也并不是严格意义上的约束权利，它也允许有某种程度的后果主义论证。如果诺齐克的看法是，权利只是在正常的情境中才是约束性的权利，那么它作为**一种**论证（**道德灾难**）是否可以解释非正常的情境或论证的**分量**（道德**灾难**）就是一个问题。如果是前者，诺齐克式的权利可以被认为是许多不同的限制性的约束权利，它同限制性的绝对权利的方法有一定的后果主义关联。如果是后者，诺齐克式的权利会成为补偿权利方法的某种特殊情况，在这种情况下，所有权利都被认为具有很大的保留价格或分量，且它们是等同的，不过放弃某些权利以换取其他目标的逻辑在原则上还是可以接受的。

莱昂斯（1980）提供了一个例子，它可以用来进一步揭示将权利界定为隶属于正常情境要求的约束性权利所存在的困境。这个例子讲的是，玛丽有权利利用或不利用她的私人车道，那么作为结果，其他人就负有责任不要阻塞通道。莱昂斯（1980）指出，"救护车的司机在发生紧急求援的时候在没有得到玛丽的允许的条件下阻塞了她的私人车道，这也是可以得到辩护的，但是这只是特殊情况"（p. 21）。但是，是什么东西使其成为一种特殊情况呢？有两种可能性：第一种是与玛丽的同意这一前提是相关的。救护车司机不可能预先切实得到玛丽的同意，所以他——在合理推理的基础上——相信玛丽肯定会同意，然后他据此采取行动。这可能能够很好地解释司机的行为。但是这只能在关于玛丽的信念确实是真实的情况下，司机的行为才是可以得到辩护的，在这种情况下，我们可以说权利既没有受到侵犯也没有违背，而只是一种预期的而已。

第二种可能性与我们目前所关注的具有更为直接的联系。救护车司机的情况之所以特殊仅仅是因为他的要求压倒了玛丽的权利，因而表明玛丽的权利根本就不是什么约束性的权利。与一般的诺齐克式的权利一样，权利实际上是一种限制性的约束权利还是一种补偿性的权利的问题还是依然存在，但是它模糊了这样一个重要的问题，即权利"在正常情况下是一种约束性的权利"。这一点对接下来的内容有一些重要性，但就目前来说，我们仅同意范伯格的看法："如果权利是绝对的，那么当我拥有它的时候，别人在所有情况下以适当的方式对我都负有一定的责任，而**没有任何例外**可言。"（p. 97；强调标记是原有的）可以将这一点扩展到非后果主义背景下的约束性权利上。

德沃金对权利的描述通常使得人们认为他的立场与诺齐克是一样的。[9]实际上，根据德沃金如下一段有名的论述，将它归入约束性权利（绝对权利）的范畴似乎是合理的，

---

〔9〕 关于赞成德沃金与诺齐克的观点之间存在相似性的论证，参见佩蒂特（1987）。

他说："个体权利是每个个体所持有的政治王牌。个体都拥有权利，当集体的目标出于某种原因想否认作为个体所希望拥有的东西或希望去做的事，这都不能得到充足的辩护。"（德沃金，1997，p. xi）然而，深入阅读之后会发现这种归类是有问题的。回忆一下德沃金的专用术语——**原则**（principle）是建立在权利之上的论证，而**政策**（policy）是建立在集体目标上的论证。我们发现："权利远不是绝对的；一种原则可以屈从于另一种，或者甚至会屈从于某项紧迫的政策，与政策相关的原则在具体问题上会彼此发生冲突。假如权利不是绝对的，我们可以根据它承受这种冲突的力量来确定它的分量。"（德沃金，1977，p. 92）这强烈地表明了，德沃金的权利观更应当被归为一种目标权利或补偿权利，在这种观点中，一些保留价格或分量可能是无限的，但是还有一些很明显是有限的，而且可以与其他价值进行比较。明确地引用德沃金有关不同的权利分量以及原则与政策的可比较性的观点，我们就不可能把他的立场解释成一种限制性的绝对权利或限制性的约束权利。

罗利与皮科克（1975）提供了一个清楚的例子表达了有关限制性的约束权利的方法，他们论证说，权利是绝对的，根据诉诸集体的或非个体的目标的论证，权利也是不可衡量的，但是为了尊重更大的权利，它们也是可以侵犯的。相比德沃金的观点，这种观点与通常关于王牌的隐喻更为符合，因为每一种权利相对于非权利来说都是王牌，但是它们同时在王牌系列的范围内还具有一定的等级性。

三、福利主义、后果主义与权利

我已经指出直接后果主义的力量就是将表一的两列紧密地联系在一起。直接福利主义也具有同样简单的解释，因为它在关于评价的背景下加强了工具性权利的观点。

我在这里采纳关于福利主义的标准解释作为一种要求，即个体福利衡量的矢量穷尽了在任何特殊的世界状态中所贮存的伦理上相关的信息，这种矢量对每个相关的个体来说都只有一个要素。[10]以这种方式进行解释，福利主义就很明显既包含了通常所称的个体相关性原则（the principle of individual relevance），它可以粗略地表达为这种原则，即某物是善的也就是对某人来说是善的（哈梅林与佩蒂特，1989）；同时也承诺了福利可以在个体

---

〔10〕福利主义的这种用法与森的用法稍微有些不同，他强调功利相比福利是一种更具限制性的概念；例如，参见森（1987，pp. 45 –47）。对其他的福利概念的讨论，参见格里芬（1986）。

内部进行衡量。关于福利主义的另一种解释，它认为个体内部的比较是不可能的——有一系列的福利种类——对此我们将在本部分的后面给予考虑。

下面的论证表达了那种强调工具性的权利观的福利主义。个体相关性原则否认权利具有任何内在价值，且其能超过在个体福利中所反思的价值。这很快就排除了在评价中存在目标权利地位的可能性，因为目标权利的表达要求权利具有内在价值，而这又要求一种价值定位而不是个体的福利。那么，个体内部的可衡量性否认了以下可能性，即认为由遵守权利所产生的福利从排序上讲要优先于从其他来源所派生的福利，而这反过来又否认了在评价中存在绝对的或限制性的绝对权利的地位的可能性，因为在评价中有关这些权利地位的观点依赖于存在可将优先性进行排序的模式。因此，只要福利主义排除所有其他的可能性，那么它就暗含了在评价时有关权利的工具性观点。

直接福利主义在评价的背景下将会把权利降低到最小的地位。那么直接后果主义也将会在作出决策的背景下加强保留那种最小的地位。有许多论证想要表明直接功利主义不能为实质性的权利提供根据，则这正是所有这些论证的基本结构。不过，有人通常指出对功利主义的相关批评是它"不能严肃地对待人与人之间的差别"（罗尔斯，1971，p. 27），所以它不能"正确地看待权利，并考虑它们的不可违犯性"（诺齐克，1974，p. 28）。这种批语路线认为，功利主义包含的聚合性因素使得它不能严肃对待权利。例如，格雷（1984）写道："作为加总性原则的功利与关于权利与正义原则的分配性的本质之间存在着不对等性……表达出在道德原则的力量之中存在着一种最基本的分裂……从功利主义中不可能派生出基本权利正是这一基本分裂的后果。"（p. 74）由于承认格雷所担忧的这种分裂的重要性，所以就把不能从直接功利主义派生实质性权利之根据建立在这种分裂之中，这似乎是不合适的。

严格的帕累托主义是一种伦理立场，它根据矢量优势（vector dominance）的标准来评价各种世界状态，所以状态 A 从社会角度来讲优于状态 B，那么至少有一个人相比 B 来说他更偏好 A，而根本就没有人偏好 B 胜于 A。在完全没有这种优势状态的情况下，就可以宣布完全没有可比较性。帕累托标准在出现个体功利时才能够进行界定，这些功利可以是序数的（ordinal）或者是基数的（cardinal），也可以允许人际比较或不允许人际比较。[11] 帕累托标准本身并没有运用人际比较，所以也就并不要求存在任何对总体福利进行加总的

---

〔11〕 关于福利的衡量与人际比较的各种假设的讨论可以在达斯普里蒙特与格沃斯（1977）与罗伯茨（1970）那里找到。

方法。只要帕累托标准保留了对福利主义与后果主义的承诺，那么重新考察是否能够从直接的帕累托式的论证中为权利寻找根据就具有一定的指导意义。为了准确起见，我将根据霍菲尔德的自由（或者，看成是一种被保护的选择的权利）来详述这一考察。很明显的是，论证中的一些小小的变化都将会使结论扩展到其他的权利概念。

请考虑，A 对 X 拥有权利给予了 A 在 X 上具有权威，其他人想对 X 行使权利就会受到一定的限制，正如其他人的有限权利会对 A 形成限制一样。如果这种权利不仅仅是一种指导性的权利/工具性的权利，我们必须认识到权利至少具有两种更深入的特征。第一，A 具有那种权利，A 就必须在涉及 X 时有某种真实的选择。当范伯格（1980）发现"拥有某种权利通常也就是具有某种斟酌权（discretion）或在进行选择时有没有实行它的'自由'"（p.156），[12] 它就明确地指出了这一点。第二，关于 A 具有那种权利，我们必须认识到 A 与 X 处于一种关系之中，这种关系与存在于 B 或 C 与 X 之间的关系是非常不同的，因为 B 和 C 对 X 并没有权利。

帕累托式的价值判断并不能为这种实质性权利的必要特征提供基础。为了明白这一点，我们只需要指出帕累托主义告诉我们，X 对对象 B 或 C 的作用（如减少了 B 或 C 的功利）并不能通过相关标准，所以不能通过直接的帕累托式的话语而得到确证。这里的问题并不是帕累托主义与实质性权利的存在是不相容的，而是帕累托主义自身并不能为实质性的权利提供根据，因为在 B 和 C 的利益受到伤害的情境中，它不能在 X 问题上给予 A 以斟酌权。这种情境通常在帕累托的意义上都是不可比较的。

这种论证表明，帕累托主义尽管为人与人之间的不可比较性的严格模式留有余地，但它不能为实质性的权利提供一种直接的基础，这一论证同时也表达了一种更为一般的命题，也就是福利主义与后果主义无论在评价中还是在作出决定中都可以将权利降低到最小地位，而无须考虑那些有关加总的观点。

从这样一种整合了直接福利主义与直接后果主义的立场出发——所以将我们置于表一的最底行——在力图更严肃地对待权利问题上，我们应当采取什么样的策略呢？有三种策略。第一种策略就是否认对福利主义的标准解释。这里有两种有意思的可能性。其一就是与个体相关性的原则断绝关系，相比在对个体福利的衡量中所反映的价值，我们承认权利具有内在价值，从本质上讲，这是森在目标权利的表达中所采纳的策略。

---

[12] 同样，"正如我们所见，权利具有如下功能，它能保证拥有它的人在特定领域具有衡量的自主权"（萨姆纳，1987，p.150）。同时参见范伯格（1970）。

其二就是转向对福利主义的另一种解释，我将称之为**多元式的福利主义**（plural wel-farism），它是由如下观点所推动的，即存在着许多在质上不同的功利种类（赖利，1986，以及那里的参考文献；森，1981）。根据这种解释，每个个体都可以描述为一种福利指标的矢量，社会福利就根据这些矢量所得的矢量进行界定。在这种背景下，我们似乎可以建构一种论证，由于与权利要求之满足相关联的是功利的**种类**，而不是功利的**数量**，权利从而具有特定的重要性。

一种独特的关于权利的多元福利主义的解释必须断言，由权利要求的满足所产生的福利种类相比其他的福利具有绝对的重要性。对重要性进行排序的要求最后导致权利具有绝对的或限制性的绝对的地位，但是我将指出要想得到令人信服的论证还是有所欠缺。

如果这种论断只是关于事实的论断——人们实际上都是这样看待他们自己的福利的——那么它只是为适用于直接福利主义的任何一种解释的权利提供了一种偶然的支持。如果个体的功利所起的作用只是满足了恰巧能提供更优福利的权利要求，这种**更优性**既可能是质上更优也可能是量上更优，那么这种权利要求就能得到支持。但是这种偶然性并不能为绝对的或限制性的绝对的权利提供一种福利主义的（或多元福利主义的）的基础，因为关于为什么个体将（或应该）认为一种福利比其他福利具有绝对的优越性，我们提不出什么论证。有人认为福利的有些方面在个人内部是不能进行比较的，为了反对这一点，格里芬（1986）提供出许多论证。

另一方面，如果这种论断只是涉及某种社会福利函数运用个体福利数据的方式，那么关于权利的多元福利主义的解释也不能在福利中为权利找到根据。这里的问题是，不可比较性的结构被置于个体之上，而其本身并没有奠基于福利。这在赖利（1986，pp.235 – 237）那里表达得特别清楚，在他那里，福利的矢量观被看成是一种非道德的框架，任何特殊道德的"护卫者"都可以将这种道德置于这种框架之上。在这种背景下，多元福利主义能够提供一个出发点，在此基础上努力将可能被视为独立的道德原则的实质性权利整合到另一种福利主义的立场中来，但是这不能认为它为从直接福利主义中派生出实质性权利提供了什么新的论证。

无论是做正常解释的直接福利主义还是做多元解释的直接福利主义，它们都不能为实质性权利提供根据。绝对的或限制性的绝对的权利都要求为某种特定形式的个体内部的不可比较性提供一种一般性的论证，但要提供这样一种论证，前景似乎非常黯淡。目标权利要求放弃个体相关性的原则。对许多人来说，这个代价可能太高了。不管怎样，包含着否认福利主义的标准解释的策略在本文中都将不会再做探讨。

第二种策略包含了对后果主义的否认，使得在作出决策的背景下权利的地位与评价背景下权利的地位出现了很大的分离。这种策略的一个变种就是针对权利的契约式的方法，它所关注的是从人们相互达成的同意中产生实质性权利的可能性，而不是从关于整体社会状态的某种评价中产生实质性权利。我将在第五部分对这种策略再做进一步的探讨。

第三种也是最后一种策略在这里可以看成是从直接福利主义与后果主义向这些原则的间接形式的一种转变。这种策略构成了下一节所要探讨的主题。

四、间接功利主义与权利

任何为实质性权利提供支持的间接功利主义的论证，其第一步都是要认定直接功利主义的立场在某种程度上是自我挫败的，因此将功利原则作为作出决定的实践原则所产生的结果从同一原则来评价并不是最大化的。格雷（1984）清楚地表达了这一点，他指出："间接功利主义体现并指出了一种明显的矛盾，即通过采纳将功利最大化的策略并不能获得功利最大化。实际上，它的核心论点是，如果我们采纳一些实践规则（practical percepts），这些规则可以为我们在追求功利时所采纳的政策施加约束，那么功利才能最好地得到提高。"（p. 74）[13]

当赞成间接功利主义的一般性论证确立起来后，下一步就是要将这种方法与实质性的权利联系起来。论证的第二步必须表明，作出实践决定的规则是由对功利原则的批判性思考中所派生的，它们包含了权利，在作出决定时这些权利的地位超过了指导性权利的地位。

人们普遍认为，对间接功利主义的一些解释将在一种论证的基础上产生权利，这种论证可避免不确定性与错误，这些权利在真正的功利主义的行为过程尚不清楚的情境中是应当受到尊重的。这些简单的经验性的权利（rights of thumb）在充满不确定性与错误的世界中具有很大的实践重要性，但是它们并不能比目标权利获得更大的地位。萨姆纳（1987）强烈提出这种论证，与他不一样，我想考虑关于间接功利主义论证的最近两种路线，它们都断言能为给予权利以更多的实质性，而不仅仅是目标权利。

第一种论证来源于一种策略互动。在如下情境中，即个体决定的后果依赖于同时出现

---

[13] 对可能自败的理论的更一般的讨论，参见帕菲特（1984）。

的其他人的决定，那么就会出现协调一致或其他策略性的问题，要从不受约束的个体行为中产生社会最佳的后果，这是非常困难的。有关这一情境的经典例子是囚徒困境、懦夫赛局（the chicken game）与鹰鸽博弈（the hawk/dove game）（参见艾尔斯特，1984；谢林，1960；萨格登，1986）。在这种背景下，社会规则或习俗就会出现并发生作用，对个体的行为产生约束，从而可能避免次优化。但是将规则解释成一种事先承诺（precommitment）并不能保证能将这种本身就可能存在问题的规则在作出决定时提升到一种实质性的地位，而不仅仅只是一种指导性地位。实际上，事先承诺策略的本质是，我现在采取某种行为，它能保证只要我按照特定的行为过程或规则去行为将总是符合**我的利益**的；我不遵守那条规则是因为我相信那种行为具有内在价值，或者因为遵守规则的论证无论如何与其他论证是不可比较的，但是其实只是因为**考虑到我以前的行为**，我这样做是符合我自己的利益的。一种完全可信的事先承诺具有如下特征，即使作出决定的人在每一种情况下对后果都能作出全面的评价，他或她会发现按照规则来行为总是最大化的。

这就是来自于策略互动的论证，格雷为权利作出了间接功利主义式的辩护，其核心就是这种论证。[14]他论证说，直接功利主义的计算将会消解习俗性的实践，而这些东西对于社会合作来说是非常必要的，这些实践应该在间接功利主义的基础上得到支持。他发现这些实践都具有二阶功利（second-order utility），因此我们应当尊重它们，即使有时根据直接功利主义的计算我们必须予以抛弃。然而，格雷（1984）同时论证说，运用这些社会规则时也不是完全教条化的，因此间接功利主义应当认为"社会规则比简单的经验规则（rules of thumb）要强一些，而比绝对主义式的要求又要弱一些"（p.84）。如果这是成功的，这种论证就为补偿性的权利提供功利主义式的支持铺平了道路，与每一种权利联系在一起的二阶功利都具有内在重要性或保留价格。

根据这种观点，与任何特定的社会规则相联系的二阶功利可以对破坏规则的行为所产生更加遥远与间接的后果的价值进行总体衡量。例如，如果我没有恪守承诺，那么会为个体带来当下关心的直接的成本与收益，但是由此却导致了人们通常恪守承诺的水准会下降，不确定性会增加，这些东西也会带来更加遥远与间接的成本与收益。这些间接的后果通常是以公利与公害的形式出现的。

所有这一切都是正确的，但是相比简单的经验性的权利，这还不足以为权利提供一种

---

[14] 格雷（1984，pp.83-85），尽管我们可以认为格雷提出了我们后面将要思考的第三种论证。但无论如何，格雷最近的思想已经脱离了间接功利主义（参见格雷，1989）。

更强的间接功利主义式的说明。如果行为有一些遥远的与间接的后果可以为有价值的社会习俗提供支持，那么这些后果当然应当包含在对行为的直接功利主义的计算中。这些后果可能是间接的，但是功利主义依然是直接的。

而且，如果相同的间接后果从许多不同的行为中产生（在不考虑那些有问题的特殊承诺的情况下，恪守承诺的间接价值可能是一样的），那么利用这种恒定的价值就是适当的，且能降低计算的损失。同样，只要存在着不确定性与错误，我们就可以认为，行为的二阶的或间接的功利大概可以为在任何进行具体评价的实践活动中可能会被低估的那些价值提供一定的保护。但是，在所有这些情况中，二阶功利只是代表了日常的功利主义式的考虑，而并没有对这些考虑进行扩展，使其能够在作出决定的时候给予社会规则或习俗以一定的地位，而不能仅仅只是指导性的地位。

这里的问题是，如果社会规则、权利或习俗在计算的批判层次上只具有工具性的地位，就像它们在任何直接或间接的功利主义框架中一样，那么来自于策略互动的论证就并没有为在作出决策时提升它们的地位提供理由，因为遵守规则的策略性价值可以包含在由直接功利主义所提供的指导性权利的地位中。出于策略互动的论证提醒我们，功利主义者在对某种行为进行评价时应当包含它的**所有**后果，在不完美的世界里，在作出实践决定时，代理某些有价值的后果是完全合理的。有些价值直接根基于对运作其他类型的规则或权利所产生的后果的福利主义计算中，但相比这些价值，出于策略互动的论证应赋予社会规则或权利以更高的价值，但它并不能为此提供基础。按照这种方式，这种论证路线并不能为权利提供间接功利主义式的辩护提供基础，以及提供比指导性的权利更高的地位，但是它可以加强功利主义式的指导性权利的潜在范围与重要性。

我们这里思考的第二种论证路线来源于下面这种可能性，即某些特殊的有价值的后果依其本质而言是不能通过直接的方式而获得的。以艾尔斯特（1983）的话来说，这些后果本质上是副产品（第2章）。佩蒂特清楚地发展了这种论证（1986，1988；同时参见佩蒂特与布伦南，1986），我们可以做如下考察。第一步也是关键的一步就是要论证，有一些价值后果，它们只能作为具有特定地位的权利系统的副产品出现，因此，例如如果不存在约束性权利的系统，一些有价值的后果就会完全失去。只要采取了这一步，论证就相对比较直接了。如果作为副产品的后果可以进行充分的估价，那么在批判层次上、在纯粹功利主义的基础上，选择约束权利系统作为获得所欲望的最终后果的唯一有用的手段，这应当是值得欲求的。

这种论证路线很明显接受了如下观点，即在批判层次上权利只具有工具性的地位，但是，使得在作出决定时更高地位的权利成为获得所欲求的后果的一种必要条件，人们都想在实践层次上以这一点来支持这种权利体系，所以在作出决定的背景下，个体要这样来行为，似乎权利具有内在价值，尽管它们实际上没有。

为了质疑这种论证路线，我们首先要详细考察如下观点，即利益是权利的副产品，这到底是什么意思。很明显，考虑到基本的福利主义框架，我们所讨论的利益只是一个或更多个体福利的增加，但是这种利益是如何作为副产品而产生呢？这里的答案就是，利益并不是从某个个体或团体的行为中所产生的，而是由那种行为的动机中所产生的。例如，如果你拒绝干涉我的一些私人事务，那么相比你如果实行干涉，我就获得了一些利益。但是利益的层次依赖于你不干涉的理由。如果你的决定是建立在考虑了我的利益的功利主义计算之上，那么我的利益似乎就是偶然的与无保证的；如果你的行为是未经算计就接受了某种约束，那么我的利益在量上就可以得到提升。这种可以增加的利益正是佩蒂特所意欲的那种约束的副产品。[15]这里关键是不存在计算，这也就马上指出这种论证路线不能为补偿性的权利系统提供支持。一种补偿性的权利本质上并不能免除个体计算的责任，它只是以侵犯权利的保留价格形式为计算提供另一种输入（input）。当然，额外的输入在有些情境中会使计算的结果很明显，从而不需要具体的计算，但是这与原则上决策者可以免除计算还是非常不同的，而这一点正是佩蒂特所要求的。那么很明显，补偿性的权利结构不能产生论证所要求的那种在计算时难以捉摸的副产品。

但是要这种论证支持完全的约束性权利，也同样是不合理的，因为利益性的副产品应当与在批判层次上进行思考的其他成本与收益是完全可以进行比较的，引入完全的约束性权利可能意味着，在特定情境中的损失可能会超过利益性的副产品的价值。实际上，佩蒂特接受完全的约束性权利是不可能的，他指出，由这种论证所派生的权利只有在特定的、正常的情境中才会是对行为的约束。

然而，我在第二部分论证了，那种只能在正常情境中才是可操作的约束性权利具有一定的内在不一致性，所有那些表达应当重新解释为限制性的约束权利、补偿性权利或两种权利的某种混合物。现在，由于我们已经排除了补偿性权利，因为它们与计算时难以捉摸的副产品的要求是不一致的，那么只有限制性的约束权利才是唯一的可能。

关于限制性的约束权利，其困难在于在批判的层次上确定那些反对权利的权威性的论证种类与等级，和那些不反对权利的权威性的论证种类与等级。根据在批判层次上对福利

---

〔15〕 佩蒂特（1988）强调了计算的不可捉摸性的要求。

主义的标准解释，这种困难似乎是不可克服的，因为这否认了存在着不同种类的论证，而只认为论证在其重要性上有些差别。

作为福利主义的另一种解释，多元的福利主义在这里也是相关的。我在前面论证了，多元福利主义的立场并不能提供新的论证从而把直接福利主义作为权利的根据。现在的问题是，那种认识到不同的功利种类的多元福利主义立场是否能够通过间接的策略为限制性的约束权利提供根据，而且这种间接策略包含了基本的副产品论证。[16]

当然，我们也有可能想像一种情境，通过运作限制性的约束权利系统所产生的功利不仅本质上是这一系统的副产品，而且它在种类也要优于其他的功利种类。在这种情境中，对于限制性的约束权利系统来说，它就有一种间接的根据，但由于直接的多元福利主义论证可以运用于这种情境，而且不需要副产品论证，所以人们很少需要它。然而，正如在直接多元福利主义的情境中一样，我们没有理由假定这种情境是适合的。根据权利产生了一种更佳的功利种类，就把它们提升到一种限制性的约束地位，这无异于同语反复。多元福利主义的观点至多只能为实质性的权利提供偶然性的支持，即便这样，这种支持似乎具有一种直接性的本质，与我们当前讨论的间接策略并不是非常契合。

我们达到了一个僵局。我指出三种论证路线，它们对权利的表达都不能使权利比指导性权利具有更高的地位，这些指导性权利可以通过副产品论证从对批判层次上的福利主义与后果主义的潜在承诺中派生出来。补偿性的权利可以排除掉，因为它们不能提供在计算上难以捉摸的利益。限制性的约束权利也要排除掉，因为标准的福利主义不能为确定不同种类的论证提供基础，多元福利主义也只能提供偶然的可能性。完全约束的权利也要排除掉，因为我们有必要确定正常环境，在这种环境中我们又没有能力论证副产品的利益必须超过潜在的福利成本。似乎如果存在一些利益，而且它们本质上只是权利的副产品，那么它们甚至就超出了间接功利主义者的范围。

佩蒂特（1987）提供了一种论证框架，可能看成是为反驳这种批评路线进行辩护（pp. 13–14）。这种反论证就是，只有限制性的约束权利或补偿性的权利（或两者）才能被看成是在限制性的领域之上完全约束的权利，所以在那一领域内，人们能够想像可能不通过计算就接受某种权利，而且这种权利可以为计算时难以捉摸的副产品留有余地。不管这种反论证形式上的吸引力是什么，它似乎只有很小的实质内容。它不能为标准的福利主义者提供确定其他论证种类的方法，所以也不能为限制性的约束权利提供根据。与补偿性

---

[16] 佩蒂特在论证过程中并没有求助于任何不同种类的功利或福利。

的权利相关，它似乎指出了如下事实，即计算揭示出某个行为是值得欲求的，这也就要求我们在没有计算的情况下就认为那种行为是应当选择的。这里的关键在于，除非实践性的个体参加相关的计算，否则他或她不知道某种特定的情况是否存在于限制性的领域中，那么副产品就已经失去了。

佩蒂特主要关注的是要表达由后果主义派生权利的可能性，只要没有涉及福利主义，那么这里所呈现出来的论证就不能认为是批评性的。根据佩蒂特的论证，非福利主义的后果主义者可以支持实质性的权利。但是放弃福利主义可以为支持权利的其他论证提供更直接的路径，正如我们早先所讨论的。

我们早先所强调的从间接功利主义为权利提供论证所存在的问题，来源于要求思想的批判层次与实践层次要存在着紧密关联，或者换句话说，要求对社会状态的批判性评价与作出决策的实践过程之间存在着紧密关联。批判层次包含了关于社会善的一种特别具体的观点，这种观点不能为权利提供直接的支持，批判层次同时也包含了有关善与应当选择的东西之间存在一定关系的观点，所以它要派生出能够给予权利以实质性地位的实践规则是绝对困难的。很明显，如果实质性权利是可以派生的，而不是基本的与独立的道德考虑，那么在批判层次上它就需要具有更大的灵活性。我已经指出，通过适当地弱化福利主义就可以达到这一点，但是在本文的最后部分，我将简略考察另一种可能性并为权利提供更为契约式的辩护。

五、契约权利

由于篇幅所限，我只能大致勾勒为实质性权利提供契约式的说明之可能性，同时对所提出的契约式的权利理论的一般框架结构也不做什么评论。通过这种方式，我想提出通过契约式的方法对权利进行理解至少是合理的，特别是，它不会为我所探讨的那些对间接功利主义构成反驳的论证所破坏。[17]

我已经指出，契约式的策略打破了社会评价与作出决策之间的关联，所以也就打破了与后果主义的关联。福利主义本质上并不是契约式的方法。实际上，契约主义内批判层次

---

〔17〕 对契约主义与权利之间的关系有一些更详细的评论，都可以在该参考文献中找到。（p. 168 n. 6）下面的框架主要是利用哈梅林（1989）。

的分析与理性同意的过程是相关的，而不是直接与综合性社会评价过程相关。当然，某种形式的评价可以为同意的过程提供一种输入，但是综合的评价对于契约式的方法来说并不是基本的。

契约式的框架中的权利问题本质上与功利主义框架中的权利问题是相反的。我已经论证了，功利主义者发现，由于评价的批判层次有相对僵化的界定，实质性的权利根本不可能得到满足。相比之下，契约主义者将权利问题定位在作出决策的实践层次上。

人们相对比较容易明白下面这种说法至少还是合理的，即在批判层次上个体在理性上都会同意实质性的权利系统是彼此互惠的（特别是当我们记住对利益并不是只做福利主义的解释时），似乎这一切都是需要的，它可以为批判层次上的实质性权利提供一种契约式的基础。但是，只有在人们理性地预期实质性的权利在作出决定的实践层次上是有影响的，人们同意实质性的权利系统才是理性的。没有什么东西可以保证个体仅仅因为规则与权利在某种形式的（假言的）同意中能找到根据，就会遵守它们。因此，在契约式的框架中为权利寻找根据的核心问题在于，要保证人们同意在批判层次上权利具有实质性的地位，实际上也就是在实践层次上具有实质性的地位。

萨姆纳（1987）用不同的术语表达了为权利寻找契约式的基础所存在的困难，他强调，只要我们同意假如取得同意的环境本身是道德上相关的，那么任何同意的权利结构都只具有道德地位（例如，以我的话来说，就是实质性的地位）。但是，他论证说，同意的环境中有些要素本身并不是同意的结果，所以并不是建立在契约主义中。如果这一点是正确的，契约主义就不能为实质性权利的根据提供一种完全的说明。萨姆纳的批评从根本上说是一种服从问题，因为它来源于如下问题，即个体为什么要把契约式同意的后果作为实践行为的一种有效的、实质性的理由。

有两种方法可以达到服从性问题。第一种方法就是，认为在作出决定的实践层次上个体的动机与倾向是固定的，并论证了，就这些固定的动机与倾向而言，任何在批判层次上得到同意的权利（或其他规则）必须是自我强化的。例如，如果个体在实践层次上都被认为是追求自我利益最大化的人，那么权利系统只有在尊重权利的行为能产生自己的最大功利的限度内才是应当服从的。

那么，在这里权利又一次还原到了指导性权利的层次上。原因是明显的。正如福利主义在批判层次上在评价中将权利降低到最小的地位一样，所以功利最大化（或者任何其他的不尊重权利的决策理论）都会在作出决定时将权利降到最小的地位。如果我们拥有的权利在批判层次与实践层次上都是实质性的，那么我们在这两种层次上都要脱离那么僵化的界定。

这就是在契约式的框架内达到服从问题的第二种可能的方法。根据这种方法，批判层次包括了对一系列权利的同意以及对一系列倾向的理性选择，这些倾向会激发人们服从这些权利，并将人们同意的这些权利在实践层次上内化成个体的动机结构。这两个方面是相互作用的。只有当支持这些权利的倾向在实践层次上能够被理性地采纳，那么同意这种特定的权利系统才是合理的。这种方法与如下观点是相同的，即同意的环境所具有道德意义可以从契约主义的资源中导引出来，所以同意的内容在实践的层次上带有道德的重要性。

高希尔（1986）为这种方法提供了一个例子。尽管他的具体论证存在着许多困难，但总体的论证路线还是值得进一步的探讨，这不仅仅只是因为不要求完全服从。即使我们知道，在假定的立约平台上，服从特定系列的权利的倾向也只能是做不完地地要求，或者只为某些个体服从，哪怕部分服从就提供了互利互惠的前景，同意这一系列的权利也依然是理性的。

我们在这里没有地方继续这种论证路线。[18]本文中最重要的一点就是，我们所考察的论证对间接福利主义与后果主义关于实质性权利所做的解释形成了反驳，但这并不适用于契约主义。

参考文献

d'Aspremont，C.，and Geves，L. 1977. "Equity and the Information Basis of Collective Choice". *Review of Economic Studies* 44：199 – 209.

Buchanan，J. M. 1975. *The Limits of Liberty*. Chicago：University of Chicago Press.

Dworkin，R. 1977. *Taking Rights Seriously*. London：Duckworth.

Elster，J. 1983. *Sour Grapes*. Cambridge：Cambridge University Press.

Elster，J. 1984. *Ulysses and the Sirens*，Revised edition. Cambridge：Cambridge University Press.

Feinberg，J. 1970. "The Nature and Value of Rights"，*Journal of Value Enquiry* 4：243 – 257. Reprinted in Feinberg，1980.

Feinberg，J. 1978. "Voluntary Euthanasia and the Inalienable Right to Life". *Philosophy and Public Affairs*

---

［18］ 高希尔（1986）对此提供了一种很强形式的论证，并在哈梅林（1989）那里得到了讨论与修正，在萨姆纳（1987）那里受到了批评。

7: 93 – 123. Reprinted in Feinberg, 1980.

Feinberg, J. 1980. *Rights, Justice and the Bounds of Liberty*, Princeton: Princeton University Press.

Gauthier, D. 1986. *Morals by Agreement*. Oxford: Oxford University Press.

Gibbard, A. 1984. "Utilitarianism and Human Rights". In *Human Rights*, edited by E. F. Paul, F. D. Miller, and J. Paul, pp. 92 – 102. Oxford: Basil Blackwell.

Gray, J. 1984. "Indirect Utility and Fundamental Rights". In *Human Rights*, edited by E. F. Paul, F. D. Miller, and J. Paul, pp. 73 – 91. Oxford: Basil Blackwell.

Gray, J. 1989. "Contractarian Method, Private Property and the Market Economy". *Nomos* 31. forthing.

Griffin, J. 1984. "Towards a Substantive Theory of Rights". In *Utility and Rights*, edited by R. G. Frey, pp. 137 – 160. Oxford: Basil Blackwell.

Griffin, J. 1986. *Well-Being*, Oxford: Oxford University Press.

Hamlin, A. P. 1986. *Ethics, Economics, and the State*. Brighton: Wheatsheaf Books.

Hamlin, A. P. 1989. "Liberty, Contract and the State", In *The Good Polity*, edited by A. P. Hamlin and P. Pettit, pp. 87 – 101. Oxford: Basil Blackwell.

Hamlin, A. P. and Pettit, P. 1989. "Normative Analysis of the State: Some Preliminaries". In *The Good Polity*, edited by A. P. Hamlin and P. Pettit, pp. 1 – 13. Oxford: Basil Blackwell.

Hare, R. M. 1981. *Moral Thinking*. Oxford: Oxford University Press.

Hare, R. M. 1984. "Rights, Utility and Universalization, Reply to J. L. Mackie". In *Utility and Rights*, edited by R. G. Frey, pp. 106 – 120. Oxford: Basil Blackwell.

Harsanyi, J. 1985a. "Does Reason Tell Us What Moral Code to Follow and, Indeed, to Follow Any Moral Code at All?" *Ethics* 96: 42 – 55.

Harsanyi, J. 1985b. "Rule Utilitarianism, Equality and Justice". In *Ethics and Economics*, edited by E. F. Paul, F. D. Miller, and J. Paul, pp. 115 – 127. Oxford: Basil Blackwell.

Lyons, D. 1980. "Utility as a Possible Ground of Rights". *Nous* 14: 17 – 28.

Lyons, D. 1982. "Utility and Rights". *Nomos* 24: 107 – 138.

Machie, J. L. 1984. "Rights, Utility, and Universalization". In *Utility and Rights*, edited by R. G. Frey, pp. 86 – 105. Oxford: Basil Blackwell.

Narveson, J. 1984. "Contractarian Rights". In *Utility and Rights*, edited by R. G. Frey, pp. 161 – 174. Oxford: Basil Blackwell.

Nozick, R. 1974. *Anarchy, State, and Utopia*. New York: Basic Books.

Parfit, D. 1984. *Reasons and Persons*, Oxford: Oxford University Press.

Pettit, P. 1986. "Can the Welfare State Take Rights Seriously?" In *Law, Rights and the Welfare State*, edited by D. Galligan and C. Sampford. London: Croom Helm.

Pettit, P. 1987. "Rights, Constraints and Trumps". *Analysis* 46: 8 – 14.

Pettit, P. 1988. "The Consequentialist Can Recognise Rights". *Philosophical Quarterly* 38: 42 – 55.

Pettit, P. and Brennan, G. 1986. "Restrictive Consequentialism". *Australasian Journal of Philosophy* 64: 438 – 455.

Rawls, J. 1971. *A Theory of Justice.* Cambridge: Harvard University Press.

Regan, D. H. 1980. *Utilitarianism and Cooperation.* Oxford: Oxford University Press.

Riley, J. 1986. "Generalised Social Welfare Functionals: Welfarism, Morality and Liberty". *Social Choice and Welfare* 3: 233 – 254.

Roberts, K. W. S. 1980. "Interpersonal Comparability and Social Choice Theory." *Review of Economic Studies* 47: 421 – 440.

Rowley, C., and Peacock, A. 1975. *Welfare Economics: A Liberal Restatement.* Oxford: Martin Robertson.

Scanlon, T. 1982. "Contractualism and Utilitarianism". In *Utilitarianism and Beyond*, edited by A. K. Sen and B. A. O. Williams, Cambridge: Cambridge University Press.

Schelling, T. C. 1960. *The Strategy of Conflict.* Cambridge: Harvard University Press.

Sen, A. K. 1970. "The Impossibility of a Paretian Liberal". *Journal of Political Economy* 78: 152 – 157.

Sen, A. K. 1976. "Liberty, Unanimity and Rights". *Economica* 43: 217 – 245.

Sen, A. K. 1979a. "Utilitarianism and Welfarism". *Journal of Philosophy* 76: 463 – 489.

Sen, A. K. 1979b. "Personal Utilities and Public Judgments: Or What's Wrong with Welfare Economics". *Economic Journal* 89: 537 – 559.

Sen, A. K. 1981. "Plural Utility". *Proceedings of the Aristotelian Society* 81: 193 – 215.

Sen, A. K. 1982. "Rights and Agency". *Philosophy and Public Affairs* 11: 3 – 39.

Sen, A. K. 1983. "Liberty and Social Choice". *Journal of Philosophy* 80: 5 – 28.

Sen, A. K. 1985. "Well-being, Agency and Freedom". *Journal of Philosophy* 82: 169 – 221.

Sen, A. K. 1987. *On Ethics and Economics.* Oxford: Basil Blackwell.

Sen, A. K. and Williams, B. A. O., 1982. *Utilitarianism and Beyond.* Cambridge: Cambridge University Press.

Sugden, R. 1986. *The Economics of Rights, Co-operation and Welfare.* Oxford: Basil Blackwell.

Sumner, L. W. 1987. *The Moral Foundation of Rights.* Oxford: Oxford University Press.

Williams, B. A. O., 1973. "A Critique of Utilitarianism". In *Utilitarianism For and Against*, edited by J. J. C. Smart and B. A. O. Williams, pp. 77 – 150. Cambridge: Cambridge University Press.

作 者 简 介

理查德·阿尼森（Richard Arneson）：加利福尼亚大学圣地亚哥校区哲学系杰出教授。

犹金·贝尔斯（R. Eugene Bales）：斯坦福大学哲学系退休教授。

戴维·布林克（David Brink）：加利福尼亚大学圣地亚哥校区哲学系教授兼系主任。

理查德·布鲁克（Richard Brook）：美国布卢姆博格大学（Bloomsburg University）哲学系退休教授。

爱里克·卡尔森（Erik Carlson）：瑞典乌普萨拉大学哲学系退休教授。

笛安·科金（Dean Cocking）：澳大利亚查尔斯·斯图亚特大学应用哲学与公共伦理学研究中心高级
　　研究员。

戴维·卡米斯基（David Cummiskey）：美国贝茨学院哲学系教授。

弗雷德·费尔德曼（Fred Feldman）：马塞诸塞大学哲学系教授。

菲利帕·福特（Philippa Foot）：加利福尼亚大学洛杉矶校区哲学系格里芬讲席教授。

阿兰·哈姆林（Alan P. Hamlin）：英国曼彻斯特大学政治理论教授。

爱德华·哈考特（Edward Harcourt）：牛津大学哲学系高级讲师。

布拉德·胡克（Brad Hooker）：英国里丁大学哲学系教授。

肯斯·霍顿（Keith Horton）：澳大利亚卧龙岗大学（University of Wollongong）哲学系讲师。

保罗·赫尔利（Paul Hurley）：美国克莱蒙·麦肯纳学院哲学系教授。

弗朗克·杰克逊（Frank Jackson）：澳大利亚国立大学社会科学研究院特聘教授，普林斯顿大学哲学
　　系访问教授。

舍利·卡根（Shelly Kagan）：耶鲁大学哲学系克拉克讲席教授。

艾恩·劳（Iain Law）：苏格兰圣安德鲁斯大学道德哲学系高级讲师。

弗朗西斯·卡姆（Francis Kamm）：哈佛大学肯尼迪政府管理学院哲学与公共政策利图尔（Littauer）
　　讲席教授。

戴维·迈克诺顿（David McNaughton）：佛罗里达州立大学哲学系教授。

梯姆·马尔根（Tim Mulgan）：苏格兰圣安德鲁斯大学道德哲学与政治哲学教授。

利阿姆·墨菲（Liam Murphy）：纽约大学哲学与法学教授。

加斯丁·奥克利（Justin Oakley）：澳大利亚蒙纳士大学（Monash University）大学人类生命伦理学研究中心主任。

菲利普·佩蒂特（Philip Pettit）：普林斯顿大学政治学与人类价值劳伦斯·洛克菲勒讲席大学教授。

彼特·莱尔顿（Peter Railton）：密西根大学哲学系约翰·斯特芬逊·皮林（John Stephenson Perrin）讲席教授。

皮尔斯·罗林（Piers Rawling）：佛罗里达州立大学哲学系教授兼系主任。

朱利安·萨福雷斯库（Julian Savulescu）：牛津大学实践伦理学教授兼实践伦理学研究中心主任。

塞缪尔·谢弗勒（Samuel Scheffler）：纽约大学哲学系大学教授。

沃尔特·席纳－阿姆斯特朗（Walter Sinnott-Armstrong）：达特茅斯学院哲学系教授和法学研究哈蒂（Hardy）讲席教授。

戴维·索萨（David Sosa）：得克萨斯大学哲学系教授。

进一步阅读文献

- Alexander, L. and E. Sherwin, 2001, *The Rule of Rules: Morality, Rules and the Dilemmas of Law*, Durham: Duke University Press.
- Bailey, J. W. 1997. *Utilitarianism, Institutions and Justice.* New York: Oxford University Press.
- Bayles, M., ed. 1968. *Contemporary Consequentialism.* Garden City, NY: Doubleday.
- Bennett, J. 1995. *The Act Itself.* New York: Oxford University Press.
- Brandt, R. 1979. *A Theory of the Good and the Right.* New York: Oxford University Press.
- ——. 1992. *Morality, Utilitarianism, and Rights.* Cambridge: Cambridge University Press.
- Brink, D. 1989. *Moral Realism and the Foundations of Ethics.* New York: Cambridge University Press.
- Broome, J. 1991. *Weighing Goods.* Oxford: Basil Blackwell.
- Carlson, E. 1995. *Consequentialism Reconsidered.* Springer.
- Cullity, G. 2004. *The Moral Demands of Affluence.* New York: Oxford University Press.
- Cummiskey, D. 1996. *Kantian Consequentialism.* New York: Oxford University Press.
- Dancy, J. 1993. *Moral Reasons.* Oxford: Blackwell Press.
- ——. 2004. *Ethics Without Principles.* Oxford: Oxford University Press.
- Darwall, S., ed. 2003. *Consequentialism.* Oxford: Blackwell.
- Driver, J. ed. 2001b. *Character and Consequentialism.* Special Issue of *Utilitas*, 13, 2.
- Feldman, F. 1986. *Doing the Best We Can.* Boston: D. Reidel.
- ——. 1997. *Utilitarianism, Hedonism, and Desert.* New York: Cambridge University Press.
- ——. 2004. *Pleasure and the Good Life: Concerning the Nature, Varieties, and Plausibility of*

Hedonism. New York: Oxford University Press.

- Foot, P. 2002. *Moral Dilemmas and Other Topics in Moral Theory*. Oxford: Oxford University Press.

- Frey, R. G., ed. 1984. *Utility and Rights*. Oxford: Basil Blackwell.

- Goodin, R. E. 1995. *Utilitarianism as a Public Philosophy*. New York: Cambridge University Press.

- Griffin, J. 1986. *Well-Being*. Oxford: Clarendon Press.

- Hare, R. M. 1963. *Freedom and Reason*. London: Oxford University Press.

- ——. 1981. *Moral Thinking*. Oxford: Clarendon Press.

- Hooker, B., ed., 1993. *Rationality, Rules, and Utility: New Essays on the Moral Philosophy of Richard Brandt*. Boulder, CO: Westview Press.

- Hooker, B. 2000. *Ideal Code, Real World*. Oxford: Clarendon Press.

- Hooker, B., Mason, E., and Miller, D. E. 2000. *Morality, Rules, and Consequences*. Edinburgh: Edinburgh University Press.

- Kagan, S. 1989. *The Limits of Morality*. Oxford: Clarendon Press.

- ——. 1998. *Normative Ethics*. Boulder: Westview.

- Kamm, F. M., 1993. *Morality, Mortality: Volume I: Death and Whom to Save from It*, New York: Oxford University Press.

- Kamm, F. M., 1996. *Morality, Mortality: Volume II: Rights, Duties, and Status*, New York: Oxford University Press.

- Kamm, F. M., 2007. *Intricate Ethics: Rights, Responsibilities, and Permissible Harms*, Oxford: Oxford University Press.

- Lawlor, R. 2009. *Shades of Goodness: Gradibility. Demandingness and the Structure of Moral Theories*. New York: Palgrave MaCmillan.

- Lyons, D. 1965. *Forms and Limits of Utilitarianism*. Oxford: Clarendon Press.

- McMahan, J. 2002. *The Ethics of Killing*. Oxford: Oxford University Press.

- McNaughton, D. 1988. *Moral Vision*. Oxford: Blackwell.

- Mendola, J. 2006. *Goodness and Justice: A Consequentialist Moral Theory*. Cambridge University Press.

- Miller, H. B. and W. H. Williams (eds.), 1982. *The Limits of Utilitarianism*. University of

Minnesota Press.

- Moore, G. E. 1903. *Principia Ethica*. Cambridge: Cambridge University Press.

- ——. 1912. *Ethics*. New York: Oxford University Press.

- Mulgan, T. 2001. *The Demands of Consequentialism*. Oxford: Clarendon Press.

- Mulgan, T. 2006, *Future People*. Oxford: Oxford University Press.

- Murphy, L. 2000. *Moral Demands in Nonideal Theory*. New York: Oxford University Press.

- Nagel, T. 1970. *The Possibility of Altruism*. Princeton: Princeton University Press.

- ——. 1986. *The View From Nowhere*. New York: Oxford University Press.

- Nozick, R. 1974. *Anarchy, State and Utopia*, New York: Basic Books.

- Parfit, D. 1984. *Reasons and Persons*. Oxford: Clarendon Press.

- Parfit, D. 2011. *On What Matters*. Oxford: Clarendon Press.

- Pettit, P. ed. 1993. *Consequentialism*. Aldershot: Dartmouth.

- Railton, P. 2003. *Facts, Values, and Norms: Essays toward a Morality of Consequence*. Cambridge: Cambridge University Press.

- Rawls, J. 1971. *A Theory of Justice*, Cambridge: Harvard University Press.

- Regan, D. 1980. *Utilitarianism and Cooperation*. Oxford: Clarendon Press.

- Ross, W. D. 1930. *The Right and the Good*. Oxford: Clarendon Press.

- Scanlon, T. M. 1998. *What We Owe to Each Other* (Cambridge, MA: Harvard University Press).

- Scarre, G. 1996. *Utilitarianism*. London: Routledge.

- Scheffler, S. 1982. *The Rejection of Consequentialism*. Oxford: Clarendon Press. Revised edition 1994.

- ——, ed. 1988. *Consequentialism and Its Critics*. Oxford: Oxford University Press.

- Sen, A. 2002. *Rationality and Freedom*. Cambridge: Harvard University Press.

- Sen, A., and Williams, B., eds. 1982. *Utilitarianism and Beyond*. Cambridge: Cambridge University Press.

- Shaw, W. H. 1999. *Contemporary Ethics: Taking Account of Utilitarianism*. Malden: Blackwell.

- Sidgwick, H. 1907. *The Methods of Ethics*, Seventh Edition. London: Macmillan. First Edition 1874.

- Singer, P. 2009. *The Life You Can Save.* New York: Random House.

- Sinnott-Armstrong, W. 1988. *Moral Dilemmas.* Oxford: Blackwell.

- Slote, M. 1985. *Common-Sense Morality and Consequentialism.* London: Routledge and Kegan Paul.

- Smart, J. J. C. 1973. "An Outline of a System of Utilitarian Ethics" in *Utilitarianism: For and Against*, by J. J. C. Smart and B. Williams. Cambridge: Cambridge University Press. p. 3 – 74.

- Steiner, H. 1994. *An Essay on Rights.* Oxford: Blackwell.

- Sumner, L. W. 1987. *The Moral Foundations of Rights.* Oxford: Clarendon Press.

- ——. 1996. *Welfare, Happiness, and Ethics.* Oxford: Clarendon Press.

- Tannsjo, Torbjorn. 1998. *Hedonistic Utilitarianism.* Edinburgh: Edinburgh University Press.

- Thomson, J. J. 2001. *Goodness and Advice*, edited by Amy Gutmann. Princeton: Princeton University Press.

- Unger, P. 1996. *Living High and Letting Die.* New York: Oxford University Press.

- Vallentyne, P. and H. Steiner (eds.), 2000, *Left-Libertarianism and Its Critics*, Houndmills: Palgrave.

- Walker, M. U. 2006. *Moral Repair.* Cambridge: Cambridge University Press.

- Williams, B. 1973. 'A Critique of Utilitarianism' in *Utilitarianism: For and Against*, by J. J. C. Smart and B. Williams. Cambridge: Cambridge University Press. pp. 77 – 150.

- Williams, B. 1981, *Moral Luck*, Cambridge: Cambridge University Press.

图书在版编目（CIP）数据

后果主义与义务论/徐向东编 . —杭州：浙江大学出版社，
2011. 7
ISBN 978 - 7 - 308 - 08783 - 4

Ⅰ . ①后… Ⅱ . ①徐… Ⅲ . ①伦理学 Ⅳ . ①B82

中国版本图书馆 CIP 数据核字（2011）第 119718 号

后果主义与义务论

徐向东 编

责任编辑	赵 琼
装帧设计	丁 丁
出版发行	浙江大学出版社
	（杭州天目山路 148 号 邮政编码 310007）
	（网址：http：//www. zjupress. com）
排 版	北京京鲁创业科贸有限公司
印 刷	杭州杭新印务有限公司
开 本	710mm×1000mm 1/16
印 张	36
字 数	649 千
版 印 次	2011 年 7 月第 1 版 2011 年 7 月第 1 次印刷
书 号	ISBN 978 - 7 - 308 - 08783 - 4
定 价	69. 00 元